KB111209

민법총칙

황태윤 저

오 래

序　文

　　나는 1993년 3월 한국외국어대학교 법과대학에 입학하여 법학을 처음 접하였다. 양수산 교수님, 이은영 교수님, 박영복 교수님으로부터 민법을 배웠고, 이균성 교수님, 김동훈 교수님, 최완진 교수님으로부터 상법을 배웠다. 성시탁 교수님, 이훈동 교수님으로부터 형법을 배웠고, 변해철 교수님으로부터 헌법을, 김해룡 교수님, 박규하 교수님으로부터 행정법을 배웠다.

　　강원도 인제에서 군복무를 마치고, 2학년 2학기 복학 후 학교 수업을 들으며 사법시험을 준비하였다. 그 과정에서 법학 공부의 재미를 처음 알았다. 학군단 건물 4층에 위치한 사법시험 준비반 의향재에서 공부하였다. 의향재와 배구반 써클룸을 오고가며 공부했던 그 행복했던 시절은 절대 잊을 수 없다.

　　사법연수원 시절 대법원판례의 압도적 양을 접하였고, 대법원판례의 실무에의 절대적 영향력을 알게 되었다. 사법시험 공부와는 완전히 다른 방식의 공부였다. 법학과 법률실무의 간격을 알게 되었다. 대법원판례를 얼마나 많이 알고, 그에 따라 판결문을 얼마나 빨리 정확하게 쓸 수 있는지에 모든 평가의 초점이 맞추어져 있었다. 실무지식의 습득 과정은 법조문과 대법원판례의 적용숙달 과정이었다.

　　사법연수원 수료 후 변호사를 하면서 상담을 통해 사실관계를 정리하고, 의뢰인에게 유리한 법률과 대법원판례를 찾고, 그에 맞춰 사실관계를 다시 구성하는 일을 하였다. 그 과정에서 현실과 법의 관계에 관하여 생각하게 되었다. 민사소송이든 형사소송이든 행정소송이든 그 절차는 철저히 당사자주의에 의하지만, 판결문의 작성은 철저히 자유심증주의에 따르는 것이 우리나라 소송실무의 일반적 모습이다. 하지만 적어도 민사소송만큼은 민법이 규정하는 전형계약이 존재하고, 그 전형계약에서 벗어나는 것은 매우 어려운 일이므로 어느 정도 예측이 가능하고 그에 따라 준비가 가능했다.

　　2012년부터 전북대학교 법학전문대학원에서 법문서작성, 모의재판, 민사변호사실무, 보전소송실무, 민사집행법, 민사소송법, 도산법 등을 그때그때 맡겨지는 대로 강의하게 되었다. 그 과정에서 민법의 규정들과 민사소송법, 민사집행법, 도산법 사이의 관계를 고민할 수 있는 소중한 기회를 얻을 수 있었다. 각각의 법률들은 모두 주어진 역할이 따로 있고, 그 역할을 법질서라는 하나의 체계 속에서 입체적으로 이해하여야 한다는 생각을 하게 되었다.

나는 그간의 개인적 경험과 생각들을 지금 시점에서 정리·기록해 두고 싶다는 생각이 들었다. 그래서 이 책을 쓰게 되었다. 민법은 외부의 침탈에서 진정한 권리자를 보호하기 위해 존재하는 법률이라는 생각, 민법의 핵심가치는 사적 소유의 보장과 대가관계의 유지에 있다는 생각, 민법의 체계는 개인의 의사를 기초로 하는 것이 아니라 각종 법률상 제도를 기초로 하는 것이라는 생각, 민법상 권리를 민사소송법의 소제기와 분리된 실체법상 개념으로 볼 것이 아니라, 민사소송법의 소제기와 결합된 소권으로 보아야 한다는 생각 그런 여러 생각들을 기초로 이 책을 썼다.

이 책은 많이 부족하다. 나는 그런대로 의미가 있을 것이라 생각한다.

이 책을 쓰면서 김증한 교수님, 장경학 교수님, 최식 교수님, 이태재 교수님, 고상룡 교수님, 이은영 교수님의 책에서 너무도 많이 배웠다. 깊이 감사드린다.

출판을 허락하신 도서출판 오래의 황인욱 사장님과 편집을 담당하신 이종운 님께 감사한다.

나의 사랑하는 아내 은정과 아들 정윤, 부모님과 형제들에게 이 책을 바친다.

2018.1.3 수요일
전북대학교 법과대학 511호 연구실에서

차 례

제13장 무효·취소 제도

제14장 조건·기한 제도

민법총칙

제1장
民法의 意義

인간은 늑대와 마찬가지로 무리를 이루어 척박한 자연 속에서 살아남아 오늘날의 번영을 이루었다. 모든 인간관계는 생존을 위한 투쟁관계이다. 분쟁을 합리적으로 해결할 수 있는 법을 만들어 공정하게 집행한 집단이 인류 문화의 정점을 찍어 왔다. 페르시아 제국, 로마 제국, 영국 제국, 미국 제국이 그렇다. 인류의 최고 문명은 융성했다가 완전히 사라지고 또 불현듯 다시 나타난다. 늑대의 후손이라고 자신을 불렀던 로마인들은 로마법을 만들어 인류사에서 가장 위대한 제국을 만들었다. 개인 소유권을 절대적으로 보장하고, 거래에서 대가의 균형을 철저하게 보장하는 현대 선진문명국들의 법제도는 로마법을 원류로 한다. 로마법은 로마시민에게만 적용되는 시민법(ius civile)이었다. 인접 국가들이 로마제국의 일원이 되고자 열망하였던 것은 로마법의 합리주의에 매혹되었기 때문이다. 로마의 시민권은 조선의 계급처럼 폐쇄적인 것이 아니라 누구에게나 열려 있는 것이었다. 속주민이나 심지어 포로·노예도 개인의 노력에 의하여 로마의 시민권을 언제든 얻을 수 있었다. 로마의 시민이 된다는 것은 로마법에 따른 소송제도를 이용할 수 있다는 것을 의미하였다. 로마법의 소권체계는 영미법과 프랑스민법에 그대로 보존되어 있다. 독일민법은 칸트의 관념철학과 독일민족정신을 기반으로 로마법의 소권체계를 따르지 않고 스칸디나비아 지방에서 조사한 게르만 고유관습법[1]을 가미하는 방식으로 로마법을 받아들였다.

---

1) 이태재, 「민법총칙」, 법문사(1978), 16면: "일찌기 게르만의 법학자들이 그들의 고유법으로 알았던 관습법도 그 대부분이 로마법, 캐논법에서 유래하거나 또는 모든 고대법에 공통된 것이었음이 밝혀졌다."

민법은 1958년 2월 22일 공포된 법률 제471호 법률이다. 시행은 1960년 1월 1일이다. 민법은 대한민국 국민들 사이의 재산관계와 가족관계를 규율하는 것을 주된 내용으로 한다. 民法典이라는 표현이 자주 사용되고 있다. 민법전이란 용어는 법률용어가 아니다. 민법은 민법일 뿐이고, 굳이 민법전이라는 표현을 사용할 이유는 없다. 민법전을 형식적 의의에 있어서 민법이라 하고, 주택임대차보호법 등의 법률을 실질적 의의에 있어서의 민법이라고 설명하는 것이 일반적이다. 그러나 주택임대차보호법 등 법률은 형식적으로나 실질적으로나 민법이 아니다. 각각의 단행법들은 독자의 목적이 존재하고, 그 목적에 따라 민법과 전혀 다르게 구성되어 있다. 민법이 아닌 실질적 의미에 있어서의 민법이란 것은 따로 존재하지 않는다. 개별 법률들은 예외 없이 민법이 규율하는 대상을 국가가 추가적으로 규제하기 위해 만들어진 것이다.

민법 제정 전에는 일본이 1912.3.18 제정한 조선민사령에 의하여 일본민법이 그대로 적용되었다. 조선민사령에 의하여 적용된 일본민법을 의용민법 또는 구민법이라 한다. 조선민사령 제1조는 "조선인의 민사에 관한 사항은 본령 기타의 법령에 특별한 규정이 있는 경우를 제외하고 다음의 법률에 의한다"고 규정하고 있는데, 이때 그 법률의 첫 번째는 일본민법이다. 1945년 일본의 항복으로 남한 지역에 미군정이 실시되었는데, 이 시기에도 조선민사령에 의한 일본민법의 적용은 계속되었다(미군정법령 제21호 1945.11.2 발효). 제헌헌법 제100조는 당시의 법령은 원칙적으로 유효하다고 규정하였다.

개인의 소유권이 민법에 의해 보호가 된 시점이 근대문명국가의 시작이다. 민법은 사적 소유를 법률로 보장하여 외부의 부당한 침해로부터 보호하는 것을 최고원리로 한다. 사적 소유를 국가권력이 언제부터 법적으로 보호하기 시작하였는가가 중요하다.[2]

---

2) 이세벨라 버드 비숍, 이인화 옮김, 「한국과 그 이웃나라들」, 살림(1994), 388-389면: "근사한 기후, 풍부하지만 혹독하지는 않은 강우량, 기름진 농토, 내란과 폭동이 일어나기 힘든 교육, 한국인은 영원히 행복하고 번영할 민족임에 틀림없다. 협잡을 업으로 삼는 관아의 심부름꾼과 그들의 횡포, 관리들의 악행이 강력한 정부에 의해 줄어들고 소작료가 적절히 책정되고 수납된다면 반드시 그럴 것이다. 나는 한국의 농부들이 일본 농부처럼 행복하고 근면하지 못할 이유를 전혀 알지 못한다. 러시아령 만주 한국인들의 활력과 근면함, 검소하고 유복하며

토지의 원시취득이 언제인가에 대하여 민법은 침묵하고 있다. 토지의 원시취득은 査定에 의한다는 것이 우리나라 대법원의 일관된 태도이다.[3] 한국 민법의 실질적 시작은 토지의 원시취득 시점이다. 개인의 소유가 절대적으로 보장되어야 자유로운 계약, 즉 사적자치가 시작된다. 사적자치는 사적 소유 보장을 절대적인 전제로 한다. 사적자치에서 사적 소유 보장이 도출된다는 주장은 어떤 경우에도 성립할 수 없다. 사적 소유의 시작은 근대법률제도의 시작이고, 근대문명국가의 시작이다.

사정은 다음과 같은 과정을 거쳤다. 토지관습조사 후 1911년 11월 지적장부 조제에 착수하였다. 1912년 3월 조선부동산등기령과 조선민사령, 1912년 8월 토지조사령, 1914년 3월 지세령, 1914년 4월 토지대장규칙, 1918년 5월 조선임야조사령이 공포되었다. 토지관습조사에서 행정구역의 명칭, 토지의 명칭과 사용목적, 과세지와 비과세지, 경지 및 산림의 경계, 토지표시 부호, 토지의 지위·등급·면적과 결수의 사정 관행, 결의 등급별 구분, 토지소유권, 질권 및 저당권, 소작인과 지주와의 관계, 토지에 관한 장부서류, 인물조사가 행해졌다.

토지조사사업은 토지소유권, 토지가격, 지형지모 조사로 이루어졌다. 토지소유권 및 토지가격의 조사를 위해 행정구역인 里·洞의 명칭과 구역·경계의 혼선을 정리하고, 지명의 통일과 江界의 조사, 신고 서류의 수합, 지방경제 사정과 토지의 관행을 명확히 하는 준비조사, 토지 필지 단위로 지주·강계·지목·지번을 조사하는 일필지 조사, 불분명한 국유지와 민유지, 미정리된 역둔토, 소유권이 불확실한 미개간지를 정리하기 위한 분쟁지조사, 토지의 지목에 따라 수익성의 차이에 근거하여 지력의 우월을 구별하는 지위등급조사, 토지조사부·토지대장·토지대장집계부·지세명기장의 필요에 따른 장부조제, 토지소유권 및 그 강계 심

안락한 가정을 보고 난 후에 나는 그들의 기질문제라고 오해받는 것이 아닌가 하는 생각이 들었다. 모든 한국 사람들은 최소한의 음식과 옷 외에 자신이 소유한 것은 탐욕스럽고 부정한 관리들에게 빼앗길 것이라는 사실을 알고 있다."

3) 대법원 2005.5.26 선고 2002다43417 판결: "토지조사령에 의한 토지의 사정명의인은 당해 토지를 원시취득하므로 적어도 구 토지조사령에 따라 토지조사부가 작성되어 누군가에게 사정되었다면 그 사정명의인 또는 그의 상속인이 토지의 소유자가 되고, 따라서 설령 국가가 이를 무주부동산으로 취급하여 국유재산법령의 절차를 거쳐 국유재산으로 등기를 마치더라도 국가에 소유권이 귀속되지 않는다."

사의 임무를 위한 토지조사위원회의 구성과 사정, 토지소유권을 비롯한 강계의
확정에 대하여 토지신고 이후의 각종 변동사항을 바로잡기 위한 이동지정리, 최
종적으로 지적이 이동된 것을 조사하여 토지대장 및 지적도를 확실히 하기 위한
지적조사로 사업이 진행되었다. 지형지모 조사는 삼각측량, 도근측량, 세부측량,
면적계산, 지적도 등의 조제, 이동지 정리가 그 내용이었다.

　　토지조사사업을 통하여 2,040만 6,489원의 재정과 1만 2,388명의 직원 동원
으로 전체 토지 1,910만 7,520필지의 소유권과 그 강계를 사정하였고, 분쟁지 3
만 3,937건 9만 9,445필지를 해결하였으며, 1,835만 2,380필지의 토지에 대한 지
가조사를 하여 토지조제부 2만 8,357책, 토지대장 10만 9,998책, 지세명기장 2만
1,050책, 지적도 81만 2,093장 등의 지적장부를 조제했다. 측량에 있어서는 이동
지 측량 181만 8,364필, 삼각측량에 따른 기선측량 13개소, 대삼각본점 400점과
대삼각보점 2,401점, 수준점 2,823점, 1등 및 2등 도근점 355만 1,606점, 1필지조
사 및 세부측량 1,910만 1,989필지, 지형측량 143만 1,200방리를 처리하여 8년
8개월 만에 끝을 맺었다.[4]

　　이러한 査定 작업 결과가 오늘날 대한민국을 살아가고 있는 개인들의 사적
소유의 출발이다.

　　홉스는 "각자의 것, 즉 소유권이 없는 곳에서 불의가 없으며 어떤 강제력,
즉 커먼웰스가 없는 곳에는 소유권이 없다"고 말했다.[5] 존 로크는 자유를 자기
에게 허용되는 법의 한도 안에서 자기 자신, 행위, 소유물, 모든 재산을 처분하
고 관리할 자유로 보았다. 그러한 자유를 가져야만 다른 개인의 독단적인 의지
를 따르지 않는다고 하였다. 로크는 모든 사람은 자신의 인신에 대하여 소유권을
가지고 있으며, 자연이 제공하는 것에 자신의 신체의 노동과 손의 작업이 첨가된
것에 소유권을 가진다고 선언하였고,[6] 시민의 권리와 재산(특히 토지)을 보전하는

---

4) 이정엽, "미등기토지의 소유권취득과 관련한 법적문제", 재판실무연구(2008.1), 광주지방법
　　원(2009), 74면.
5) 토마스 홉스, 진석용 옮김, 「리바이던」, 나남(2008), 195면.
6) 존 로크, 강정인·문지영 옮김, 「통치론; 시민정부의 참된 기원, 범위 및 그 목적에 관한 시
　　론」, 까치글방(1996), 34-35면. 86면은 자연상태에서는 공통의 동의를 얻어서 인정된 "법률"
　　이 없을뿐더러, 공평무사한 "재판관"과 집행을 확보해 주는 "권력"이 없기 때문에, 모든 사람

것을 목적으로 하는 명시적 법률에 근거하지 않은 통치는 국가(Commonwealth)의 존립목적과 양립할 수 없다고 하였다.[7] 로크에 의하면 시민들이 자발적으로 국가(Commonwealth)에 복종하는 이유는 분명하게 토지나 재화라는 자신의 재산권을 보호하기 위한 것이다.[8] 각자의 소유권, 사적 소유가 없는 곳에는 국가(Commonwealth)가 없는 것이다. 로크의 재산권과 국가에 관한 이론이 곧 근대국가의 가장 중요한 이념적 기반이 된 것은 주지의 사실이다. 근대문명국가로서 대한민국의 탄생은 법률에 의한 사적 소유의 보장에서 출발하였다. 근대문명국가로서 대한민국의 소멸은 국가권력에 의한 사적 소유의 부정에서 비롯된다.

1958년 공포되어 1960년 1월 1일부터 시행된 민법은 유럽 각국의 민법과 이들 민법의 절대적 영향하에 만들어진 일본민법, 대만민법, 만주민법을 참고하여 제정되었다.[9] 프랑스민법, 독일민법, 스위스민법은 로마법에 절대적으로 의존하고 있다. 민법이란 단어는 로마의 시민법(ius civile)에서 기원한다. 로마법은 로마는 물론 자율권이 보장된 수많은 식민 자치도시들에 공통으로 통용되는 규범이었다. 라틴어가 지방 방언을 넘어선 지위로 올라설 수 있었던 것은 무엇보다도 로마인들이 그것을 위대한 문화언어, 특히 로마법의 언어로 만들었기 때문이다.[10] 로마법은 중세 교회법에 그 정수를 그대로 보존하였고, 르네상스 이후 완전히 복원되었다. 이탈리아 반도의 도시국가들은 로마법을 그대로 계승하여 사용하였다. 로마법은 유럽 도시들에 법을 통해 합리주의 문화의 통일성을 부여하였다. 유럽의 합리주의는 전적으로 로마법의 유산이다. 로마법은 그 자체가 유럽 도시의 공용어였다. 유럽의 도시국가는 로마법의 근본 원리에 따라 움직였으며, 이러한 법에 근거한 합리주의가 근대정신 자체이며, 이는 오늘날 전 세계 시장경제와 자유민주주의의 근본이다.

이 자신의 사건에 관해 그 스스로가 재판관이 될 수밖에 없어 그것이 사회를 불안하게 만든다고 한다.

7) 존 로크, 전게서, 131면.

8) C. B. 맥퍼슨, 황경식·강유원 옮김, 「홉스와 로크의 사회철학; 소유적 개인주의의 정치이론」, 박영사(1990), 286면.

9) 강태성, 「민법총칙 제6판」, 대명출판사(2016), 24면.

10) 존 세이드·로제르 아눈, 손정훈 옮김, 「로마인의 삶-축복받은 제국의 역사」, 시공사(1997), 154면.

  곽윤직 교수는 "대륙의 법제사를 더듬어 볼 때에, 거기에 세 개의 요소가 年代的·繼起的으로 중요한 작용을 하고 있음을 알 수 있다. 게르만법·로마법·자연법의 3자가 그것이다. 근대법이 발전해 오는 초기에 있어서는 오직 게르만법의 관습법이 있는 데 지나지 않는다. 그 후 중세로부터 근대에 걸쳐서 로마법이 전하여지자, 그것은 前代의 게르만법 즉 관습법들을 수정하였을 뿐만 아니라, 보충하기도 하고, 또는 관습법에 갈음하여 들어서기도 하였다. 그 후에 등장한 자연법은 재래의 관습법과 계수된 로마법에 대하여 큰 영향을 주었다. 이들 3요소는 現今의 대륙의 私法 내에 불변의 영구적인 침전물을 남기고 있다"고 주장한다.[11] 매우 의문이다. 어느 지역의 야만족을 특정하여 게르만족이라고 할 것인지부터 확정할 방법이 전혀 없다. 그런 상황에서 그들의 관습법이란 것을 형상화하여 대륙법의 3대 요소라고 치켜세우는 것이 가능한 것인가.[12] 로마제국의 법이 존재하였고, 그 로마제국의 법을 근대국가들이 각자의 자국실정에 맞게 계수하였다는 것만 사실로 받아들이는 것이 좋지 않을까 한다. 일본이 독일민법을 참고하여 총칙·물권·채권·친족·상속으로 자국 민법을 구성한 것 외에 독일민법이 직접 타국의 근대민법에 영향을 준 것이 존재하는지 알 수 없다.[13] 사실 근대

---

11) 곽윤직, 「민법총칙 신정판」, 박영사(1989), 41면.

12) 현승종·조규창·이진기, 「게르만법 제3판」, 박영사(2001), 91면: "14세기 후반 독일에서도 법과대학이 개설되었다. 로마법과 교회법이 강의되기 시작했다. 그러나 게르만 고유법은 관습법이라는 이유로 학문적 인식의 대상이 될 수 없었다. 법률과목에서 제외되었다. 독일고유법 -게르만법-이 대학강단에서 논의되기 시작한 것은 17세기 이후의 일이다. 그러나 독일에서 법과대학이 개설되었음이 곧 독일법학의 성립을 의미하지는 않는다. 왜냐하면 독일법학은 로마법의 실용화를 위한 후기주석학파의 학문적 방법을 답습하여 로마법주석서의 재주석을 반복하는 북부 이탈리아대학의 아류로 전락하여…";칼 크뢰셀, 양창수 역, "게르만적 소유권개념의 이론에 대하여", 「독일민법학논문선」, 박영사(2005), 214면: "게르만적인 사회적 소유권개념은 오늘날 역사적인 실제를 분석하는데 적절한 도구가 될 수 없음이 증명되었다. 이는 법사학에도 책임이 있다. 게르만적 소유권론에 대하여 아직까지도 실질적인 검증작업이 이루어진 일이 없다. 이것이 바로 역사적인 게르만사법의 사상체계가 그렇게 희한하게도 몽환적인 효과를 발휘한 이유의 하나이다." 같은 책 218면: "게르만적 소유권이라는 관념은 하나의 새로운 독성, 즉 이데올로기의 독성을 띠게 된 것이다. 법해석학이 숨겨진 이데올로기를 드러내려고 노력하는 것에 역사적인 비판을 통하여 일조를 가한다는 법사학의 과제가 제기되는데, 이 과제는 수행할 만한 보람이 있는 것이다."

13) 이태재, 전게서, 15면 각주 2: "독일의 법제사는 German민족의 원초사회인 German시대 (500년경까지)에서 근대법시대에 이르기까지 로마법의 계수를 통한 법의 발달 외에 타법제에 영향을 미칠 만한 German 고유법의 발달을 보지 못하였다. 즉 독일법은 민족이동에 의하

민법전이라는 명칭은 시민혁명을 거친 프랑스가 만든 민법에만 어울리는 것이다. 내세울 것이 없으면 있지도 않은 전통을 만들어 내는 것이 인간의 본성이다.

　　로마법을 계승한 근대국가들은 특정인이나 특정세력에 의한 독점적 국가지배를 거부하고, 개인의 사적소유를 절대적으로 보장하는 국가만을 지배권위로 인정하며, 합리주의에 기반한 시장경제를 존중한다. 로마법의 특징은 후기인 전주정기를 제외한다면 고전기가 끝날 때까지 국가권력과 개인간의 관계를 다루는 영역이 아니라 개인간의 거래를 다루는 영역이 대종을 이루고 있었으며, 그 사회경제적 기초는 자유주의적인 화폐경제였다는 데에 있다. 로마법의 기본원리는 자유와 소유에 있었다. 로마법은 전체적으로 현대의 법제도와 비교해도 손색이 없는 훌륭한 것인바, 소유와 물건에 대한 사실상의 지배인 점유를 이미 구별하고, 나아가 현재와 다를 바 없는 다양한 형태의 제한물권들을 규정하고 있었으며, 다양한 형태의 계약 기타 채권 발생 원인으로 불법행위, 부당이득, 사무관리 등을 풍부한 사례를 통하여 발전시켰다.[14] 로마법은 영미법계와 대륙법계 공히 소재와 아이디어를 제공하였다. 영미법계든 대륙법계든 로마법의 내용을 완전히 벗어난 독창적인 내용은 거의 없다. 독일민법이든 일본민법이든 그 내용이 로마법에 절대적으로 의존하고 있는 이상 특정 국가의 민법학을 극복하여야 한다는 주장은 성립할 수 없다. 중요한 것은 오늘날 우리나라의 입법과 재판에 있어서 우리만의 특징을 찾아 발전시킬 것은 발전시키고, 버릴 것은 과감히 버려야 하는 작업일 것이다.[15]

여 본격적으로 로마법에 접하게 되었고, 15세기 말에는 로마법을 독일의 보통법으로 받아들이게 되었다. 그러나 독일의 대학이 13,4세기부터 로마법을 강의하였고, 중세를 통하여 그 부분적인 계수가 漸增하면서도 그들의 민족정신 때문에 로마법을 독일제국의 보통법으로 받아들이기까지(1945)에는 많은 난관이 있었다고 한다. 즉 로마법의 교육을 받은 법학자들이 재판에 간여하게 함으로써 그들은 12세기 이후의 독일이 로마제국의 계승국이라는 이론을 내세워 로마법을 보통법으로 받아들이는 데 성공하였다. 그래서 학자들은 그 사상적 계수를 특히 로마법의 이론적 계수라고 부르게 되었다. 그러나 그 후 Herimann Conring이 세운 German 법학파가 독일고유법의 중요성을 강조하면서부터 로마법의 배척운동이 일기 시작하였다…일본이 제2초안에서 로마법의 판덱텐식 편별법을 모방한 외에 German의 고유법이 드러나게 타의 근대민법전에 영향을 준 것은 없다."

14) 최병조, 「로마법강의」, 박영사(1999), 9면.
15) 그레고리 핸더슨(1968), 박행웅·이종삼 옮김, 「소용돌이 한국정치」, 한울아카데미(2000) 48면: "나는 한국의 과거 및 현대 정치현상의 근원에 가로놓여 있는 중요한 요인은 집요하고

프랑스민법은 나폴레옹이 주도하여 만들어졌다. 나폴레옹은 민법전 기초위원회를 구성하여 민법초안을 만들게 하였다. 국참사원이 민법안을 36편으로 확정하였고, 각 편은 단행법률로 의회를 통과하였다. 1804년 3월 21일 이미 의회를 통과한 법률들을 민법이라는 하나의 법으로 통합하였다. 프랑스 민법의 공식명칭은 나폴레옹법전이다. 프랑스민법은 '제1권 人, 제2권 物 및 소유권의 변경, 제3권 소유권의 취득방법'으로 구성되어 있다.[16] 대륙의 근대민법전 가운데 유일하게 근대민법이라고 부를 수 있는 것은 프랑스민법이었다.

근대에 들어와서도 독일은 여러 지방권력으로 분열되어 있었고, 프랑스 파리나 영국 런던 같은 대도시가 존재하지 않았다. 당연히 대도시에 존재하는 시민계급도 없었고, 시민혁명 비슷한 것도 없었다. 시민계급의 자발적 요청에 의한 민법 제정은 불가능하였다. 1814년 하이델베르크대학 교수인 티보는 독일권역에 통일적으로 시행될 수 있는 민법의 필요성을 강력히 주장하였으나, 베를린대학 교수 사비니의 반대로 무산되었다. 1871년 프로이센이 중심이 되어 민법 제1초안이 만들어졌으나 로마법 요소가 강하여 개인주의적이라는 비판을 받아 제2초안을 만들었고, 수정을 거쳐 1896년 공포되어 1900년 1월 1일부터 시행되었다. 이것이 현행 독일민법(BGB)전이다. 그 시행 시점은 일본민법보다 늦다. 독일민법전은 총칙편, 채무편(채권이라는 용어는 독일에 없다), 물권편, 친족편, 상속편으로 구성되었다.

일본민법은 1868년 메이지유신 후 만들어졌다. 일본 관료와 지식인들은 외국열강들과의 협상에서 불평등조약개정, 치외법권철폐, 영사재판제도폐지 등을 주장하기 위해서는 최우선으로 자국의 민법이 존재하여야 한다는 각성을 공유하였다. 이의 실행을 위해 1870년부터 민법전편찬사업을 시작하였다. 당시 참고

뿌리 깊으며 더욱이 잘 변하지 않는 토착적·내재적인 것… 토착이라고 하면 약한 것이고, 외국 것이라면 강한 것이라는 신념이 단단히 들러붙고 있다. 한국에는 과거에도 그랬고 현재에도 외국에서 들어온 정치형태가 잘 시행되었을 때는 그것을 자신들의 공적으로 삼아 의기양양해 하고, 잘못되면 외국세력의 정책에 책임을 떠넘기는 강한 본능이 있다…. 역설적으로 자국의 내부적 패턴을 경시하고 외국의 영향을 과대평가하는 경향이 있다."

16) 남효순, "나폴레옹법전(프랑스민법전)의 제정에 관한 연구", 서울대 법학 제35권 제1호, 283면 이하.

할 수 있는 유일한 근대 민법전인 프랑스민법전을 기초로 민법을 만들었고 1890
년 공포하여 1893년부터 사용하려고 시도하였다.[17] 그러나 봉건사회질서가 여
전하고, 기초적 시민계급이 형성이 되어 있지 않은 관계로 시행할 형편이 되질
않았다. '민법이 나와서 충효가 망한다'는 비난이 많았다.[18] 일본 내 연기파와
단행파의 격렬한 대립으로 민법 시행이 연기되었고, 그 후 시민혁명 경험이 전
무하고, 대도시나 시민계급이 존재하지 않으며, 지방권력이 압도적으로 강한 독
일이 일본의 당시 형편과 가장 흡사한 관계로 독일민법 제1초안을 기초로 프랑
스민법을 더해 만든 총칙, 물권, 채권을 만들어 1895년에 공포하였다. 친족, 상
속은 1898년에 공포하였다. 1898년 7월 16일 전체가 함께 시행되었다. 독일민법
은 일본민법보다 늦은 1900년에 시행되었다. 2차세계대전 이후 친족, 상속이 전
면 개정되어 1948년 1월 1일부터 시행되었다.

　　민법은 私法에 해당한다고 일반적으로 설명된다. 국가조직이나 형벌권 운용
등과 관련한 바를 국민으로서의 생활관계로 보고, 매매계약이나 혼인 등과 관련
한 바를 인류로서의 생활관계로 구분할 경우 전자를 公法關係, 후자를 私法關係
라 할 수 있다. 사법관계를 규율하는 법질서를 私法이라 부를 경우 민법은 사법
이다. 공법관계와 사법관계의 구분은 공법과 사법의 구분이고, 공법과 사법의
구분은 공법관계와 사법관계의 구분이다. 공법관계와 사법관계의 구별기준에 관
하여 당해 법이 보호하는 이익에 따라 분류하자는 이익설과 당해 법률이 규율하
는 법률관계의 내용이 상하, 명령·복종관계이면 공법이고, 대등관계이면 사법으
로 분류하자는 종속설, 그 일방당사자가 국가 기타 행정주체인 경우에는 공법관
계이고 당사자가 모두 사인인 경우에는 사법관계라고 하는 주체설, 어떤 법률이
그 적용대상을 한정하지 않아 행정에도 사인에게도 적용될 수 있는 경우에는 사

---

17) 곽윤직, 「민법총칙 신정판」, 박영사(1995), 56면은 "프랑스민법을 번역해서, 프랑스라는 글
　　을 일본으로 고쳐서 그대로 일본민법으로 하려는 狂的 態度를 취하였다"고 적고 있다. 같은
　　책 56-57면에서 일본의 프랑스민법의 도입 과정을 단순한 摹寫·翻譯 과정으로 폄하하고 있
　　다. 광적 상태에서의 단순한 모사와 번역의 작업이었다는 평가는 독단에 불과하고 사실이 아
　　니다. 같은 책 39면은 "우리나라 법의 역사를 회고할 때에, 사법에 관한 한, 불문법의 나라였
　　었다고 할 수 있다. 민사에 관한 다툼은 원칙적으로 각 지방의 관습과 법관을 겸한 지방행정
　　관의 재량으로 해결하였던 것 같다"라고 적고 있는데, 이 주장 역시 사실이 아니다.
18) 장경학, 「민법총칙 제2판」, 법문사(1989), 39면.

법이고, 그 적용대상을 행정으로 한정하여 법률관계의 일방이 반드시 행정이 되는 경우에는 공법이라는 신주체설(독일 행정법학계 통설) 등이 주장된다. 사적 자치원칙이 적용을 받는 법이 私法이라고 주장하는 견해[19]도 있는데, 공법원리의 적용을 받는 법이 공법이고, 사법원리의 적용을 받는 법이 사법이라는 주장으로 동어반복에 불과하다.

　　공법과 사법의 구분 기준에 관한 다수설은 국가와 사인의 수직관계에 대한 것이 공법이고, 사인간의 평등관계에 대한 것은 사법인데, 이 기준에 따라 구별이 어려운 경우에는 사회전체의 이익이 결정적이면 공법적 규정으로 보자는 입장이다. 규율의 주체가 누구인가를 기준으로 하면서 개별 법률관계의 성질과 그 법률관계에 적용될 관련 규정의 내용을 종합하여 결정하자는 입장도 이와 유사하다.

　　법률관계의 특정부분(법률관계의 발생, 법률관계의 계속에 따라 파생되는 법률관계, 법률관계의 종료)에 따라 공법관계와 사법관계의 구별을 할 수 있다고 볼 수 있다는 견해도 있다.[20] 이에 따른다면 공공계약의 경우 법률관계의 발생 단계, 법률관계의 이행 단계, 법률관계의 해제·해지, 원상회복 단계별로 구분하여 발생단계와 해제·해지 단계에서는 행정소송으로, 이행 단계에서는 민사소송으로 접근할 수 있게 된다. 판례가 민사소송으로 다루고 있는 국가계약법이 적용되는 공공계약에 관하여 그 계약의 효력과 이행에 관한 분쟁은 민사소송으로 다루더라도, 최소한 낙찰자 결정만큼은 행정소송(취소소송)의 대상으로 해야 한다는 견해도 같은 입장이다.[21]

　　사견으로는 공법과 사법의 구분은 의미가 없다. 소송형식이 다르니까 공법과 사법을 구분할 실익이 있다고 하나 민사사건과 행정사건이 선험적으로 구분될 수 있는 것이 아니라는 점에서 그러한 주장은 부당하다. 민사소송 형식을 선택할지 행정소송 형식을 선택할지 문제를 전적으로 소제기를 하려는 개인에게 떠넘기는 것은 옳지 않다. 법률전문가도 대법원판례가 행정소송 전속관할에 해

---

19) 이영준, 「민법총칙 개정증보판」, 박영사(2007), 6면.
20) 司法研修所編, 行政事件訴訟の一般的問題に關する實務的研究, 法曹會(2000), 8頁.
21) 박정훈, "행정조달계약의 법적 성격", 「행정법의 체계와 방법론」, 박영사(2005), 236면.

당한다고 정해 줘야 해당 사건의 소송형식을 정확히 결정할 수 있다. 오늘날 모든 법률문제는 개인의 자율성과 국가의 규제 양면을 포함한다. 사법원리와 공법원리가 함께 또는 선택적으로 적용될 것이지, 소송의 형식이 민사소송이냐 행정소송이냐에 따라 사법원리와 공법원리 중 하나만 전적으로 적용되는 것이 아니다. 공법과 사법을 구분하고, 노동법, 경제법, 사회보장법을 사회법이라고 하여 제3의 법이라고 부르는 견해들도 있다. 그러나 노동법, 경제법, 사회보장법은 개인의 자율성을 공익 목적으로 국가가 규제하는 것이므로 행정법의 한 영역이다.

판례의 기본적 입장은 권리의 근거가 되는 법률이 공법적인 것이면 민사소송이 아니라 행정소송에 의하여야 한다는 입장이다.[22] 판례는 권리의 근거가 되는 법률을 기준으로 종래 부당이득반환소송(민사소송)으로 처리해 오던 것을 행정소송(당사자소송)에 의해야 한다고 판시하고 있다.[23]

판례는 국가계약법이 적용되는 행정조달계약에 대해서는 일관하여 행정소송이 아니라 민사소송으로 처리하고 있다.[24] 이를 근거로 판례가 공법과 사법의

---

22) 대법원 2006.5.18 선고 2004다6207(全): "하천법 각 규정들에 의한 손실보상청구권은 모두 종전의 하천법 규정 자체에 의하여 하천구역으로 편입되어 국유로 되었으나 그에 대한 보상 규정이 없었거나 보상청구권이 시효로 소멸되어 보상을 받지 못한 토지들에 대하여, 국가가 반성적 고려와 국민의 권리구제 차원에서 그 손실을 보상하기 위하여 규정한 것으로서, 그 법적 성질은 하천법 본칙이 원래부터 규정하고 있던 하천구역에의 편입에 의한 손실보상청 구권과 하등 다를 바가 없는 것이어서 공법상의 권리임이 분명하므로 그에 관한 쟁송도 행정 소송절차에 의하여야 한다."

23) 대법원 2013.3.21 선고 2011다95564은 "부가가치세법령의 내용, 형식 및 입법취지 등에 비추어 보면, 납세의무자에 대한 국가의 부가가치세 환급세액 지급의무는 그 납세의무자로부터 어느 과세기간에 과다하게 거래징수된 세액 상당을 국가가 실제로 납부받았는지의 여부와 관계없이 부가가치세법령의 규정에 의하여 직접 발생하는 것으로서, 그 법적 성질은 정의와 공평의 관념에서 수익자와 손실자 사이의 재산상태 조정을 위해 인정되는 부당이득 반환의무가 아니라 부가가치세법령에 의하여 그 존부나 범위가 구체적으로 확정되고 조세 정책적 관점에서 특별히 인정되는 공법상 의무라고 봄이 타당하다." 당연무효인 과세처분을 전제로 하는 과오납금을 반환청구는 세법에서 정한 권리라는 점에서 공법상 권리라고도 볼 수 있지만, 조세법률관계를 채권채무로 파악하는 입장에 선다면, 이는 부당이득반환청구권이라는 사법상 권리로 파악하는 것이 더 자연스러울 수 있다. 종래 사법상 권리로 파악하여 민사소송의 관할로 해결해 오던 판결들이 논리적으로 잘못되었다는 것보다는 당사자소송의 활성화를 통한 행정법원으로의 사건집중을 유도하기 위한 정책적 판단이었지 않나 싶다.

24) 대법원 2001.12.11 선고 2001다33604판결: "지방재정법에 의하여 준용되는 국가계약법에

구분에 관하여 성질설을 취하고 있다는 주장도 있다.[25] 그러나 행정조달계약을 제외하면 판례는 대체로 주체설에 의해 공법과 사법을 구분한다. 민사소송으로 처리하여 오던 행정조달계약(공공계약) 사안만 두고 판례의 일반적 입장이 성질설을 취하고 있다고 단정하는 것은 잘못이다.

독일, 일본, 한국에서는 國庫관계는 전통적으로 민사문제로 취급하여 왔다. 그에 따라 민사사건으로 취급하는 것뿐이다. 프랑스는 국고관계도 행정사건으로 취급한다. 행정법의 전통적 영역은 조세 부과와 같이 국가가 사인에 대해 권력적 처분행위를 하는 경우와 공물 관리와 같이 공익적 목적이 주된 비권력적 관리행위에 있다. 국가나 지방자치단체가 사인과 대등한 지위에서 체결하는 건물의 신축, 물품구매 등의 국고행위는 전통적으로 민법의 적용 영역이다. 전기 공급처럼 생존 필수적 급부는 사법상 계약의 형식을 취하나 공법적 통제가 요구된다는 점에서 행정사법이라 한다.

대법원 2003.2.26 선고 2002두10209 판결은 공공계약 형식으로 체결된 '연안화물부두 축조 타당성 조사용역계약'에 대한 계약자지위존재확인을 민사소송이 아니라 당사자소송으로 구한 것에 대해 "이 사건 계약은 대규모 공공사업인 연안화물부두의 축조를 위한 타당성조사 단계에서 체결된 것으로서, 먼저 그 타당성 조사를 하고 그 결과 연안화물부두의 축조가 적합한 것으로 판정되는 경우 그에 따라 구체적인 사업계획을 확정하여 이를 시행하기로 약정한 것이므로, 계속적 계약의 성격에다가 고도의 공익적 성격까지 갖추고 있는 점에 비추어 보면, 이러한 원고의 행위는 계약 당사자 사이의 신뢰관계를 근본적으로 파괴함과 동시에 그 공익성을 저해하는 것으로서, 이 사건 계약관계의 계속을 현저하게 곤란하게 하는 중대한 불신행위에 해당한다고 봄이 상당하므로, 이 사건 계약은 그 제13조에 기한 군산지방청장의 해지통고로 적법하게 해지되었다고 보아야 한다"고 판시한 바 있다.

따라 지방자치단체가 당사자가 되는 이른바 공공계약은 사경제의 주체로서 상대방과 대등한 위치에서 체결하는 사법상의 계약으로서 그 본질적인 내용은 사인 간의 계약과 다를 바가 없으므로, 그에 관한 법령에 특별한 정함이 있는 경우를 제외하고는 사적자치와 계약자유의 원칙 등 사법의 원리가 그대로 적용된다 할 것이다."
25) 송덕수, 「민법총칙 제3판」, 박영사(2015), 4면.

　이 사안에서 대법원은 국가를 당사자로 하는 계약에 관한 법률이 적용되는 공공계약에 대하여 공법원리에 의한 본안판단을 하고 있다. 이 사건에서 원고는 이 소송을 민사소송의 형식으로 제기하지 않고, 공법상 당사자소송의 형식으로 제기하였다. 이는 원고가 국가계약법을 기반으로 체결된 위 계약의 성격을 '사법상의 계약'이 아닌 '공법상의 계약'으로 이해한 것임을 보여주는 것이고, 이에 대해 대법원은 민사소송으로 제기할 것으로 행정소송으로 제기하였다고 하여 각하처분을 내리지 않았다. 이는 종래 민사소송 관할로 취급하던 국가계약법에 의한 공공계약을 행정소송으로 다루어도 문제가 없다는 판단을 전제로 한 것이라 할 수 있다. 이 판결에서 대법원은 사법상 계약이라 할지라도 그 계약 내용이 '고도의 공익적 성격'을 가지고 있다면 공법상 계약으로 취급할 수 있다는 것을 보여 준다. 이는 대법원이 공공조달계약을 일률적으로 사법상 계약으로 보지 않고 그 내용을 구체적으로 따져 보아서 공익성이 큰 경우에는 공법상 계약으로 보아 본안판단을 할 수 있다는 것으로 보여준 것이라 할 수 있다.[26]

　프랑스에서 공기업(entreprise publgque)이라 함은 일반적으로 '전체적 혹은 부분적으로 사적인 소유나 경영의 지배를 피하여 국가나 지방자치단체의 다소 밀접한 감독을 받는 법인체의 회사'를 말하며, 여기에는 공법인과 사법인을 모두 포함한다. 사인 또는 사법인도 공익목적, 공권력이 특권을 사용하고, 행정청의 감독을 받는 경우 행정처분을 구성하는 것으로 보아 꽁세유·데따(Conseil D'Etat)의 관할로 본다.[27] 프랑스에서의 공·사법 구별은 처음부터 행정재판의 기능적 특수성과 결부된 것이고, 프랑스에서의 행정행위 개념에는 행정계약이 당연히 포함되고, 이때 민법에서 규율되는 통상적 내용과 다른 계약 조항만 있으면 공법상 계약에 해당하기에 족하다.[28]

　민법 규정 중 많은 것이 사법이 아니라 공법에 해당한다. 실종선고 및 취소의 절차(제27조, 제29조), 강제이행(제389조)은 절차법 및 집행법 규정이다. 법인의

---

26) 김대인, "공법상 계약 관련 판례에 대한 고찰", 특별법연구 제9권, 사법발전재단(2011), 114-115면.
27) 이광윤, "공법인의 원고적격", 「현대공법학의 과제」 최송화교수화갑기념논문집, 박영사(2002), 503-508면.
28) 박정훈, 전게논문, 201-202면.

이사 등에 대한 벌칙(제97조)은 형사법 규정이다. 제한능력자, 법인등기, 부동산 등기와 관련한 규정들은 공법에 가깝다. 민법의 많은 규정들은 공법 영역에서 일반법으로 작용한다. 행정법규의 많은 것들이 민법 규정을 기초로 만들어졌다. 공법과 사법의 구분을 포기하고 행정소송법이 적용되어야 할 경우를 공법이라 하고, 민사소송법이 적용되어야 할 경우를 사법이라고 부르는 것으로 충분하다는 견해[29]가 있다. 이는 선험적으로 민사사건과 형사사건을 구분하는 것을 포기한다는 면에서 타당하다. 행정법원의 전속관할을 정해주기 위하여 公法·私法을 구분할 필요는 없다. 우리나라 법원은 행정사건·민사사건, 행정소송·민사소송을 구별하여 법관을 따로 선발하거나 업무영역에 제한을 두거나 하지 않는다. 대법원은 민사·형사·행정을 가리지 않고 한 명의 대법관이 다 관여한다. 모든 법관들은 단순히 업무를 그때그때 나누어 처리할 뿐이다. 인사이동에도 전문영역이 없다. 행정법원이 존재하지 않는 대부분 지역에서는 민사법원에서 행정사건을 처리하고 있다. 행정소송과 민사소송의 관할구분 자체가 명확하지 않다. 대법원 판례가 특정사건을 민사사건이 아니라 행정사건으로 행정법원 전속관할이라고 선언하여야 비로소 해당 사건의 소송형식이 명확해진다. 행정소송은 민사소송과 달리 행정법원에서 재판을 하여야 하기 때문에 公法·私法을 구별할 필요가 있다는 주장[30]은 잘못된 것이다. 행정사건이 행정법원의 전속관할이라는 법규정은 존재하지 않는다.[31] 전문법원이 존재한다고 하여 전속관할이 저절로 생기는 것이 아니라 법률에 규정이 있어야 전속관할이 생긴다. 오정후 교수는 "법률분쟁의 성격에 따라 민사법원과 행정법원이 하는 일의 내용이 다르고 절차도 다르지만, 법원이 공권적으로 법률분쟁을 판단하는 작용이라는 점은 마찬가지이다. 따라서 민사법원과 행정법원에 일을 나누어주는 것은 직무관할이 아니다. 행정사건을 재판하는 행정법원이나 지방법원본원도 토지관할의 문제가 있는데, 서울행정법원은 관할구역이 서울시이고 다른 지역의 지방법원본원은 지원의 구역까지 포함하여 관할한다. 이것은 임의관할이다. 행정소송법 제9조의 관할이 전속적이

---

29) 고상룡, 「민법총칙 제3판」, 법문사(2003), 5면.
30) 송덕수, 전게서, 6면.
31) 통설과 판례는 행정소송은 행정법원의 전속관할에 속한다고 한다.

지 않기 때문"이라고 한다.[32]

공법원리와 사법원리가 다르기 때문에 公法·私法을 구별해야 한다는 주장[33]도 납득하기 어렵다. 민사재판에도 공법원리가 적용되고 행정재판에도 사법원리가 적용되는 것이 현실이다. 사법원리만 적용되는 사건도 공법원리만 적용되는 사건도 없다. 공법원리와 사법원리는 공법관계든 사법관계든 간에 동시에 또는 선택적으로 적용되는 것이다.

민법은 공법적 규정과 사법적 규정 모두 가지고 있는 법률이지, 전적으로 사법이라고 볼 수 없다. 민사소송의 본안판단 기준이 민법인데, 민사소송법은 사법이 아니라고 공법이다.[34] 민법은 민사소송의 본안절차에서 판단기준으로 작용한다. 민사소송의 절차는 민사소송법이 규정하고, 집행절차는 민사집행법이 규정한다. 민사소송법과 민사집행법 모두 공법이다.

---

32) 오정후, "재판권 위반과 절차법의 위법한 적용—민사소송법에 따른 행정사건 심리·재판 —", 행정법연구 제34호(2012.12), 행정법이론실무학회, 117-118면.

33) 송덕수, 전게서, 6면.

34) 공법과 사법의 구분은 실체법에서만 타당하고, 소송법은 공법과 사법 어느 영역에도 속하지 않는 절차법이라는 주장도 있다. 그러나 소송법은 민사소송법이든 형사소송법이든 모두 공법이라 할 것이다. 민사소송제도를 실제 이용하든 이용하지 않던 간에 국가가 모든 국민들로부터 세금을 거두어 법관과 법원공무원에게 급여를 지급하고 법정을 비롯한 물적 시설을 관리·운용하는 것은 소송법이 공익을 주요 목적으로 하는 법이기 때문이다. 소송법은 법률의 실효성을 보장하여 전체 법질서를 유지하는 것을 직접적인 목적으로 한다.

제2장
민사재판의 기준(法源)

제1절 민법 제1조 표제 '法源'

민법 제1조는 法源이란 표제를 두고 있다. 상법 제1조는 法源이라는 표현 대신 商事適用法規라는 표제를 두고 있다. 양 규정의 유사성에 기초하여 민법 제1조 표제 法源의 의미를 상법 제1조 표제 商事適用法規와 마찬가지로 민사적용법 규를 뜻하는 것으로 해석하는 견해가 있다.[1] 민법 제1조 法源은 법의 淵源 (Rechtsquelle)을 가리키는 것으로서 법의 존재형식 또는 법의 현상형태를 말한 다는 것이 통설이다.[2] 현대 민주주의 국가에서 개별 사건에 적용되는 법명제의 가장 중요한 효력근거는 의회가 입법한 법률과 법률의 위임에 근거한 법규명령 이다. 이러한 법률, 법규명령이 통설이 말하는 법의 존재형식 내지 현상 형태로 서의 法源을 의미한다. 즉, 법의 존재형식 내지 법의 발현형태로서 法源은 "학생 이 책을 구입하는 데는 민법전의 제536조 내지 제595조가 적용되고, 상인이 책 을 출판사에서 구입하여 오는 것은 상법전의 제67조 내지 제72조가 적용되는 것이다"[3]라는 문장에 등장하는 민법과 상법의 조문을 뜻한다.

---

1) 김준호, 「민법강의 17판」, 법문사(2011), 6면.
2) 김학동, "법원의 의의 및 제정법, 관습법", 채권법에 있어서 자유와 책임; 김형배교수화갑기 념논문집(1994), 69면: "법률학의 제1차적 과제는 실정법을 밝히는 것이다. 따라서 법률학에 서의 법원은 법의 존재형식을 의미한다."
3) 황적인, 「현대민법론Ⅰ」, 박영사(1980), 1-2면.

이에 반하여 민법 제1조는 재판규범에 관한 것이고, 재판은 법의 생성작용이 아니고, 법의 발견작용이기 때문에 민법 제1조 法源의 의미는 법의 인식연원만을 의미한다는 견해가 있다.[4] 이 입장에 따르면 민법 제1조의 법원은 국민이 무엇이 법인가를 인식할 수 있는 출처를 가리킨다고 볼 수도 있고,[5] 계약도 민법 제1조의 法源에 속하는 것으로 해석할 수 있게 된다.[6]

생각건대, 민법 제1조 표제 法源의 개념을 법의 존재형식으로만 이해하면 법률이 아닌 형식의 관습법·판례법을 재판의 기준으로 삼을 수 없게 된다. 따라서 관습법과 판례법을 인식연원으로 법원 개념에 포함시켜야 한다. 민법 제1조 표제의 法源은 법의 존재형식(법률)과 법의 인식연원(관습법, 판례법)을 의미한다고 보아야 하는 것이다. 학자에 따라서는 민법 제1조의 제목에 지나치게 구애될 필요가 없다는 입장을 취하기도 한다.[7]

제2절 민법 제1조의 민사에 관한 법률의 의미

민법 제1조는 民事에 관하여 法律에 규정이 없으면 慣習法에 의하고 慣習法이 없으면 條理에 의한다고 규정하고 있다. 여기서 民事는 司法的 판단을 전제로 한 민사사건, 민사소송사건의 준말이다.[8] 여기서 법률의 의미는 무엇인가. 통설은 여기서 법률이라 함은 형식적 의미의 법률에 한정하지 아니하고 성문

---

4) 최병조, 「민법주해 민법총칙(1)」, 박영사(1992), 26-27면: "제호에 내세운 법원의 의미는 규정의 문언상 의미로 보나, 본조의 입법취지로 보나 명백히 인식연원의 의미로 사용된 것이라는 사실이다. 민법안심의록에 의하면 민법 제1조가 말하는 법원이란 재판의 기준이다. 이 사실은 여기서 '의한다'는 것은 본조의 입법에 있어서 그 선례로서 인용되는 일련의 외국입법례를 보더라도 알 수 있듯이 '재판관은…에 의하여 재판하여야 한다'는 표현을 축약한 것에 불과하다. 그런데 재판이란 일차적으로 법의 생성작용이 아니라 법의 발견작용이다. 따라서 본조에서 말하는 법원은 법의 인식근거로서의 법원이라고 이해된다."
5) 이은영, 「민법총칙 5판」, 박영사(2009), 27면.
6) 김형배, 「민법학강의 4판」, 신조사(2005), 15-16면.
7) 송덕수, 「민법총칙 3판」, 박영사(2015), 11면.
8) 최병조, 전게서, 28면; 곽윤직, 「민법총칙 신정판」, 박영사(1995), 13면은 민법 및 상법의 적용대상인 私法關係에 관하여라는 뜻으로 풀이한다.

화된 명령·규칙·자치법·국제법 등을 통칭한다고 주장한다.[9] 그러나 여기서 법률은 국회가 제정한 각종 법률과 이들 법률의 위임을 받은 시행령(대통령령)과 법률의 위임을 받아 법원을 구속하는 시행규칙(총리령·부령), 헌법에 의하여 법률과 같은 효력을 가지는 조약, 국제사법 제1조에 의하여 준거법으로 적용되는 외국의 법률만을 뜻하는 것으로 보아야 한다.

통설은 법규명령인 대통령령과 총리령 및 부령 모두 민사에 관하여 규정하는 경우 민법의 法源이 된다고 한다.[10] 그러나 대법원판례는 원칙적으로 제재적 처분기준이 대통령령(시행령)으로 되어 있으면 법규명령으로 보아 법원으로 구속하지만, 총리령·부령은 대통령령과 달리 국무회의를 거치지 않는 것으로 법원을 직접 구속하지 않는 행정규칙으로 보아 법원을 구속하지 않는다는 입장이다.[11] 이러한 대법원판례의 기본 입장에 따라 법원을 구속하지 않는 제재적 처분기준인 총리령·부령은 민법 제1조의 법률에 포함되지 않는다고 볼 것이다.

소송, 비송, 등기와 관련하여 대법원이 만든 대법원규칙은 민사재판에서 중요한 法源으로 기능하고 있다. 그러나 국민의 권리와 의무에 관한 것은 법률에 규정되어야 하는 것이지, 대법원이 임의로 변경할 수 있는 대법원규칙에 규정할 것이 아니다. 헌법 제108조에서는 대법원 규칙을 규정하고 있는데, 비록 명칭은 규칙이지만 그 실질은 대통령으로부터 독립된 기관인 대법원이 발하는 법규명령이다.

통설은 지방자치단체의 조례와 규칙도 민사에 관한 것은 민법의 법원이 되는 법률에 포함된다고 한다.[12] 그러나 특정 지방자치단체의 자치사무에 관하여 제정된 조례나 규칙은 행정사건에 관하여는 몰라도 민사에 관한 민법 제1조의

9) 백태승, 「민법총칙 제7판」, 집현재(2016), 11면.
10) 김상용, 「민법총칙 전정증보판」, 박영사(2003), 16면; 송덕수, 전게서, 15면; 백태승, 전게서, 13면.
11) 대법원 1996.2.27 선고 95누16523 판결; 대법원 1996.1.26 선고 94누16168 등. 그러나 대법원 2006.6.27 선고 2003두4355판결은 "구 여객자동차 운수사업법 시행규칙 제31조 제2항 제1호, 제2호, 제6호는 구 여객자동차 운수사업법 제11조 제4항의 위임에 따라 시외버스운송사업의 사업계획변경에 관한 절차, 인가기준 등을 구체적으로 규정한 것으로서, 대외적인 구속력이 있는 법규명령이라고 할 것이고, 그것을 행정청 내부의 사무처리준칙을 규정한 행정규칙에 불과하다고 할 수는 없다"고 판시하여, 부령 형식으로 제정된 재량준칙을 법규명령으로 본 바도 있다.
12) 송덕수, 전게서, 17면; 백태승, 전게서, 14면.

법률에는 포함되지 않는다고 보아야 한다. 전주시 대규모점포 등록 및 조정조례 (대형마트 의무휴업 강제), 전주시 대형마트 지역기여도 권고조례 등은 민사재판의 法源으로 법관을 직접 구속하는 것으로 볼 수 없다. 민법은 기본적으로 특정 지방자치단체가 아닌 대한민국의 모든 지역에 똑같이 적용되어야 하는 일반법이다. 특정 지역에만 통용될 수 있는 일방적 내용의 조례가 法源으로 민사재판의 법관을 구속할 수 있다고 보는 것은 특정지역의 지방의회가 민사재판에 임하는 법관의 재량을 본질적으로 침해할 여지를 주는 것이다. 상위 법률에 부합하지 않는 조례도 확정판결에 의해 저지되지 않는 이상 그대로 효력을 가지는 것이기 때문에 지방의회가 제정한 조례가 민사에 관한 것이기만 하면 곧바로 法源 지위를 부여하는 것은 잘못된 것이다. 대형마트의 의무휴업을 무조건 강제하는 내용의 조례는 상위법인 유통산업발전법에도 어긋나는 것으로 행정소송에서는 몰라도 私人간의 재판인 민사소송에서의 法源으로 기능할 수 없음이 명백하다. 확정판결에 의해 저지되기 전에도 그러한 조례는 민사재판의 法源이 될 가능성을 차단해야 한다.

국제사법 제1조에 의하여 준거법으로 적용되는 외국법 역시 法源이며, 이러한 외국의 법률은 법원이 직권으로 조사하여 그 내용을 확정해야 하는(국제사법 제5조) 직권조사사항이다.[13]

제3절 慣習法

오늘날 관습법의 대표적 예로 드는 두 가지 예는 관습법상 분묘기지권과 관습법상 법정지상권이다. 그런데 둘 다 관습법을 근거로 인정된 권리가 아니라

---

13) 대법원 2003.1.10 선고 2000다70064 판결: "섭외적 사건에 관하여 적용될 외국법규의 내용을 확정하고 그 의미를 해석함에 있어서는 그 외국법이 그 본국에서 현실로 해석·적용되고 있는 의미·내용대로 해석·적용되어야 하는 것인데, 소송과정에서 적용될 외국법규에 흠결이 있거나 그 존재에 관한 자료가 제출되지 아니하여 그 내용의 확인이 불가능한 경우 법원으로서는 법원(법원)에 관한 민사상의 대원칙에 따라 외국 관습법에 의할 것이고, 외국 관습법도 그 내용의 확인이 불가능하면 조리에 의하여 재판할 수밖에 없다."

는 주장이 많다. 조선시대에는 취득시효든 소멸시효든 시효에 관한 법적 개념 자체가 없었고, 분묘설치를 위한 借地에 관하여는 아주 드물게 지대를 지급하고 借地하여 분묘를 설치하는 경우가 있을 뿐이라는 조선총독부의 관습조사보고서를 근거로 분묘기지권에 관한 관습 자체가 없었다는 주장[14]이 유력하고, 관습법상 법정지상권에서 관습법은 그 존재가 확인된 적이 한 번도 없는 것이라 판례법상 법정지상권을 정당화하기 위하여 관습법이라는 용어를 차용한 것에 불과하다는 지적이 많다.[15] 이 둘을 제외할 경우 현재 실무에서 중요성을 가지는 관습법이라는 것은 민법 시행 전 가족법과 관계된 것뿐이다.

    자연적으로 발생한 관행이 오랜 기간 지속되고, 그러한 관행이 법적 확신에 의하여 '법규범'으로 승인된 것이 관습법이라고 설명되지만, 오랫동안 유지되어온 특정 관행이 있고, 그 관행에 대한 법적 확신이 있다 하여도 그것이 곧바로 민법 제1조가 규정하는 관습법이 된다고 볼 수 있는 것인지 의문이다. 법적 확신을 획득한 오래된 사회 관행이라도 현행 법질서를 감안하여 대법원판례가 관습법이라고 선언하고, 해당 사안은 그 관습법이 적용되어야 한다는 판결을 내려야 관습법의 성립이 현실적으로 확정된다고 할 수 있다. 대법원 2003.7.24 선고 2001다48781 판결은 헌법을 최상위규범으로 하는 전체 법질서에 반하지 아니하는 것으로서 정당성과 합리성이 인정되어야 사회의 거듭된 관행이 법이 된다고 하였고, 대법원 2005.7.21 선고 2002다1178 판결은 사회를 지배하는 기본적 이념이나 사회질서의 변화로 인하여 관습법을 적용하여야 할 시점에 있어서의 전체 법질서에 부합하지 않게 되었다면 그러한 관습법은 법적 규범으로서 효력이 부정될 수밖에 없다고 하였다. 이러한 대법원판례를 감안해 볼 때, 관습법은 대법원판례에 의해 정당성과 합리성을 인정받는 과정을 반드시 거쳐야 한다는 현

---

14) 오시영, "관습상의 분묘기지권의 전제인 관습 부존재에 관한 고찰(Ⅰ)", 강원법학 제49권, 강원대학교 비교법학연구소(2016), 466-468면.

15) 권재문, "관습법상 법정지상권의 인정근거와 필요성에 관한 비판적 고찰", 법사학연구 제37호, 한국법사학회(2008), 102면: "판례가 지상권을 인정하기 위하여 존부도 불확실한 관습법에 집착하는 것과 지배적 견해가 판례의 태도를 비판하면서도 지상권의 필요성 자체는 인정하고 있는 것은 현행 민법 제정 전후의 법적 상황의 변동, 즉 대지 임차권만 인정하더라도 건물 철거라는 사회경제적 불이익은 충분히 방지할 수 있게 되었다는 점을 간과한 것으로부터 비롯된 오해이다."

실을 알 수 있다. 그렇다면 관습법은 관습을 소재로 한 판례법의 한 형태로 이해할 수 있겠다.

관습법의 경우 입법을 위한 의회와 정당제도가 완비되지 않은 과거에는 법의 존재형식으로 존재하였다. 그러나 온오프라인의 각종 언론과 페이스북, 블로그, 인스타그램, 트위터 같은 소셜 미디어를 통해 실시간으로 온갖 정보가 공유되고, 국내 포털사이트뿐만 아니라 구글과 같은 외국의 검색사이트가 광범위하게 이용되고, 청와대 사이트를 이용한 온갖 입법 청원이 가능한 현재 시점의 한국 사회에서는 다르게 생각해 보아야 한다. 관습법의 성립요건인 장기간의 관행과 법적 확신은 현재 한국 사회에서 존재하기 어렵다고 본다. 법적 확신에 이를 정도의 장기간의 관행은 이미 입법을 통해 해결되었거나 대법원판례에 의해 확고한 형태의 법적 명제로 만들어져 재판의 기준으로 하급심을 구속하고 있을 것이기 때문이다.

견고한 판례가 법적확신을 취득하면 관습법이 된다는 견해가 있다.[16] 이 견해는 상당한 기간 누차 반복하여 확립된 판례는 대체로 이에 상응하는 법적 확신을 구유하고 있고 이것이 판례에 의하여 확인되었다 할 것이므로 관습법으로 되고, 이러한 판례에 한하여 민법 제1조의 관습법으로서 성문민법에 대한 보충적 효력을 갖는다고 한다. 그러나 대법원판례는 견고하거나 반복이 많이 되거나 하는 것과 관계없이 하급심을 구속한다. 관습법인 대법원판례와 관습법이 아닌 대법원판례 사이에 차이가 있을 수 없다. 견고한 판례를 관습법으로 이해할 경우 결국 판례법만 남게 된다. 판례법을 통해서만 관습법이 확인될 수 있는 것이라면 관습법은 판례법이 법적 권위를 획득하기 위하여 사용하는 클리셰(cliché)에 불과하다고 보는 것이 정직한 접근이다. 분묘기지권, 관습법상 법정지상권 모두 관습법이라는 표현을 동원한 판례법이다.

판례가 반복되어 견고해지면 관습법이 되는 것이 아니고 단지 강력한 판례법이 될 뿐이다. 판례의 반복이 관습법을 확인하는 작업을 의미할 수 없다. 관습법과 판례법은 생성방법이 다른 것이다. 판례법이 관습법이 된다는 것은 개

---

16) 이영준, 「민법총칙 전정판」, 박영사(1997), 23-24면.

념의 혼란만 초래한다.

선거절차가 문제가 많았고, 의회의 활동 또한 미약한 수준이었던 과거에는 관습법이 사적 자율성을 대표할 수 있었기에 특정 계급의 이익만을 반영한 법률보다 시민법으로서 우월한 지위의 법의 존재형식이었을 수 있다. 그러나 오늘날 대다수 선진국에서 의회를 거치지 않은 대중의 확신만으로 관습을 法으로 보는 것이 과연 가능한 것인지 의문이다. 국회든 법원이든 국가기관의 승인이 있어야만 관습법이 유효한 법이 되는 것은 아니라는 반론이 있을 수 있지만, 국회나 법원을 거치지 않는 법적 확신은 누구의 법적 확신인지 알 수가 없다. 현대사회에서는 국민의 경험적 의사와 국민 전체의 이익이 일치하지 않는 경우가 흔하게 발생하며, 지역별 계층별 이익이 일상적으로 충돌한다. 지역적 관행은 관행의 효력 범위를 확정할 수 없다. 따라서 지역적 관행은 계약의 해석에 있어 참고하는 자료 수준에 불과하다. 관행의 범위가 전국적인 것이고, 그러한 관행에 대하여 법적 확신에 유사한 것이 형성되었다 하더라도 그러한 관행이 특정 계층 이익에 상대적으로 더 유리한 것이 아닌지를 다시 따져야 한다.

국민 전체의 이익을 반영하는 관습법의 존부를 확인하는 작업은 국회와 법원 두 기관이 수행할 수밖에 없다. 국회에서 그 작업을 수행하면 그것은 법률제정으로 나타날 것이고, 법원이 그 작업을 수행하면 대법원판례로 귀결될 것이다. 민사와 관련한 관행 또는 관습은 사적 자치의 원칙에 의하여 계약에 편입되거나,[17] 계약의 내용 확정 내지 보충이라는 논리조작을 거쳐,[18] 법률행위 당사자의 권리의무를 규율하는 것으로 충분하다.

해당 국가의 입법능력과 法源論(특히, 관습법과 판례법)을 분리시켜 논해서는 아니 된다. 한 국가의 입법능력이 충분하다면 그 국가는 외국법이나 관습법에 의존할 필요가 현저히 작아진다.[19] 관습법에 대한 의존 정도는 해당 국가의 의

---

17) 김주수, 「민법총칙 3판」, 삼영사(1992), 265면: "사실인 관습도 사적 자치의 원칙(법률행위도 제정법과 동일한 법원적 가치를 가지는 것)에 의하여 실질적으로 법원성을 가지므로 관습법과 관습을 구별할 필요가 없고, 규범성의 강약의 차이도 없다."

18) 김용한, 「민법총칙 전정판」, 박영사(1986), 272면.

19) 이와 관련하여 남기윤, "사비니의 법사고와 법이론", 저스티스, 한국법학원(2010.10), 25면에서 "그 시대 독일민족에게는 아직 입법능력이 결여되어 있었기 때문에 이 결함을 보충하기

회민주주의의 실현 정도에 밀접한 관계를 맺고 있다. 선거를 통하여 평화적 정권교체가 이루어지는 민주주의국가에서는 의회를 통하여 법공동체의 이해관계가 원활하게 표출될 수 있다. 의회가 활발히 활동하여 수시로 생활관계를 규율하는 법의 제정 및 개정 작업이 이루어지는 국가와 명목상으로만 의회가 존재하고, 시민의 생활관계는 관습법에 의존하는 국가는 다른 국가이다. 지금도 아프리카 국가들 중 일부는 과거 제국주의 시절 임의로 그어진 국경에 의해 성립한 국가의 제정법보다 부족 사회의 관습법이 실제 법으로 작용하고 있다. 그러나 외국과의 교역이 부가가치의 대부분을 창출하고, 전국이 인터넷을 통하여 비즈니스를 행하며, 대중교통수단의 발전으로 전국이 1일 생활권인 우리나라의 상황에서는 관습법의 법원으로서 중요성은 거의 없다. 더구나 개별국가의 특징적인 고유 규정을 제거하고 여러 국가에 공통적으로 적용될 수 있는 표준적 민법을 만드는 작업이 진행되는 상황에서 관습법의 중요성을 강조하는 것은 시대착오적이라 할 수 있다.

제4절 判 例 法

민주적 정당성을 국회의 입법과정에서만 찾게 되면 민주적 정당성을 결한 법관이 만드는 판례는 재판의 기준이 될 수 없다. 프랑스에서는 1791년과 1793년 헌법이 법관의 입법을 명시적으로 금하였고, 1804년 민법 제5조는 "법관이 일반적, 규제적 규범을 세움으로써 사건을 해결하여서는 아니 된다"고 명시하였다.[20] 그러나 분쟁에 적용할 만한 법률이 없는 경우 법관 스스로 새로운 판단기준을 만들어 분쟁을 해결할 수밖에 없다. 오늘날 법관에 의하여 발견된 규범은 그것이 확립된 판례로 되거나 그에 따른 관행이 확립되기 전에도 의심없이 효력

위해 법학을 먼저 정비하는 것이 법률가의 임무라고 본 사비니의 경우 게르만법 연구를 그 과제로 할 수는 없었다. 그러므로 그에게 남아있는 선택은 로마법을 적용하는 것이었다"는 설명은 참고할 부분이 있다.

20) 김대휘, "법원론에 관한 연구", 박사학위논문, 서울대학교(1992), 237면.

을 가진다는 것은 경험적 사실이기도 하다.[21] 일반적으로 판례라는 용어는 법원
이 구체적인 사건에 대한 재판을 통하여 행한 법에 대한 공정의 해석으로서 장
래의 재판에 대하여 지침이 되는 것으로 설명된다.[22]

소액사건심판법 제3조 제2호는 소액사건에 대한 지방법원 본원 합의부의
제2심판결이나 결정·명령이 대법원의 판례에 상반되는 판단을 한 때 대법원에
상고 또는 재항고를 할 수 있다고 규정하고 있고, 민사소송법 제436조 제2항 후
단은 상고법원의 파기 이유로 한 사실상과 법률상의 판단에 대한 하급심의 羈束
力을 규정하고 있다. 법원조직법 제7조 제1항 제3호는 대법원이 판례(해석·적용에
관한 의견)를 변경하려고 할 때에는 전원합의체에서 하도록 하고 있고, 법원조직
법 제8조는 상급법원의 재판에 있어서의 판단은 당해 사건에 관하여 하급심을
기속한다고 규정하고 있다. 이들 법률들은 하급심판례가 아니라 대법원판례를
기준으로 삼고 있다. 이들 법률들에 의하여 대법원판례가 하급심에 대하여 가지
는 영향력은 매우 직접적이고 구체적인 것이다. 하급심의 경우 직접 관련되는
대법원판례를 통째로 판결문에 인용한다.

사견으로는 우리나라 대법원판례는 판례법을 뜻하는 것으로 보아야 한다.
대법원판례는 단순한 법률의 포섭적 적용을 넘어서서, 법률 안에 현재적 혹은
잠재적으로 표현된 일반적 법원리로부터 획득된 규범이나, 법률에 명시되지는
않았지만 해석에 의하여 산출되는 규범, 관습규범을 법적 명제로 제시한다. 대
법원판례는 그에 반하는 하급심을 절대적으로 구속하여 대법원판례와 다른 판
결들은 파기 환송시킨다. 재판에 관여하는 법원과 소송당사자에게 대법원판례는
추상적인 원칙만 제시하고 마는 민법 규정보다 직접적이고 구체적으로 판단 기
준을 제공한다. 전원합의체로 변경되기 전까지 대법원판례 자체가 실무에서 그

---

21) 김대휘, 전게논문, 246면.
22) 양창수, 「민법입문」, 박영사(2008), 143-144면. 同교수는 재판례와 판례를 구분한다. 손해배
   상액의 감경 비율을 정하는 것과 같은 실무적 판단과 법의 보다 일반적인 의미를 해명하는
   법의 해석과는 구분되어야 함을 근거로 한다. 그러나 배상액 산정 과정에서의 법원의 과실비
   율 판단은 법의 일반적 의미를 탐구하는 작업과 마찬가지로 중요하다. 그 기준에 따라 하급
   심에서 배상액이 결정되는데, 이는 법의 일반원칙보다 현실세계에 미치는 영향력이 직접적
   이다. 따라서 실무적 판단을 담은 재판례와 법의 해석을 담은 판례를 따로 구분할 이유가 없
   다. 판례의 개념에는 극히 실무적 판단을 내용으로 하는 판결까지 포함된다고 볼 것이다.

대로 재판의 기준이 된다. 상급법원의 파기환송판결에 하급법원이 구속되는 것은 심급구조에 의하여 인정되는 구속력이라고 표현되기도 하나, 실제에 있어서는 특정 시점의 특정한 대법원판례의 설시 내용이 그대로 하급심 판결 속에 인용되어 판결문의 내용을 이룬다. 대법원판례는 선고 이후 곧바로 하급심 재판의 법적 기준 역할을 수행한다. 오랜 기간 법원의 실무관행으로 확립된 대법원판례만이 하급심 재판의 기준이 되는 것이 아니다.

법관은 다만 헌법과 법률에 의하여 재판할 의무가 있는 데 지나지 않기 때문에 판례에 따라 재판할 의무가 없다는 점,[23] 법원이 판례에 따르지 않고 재판을 하여도 위법한 재판이 되지 않는 점,[24] 法源을 명시하고 있는 우리 민법 제1조는 특히 스위스민법 제1조를 따른 것임에도 불구하고 스위스민법 제1조 제3항과 같이 '법관은 확정된 학설과 先例를 따라야 한다'는 것과 같은 규정을 두고 있지 않다는 점[25]을 근거로 판례의 법원성을 부인하는 견해들이 있다. 그러나 법원조직법 제8조는 상급법원의 재판에 있어서의 판단은 당해 사건에 관하여 하급심을 기속한다고 하고 있다. 법원이 판례에 따르지 않고 재판을 하여도 위법한 재판이 되지 않는다는 주장은 당사자들이 상고기간을 도과하거나 상고를 포기하는 경우에만 타당한 것이다. 소송당사자가 대법원판례에 반하는 판결에 대하여 그 이유로 상고를 할 경우 하급심판결은 위법한 재판이기 때문에 예외 없이 파기환송된다. 대법원판례가 적용될 사안에서 대법원판례와 다른 독자적 견해를 제시하는 하급심은 상급심을 통해 대법원판례의 결론에 따라 내용이 바뀐다. 따라서 대법원판례와 어긋난 하급심 판결은 확정되지 않은 상태의 독자적 견해 표명에 불과하다. 판례의 법원성을 부정하는 견해들의 유일한 논거는 사법부는 입법권을 가지지 않고 있다는 것인데, 오늘날 권력분립이론은 기관 중심이 아니라 기능중심이고, 실제로도 입법기능, 행정기능, 재판기능을 한 기관에서 조금씩 모두 가지는 경우가 모든 나라에서 증가하고 있다. 삼권분립은 국가의 기능을 나누는 개념적 징표일 뿐이다. 입법기관·사법기관·행정기관이 반드시 별

---

23) 곽윤직, 「민법총칙 신정판」, 박영사(1995), 33면.
24) 송덕수, 전게서, 28면; 이은영, 전게서, 60면.
25) 이영섭, 「신민법총칙」, 박영사(1968), 74면.

도의 기관으로 나눠지고 각각의 기능을 독립적으로 수행하여야만 한다는 도그마로서 삼권분립원리는 오늘날 존재하지 않는다. 개별 국가의 민주주의와 경제발전의 수준에 따라 입법·사법·행정 기능을 여러 기관에서 독립적으로 행사할 수도 있고, 한 기관에서 기능의 전부 또는 일부를 통합하여 행사할 수도 있는 것이다. 미국, 영국, 독일, 프랑스, 한국, 일본, 중국 모두 삼권분립의 형태가 각국의 시장경제와 민주주의 성숙도에 따라 전혀 다르다. 삼권분립원칙으로 인하여 입법기능과 사법기능이 반드시 완벽하게 분리되어야 한다는 논리에 사로잡혀 판례법은 법원이 될 수 없다고 하거나 판례는 법의 개별적 집행에 불과하다고 주장하는 것은 민주주의 초기의 원시적 논의를 무의미하게 반복하고 있는 것에 지나지 않는 것이다. 무엇보다 법관에 의해 정립된 명제들이 어떻게 하여서든지 헌법이나 아니면 유사한 사안을 규율하는 법률에 의거하여 근거 부여될 수 있다는 이유로 이들을 단지 헌법 또는 법률의 해석에 불과한 것으로 본다면, 법관 자신의 의지적 평가 작용의 책임을 헌법이나 법률로 전가할 우려가 있다.[26] 오늘날 권력분립이론에 따를 경우 삼권분립은 그 자체로 법의 흠결이 있는 분야나 법의 해석과 적용 과정에서의 법관에 의한 법창조를 허용하는 원리로 이해하여야 한다.[27]

제5절 판례법이 정립하는 권리

토지 소유권의 시작점 즉 토지의 원시취득자는 査定받은 자라는 것이 판례법이다.[28] 토지를 사정받은 자는 그 토지를 원시적으로 취득하므로, 사정을 이

---

26) H. Sendler, *Richterrecht-rechtstheoretisch und rechtspraktisch*, NJW 1987, S.3240-3242. 박정훈, "판례의 법원성", 법실천의 제문제; 동천 김인섭 변호사 화갑기념논문집(1996), 20면에서 재인용.

27) 四宮和夫, 「民法総則 第8版」(法律学講座双書), 弘文堂(2010), 11頁.

28) 대법원 1986.6.10 선고 84다카1773 전원합의체 판결: "구 토지조사령(1912.8.13 제령 제2호)에 의한 토지조사부에 토지소유자로 등재되어 있는 자는 재결에 의하여 사정내용이 변경되었다는 등의 반증이 없는 이상 토지소유자로 사정받고 그 사정이 확정된 것으로 추정할 것

유로 소유권을 취득하였음을 주장하는 자는 그 사정사실 외에 사정 이전의 토지 취득경위 등을 증명할 필요가 없고, 나아가 소유권보존등기가 마쳐져 있으나 사정명의인이 따로 있는 것이 밝혀진 경우에는 그 토지 보존등기의 추정력은 깨어지고 보존등기의 명의인이 그 등기가 실체관계에 부합한다는 점에 관하여 주장·증명해야 한다는 것이 확고한 판례법이다. 임야의 경우도 마찬가지다.[29] 건물의 경우 보존등기 전 원시취득자는 건물을 신축한 자이고,[30] 미등기 건물의 양수인은 소유권을 취득하지 못하지만 사실상 처분권자 또는 사실상 소유자라는 것이 판례법이다.[31] 나아가 인격권,[32] 초상권,[33] 일조권,[34] 조망권,[35] 갱신기대권,[36] 진정명의회복 등기청구권,[37] 동종영업 금지

이다"; 대법원 2005.5.26 선고 2002다43417 판결: "토지조사령에 의한 토지의 사정명의인은 당해 토지를 원시취득하므로 적어도 구 토지조사령에 따라 토지조사부가 작성되어 누군가에게 사정되었다면 그 사정명의인 또는 그의 상속인이 토지의 소유자가 되고, 따라서 설령 국가가 이를 무주부동산으로 취급하여 국유재산법령의 절차를 거쳐 국유재산으로 등기를 마치더라도 국가에게 소유권이 귀속되지 않는다."

29) 대법원 1989.10.24 선고 88다카9852,9869 판결: "조선임야조사령에 의한 임야조사서에 소유자로 등재되어 있는 자는 재결에 의하여 사정내용이 변경되었다는 등의 반증이 없는 이상 토지소유자로 사정받고 그 사정이 확정된 것으로 추정된다."

30) 대법원 2006.11.9 선고 2004다67691 판결은 건물의 구조와 형태가 구분소유권의 객체가 될 수 있을 정도에 이르고 토지의 부합물로 볼 수 없는 미완성 건물을 건축주로부터 양수받아 나머지 공사를 진행하여 그 구조와 형태 등이 건축허가의 내용과 사회통념상 동일하다고 인정될 정도로 건물을 축조한 경우, 그 건물 소유권의 원시취득자는 양수인이라고 판시하였다.

31) 대법원 2003.1.24 선고 2002다61521 판결: "건물을 전소유자로부터 매수하여 점유하고 있는 등 그 권리의 범위 내에서 그 점유중인 건물에 대하여 법률상 또는 사실상 처분을 할 수 있는 지위에 있는 자에게도 그 철거처분권이 있다."

32) 대법원 2005.1.17자 2003마1477 결정: "명예는 생명, 신체와 함께 매우 중대한 보호법익이고 인격권으로서의 명예권은 물권의 경우와 마찬가지로 배타성을 가지는 권리라고 할 것이므로… 인격권으로서 명예권에 기초하여 가해자에 대하여 현재 이루어지고 있는 침해행위를 배제하거나 장래에 생길 침해를 예방하기 위하여 침해행위의 금지를 구할 수도 있다."

33) 대법원 2013.6.27 선고 2012다31628 판결: "사람은 누구나 자신의 얼굴 기타 사회통념상 특정인임을 식별할 수 있는 신체적 특징에 관하여 함부로 촬영 또는 그림묘사되거나 공표되지 아니하며 영리적으로 이용당하지 아니할 권리를 가지는데, 이러한 초상권…."

34) 대법원 2004.9.13 선고 2003다64602 판결: "건물의 신축으로 인하여 그 이웃 토지상의 거주자가 직사광선이 차단되는 불이익을 받은 경우에 그 신축행위가 정당한 권리행사로서의 범위를 벗어나 사법상 위법한 가해행위로 평가되기 위해서는 그 일조방해의 정도가 사회통념상 일반적으로 인용하는 수인한도를 넘어야 한다. 공법적 규제에 의하여 확보하고자 하는 일조는 원래 사법상 보호되는 일조권을…."

35) 대법원 2014.2.27 선고 2009다40462 판결: "인접 토지에 건물 등이 건축되어 발생하는 시

청구권[38] 등의 권리는 법률이 아니라 대법원판례가 구체적으로 그 내용과 한계를 정립하고 있다.

    판례가 정립한 갱신기대권의 경우 *私法*상 여러 문제를 야기한다. 종래 민사소송으로 진행되던 것이 각종 정부 위원회가 설치됨에 따라 위원회의 구제절차를 거치면서, 원처분이 아니라 위원회 재결에 대한 취소소송으로 진행되어 결국 민사사건이 행정사건으로 변질되고 있다. 갱신기대권이 그러한 경우이다. 재결 취소소송의 원고적격 인정을 위한 대법원판례의 공법상 기대권 개념이 사법상 권리로 변질되었다. 민사법에서 기대권 개념은 조건부권리나 상속개시 전의 상속권 등의 개념을 뜻하는 것이었다. 본격적 기대권 개념에 대하여는 물권적 기대권 외에는 민사법에서 논의 자체가 없었다. 대법원판례가 행정소송의 원고적격 인정과 무관하게 *私法*상 법률관계에서 기대권 개념을 정면에서 인정한 바는 없었다. 그런데 공법상 기대권 개념이 확장되면서 행정법원의 기대권의 인정 자체가 소송요건의 충족에 그치지 않고 본안문제로 직결되어 기대권을 인정할 경우 기대되는 법률관계가 마땅히 법률상 존재하여야 할 법률관계가 되어 종전의 계약관계가 과거와 동일하게 연장된다는 결론에 이르고 있다. 최근에 들어서는 정년연장기대권에 대한 하급심 판결까지 나오고 있다. 서울행정법원 2013.3.22

야 차단으로 인한 폐쇄감이나 압박감 등의 생활이익의 침해를 이유로 하는 소송에서 침해가 사회통념상 일반적으로 수인할 정도를 넘어서서 위법하다고 할 것인지의 여부는… 가해 건물 외에 하늘이 보이는 면적비율을 나타내는 이른바 천공률이나 그중 가해 건물이 외부 조망을 차단하는 면적비율을 나타내는 이른바 조망침해율뿐만 아니라….”

36) 대법원 2014.2.13 선고 2011두12528 판결: “근로계약이 갱신된다는 취지의 규정을 두고 있거나, 그러한 규정이 없더라도 여러 사정을 종합하여 볼 때 근로계약 당사자 사이에 일정한 요건이 충족되면 근로계약이 갱신된다는 신뢰관계가 형성되어 있어 근로자에게 근로계약이 갱신될 수 있으리라는 정당한 기대권이 인정되는 경우에는, 사용자가 이를 위반하여 부당하게 근로계약의 갱신을 거절하는 것은 부당해고와 마찬가지로 아무런 효력이 없고….”

37) 대법원 1990.11.27 선고 89다카12398 전원합의체판결: “이미 자기 앞으로 소유권을 표상하는 등기가 되어 있었거나 법률에 의하여 소유권을 취득한 자가 진정한 등기명의를 회복하기 위한 방법으로는 현재의 등기명의인을 상대로 그 등기의 말소를 구하는 외에 진정한 등기명의의 회복을 원인으로 한 소유권이전등기절차의 이행을 직접 구하는 것도 허용되어야 한다.”

38) 대법원 1997.12.26 선고 97다42540 판결: “이 사건 점포의 수분양자 및 그 지위를 양수한 피신청인들은 피신청인들이 상가자치관리위원회의 동의도 없이 업종 제한 약정을 위반할 경우 이로 인하여 영업상의 이익을 침해당할 처지에 있는 신청인으로서는 그 침해 배제를 위하여 피신청인들을 상대로 이 사건 점포에서의 약국 영업금지를 청구할 권리가 있다.”

선고, 2012구합24801 판결은 "정년연장을 허용하지 않는 것이 근로자에게 가혹하다거나 혹은 다른 근로자의 경우에 비추어 형평에 어긋난다는 사정이 있는 경우 등에는 정년연장을 기대할 수 있는 권리가 생길 수도 있다"고 판시하였다.[39] 기대권에 관한 대법원판례의 논리는 기대권에서 강제이행청구권까지 발생시키는 문제점이 발생할 수도 있어 기대권, 권리, 이행청구권에 대한 정리가 전제 작업으로 수행되어야 할 것이다.

진정명의회복을 위한 소유권이전등기청구권의 경우 역시 이러한 형태의 등기청구권이 대법원판례에 의하여 확립됨으로써 등기부상 등기원인을 단순히 '진정명의회복'이라고만 기재되면 충분한 것이 되어 등기말소의 이유, 과정, 등기원인일자 등 등기부를 통해서는 아무 것도 알 수 없게 되었다. 부동산등기법의 개정없이 실체법관계를 드러내지 않는 등기부의 존재를 인정한 것이다.

동일상가건물 구분소유자 및 임차인간에 인정되고 있는 동종영업 금지청구권의 경우 분양회사와 수분양자간 권장업종을 정한 분양계약에서 동종영업금지청구권을 창출한 것인데, 채권계약에서 물권적 청구권과 유사한 금지청구권을 도출하는 것은 물권과 채권을 준별하는 민법의 체계 및 물권법정주의와의 충돌한다. 특정상가 건물의 구분소유권과 결합한 동종영업금지청구권은 새로운 형태의 물권으로 볼 여지가 있다.

대법원판례가 구체적 내용을 정립하고 있는 이러한 각종의 권리는 그 권리에 기초한 소제기를 인정하고 있어 법률에 근거한 권리와 차이가 없다. 대법원판례가 제시하는 각종 권리를 향수하고자 하는 개인에게 대법원판례는 권리의 근거를 제시함으로써 법으로 작용하고 있다. 판례법상 권리가 실체적으로 존재하고, 부단히 만들어지는 중이라면 그러한 권리에는 헌법적 근거가 아니라 민법적 근거가 필요하다. 그 근거는 민법 제1조의 조리라 할 것이다. 판례법이 법원으로 민법 제1조에 의해 지지되기 때문에, 판례법이 생성하는 권리는 민법상 권리로 지지되는 것으로 파악될 수 있다.

---

39) 정년연장기대권에 관하여 박은정, "노동관계에서의 기대권", 월간 노동리뷰, 통권 제100호 (2013.7), 한국노동연구원, 66-68면.

제6절 판례법의 실정법적 근거로서 민법 제1조 '條理'

　　민법 제1조는 法源의 종류로 조리를 규정한다. 조리는 종래 일반적으로 사물자연의 성질(Nature der Sache) 또는 인간의 이성에 의하여 승인된 공동사회생활에 있어서의 원리라고 설명된다. 카우프만은 입법 및 법발견 과정에서 법률규범과 생활관계가 서로 일치에 이르게 되는 의미를 사물의 본성이라 한다. 카우프만에 의하면, 사물의 본성은 존재와 당위가 서로 만나는 장소이며, 또한 현실과 가치가 서로 결합되는 방법론적 장소이기 때문에 사물의 본성에 대한 인식은 지도적 가치관점 아래에서의 사물관계 분석으로 증명된다고 한다. 사물의 본성의 추론은 사태에서 규범으로 혹은 규범에서 사태로의 추론이며, 결국 유형개념과 유사성을 가지게 된다고 주장한다.[40]

　　민법 제1조를 근거로 조리의 法源性을 당연히 인정하는 견해와 적용할 법률이 없는 경우에도 법관은 재판을 거부할 수 없기 때문에 法源으로 규정된 것일 뿐 法源은 아니라는 견해가 대립한다. 법의 부존재를 이유로 재판을 거부할 수 없는 이상 법관은 조리의 적용을 피할 수 없다. 재판은 구체적인 사실에 관한 판단이라고 하더라도 그 사실에 관한 법률적 판단을 하는 것이므로, 그것에 의하여 추상적인 이론 또는 법칙이 표시된다. 그리고 비슷한 사건에 관한 재판이 집적되면 스스로 추상적인 규범을 정립한다.[41] 사실에 관한 법률적 판단은 조리를 밝혀내는 작업을 의미한다. 사물의 본성인 조리는 존재(사실)와 당위(규범)를 구별하는 법관의 가치판단 과정을 거쳐 구체적인 내용을 가지게 되고, 그 내용은 판결에 드러난 법관의 법명제화 작업을 통해 표현된다. 조리는 판결의 主論[42]에 나타난 법명제화된 사물의 본성을 가리키는 것이다. 조리의 법원성을 부정하더라도 판례에 드러난 조리의 법원성까지 부정할 이유는 없다고 본다. 판례

---

40) 서윤호, 「사물의 본성과 법사유」, 한국학술정보(2007), 31-32면.
41) 곽윤직, 전게서, 32면. 이러한 특징에 비추어 판례의 법규범성을 정면으로 인정하는 견해로 김기선, 「한국민법총칙」, 법문사(1965), 22면; 김현태, 「민법총칙」, 교문사(1973) 22면 등이 있다.
42) 파기환송판결의 기속력은 방론에는 미치지 않는다(대법원 1963.6.20 선고 63다262).

의 법원성을 부인하고 조리의 법원성만을 인정하는 견해도 있는데,[43] 납득하기 어렵다. 생각건대, 민법 제1조 法源으로서 조리는 판례법의 법원성에 대한 실정법적 근거이다. 입법자의 원래 의도와 상관없이 민법 제1조가 조리를 法源의 하나로 규정한 것은 판례법에 대한 실정법적 근거를 부여하기 위한 것이라고 이해할 수도 있다. 판례법의 법원성에 대한 실정법적 근거를 부여하는 것은 대법원판례가 판례법으로 작용하고 있는 우리나라에서 특히 중요한 의미가 있다고 본다.

조리는 사회관계의 사실 속에 함유되고 있는 것이어서 조리가 法源性을 지니게 되자면 법관에 의하여 명제화되어야 한다.[44] 조리는 인간의 생활관계의 사실 속에 함유된 사물의 본성으로, 법관은 그것을 자신의 가치판단을 통하여 사실로부터 구분해 내어, 法律家적인 構成(Konstruktion)[45]을 거쳐 명제화한 후 판결에 표현된다. 조리의 법관에 의한 명제화는 사실(존재)에서 규범(당위)으로의 추론이며, 추론의 결과들은 유형화 과정을 거치면서 확고한 규범력을 획득하게 된다. 법관은 개별 사건의 해결을 위해 우선적으로 법률을 찾아 적용하여야 하지만, 법률이 존재하지 않는 경우에는 조리를 통해 법명제를 형성하여 이를 근거로 판결하여야 한다. 법관이 재판을 하기 위하여 새로운 법명제를 형성하는 과정과 결과는 최종적으로 대법원판례를 통해 드러난다. 조리를 밝히는 작업이 법관이 생활관계에서 법률규범을 찾는 작업을 의미하고, 조리가 대법원판례를 통해 확정적으로 드러나고 하급심을 구속한다면, 민법 제1조 조리를 판례법의 실정법적 근거로 보아도 무방하다고 생각된다.

최근 조리는 일종의 자연법적 존재이므로 존재형식으로서 법원성을 부인하여야 하고, 조리를 법의 일반원칙으로 해석하여야 한다는 견해들이 주장된다. 이들 견해는 "정의의 원칙, 법적안정성의 원칙, 신뢰보호의 원칙, 비례의 원칙 등은 헌법에서 도출되는 기본원칙으로서 민사법의 영역에서도 조리로서 법규범

---

43) 윤진수, 「주석민법 4판 총칙 (1)」, 한국사법행정학회(2010), 124면: "조리의 법원성을 긍정한다면 이 경우에도 구속력을 가지는 것은 판례 그 자체가 아니라 판례에서 나타난 조리라고 보아야 하는 것이다."
44) 김현태, 「민법총칙」, 교문사(1973), 24-25면.
45) 최식, 「민법총론」, 박영사(1964), 45면.

성을 갖는다"고 한다.[46] 조리에 해당하는 것으로는 가령 신뢰보호의 원칙, 평등의 원칙, 비례의 원칙, 헌법상의 기본권 등을 들 수 있다고 한다.[47] 그러나 이들 견해가 말하는 행정법의 일반원칙은 條理에서 처음 논의가 출발하였지만, 현재는 條理가 아닌 헌법원리와 기본권에 기반한 원리로 설명되고 있다.[48] 행정법학에서 憲法原理와 기본권에서 신뢰보호의 원칙, 평등원칙, 비례의 원칙을 이끌어 낸다면, 민법학에서는 이 원칙들을 조리의 한 내용으로 설명하는 것보다는 신의칙을 통해 설명하는 것이 바람직하다고 생각한다.

---

46) 이은영, "조리의 법원성", 저스티스 제28권 제2호, 한국법학원(1995), 81면.
47) 윤진수, 「주석민법 4판 총칙 (1)」, 한국사법행정학회(2010), 116면.
48) 김남진·김연태, 「행정법 I 5판」, 박영사(2011), 40면.

제3장

信義誠實의 原則

제1절 신의성실의 원칙

민법 제2조 제1항은 "권리의 행사와 의무의 이행은 신의에 좇아 성실히 하여야 한다"고 규정한다. 이를 신의성실의 원칙이라 한다. 신의성실은 로마법에서 기원한다. 프랑스 민법 제1134조는 "계약은 신의에 따라서 이행하여야 한다"고 규정한다. 독일민법 제157조는 "계약은 거래의 관행을 고려하여 신의성실에 따라 해석하여야 한다"고 규정한다.

민법상 신의성실의 원칙은 법률관계의 당사자가 상대방의 이익을 배려하여, 형평에 어긋나거나 신뢰를 저버리는 내용 또는 방법으로 권리를 행사하거나 의무를 이행하여서는 아니 된다는 추상적 규범으로서, 신의성실의 원칙에 위배된다는 이유로 상대방의 권리행사를 부정하거나 자신의 의무이행을 거절하기 위해서는 상대방이 자신에게 그와 같은 신의를 공여하였다거나 객관적으로 보아 자신이 그러한 신의를 가지는 것이 정당한 상태에 있어야 하고, 이러한 자신의 신의에 반하여 상대방이 권리를 행사하거나 자신에게 의무의 이행을 강제하는 것이 정의 관념에 비추어 용인될 수 없는 정도의 상태에 이르러야 한다.[1]

민법상 권리는 민사소송을 통해 실현된다. 그런데 민사소송은 국민 전체가

---

[1] 대법원 2013.5.9 선고 2012다81401 판결.

납부한 세금으로 운영되는 공적 절차이다. 따라서 세금 낭비를 막기 위해서는 반드시 무익한 소송 제기를 막아야 한다. 사회 전체의 공익을 침해하고 사법질서의 혼란만 야기하는 권리의 행사를 저지하여 무용한 소의 제기가 이루어지지 않도록 해야 한다. 민법이 규정하고 있는 신의성실의 원칙은 종국적으로 무익한 소송을 막기 위한 것으로 이해될 수 있다. 민사소송법 제1조 역시 신의칙을 규정하고 있는바, 신의칙에 반한 소권 행사는 허용되지 않는다.[2]

> 대법원 1990.7.24 선고 89누8224 판결: "원고 스스로 적극적으로 농가이거나 자경의사가 있는 것처럼 하여 소재지관서의 증명을 받아 그 명의로 소유권이전등기를 마치고 소유자로 행세하면서 이제 와서 증여세 부과를 면하기 위하여 농가도 아니고 자경의사도 없음을 들어 농지개혁법에 저촉되기 때문에 그 등기가 무효라고 주장함은 전에 스스로 한 행위와 모순되는 행위를 하는 것으로 이는 신의성실의 원칙이나 금반언의 원칙에 위배되는 행위로서 법률상 용납될 수 없다."

> 대법원 2005.9.30 선고 2003다63937 판결: "사업영위 실적이 없다는 이유로 직권으로 폐업조치되고 법인설립허가가 취소되었으며 파산선고까지 받은 의료법인이 그 사용 부동산에 관한 강제경매절차에서 기본재산 처분에 관하여 주무관청으로부터 허가를 받아 주어야 할 입장에 있음에도 불구하고 그 부동산을 낙찰받아 운영해 오고 있는 의료법인에 대하여 위 부동산에 관한 소유권이전등기가 주무관청의 허가 없이 이루어진 것이라는 이유로 그 말소를 구하는 것은 신의칙에 위배된다."

> 대법원 2006.3.10 선고 2002다1321 판결: "보증인이 채권자에 대하여 보증채무를 부담하지 아니함을 주장할 수 있었는데도 그 주장을 하지 아니한 채 보증채무의 전부를 이행하였다면 그 주장을 할 수 있는 범위 내에서는 신의칙상 그 보증채무의 이행으로 인한 구상금채권에 대한 연대보증인들에 대하여도 그 구상금을 청구할 수 없다."

> 대법원 2006.10.12 선고 2004다48515 판결: "부동산 거래에 있어 거래 상대방이 일정한 사정에 관한 고지를 받았더라면 그 거래를 하지 않았을 것임이 경험칙상 명백한 경우에는 신의성실의 원칙상 사전에 상대방에게 그와 같은 사정을 고지할 의무가 있으며, 그와 같은 고지의무의 대상이 되는 것은 직접적인 법령의 규정뿐 아니라 널리 계약상, 관습상 또는 조리상의 일반원칙에 의하여도

---

2) 대법원 1983.5.24 선고 82다카1919 판결: "신의칙은 비단 계약법의 영역에 한정되지 않고 모든 법률관계를 규제 지배하는 원리로 파악되며 따라서 신의칙에 반하는 소권의 행사는 허용되지 아니한다."

인정될 수 있다. 같은 취지에서 원심이 그 판시와 같은 사정을 종합하여 이 사건 아파트 단지 인근에 이 사건 쓰레기 매립장이 건설예정인 사실이 신의칙상 피고가 분양계약자들에게 고지하여야 할 대상이라고 본 것은 정당하고, 위 사실이 주택공급에 관한 규칙 제8조 제4항에서 규정하고 있는 모집공고시 고지하여야 할 사항에 포함되지 않으므로 고지의무가 없다는 피고의 이 부분 상고이유는 받아들일 수 없다."

대법원 2009.6.25 선고 2009다16186,16193 판결: "이미 소유권보존등기가 마쳐진 토지에 중복하여 소유권보존등기를 한 국가가 그 토지를 철도부지 등으로 관리·점유하여 점유취득시효가 완성되었음에도, 그 토지가 철도복선화사업의 부지로 편입되자 보상협의를 요청하는 등 취득시효를 원용하지 않을 것 같은 태도를 보여 선등기의 이전등기 명의자에게 그와 같이 신뢰하게 하고도, 그 등기명의자가 보상협의를 받아들이지 않고 후등기의 말소청구를 하자 반소로 점유취득시효 완성을 원인으로 하여 소유권이전등기청구를 한 경우, 그 반소청구는 신의칙에 반하여 권리남용으로 허용되지 않는다고 볼 여지가 있다."

대법원 2009.11.26 선고 2009다59350 판결: "일반적으로 사용자가 피용자의 업무수행과 관련하여 행하여진 불법행위로 인하여 직접 손해를 입었거나 그 피해자인 제3자에게 사용자로서의 손해배상책임을 부담한 결과로 손해를 입게 된 경우에 있어서, 사용자는 그 사업의 성격과 규모, 시설의 현황, 피용자의 업무내용과 근로조건 및 근무태도, 가해행위의 발생원인과 성격, 가해행위의 예방이나 손실의 분산에 관한 사용자의 배려의 정도, 기타 제반 사정에 비추어 손해의 공평한 분담이라는 견지에서 신의칙상 상당하다고 인정되는 한도 내에서만 피용자에 대하여 손해배상을 청구하거나 그 구상권을 행사할 수 있다고 할 것이나, 사용자의 감독이 소홀한 틈을 이용하여 고의로 불법행위를 저지른 피용자가 바로 그 사용자의 부주의를 이유로 자신의 책임의 감액을 주장하는 것은 신의칙상 허용될 수 없고, 사용자와 피용자가 명의대여자와 명의차용자의 관계에 있다고 하더라도 마찬가지이다."

대법원 2011.3.10 선고 2007다17482 판결: "강행법규를 위반한 자가 스스로 강행법규에 위배된 약정의 무효를 주장하는 것이 신의칙에 위반되는 권리의 행사라는 이유로 그 주장을 배척한다면, 이는 오히려 강행법규에 의하여 배제하려는 결과를 실현시키는 셈이 되어 입법 취지를 완전히 몰각하게 되므로 달리 특별한 사정이 없는 한 위와 같은 주장은 신의칙에 반하는 것이라고 할 수 없다."[3]

---

3) 피상속인의 사망으로 인하여 1차 상속이 개시된 후 그 1차 상속인 중 1인이 사망하여 2차 상

대법원 2013.9.26 선고 2011다53683,53690 전원합의체판결: "금융기관이 일반 고객과의 사이에 전문적인 지식과 분석능력이 요구되는 장외파생상품 거래를 할 때에는, 고객이 당해 장외파생상품에 대하여 이미 잘 알고 있는 경우가 아닌 이상, 그 거래의 구조와 위험성을 정확하게 평가할 수 있도록 거래에 내재된 위험요소 및 잠재적 손실에 영향을 미치는 중요인자 등 거래상 주요 정보를 적합한 방법으로 명확하게 설명하여야 할 신의칙상 의무가 있다. 이때 금융기관이 고객에게 설명하여야 하는 거래상 주요 정보에는 당해 장외파생상품 계약의 구조와 주요 내용, 고객이 그 거래를 통하여 얻을 수 있는 이익과 발생 가능한 손실의 구체적 내용, 특히 손실발생의 위험요소 등이 모두 포함된다. 그러나 당해 장외파생상품의 상세한 금융공학적 구조나 다른 금융상품에 투자할 경우와 비교하여 손익에 있어서 어떠한 차이가 있는지까지 설명하여야 한다고 볼 것은 아니고, 또한 금융기관과 고객이 제로 코스트(zero cost) 구조의 장외파생상품 거래를 하는 경우에도 수수료의 액수 등은 그 거래의 위험성을 평가하는 데 중요한 고려요소가 된다고 보기 어렵다 할 것이므로, 수수료가 시장의 관행에 비하여 현저하게 높지 아니한 이상 그 상품구조 속에 포함된 수수료 및 그로 인하여 발생하는 마이너스 시장가치에 대하여까지 설명할 의무는 없다고 보는 것이 타당하다. 그리고 장외파생상품 거래도 일반적인 계약과 마찬가지로 중도에 임의로 해지할 수 없는 것이 원칙이고, 설령 중도에 해지할 수 있다고 하더라도 금융기관과 고객이 중도청산금까지 포함하여 합의하여야 가능한 것이므로, 특별한 사정이 없는 한 금융기관이 고객과 장외파생상품 거래를 하면서 그 거래를 중도에 해지할 수 있는지와 그 경우 중도청산금의 개략적인 규모와 산정방법에 대하여도 설명할 의무가 있다고 할 수 없다. 한편 금융기관은 고객이 당해 파생상품거래의 구조와 위험성을 정확히 평가할 수 있도록 그 금융상품의 특성 및 위험의 수준, 고객의 거래목적, 투자경험 및 능력 등을 종합적으로 고려하여 고객이 앞서 살펴본 거래상 주요 정보를 충분히 이해할 수 있을 정도로 설명하여야 한다."

대법원 2013.11.28 선고 2013다23891 판결: "은행은 환 헤지 목적을 가진 기업과 통화옵션계약을 체결함에 있어서 해당 기업의 예상 외화유입액, 자산 및

속이 개시되었는데, 2차 상속의 공동상속인 중 1인이 친권자로서 다른 공동상속인인 수인의 미성년자를 대리하여 1차 상속재산에 관하여 1차 상속의 공동상속인들과 상속재산 분할협의를 체결한 사안에서, 강행법규인 민법 제921조에 위배되는 위 상속재산 분할협의에 참가한 1차 상속의 공동상속인 중 1인이 그 상속재산 분할협의가 무효라고 주장하는 것이 모순행위금지의 원칙이나 신의칙에 반하는 것이라고 할 수 없고, 민법 제921조에 의하여 무효가 되는 것은 위 상속재산 분할협의 전체이며, 2차 상속의 공동상속인 사이의 상속재산 분할협의에 한정되는 것이 아니라고 한 사례이다.

매출 규모를 포함한 재산상태, 환 헤지의 필요 여부, 거래목적, 거래 경험, 당해 계약에 대한 지식 또는 이해 정도, 다른 환 헤지 계약 체결 여부 등의 경영상황을 미리 파악한 다음, 그에 비추어 해당 기업에 적합하지 아니한 통화옵션계약의 체결을 권유하여서는 아니 된다. 만약 은행이 이러한 의무를 위반하여 해당 기업의 경영상황에 비추어 과대한 위험을 초래하는 통화옵션계약을 적극적으로 권유하여 이를 체결하게 한 때에는, 이러한 권유행위는 이른바 적합성의 원칙을 위반하여 고객에 대한 보호의무를 저버리는 위법한 것으로서 불법행위를 구성한다고 할 것이다. 특히 장외파생상품은 고도의 금융공학적 지식을 활용하여 개발된 것으로 예측과 다른 상황이 발생하였을 경우에는 손실이 과도하게 확대될 위험성이 내재되어 있고, 다른 한편 은행은 그 인가요건, 업무범위, 지배구조 및 감독 체계 등 여러 면에서 투자를 전문으로 하는 금융기관 등에 비하여 더 큰 공신력을 가지고 있어 은행의 권유는 기업의 의사결정에 강한 영향을 미칠 수 있으므로, 은행으로서는 위와 같이 위험성이 큰 장외파생상품의 거래를 권유할 때에는 다른 금융기관에 비하여 더 무거운 고객 보호의무를 부담한다고 봄이 타당하다.”

제2절 권리남용금지의 원칙

민법 제2조 제2항은 “권리는 남용하지 못한다”고 규정하고 있다. 일본민법 제1조 제3항은 “권리의 남용은 이를 허용하지 않는다”고 규정하고 있다. 독일민법 제226조는 “권리의 행사는 그것이 타인에게 손해를 가할 목적만을 가지고 있는 때에는 허용되지 아니한다”고 규정하고 있다. 프랑스민법은 중세에 대한 반동으로서 권리의 행사에 대하여도 그 남용을 금지하는 규정을 두지 않았지만 학설과 판례는 권리남용금지 법리를 인정하고 있다.[4]

판례는 권리의 행사가 주관적으로 오직 상대방에게 고통을 주고 손해를 입히려는 데 있을 뿐 이를 행사하는 사람에게는 아무런 이익이 없고, 객관적으로 사회질서에 위반된다고 볼 수 있으면 그 권리의 행사는 권리남용으로서 허용되

---

4) 현승종, “권리남용의 금지―대륙법의 경우”, 고시계 제7권 제5호, 국가고시학회(1962), 139면.

지 않는데, 권리행사가 상대방에게 고통이나 손해를 주기 위한 것이라는 주관적 요건은 권리자의 정당한 이익을 결여한 권리행사로 보여지는 객관적인 사정에 의하여 추인할 수 있다고 한다.[5] 판례는 "중혼 성립 후 10여 년 동안 혼인취소 청구권을 행사하지 아니하였다 하여 권리가 소멸되었다고 할 수 없으나 그 행사가 권리남용에 해당한다"고 판시하여 가족법에도 권리남용 금지 원칙을 적용하고 있다.[6]

> 대법원 1992.2.11 선고 91다40399 판결: "토지 소유자가 토지를 매수할 때 통로 부분은 주위의 토지 소유자들을 위해 무상으로 통행에 제공된 사실을 용인하고 그 상태에서 이를 매수한 것이라고 봄이 상당한 경우라면 통로 주위대지를 매수한 이래 줄곧 통로 부분을 무상으로 통행해 온 주위 대지 소유자에 대하여 단지 통로의 소유자라는 이유만으로 통행료를 청구하는 것은 신의칙에 위배되어 허용될 수 없다."

> 대법원 1993.5.14 선고 93다4366 판결: "건물을 철거하여 그 부지를 인도받는다 하더라도 그 면적이 0.3 평방미터에 불과한데 2층 건물의 일부를 철거 할 경우 그 잔존건물의 효용이 크게 감소되리라고 보여지는 사정 아래에서는 권리남용의 법리에 비추어 철거청구가 떳떳한 권리행사라고는 보여지지 않는다."

> 대법원 2010.5.27 선고 2007다66088 판결: "예금거래기본약관에 따라 송금의뢰인이 수취인의 예금계좌에 자금이체를 하여 예금원장에 입금의 기록이 된 때에는 특별한 사정이 없는 한 송금의뢰인과 수취인 사이에 자금이체의 원인인 법률관계가 존재하는지의 여부에 관계없이 수취인과 수취은행 사이에는 위 입금액 상당의 예금계약이 성립하고, 수취인이 수취은행에 대하여 위 입금액 상당의 예금채권을 취득한다. 그리고 수취은행은 원칙적으로 수취인의 계좌에 입금된 금원이 송금의뢰인의 착오로 자금이체의 원인관계 없이 입금된 것인지의 여부에 관하여 조사할 의무가 없으며, 수취은행이 수취인에 대한 대출채권 등을 자동채권으로 하여 수취인의 계좌에 입금된 금원 상당의 예금채권과 상계하는 것은 신의칙 위반이나 권리남용에 해당한다는 등의 특별한 사정이 없는 한

---

5) 대법원 2012.6.14 선고 2012다20819 판결.
6) 대법원 1993.8.24 선고 92므907 판결.
   대법원 1997.1.24 선고 96다43928 판결: "친권자인 모(母)가 미성년자인 자(子)의 법정대리인으로서 자의 유일한 재산을 아무런 대가도 받지 않고 증여하였고 상대방이 그 사실을 알고 있었던 경우, 그 증여행위는 친권의 남용에 의한 것이므로 그 효과는 자에게 미치지 않는다."

유효하다. 송금의뢰인이 착오송금임을 이유로 거래은행을 통하여 혹은 수취은행에 직접 송금액의 반환을 요청하고 수취인도 송금의뢰인의 착오송금에 의하여 수취인의 계좌에 금원이 입금된 사실을 인정하고 수취은행에 그 반환을 승낙하고 있는 경우, 수취은행이 수취인에 대한 대출채권 등을 자동채권으로 하여 수취인의 계좌에 착오로 입금된 금원 상당의 예금채권과 상계하는 것은, 수취은행이 선의인 상태에서 수취인의 예금채권을 담보로 대출을 하여 그 자동채권을 취득한 것이라거나 그 예금채권이 이미 제3자에 의하여 압류되었다는 등의 특별한 사정이 없는 한, 공공성을 지닌 자금이체시스템의 운영자가 그 이용자인 송금의뢰인의 실수를 기화로 그의 희생하에 당초 기대하지 않았던 채권회수의 이익을 취하는 행위로서 상계제도의 목적이나 기능을 일탈하고 법적으로 보호받을 만한 가치가 없으므로, 송금의뢰인에 대한 관계에서 신의칙에 반하거나 상계에 관한 권리를 남용하는 것이다."

대법원 2014.10.30 선고 2014다42967 판결: "甲 주식회사가 콘도를 운영하면서 콘도 출입구 쪽 도로 및 주차장으로 이용하던 토지에 관하여 甲 회사의 사내이사였던 乙이 소유권이전등기를 마친 후 아들인 丙에게 다시 소유권이전등기를 마쳐 주었는데, 丁 주식회사가 부동산임의경매절차에서 위 콘도 지분 대부분을 매수한 이후 丙이 콘도와 토지의 경계 위에 블록으로 화단을 설치하고 그 위에 쇠파이프 등으로 철제 구조물을 설치한 사안에서, 제반 사정에 비추어 丙이 구조물을 설치한 행위는 외형상으로는 정당한 권리의 행사로 보이나 실질적으로는 토지가 자기 소유임을 기화로 丁 회사 소유인 콘도의 사용·수익을 방해하고 나아가 丁 회사에 고통이나 손해를 줄 목적으로 행한 것이라고 볼 수밖에 없으므로, 丙의 구조물 설치행위는 정당한 권리행사의 한계를 벗어난 것으로서 권리남용에 해당한다고 볼 여지가 충분하다."

제3절 사정변경의 원칙

민법 제557조는 "증여계약 후에 증여자의 재산상태가 현저히 변경되고 그 이행으로 인하여 생계에 중대한 영향을 미칠 경우에는 증여자는 증여를 해제할 수 있다"고 규정하고 있고, 민법 제628조는 "임대물에 대한 공과부담의 증감 기타 경제사정의 변동으로 인하여 약정한 차임이 상당하지 아니하게 된 때에는 당사자는 장래에 대한 차임의 증감을 청구할 수 있다"고 규정하고 있다. 이들 규정들은 사정변경 원칙에 근거한 규정들이다. 민법은 일반적으로 사정변경의 원칙을 규정하고 있지는 않지만, 통설[7]과 판례는 민법 제2조 신의칙에서 사정변경의 원칙이 파생되어 나오는 것으로 본다. 사정변경의 원칙은 영미법의 계약목적 不到達의 법리, 프랑스법의 不豫見論, 독일의 행위기초론 등을 비교 연구하여 일본에서 확립한 이론이다.[8] 사정변경의 원칙은 계약 성립당시의 기초 사정이 그후에 현저하게 변경되어, 계약에서 정한 내용을 그대로 이행할 것을 강제하는 것이 공평의 원리 내지 신의칙에 반하는 경우에, 당사자가 그 계약 내용을 변경된 사정에 맞도록 바꾸거나 계약자체를 손해배상의무를 부담하지 않고 해소할수 있다는 원칙을 뜻한다.[9] 사정변경의 원칙은 계약 성립의 기초가 된 사실이 부존재한 경우에 계약의 구속력 발생이 부정되는 독일의 행위기초상실의 법리 (행위기초론)와 유사하다.[10] 당사자의 의사합치만으로 계약의 성립을 인정하는 민법의 해석에서는 행위기초이론이든 사정변경이론이든 계약의 구속력에서 빠

---

7) 곽윤직, 「채권각론 신정판」, 박영사(1995), 159면은 "오늘날의 법제에 있어서의 해제 제도는 계약의 의하여 구속되어 있는 당사자는 계약체결 당시에 예상하지 않은 사정이 그 후 발생하여도, 그 구속에서 벗어나지 못한다는 전제에서, 계약적 구속에서 벗어나려면 특히 계약에서 그것이 유보되었거나(약정해제권) 또는 채무불이행이라는 사실이 있지 않으면(법정해제권) 안 된다는 데서 출발하고 있다. 그러나 계약체결 당시에 예상하지 않았고 또한 예상할 수 없었던 사정이 발생한 경우에, 당사자를 그대로 그 계약에 구속받게 하는 것이 가혹하고 온당치 않다고 인정되는 때에는 계약은 해제할 수 있다고 하는 것이 타당하다"고 한다. 같은 책 160면에 의하면 사정변경에 의한 해제권 행사에는 催告가 필요하지 않다고 한다. 이는 이행을 강제하는 것은 신의칙에 반한다는 데서 해제권을 인정하는 것이기 때문이라 한다. 그러나 催告는 이 경우에도 필요하다고 볼 것이다. 사정변경에 의한 해제권은 법정해제권을 인정하는 문제이고, 최고를 생략해야 할 이유가 없다. 신의칙은 해제권의 발생에 대한 근거일 뿐이다. 이은영, 「채권각론 개정판」, 박영사(1992), 172면은 전시나 그에 준하는 사정변경이 생긴 경우 당사자의 해제권 행사에 좌우됨이 없이 바로 계약의 구속력을 부정하여 채무를 소멸시키는 것이 타당하고 한다.
8) 곽윤직, 「채권각론 신정판」, 박영사(1995), 158면.
9) 이재목, "계약사정의 변경과 계약내용의 조정", 비교사법 제8권 제1호(2001), 294-295면에 의하면 사정변경의 원칙의 도입 및 적용가부에 대한 학설과 판례의 입장은 상반하고 있는데, 그 기저에는 근대 계약법의 기본원리인 사적자치 및 계약준수의 원칙과 그 수정원리인 계약 공정의 원칙이 상충적 가치로 작용하고 있고, 나아가 법적 안정성과 합목적성의 이념이 첨예하게 대립하고 있기 때문이라고 한다.
10) 사정변경의 원칙과 독일의 행위기초이론을 같은 내용으로 보는 견해로 이영준, "사정변경의 원칙에 관한 연구", 사법논집 제5집, 법원행정처(1974), 107면.

져나올 수 있도록 하는 이론구성이 절실하다.

대법원판례는 사정변경으로 인한 계약해제는 계약성립 당시 당사자가 예견할 수 없었던 현저한 사정의 변경이 발생하였고 그러한 사정의 변경이 해제권을 취득하는 당사자에게 책임 없는 사유로 생긴 것으로서, 계약내용대로의 구속력을 인정한다면 신의칙에 현저히 반하는 결과가 생기는 경우에 계약준수 원칙의 예외로서 인정되는 것이라고 한다. 사정변경에서 사정이란 계약의 기초가 되었던 객관적인 사정이고, 일방당사자의 주관적 또는 개인적인 사정이 아니라고 한다. 계약의 성립에 기초가 되지 아니한 사정이 그 후 변경되어 일방당사자가 계약 당시 의도한 계약목적을 달성할 수 없게 됨으로써 손해를 입게 되었다 하더라도 특별한 사정이 없는 한 그 계약내용의 효력을 그대로 유지하는 것이 신의칙에 반한다고 볼 수 없다고 한다.[11]

판례의 기본입장은 계약성립시의 목적물에 대한 대금이 계약이행기에 폭등하여 목적물과 목적물의 가격이 현저하게 균형을 잃을지라고 매도인은 사정변경을 이유로 매매계약을 해제할 수 없다는 것이다. 그러나 계속적 보증계약의 경우에 있어서는 채무자의 자산상태가 현저하게 약화되거나 채무자의 지위 또는 신분에 현저한 변화가 생긴 경우에는 보증인의 이익을 보호하기 위하여 보증인에게 사정변경을 이유로 한 해지권을 인정하고 있다.[12] 다만 계속적인 보증계

---

11) 대법원 2007.3.29 선고 2004다31302 판결.
12) 대법원 1990.2.27 선고 89다카1381 판결: "회사의 임원이나 직원의 지위에 있기 때문에 회사의 요구로 부득이 회사와 제3자 사이의 계속적 거래로 인한 회사의 채무에 대하여 보증인이 된 자가 그 후 회사로부터 퇴사하여 임원이나 직원의 지위를 떠난 때에는 보증계약성립 당시의 사정에 현저한 변경이 생긴 경우에 해당하므로 사정변경을 이유로 보증계약을 해지할 수 있다고 보아야 하며, 위 계속적 보증계약에서 보증기간을 정하였다고 하더라도 그것이 특히 퇴사 후에도 보증채무를 부담키로 특약한 취지라고 인정되지 않는 한 위와 같은 해지권의 발생에 영향이 없다."
대법원 2004.1.27 선고 2003다45410 판결: "채권자와 채무자 사이에 계속적인 거래관계에서 발생하는 불확정한 채무를 보증하는 이른바 계속적 보증의 경우뿐만 아니라 특정채무를 보증하는 일반보증의 경우에 있어서도, 채권자의 권리행사가 신의칙에 비추어 용납할 수 없는 성질의 것인 때에는 보증인의 책임을 제한하는 것이 예외적으로 허용될 수 있을 것이나, 일단 유효하게 성립된 보증계약에 따른 책임을 신의칙과 같은 일반원칙에 의하여 제한하는 것은 자칫 잘못하면 사적 자치의 원칙이나 법적 안정성에 대한 중대한 위협이 될 수 있으므로 신중을 기하여 극히 예외적으로 인정하여야 할 것이다."

약이라 할지라도 채무액이 확정적인 경우에 있어서는 판례는 사정변경의 원칙을 적용하지 않고 있다.[13]

<u>대법원 1991.2.26 선고 90다19664 판결</u>: "매매계약체결 후 9년이 지났고 시가가 올랐다는 사정만으로 계약을 해제할 만한 사정변경이 있다고 볼 수 없고, 매수인의 소유권 이전등기 절차이행 청구가 신의칙에 위배된다고도 할 수 없다."

<u>대법원 2007.4.12 선고 2006다77593 판결</u>: "법인이나 법인 아닌 사단의 총회에 있어서, 소집된 총회가 개최되기 전에 당초 그 총회의 소집이 필요하거나 가능하였던 기초 사정에 변경이 생겼을 경우에는, 특별한 사정이 없는 한 그 소집권자는 소집된 총회의 개최를 연기하거나 소집을 철회·취소할 수 있다고 할 것이다."

<u>대법원 2014.6.12 선고 2013다75892 판결</u>: "사정변경으로 인한 계약해제는, 계약성립 당시 당사자가 예견할 수 없었던 현저한 사정의 변경이 발생하였고 그러한 사정의 변경이 해제권을 취득하는 당사자에게 책임 없는 사유로 생긴 것으로서, 계약내용대로의 구속력을 인정한다면 신의칙에 현저히 반하는 결과가 생기는 경우에 계약준수 원칙의 예외로서 인정되는 것이고, 여기에서 말하는 사정이라 함은 계약의 기초가 되었던 객관적인 사정으로서 일방당사자의 주관적 또는 개인적인 사정을 의미하는 것은 아니다. 채무의 이행이 불능이라는 것은 단순히 절대적·물리적으로 불능인 경우가 아니라 사회생활에 있어서의 경험법칙 또는 거래상의 관념에 비추어 볼 때 채권자가 채무자의 이행의 실현을 기대할 수 없는 경우를 말한다. 원심은, 이 사건 가칭 조합이 설립인가를 받지 못한 채 사업부지가 당초 예상했던 것보다 상당 부분 축소되는 등 사업진행에 어려움을 겪고 있으나, 피고 도우이노칩스를 통하여 지금까지 381세대 중 242세대에 관한 조합가입계약을 체결하는 등 여전히 이 사건 아파트 신축사업을 계속 진행하고 있는 점, 그 사업내용에는 34평형 아파트가 146세대에 이르러 원고들에 대한 아파트 공급의무의 이행이 불가능할 것으로 여겨지지 않는 점 등을 들어 원고들에 대한 이 사건 가칭 조합의 의무이행이 불가능하게 되었다거나 이 사건 계약을 해제할 만한 중대한 사정변경이 발생하였다고 볼 수 없다고 판단하였다. 원심의 판단은 정당한 것으로 수긍할 수 있고, 거기에 상고이유 주장과 같이 사정변경 또는 이행불능을 원인으로 한 계약의 해제에 관한 법리를 오해하여 판결에 영향을 미친 위법이 없다."

---

13) 대법원 1991.7.9 선고 90다15501 판결; 대법원 1994.12.27 선고 94다46008 판결.

제4절 실효의 원칙

실효의 원칙은 민법에 규정이 없고 판례법이 확립한 법원리다. 실효의 원칙이란 권리자가 자기의 권리를 상당기간 행사하지 않았고 그 때문에 상대방이 권리자가 권리를 행사하지 않으리라고 신뢰하고 있는데, 후에 새삼스럽게 권리자가 권리를 행사한 경우에 있어서, 그 지체된 권리행사가 신의칙에 반하는 경우에는 상대방은 그의 권리행사에 대하여 실효의 항변으로 대항할 수 있다는 것이다.[14] 실효의 원칙은 권리의 장기간 불행사라고 하는 시간적 요소에 초점을 맞춘 제도가 아니고 자기모순금지의 원칙의 한 적용례라는 견해도[15] 있다.

실효의 원칙은 행정법이 적용되는 공법관계에도 당연히 적용된다. 권력관계, 비권력관계, 국고관계 모두에 적용된다.

대법원 1986.10.14 선고 86다카204 판결: "지방자치단체가 그 행정재산인 토지를 매도하였더라도 그 후 공용폐지가 되었다면 지방자치단체가 위 토지에 관하여 소유권이전등기의 말소등기절차이행을 구하는 것은 그 재산을 회수하여 공공의 용에 사용하려는데 그 목적이 있는 것도 아니며 한편 매도인인 지방자치단체는 특단의 사정이 없는 한 매매행위 당시에 동 토지가 행정재산임을 알고 있었다고 보아야 할 것이고 매수인들로서도 동 처분행위가 적법하다고 믿어 동 매매계약을 체결하였을 것이므로 처분행위후 20년 가까이 경과하고 공용폐지까지 된 이제와서 당해 토지가 매매당시에 행정재산임을 내세워 무효라고 주장하는 것은 신의칙에 반하는 권리행사에 해당되어 허용될 수 없다."

---

14) 곽윤직, 「민법총칙 신정판」, 박영사(1989), 118-119면.
15) 이영준, 「민법총칙 전정판」, 박영사(1997), 736-737면: "생각건대 권리의 불행사가 아무리 장기간에 걸쳐 계속되었다 하더라도 그것이 시효에 의하여 소멸하는 것은 별 문제로되 권리불행사 자체가 신의칙에 반하는 것이라고는 말할 수 없는 것이다. 권리를 행사할 것인가의 여부는 어디까지나 권리자의 재량에 속하는 것이고 누구도 자기의 권리를 행사할 의무를 부담하는 것은 아니므로 권리행사의 의무성을 강조하여 마치 권리불행사 자체가 신의칙에 반하는 것처럼 立論하는 견해에 대하여는 찬성할 수 없는 것이다. 다만 권리자가 상당한 기간 권리를 행사하지 아니함으로써 이에 의하여 의무자가 권리자의 권리행사가 이제는 없으리라고 예상할 수 있게 되었는데, 이러한 예상에 반하여 권리자가 권리를 행사하게 되면 이 권리행사는 신의칙에 반하게 되는 것이다. 요컨대 前의 권리불행사가 아니라 後의 권리행사가 신의칙에 반하는 것이다."

대법원 1988.4.27 선고 87누915 판결: "실권 또는 실효의 법리는 법의 일반원리인 신의성실의 원칙에 바탕을 둔 파생원칙인 것이므로 공법관계 가운데 관리관계는 물론이고 권력관계에도 적용되어야 함을 배제할 수는 없다 하겠으나 그것은 본래 권리행사의 기회가 있음에도 불구하고 권리자가 장기간에 걸쳐 그의 권리를 행사하지 아니하였기 때문에 의무자인 상대방은 이미 그의 권리를 행사하지 아니할 것으로 믿을만한 정당한 사유가 있게 되거나 행사하지 아니할 것으로 추인케 할 경우에 새삼스럽게 그 권리를 행사하는 것이 신의성실의 원칙에 반하는 결과가 될 때 그 권리행사를 허용하지 않는 것을 의미하는 것이므로 이 사건에 관하여 보면 원고가 허가 받은 때로부터 20년이 다되어 피고가 그 허가를 취소한 것이기는 하나 피고가 취소사유를 알고서도 그렇게 장기간 취소권을 행사하지 않은 것이 아니고 1985.9.중순에 비로소 위에서 본 취소사유를 알고 그에 관한 법적 처리방안에 관하여 다각도로 연구검토가 행해졌고 그러한 사정은 원고도 알고 있었음이 기록상 명백하여 이로써 본다면 상대방인 원고에게 취소권을 행사하지 않을 것이란 신뢰를 심어준 것으로 여겨지지 않으니 피고의 처분이 실권의 법리에 저촉된 것이라고 볼 수 있는 것도 아니다. 그리고 원심이 허가 등과 같이 상대방에게 이익을 주는 행정행위에 있어서는 취소원인이 존재한다는 이유만으로 취소할 수는 없고 취소하여야 할 공익상의 필요와 취소로 인하여 당사자가 입을 불이익을 비교 교량하여 취소여부를 결정하여야 하나 이 사건에서 행정서사의 허가를 받을 자격이 없는 원고가 행정청의 착오로 그 허가를 받았다가 그후 그것이 드러나 허가취소됨으로써 입게 되는 불이익보다는 자격없는 자에게 나간 허가를 취소하여 공정한 법 집행을 함으로써 법 질서를 유지시켜야 할 공익상의 필요가 더 크다 할 것이라고 판단한 것도 옳고 여기에는 소론과 같은 위법이 있다 할 수 없다."

대법원 1992.1.21 선고 91다30118 판결: "사용자와 근로자 사이의 고용관계 존부를 둘러싼 노동분쟁은, 그 당시의 경제적 정세에 대처하여 최선의 설비와 조직으로 기업활동을 전개하여야 하는 사용자의 입장에서는 물론, 근로자로서의 임금수입에 의하여 자신과 가족의 생계를 유지하고 있는 근로자의 입장에서도 신속히 해결되는 것이 바람직한 것이므로, 실효의 원칙이 다른 법률관계에 있어서보다 더욱 적극적으로 적용되어야 할 필요가 있다. 실효의 원칙이 적용되기 위하여 필요한 요건으로서의 실효기간의 길이와, 의무자인 상대방이 권리가 행사되지 아니하리라고 신뢰할 만한 정당한 사유가 있었는지의 여부는 일률적으로 판단할 수 있는 것이 아니라, 구체적인 경우마다 권리를 행사하지 아니한 기간의 장단과 함께 권리자측과 상대방측 쌍방의 사정 및 객관적으로 존재하는 사정 등을 모두 고려하여 사회통념에 따라 합리적으로 판단하여야 할 것이다. 원고가 이 사건 의원면직처분이 무효인 것임을 알고서도 2년 4개월 남짓한 동안이나 그 처분이 무효인 것이라고 주장하여 자신의 권리를 행사한 바 없다는 점을 함께 고려하여 보면, 원고가 이 사건 의원면직처분으로 면직된 때로부터 12년 이상이 경과된 후에 새삼스럽게 그 처분의 무효를 이유로 피고와의 사이에 고용관계가 있다고 주장하여 이 사건과 같은 소를 제기하는 것은, 실효의 원칙에 비추어 허용될 수 없는 것이라고 볼 여지가 없지 아니하다."

대법원 1994.11.25 선고 94다12234 판결: "일반적으로 권리의 행사는 신의에 좇아 성실히 하여야 하고 권리는 남용하지 못하는 것이므로, 해제권을 갖는 자가 상당한 기간이 경과하도록 이를 행사하지 아니하여 상대방으로서도 이제는 그 권리가 행사되지 아니할 것이라고 신뢰할 만한 정당한 사유를 갖기에 이르러 그 후 새삼스럽게 이를 행사하는 것이 법질서 전체를 지배하는 신의성실의 원칙에 위반하는 것으로 인정되는 결과가 될 때에는 이른바 실효의 원칙에 따라 그 해제권의 행사가 허용되지 않는다고 보아야 할 것이다. 해제의 의사표시가 있은 무렵을 기준으로 볼 때 무려 1년 4개월 가량 전에 발생한 해제권을 장기간 행사하지 아니하고 오히려 매매계약이 여전히 유효함을 전제로 잔존채무의 이행을 최고함에 따라 상대방으로서는 그 해제권이 더이상 행사되지 아니할 것으로 신뢰하였고 또 매매계약상의 매매대금 자체는 거의 전부가 지급된 점 등에 비추어 보면 그와 같이 신뢰한 데에는 정당한 사유도 있었다고 봄이 상당하다면, 그 후 새삼스럽게 그 해제권을 행사한다는 것은 신의성실의 원칙에 반하여 허용되지 아니한다 할 것이므로, 이제 와서 매매계약을 해제하기 위하여는 다시 이행제공을 하면서 최고를 할 필요가 있다."

대법원 2001.11.27 선고 2001므1353 판결: "인지청구권은 본인의 일신전속적인 신분관계상의 권리로서 포기할 수도 없으며 포기하였더라도 그 효력이 발생할 수 없는 것이고, 이와 같이 인지청구권의 포기가 허용되지 않는 이상 거기에 실효의 법리가 적용될 여지도 없다. 인지청구권의 행사가 상속재산에 대한 이해관계에서 비롯되었다 하더라도 정당한 신분관계를 확정하기 위해서라면 신의칙에 반하는 것이라 하여 막을 수 없다."

제4장

권리제도

제1절 권리의 개념

권리 개념을 실체법적으로 개념지우기 위하여 독일에서는 각종 학설이 등장하였다. 의사설(Savigny, Windscheid)은 법에 의하여 의사에 부여된 힘이라 하였고, 이익설(Jhering)은 법적으로 보호되는 이익이라 하였다. 권리법력설(Enneccerus)은 권리를 일정한 이익을 향수하기 위하여 법이 인정하는 힘이라고 정의한다. 유아나 정신병자도 권리가 있으므로 의사설은 부당하고, 이익 자체가 권리는 아니므로 이익설도 부당하다. 권리는 법이 인정하는 힘이다(통설). 그러나 법이 인정하는 힘이라는 설명 자체는 구체적 내용을 가지고 있지 않다. 생각건대, 권리는 訴權을 의미한다고 보아야 한다. 강제적으로 실현할 수 있을 때 권리의 의미가 생긴다. 권리는 민사소송에 의한 판결과 그 판결의 강제집행에 의하여 실현되는 것이므로 권리는 소권이다. 소권은 소를 제기할 수 있는 권리를 뜻한다. 권리의 개념 요소에서 가장 중요한 것은 의사나 이익이 아니고, 소송을 제기할 수 있는지의 여부이다. 권리 내용을 직접 소장의 청구취지에 적어 법원에 접수할 수 없는 대리제도의 대리권, 사단법인제도의 사원권, 선택채권의 선택권, 제한능력을 이유로 한 계약 취소권, 채무불이행 등을 원인으로 법정해제권 등은 소권이 아닌 이상 완전한 권리로 볼 수 없고, 해당 제도의 내용으로 이해되어야 한다.

제2절 權利와 民事訴訟의 관계

당사자들끼리 서로의 권리를 존중하면 법적으로 문제될 것이 없다. 당사자간 분쟁이 발생하고, 당사자 사이에서 분쟁이 해결이 되지 않을 때 법적으로 문제가 된다. 이를 해결하기 위하여 문명국가는 민사소송제도를 운영한다. 민사소송이란 사인(私人)간의 사법(私法)상 분쟁을 해결하기 위하여 국가조직인 법원이 운영하는 소송절차에 관한 제도를 의미한다. 현대 문명국가의 시민들은 사적 폭력이 아니라 국가가 마련한 소송절차를 통하여 개인간의 분쟁을 해결하여야만 한다. 민사소송을 통하여 판결문을 획득한 개인만이 국가가 독점하는 강제력을 빌릴 수 있고, 그에 의해서만 상대방의 의무를 합법적으로 강제할 수 있다. 민사소송은 그 대상이 개인간 권리 충돌로 인하여 발생한 분쟁이지만, 사적 절차가 아니라 국가의 직접 개입에 의한 공적 분쟁해결제도이다.

민사소송을 개인의 사적 권리를 보호하기 위한 제도라고 보는 견해(私權保護說)가 다수이다.[1] 이와 달리 민사소송제도의 목적을 국가가 스스로 제정한 민법기타 사법질서를 유지하여 그 실효성을 보장하기 위한 것이라는 견해가 있다(私法秩序維持說).[2] 후자가 타당하다. 개인의 私權은 국가가 운용하는 민사소송절차가 존재하고 잘 유지되어야만 비로소 의미를 가지고 현실에서 기능하는 것이다. 민법상 권리는 민사소송절차와 강제집행절차가가 작동하여야 실현될 수 있다. 권리의 강제이행이 가능해져야만, 그에 의해 강제이행 전에도 법적 효력을 가질 수 있게 되어 권리로서 기능할 수 있는 것이다. 민법상 권리는 민사소송과 강제집행을 통해 언제든 그 권리의 강제 실현이 가능하다는 전제가 충족될 때만 법적 의미를 가진다. 그렇지 않은 경우 권리는 선언에 불과하다.

---

[1] 이영섭, 「신민사소송법(상)」, 박영사(1971), 18면; 정동윤, 「민사소송법 제4전정판」, 법문사(1997), 24면; 강현중, 「신민사소송법강의」, 박영사(2015), 18-19면.
[2] 방순원, 「민사소송법(상)」, 사법행정학회(1987), 38면.

제3절 訴　權

소권(actio)이란 사람이 얻어야 할 것을 소송으로 청구할 권능을 말한다.[3] 로마법대전 학설휘찬 중 D.7.6.5.pr 울피아누스 고시주해 17권에 의하면 "누구든 남의 권리가 아니라 자신의 권리에 관하여 소구해야만 한다"고 하고 있고, D.44.7.51. 켈수스, 학설집 제3권에 의하면 "소권이란 자신이 청구할 권리가 있는 것을 소송으로써 추급하는 권리 외의 다른 것이 아니다"라고 설명하고 있다.[4] 로마법은 법 자체를 소권의 체계로 관념하여 매매·임대차·소유물반환청구 등 유형화된 소권과 구체적인 사실관계에 기초한 사실소권을 통해 법체계를 구성하였다.[5] 사실소권은 기존의 해당하는 소권이 없더라도 권리의 보호 필요성이 인정될 때에 인정되었다."[6] 로마의 민사소송은 소권심사와 본안심사로 나누어졌었다. 로마의 민사소송은 법률소송·방식서소송·특별심리절차의 3단계를 거쳐 발전하였는데 그 기본구조는 현대적 의미에서의 실체법적 및 소송법적 성격을 兼有하는 소권을 핵으로 하는 一元的 법체계이다.[7] 소권을 구체화하는 소송 방식서는 오늘날의 소장의 청구취지와 청구원인, 답변서·준비서면의 항변·재항변·재재항변의 내용을 담고 있다.

우리나라는 소권 체계를 따르지 않고, 실체법인 민법과 절차법인 민사소송법을 엄격하게 구분하는 독일과 일본의 시스템을 따르고 있다. 소권을 실체법적으로 청구권이라 한다. 민법에는 이행청구권, 손해배상청구권, 건물매수청구권, 상속회복청구권 등 청구권 개념이 많이 사용된다. 청구권은 타인의 일정한 행위를 요구하는 권리다. 상대의무자가 청구권의 행사에 응하지 않을 경우 청구권자는 소송을 통해 판결을 득한 후, 그 판결문에 집행문을 부여받아 강제집행절차

---

3) 강현중, 「민사소송법 제3전정판」, 박영사(1997), 15면.
4) 최병조·성중모·이상훈·이호규·정일영, 「한국민법의 로마법적 배경과 기초」, 법무부(2013), 157면.
5) 최병조 외 4, 전게서, 19면. 297면: "기존의 본래소권을 응용하여 이에 준하는 준소권을 부여할 수도 있고, 그러한 가능성조차도 없을 경우에는 법률관계 당사자의 행태를 근거로 한 사실소권을 부여하였다."
6) 최병조 외 4, 전게서, 297면.
7) 강현중, 「민사소송법 제3전정판」, 박영사(1997), 15면.

를 거쳐 청구할 권리를 실현한다. 청구권은 절차법과 실체법의 분리를 위하여 인위적으로 만든 개념이다. 합의와 동시에 권리가 발생하는데, 그것을 청구권으로 하자는 것이다. 소송 전 단계에서 합의와 동시에 권리를 발생시키고, 그것이 청구권이라고 관념할 수 있지만, 그것이 소권을 대체할 수는 없다.

청구권은 소권을 실체법적 측면에서 바라보는 개념에 불과하다. 청구권 개념은 독일의 빈트샤이트가 '현행법의 시각에서의 로마법의 소권(1856)'이라는 논문에서 로마법의 소권을 대체하겠다고 주장하면서 만든 것이다.[8] 절차법과 실체법이 결합된 소권체계의 로마법과 달리 독일민법, 일본민법, 한국민법은 청구권 중심의 민법과 소송절차만 다루는 민사소송법을 별개의 법전으로 구성하여 하나의 소권을 실체법상 청구권과 절차법상 소의 제기로 분리시키고 있다. 실체법 중심이다 보니 절차적 정당성이 법적 정의에서 차지하는 비중이 줄어들었다. 절차의 중요성이 강조되지 않고, 개인의 의사 해석에 집중하게 되는 부작용이 발생한다.

민법상 권리에는 소권을 의미하는 권리(청구권)와 소권을 의미하지 않는 권리로 구분된다. 사원권, 대리인의 대리권, 법인이사의 대표권, 선택채권의 선택권 등은 권한이라 부른다.[9] 이들은 소권이 아니다. 취소권(제5조, 제109조, 제110조), 해제권(제543조) 역시 취소소송이나 해제소송을 하는 방법이 소송실무상 존재하지 않는다. 취소와 해제의 결과인 부당이득반환청구나 원상회복청구가 가능할 뿐이다. 따라서 취소권(제5조, 제109조, 제110조), 해제권(제543조)은 부당이득반환청구권이나 원상회복청구권의 전제로서 의미를 가지는 것이고, 그 자체가 소권은 아니다. 채권자대위권이나 채권자취소권은 민법상 권리는 확실하지만 민법에 규정되어 있다 하여 그 본질이 실체법상 권리인 것은 아니다.[10] 대위소송, 사해행

---

8) 조규창, 「독일법사, 下」, 고려대학교 출판부(2010), 106면.

9) 이은영, 「민법총칙 제3판」, 106면은 채권자대위권과 채권자취소권은 채권자의 권한이라고 설명하고 있다. 그러나 채권자대위권과 채권자취소권은 소를 제기할 수 있는 소권이므로 권리이지 권한이 아니다.

10) 호문혁, 「민사소송법 제7판」, 법문사(2009), 142-143면은 채권자대위소송의 소송물은 채권자의 대위권 행사라고 보는 것이 타당하므로, 각기 다른 채권자의 대위소송이 중복되더라도 소송물이 다르므로 중복소제기가 아니라고 한다. 이러한 주장은 실체법에 경도된 시각에서 출발하는 것이다. 채권자대위소송에서 드러나는 것은 오로지 채무자의 권리뿐이다. 대위권

위취소소송을 제기할 수 있는 소권을 의미한다. 채권자취소권의 경우 명문으로 사해행위취소의 소제기가 가능한 것으로 규정하고 있다. 채권자취소권이란 권리는 형성의 소를 제기할 수 있는 소권을 민법이 직접 규정하는 방식으로 소권을 민법에 구현한 것이다.

민법에 규정된 청구권만으로 분쟁해결이 용이하지 않는 경우 판례는 스스로 소권을 만들어낸다. 등기청구권은 민법, 부동산등기법, 민사집행법에 근거가 없다. 판례법이 정립한 권리가 등기청구권이다. 진정명의회복을 위한 이전등기청구권은 순전히 소송상 편의를 위해 판례가 정립한 소권이다. 업종제한 분양계약에 기초하여 동종업종 영업금지청구권이라는 소권도 판례가 만든 것이다.[11] 판례는 끊임없이 실무상 필요한 소권을 만들어왔다.

민사실무를 구체적으로 이해하기 위하여 실체법과 절차법을 결합하여 접근할 수밖에 없는데, 이는 실무라는 것은 어떠한 경우에도 실체법이나 절차법 한쪽 면으로는 묘사할 수 없기 때문이다. 현재 실무에서 집행이 가능한 판결주문은 제한되어 있고, 이에 따라 소장의 청구취지도 사실상 제한되어 있다. 따라서 집행이 가능한 주문을 법원에 청구하는 것을 소권이라 정의할 수 있다. 민법상 권리는 최종적으로 소권을 의미할 때 법적 의미를 제대로 가지는 것이라 하겠다. 민사소송을 이용할 수 없는 권리는 법적으로 완전할 수 없다.

제4절 물권, 채권, 청구권

민법은 민법총칙 뒤에 물권법과 채권법을 위치시키고 있다. 민법은 재산에 관한 권리를 크게 물권과 채권으로 나누어 보고 있다. 물권은 소유권, 점유권, 지상권, 지역권, 전세권, 유치권, 질권, 저당권으로 법정되어 있다. 물권에는 물권적 청구권이 명문으로 인정된다. 물권에 관하여 일반적으로 물건을 직접 지배

자체에는 실체법적 내용이 없다. 채권자대위권은 실체법상 권리가 아니라 대위소송을 제기할 수 있는 소권을 의미한다.

11) 대법원 2012.11.29 선고 2011다79258 판결.

하는 권리라고 정의되나, 이 정의는 소유권에만 타당한 것으로 물권에 대한 정의가 아니다. 물권에 대한 개념 규정이 민법에는 없다. 물권은 물건과 관계되는 권리이다. 물권법이 물권이라고 지정한 권리가 물권이다. 지배권이나 절대권 같은 개념은 물권 전부를 설명할 수 없는 개념이므로 쓸모가 전혀 없다. 통설의 지배권 개념에 따르면 채권도 지배권이다. 저당권이 절대권이면 모든 채권은 다 절대권이다. 개별 물권 사이에는 물건과 관계된다는 것 외에는 아무런 관련성이 없다. 물권이라는 개념은 물건과 관계된 권리라는 것 빼고는 본질적이고 구체적 내용을 처음부터 가질 수 없다. 물권에 대한 실질적 개념 정의는 불가능하다.

채권은 특정인에 대하여 일정한 급부를 청구하는 권리로 개념정의 되는데, 이는 청구권과 완전히 같은 것이다. 하지만, 통설은 청구권에는 물권적 청구권, 상속회복청구권 등도 있으므로 채권과 다르다고 한다. 채권 개념에 대하여도 민법은 침묵하고 있다. 채권은 청구권과 같은 개념으로 소권을 의미하는 것이다. 소권을 통해 상대방의 채무가 구체적으로 확정된다. 손해배상이든 원상회복이든 그것은 채권의 내용이 아니고, 채무의 내용이다. 채무의 개념은 확실하지만, 청구권을 제외한 채권 개념은 공허하다. 청구권을 제외한 채권 개념의 정립은 처음부터 불가능하다.

물권의 개념은 소유권에 대한 설명에 불과하다. 따라서 소유권 이외의 물권에 대하여는 설명하지 못한다. 채권의 개념은 청구권 개념을 그대로 사용하기 때문에 채권과 청구권은 다르다고 할 수 없다. 물권과 채권이라는 용어 자체가 법적 개념으로 사용하기에 적절하지 않다. 물권과 채권이라는 용어는 법전 체계를 위해 만들어진 것에 불과한 것이다. 물권과 채권이라는 개념이 분쟁해결을 위해 쓸모가 있는 것도 아니다.

우리나라는 독일에 없는 채권 개념이 물권이라는 개념과 더불어 재산법의 한 축을 이룬다. 독일에는 채무에서 발생하는 청구권 개념밖에 없다.[12] 독일의 청구권은 소권을 실체법으로 대체한 것으로 청구권 개념에 의하여 소권은 실체법적 이행청구권의 실현을 돕는 부차적인 수단으로 이해되고, 청구권은 합의와

---

12) 서봉석, "채권 개념에 대한 새로운 고찰", 비교법학연구 2, 한국비교법학회(2003.9), 159면.

동시에 발생하는 것으로 계약 개념의 중심이 된다.[13] 청구권 개념은 전적으로 독일법학의 산물일 뿐이고, 프랑스에서는 청구권 개념을 알지 못한다.

곽윤직 교수는 독일에서는 채권(Forderung)과 청구권(Anspruch)을 동일한 것으로 보는 것이 통설이라 한다. 독일민법 제194조와 제241의 채무관계는 청구권을 유출케 하는 법률관계이고, 여기서 개개의 급부청구권(Leistungsanspruch) 내지 채권(Forderung)이 나오는데, 이러한 채권과 청구권은 같은 것이라는 것이 독일의 통설이라고 설명한다.[14] 그러나 독일 민법의 Forderung은 우리나라 민법의 채권이 아니라 채무적 청구권(Schildrechtlicher Anspruch)으로 독일 민법은 채권 개념 없이 청구권을 통해서만 민법상 채무법의 구성을 하는 체계라고 설명하는 견해도 있다.[15]

채권 개념을 사용하지 않는 독일과 달리 청구권과 채권 개념을 모두 사용하는 것이 일본과 우리나라이다.

통설은 청구권은 물권·채권과 같은 실질적이고 기초적인 권리와 다른 차원의 권리라고 하면서 청구권은 물권·채권의 내용 또는 효력으로서 이들 권리에 포함되어 있거나 이들 권리로부터 생기는 권리라고 한다.[16] 그러나 물권, 채권, 청구권 사이의 개념 정의나 개념들 사이의 층위에 대하여 민법은 규정한 바가 없다. 김형배 교수는 "채권은 채권법상의 권리 또는 채권관계라고 할 수 있으며, 채권적 청구권의 기초를 이루는 것이라고 볼 수 있다"[17]는 개념 정의를 하고 있는데, 채권은 채권법상의 권리이고 채권적 청구권의 기초라는 설명은 채권이라는 개념 정의없이 채권이라는 단어를 세 번 반복한 것에 불과하다. "이행기가 도래하지 않은 채권에 있어서는 채권은 존재하여도 청구권은 아직 발생하고 있지 않으며, 청구권은 채권의 이행기가 도래하여야 비로소 발생하는 것으로 이해된

---

13) 박영복·이희호, "이행청구권", 외법논집 제21집, 한국외국어대학교 법학연구소(2006), 2-4면.
14) 곽윤직, 「채권총론 신정판」, 박영사(1995), 21-22면.
15) 서봉석, "채권, 물권, 새로운 유형 권리의 법적 본질에 대한 체계적 고찰", 법학논집 제30권 제1호(통권 제56호), 국민대학교 법학연구소(2017), 127면.
16) 송덕수, 「민법강의(上)」, 박영사(2004), 39면.
17) 김형배, 「채권총론 제2판」, 박영사(1999), 26면. 이러한 설명은 동일한 개념을 반복해 이어 붙인 것으로 개념 설명이라고 할 수 없다.

다"는 견해도 있다.¹⁸⁾ 그러나 이행기가 도래하지 않아도 언제든지 이행의 소를 제기할 수 있고, 이행기가 도래하지 않았다는 이유로 그 소가 각하되는 것도 아니다. 소송 도중 이행기가 도래해도 무방하다. 이행기가 도래하지 않은 채권도 청구권이 존재한다. 이행의 소는 이행기가 도래하지 않아도 제기할 수 있다.

독일 민법 제2편에 'Recht der Schuldverhältnisse'는 채무관계들에 관한 법률이지 채권법이 아니다. 우리 민법이 독일 민법과 같이 채무관계법이라 하지 않고 채권법이라는 권리 중심 체계를 취한 것은 인간과 물건간의 법률관계를 물권법으로 표현한 것과 상응적 통일성을 주기 위한 것에 불과하다. 우리 민법은 제3편 채권이라고 표시하지만 제373조 채권의 목적만 규정하고 있을 뿐 채권에 대한 개념 규정도 없고, 권리를 중심으로 하는 규정도 없다. '하여야 한다', '할 의무가 있다'는 채무를 규정하는 것들로만 채권법이 채워져 있다. 권리 중심의 법전이 되려면 권리의 개념 정의와 구성하는 세부 권리를 밝혀야 한다. 독일에는 채권이란 개념은 없고, 청구권이란 개념만 있다. 독일의 채무법(Schuldrecht)은 채무관계법(das Recht der Schuldverhältnisse)의 개념을 체계구성상의 필요에 의해 상징화한 개념에 불과하다.¹⁹⁾

통설은 물권은 권리자가 물건을 직접 지배해서 이익을 얻는 배타적 권리이고, 채권은 권리자가 의무자를 상대로 일정한 행위를 요구할 수 있는 권리라고 한다. 그러나 모든 권리와 의무는 사람과 사람 사이의 관계에서만 의미를 가지며 권리를 주장할 수 있는 한도 내에서 지배권이다. 물권에 지배한다는 사실 그 자체는 권리가 아니다. 물권이든 채권이든 사람이 사람에게 자기의 지위를 주장하는 것이다. 지배권 개념은 물권과 채권의 구별에 동원될 수 있는 개념이 아니다.

물권은 절대권이고 채권은 상대권이라는 설명이 일반적으로 행해지고 있는데, 절대권·상대권 개념도 의미가 없다. 대법원 역시 "채권도 법률이 보호하는 권리인 이상 일반인은 이를 존중하여야 하며 정당한 이유 없이는 이를 침해한

---

18) 곽윤직·김재형, 「민법총칙 제8판」, 박영사(2012), 65면; 송덕수, 「민법총칙 제3판」, 박영사(2015), 89면.
19) 이상의 독일민법상 채권·채무 개념에 관한 설명은 서봉석, 「로스쿨 민법」, 지앤북(2010), 160-161면에 따른 것이다.

때에는 채권자에 대한 불법행위가 성립되어 채권자는 그 제3자의 행위에 대하여 이로 인한 손해의 배상을 청구할 수 있고 또 정당한 이유 없는 제3자의 행위로 인하여 채무의 이행이 방해될 우려가 있을 때에는 그 제3자에 대하여 방해행위의 배제를 청구할 수 있을 것"이라고 판시하여 상대권·절대권의 구별의 공허함을 지적한 바 있다.[20]

물권과 채권의 구별은 법전 편찬을 위해 만든 임의적 개념에 불과한 것이다. 물권은 물권법이 물권이라고 예시하고 있는 권리를 말하는 것뿐이고, 그 예시된 권리 사이에 공통점은 거의 없다. 소유권, 점유권, 전세권, 저당권은 각기 다른 권리이다. 이들은 물권이라는 개념으로 하나로 묶는다고 하여 동일한 성질이 발생하는 것이 아니다.

모든 권리는 사람과 사람 사이에 존재하며, 사람과 물건 사이에 존재하는 것이 아니다. 물권자의 의사 역시 채권자의 의사와 마찬가지로 어떠한 사람의 행위에 대하여 결정되는 것이며, 물권자의 의사라고 하여 이 물건 또는 저 물건의 상태에 대하여 결정되는 것이 아니다.[21]

소유권자가 최우선적으로 보호되는 것이고, 다른 권리자는 스스로 자기 권리를 소유권자를 상대로 증명해야 하는 것뿐이다. 부동산 등기부에서 우선하는 지위가 표시되었거나 법률이 우선적 지위를 부여한 권리가 후순위 권리나 등기부에 표시되지 않는 권리에 우선하는 것이지, 물권이 채권에 우선하는 것이 아니다.

"물권은 특정의 물건을 직접 지배해서 이익을 얻는 배타적 권리"[22]라고 설명하지만, 이 설명은 소유권에만 타당하다. 소유권과 저당권 사이에는 등기로 공시된다는 것 외에는 공통점이 없다. 전세권과 지상권은 전세계약과 지상권설정계약이라는 계약에 따라 권리의 세부 내용이 정해진다. 권리질권, 재산권의 준점유(민법 제210조), 지상권·전세권을 담보설정 목적물로 하는 저당권(민법 제371조)은 물건을 직접 대상으로 하지 않는다. 물건을 배타적으로 지배하거나 독점적

---

20) 대법원 1953.2.21 선고 4285民上129 판결.
21) 이상태, 「물권·채권 준별론을 취한 판덱텐체계의 현대적 의의」, 건국대학교 출판부(2006), 69면.
22) 곽윤직, 「물권법 신정판」, 박영사(1994), 13면.

으로 지배하지 않는다. 물권은 특정의 물건을 직접 지배해서 이익을 얻는 배타적 권리라는 개념정의는 소유권에 대한 설명이지 물권에 대한 설명이 아니다.

물권과 채권의 차이는 소유권과 계약이 가지는 제도로서의 차이점을 제외하고 나면 극히 상대적이고 양적 차이에 불과하다. 대물소권(오늘날 물권적 청구권)은 대인소권의 특수한 형태이지, 대인소권과 본질적으로 다른 그 무엇이 아니다.[23]

학설과 판례는 채권에 대하여 물권적 청구권과 같은 명문의 규정이 없다는 이유로 금지청구권을 인정하지 않는다. 이는 광범위한 레페레 제도[24]를 운용하여 채권에도 예외없이 금지청구를 인정하는 프랑스나 인정크션 제도[25]를 통해 현재의 권리 침해를 빠짐없이 보호하고 있는 미국과 비교할 때 매우 예외적이다. 모든 권리의 침해에는 예외 없이 금지청구권이 인정되어야 한다.

제5절 항 변 권

항변권이란 청구권의 행사에 대하여 상대방이 일시적으로 의무이행을 거절할 수 있는 권리로 설명된다. 민법은 동시이행의 항변권(제536조), 보증인이 가지

---

23) 최병조, 「로마법강의」, 박영사(2007), 526면.
24) 프랑스 민사소송법 제809조 제1항은 "급박한 손해를 피하기 위하여 또는 명백히 위법한 침해를 방지하기 위하여 필요한 경우에는 보전적 조치 내지는 원상회복조치를 명할 수 있다"고 규정하고 있고, 동조 제2항은 "채무의 존재가 명백한 경우에는 채권자에 대하여 가지급 내지 임시적 이행을 명할 수 있다"고 규정하고 있다. 레페레는 민사, 상사, 행정, 노동 등 모든 재판 영역에서 이용된다(김연, 「민사보전법」, 법문사(2010), 24면).
25) 인정크션을 이용하는 과정은 특정인의 불법행위로 인하여 돌이킬 수 없는 손해를 입게 되는 경우에, 그 행위로 인하여 피해를 입게 되는 자는 그 행위의 금지를 구하는 소를 제기하여 피고를 소환하는 영장의 발급을 받는 것과 동시에 먼저 일방적으로 임시제한명령(TRO)의 신청을 하여, 극히 단기간 동안 현상변경의 금지, 즉 그 불법행위의 금지를 구하게 된다(김연, "영미법상 Injunction 소송절차 소고", 경성법학 제2호, 경성대학교 출판부(1993), 110-112면). 예비적 인정크션을 위반한 경우에는 그 명령이 상소심에서 취소 변경되거나 종결되었다 하더라도 그 위반행위가 용서되지 않으며, 인정크션명령을 위반하는 행위를 하면 법원모독(contempt of court)으로 처벌되거나 과료에 처해지고, 인정크션을 위반하여 얻은 수입은 반환하여야 한다. 그러나 인정크션을 위반 행위의 효력이 무효로 되는 것은 아니며, 인정크션을 알지 못하는 선의의 제3자는 그로 인하여 자신의 지위에 영향을 받지 않는다(Lea B. Vaughn, A Need for Clarity: Toward a New Standard for Preliminary Injunctions, 68 Or. L. REV. 840, 1990).

는 최고 및 검색의 항변권(제437조) 등을 규정하고 있다. 소멸시효에 기한 항변권도 그 중의 하나로 볼 것이다.

이러한 항변권은 소송 전에도 행사될 수 있지만, 실제 쓸모는 이행의 소에서 소송상 항변으로 작용할 때에 있다. 동시이행의 항변이든, 최고 및 검색의 항변이든, 소멸시효에 기한 항변이든 소송에서 상대방의 이행청구에 대하여 자신의 의무이행을 거절하고 원고청구의 기각을 구하는 데 사용된다.

항변권은 그 권리에 기하여 독자적으로 소제기를 할 수 없다. 따라서 항변권은 소권이 아니다. 항변권은 소송 밖에서는 상대방의 청구권행사에 대한 의무이행의 거절 의사표시이고, 소송 안에서는 소송상 항변이다.

제6절 형 성 권

판례[26]와 학설은 형성권이라는 개념을 인정하고 있다. 일반적으로 형성권은 권리자의 의사표시만으로 법률관계의 변동이 일어나게 하는 권리라 설명된다. 통설은 형성권에는 취소권, 동의권, 추인권, 상계권, 해제권, 해지권, 상속포기권 등 권리자의 의사표시만으로 권리변동이 일어나는 것과 채권자취소권, 친생부인권, 재판상이혼권, 입양취소권, 재판상 파양권 등 법원의 판결에 의하여 비로소 법률관계의 변동이 일어나는 것이 있다고 한다. 지료증감청구권, 지상물매수청구권, 부속물매수청구권, 매매대금감액청구권, 지상권소멸청구권, 전세권소멸청구권 등도 형성권이라 한다. 무주물선점(제252조), 유실물습득(제253조), 상린자의 나뭇가지·뿌리 제거권(제240조)을 형성권으로 보는 견

---

26) 대법원 1993.7.27 선고 92다52795 판결은 미성년자 또는 친족회의가 민법 제950조(법정대리권과 동의권의 제한) 제2항에 따라 제1항의 규정에 위반한 법률행위를 취소할 수 있는 권리는 형성권이고, 그 권리는 민법 제146조(취소권의 소멸)에 규정된 제척기간 내에 행사되어야 한다고 하고 있다. 대법원 1998.4.10 선고 96므1434 판결 역시 재판상 이혼청구권은 형성권이므로 제척기간에 걸린다고 한다. 대법원 1992.7.28 선고 91다44766,44773 판결은 매매예약의 완결권은 형성권이므로 제척기간이 적용된다고 한다. 대법원 2003.1.10 선고 2000다26425 판결은 보험계약의 해지권이 형성권이므로 제척기간이 적용된다고 한다.

해,[27] 광업권, 어업권도 형성권으로 파악하는 견해[28]도 있다. 형성권 개념은 지속적으로 확대되고 있다.

생각건대, 형성권 개념은 민법의 해석에 필요하지 않다. 권리자의 일방적 의사표시에 의하여 법률관계를 변동시키는 권리라는 개념 속에는 법원의 판결에 의하여 비로소 법률관계의 변동이 일어나는 경우를 포함시키는 것은 어색한 것이다. 형성의 소를 제기하는 것을 별도로 형성권 행사로 이해할 필요가 없다. 채권자취소권, 혼인이나 협의이혼의 취소, 친생부인, 재판상이혼, 재판상파양 등 형성의 소는 형성의 소로 파악하면 충분하다.[29]

취소권·해제권은 연혁적으로 이미 급부한 재산적 이익의 반환청구권(소권)이었던 것이고, 취소나 해제는 이 반환청구의 근거를 위하여 만든 관념적 구성에 불과하다. 취소권·해제권은 취소나 해제를 이유로 하는 반환청구권으로서 실질적으로 의미를 가지는 것으로 보아야 하고, 따라서 이를 단순히 형성권으로 구성하고 그의 기능적 의미를 무시한다면 시효 및 제척기간 등에서 극히 불합리한 결과에 이르게 된다.[30]

동의권(민법 제5조, 제10조), 취소권(제140조), 추인권(제143조), 계약의 해제·해지권(제543조)은 개별 법률관계 속에서의 의사표시일 뿐이고, 그 결과로 발생하는 구체적 소권만이 법적 의미를 가진다. 취소권이나 해제권을 독립된 형성권으로 보고, 그 행사기간을 出訴其間(提訴其間)을 뜻하는 제척기간으로 제한할 이유가 없다. 지료증감청구권, 지상물매수청구권, 부속물매수청구권, 매매대금감액청구권, 지상권소멸청구권, 전세권소멸청구권은 청구권이지 형성권으로 볼 이유가 없다. 제척기간을 이들 권리에 적용하여 그 권리의 행사기간을 제한하는 것은 아무런 법적 근거 없이 정당한 권리자의 권리행사를 제한하는 것이다.

---

27) 김용한, 전게서, 56면.
28) 이영준, 전게서, 54면.
29) 강태성, 「민법총칙 제6판」, 대명출판사(2016), 63면 역시 訴에 의해서만 효과가 발생하는 형성권은 엄격한 의미에서 형성권에 해당하지 않는다고 한다. 또한 명순구, "이혼청구권이 형성권인가?—대판 1998.4.10. 96므1434에 대한 비판적 평가—", 저스티스 제34권 제3호, 261면 이하도 같은 입장이다.
30) 최식, 「민법총론」, 박영사(1964), 111-112면.

형성소권에 관하여 민법은 사해행위취소, 공유물분할, 혼인의 취소, 혼인의
무효,[31] 이혼, 이혼의 취소, 부의 결정에 관한 청구, 입양의 취소, 파양, 파양의
취소, 친생자의 부인, 자의 인지를 규정하고 있고, 상법은 회사설립무효·취소,
합병무효, 주주총회결의취소, 부당결의 취소·변경를 규정하고 있다. 민사소송법
은 재심, 준재심을 규정하고, 민사집행법은 청구이의, 집행문부여에 대한 이의,
제3자이의, 배당이의를 규정하고 있다. 또한 실정법에 근거는 없으나 그 필요에
의하여 오래 전부터 판례법이 인정해 온 형성소권으로 토지경계확정[32][33]의 소
가 있다.[34]

---

31) 민사소송법학에서의 통설은 형성의 소라고 보지만, 확인의 소라는 견해로 김주수, 「친족상
   속법」, 법문사(1991), 142면.
32) 독일민법 제920조 ① 경계가 불분명한 경우에 정당한 경계를 알 수 없는 때에는 점유상태를
   표준으로 하여 경계를 정한다. 점유상태를 확정할 수 없는 때에는 계쟁지를 등분하여 각자에
   게 할당하여야 한다. ② 전항의 규정에 따라서 행한 경계의 결정이 알려진 사정 특히 토지의
   확정면적과 일치하지 아니하는 결과를 발생시키는 경우에는 경계는 이 사정을 참작하여 공
   평에 맞는 방법으로 정하여야 한다. 일본은 과거에는 제239조 이하에서 경계확정소송에 관
   한 규정을 두고 있었지만, 현재는 삭제하였다고 한다. 이상의 내용은 김원태, "경계확정소송
   에 관한 연구", 민사소송 IV, 한국사법행정학회(2001), 128면. 그러나 경계확정소권의 법적
   근거가 "토지의 경계선이 불분명한 경우에는 법관이 이를 정해야 한다는 로마법 이래의 관
   습법"이라는 견해: 강현중, 「민사소송법 제3전정판」, 박영사(1999), 289면 및 中野貞一郎·松
   浦馨·鈴中正裕, 「新民事訴訟法講義」, 有斐閣(1998), 32頁.
33) 경계확정의 소는 인접토지의 경계가 사실상 불분명하여 다툼이 있는 경우에 재판에 의하여 그
   경계를 확정하여 줄 것을 구하는 소이다. 여기서 경계란 공적으로 설정 인증된 지번과 지번의
   경계선을 가리키는 것으로서, 사적인 소유권의 경계선을 의미하는 것이 아니므로(대법원
   1997.7.8 선고 96다36517 판결), 토지의 공정 경계와 소유권의 사적 범위는 반드시 일치하는
   것이 아니다. 경계확정의 소가 소유권범위 확인의 소라는 견해(新堂幸司, 民事訴訟法, 弘文堂
   (1990), 147頁)도 있으나 형식적 형성의 소라는 것이 통설과 판례의 입장이다. 이 소에서 다루
   는 경계선은 공법상 경계선이다. 공적으로 설정 인증된 양 지번간의 경계는 지번이 등록된 이
   상 반드시 존재하는 것이므로 경계의 불명은 주관적 불명 상태를 의미하는 것이고, 객관적인 경
   계선을 발견할 수 없는 경우, 법원이 경계선을 형성적으로 확정한다. 법원은 당사자 쌍방이 주장
   하는 경계선에 기속되지 아니하고 스스로 진실하다고 인정하는 바에 따라 경계를 확정한다(대
   법원 1993.11.23 선고 93다41792,41808 판결). 경계에 관하여 당사자가 화해 또는 청구 인낙을
   하여도 그 효력이 없고, 소유권 범위에 관한 기판력도 없다. 시효취득과 경계확정과도 무관하다.
34) 통설은 실체법상 형성의 소와 소송법상의 형성의 소를 일괄하여 형성의 소로 본다. 그러나
   실체법상 형성의 소는 대세적으로 형성의 효과를 생기게 하지만, 소송법상 형송의 소는 소송
   당사자에게만 판결의 효력이 미치기 때문에 통상의 형성의 소와는 다르다는 입장(강현중, 전
   게서, 290면)도 있다.

제5장

권리능력제도

제1절 의 의

민법은 주체, 행위, 객체라는 틀로 사실관계를 바라본다. 민법은 권리라는 개념을 먼저 설정하고, 그 권리를 향유할 수 있는 주체를 권리의 주체라 한다.

민법 제3조 표제는 권리능력의 존속기간이고 민법 제34조 표제는 법인의 권리능력이다. 여기서 권리능력이란 민법이 정하는 권리와 의무의 주체가 되는 능력을 말한다. 법이 부여하는 권리의 귀속자가 권리의 주체이고, 권리의 주체가 될 수 있는 자격을 권리능력이라 한다. 민법은 권리의무의 주체인 권리능력자로 자연인과 법인을 규정하고 있다. 동물은 권리의 주체가 될 수 없다.[1]

민법이 사람이라고 지칭할 때에는 자연인을 가리킨다. 人 또는 者라고 할 때에는 자연인과 법인을 총칭하는 경우가 많지만, 민법 제2장의 人은 자연인만 가리킨다.[2]

---

1) 대법원 2013.4.25 선고 2012다118594 판결: "동물의 생명보호, 안전 보장 및 복지 증진을 꾀하고 동물의 생명 존중 등 국민의 정서를 함양하는 데에 이바지함을 목적으로 한 동물보호법의 입법 취지나 그 규정 내용 등을 고려하더라도, 민법이나 그 밖의 법률에 동물에 대하여 권리능력을 인정하는 규정이 없고 이를 인정하는 관습법도 존재하지 아니하므로, 동물 자체가 위자료 청구권의 귀속주체가 된다고 할 수 없다. 그리고 이는 그 동물이 애완견 등 이른바 반려동물이라고 하더라도 달리 볼 수 없다."
2) 이태재, 「민법총칙」, 법문사(1978), 59면.

일반적으로 권리능력은 권리의 주체가 될 수 있는 추상적이고 잠재적인 법률상 지위로 설명된다. 권리능력은 민사소송법의 당사자능력과 개념상 구별되는 것이지만, 권리능력은 민사소송 제도를 통하여 자신의 권리를 관철시킬 수 있는 능력을 의미한다고 볼 것이므로, 권리능력과 당사자능력은 통합하여 파악되어야 한다. 민법의 권리능력과 민사소송법의 당사자능력은 로마법의 소권체계를 인위적으로 실체법과 절차법으로 분리한 결과 만들어진 개념에 불과하다. 당사자능력은 민사소송의 당사자가 될 수 있는 지위를 말한다. 민법에서 권리능력, 법률행위, 객체를 다루듯, 민사소송법에서는 당사자능력, 소송행위, 소송물을 다룬다.

제2절 자연인의 권리능력

사람이 언제부터 권리능력을 가지고 또 언제 권리능력을 잃는 것인가에 대하여 민법 제3조가 정하고 있다. 민법 제3조는 "사람은 생존한 동안 권리와 의무의 주체가 된다"고 규정한다.

민법 제3조는 대한민국 국민은 평등하게 권리능력을 갖고 있음을 선언하고 있다. 이를 권리능력평등의 원칙이라 표현하기도 한다. 대한민국 건국 전 조선에서는 같은 지역에서 나서 자란 피부색도 같고 사용하는 언어도 같은 사람을 牛馬처럼 사고, 팔고, 상속하였다. 전쟁포로나 다른 대륙에서 노예상이 붙잡아 온 사람을 노예로 한 것이 아니고 같은 동네에서 함께 자란 같은 언어를 사용하는·사람을 매매하고 상속한 나라가 조선이었다. 조선의 법전인 경국대전 호전 牛馬매매의 조항에서 노비매매를 다루고 있다. 조선은 세계적으로도 그 예를 잘 찾기 어려운 장기간에 걸쳐 자국민을 매매하고 상속하였던 농경국가였다. 고려의 노비는 인구의 10% 내외였는데, 조선의 노비는 전체 인구의 40%에 육박하였다고 한다. 오직 양반만이 조선에서 법이 인정하는 유일한 권리능력자였다. 이 점에서 모든 국민이 나면서부터 죽을 때까지 권리능력자임을 법률로 인정한 민법 제3조는 매우 큰 법적 의미가 있다.

민법 제3조는 자연인은 출생과 동시에 권리능력을 가진다고 규정한 것이다. 통설은 태아가 모체로부터 완전히 노출된 순간부터 출생하는 것으로 본다.

출생신고와는 관계없이 출생한 사실만으로 권리능력을 얻지만, 일반적으로 출생의 여부 및 출생의 시기는 가족등록부상 기재에 의해 증명된다. 가족등록부에 기재된 사실은 진실에 부합하는 것으로 추정된다. 그 기재사실에 반하는 증거에 의하여 그 추정은 번복될 수 있다.[3]

태아는 아직 모체에 있는 존재이므로 권리의 주체가 아니다. 다만 민법은 태아의 보호를 위하여 불법행위에 기한 손해배상의 청구(제762조), 상속(제1000조 제3항), 대습상속(제1001조), 유증(제1064조), 사인증여(제562조)의 경우에 이미 출생한 것으로 본다. 따라서 태아가 살아서 출생하여 실제 모체에서 분리되어 권리능력을 가지게 되면, 출생시기가 문제되는 사안의 경우 소급하여 권리능력을 인정받게 된다(정지조건설).[4] 예컨대, 피상속인이 배우자, 태아, 직계존속을 남기고 사망한 경우 우선 배우자와 직계존속이 상속하고, 태아가 출생하면 배우자와 직계존속은 출생한 子에게 상속을 회복시켜 주어야 한다. 민법은 태아를 위한 법정대리인제도를 두고 있지 않다. 입법론으로 태아의 권리보존을 위하여 법정대리인과 유사한 지위를 갖는 자를 인정하고, 가정법원의 엄격한 감독을 받도록 하는 태아재산관리제도를 두자는 견해가 있다.[5]

민법에 규정은 없지만 아직 受胎되지 않은 者에 대하여 일정한 권리를 취득할 수 있게 할 필요가 있다. 독일민법은 제3자를 위한 계약에 있어서 수익자(제331조 제2항), 상속에 있어서 후위상속인으로의 지정(제2101조 제1항, 제2106조 제2항), 유증을 받을 자로의 지정(제2162조, 제2178조)의 경우에 일정한 권리를 취득할 수 있는 것으로 규정하고 있고, 독일의 판례는 저당권은 아직 수태되지 아니한 자

---

3) 대법원 1978.11.1 선고 78다1670,1671 판결.
4) 대법원 1976.9.14 선고 76다1365 판결: "태아가 손해배상청구권에 관하여는 이미 출생한 것으로 본다는 本條의 취지는 태아가 살아서 출생한 때에 출생시기가 문제의 사건의 時까지 소급하여 그 때에 태아가 출생한 것과 같이 法律上 보아 준다고 해석함이 상당하므로, 그가 모체와 같이 사망하여 출생의 기회를 못 가졌다면 배상청구권을 논할 여지가 없다."
   해제조건설을 취하는 통설은 태아에게 법정대리인 제도를 유추적용할 수 있다고 본다. 다만 그 권한은 권리를 보존·관리하는 데 그치는 것으로 본다.
5) 고상룡, 「민법총칙 제3판」, 법문사(2003), 81면.

를 위하여도 등기할 수 있는 것으로 본다.[6]

권리능력은 사망과 동시에 소멸한다. 사망 시점부터 상속 및 유언의 효력발생, 잔존배우자의 재혼, 보험수취권, 연금권 등의 문제가 발생하기 때문에 언제를 기준으로 사망한 것으로 볼 것이냐는 매우 중요한 문제이다. 이에 대하여 민법은 전혀 규정을 두고 있지 않다. 심장정지설은 호흡정지, 맥박정지, 동공확산을 중요한 징후로 보면서 심장의 기능이 회복불가능한 정도로 정지된 때 사망한 것으로 본다. 뇌사설은 장기이식의 필요성을 감안하여 심장이 정지한 시기가 아니라 뇌사상태에 빠지면 호흡을 하고 심장이 뛰어도 사망한 것으로 본다. 장기 등 이식에 관한 법률 제21조 제1항은 "뇌사자가 이 법에 따른 장기 등의 적출로 사망한 경우에는 뇌사의 원인이 된 질병 또는 행위로 인하여 사망한 것으로 본다", 제2항은 "뇌사자의 사망시간은 뇌사판정위원회가 뇌사판정을 한 시각으로 한다"고 규정한다. 따라서 장기 등 이식에 관한 법률이 사망시기를 규정하고 있는 것은 아니다. 사망시기를 명백하게 규정한 법률은 없다. 뇌사설은 장기 등 이식에 관한 법률에 중요한 근거를 제공하는 견해이기는 하나, 장기이식은 예외적 상황인 것이고, 민법은 일반적 상황에 대처해야 하는 법이기 때문에 민법의 해석에 있어서는 심장정지설이 타당하다.

사람이 사망한 경우 신고의무자는 1개월 이내에 사망신고를 하여야 한다. 사망 사실은 가족관계등록부에 기재되는데(가족관계등록법 제84조, 제16조), 이는 사실상 추정의 효력을 가질 뿐이다.[7]

---

6) 양삼승, 「民法注解(1)」, 박영사(1992), 255면.
7) 대법원 1997.11.27자 97스4 결정: "호적부의 기재사항은 이를 번복할 만한 명백한 반증이 없는 한 진실에 부합하는 것으로 추정되고, 특히 호적부의 사망기재는 쉽게 번복할 수 있게 해서는 안 되며, 그 기재내용을 뒤집기 위해서는 사망신고 당시에 첨부된 서류들이 위조 또는 허위조작된 문서임이 증명되거나 신고인이 공정증서원본실기재죄로 처단되었거나 또는 사망으로 기재된 본인이 현재 생존해 있다는 사실이 증명되고 있을 때, 또는 이에 준하는 사유가 있을 때 등에 한해서 호적상의 사망기재의 추정력을 뒤집을 수 있을 뿐이고, 그러한 정도에 미치지 못한 경우에는 그 추정력을 깰 수 없다 할 것이므로, 호적상 이미 사망한 것으로 기재되어 있는 자는 그 호적상 사망기재의 추정력을 뒤집을 수 있는 자료가 없는 한 그 생사가 불분명한 자라고 볼 수 없어 실종선고를 할 수 없다."
대법원 2013.7.25 선고 2011두13309 판결: "가족관계등록부에 기재된 사항은 진실에 부합하는 것으로 추정된다 할 것이나, 그 기재에 반하는 증거가 있거나 그 기재가 진실이 아니라고 볼 만한 특별한 사정이 있는 때에는 그 추정은 번복될 수 있다. 사망신고는 진단서나 검안

민법은 2인 이상이 동일한 危難으로 사망한 경우, 동시에 사망한 것으로 推定한다(제30조). '추정한다'고 규정하고 있으므로 反證으로 추정을 뒤집을 수 있다. 복수의 사람이 각기 다른 위난으로 비슷한 시기에 사망하였는데 누가 먼저 사망하였는지 증명하기가 곤란한 경우도 민법 제30조를 유추하여 동시에 사망한 것으로 볼 것이다.

가족관계등록법 제87조는 인정사망 규정을 두고 있다. 이는 항공기추락, 선박침몰, 전쟁, 지진, 화재, 홍수 등으로 인한 제반사정에 비추어 사망이 확실하다고 인정되는 경우, 사체를 찾지 못하여 사망의 사실을 확인할 수 없다 하더라도 이를 조사한 관공서의 사망보고에 기하여 가족등록부에 사망을 기재하는 제도다. 인정사망에 있어서는 가족등록부 사망기재는 사실상 추정력이 있는 것에 불과하다. 인정사망보고는 사망자의 사체를 발견할 수 없는 경우로서 사망자에 대한 진단서는 물론 검안서나 기타 사망사실을 증명할 만한 서면의 첨부가 불가능하기 때문에 관공서가 작성한 사망보고서(공문서)의 진실성을 담보로 하여 가족등록부에 사망을 기재하는 제도이다.[8] 강태성 교수는 통설이 인정사망의 근거라고 주장하는 가족관계등록법 제87조 본문은 일정한 사망자가 있는 경우에 이

서를 첨부하여야 하나, 부득이한 사정으로 이를 얻을 수 없는 때에는 사망 사실을 증명할 만한 서면으로써 이에 갈음할 수 있고(가족관계의 등록 등에 관한 법률 제84조 제3항), 군인이 전투 기타 사변으로 사망하여 부대장 등 명의로 작성한 전사확인서는 위와 같은 증명 서면에 해당할 수 있다. 그러나 특수임무수행자 보상에 관한 법률에 규정된 특수임무를 수행하던 중 복귀하지 않아 생사가 불명하게 된 경우처럼 전투나 작전 수행 중 행방불명된 군인 등에 대하여, 그 사망한 사실을 구체적으로 확인하거나 사망한 것으로 볼 상당한 객관적 근거도 없이 부대장이 임의로 어느 날짜를 지정하여 그때 전사하였다는 취지로 작성한 전사확인서는 특별한 사정이 없는 한 사망신고의 첨부서면인 증명 서면에 해당한다고 할 수 없다. 따라서 그와 같은 경위로 발급된 전사확인서에 의하여 사망신고가 되어 가족관계등록부에 등재된 경우에는 그 사망일자에 사망하였다는 추정은 유지될 수 없다."

8) 대법원 1989.1.31 선고 87다카2954 판결: "갑판원이 시속 30노트 정도의 강풍이 불고 파도가 5-6미터 가량 높게 일고 있는 등 기상조건이 아주 험한 북태평양의 해상에서 어로작업 중 갑판 위로 덮친 파도에 휩쓸려 찬 바다에 추락하여 행방불명이 되었다면 비록 시신이 확인되지 않았다 하더라도 그 사람은 그 무렵 사망한 것으로 확정함이 우리의 경험칙과 논리칙에 비추어 당연하다. 수난, 전란, 화재 기타 사변에 편승하여 타인의 불법행위로 사망한 경우에 있어서는 확정적인 증거의 포착이 손쉽지 않음을 예상하여 법은 인정사망, 위난실종선고 등의 제도와 그 밖에도 보통실종선고제도도 마련해 놓고 있으나 그렇다고 하여 위와 같은 자료나 제도에 의함이 없는 사망사실의 인정을 수소법원이 절대로 할 수 없다는 법리는 없다."

를 조사한 관공서도 사망신고를 할 수 있도록 한 것에 지나지 않기 때문에 인정 사망의 근거가 될 수 없으며, 인정사망을 인정하기 위해서는 별도의 입법이 필 요하다고 주장한다.[9]

부재선고에 관한 특별조치법(부재선고법)은 대한민국의 군사분계선 이북 (以北) 지역에서 그 이남(以南) 지역으로 옮겨 새로 가족관계등록을 창설한 사람 중 군사분계선 이북 지역의 잔류자(殘留者)에 대한 부재선고(不在宣告)의 절차에 관한 특례를 규정하고 있다. 법원은 잔류자임이 분명한 사람에 대하여는 가족이 나 검사의 청구에 의하여 부재선고를 하여야 한다(부재선고법 제3조). 부재선고를 받은 사람은 가족관계등록부를 폐쇄한다. 이 경우 민법 제997조의 적용 및 혼인 에 관하여는 실종선고를 받은 것으로 본다(동법 제4조).

제3절 외국인의 권리능력

외국인이란 대한민국 국적이 없는 자이다. 민법은 외국인의 권리능력에 대 하여 규정을 두고 있지 않다. 헌법 제6조가 "외국인은 국제법과 조약이 정하는 바에 따라서 그 지위가 보장된다"고 규정하고 있을 뿐이다. 헌법 규정만을 근거 로 내국인과 외국인을 평등하게 대우하여야 한다고 볼 수는 없다. 외국인의 권 리능력은 개별법에서 사안에 따라 정하고 있다.

채무자회생 및 파산에 관한 법률 제2조는 외국인과 내국인을 동등하게 다 룬다. 항공법 제6조 제1항은 외국인의 대한민국 국적을 가진 항공기 소유권 취 득을 금지한다. 선박법 제2조는 외국인이 대한민국 선박의 소유권을 가지지 못 하도록 하고 있다. 특허권(특허법 제25조), 디자인권(디자인보호법 제27조), 실용신안 권(실용신안법 제3조), 상표권(상표법 제5조의24), 광업권(광법 제10조의2), 국가나 지방 자치단체를 상대로 한 손해배상청구권(국가배상법 제7조)은 상호주의에 의하여 제 한된다. 수산업법 제5조는 도지사·시장 등이 외국인에게 어업권을 부여하려면

---

9) 강태성, 「민법총칙 제6판」, 대명출판사(2016), 223면.

미리 농림축산부 장관과 협의하여야 한다고 규정한다.

　　외국인은 시장·군수·구청장에게 신고만 하면 우리나라 토지를 취득할 수 있다(외국인토지법 제4조 제1항·제2항, 제5조). 매우 잘못된 입법이며, 철저하게 상호주의에 의하여 접근하여야 한다. 대한민국 사람은 특정 국가의 토지는 전혀 소유할 수 없는데, 그 특정 국가의 국민들은 지속적으로 대한민국 토지를 매입할 수 있다는 것은 국가의 존립을 위태롭게 하는 것이다. 민법은 이러한 사태를 막을 책임이 있는 법률이다. 따라서 외국인의 토지소유와 관련한 상호주의 규정을 반드시 민법에 두어야 한다.

제4절　인공지능로봇의 권리능력

　　EU의회가 펴낸 로봇 관련 보고서는 로봇에 '전자인간'이라는 자격을 부여해 권리와 의무를 부과하자는 내용을 담고 있다고 한다. 인공지능로봇에 법인격을 부여할 경우 그 생존기간은 처음 정해진 프로그램에 의한 사용연한인 것인지 문제이다. 인공지능로봇이 스스로 하드웨어를 교체하는 방식으로 수명을 연장하여 사실상 영원히 죽지 않을 경우 그의 권리능력은 영원히 존속할 것인지 문제되며, 누가 그 권리능력의 종기를 정할 수 있을 것인지 기준을 미리 만들 필요가 있다. 나아가 인간이 인공지능로봇을 이용하여 자의식을 연장하는 것이 가능해진다면 인간의 자의식을 이식한 인공지능로봇도 여전히 자연인으로 취급할 것인지도 미리 답을 내려야만 하는 문제다. 민법상 권리능력은 법이 부여하는 것이고, 법에 의하여 법인의 법인격이 자연인과 마찬가지로 인정되는 것이다. 그런데 법인은 실제에 대한 법인격의 부여가 아니고 단지 하나의 제도일 뿐이다. 법인은 자연인을 대표기관으로 하여 행위할 수밖에 없다. 법인이 자연인이 아니라 자연인과 구분하기 어려운 외양을 가진 인공지능로봇에 의해 지배되고 운영될 수 있다. 단 한 명의 자연인도 개입하지 않고 인공지능로봇에 의해서만 지배되고 운영되는 법인은 과연 법인이라고 할 수 있는 것인지 생각해 보아야 한다.

이 경우까지 법인에 법인격을 부여하는 것은 인공지능로봇에 법인격을 부여하는 결과가 된다. 인공지능로봇은 자연인과 같은 실제이고, 스스로 돈을 벌고 창조적 행위도 할 수 있다. 인공지능로봇의 법인격 부여 문제, 노동에 대한 임금 문제, 저작에 대한 저작권 귀속 문제는 법인과 다른 문제이다.

　자의식을 가진 인공지능로봇이라면 법인격 부여 문제에서 자연인과 다르게 취급하기가 어렵다. 인간은 육체가 아니라 자의식에 의하여 가치를 가지는 존재이다. 하지만 육체적으로 스스로 부품을 교체하여 영구적으로 존속할 수 있는 인공지능로봇이 과연 자연인과 같은 존재인지에 대한 질문을 피할 수 없다. 자연인은 죽음을 피할 수 없는 존재이다. 유한하기 때문에 가치가 있는 것이 자연인의 생명이다. 인공지능로봇이 죽음을 피할 수 있는 존재라면 인간과 유사한 자의식이 있다 하더라도 자연인과 같은 존재는 아니며 무한한 존재라는 면에서 신에 더욱 가까운 존재이다. 따라서 자의식을 가진 개개의 인공지능로봇이 출현할 경우 그 존재는 인간과 다른 완전히 새로운 존재로 보아야 할 것이다. 인공지능로봇이 인간과의 공존이 가능한 것이 아니라는 판단이 내려진다면 그 출현을 최대한 늦추는 방향으로 입법이 되어야 할 것이다. 별도의 자의식을 가진 존재라면 이미 창조주의 손을 떠났다고 보아야 할 가능성이 크다. 법에 의한 지배는 지배를 받고자 하는 자들의 동의에 기초하여야 한다. 이것이 사회계약설인데, 인공지능로봇에 대한 지배 역시 같은 메카니즘에 의하지 않고서는 정당성을 갖추기 어렵다. 현 시점에서 즉 인공지능로봇의 본격적 양산 전에 인공지능로봇의 법인격에 대한 답을 반드시 내려야만 한다.[10]

---

10) 서울경제신문 2017.10.25자 기사: 보통 시민이 인공지능(AI) 로봇의 지배를 받는 세상이 올까. 앞으로 70여 년 후에는 그런 세상이 온다는 국내 연구진의 연구 결과가 나왔다. 유기윤 서울대 건설환경공학부 연구팀은 25일 "미래도시에 대한 시뮬레이션 결과 플랫폼 소유주, 플랫폼 스타, 인공지성, 프레카리아트의 4개 계급으로 살아가게 된다는 결과가 나왔다"고 밝혔다. 최상위 계층인 플랫폼 소유주는 현재의 다국적 기업 소유주와 마찬가지로 자신의 기업을 플랫폼이라는 미래정보형 기업으로 탈바꿈시키면서 탄생한다. 그 아래 플랫폼 스타는 일부 정치 엘리트, 예체능 스타, 소수의 창의적 전문가 등이다. 다음은 법인격을 지닌 고성능 인공지능 로봇인 인공지성 계급이다. 보통 시민들은 최하층인 프레카리아트 계급에 속한다. 플랫폼이라는 미래정보형 기업에 접속해 프리랜서처럼 살아가는 사람들이다. 주로 현재의 직장인과 영세 자영업자, 전문직 종사자 등이다. 흥미로운 것은 인공지성 계급이 보통 시민보다 높은 계급에 위치한다는 점이다. 점차 노동력의 값어치가 낮아져 일반적인 직장인 등은

제5절 법인의 권리능력

민법은 설립등기를 갖춘 법인에게만 권리능력을 부여한다. 등기를 갖추지 않은 비법인사단과 조합은 민법상 권리능력을 갖지 못한다.

상법 제169조와 제170조는 그 본질이 조합인 합명회사와 합자회사를 법인으로 본다. 농업협동조합이나 중소기업협동조합은 조합이라는 명칭을 사용하지만 그 근거법률에 의하여 설립된 사단법인이다. 사단과 조합의 구분이 법인을 결정하는 것이 아니고 법률이 어떤 단체에 관하여 '법인으로 한다'는 명문 규정을 두어야 그 단체가 법인이 되는 것이다.

조합은 협동조합기본법에 따라 간편하게 법인격을 취득할 길이 열려 있다. 협동조합기본법 제4조 제1항은 '협동조합등은 법인으로 한다'고 규정하고 있다. 법인격을 가지려는 조합은 협동조합기본법 제15조에 따라 시·도지사에게 설립신고를 하여야 한다.

> 협동조합기본법 제15조(설립신고 등) ① 협동조합을 설립하려는 경우에는 5인 이상의 조합원 자격을 가진 자가 발기인이 되어 정관을 작성하고 창립총회의 의결을 거친 후 주된 사무소의 소재지를 관할하는 시·도지사에게 신고하여야 한다. 신고한 사항을 변경하는 경우에도 또한 같다. ② 창립총회의 의사는 창립총회 개의 전까지 발기인에게 설립동의서를 제출한 자 과반수의 출석과 출석자 3분의 2 이상의 찬성으로 의결한다. ③ 시·도지사는 제1항에 따라 협동조합의 설립신고를 받은 때에는 즉시 기획재정부장관에게 그 사실을 통보하여야 한다. ④ 제1항부터 제3항까지에서 규정한 사항 외에 협동조합의 설립신고 및 변경신고에 필요한 사항은 대통령령으로 정한다.

경제적으로 커다란 빈곤에 처할 것으로 내다본 것이다. 연구팀은 "인공지성은 아직 그 모습을 드러내지 않았지만 시간이 지나면서 서서히 도시 여기저기에 출현할 것으로 예측된다"며 "인공지성 계급은 오는 2050년을 전후로 서서히 영향력을 높여 2090년 무렵엔 시장 참여자 비율 중 80% 가량을 차지할 것"이라고 예상했다. 이번 연구 결과는 공학적 시뮬레이션의 결과다. 연구팀은 지난 1년간 수천 건의 책과 논문, 통계보고서 등을 수집·분석하고 휴리스틱이라는 연구방법을 통해 결론을 내렸다. 유 교수는 "이번 연구는 모든 예단을 배제한 채 오직 데이터에 근거해 시뮬레이션했다"며 "다소 불편한 결과이지만 그 의미는 되새겨볼 필요가 있다"고 말했다.

통설은 법인의 본질에 관하여 실재설을 취하지만, 실재를 갖추었으나 등기를 하지 않은 비법인사단의 경우 권리능력이 없는 사단이라는 입장을 취하고 있다. 그러나 비법인사단도 유기체설에 의하면 사회적 유기체에 해당하고, 조직체설에 의하면 조직체에 해당하고, 사회적 작용설에 의하면 독자적 사회적 작용을 담당하므로 법인실재설에 따를 경우 비법인사단도 그 성질상 권리능력을 가질 수 있는 것이고, 법인에 권리능력을 인정하는 규정은 당연규정이고, 당연규정의 유추적용은 엄격하게 제한되지 않기 때문에, 비법인사단도 법인실재설에 의하면 권리능력 있는 사단에 해당하여야 한다.[11]

비법인사단의 경우에는 부동산등기법에 의하여 비법인사단 명의로 부동산등기를 신청할 수 있고, 민사소송법에 의하여 비법인사단 명의로 소제기가 가능하기 때문에 법인과의 실질적 차이점이 거의 없다. 대법원판례도 비법인사단의 구성원에게 비법인사단의 대외적 책임을 원칙적으로 묻지 않고 있다.

설립등기를 갖춘 법인에만 권리능력을 부여하는 민법의 태도는 비법인사단에 소송당사자능력과 등기능력을 부여하고 있는 민사소송법, 부동산등기법과 배치된다.[12] 민법에 존재하는 법인에 대한 규정을 대폭 축소하거나 아예 삭제하고, 단체에 관한 기본법을 별도로 새로 만들어야 할 것이다. 그 법률에는 사단과 조합 모두에 법인격을 인정하고, 단체의 채무에 관한 구성원 책임을 인정하는 규정을 두어야 할 것이다.

법인의 소유방식은 자연인과 마찬가지로 단독소유와 지분적 단독소유인 공유이다. 설립등기를 하지 않아 법인이 아닌 사단의 소유방식은 총유이다. 사단의 실질이 없는 조합의 소유방식은 합유이다. 민법은 단체의 세 형태를 마련하고, 각각의 소유 형태로, 단독소유, 총유, 합유를 두고 있다.

---

11) 강태성, 「민법총칙 제6판」, 대명출판사(2016), 354면.
12) 박수곤, "프랑스법에서의 민사법인에 대한 규율", 경희법학 제45권 제1호(2010.3), 82면: "1954년의 파기원 판결(Cass. civ. 2e, 28 janv. 1954, D., 1954, p. 217)에 의하면, 법인격은 법률에 의하여 창설되는 것이 아니라, 적법한 이익을 방어하기 위하여 집단적 의사를 표시할 능력이 있는 모든 단체에게 원칙적으로 귀속된다고 하였다."

제6절 권리능력없는 사단·재단

사단·재단의 실질을 가지고 있지만, 설립등기 등 법인설립절차를 밟고 있지 않아 민법상 권리능력이 인정되지 않는 사단·재단을 비법인사단·비법인재단이라 한다. 민법 제275조는 권리능력 없는 사단이라고 표현하지 않고, 법인이 아닌 사단이라고 표현한다.

민사소송법 제52조는 법인이 아닌 사단·재단에 당사자능력을 부여하여 언제든 그 단체의 명의로 민사소송절차를 이용할 수 있도록 하고 있다. 국세기본법 제13조 제1항은 법인 아닌 사단·재단을 법인으로 보아 납세의무의 주체로 규정한다. 지방세법 제75조 제1항도 법인격 없는 사단·재단을 법인으로 보아 납세의무의 주체로 규정하고 있다.

판례는 비법인사단에 대하여 사단으로서의 실체를 갖추고 그 대표자 또는 관리인을 통하여 사회적 활동이나 거래를 하는 경우[13]라고 설명하고, 비법인재단에 대하여는 일정한 재산을 중심으로 하여 사실상 사회생활상의 하나의 단위를 이루는 조직을 가지는 경우로 법률상 특수한 사회적 작용을 담당하는 독자적 존재[14]라고 설명한다.

독일 민법 제54조와 스위스민법 제62조는 비법인사단에 대하여 조합에 관한 규정을 준용하도록 하고 있는 데 반하여, 우리 민법은 제275조 내지 제278조 규정[15] 외에는 비법인사단에 대하여 규정한 바가 없다. 우리 민법은 조합의 소유형태로 따로 합유를 규정하고 있는 관계로 조합에 관한 규정을 비법인사단에

---

13) 대법원 1997.12.9 선고 97다18547 판결.
14) 대법원 1964.5.2 선고 63다856 판결.
15) 민법 제275조(물건의 총유) ① 법인이 아닌 사단의 사원이 집합체로서 물건을 소유할 때에는 총유로 한다. ② 총유에 관하여는 사단의 정관 기타 계약에 의하는 외에 다음 2조의 규정에 의한다.
　　민법 제276조(총유물의 관리, 처분과 사용, 수익) ① 총유물의 관리 및 처분은 사원총회의 결의에 의한다. ② 각 사원은 정관 기타의 규약에 좇아 총유물을 사용, 수익할 수 있다.
　　민법 제277조(총유물에 관한 권리의무의 득상) 총유물에 관한 사원의 권리의무는 사원의 지위를 취득상실함으로써 취득상실된다.
　　민법 제278조(준공동소유) 본절의 규정은 소유권 이외의 재산권에 준용한다. 그러나 다른 법률에 특별한 규정이 있으면 그에 의한다.

적용할 여지가 없다.[16] 따라서 법인격을 전제로 하는 주무관청의 설립허가, 설립등기 등 관련 규정을 제외한 사단법인의 규정을 비법인사단에 유추적용할 수밖에 없다. 통설과 판례[17]는 법인격을 전제로 하지 않는 민법규정들은 비법인사단과 비법인재단에 유추적용 된다는 입장이다.

비법인사단에는 종중,[18] 교회, 전통사찰의보존및관리에관한법률이 적용되

---

16) 단체를 조합으로 볼 것인지 사단으로 볼 것인지를 유동적으로 접근하자는 견해(고상룡, 전게서, 253면)도 있다. 이 견해에 의하면 사단법인의 법률효과를 인정하는 데 적합한 단체에는 사단법인 규정을 적용하고, 조합의 법률효과를 인정하는 데 적합한 단체에는 조합 규정을 적용하자고 한다. 결국 사단법인 규정의 법률효과를 인정하는 데 적합한 단체인지, 아니면 조합 규정의 법률효과를 인정하는 데 적합한 단체인지 이것을 결정하는 것이 선결문제가 된다.

17) 대법원 1992.10.9 선고 92다23087 판결: "법인 아닌 사단에 대하여는 사단법인에 관한 민법규정 가운데서 법인격을 전제로 하는 것을 제외하고는 이를 유추적용하여야 할 것인바, 사단법인에 있어서는 사원이 없게 된다고 하더라도 이는 해산사유가 될 뿐 막바로 권리능력이 소멸하는 것이 아니므로 법인 아닌 사단에 있어서도 구성원이 없게 되었다 하여 막바로 그 사단이 소멸하여 소송상의 당사자능력을 상실하였다고 할 수는 없고 청산사무가 완료되어야 비로소 그 당사자능력이 소멸하는 것이다."
대법원 2003.7.22 선고 2002다64780 판결: "비법인사단의 경우에는 대표자의 대표권 제한에 관하여 등기할 방법이 없어 민법 제60조의 규정을 준용할 수 없고, 비법인사단의 대표자가 정관에서 사원총회의 결의를 거쳐야 하도록 규정한 대외적 거래행위에 관하여 이를 거치지 아니한 경우라도, 이와 같은 사원총회 결의사항은 비법인사단의 내부적 의사결정에 불과하다 할 것이므로, 그 거래 상대방이 그와 같은 대표권 제한 사실을 알았거나 알 수 있었을 경우가 아니라면 그 거래행위는 유효하다고 봄이 상당하고, 이 경우 거래의 상대방이 대표권 제한 사실을 알았거나 알 수 있었음은 이를 주장하는 비법인사단측이 주장·입증하여야 한다."
대법원 2006.1.27 선고 2004다45349 판결: "주택건설촉진법에 의하여 설립된 재건축조합은 민법상의 비법인사단에 해당하고, 총유물의 관리 및 처분에 관하여는 정관이나 규약에 정한 바가 있으면 이에 따라야 하고, 그에 관한 정관이나 규약이 없으면 사원 총회의 결의에 의하여야 하는 것이므로, 정관이나 규약에 정함이 없는 이상, 사원 총회의 결의를 거치지 않은 총유물의 관리 및 처분행위는 무효라고 할 것이고, 여기서 총유물의 관리 및 처분행위라 함은 비록 단순한 채무부담행위는 포함하지 아니하나, 총유물 그 자체에 관한 법률적·사실적 처분행위와 이용·개량행위는 모두 포함한다고 할 것이다."
대법원 2011.4.28 선고 2008다15438 판결: "비법인사단에 대하여는 사단법인에 관한 민법규정 가운데 법인격을 전제로 하는 것을 제외하고는 이를 유추적용하여야 하는데, 민법 제62조에 비추어 보면 비법인사단의 대표자는 정관 또는 총회의 결의로 금지하지 아니한 사항에 한하여 타인으로 하여금 특정한 행위를 대리하게 할 수 있을 뿐 비법인사단의 제반 업무처리를 포괄적으로 위임할 수는 없으므로 비법인사단 대표자가 행한 타인에 대한 업무의 포괄적 위임과 그에 따른 포괄적 수임인의 대행행위는 민법 제62조를 위반한 것이어서 비법인사단에 대하여 그 효력이 미치지 않는다."

18) 대법원 2007.9.6 선고 2007다34982 판결: "종중이란 공동선조의 분묘수호와 제사 및 종원 상호간의 친목 등을 목적으로 하여 구성되는 자연발생적인 종족집단이므로, 종중의 이러한

지 않는 일반사찰, 아파트 입주자대표회의, 아파트 부녀회,[19] 불교신도회,[20] 어촌계,[21] 집합상가·오피스텔 관리단이 있다. 특별한 약정이 없는 한 계(契)는 비법인사단이 아니고 조합이다.[22]

목적과 본질에 비추어 볼 때 공동선조와 성과 본을 같이 하는 후손은 성별의 구별 없이 성년이 되면 당연히 그 구성원이 된다고 보는 것이 조리에 합당하다. 종중총회는 특별한 사정이 없는 한 족보에 의하여 소집통지 대상이 되는 종중원의 범위를 확정한 후 국내에 거주하고 소재가 분명하여 통지가 가능한 모든 종중원에게 개별적으로 소집통지를 함으로써 각자가 회의와 토의 및 의결에 참가할 수 있는 기회를 주어야 하고, 일부 종중원에게 소집통지를 결여한 채 개최된 종중총회의 결의는 효력이 없으나, 그 소집통지의 방법은 반드시 직접 서면으로 하여야만 하는 것은 아니고 구두 또는 전화로 하여도 되고 다른 종중원이나 세대주를 통하여 하여도 무방하다. 종중의 족보에 종중원으로 등재된 성년 여성들에게 소집통지를 함이 없이 개최된 종중 임시총회에서의 결의는 모두 무효이다."

19) 대법원 2006.12.21 선고 2006다52723 판결: "이 사건 부녀회는 1980년대 초경에 삼호가든 1, 2차 아파트에 거주하는 부녀를 회원으로 하여 입주자의 복지증진 및 지역사회 발전 등을 목적으로 하여 설립되었고(다만, 설립 당시 명칭은 '삼호가든아파트 새마을 부녀회'였다), 회칙이 마련되어 있어 임원으로 회장, 부회장, 감사, 이사, 명예회장, 고문을 두도록 되어 있는 사실, 이 사건 부녀회의 임원은 회장, 부회장, 감사, 총무이사, 재무이사, 이사 11명 등 16명인데, 이사 11명은 이 사건 아파트의 11개 동의 통장들이고, 회장·부회장·감사는 각 동 대표들이 참석한 총회에서 선출하도록 되어 있으며, 임원의 임기는 2년이고, 회장은 연임할 수 있는 사실, 이 사건 부녀회의 주요 업무는 16명의 임원이 월례회나 임시회를 개최하여 의사결정을 하여 온 사실을 인정할 수 있다. 사정이 이와 같다면, 이 사건 부녀회는 법인 아닌 사단의 실체를 갖추고 있다고 할 것이어서 원고가 위 수익금의 지급을 청구할 상대는 피고가 아니라 이 사건 부녀회가 되어야 한다고 할 것이다."

20) 대법원 1996.7.12 선고 96다6103 판결: "원심이 적법하게 확정한 앞서 본 사실과 기록에 의하여 인정되는 사실을 종합하면, 위 벌교지회는 1987년경부터 벌교읍 일원에 거주하는 불교신도들을 구성원으로 하여 상호간의 유대를 강화하고 법회 등을 여는 등 종교활동을 하여 오다가 1988년에 이르러 회장 등 임원을 선출하여 조직을 갖추었는데, 같은 해 8.21 원고 종단 소속의 신도회로 등록함으로써 원고 종단의 구성분자가 되어 원고 종단의 자치법규인 종헌, 종법 등의 적용을 받게 되었고, 그 후로도 계속하여 독자적인 법회활동을 하여 오면서 사찰터 마련을 위하여 기금을 적립하여 온 것이므로 전국단체인 원고 종단과는 별개로 일정한 목적하에 조직적인 공동체를 구성하고 있는 것으로서 비법인 사단의 실질을 갖추고 있다고 볼 것이다."

21) 대법원 1995.8.22 선고 94다31020 판결: "어촌계의 총유인 어업권의 상실에 따른 손실보상금은 특별한 사정이 없는 한 어촌계의 총유에 속하므로 그 계원총회의 결의에 의하여서만 이를 분배할 수 있고, 이러한 계원총회의 결의가 없는 한 각 계원이 직접 어촌계에 대하여 자기 지분의 분배를 청구할 수는 없으며, 각 계원은 총회의 소집 또는 결의 절차에 하자가 있거나 그 결의의 내용이 각 계원의 어업의존도, 멸실한 어업시설 등 제반 사정을 참작한 손실 정도에 비추어 현저하게 불공정한 경우에 그 결의의 부존재 또는 무효 확인을 소구함으로써 그 권리를 구제받을 수 있다."

22) 대법원 1962.7.26 선고 62다265 판결: "원판결은 원고의 본건 계금반환 청구를 인용하는

비법인재단의 소유 형태에 대하여 민법에 규정이 없다. 판례에 의하면 전통사찰은 비법인재단이고, 물건인 전통사찰의 소유권은 비법인재단인 전통사찰 자체에 귀속된다.[23]

학설·판례가 말하는 비법인사단을 준사단법인으로 불러야 한다는 견해[24]

이유로서 원고들은 본건 번호계에 원판결이 지적하는 내용의 계원으로 가입하여 그 지적하는 계 분납금을 각각 지급한바 계주인 김연호가 계 분납금을 지급하지 못하여 1960년 5월초에 계원 합의로 본건 계를 해산하였으며 피고는 3번계와 7번계에서 원판결이 지적하는 내용으로 계금을 타서 법률상 이유없이 원고들의 지급한 계 분납금에 의하여 이득을 하였으니 이것을 원고들에게 각각 반환할 의무가 있다고 설명하고 있다. 그러나 계는 당사자 사이에 어떠한 특별한 약정한 바가 없다면 대체로 계원상호간의 금융저축을 목적으로 하는 하나의 조합계약으로 보는 것이 타당하다 할 것인바 만일 본건 계가 민법상 조합의 성격을 가진다면 계가 해산한 경우에 있어서는 계를 중심으로 하는 채권채무를 포함하는 재산은 원래 각 계원의 합유에 속한 것이므로 당사자 사이의 어떠한 특약이 없다 하면 민법의 규정에 따라서 청산절차를 밟아야 할 것이며 이 결과에 따라서 각 계원에게 귀속하게 된 채권에 관하여 비로소 각 계원은 이를 원인으로 하여 각자가 그 청구소송을 제기할 수 있을 뿐이며 이러한 절차를 밟을 때까지는 계를 중심으로 한 채권채무 관계는 각 계원의 합유에 속함으로 계원 각 개인은 이를 단독으로 청구하는 소송을 제기할 수 없는 것인바 본건에 있어서 원판결은 첫째로 본건 계의 법률상 성격이 어떠한 것인가 하는 점을 밝히지 아니하였으며 둘째로 이러함에도 불구하고 본건 계는 합의로 해산되었다고 하여 따로 청산절차를 생략하는 특별한 약정의 존재 여부를 지적함도 없이 피고는 계금을 타지 못한 원고들의 지급한 계 분납금을 법률상 원인 없이 이득한 것이므로 이것을 원고들에게 반환하여야 한다고 단정한 것은 앞서 말한 계의 법률상 성격과 그 재산의 귀추에 관한 법리를 그릇 해석하였으며 나아가서는 판결이유에 모순이 있는 경우에 해당한다 할 것이니 이 점에 관한 각 상고 논지는 이유 있다.”

23) 대법원 1991. 6. 14. 선고 91다9336 판결 “전통사찰보존법에 따라 문화공보부에 전통사찰로 등록되어 있고 독립한 사찰로서의 실체도 갖추어 권리능력 없는 재단으로 인정되는 사찰의 경우, 그 사찰 명의로 등기된 재산은 독립한 권리주체인 사찰의 소유인 것이지 그 사찰의 창건 또는 재산관리에 있어서 신도들이 기여한 바가 크다 하더라도 그것이 신도들의 총유물로서 사찰에 명의신탁된 것이라는 법리는 성립할 수 없다.”

24) 김교창, “준사단법인인 교회의 분열”, 저스티스 제98호(2007.6), 한국법학원, 254면 이하는 준법인, 준사단법인이라는 개념 설정이 필요하다고 주장한다. 그에 대하여 다음과 같이 설명한다. “법인에는 정법인과 준법인이 있다. 조직체 중 실체로는 정법인에 버금가는 실체를 갖추었으나 형식적으로 관청의 설립허가를 얻지 아니하고 등기도 마치지 아니한 조직체가 준법인이다. 여기에서 실체를 갖추었다는 말은 구성원들이 실체의 조직에 관한 정관을 갖추고 그 실체의 기관인 대표자를 선출하여 놓고 있는 것을 말한다. 우리 법원은 준사단법인을 비사단법인이라 칭한다. 준사단법인과 별개로 실제 비사단법인이란 집단이 따로 존재한다. 법인에 버금가는 실체를 갖추지 못한 집단으로서 결집이 법인보다는 약하고 조합보다는 강한, 즉 준사단법인과 조합 중간 정도의 집단인 비법인사단이 따로 존재한다는 말이다. 小宗中, 연구회, 동호회, 친목회, 번영회, 계 등에 비법인사단이 많이 있다. 비법인사단은 자체로서 권리주체가 되지 못한다. 그래서 이런 집단을 위하여 민법 제275조 내지 제277조가 마련되고 있는 것이다. 준사단법인은 자체로서 권리주체가 되므로 비법인사단이 아니라 법인의 한

가 있다. 판례와 학설이 설정한 비법인사단 개념은 지나치게 넓다. 법인과 차이가 없거나 법인보다 더 독립적 인격을 부여할 실체를 가진 경우도 있고, 정관과 기관을 갖추고 있으나 단체의 실질이 전혀 없는 단체도 있는데 통설·판례의 비법인사단 개념 속에는 이 모든 유형의 단체가 혼재한다. 따라서 준사단법인과 비법인사단으로 구별하는 것이 바람직하다.

민사소송법 제52조는 '법인이 아닌 사단이나 재단은 대표자 또는 관리인이 있는 경우에는 그 사단이나 재단의 이름으로 당사자가 될 수 있다'고 규정하고 있다. 따라서 비법인사단·비법인재단은 그 사단 또는 재단의 명의로 소를 제기할 수 있다.[25]

법인격 없는 사단의 사원이 집합체로서 물건을 소유할 때에는 총유(總有)로 한다(제275조). 이 규정은 제278조에 의하여 '소유권 이외의 재산권에 준용'되므로, 권리능력 없는 사단은 채권·채무를 비롯하여 각종의 재산권도 이를 준총유(準總有)하게 된다.

부동산등기법 제30조 제1항은 종중, 문중, 그 밖에 대표자나 관리인이 있는 법인 아닌 사단이나 재단에 속하는 부동산의 등기에 관하여는 그 사단이나 재단을 등기권리자 또는 등기의무자로 한다고 규정하여 비법인사단·비법인재단 명의로 부동산등기를 하는 것을 허용하고 있다. 등기신청은 비법인사단·비법인재단의 명의로 그 대표자나 관리인이 한다(부동산등기법 제30조 제2항). 따라서 비법인

유형이다. 실제 비법인사단이 따로 존재하는데, 학설·판례가 준사단법인을 비법인사단이라고 호칭하여 실제 비법인사단은 그 베일에 가려 우리들로 하여금 그 존재조차 의식하지 못하게 만들어 놓은 것이다."

25) 대법원 2005.9.15 선고 2004다44971 전원합의체판결: "민법 제276조 제1항은 "총유물의 관리 및 처분은 사원총회의 결의에 의한다", 같은 조 제2항은 "각 사원은 정관 기타의 규약에 좇아 총유물을 사용·수익할 수 있다"고 규정하고 있을 뿐 공유나 합유의 경우처럼 보존행위는 그 구성원 각자가 할 수 있다는 민법 제265조 단서 또는 제272조 단서와 같은 규정을 두고 있지 아니한바, 이는 법인 아닌 사단의 소유형태인 총유가 공유나 합유에 비하여 단체성이 강하고 구성원 개인들의 총유재산에 대한 지분권이 인정되지 아니하는 데에서 나온 당연한 귀결이라고 할 것이므로 총유재산에 관한 소송은 법인 아닌 사단이 그 명의로 사원총회의 결의를 거쳐 하거나 또는 그 구성원 전원이 당사자가 되어 필수적 공동소송의 형태로 할 수 있을 뿐 그 사단의 구성원은 설령 그가 사단의 대표자라거나 사원총회의 결의를 거쳤다 하더라도 그 소송의 당사자가 될 수 없고, 이러한 법리는 총유재산의 보존행위로서 소를 제기하는 경우에도 마찬가지라 할 것이다."

사단의 경우 부동산을 내부적으로 총유하는 것이지만, 외부적으로는 비법인사단 명의로 등기할 수 있다. 비법인사단의 명의가 아닌 대표자의 명의로 등기하게 되면 일종의 명의신탁이 되는 것이다. 비법인사단에 대한 집행권원으로 비법인사단 명의의 부동산에 대하여 강제집행할 수 있다.

비법인사단은 어떻게 동산을 점유할 것인가. 대표자가 점유를 하면 그것을 비법인사단의 점유로 볼 것이다. 비법인사단은 어떻게 은행에 예금을 할 것인가. 대표자가 비법인사단의 대표자임을 부기하여 개인 자격으로 예금을 할 것이다. 이러한 결론은 비법인재단의 경우에도 같다. 비법인재단 역시 공시방법이 없는 재산권의 경우 그 소유는 비법인재단 자체에 귀속되는 것이지만, 비법인재단 명의로 소유할 수 있는 방법이 없는 이상 대표자의 점유를 비법인재단의 점유로 볼 것이고, 예금의 경우 비법인재단의 대표자임을 부기하는 방식을 취할 것이다.

비법인 사단의 채무는 비법인사단의 구성원들이 준총유한다(제278조). 비법인사단이 준총유하는 재산으로만 비법인사단 채무를 변제할 뿐이고, 비법인사단 구성원 개인재산으로 비법인사단의 채무를 책임질 필요가 없다는 것이 대법원 판례의 일관된 입장이다.[26] 비법인사단 대표의 직무에 관한 불법행위로 인한 손해배상책임은 민법 제35조 제1항을 유추적용하여 대표자 개인도 책임을 질 것이나, 비법인사단 구성원은 책임지지 않는다. 비법인사단과 거래하는 상대방은 비법인사단 구성원은 비법인사단의 채무에 대해 책임지지 않는다는 점을 명확히 인식해야 한다.

사단법인에 있어서는 사원이 없게 된다고 하더라도 이는 해산사유가 될 뿐 막바로 권리능력이 소멸하는 것이 아니므로 비법인사단에 있어서도 구성원이 없게 되었다 하여 막바로 그 사단이 소멸하여 소송상의 당사자능력을 상실하였다고 할 수는 없고 청산사무가 완료되어야 비로소 그 당사자능력이 소멸한다.[27]

조합과 비법인사단의 구별 기준은 일반적으로 단체성의 강약이다. 조합은 2인 이상이 상호간에 금전 기타 재산 또는 노무를 출자하여 공동사업을 경영할

---

26) 대법원 1992.7.10 섬고 92다2131 판결; 대법원 1996.6.28 선고 96다16582 판결.
27) 대법원 1992.10.9 선고 92다23087 판결.

것을 약정하는 계약관계에 의하여 성립하므로 어느 정도 단체성에서 오는 제약을 받게 되는 것이지만 구성원의 개인성이 강하게 드러나는 인적 결합체이다. 비법인사단은 구성원의 개인성과는 별개로 권리·의무의 주체가 될 수 있는 독자적 존재로서의 단체적 조직을 가지는 특성이 있다. 어떤 단체가 고유의 목적을 가지고 사단적 성격을 가지는 규약을 만들어 이에 근거하여 의사결정기관 및 집행기관인 대표자를 두는 등의 조직을 갖추고 있고, 기관의 의결이나 업무집행 방법이 다수결의 원칙에 의하여 행하여지며, 구성원의 가입, 탈퇴 등으로 인한 변경에 관계없이 단체 그 자체가 존속되고, 그 조직에 의하여 대표의 방법, 총회나 이사회 등의 운영, 자본의 구성, 재산의 관리 기타 단체로서의 주요사항이 확정되어 있는 경우에는 비법인사단으로서의 실체를 가진다. 민사소송법 제48조가 비법인사단의 당사자능력을 인정하는 것은 법인이 아닌 사단이나 재단이라도 사단 또는 재단으로서의 실체를 갖추고 대표자 또는 관리인을 통하여 사회적 활동이나 거래를 하는 경우에는, 그로 인하여 발생하는 분쟁은 그 단체의 이름으로 당사자가 되어 소송을 통하여 해결하게 하고자 함에 있다 할 것이므로 여기서 말하는 사단이라 함은 일정한 목적을 위하여 조직된 다수인의 결합체로서 대외적으로 사단을 대표할 기관에 관한 정함이 있는 단체를 말한다고 할 것이다. 종중 또는 문중과 같이 특별한 조직행위 없이도 자연적으로 성립하는 예외적인 사단이 아닌 한, 비법인 사단이 성립하려면 사단으로서의 실체를 갖추는 조직행위가 있어야 한다. 만일 어떤 단체가 외형상 목적, 명칭, 사무소 및 대표자를 정하고 있다고 할지라도 사단의 실체를 인정할 만한 조직, 그 재정적 기초, 총회의 운영, 재산의 관리 기타 단체로서의 활동에 관한 증명이 없는 이상 이를 법인이 아닌 사단으로 볼 수 없다. 사단으로서의 실체를 갖추는 조직행위가 사단을 조직하여 그 구성원으로 되는 것을 목적으로 하는 구성원들의 의사의 합치에 기한 것이어야 한다.[28]

---

28) 대법원 1999.4.23 선고 99다4504 판결.

제6장

제한능력자제도

제1절 의사능력

민법에 의사능력에 관한 규정은 없다. 독일민법[1]과 스위스민법은 절대적 행위무능력자의 의사표시를 무효화하는 의사무능력제도를 규정하고 있다. 프랑스민법과 일본민법은 의사무능력제도를 채택하고 있지 않다.

통설은 의사무능력제도를 인정하자고 한다. 통설은 독일민법과 같은 규정은 없지만 해석으로 의사능력이 없는 자를 의사무능력자라 하고, 그 자의 의사무능력을 근거로 그 자의 법률행위는 절대적 무효로 취급해야 한다고 주장한다. 의사무능력자에 해당하는 경우로 유아, 만취자, 백치 등을 든다.[2]

통설에 따르면 의사능력은 자기 행위의 결과를 인식·판단하여 정상적인 의사결정을 할 수 있는 판단능력이다. 의사능력이 있는지의 여부를 판단하는 기준은 통상인이다.[3] 의사능력이 없는 자의 행위가 무효라는 것은 의사무능력자를 보호하기 위한 것이다. 통설은 상대방을 포함하여 누구나 무효를 주장할 수 있다고 한다(절대적 무효설). 통설과 달리 의사무능력제도는 의사무능력자를 보호

---

1) 독일민법 제828조는 "만 7세 미만의 어린이는 절대적 책임무능력자이며 만 7세 이상 만 18세 미만의 미성년자는 행위 당시에 판단력이 없었을 때에는 책임지지 않는다"고 규정한다.
2) 이영준, 「민법총칙 전정판」, 박영사(1997), 792면.
3) 곽윤직, 「민법총칙 신정판」, 박영사(1989), 150면.

하는 것이 목적이므로 무효의 주장은 의사무능력자에게만 인정된다는 견해도 있다.[4] 이 견해에 대하여 의사무능력자가 한 법률행위를 상대방은 무효를 주장할 수 없게 하는 것은 무효를 취소와 동일하게 취급하는 결과가 되므로 양자를 준별하는 체계에 입각하고 있는 현행민법의 해석으로는 따르기 곤란하다고 비판이 있다.[5]

통설은 제한능력자가 동시에 의사무능력자인 경우 그가 한 법률행위에 대하여 취소와 무효 둘 다 주장할 수 있다고 한다.[6]

통설은 사람은 보통 의사능력을 갖추고 있는 것으로 보아야 하기 때문에 의사무능력자의 행위의 경우에는 그 행위의 무효를 주장하는 자가 의사능력이 없었음을 증명하여야 한다고 한다.[7]

송덕수 교수는 "견해에 따라서는 우리 민법상 의사능력에 관한 명문규정이 없음을 이유로 의사능력제도에 관하여 근본적으로 의문을 제기하기도 한다. 그러나 의사능력은 우리 민법이 기본으로 하는 사적 자치의 원칙이 당연히 전제하는 것으로서 명문의 규정을 필요로 하지 않는다"고 주장한다.[8] 이영준 변호사는 "의사능력제도는 민법에 명문의 규정은 없으나 사물의 본성으로부터 당연히 인정되는 제도이므로, 제한능력자제도에 흡수되어 실정법상 존재하지 않는 제도라는 주장은 근거 없는 것"이라고 주장한다.[9]

대법원판례[10]는 의사능력이라는 개념을 인정하고, 의사능력이 없는 자의

---

4) 김주수·김상용, 「민법총칙」, 삼영사(2013), 99면.
5) 이영준, 전게서, 793면.
6) 통설과 달리 이영준, 전게서, 796면은 제한능력자이면서 의사무능력자인 경우 민법의 취소 규정은 적용 또는 유추적용될 수 없고, 오직 무효 규정만 적용되어야 한다고 주장한다.
7) 송덕수, 「민법총칙 제3판」, 박영사(2015), 193면.
8) 송덕수, 전게서, 192면.
9) 이영준, 전게서, 796면.
10) 대법원 2006.9.22 선고 2006다29358 판결: "의사능력이란 자신의 행위의 의미나 결과를 정상적인 인식력과 예기력을 바탕으로 합리적으로 판단할 수 있는 정신적 능력 내지는 지능을 말하는바, 특히 어떤 법률행위가 그 일상적인 의미만을 이해하여서는 알기 어려운 특별한 법률적인 의미나 효과가 부여되어 있는 경우 의사능력이 인정되기 위하여는 그 행위의 일상적인 의미뿐만 아니라 법률적인 의미나 효과에 대하여도 이해할 수 있을 것을 요한다고 보아야 하고, 의사능력의 유무는 구체적인 법률행위와 관련하여 개별적으로 판단되어야 할 것이다. 기록에 의하면 피고는 연대보증계약 당시 이미 정신지체장애 3급의 판정을 받은 장애인

법률행위를 무효라고 한다.

　이은영 교수는 첫째, 능력제도는 행위자에 대한 획일적 기준의 자격제도인데 의사능력은 이러한 자격제도로서 인정되지 않고 단지 행위상황의 문제인 점, 둘째, 정상적 의식 및 판단력이 없이 법률행위를 한 경우에는 의사표시의 성부가 문제되며 표의자의 자격이 문제되는 것이 아닌 점, 셋째, 7세 미만의 어린이를 독일민법과 같이 의사무능력자로 보아 그 의사표시를 무조건 무효로 하는 것은 타당하지 않고, 일단 효력을 발생하게 하고, 부모에 의해 취소하게 하는 것이 더 타당하다는 점을 근거로 민법이 도입하지 않은 의사무능력제도를 해석으로 인정하는 시도에 반대한다.[11]

　생각건대, 통설은 제도와 개념을 구별하지 못하고 있어 잘못된 것이다. 이은영 교수의 지적이 전적으로 타당하다. 법제도는 구체적 기준을 사전에 제시하고 그 기준에 따라 운영되는 것이다. 사안마다 개별적으로 판단하는 것은 법제도가 아니다. 사적자치의 원칙이라는 면에서도 통설보다 이은영 교수의 견해가 사적자치에 충실하다. 국가가 일률적으로 제도로써 개인의 의사능력을 재단하는 것은 사적자치와 무관하다. 의사능력이라는 개념이 사적자치의 당연한 전제일 수는 있지만 의사무능력제도가 사적자치의 당연한 전제는 아니기 때문에 송덕수 교수나 이영준 변호사의 견해는 잘못된 것이다. 의사능력의 유무를 구체적인 법률행위와 관련하여 개별적으로 판단한다는 것 자체가 법제도로서 접근하는 것이 아니다. 대법원판례는 그저 의사능력이라는 개념만 사용하고 있는 수준인 것이다.

으로서, 2005.10경 실시된 피고에 대한 정신감정 결과 위 피고의 지능지수는 58에 불과하고, 읽기는 가능하나 쓰기는 이름 및 주소 외에는 불가능하며, 기초적인 지식도 제대로 습득하지 못하였고, 간단한 계산능력이나 단순한 주의력도 결여되어 있으며, 사회적 이해력 및 상황의 파악능력도 손상되어 있어, 보증이나 대출의 의미를 제대로 이해할 수 없다는 진단을 받은 사실을 인정할 수 있는바, 위 연대보증계약 체결 당시의 위 피고의 지능지수 및 사회적 성숙도도 위 정신감정 당시와 비슷하였을 것으로 보이는 점에다가, 장애인복지법상 지능지수 70 이하의 사람을 정신지체인으로서 보호의 대상으로 삼고 있는 점, 위 연대보증계약에 기하여 부담하게 되는 채무액이 2,000만 원이 넘어 결코 소액이라고 할 수 없는 점 등을 보태어 보면, 위 피고가 위 연대보증계약 당시 그 계약의 법률적 의미와 효과를 이해할 수 있는 의사능력을 갖추고 있었다고는 볼 수 없고, 따라서 이러한 계약은 의사능력을 흠결한 상태에서 체결된 것으로서 무효라고 보아야 할 것이다."

11) 이은영, 「민법총칙 제5판」, 박영사(2009), 156-157면.

대법원 2006.9.22 선고 2004다51627 판결: "의사무능력자가 채권자와 금전소비대차계약을 체결하고 그 차용금채무를 담보하기 위하여 자신 소유의 부동산에 근저당권을 설정하여 준 후 위 근저당권에 기한 임의경매절차가 진행되어 배당이 실시된 경우에, 의사무능력자의 법정대리인 등은 위 배당절차에서 위 근저당권 및 피담보채권의 부존재를 주장하여 채권자의 배당액에 대하여 이의하고 나아가 채권자를 상대로 배당이의 소송을 제기하는 것이 가능하다. 한편, 의사무능력자나 소유자가 근저당권설정계약의 무효를 주장하면서도 그 근저당권에 기한 임의경매절차의 배당절차를 통하여 그에게 배당된 돈을 수령하는 등의 행위가 객관적으로 보아 경락인으로 하여금 위 임의경매절차가 유효하다는 신뢰를 갖게 하는 정도에 이르러서, 그 후 그 경매절차의 무효를 주장하는 것이 금반언의 원칙 또는 신의칙 위반에 해당한다고 볼 만한 사정이 있는 경우에는 의사무능력자나 소유자가 경락인을 상대로 다시 근저당권의 무효를 주장하면서 소유권이전등기의 말소를 구하는 소를 제기할 수는 없지만, 아직 배당금을 수령하지 아니한 의사무능력자나 소유자가 배당절차에서 근저당권설정계약의 무효를 주장하여 배당이의를 하는 것이 부당하다고 할 수는 없다. 의사무능력자가 사실상의 후견인이었던 아버지의 보조를 받아 자신의 명의로 대출계약을 체결하고 자신 소유의 부동산에 관하여 근저당권을 설정한 후, 의사무능력자의 여동생이 특별대리인으로 선임되어 위 대출계약 및 근저당권설정계약의 효력을 부인하는 경우에, 이러한 무효 주장이 거래관계에 있는 당사자의 신뢰를 배신하고 정의의 관념에 반하는 예외적인 경우에 해당하지 않는 한, 의사무능력자에 의하여 행하여진 법률행위의 무효를 주장하는 것이 신의칙에 반하여 허용되지 않는다고 할 수 없다."

대법원 2009.1.15 선고 2008다58367 판결: "무능력자의 책임을 제한하는 민법 제141조 단서는 부당이득에 있어 수익자의 반환범위를 정한 민법 제748조의 특칙으로서 무능력자의 보호를 위해 그 선의·악의를 묻지 아니하고 반환범위를 현존 이익에 한정시키려는 데 그 취지가 있으므로, 의사능력의 흠결을 이유로 법률행위가 무효가 되는 경우에도 유추적용되어야 할 것이나, 법률상 원인 없이 타인의 재산 또는 노무로 인하여 이익을 얻고 그로 인하여 타인에게 손해를 가한 경우에 그 취득한 것이 금전상의 이득인 때에는 그 금전은 이를 취득한 자가 소비하였는가의 여부를 불문하고 현존하는 것으로 추정되므로, 위 이익이 현존하지 아니함은 이를 주장하는 자, 즉 의사무능력자 측에 입증책임이 있다."

제2절 책임능력

민법은 적법행위인 법률행위에 필요한 자격을 행위능력이라 하고, 위법행위인 불법행위에 필요한 자격을 책임능력이라 한다. 민법 제7536조와 제754조 표제는 책임능력이라는 개념을 사용한다.[12] 책임능력이란 불법행위를 함에 있어서, 자기의 행위가 위법하고 그로 인한 행위결과를 변식할 수 있는 능력이다. 불법행위법(제750조)은 과실책임주의를 취하고 있기 때문에 책임능력을 당연히 요한다. 책임능력 유무 결정은 개별적인 경우에 있어서 실질적으로 판단한다. 책임능력이 없는 자(책임무능력자)는 위법행위를 하더라도 불법행위가 성립하지 않고. 따라서 손해배상책임이 없다. 다만 그 감독자가 그 손해를 배상할 책임이 있다. 그러나 감독자도 감독의무를 태만히 하지 않음을 증명한 때에는 손해배상책임이 없다(제755조 제1항).

행위능력은 획일적 기준에 의해서 부여되지만, 책임능력은 사안에 따라 다르게 판단될 수 있다. 행위능력은 만 19세에 일률적으로 취득한다. 그러나 책임능력은 사안에 따라 만 12세 정도부터 인정된다. 대법원판례는 13세 정도의 어린이의 정신능력을 요구하고 있다.[13]

책임능력은 자연인에게만 해당하고, 법인과는 무관하다. 책임능력은 그 행위자에 대하여 비난할 수 있는가(비난가능성) 및 책임을 지우는 것이 사회적으로 타당한가(귀책가능성) 하는 행위에 대한 규범적 판단의 문제이다.[14]

---

12) 민법 제753조(미성년자의 책임능력) 미성년자가 타인에게 손해를 가한 경우에 그 행위의 책임을 변식할 지능이 없는 때에는 배상의 책임이 없다.
민법 제754조(심신상실자의 책임능력) 심신상실 중에 타인에게 손해를 가한 자는 배상의 책임이 없다. 그러나 고의 또는 과실로 인하여 심신상실을 초래한 때에는 그러하지 아니하다
13) 대법원 1969.7.8 선고 68다2406 판결.
14) 이은영, 전게서, 160면.

제3절 제한능력자제도

Ⅰ. 서 설

　민법은 행위능력에 대하여 적극적으로 규정하고 있지 않다. 행위능력이라 함은 단독으로 법률행위를 할 수 있는 능력을 말한다. 의사능력이 단순한 판단능력임에 반해, 행위능력은 보다 고차원적인 거래상 계산능력이다. 이러한 행위능력을 제한적으로 가지는 자를 민법은 제한능력자라 한다. 민법은 적극적으로 행위능력자를 규정하지 않고, 소극적으로 제한능력자를 규정하고 있다. 민법은 일정 연령에 도달한 자연인은 원칙적으로 행위능력이 있다는 것을 당연한 전제로 하고, 후견이 필요한 경우에 한해 법원의 판결에 의하여 후견인을 선임하는 방식을 취하고 있다.

　민법이 제한능력자제도 등 행위능력과 관련하여 둔 규정들은 모두 강행규정이고, 원칙적으로 재산상의 법률행위에 한해 적용된다. 무주물선점, 유실물습득, 첨부 등과 같은 사실행위와 가족법상 행위에는 적용되지 않는다. 개인의 의사를 존중하는 신분행위를 함에 있어서는 의사능력으로 충분하기 때문에, 민법 총칙상의 제한능력 관련 규정은 신분행위에는 적용하기 어렵다.

　민법은 기존 무능력자를 제한능력자로, 한정치산자를 피한정후견인으로, 금치산자를 피성년후견인으로 용어를 바꾸었다. 그리고 특정후견제도를 도입하였다. 종전 무능력자제도에서는 한정치산자는 일정한 경우를 제외하고는 단독으로 법률행위를 할 수 없었고, 금치산자가 한 법률행위는 전부 취소할 수 있도록 하였다. 이러한 종전의 무능력자제도와 달리 현행 민법의 제한능력자 제도는 제한능력자의 능력을 대폭 확대하였다. 성년후견을 받는 사람의 법률행위 중 일용품의 구입 등 일상생활에 필요한 행위이거나 후견개시의 심판에서 달리 정한 것은 취소할 수 없도록 하였다. 또한 한정후견을 받는 사람의 법률행위는 가정법원에서 한정후견인의 동의 사항으로 결정한 것이 아닌 이상 확정적으로 유효한 법률행위로 본다. 특정후견을 받는 사람의 법률행위는 어떠한 법적 제약도 따르지 않는다. 피특정후견인은 법정후견을 받을 뿐이고, 좁은 의미의 제한능력자에 포함되지 않는다.

종전의 후견인의 법정순위 제도와 친족회 제도가 폐지되었고, 대신 가정법원이 후견인을 선임하고, 사안에 따라 가정법원이 후견감독인을 선임할 수 있도록 하였다. 임의후견인을 활용할 수 있도록 후견계약제도가 도입되었다. 지방자치단체의 장은 가정법원에 성년후견의 개시 및 종료, 한정후견의 개시 및 종료 심판을 청구할 수 있도록 하였다.

정신능력이 피성년후견인이나 피한정후견인에 해당할지라도 아직 성년후견개시 또는 한정후견개시의 심판을 받지 않은 경우에는 제한능력자에 관한 규정을 유추적용할 수 없다.[15]

Ⅱ. 미성년자(제4조-제8조)

사람은 19세로 성년에 이르게 된다(제4조). 19세에 이르지 않은 자는 미성년자이다. 민법은 성년자에게 완전한 행위능력이 있는 것으로 보나, 미성년자가 법정대리인의 동의없이 한 행위는 취소할 수 있는 것으로 정하고 있다.

미성년자가 혼인을 한 때에는 성년에 달한 것으로 본다(제826조의2, 성년의제). 혼인성립과 동시에 미성년자의 행위능력이 인정된다. 혼인적령은 만18세이다(제807조). 성년의제의 효력이 생기는 혼인은 법률혼만 의미한다는 견해가 있다.[16] 이 견해는 사실혼을 포함시킬 경우 성년시기가 불명확해진다고 한다. 그러나 사실혼도 포함된다고 볼 것이다. 사실혼 인정이 객관적 기준에 의하여 엄격하게 이루어지면 문제될 것이 없기 때문이다. 사실혼이 포함되지 않을 경우 성년시기

---

15) 대법원 1992.10.13 선고 92다6433 판결: "표의자가 법률행위 당시 심신상실이나 심신미약 상태에 있어 금치산 또는 한정치산선고를 받을 만한 상태에 있었다고 하여도 그 당시 법원으로부터 금치산 또는 한정치산선고를 받은 사실이 없는 이상 그 후 금치산 또는 한정치산선고가 있어 그의 법정대리인이 된 자는 금치산 또는 한정치산자의 행위능력 규정을 들어 그 선고 이전의 법률행위를 취소할 수 없다."
16) 김상용, 「민법총칙 전정증보판」, 박영사(2003), 157면; 송덕수, 전게서, 198면; 이영준, 전게서, 803면.

가 불명확해 진다. 사실혼 부부를 미성년자로 남겨두는 것이 법적 안정성을 더 해친다.[17] 사실혼의 미성년자에 대한 친권으로부터의 독립 필요성은 법률혼의 미성년자와 차이가 없다. 사실혼 상태의 증명책임은 미성년자측의 취소를 부인하려는 상대방이 져야 할 것이다.[18]

미성년자는 소송무능력자이지만, 혼인한 경우에는 완전한 소송능력을 가진다. 혼인한 미성년자는 법정대리인의 동의 없이 협의상 이혼을 할 수 있다. 성년의제를 받은 자가 아직 미성년으로 있는 동안에 혼인의 취소나 이혼 등으로 혼인이 해소된 경우에도 성년의제의 효과를 소멸하지 않는다. 미성년자 성년의제 제도는 민법의 적용 영역에만 효력을 가지는 것이고, 공직선거 및 선거부정방지법 등 공법 영역에는 적용되는 않는다. 따라서 혼인한 미성년자에게 공직선거 및 선거부정방지법상 선거권은 당연히 인정되지 않는다.

미성년자의 법률행위는 법정대리인(친권자 또는 친권자가 없을 때에는 후견인)이 대리하여 해 주거나, 미성년자 자신이 법률행위를 할 때에는 법정대리인의 동의를 얻어야 한다(제5조 제1항 본문). 법정대리인은 미성년자가 아직 법률행위를 하기 전에는 동의를 취소할 수 있다(제7조).[19] 이러한 법정대리인의 동의는 언제나 명시적으로 하는 것은 아니고 묵시적으로도 가능하다. 미성년자의 법률행위에 법정대리인의 동의를 요하도록 하는 민법규정은 강행규정이다.[20]

---

17) 고상룡, 「민법총칙 제3판」, 법문사(2003), 122면.

18) 이은영, 전게서, 162면.

19) 여기서 동의 취소는 동의의 철회를 의미한다. 동의의 철회는 미성년자나 그 상대방에게 해야 한다. 동의의 철회를 미성년자에게만 한 경우 그것을 가지고 선의의 제3자에게 대항할 수 없다(통설).

20) 대법원 2007.11.16 선고 2005다71659,71666,71673 판결: "행위무능력자 제도는 사적자치의 원칙이라는 민법의 기본이념, 특히, 자기책임 원칙의 구현을 가능케 하는 도구로서 인정되는 것이고, 거래의 안전을 희생시키더라도 행위무능력자를 보호하고자 함에 근본적인 입법 취지가 있는바, 행위무능력자 제도의 이러한 성격과 입법 취지 등에 비추어 볼 때, 신용카드 가맹점이 미성년자와 신용구매계약을 체결할 당시 향후 그 미성년자가 법정대리인의 동의가 없음을 들어 스스로 위 계약을 취소하지는 않으리라고 신뢰하였다 하더라도 그 신뢰가 객관적으로 정당한 것이라고 할 수 있을지 의문일 뿐만 아니라, 그 미성년자가 가맹점의 이러한 신뢰에 반하여 취소권을 행사하는 것이 정의관념에 비추어 용인될 수 없는 정도의 상태라고 보기도 어려우며, 미성년자의 법률행위에 법정대리인의 동의를 요하도록 하는 것은 강행규정인데, 위 규정에 반하여 이루어진 신용구매계약을 미성년자 스스로 취소하는 것을 신의칙 위반을 이유로 배척한다면, 이는 오히려 위 규정에 의해 배제하려는 결과를 실현시키는 셈이 되어 미성년자 제도의 입법 취지를 몰각시킬 우려가 있으므로, 법정대리인의 동의

법정대리인의 동의 없이 미성년자가 단독으로 한 법률행위는 취소할 수 있다(제5조 제2항). 취소된 법률행위는 처음부터 무효로 본다(제141조). 그러나 미성년자가 권리만을 얻거나 의무만을 면하는 행위는 법정대리인의 동의가 필요 없다(제5조 제1항 단서). 미성년자가 부담 없는 증여를 받는 경우 그로 인하여 증여세가 부과되더라도 당해 증여계약에 의해 미성년자의 의무 또는 부담이 생기는 경우가 아니므로 법정대리인의 동의가 필요없다. 또한 미성년자가 저당권이 설정된 부동산을 증여받는 경우 그 부동산에 한해 물적 유한책임을 지는 것에 불과하므로, 권리만을 얻는 경우에 해당하여 법정대리인의 동의가 필요없다.

법정대리인이 범위를 정하여 처분을 허락한 재산은 미성년자가 임의로 처분할 수 있다(제6조). 법정대리인은 미성년자가 아직 법률행위를 하기 전에는 처분의 허락을 취소할 수 있다(제7조).²¹⁾ 사용목적을 정하여 처분을 허락한 재산도 그 목적과 상관없이 미성년자가 임의로 처분할 수 있다고 볼 것이다(통설). 제한능력자제도의 목적에 반할 정도로 포괄적인 처분을 허락하는 것은 금지된다고 할 것이다(통설). 예컨대 미성년자의 상속재산 전부에 대한 처분을 허락하는 것은 제한능력자제도의 취지에 반하여 금지된다. 미성년자가 처분이 허락된 재산

없이 신용구매계약을 체결한 미성년자가 사후에 법정대리인의 동의 없음을 사유로 들어 이를 취소하는 것이 신의칙에 위배된 것이라고 할 수 없다. 미성년자가 법률행위를 함에 있어서 요구되는 법정대리인의 동의는 언제나 명시적이어야 하는 것은 아니고 묵시적으로도 가능한 것이며, 미성년자의 행위가 위와 같이 법정대리인의 묵시적 동의가 인정되거나 처분허락이 있는 재산의 처분 등에 해당하는 경우라면, 미성년자로서는 더 이상 행위무능력을 이유로 그 법률행위를 취소할 수 없다. 미성년자의 법률행위에 있어서 법정대리인의 묵시적 동의나 처분허락이 있다고 볼 수 있는지의 여부를 판단함에 있어서는, 미성년자의 연령·지능·직업·경력, 법정대리인과의 동거 여부, 독자적인 소득의 유무와 그 금액, 경제활동의 여부, 계약의 성질·체결경위·내용, 기타 제반 사정을 종합적으로 고려하여야 할 것이고, 위와 같은 법리는 묵시적 동의 또는 처분허락을 받은 재산의 범위 내라면 특별한 사정이 없는 한 신용카드를 이용하여 재화와 용역을 신용구매한 후 사후에 결제하려는 경우와 곧바로 현금구매하는 경우를 달리 볼 필요는 없다. [만 19세가 넘은 미성년자가 월 소득범위 내에서 신용구매계약을 체결한 사안에서, 스스로 얻고 있던 소득에 대하여는 법정대리인의 묵시적 처분허락이 있었다고 보아 위 신용구매계약은 처분허락을 받은 재산범위 내의 처분행위에 해당한다고 본 사례].

21) 여기서 처분 허락의 취소는 철회를 의미한다. 처분 허락의 철회는 미성년자나 그 상대방에게 해야 한다. 처분 허락의 철회를 미성년자에게만 한 경우 그것을 가지고 선의의 제3자에게 대항할 수 없다(통설).

으로 취득한 재산을 다시 처분하는 경우에는 법정대리인의 동의를 얻을 필요가 없다.[22] 특정 재산에 대해 범위를 정해 처분을 허락한 경우에는 법정대리인의 대리권은 그대로 존속한다. 이 경우(민법 제6조)에는 법정대리인의 동의가 있어 법률행위를 할 수 있는 경우와 마찬가지로 미성년자의 소송능력은 인정되지 않는다.

　미성년자가 법정대리인으로부터 허락을 얻은 특정영업에 관하여는 성년자와 동일한 행위능력이 있다(제8조 제1항). 여기서 영업은 널리 영리목적으로 하는 독립적·계속적 사업을 뜻한다(통설). 통설은 미성년자 자신이 이익추구의 주체가 되어 독립적으로 하는 영업의 경우에만 제8조가 적용되는 것이고, 사업주에 고용되어 노동을 제공하는 경우는 영업에 포함되지 않는다고 한다. 타인에게 고용되어 노동을 제공하는 것까지 영업에 포함하면 제8조의 적용범위가 너무 확대되어 제한능력자 제도의 존재의의가 크게 훼손된다고 한다.[23] 그러나 법정대리인의 허락을 받아 노동하는 자의 생활관계를 고려하여 그러한 자를 제8조에서 제외하는 것은 부당하므로 제8조의 유추적용이 인정되어야 한다. 영업에 종사하는 미성년자와 영업에 해당되지 않는 업무에 종사하는 미성년자를 구별할 이유가 없기 때문이다.[24]

　법정대리인은 위 영업에 대한 허락을 취소 또는 제한할 수 있다. 그러나 선의의 제3자에게 대항할 수 없다(제8조 제2항). 여기서 영업 허락의 취소는 철회를 의미한다. 미성년후견인이 친권자가 허락한 영업을 취소하거나 제한하는 경우에는 미성년후견감독인이 있으면 그의 동의를 받아야 한다(제945조 제3호). 상업의 허락을 취소하거나 제한하는 경우 지체없이 상업등기를 말소하거나 변경등기를 하여야 하고(상법 제40조), 말소등기나 변경등기가 있기 전에는 선의의 제3자에게 대항하지 못한다(상법 제37조).

---

22) 양삼승, 「민법주해 I 총칙(1)」, 박영사(1992), 285면.
23) 곽윤직, 전게서, 162면.
24) 김용한, 「민법총칙론 전정판」, 박영사(1986), 110면; 고상룡, 전게서, 124면; 장경학, 전게서, 207면.

법정대리인이 미성년자에게 영업을 허락한 경우 그 범위에서 법정대리인의 대리권은 그 범위에서 소멸한다. 이 경우(민법 제8조)와 미성년자가 근로계약을 체결하거나 임금을 청구하는 경우(근로기준법 제67조 제1항, 제68조)에는 그 범위 내에서 소송능력이 인정된다(민사소송법 제55조 단서).

친권을 행사하는 부 또는 모는 미성년자인 자의 법정대리인이 된다(제911조). 부모는 미성년자인 자의 친권자가 된다. 양자의 경우에는 양부모가 친권자가 된다. 친권은 부모가 혼인중인 때에는 부모가 공동으로 행사한다. 그러나 부모의 의견이 일치하지 않는 경우에는 당사자의 청구에 의하여 가정법원이 이를 정한다. 부모의 일방이 친권을 행사할 수 없을 때에는 다른 일방이 이를 행사한다(제909조). 미성년자에게 친권자가 없거나 친권자가 법률행위의 대리권과 재산관리권을 행사할 수 없는 경우에는 미성년후견인을 두어야 한다(제928조). 미성년후견인의 수는 한 명으로 한다(제930조). 후견인은 피후견인의 법정대리인이 된다(제938조).

친권자와 미성년자인 자 또는 수인의 자 사이의 이해상반행위(제921조 제1항), 후견감독인이 있지 아니한 경우에 있어서 미성년후견인과 미성년자 사이의 이해상반행위, 성년후견인과 피성년후견인 사이의 이해상반행위(제949조의3) 경우에는 친권자 내지 후견인이 법원에 그 자의 특별대리인의 선임을 청구하여야 한다(제921조 제1항, 제949조의3: 가사소송법 제2조 제1항 2호 가목 16).[25] 친권자가 미성년자와 이행상반되는 행위를 특별대리인에 의하지 않고 한 경우에는 특별한 사정이 없는 한 그 행위는 무효이다.[26]

대리인은 행위능력자임을 요하지 않는다(제117조). 따라서 미성년자, 피성년후견인도 타인의 대리인 지위에서 유효한 법률행위를 할 수 있다.

취소할 수 있는 법률행위는 제한능력자, 착오로 인하거나 사기·강박에 의하여 의사표시를 한 자, 그의 대리인 또는 승계인만이 취소할 수 있다(제140조). 따라서 미성년자도 단독으로 법정대리인의 동의 없이 한 법률행위를 취소할 수 있다. 반면 추인은 취소의 원인이 소멸된 후에 하여야 하므로, 제한능력자는 능

---

25) 특별대리인 선임의 관할법원은 가정법원이다.
26) 대법원 2013.1.24 선고 2010두27189 판결.

력자가 된 후에야 추인할 수 있다(제144조 제1항). 따라서 미성년자는 추인할 수 없다.

유언에 관하여는 제5조, 제10조, 제13조가 적용되지 않는다(제1062조). 17세에 달한 미성년자는 단독으로 유언할 수 있다(제1061조). 피성년후견인은 의사능력이 회복된 때에만 유언을 할 수 있다(제1063조).

미성년자가 법정대리인의 허락을 얻어 회사의 무한책임사원이 된 때에는 그 사원자격으로 한 행위에 있어서는 능력자로 본다(상법 제7조).

미성년자는 법정대리인의 동의 없이 독자적으로 임금을 청구할 수 있다(근로기준법 제68조). 미성년자는 임금청구소송에서 소송능력을 가진다.[27] 친권자 또는 후견인은 미성년자의 근로계약체결을 대리할 수 없다(근로기준법 제67조 제1항). 따라서 근로계약은 미성년자 자신이 직접 체결해야 한다. 이때 법정대리인의 동의는 요하지 않는다 할 것이다.[28] 따라서 근로계약관련 소송에서 미성년자는 소송능력을 갖는다고 볼 것이다. 법정대리인의 동의가 반드시 있어야만 근로계약을 체결할 수 있도록 한다면, 그것은 결과적으로 미성년자가 직접 근로계약을 체결하도록 한 근로기준법의 취지를 심각하게 훼손하는 것이다. 나아가 임금청구도 법정대리인의 의사에 종속되는 결과마저 초래할 것이다. 미성년자 스스로 근로계약을 자유롭게 체결할 수 있도록 보장하는 것이 부모로부터 미성년자의 독립된 인격을 보호하는 것이다.

미성년자가 토지매매행위를 부인하고 있는 이상, 미성년자가 그 법정대리인의 동의를 얻었다는 점에 대한 증명책임은 미성년자에게 없고, 그 행위의 효력을 주장하는 상대방에게 있다.[29]

Ⅲ. 피성년후견인

가정법원은 질병, 장애, 노령, 그 밖의 사유로 인한 정신적 제약으로 사무를

---

27) 대법원 1981.8.25 선고 80다3149 판결.
28) 김용한, 전게서, 111면; 이영준, 전게서, 806면.
29) 대법원 1970.2.24 선고 69다1568 판결.

처리할 능력이 지속적으로 결여된 사람에 대하여 본인, 배우자, 4촌 이내의 친족, 미성년후견인, 미성년후견감독인, 한정후견인, 한정후견감독인, 특정후견인, 특정후견감독인, 검사 또는 지방자치단체의 장의 청구에 의하여 성년후견개시의 심판을 한다(제9조 제1항). 가정법원은 성년후견개시의 심판을 할 때 본인의 의사를 고려해야 한다(제9조 제2항). 가정법원이 피한정후견인 또는 피특정후견인에 대하여 성년후견개시의 심판을 할 때에는 종전의 한정후견 또는 특정후견의 종료 심판을 한다(제14조의3 제1항).

피성년후견인의 법률행위는 취소할 수 있다(제10조 제1항). 가정법원은 취소할 수 없는 피성년후견인의 법률행위의 범위를 정할 수 있다(제10조 제2항).[30] 이때 가정법원은 본인, 배우자, 4촌 이내의 친족, 성년후견인, 성년후견감독인, 검사 또는 지방자치단체의 장의 청구에 의하여 취소할 수 없는 피성년후견인의 법률행위 범위를 범위를 변경할 수 있다(제10조 제3항). 일용품의 구입 등 일상생활에 필요하고 그 대가가 과도하지 아니한 법률행위는 성년후견인이 취소할 수 없다(제10조 제4항).[31] 제10조 제4항은 성년후견인만 언급하고 있지만 피성년후견인도 취소할 수 없다고 새겨야 하며, 취소할 수 없는 법률행위라는 점은 취소를 막으려는 상대방이 주장·증명해야 한다는 견해가 있다.[32]

피성년후견인은 소송무능력자이므로 법정대리인에 의해서만 소송행위를 할 수 있다(민사소송법 제55조 제1항 본문). 피성년후견인은 아니지만 사실상 의사능력을 상실하여 소송능력이 없는 경우에는 법정대리인이 소송행위를 대리하여야 한다. 법정대리인이 없는 경우 또는 법정대리인이 있다고 하더라도 대리권을 행사할 수 없는 경우에는 법원에 의하여 선임된 특별대리인이 소송행위를 대리하여야 한다(민사소송법 제62조).

성년후견이 개시되면 피성년후견인은 원칙적으로 성년후견인의 대리를 통해서 법률행위를 하여야 하며, 설령 성년후견인의 동의를 받아 한 행위라도 취

---

30) 이 경우(민법 제10조 제2항) 그 범위 내에서 피성년후견인의 소송능력이 인정된다(민사소송법 제55조 제1항 제2호).
31) 이 경우(민법 제10조 제4항)에는 피성년후견인의 소송능력이 인정된다고 볼 수 없다.
32) 송덕수, 전게서, 209면.

소할 수 있다. 즉 성년후견인은 피성년후견인의 법률행위에 대한 동의권은 없고, 대리권(제938조 제1항)과 취소권(제140조)을 가질 뿐이다. 피성년후견인은 약혼, 혼인, 협의이혼, 인지, 입양, 협의파양 등의 친족법상 행위의 경우에는 성년후견인의 동의를 얻어 스스로 할 수 있다.

가정법원의 성년후견개시심판이 있는 경우에는 그 심판을 받은 사람의 성년후견인을 두어야 한다(제929조).[33] 성년후견심판에 의한 성년후견인은 가정법원이 직권으로 선임한다(제936조). 성년후견인은 피성년후견인의 신상과 재산에 관한 모든 사정을 고려하여 여러 명을 둘 수 있다(제930조 제2항). 법인도 성년후견인이 될 수 있다(제930조 제3항). 후견인은 피후견인의 법정대리인이 된다(제938조 제1항). 가정법원은 성년후견인의 법정대리권 범위를 정할 수 있다(제938조 제2항). 가정법원은 성년후견인이 피성년후견인의 신상에 관하여 결정할 수 있는 권한의 범위를 정할 수 있다(제938조 제3항). 가정법원이 정한 법정대리인의 권한의 범위가 적절하지 아니하게 된 경우에 가정법원은 본인, 배우자, 4촌 이내의 친족, 성년후견인, 성년후견감독인, 검사 또는 지방자치단체의 장의 청구에 의하여 그 범위를 변경할 수 있다(제938조 제4항). 가정법원은 필요하다고 인정하면 직권으로 또는 피성년후견인, 친족, 성년후견인, 검사, 지방자치단체의 장의 청구에 의하여 성년후견감독인을 선임할 수 있다(제940조의4 제1항). 가정법원은 성년후견감독인이 사망, 결격, 그 밖의 사유로 없게 된 경우에는 직권으로 또는 피성년후견인, 친족, 성년후견인, 검사, 지방자치단체의 장의 청구에 의하여 성년후견감독인을 선임한다(제940조의4 제2항).

성년후견개시의 원인이 소멸된 경우에는 가정법원은 본인, 배우자, 4촌 이내의 친족, 성년후견인, 성년후견감독인, 검사 또는 지방자치단체의 장의 청구에 의하여 성년후견종료의 심판을 한다(제11조).

---

33) 가정법원이 성년후견 개시의 심판을 할 경우에는 피성년후견인이 될 사람의 정신상태에 관하여 의사에게 감정을 시켜야 한다(가사소송법 제45조의2 제1항본문).

Ⅳ. 피한정후견인

가정법원은 질병, 장애, 노령, 그 밖의 사유로 인한 정신적 제약으로 사무를 처리할 능력이 부족한 사람에 대하여 본인, 배우자, 4촌 이내의 친족, 미성년후견인, 미성년후견감독인, 성년후견인, 성년후견감독인, 특정후견인, 특정후견감독인, 검사 또는 지방자치단체의 장의 청구에 의하여 한정후견개시의 심판을 한다(제12조 제1항). 가정법원은 한정후견개시의 심판을 할 때 본인의 의사를 고려해야 한다(제12조 제2항). 가정법원이 피성년후견인 또는 피특정후견인에 대하여 한정후견개시의 심판을 할 때에는 종전의 성년후견 또는 특정후견의 종료 심판을 한다(제14조의3 제2항).

가정법원은 피한정후견인이 한정후견인의 동의를 받아야 하는 행위의 범위를 정할 수 있다(제13조 제1항). 가정법원은 본인, 배우자, 4촌 이내의 친족, 한정후견인, 한정후견감독인, 검사 또는 지방자치단체의 장의 청구에 의하여 제1항에 따른 한정후견인의 동의를 받아야만 할 수 있는 행위의 범위를 변경할 수 있다(제13조 제2항). 한정후견인의 동의를 필요로 하는 행위에 대하여 한정후견인이 피한정후견인의 이익이 침해될 염려가 있음에도 그 동의를 하지 아니하는 때에는 가정법원은 피한정후견인의 청구에 의하여 한정후견인의 동의를 갈음하는 허가를 할 수 있다(제13조 제3항). 한정후견인의 동의가 필요한 법률행위를 피한정후견인이 한정후견인의 동의 없이 하였을 때에는 그 법률행위를 취소할 수 있다. 다만, 일용품의 구입 등 일상생활에 필요하고 그 대가가 과도하지 아니한 법률행위에 대하여는 그러하지 아니하다(제13조 제4항).

피한정후견인은 독립하여 법률행위를 할 수 없는 경우가 아닌 한 소송능력이 인정된다(민사소송법 제55조 단서). 한정후견의 심판이 있었다는 사실만으로 행위능력이 제한되는 것이 아니라, 가정법원이 일정 법률행위를 함에 있어서 한정후견인의 동의를 받도록 정하는 심판을 하는 경우에 한하여 그 범위에서 행위능력이 제한되므로 그 범위 내에서만 소송능력이 제한된다. 한정후견개시 심판에서 한정후견인에게 특정 영역의 재산관리에 관한 법정대리권을 부여한 경우 그와 관련한 소송대리권도 부여한 것으로 볼 것이다.

가정법원의 한정후견개시의 심판이 있는 경우에는 그 심판을 받은 사람의 한정후견인을 두어야 한다(제959조의2). 가정법원의 한정후견개시 심판에 따른 한정후견인은 가정법원이 직권으로 선임한다(제959조의3). 가정법원은 한정후견인에게 대리권을 수여하는 심판을 할 수 있다(제959조의4 제1항).[34] 한정후견인의 대리권 등에 관하여는 성년후견인에 관한 제938조 제3항 및 제4항을 준용한다(제959조의4 제2항). 가정법원은 필요하다고 인정하면 직권으로 또는 피한정후견인, 친족, 한정후견인, 검사, 지방자치단체의 장의 청구에 의하여 한정후견감독인을 선임할 수 있다(제959조의5 제1항).

한정후견개시의 원인이 소멸된 경우에는 가정법원은 본인, 배우자, 4촌 이내의 친족, 한정후견인, 한정후견감독인, 검사 또는 지방자치단체의 장의 청구에 의하여 한정후견종료의 심판을 한다(제14조).

V. 피특정후견인

가정법원은 질병, 장애, 노령, 그 밖의 사유로 인한 정신적 제약으로 일시적 후원 또는 특정한 사무에 관한 후원이 필요한 사람에 대하여 본인, 배우자, 4촌 이내의 친족, 미성년후견인, 미성년후견감독인, 검사 또는 지방자치단체의 장의 청구에 의하여 특정후견의 심판을 한다(제14조의2 제1항). 특정후견은 본인의 의사에 반하여 할 수 없다(제14조의2 제2항).

피특정후견인은 1회적·특정적으로 보호를 받는 점에서 지속적·포괄적으로 보호를 받는 피성년후견인·피한정후견인과 차이가 있다.[35] 민법이 개정을 통해 새롭게 도입한 제도이다. 특정후견도 후견등기부에 공시된다.

특정후견의 심판을 하는 경우에는 특정후견의 기간 또는 사무의 범위를 정하여야 한다(제14조의2 제3항). 특정후견은 1회적·특정적 보호제도이므로 후견의

---

34) 한정후견인이 당연히 피한정후견인의 법정대리인이 되는 것이 아니다. 한정후견인은 원칙적으로 법률행위의 동의권·취소권이 없다.

35) 송덕수, 전게서, 214면.

개시와 종료를 별도로 심판할 필요가 없으며, 그 후견으로 처리되어야 할 사무의 성질에 의하여 그 존속기간이 정해진다.[36]

가정법원이 피한정후견인 또는 피특정후견인에 대하여 성년후견개시의 심판을 할 때에는 종전의 한정후견 또는 특정후견의 종료 심판을 한다(제14조의3 제1항). 가정법원이 피성년후견인 또는 피특정후견인에 대하여 한정후견개시의 심판을 할 때에는 종전의 성년후견 또는 특정후견의 종료 심판을 한다(제14조의3 제2항).

가정법원은 피특정후견인의 후원을 위하여 필요한 처분을 명할 수 있다(제959조의8). 가정법원은 피특정후견인의 후원을 위한 필요한 처분으로 피특정후견인을 후원하거나 대리하기 위한 특정후견인을 선임할 수 있다(959조의9 제1항). 피특정후견인의 후원을 위하여 필요하다고 인정하면 가정법원은 기간이나 범위를 정하여 특정후견인에게 대리권을 수여하는 심판을 할 수 있다(제959조의11 제1항). 이 때 가정법원은 특정후견인의 대리권 행사에 가정법원이나 특정후견감독인의 동의를 받도록 명할 수 있다(제959조의11 제2항). 가정법원은 필요하다고 인정하면 직권으로 또는 피특정후견인, 친족, 특정후견인, 검사, 지방자치단체의 장의 청구에 의하여 특정후견감독인을 선임할 수 있다(제959조의10 제1항).

VI. 제한능력자와 거래한 상대방의 보호

제한능력자가 단독으로 한 행위는 언제 취소될지 모르고, 그 취소의 효과는 소급효가 있기 때문에 상대방과 제3자는 불확정한 상태에 놓이게 된다(유동적 유효). 법률행위가 취소되면 법률행위가 소급적으로 무효가 되고, 부당이득을 반환하여야 하는데, 제한능력자는 선의·악의를 불문하고 이익이 현존하는 한도에서만 반환의무를 부담하므로(제141조 단서), 거래상대방은 이로 인한 피해를 피할 수 없게 된다. 이러한 제한능력자와 거래한 상대방 보호를 위하여 민법은 여러 규정을 두고 있다.

제한능력자의 상대방은 제한능력자가 능력자가 된 후에 그에게 1개월 이상

---

36) 송덕수, 전게서, 215면.

의 기간을 정하여 그 취소할 수 있는 행위를 추인할 것인지 여부의 확답을 촉구할 수 있다(확답촉구권, 제15조 제1항 전문). 능력자로 된 사람이 그 기간 내에 확답을 발송하지 아니하면 그 행위를 추인한 것으로 본다(제15조 제1항 후문). 제한능력자가 아직 능력자가 되지 못한 경우에는 그의 법정대리인에게 추인 여부를 촉구할 수 있고, 법정대리인이 그 정하여진 기간 내에 확답을 발송하지 아니한 경우에는 그 행위를 추인한 것으로 본다(제15조 제2항). 특별한 절차가 필요한 행위는 그 정하여진 기간 내에 그 절차를 밟은 확답을 발송하지 아니하면 취소한 것으로 본다(제15조 제3항).

　　제한능력자의 확답촉구권의 법적 성질에 대하여 통설은 의사의 통지라 한다. 의사를 표명을 했지만, 그 효과가 의사와 관계없이 법률에 의하여 주어진다는 점에서 의사표시가 아니고 의사의 통지라고 하나,[37] 의사표시의 효과도 법률에 의하여 주어지는 것이다. 확답촉구권은 사람이 사람에게 확답촉구하는 자신의 의사를 표시한 것이므로 의사표시이다. 통설은 확답최고권이 형성권이라 한다.[38] 그러나 이은영 교수는 촉구를 받은 제한능력자측이 취소 또는 추인의 의사를 표시하면 그 의사표시의 효과로서 법률행위의 소급적 소멸 또는 확정적 유효의 법률효과가 생기고, 확답이 없는 경우에 한하여 촉구의 법정효과가 발생하기 때문에 이러한 보충적 효과를 갖는 것만으로 확답촉구권을 형성권으로 하는 것은 부당하다고 한다.[39] 생각건대 확답촉구권의 행사를 직접 원인으로 일어나는 법률관계의 변동이란 것은 존재하지 않기 때문에 확답촉구권은 형성권이 아니다. 확답촉구를 받은 상대방이 취소의 의사표시를 하거나 추인의 의사표시를 하면 그 의사표시만으로 법률효과가 발생하는 것도 아니다. 의사표시만으로 법률관계가 바로 변동되는 경우는 없다. 적용될 법률의 요건을 충족하면 법률이 정한 효과가 법률에 의하여 발생할 뿐이다. 형성권 개념은 민법의 해석에 필요하지 않다. 확답촉구에 대하여 상대방이 확답을 하지 않으면 추인하는 것으로 보는 것뿐이지 그것에서 직접 법률효과가 발생하는 것이 아니라 확답촉구와 상

---

37) 곽윤직, 전게서, 178면.
38) 곽윤직, 전게서, 178면.
39) 이은영, 전게서, 180면.

대방의 부작위라는 요건이 충족되면 법률규정에 의하여 법률효과가 발생하는 것이다. 확답최고권을 특수한 청구권이라고 보는 견해도 있다.[40] 확답최고권에 응하여야 할 법적 의무가 없다는 점에서 특수한 청구권이라고 한다. 청구권은 소권을 의미한다. 확답최고권을 근거로 소를 제기할 수 없다. 확답최고권은 청구권이 아니다.

확답촉구의 상대방은 유예기간 내에 확답을 발송하면 되고, 그것이 유예기간 내에 도달해야 할 필요는 없다(통설). 제한능력자의 취소할 수 있는 법률행위에 대한 추인은 취소사유에도 불구하고 유효로 확정시키는 의사표시이다. 유예기간 내에 확답을 발송하였으나 전혀 도달이 이루어지지 않은 경우 확답에 따른 법률효과가 생긴다는 견해[41]와 발송하지 않은 경우와 마찬가지로 다루어야 한다는 견해[42]가 대립한다. 생각건대, 전혀 도달하지 않았다면 발송의 효과도 없다고 새겨야 한다. 결국에는 도달이 된 의사표시의 효과를 발신한 시점으로 앞당긴 것에 지나지 않기 때문이다.

제한능력자가 맺은 계약은 추인이 있을 때까지 상대방이 그 의사표시를 철회할 수 있다(철회권). 다만, 상대방이 계약 당시에 제한능력자임을 알았을 경우에는 그러하지 아니하다(제16조 제1항). 제한능력자의 단독행위는 추인이 있을 때까지 상대방이 거절할 수 있다(거절권, 제16조 제2항). 상대방의 철회나 거절의 의사표시는 제한능력자에게도 할 수 있다(제16조 제3항).

제한능력자가 속임수로써 자기를 능력자로 믿게 한 경우에는 그 행위를 취소할 수 없다(제17조 제1항). 미성년자나 피한정후견인이 속임수로써 법정대리인의 동의가 있는 것으로 믿게 한 경우에도 그 행위를 취소할 수 없다(제17조 제2항). 민법 제17조에 이른바 '무능력자가 사술로써 능력자로 믿게 한 때'에 있어서의 속임수를 쓴 것이라 함은 적극적으로 사기수단을 쓴 것을 말하는 것이고 단순히 자기가 능력자라 詐言함은 사술을 쓴 것이라고 할 수 없다.[43] 미성년자와

---

40) 강태성, 전게서, 180면.
41) 강태성, 전게서, 182면 각주 14; 송덕수, 전게서, 218면.
42) 김주수·김상용, 「민법총칙」, 삼영사(2013), 157~158면.
43) 대법원 1971.12.14 선고 71다2045 판결.

계약을 체결한 상대방이 미성년자의 취소권을 배제하기 위하여 민법 제17조 소정의 미성년자가 속임수를 썼다고 주장하는 때에는 그 주장자인 상대방측에 그에 대한 증명책임이 있다.[44] 다수설은 거래안전을 위하여 적극적인 기망행위뿐만 아니라 침묵 등 부작위를 포함하는 기망수단으로 오신을 유발하거나 강화시키는 것도 속임수에 포함시켜야 한다고 한다.[45] 그러나 단순한 침묵 내지 묵비는 속임수라고 하기 어렵다.[46] 제한능력자와 상대방과의 이익조정의 측면에서 상대방에게 중과실이 있을 경우에 제한능력자는 취소권을 상실하지 않는다고 보아야 한다는 견해가 있다.[47] 타당하다고 생각한다.

---

44) 대법원 1971.12.14 선고 71다2045 판결.
　　대법원 1971.6.22 선고 71다940 판결: "원심이 적법히 확정한 사실에 의하면 원고는 소외인 등과 석유곤로 판매업을 동업하기로 함에 있어서 피고와 계속적인 거래를 하려면 외상대금 채무의 확보를 위하여 피고에게 적당한 담보물을 제공하여야 하므로 그 담보로서 원고 소유의 이 사건 부동산을 제공하기로 합의가 되어 원고는 피고에게 이 사건 근저당권설정등기를 하여 주었다는 것이고 원고와 위 소외인들은 원고가 미성년자라는 사실을 피고가 알면 피고는 원고와의 근저당권설정계약 체결을 거부할 것이 명백하므로 피고로 하여금 원고를 성년자로 믿게 하기 위하여 미리 관계동사무소 직원과 통정하여 원고의 생년월일을 1948.2.17로 기재한 인감증명을 교부받아 이를 피고에게 제시 행사하여 피고로 하여금 원고를 성년자로 오신케 하여 이 사건 근저당권설정계약을 체결하였다는 것이므로 피고로 하여금 원고를 성년자로 오신케 한 것은 원고와 위 소외인들이라 할 것이고 소론과 같이 원고는 피고를 위와 같이 기망하는 데 가담하지 아니하였다는 것이 아니니 원고는 이 사건 근저당권설정계약의 의사표시를 취소할 수 없다고 한 원심판단은 정당하다 할 것이다."
45) 곽윤직, 전게서, 183면; 김용한, 전게서, 124면; 장경학, 전게서, 231면.
46) 고상룡, 전게서, 146면; 이은영, 전게서, 184면.
47) 고상룡, 전게서, 148면.

제7장

부재자재산관리제도와 실종선고제도

제1절 부재자재산관리제도

부재자란 종래의 주소나 거소를 떠난 자로서, 당분간 돌아올 가능성이 없어서 그의 재산을 관리해야 할 필요가 있는 자를 말한다. 반드시 생사불명 또는 행방불명이어야 하는 것은 아니다. 부재자에 관하여는 민법은 두 단계 조치를 취한다. 먼저 부재자가 돌아올 것으로 보고, 그가 남긴 재산이 관리 없이 방치되는 것을 막기 위해 재산관리를 위한 처분을 한다. 부재자가 오랫동안 생사가 불분명할 때에는 그 다음 단계로 실종선고를 하여 부재자를 사망한 것으로 보아 그의 신분관계와 재산관계를 정리한다. 법의 부재자에 관한 규정은 그 성질상 자연인에 한하여 적용된다.

부재자에게 친권자 또는 후견인 등 법정대리인 혹은 그가 선임한 임의대리인 등이 있다면, 이들이 부재자의 재산을 관리할 것이므로 민법이 관여할 이유가 없다. 민법이 부재자의 재산관리에 관하여 관여하는 경우는 부재자에게 법정재산관리인이나 임의 재산관리인이 없는 경우이다(제22조).

재산관리인이 있는 경우에도 부재자가 장기간 돌아오지 않을 경우 재산관리인은 부재자가 사망한 것으로 예상하고, 관리재산을 처분하거나 임의로 소비할 수 있다. 민법은 이러한 경우를 대비하고 있다. 즉 부재자가 재산관리인을 정한 경우에 부재자의 생사가 분명하지 아니한 때에는 법원은 재산관리인,

이해관계인[1] 또는 검사의 청구에 의하여 재산관리인을 개임할 수 있고(제23조), 이해관계인이나 검사의 청구가 있는 때에는 법원은 부재자가 정한 재산관리인에게 관리할 재산목록을 작성하게 하거나 부재자의 재산을 보존하기 위하여 필요한 처분을 명할 수 있다(제24조 제3항). 그 비용은 부재자의 재산으로 지급한다(제24조 제4항).

종래의 주소나 거소를 떠난 자가 재산관리인을 정하지 아니한 때에는 법원은 이해관계인이나 검사의 청구에 의하여 재산관리에 관하여 필요한 처분을 명하여야 한다. 본인의 부재중 재산관리인의 권한이 소멸한 때에도 같다(제22조 제1항). 본인이 그 후에 재산관리인을 정한 때에는 법원은 본인, 재산관리인, 이해관계인 또는 검사의 청구에 의하여 전항의 명령을 취소하여야 한다(제22조 제2항). 재산관리에 관하여 필요한 처분에는 재산관리인을 선임하거나 부재자의 재산을 매각하는 것인데, 주로 재산관리인을 선임하는 처분을 내린다.

선임된 재산관리인은 언제든지 사임할 수 있다. 재산관리인의 선임 및 개임에 있어서 가장 중요한 문제는 누구를 관리인으로 선임할 것인가이다. 재산관리인의 선임 및 개임은 법원의 재량사항이다. 선임된 관리인은 부재자 본인의 의사에 의하여 선임되는 것이 아니므로, 법정대리인이다.

대리권의 범위는 권한을 정하지 않은 대리인과 마찬가지로 관리행위(보존행위와 대리의 목적인 물건이나 권리의 성질을 변하지 아니하는 범위 안에서는 그 이용 또는 개량행위)에 한한다. 관리행위 이외의 행위(예컨대, 재산의 처분)를 하려면 가정법원의 허가를 얻어야 한다(제25조 전단). 그러한 허가 없이 한 처분은 무효이다.[2]

---

1) 이해관계인이란 부재자의 재산이 관리되지 못하고 방치되는 상태에 있는 사실에 대하여 법률상 이해관계를 가진 자로서 즉 부재자 재산보전에 법률상 정당한 이익을 갖는 자를 말한다. 부재자의 추정상속인, 배우자, 부양청구권을 갖는 친족, 채권자, 수증자, 공동채무자, 보증인 등이 대표적이다.

2) 대법원 1973.7.24 선고 72다2136 판결: "원고가 1950.9.29경 월북할 당시 이 사건 각 부동산을 포함하는 동인 소유의 부동산의 관리와 처분에 관한 대리권을 원고의 어머니인 소외 주복임에게 수여한 사실 및 기타의 원판시 사실을 원판결이 인정한 조치에 위법사유가 있다고 할 수 없다. 그리고 부재자가 스스로 위임한 재산관리인이 있는 경우에는 그 재산 관리인의 권한은 그 위임의 내용에 따라 결정될 것이며 그 위임관리인에게 재산처분권까지 위임한 경우에는 그 재산관리인이 그 재산을 처분함에 있어 법원의 허가를 요하는 것은 아니라 할 것이니 이 사건에 있어 위 주복임이 법원의 허가를 얻음이 없이 이 사건 부동산을 처분하였다 하

재산관리인은 부재자의 재산을 관리하면서 얻는 과실 기타의 수익을 자기 것으로 할 수 없고, 부재자가 돌아오거나 또는 부재자가 사망한 것으로 되면 이를 모두 부재자나 그 상속인에게 인도해야 한다. 부재자의 재산을 매각하는 행위, 부재자의 재산에 관한 재판상의 화해 등은 처분행위로서 법원의 허가를 얻어야 한다.[3]

법원이 선임한 재산관리인은 관리할 재산목록을 작성하여야 한다(제24조 제1항). 법원은 그 선임한 재산관리인에 대하여 부재자의 재산을 보존하기 위하여 필요한 처분을 명할 수 있다(제24조 제2항). 그 비용은 부재자의 재산으로써 지급한다(제24조 제4항).

법원이 선임한 재산관리인이 제118조[4]에 규정한 권한을 넘는 행위를 함에는 법원의 허가를 얻어야 한다. 부재자의 생사가 분명하지 아니한 경우에 부재자가 정한 재산관리인이 권한을 넘는 행위를 할 때에도 같다(제25조).

법원은 그 선임한 재산관리인으로 하여금 재산의 관리 및 반환에 관하여 상당한 담보를 제공하게 할 수 있다(제26조 제1항). 법원은 그 선임한 재산관리인에 대하여 부재자의 재산으로 상당한 보수를 지급할 수 있다(제26조 제2항). 전 2항의 규정은 부재자의 생사가 분명하지 아니한 경우에 부재자가 정한 재산관리인에 준용한다(제26조 제3항).

재산관리인은 위임에 있어서의 수임인에 관한 규정(제681조·제684조·제686조·제688조 등)이 유추적용된다는 것이 통설의 입장이다. 따라서 선량한 관리자의 주의의무가 있다. 재산관리인은 보수청구권·필요비와 그 이자의 반환청구권·손해배상청구권을 가진다.

가정법원이 그가 명한 처분을 취소하더라도 보통의 취소와는 달리 소급효

여도 무효라고는 볼 수 없는 것이다."
3) 대법원 1956.2.25 선고 민상455, 대법원 1960.6.30 선고 민상751, 대법원 1968.4.30 선고 67다2117 판결. 그러나 재판상화해의 내용이 부재자의 권리행사에 방해가 되는 등기를 말소하겠다는 내용이라면 이는 부재자의 권리행사에 전적으로 이익이 되는 것이어서 이러한 화해를 함에 있어서는 법원의 허가가 필요하지 아니하다(대법원 1962.11.2 선고 62다582 판결).
4) 민법 제118조(대리권의 범위) 권한을 정하지 아니한 대리인은 다음 각호의 행위만을 할 수 있다. 1. 보존행위 2. 대리의 목적인 물건이나 권리의 성질을 변하지 아니하는 범위에서 그 이용 또는 개량하는 행위.

는 없다. 즉 재산관리인의 선임결정이 취소되어도 그 취소의 효력은 장래에 향하여서만 발생하는 것이다. 따라서 취소 전에 재산관리인이 행한 권한 안에서의 행위는 유효하다.

제2절 실종선고제도

Ⅰ. 의 의

실종선고란 생사불명인 채 장기간을 경과하여 돌아올 가망성이 없는 자에 대하여 이해관계자나 검사가 가정법원에 청구하여, 가정법원의 선고에 의해서 사망한 것으로 보는 제도이다(제25조). 법원의 실종선고에 의하여 권리능력은 소멸한 것으로 본다. 오랫동안 주소나 거소를 떠나서 행방을 알 수 없거나 특별한 위난을 당한 후 합리적인 기간 내에 생사판명이 되지 않는 경우에는 그 생사가 판명될 때까지 그 사람이 살아 있는 것으로 추정하여 무작정 기다리는 것보다는 사망한 것으로 간주하는 것이 재산상·신분상 법률관계를 간명하게 처리할 수 있다. 민법은 일정한 조건하에 법원이 실종선고를 하고, 일정 기간를 표준으로 해서 사망과 동일한 법률효과가 생기게 하고 있다. 이때 실종선고를 받은 사람을 실종자라 한다.

Ⅱ. 인정사망제도와 구별

실종선고와 유사한 제도로 가족관계등록법 제87조의 인정사망이 있다. 이는 항공기추락, 선박침몰, 전쟁, 지진, 화재, 홍수 등으로 인한 제반사정에 비추어 사망이 확실하다고 인정되는 경우, 사체를 찾지 못하여 사망의 사실을 확인할 수 없다 하더라도 이를 조사한 관공서의 사망보고에 기하여 가족등록부에 사망을 기재하는 제도다. 인정사망에 있어서는 가족등록부 사망기재는 사실상 추정력이 있음에 반하여, 실종선고의 경우에는 실종선고의 취소재판이 확정되기 전에는 실종선고의 효력을 부인할 수 없다. 즉 실종선고는 실종기간이 만료된 때에 사망한 것으로 간주되는 효과가 있다는 점에서, 추정적 효력에 그치는 인정사망과 다르다. 인정사망보고는 사망자의 사체를 발견할 수 없는 경우로서 사망자에 대한 진단서는 물론 검안서나 기타 사망사실을 증명할 만한 서면의 첨부가 불가능하기 때문에 관공서가 작성한 사망보고서(공문서)의 진실성을 담보로 하여 가족등록부에 사망을 기재하는 제도이다.

Ⅲ. 실종선고의 요건과 효력

실종선고는 요건을 갖추면 법원은 반드시 선고하여야 한다(제27조 제1항). 먼저 부재자의 생사가 일정기간 동안 생존 증명도 사망 증명도 할 수 없어야 한다. 생사불명은 절대적이어야 하는 것은 아니며, 선고청구권자와 법원에게만 불명이면 된다. 생사불명이 일정기간 동안 계속되어야 한다. 보통실종의 실종기간은 5년이다(제27조 제1항). 그 기산점은 부재자의 생존을 증명할 수 있는 최후의 시점(예, 최후의 소식이 있었던 때)부터이다. 특별실종에는 전지에 임한 자(전쟁실종), 침몰한 선박중에 있던 자(선박실종), 추락한 항공기 중에 있던 자(항공기실종), 기타 사망의 원인이 될 위난을 당한 자(위난실종) 4가지가 있다. 그 실종기간은 각각 전쟁종지 후, 선박이 침몰할 때, 항공기가 추락한 때, 기타 위난이 종료한 때로부터 일률적으로 1년이다(제27조 제2항).

A가 여행중 탑승한 항공기가 2015년 3월 1일에 추락하였고, 그 후 A는 생사불명인 상태에서 2018년 4월 1일 배우자인 B가 A에 대한 실종선고를 받은 경우, A는 2015년 3월 1일 실종된 상태에서 그 후 1년이 경과한 날부터 사망한 것으로 간주된다. A의 사망일은 2016년 3월 1일이다.

대법원 1982.9.14 선고 82다144 판결: "소외 망인이 1951.7.2 사망하였으며, 그의 장남인 소외 (갑)은 1970.1.30 서울가정법원의 실종선고에 의하여 소외 망인 사망 전인 1950.8.1 생사 불명기간 만료로 사망 간주된 사실이 인정되는 사안에 있어서 소외 (갑)은 소외 망인의 사망이전에 사망한 것으로 간주되었으므로 소외 망인의 재산상속인이 될 수 없다고 한 원심의 판단은 실종선고로 인하여 사망으로 간주되는 시기에 관하여 실종 기간 만료시기설을 취하는 우리 민법하에서는 정당하다."

대법원 1983.2.22 선고 82사18 판결: "소송이 적법하게 계속된 후 당해 소송의 당사자에 대하여 실종선고가 확정된 경우에는 실종자가 사망하였다고 보는 시기는 실종기간이 만료한 때라 하더라도 소송상의 지위의 승계절차는 실종선고가 확정되어야만 비로소 이를 취할 수가 있는 것이므로 실종선고가 있기까지는 소송상 당사자능력이 없다고는 할 수 없고 소송절차가 법률상 그 진행을 할 수 없게 된 때, 즉 실종선고가 확정된 때에 소송절차가 중단된다."

대법원 2008.6.26 선고 2007다11057 판결: "부재자의 생사가 분명하지 아니한 경우, 부재자는 법원의 실종선고가 없는 한 사망자로 간주되지 아니하며, 부재자의 재산관리인이 부재자의 대리인으로서 소를 제기하여 그 소송계속 중에 부재자에 대한 실종선고가 확정되어 그 소 제기 이전에 부재자가 사망한 것으로 간주되는 경우에도, 실종선고의 효력이 발생하기 전에는 실종기간이 만료된 실종자라 하여도 소송상 당사자능력을 상실하는 것은 아니므로, 실종선고가 확정된 때에 소송절차가 중단되어 부재자의 상속인 등이 이를 수계할 수 있을 뿐이고, 위 소 제기 자체가 소급하여 당사자능력이 없는 사망한 자가 제기한 것으로 되는 것은 아니다."

대법원 2011.1.31자 2010스165 결정: "민법 제27조의 문언이나 규정의 체계 및 취지 등에 비추어, 그 제2항에서 정하는 사망의 원인이 될 위난이라고 함은 화재·홍수·지진·화산 폭발 등과 같이 일반적·객관적으로 사람의 생명에 명백한 위험을 야기하여 사망의 결과를 발생시킬 가능성이 현저히 높은 외부적 사태 또는 상황을 가리킨다. 甲이 잠수장비를 착용한 채 바다에 입수하였다가 부상하지 아니한 채 행방불명되었다 하더라도, 이는 사망의 원인이 될 위난이라고 할 수 없다."

실종선고는 이해관계인이나 검사의 청구가 있어야 한다(제27조). 이해관계인이란 배우자, 상속인, 채권자, 법정대리인, 재산관리인 등과 같이 실종선고를 구하는 데에 법률상의 이해관계를 가지는 자, 즉 실종선고에 의하여 직접적으로 신분상 또는 경제상으로 권리를 얻거나 또는 의무를 면하게 되는 자만을 말한다. 단순히 사실상의 이해관계를 가지는 것만으로는 이해관계인에 포함되지 않는다.**5)** 청구를 받은 가정법원은 공시최고절차를 반드시 거쳐야 한다(가사소송규칙 제53조). 공시최고에는 ㉮ 청구인의 성명과 주소, ㉯ 부재자의 성명, 출생년월일, 등록기준지 및 주소, ㉰ 부재자는 공시최고기일까지 그 생존의 신고를 할 것이며, 그 신고를 하지 않으면 실종의 선고를 받는다는 것, ㉱ 부재자의 생사를 아는 자는 공시최고기일까지 그 신고를 할 것, ㉲ 공시최고기일 등을 기재하여야 하고, 공시최고기일은 공고종료일부터 6월 이후로 정하여야 한다(가사소송규칙 제54조).

실종을 선고할 사유가 있으면 법원은 반드시 실종선고를 하여야 하며, 어떤 재량권이 있는 것은 아니다(제27조). 최후의 소식이 있었던 때 이후에 범죄경력이 있거나, 생존사실이 확인된 경우 실종선고 심판청구를 기각한다. 법원의 실종선고를 받은 자는 위 실종기간이 만료한 때에 사망한 것으로 본다(제28조). 사망한 것으로 간주되므로, 본인의 생존 기타의 반증을 들어서 선고의 효과를 다투지 못하며, 이 효과를 뒤집으려면 실종선고를 취소하여야 한다.**6)** 실종선고의 효력은 선고절차에 참가한 자뿐만 아니라 제3자에 대해서도 절대적으로 미친다.

> <u>대법원 1994.9.27 선고 94다21542 판결</u>: "실종선고를 받은 자는 실종기간이 만료한 때에 사망한 것으로 간주되는 것이므로, 실종선고로 인하여 실종기간 만료시를 기준으로 하여 상속이 개시된 이상 설사 이후 실종선고가 취소되어야 할 사유가 생겼다고 하더라도 실제로 실종선고가 취소되지 아니하는 한, 임의로 실종기간이 만료하여 사망한 때로 간주되는 시점과는 달리 사망시점을 정하여 이미 개시된 상속을 부정하고 이와 다른 상속관계를 인정할 수는 없다."

실종선고의 심판서에는 부재자가 사망한 것으로 간주되는 일자를 기재하여야 한다(가사소송규칙 제56조).**7)** 실종을 선고한 심판과 실종선고의 취소청구를 기각한 심판에 대하여는 사건본인 또는 이해관계인이, 실종선고를 취소한 심판에 대하여는 이해관계인이 즉시항고를 할 수 있다(가사소송규칙 제57조). 실종선고 또

---

5) 대법원 1980.9.8자 80스27 결정: "부재자의 제1순위 재산상속인이 있는 경우에 그보다 후순위의 상속인은 실종선고를 청구할 수 있는 이해관계인은 아니다."
6) 대법원 1970.3.10 선고 69다2103 판결.
7) 실종선고 심판주문례: "사건본인(부재자)은 실종되어 2017.12.12. 실종기간이 만료되었으므로 실종을 선고한다."

는 실종선고의 취소 심판이 확정된 때에는 가정법원의 법원사무관등은 지체 없이 그 뜻을 공고하여야 한다(가사소송규칙 제59조).

실종선고는 실종자의 종래의 주소(또는 거소)를 중심으로 하는 민법상 법률관계를 종료하게 하는 것이다. 공법상의 선거권·피선거권의 유무나 범죄의 성부 등은 실종선고와는 관계없이 결정된다. 종래의 주소를 중심으로 한 법률관계만이 문제가 되는 것이므로 돌아온 후의 법률관계나 다른 곳에서의 법률관계에 대하여는 실종선고의 효력이 미치지 않는다.

대법원 1983.2.22. 선고 82사18 판결: "소송이 적법하게 계속된 후 당해 소송의 당사자에 대하여 실종선고가 확정된 경우에는 실종자가 사망하였다고 보는 시기는 실종기간이 만료한 때라 하더라도 소송상의 지위의 승계절차는 실종선고가 확정되어야만 비로소 이를 취할 수가 있는 것이므로 실종선고가 있기까지는 소송상 당사자능력이 없다고는 할 수 없고 소송절차가 법률상 그 진행을 할 수 없게 된 때, 즉 실종선고가 확정된 때에 소송절차가 중단된다."

대법원 1987.3.24 선고 85다카1151 판결: "부재자의 재산관리인에 의하여 소송절차가 진행되던 중 부재자 본인에 대한 실종선고가 확정되면 그 재산관리인으로서의 지위는 종료되는 것이므로 상속인등에 의한 적법한 소송수계가 있을 때까지는 소송절차가 중단된다."

대법원 1992.7.14 선고 92다2455 판결: "실종선고의 효력이 발생하기 전에는 실종기간이 만료된 실종자라 하여도 소송상 당사자능력을 상실하는 것은 아니므로 실종선고 확정 전에는 실종기간이 만료된 실종자를 상대로 하여 제기된 소도 적법하고 실종자를 당사자로 하여 선고된 판결도 유효하며 그 판결이 확정되면 기판력도 발생한다고 할 것이고, 이처럼 판결이 유효하게 확정되어 기판력이 발생한 경우에는 그 판결이 해제조건부로 선고되었다는 등의 특별한 사정이 없는 한 그 효력이 유지되어 당사자로서는 그 판결이 재심이나 추완항소 등에 의하여 취소되지 않는 한 그 기판력에 반하는 주장을 할 수 없는 것이 원칙이라 할 것이며, 비록 실종자를 당사자로 한 판결이 확정된 후에 실종선고가 확정되어 그 사망간주의 시점이 소 제기 전으로 소급하는 경우에도 위 판결 자체가 소급하여 당사자능력이 없는 사망한 사람을 상대로 한 판결로서 무효가 된다고는 볼 수 없다. 실종자에 대하여 공시송달의 방법으로 소송서류가 송달된 끝에 실종자를 피고로 하는 판결이 확정된 경우에는 실종자의 상속인으로서는 실종선고 확정 후에 실종자의 소송수계인으로서 위 확정판결에 대하여 소송행위의 추완에 의한 상소를 하는 것이 가능하다.”

대법원 2008.6.26.선고 2007다11057 판결: “부재자의 생사가 분명하지 아니한 경우, 부재자는 법원의 실종선고가 없는 한 사망자로 간주되지 아니하며, 부재자의 재산관리인이 부재자의 대리인으로서 소를 제기하여 그 소송계속중에 부재자에 대한 실종선고가 확정되어 그 소 제기 이전에 부재자가 사망한 것으로 간주되는 경우에도, 실종선고의 효력이 발생하기 전에는 실종기간이 만료된 실종자라 하여도 소송상 당사자능력을 상실하는 것은 아니므로, 실종선고가 확정된 때에 소송절차가 중단되어 부재자의 상속인 등이 이를 수계할 수 있을 뿐이고, 위 소 제기 자체가 소급하여 당사자능력이 없는 사망한 자가 제기한 것으로 되는 것은 아니다.”

Ⅳ. 실종선고의 취소

실종자의 생존한 사실 또는 사망한 것으로 보게 되는 시기와 상이한 때에 사망한 사실의 증명이 있으면 법원은 본인, 이해관계인 또는 검사의 청구에 의하여 실종선고를 취소하여야 한다(제29조 제1항 본문).

실종선고사건과 실종선고취소사건은 이해관계인과 관할이 서로 다를 수 있다. 둘은 별개의 독립한 사건으로 취급된다. 따라서 사건번호, 사건명도 따로 부여하고 기록도 별도로 조제한다. 실종선고의 취소에는 실종선고와 달리 공시최고를 요하지 않는다. 그러나 취소의 요건을 갖춘 경우 법원은 반드시 취소를 하여야 한다는 점에서는 실종선고와 같다.

실종기간의 기산점 이후의 어떤 시기에 생존하고 있었던 사실에 대하여 민법은 선고취소의 원인으로서 규정하고 있지 않으나, 실종기간의 기산점이 다르게 되기 때문에 사망으로 간주되는 시기가 달라지므로 실종선고는 취소되어야 한다.

실종선고취소의 심판이 확정되면, 처음부터 실정선고가 없었던 것과 마찬가지의 효과가 생긴다. 즉, 실종선고로 생긴 법률관계는 소급적으로 무효가 된다. 실종자의 생존을 이유로 취소된 때에는 그의 가족관계와 재산관계는 선고

전의 상태로 회복하게 된다. 선고에 의한 사망시기와 다른 시기에 사망하였음을 이유로 하는 경우에는, 그 시기를 표준으로 하여 다시 사망에 기한 법률관계가 확정된다. 실종기간 기산점 이후의 생존을 이유로 하는 경우에는, 역시 일응 선고 전의 상태로 회복하고, 만일에 이해관계인이 원하면 다시 새로운 실종선고를 청구하여야 하는 것이 된다.

재산취득자에게 취득시효(제245조)나 선의취득(제249조) 등 별도의 권리취득의 요건이 갖추어진 경우에는 그에 따라 권리를 취득하는 것이고, 실종선고 취소의 효과를 받지 않는다.

실종선고 후 그 취소 전에 선의로 한 행위의 효력에 영향을 미치지 아니한다(제29조 제1항 단서). 실종선고의 취소가 있을 때에 실종의 선고를 직접원인으로 하여 재산을 취득한 자가 선의인 경우에는 그 받은 이익이 현존하는 한도에서 반환할 의무가 있고 악의인 경우에는 그 받은 이익에 이자를 붙여서 반환하고 손해가 있으면 이를 배상하여야 한다(제29조 제2항).

제29조 제2항 실종선고를 직접원인으로 재산을 취득한 자란, 상속인·수증인·생명보험수익자 등을 가리키며, 이들로부터 재산을 취득한 전득자는 이에 포함되지 않는다. 전득자에 대하여는 제29조 제1항 단서가 적용된다.

제29조 제1항 단서의 '선의'의 의미가 문제된다. A에게 실종선고가 있음을 원인으로 B가 A 소유의 건물을 상속하였는데, 그 후 B가 C에게 건물의 소유권이전등기를 경료한 경우 B와 C 모두가 선의여야 C가 소유권을 취득할 수 있다는 견해와 B가 악의이더라도 C가 선의이면 C는 소유권을 취득할 수 있다는 견해가 대립한다.

제8장

법인제도

제1절 법인의 개념

법인은 법률이 정관 및 법률이 요구하는 요건을 갖추고 설립등기를 마친 단체나 일정한 목적을 위해 출연된 재산에 대하여 권리능력을 부여한 것이다. 법률이 자연인이 아닌 특정한 단체에 권리와 의무의 주체가 될 수 있는 자격을 부여한 것이다. 민법은 비영리 사단법인과 재단법인을 규정하고 있다. 상법은 주식회사, 합명회사 등 여러 형태의 영리법인을 규정하고 있다. 인적 결합에 법인격을 부여한 것이 사단법인이고, 특정한 목적에 출연된 재산에 법인격을 부여한 것이 재단법인이다.

법률이 부여한 법인의 법인격이 강제집행 면탈 등의 부정한 목적을 위하여 남용될 경우 해당 법인의 법인격은 소송에서 부인되기도 한다. 판례는 "기존회사가 채무를 면탈할 목적으로 기업의 형태·내용이 실질적으로 동일한 신설회사를 설립하였다면, 신설회사의 설립은 기존회사의 채무면탈이라는 위법한 목적달성을 위하여 회사제도를 남용한 것이므로, 기존회사의 채권자에 대하여 위 두 회사가 별개의 법인격을 갖고 있음을 주장하는 것은 신의성실의 원칙상 허용될 수 없다 할 것이어서 기존회사의 채권자는 위 두 회사 어느 쪽에 대하여서도 채무의 이행을 청구할 수 있다"고 한다.[1] 문제가 되는 소송에서만 일회적으로 법

---

1) 대법원 2004.11.12 선고 2002다66892 판결.

인격이 무시되는 것이지, 법인격 자체가 부인되는 것이 아니다. 법인은 그대로 존속하고 있는 것이고, 해당 소송에서만 법인격이 다르기 때문에 책임이 없다는 주장을 하지 못하도록 하는 소송상 주장·항변이다.

　　법인제도는 거래활동의 편의, 소송 및 집행에서의 편의, 재산소유방식의 편의 등을 위하여 법률이 정한 요건을 갖춘 단체에 법인격을 부여한 법기술이다. 일반적으로 "어떤 단체가 법인격이 있다고 했을 때, 그 단체 자신이 권리·의무의 주체가 되며, 단체명의로 그 재산을 등기할 수 있고, 소송당사자가 되며, 그 단체에 대한 채권자는 그 단체의 재산만을 압류할 수 있고, 반면에 구성원의 채권자는 그 구성원 개인의 재산만을 압류할 수 있다는 법률효과가 발생한다."[2] 그러나 우리나라 부동산등기법과 민사소송법은 법인이 아니더라도 사단성이 인정되는 단체(비법인사단)는 부동산등기능력과 소송당사자능력을 모두 가지게 하고 있다. 판례·통설에 의하면 비법인사단에 대한 채권자는 비법인사단 소유 재산만을 압류할 수 있고, 구성원을 상대로 구성원 소유 재산에 대하여 압류할 수 없으며, 구성원의 채권자는 그 구성원 개인의 재산만을 압류할 수 있다고 본다. 우리나라의 경우에는 사단성의 유무에 따라 법인격에 따르는 위 기본 효과가 발현된다고 볼 수 있다.[3]

대법원 2001.1.19 선고 97다21604 판결: "회사는 그 구성원인 사원과는 별개의 법인격을 가지는 것이고, 이는 이른바 1인회사라 하여도 마찬가지이다. 그러나 회사가 외형상으로는 법인의 형식을 갖추고 있으나 이는 법인의 형태를 빌리고 있는 것에 지나지 아니하고 그 실질에 있어서는 완전히 그 법인격의 배후에 있는 타인의 개인기업에 불과하거나 그것이 배후자에 대한 법률적용을 회피하기 위한 수단으로 함부로 쓰여지는 경우에는 비록 외견상으로는 회사의 행위라 할지라도 회사와 그 배후자가 별개의 인격체임을 내세워 회사에만 그로 인한 법적 효과가 귀속됨을 주장하면서 배후자의 책임을 부정하는 것은 신의성실의 원칙에 위반되는 법인격의 남용으로서 심히 정의와 형평에 반하여 허용될 수 없다 할 것이고, 따라서 회사는 물론 그 배후자인 타인에 대하여도 회사의 행위에 관한 책임을 물을 수 있다고 보아야 할 것이다."
대법원 1995.5.12 선고 93다44531 판결: "甲회사와 乙회사가 기업의 형태·내용이 실질적으로 동일하고, 甲회사는 乙회사의 채무를 면탈할 목적으로 설립된 것으로서 甲회사가 乙회사의 채권자에 대하여 乙회사와는 별개의 법인격을 가지는 회사라는 주장을 하는 것이 신의성실의 원칙에 반하거나 법인격을 남용하는 것으로 인정되는 경우에도, 권리관계의 공권적인 확정 및 그 신속·확실한 실현을 도모하기 위하여 절차의 명확·안정을 중시하는 소송절차 및 강제집행절차에 있어서는 그 절차의 성격상 乙회사에 대한 판결의 기판력 및 집행력의 범위를 甲회사에까지 확장하는 것은 허용되지 아니한다."
2) 고상룡, 「민법총칙 제3판」, 법문사(2003) 174면.
3) 상법상 법인인 합명회사의 경우 조합의 성질을 그대로 유지하여 사원이 회사 채권자에 대하

　자연인도 법률이 정하는 바에 의하여 법인격이 인정되는 것과 차이가 없다. 단체 자체가 독립하여 거래의 주체로 활동하는 것은 부인할 수 없기 때문에, 법률은 단체의 재산과 단체 구성원의 재산을 분리하여 취급할 현실상 필요를 외면할 수 없다. 민법은 법인 제도에 관한 일반법이다. 민법은 일반사법이 아니라 많은 법제도에 있어 일반법으로 공법에서도 그대로 일반법으로 기능한다. 일반공법은 따로 존재하지 않는다. 사단법인과 재단법인이라는 두 개의 법인 형태는 엄격하게 구분될 수 있는 것이 아니다. 정상적인 법률행위를 하기 위해서는 사단법인은 행위의 뒷받침이 되는 재산이 있어야 하고, 재단법인은 실제 움직여야 하는 인적 조직이 있어야 한다. 사단법인과 재단법인의 차이는 상대적인 것에 불과하다. 실무에서는 사원총회가 존재하지 않아 편하고, 설립자의 영향력 유지에 사단법인보다 유리한 재단법인의 이용이 선호된다.

　단체와 거래에 있어 편리성을 도모하기 위하여 법이 만든 제도가 법인이고, 그 법인은 독자적 법인격이 있는 것으로 하고 있기 때문에 그 소유형태는 자연인의 경우와 마찬가지로 단독소유이다. 법인은 단독소유를 하기 때문에 법인의 소유형태는 비법인사단의 총유나 조합의 합유와 같은 공동소유가 아니다.

　민법상 재단법인과 유사한 것이 공익신탁이다. 공익신탁은 신탁법이 규율한다. 공익재단에 대하여는 공익법인의 설립운영에 관한 법률이 적용된다. 종교법인에 대한 법률은 따로 없고, 불교재산에 대한 전통사찰보호법과 향교재산에 대한 향교재산법이 있다. 학교법인에 대하여 사립학교법과 교육법이 적용된다. 농업협동조합과 같이 명칭에 조합이 들어가지만 근거법률에 의하여 법인격이 부여된 것들은 민법상 조합이 아니라 개별법률에 근거한 법인이다.

　실질과 상관없이 법이 특정단체를 '법인으로 한다'고 규정하면 그 실질이 조합이든 사단이든 법인이다. 재개발·재건축조합은 도시 및 주거환경정비법에서 법인격을 부여하고 있다. 도시 및 주거환경정비법 제정 전 재건축조합은 비법인사단이었지만, 위 법에 의하여 이제는 법인이다.[4]

여 무한책임을 진다. 그러나 협동조합기본법에 의한 법인인 협동조합의 경우 구성원이 개인 재산으로 협동조합의 채권자에 대하여 책임지는 것은 아니다.
4)　행정청의 조합설립인가에 의하여 재건축조합이 행정주체인 공법인이 된다는 것이 판례이다.

국가는 원시적으로 법인성이 의제되며, 지방자치단체는 지방자치법에서 법인격을 부여하는 규정을 두고 있다. 학설은 대체로 공법에 의해 설립된 공법인과 사법에 의해 설립된 사법인을 법적 의미가 있는 구분으로 다루고 있는데, 국가와 지방자치단체를 제외한 공법인이 공법에 의해 설립되었다는 것만으로 사법인과 구별되는 것이 아니다. 공법과 사법의 구분으로 환원시키는 공법인·사법인 구분은 의미가 없다. 대법원판례는 당해 소송을 행정법원의 전속 관할로 가져가고자 하는 경우에는 공법인으로 판단하고 있다. 행정법원 전속관할로 할 것인지의 여부에 따라 공법인이 결정되는 것이지만, 대법원판례가 제시하는 근거는 주로 법인의 근거 법률이 공법인 점, 법인설립에 행정청의 처분이 개입된 점, 그 형식이 주식회사가 아닌 점 등이다. 공법인이란 개념은 공법과 사법의 구분을 전제로 하는 개념인 이상 확립된 개념이라 할 수 없다. 공법인 개념 속에 실질적 내용이 존재하는 것도 아니다. 공법에서는 국가가 선택하여야 할 조직형식에 관한 모델법률이 존재하지 않기 때문에, 국가는 필요에 따라 그때그때 無定型的으로 법인을 설립할 뿐이며, 대개 그것을 '법인으로 한다'고 규정할 뿐 그것이 강학상 조직유형들 중 어느 것에 해당하는지는 규정하지 않는다.[5] 상법 제2조는 공법인의 상행위란 표제 아래 "공법인의 상행위에 대하여는 법령에 다른 규정이 없는 경우에 한하여 본법을 적용한다"고 규정하고 있는데, 이 규정에도 공

대법원 2009.9.17 선고 2007다2428 전원합의체판결: "도시 및 주거환경정비법에 따른 주택재건축정비사업조합은 관할 행정청의 감독 아래 도시정비법상의 주택재건축사업을 시행하는 공법인으로서, 그 목적 범위 내에서 법령이 정하는 바에 따라 일정한 행정작용을 행하는 행정주체의 지위를 갖는다. 그리고 재건축조합이 행정주체의 지위에서 도시정비법 제48조에 따라 수립하는 관리처분계획은 정비사업의 시행 결과 조성되는 대지 또는 건축물의 권리귀속에 관한 사항과 조합원의 비용 분담에 관한 사항 등을 정함으로써 조합원의 재산상 권리·의무 등에 구체적이고 직접적인 영향을 미치게 되므로, 이는 구속적 행정계획으로서 재건축조합이 행하는 독립된 행정처분에 해당한다." 그러나 재건축조합 조합원의 조합결성행위나 관리처분계획의 수립을 위한 조합원의 결의행위는 그 본질에 있어서 토지등소유자가 행하는 재산권행사에 관한 권리·의무관계에 관한 법률행위라는 점에서 본질적으로 사법적인 법률관계에 관한 다툼일 뿐이며, 따로 공법상의 법률관계에 관한 다툼이 존재한다고 할 수 없고(김해룡, "도시정비사업법제의 개선을 위한 쟁점", 부동산법학회집 제17집, 부동산법학회, 2010, 101면), 재건축의 궁극적 동력 내지 정당화의 권원은 합쳐진 '소유자들의 개별적 의사결정'이다(권영준, "재건축에 관한 의사결정—재건축결의 관련 판결들을 중심으로", 민사법학 제45권 제1호, 한국민사법학회(2009), 371면).
5) 이상덕, 「영조물의 개념과 이론」, 경인문화사, 148-149면.

법인에 대한 정의는 없다. 민법상 법인이나 상법상 주식회사 형식으로도 공법인을 설립할 수 있는 것이다. 민법상 법인이나 상법상 회사여도 그 설립의 주체가 국가나 지방자치단체인 경우, 설립자본을 국가나 지방자치단체에 의존하는 경우, 운영경비를 국가나 지방자치단체가 부담하는 경우 공법인이라고 보아야 한다.

국가는 시원적, 본원적 행정주체이고, 다른 기관으로부터 국가의 자격이 도출되는 것은 생각할 수 없다. 따라서 의회가 제정한 법률이 국가를 법인으로 한다는 규정을 두지 않더라도 국가는 그와 상관없이 법인격을 가진 법인이라 할 것이다. 행정주체인 국가의 권한은 대통령을 정점으로 하는 국가행정조직, 행정기관을 통해 행사된다. 국가를 제외한 행정주체는 국가로부터 그 자격이 주어지는 것이고, 의회가 만든 법률에 의하여 법인격이 인정된다. 국가를 제외한 지방자치단체 등 행정주체를 공공단체라 한다. 공공단체는 국가와 독립하여 자신의 책임하에 행정을 수행하는 공법인이라 정의된다. 공공단체는 크게 지방자치단체, 영조물법인, 공공재단, 공공조합으로 구분할 수 있다.

헌법 제117조 제1항은 "지방자치단체는 주민의 복리에 관한 사무를 처리하고 재산을 관리하며, 법령의 범위 안에서 자치에 관한 규정을 제정할 수 있다"고 규정하고 있다. 지방자치법 제3조 제1항은 지방자치단체는 법인으로 한다고 규정하고 있다.[6] 따라서 지방자치단체는 국가와 독립한 법인격이 있는 행정주체이다.

일정한 행적목적을 달성하기 위해 설립된 인적·물적 시설의 결합체를 영조물이라 하고, 영조물을 운영하는 단체를 영조물법인이라 부를 수는 있겠지만, 영조물법인이 정확히 무엇을 의미하는 것인지 파악하는 것은 불가능하다.[7] 영

---

6) 지방자치법 제3조(지방자치단체의 법인격과 관할) ① 지방자치단체는 법인으로 한다. ② 특별시, 광역시, 특별자치시, 도, 특별자치도(이하 "시·도"라 한다)는 정부의 직할(直轄)로 두고, 시는 도의 관할 구역 안에, 군은 광역시, 특별자치시나 도의 관할 구역 안에 두며, 자치구는 특별시와 광역시, 특별자치시의 관할 구역 안에 둔다. ③ 특별시·광역시 및 특별자치시가 아닌 인구 50만 이상의 시에는 자치구가 아닌 구를 둘 수 있고, 군에는 읍·면을 두며, 시와 구(자치구를 포함한다)에는 동을, 읍·면에는 리를 둔다. ④ 제7조 제2항에 따라 설치된 시에는 도시의 형태를 갖춘 지역에는 동을, 그 밖의 지역에는 읍·면을 두되, 자치구가 아닌 구를 둘 경우에는 그 구에 읍·면·동을 둘 수 있다.

7) 이상덕, 「영조물의 개념과 이론」, 경인문화사, 121면: "독일민법의 제정 과정에서 판덱텐법

조물을 영업양도의 대상이 되는 영업처럼 인적·물적 결합체로 이해하는 것은 권리의 주체와 연결되기 어려운 이해방식이다. 일반적으로 국·공립 초등·중등·고등·대학교, 국·공립 미술관·도서관 등을 국가 또는 지방자치단체가 직접 운영하는 경우 영조물법인이라는 개념이 사용될 필요가 없다.

서울대학교, 인천대학교, 과학기술원, 한국은행 등은 개별 법률에 의하여 법인격이 부여되어 있기 때문에 공법상 사단법인에 해당한다. 한국방송공사, 한국도로공사, 한국토지주택공사, 서울특별시지하철공사 등은 私法상 조직으로 운영되고, 행위형식도 계약인데, 이들을 통상 공기업이라 부른다.

지방자치단체 외 공공단체들에 대하여 공공기관의 운영에 관한 법률, 지방공기업법 등이 제정되어 적용되고 있다. 공공재단은 국가나 집방자치단체가 출연한 재산을 관리하기 위해 설립된 재단법인으로 한국학술진흥재단, 인천문화재단, 한국정신문화연구원 등이 그것이다. 재단과 영조물은 사원 즉 그 단체의 구성원이 따로 존재하지 않는다는 점에서만 보자면 개념상 구별이 불가능하다.

공공조합에는 농업협동조합, 상공회의소, 재향군인회, 변호사회, 도시정비사업조합 등이 있는데, 이들은 명칭만 조합일 뿐 개별법에서 법인격을 부여한 법인이다.[8] 이들 공공조합에 관하여 "공법상의 조합도 역시 단체라는 점과 공동사업의 목표가 있다는 점에서 민사상의 조합과 유사"하고, "다만 공법상 조합에 관한 일반조항이 없으므로 성격에 반하지 않는 한 민사상 조합에 관한 조항들이 공법상 조합에도 유추적용될 수 있다"고 주장하는 견해가 있는데,[9] 개별 법률에

학자들 사이에 영조물이 재단의 특수한 발현형태에 불과한 것인지, 아니면 단체·재단과 구별되는 독자적인 조직유형인지에 관하여 논란이 있었는데, 민법제정위원회는 민법의 영역에서는 전자의 견해가 타당하다고 보면서도, 공법의 영역에서는 '재단'보다는 '영조물'이라는 용어가 더 빈번하게 사용되고 있다는 이유로 공법인에 관해서는 단체/재단의 2유형론을 관철시키기를 주저하면서, 공법인 유형론의 발전을 공법학에게 유보하였다. 그래서 독일민법은 일종의 타협안으로는 사법인에 관해서는 단체와 재단만을 규정하고, 공법인에 관해서는 공법상 단체, 재단, 영조물을 열거하였다. 그렇지만 공법의 영역에서 영조물 개념에 관한 확실한 합의는 이루어지지 않았고, 대개의 경우 입법자는 개념 구분의 필요성에 대한 각성 없이 평범한 언어관용에 따라 법문언을 만듦으로써 용어사용의 일관성이 없었다."

8) 도시 및 주거환경정비법 제18조 제1항은 정비사업조합을 법인으로 하고 있다. 조합설립의 인가를 받은 후에 설립등기를 하면 정비사업조합은 법인으로 성립한다. 정비사업조합은 세법상 법인에 해당하며, 법인세의 납세의무를 부담한다(법인세법 제2조 제1항).

9) 김종보, 「건설법의 이해」, 박영사(2008), 389-390면.

의하여 법인격을 부여받은 공공조합에 민법상 조합에 관한 규정이 유추 적용되는 경우는 생각하기 어렵다 할 것이다.

자연인만 거래의 주체이고, 소유의 주체이고, 소송의 주체라고 하면 너무나 불편하여 인간사회가 정상적으로 작동하는 것은 불가능하다. 법인은 이러한 실제의 필요에 의하여 법률이 만든 인격이다. 법인의 본질에 대하여 법인은 의제된 개인이라는 입장(Savigny), 단체의사가 있는 사회적 유기체가 법인이라는 입장(Gierke), 법적인 평가를 거쳐 거래의 주체가 될 만한 법률적 조직이 법인이라는 입장, 사회적 가치를 가진 사회적 작용을 하는 단체가 법인이라는 입장(我妻榮) 등이 있다. 판례는 법인은 하나의 실재로서 기관에 의하여 독자의 행위를 할 수 있는 실재체라고 한다.[10] 생각건대, 법인은 구성원의 개인의사와 무관한 단체의사가 존재하고, 그 구성원과 관계없이 독자적 활동을 하는 사회적 유기체로 보아야 한다. 독자적 목적을 가지고 활발하게 활동하는 법인은 그렇지 않은 개인보다 사회적으로 유기체답다.

민법의 법인편 규정은 매우 상세하다. 이는 민법이 사법관계뿐만 아니라 공법관계의 기본법이기 때문이다. 사법인이든 공법인이든 민법의 사단법인 규정을 기초로 한다.

법인격, 단체, 소유와 관련하여 민법이 다루고 있는 개념은 자연인, 법인, 비법인사단, 조합, 단독소유, 공유, 총유, 합유이다. 자연인과 법인은 단독소유(지분적 단독소유인 공유 포함)이고, 비법인사단은 총유이며, 조합은 합유이다. 단체에 법인격이 주어지면 단독소유(지분적 단독소유인 공유 포함)이므로 그 단체의 본질이 비법인사단인지 조합인지 민법에서는 문제삼을 바가 없다.[11]

법인격 유무와 무관하게 인적 결합의 형태는 사단과 조합으로 구별될 수

---

10) 대법원 1978.2.28 선고 77누155 판결.

11) 권철, 「한국민법학의 재정립-청헌 김증한 교수의 생애와 학문세계」, 경인문화사(2015), 100-101면에 의하면 영국이나 프랑스에서는 법인은 조합의 특수한 형태로 발전해 왔으며, 일본민법의 기초자인 우메켄지로도 법인격 없는 단체는 조합이라고 생각하였다고 한다. 독일 학설의 영향으로 일본에서도 계속성을 가지고 조직을 갖춘 사단형 단체만 법인격이 인정된다는 논의가 생겼는데, 현재 일본에서는 법인이라는 것은 조합 중의 특수한 것이라고 생각하여야 하고, 그것으로 충분하다고 견해가 일반적이라 한다.

있다. 사단은 정관을 작성하고, 조합은 조합계약을 체결한다. 사단구성원들의 정관작성행위와 조합원들의 조합계약체결의 차이를 크게 보는 견해도 있고, 본질적인 차이는 없다고 보는 견해도 있다. 정관작성행위만 합동행위로 파악할 수도 있고, 정관작성행위와 조합계약 둘 다 합동행위로 파악할 수도 있으며, 합동행위라는 개념 자체를 부인하고 모두 계약으로 파악할 수도 있다. 단체의 가입과 탈퇴를 통해 자기결정과 자기구속을 스스로 결정할 수 있기 때문에, 이를 계약관계와 달리 볼 이유가 없다고 보면 합동행위개념을 따로 인정할 이유가 없다.

　　법인을 상대로 소를 제기하는 경우 법인을 상대로 한다. 그러나 법인의 대표자를 상대로 직무집행정지가처분을 신청하는 경우에는 법인이 아니라 대표자를 상대로 신청해야 한다.

제2절 민법상 법인의 설립

Ⅰ. 法人法定主義

　　민법 제31조는 "법인은 법률의 규정에 의함이 아니면 성립하지 못한다"고 규정한다. 이는 민법이 모든 법인은 민법 기타 법률에 의하여만 설립될 수 있다는 입장을 취하고 있다는 것을 의미한다. 이를 법인법정주의라 한다.

　　법인 설립에 대한 입법의 형태에는 한국은행이나 한국거래소와 같이 특별법에 의하여 법인을 설립하는 경우(특허주의), 민법상 비영리법인, 사립학교법상 사립학교법인, 의료법상 의료법인과 같이 주무관청의 자유재량에 의한 허가가 있어야 설립이 가능한 경우(허가주의), 변호사법상 법무법인과 같이 주무관청의 인가를 필요로 하지만, 법률이 정한 일정한 요건을 갖추어 인가를 신청하면 주무관청은 반드시 인가하여야 하는 경우(인가주의), 상법상 회사와 같이 법인설립에 관한 요건을 미리 정해 놓고 그 요건을 갖춘 때에는 당연히 법인이 설립하는 경우(준칙주의)가 있다.

민법은 법인의 설립등기에 관하여 성립요건주의를 취하고 있다. 즉 설립등기를 하지 아니하면 정관작성·주무관청의 허가가 있어도 법인으로서 성립하지 않는다. 설립등기는 법인설립의 허가서가 도착한 날로부터 3주간 이내에 주된 사무소소재지에서 하여야 한다(제49조 제1항, 제53조, 제157조).

재단법인은 목적재산을 그 출연 목적에 적합하도록 관리하기 위한 주체적 조직으로서 대륙법에서 발달한 제도다. 영미법에서 발달한 신탁제도와 기능이 같다. 주로 공익을 목적으로 하는 재단법인이 대부분이다. 특별법에 의하여 설립된 법인으로 학교법인·사회복지법인·의료법인이 있다. 설립자가 설립행위(일정한 재산출연과 정관작성)를 하여 주무관청의 허가[12]를 받은 후, 주된 사무소의 소재지에서 설립등기를 함으로써 성립한다.

> 대법원 1974.6.11 선고 73다1975 판결: "재단법인의 기본재산의 처분은 정관변경을 요하는 것이므로 주무관청의 허가가 없으면 그 처분행위는 물권계약으로 무효일 뿐 아니라 채권계약으로서도 무효이다."

> 대법원 1996.5.16 선고 95누4810 전원합의체판결: "민법 제45조와 제46조에서 말하는 재단법인의 정관변경 '허가'는 법률상의 표현이 허가로 되어 있기는

---

12) 대법원 2012.8.30 선고 2010다52072 판결: "재단법인이 명의신탁을 받은 부동산이 주무관청의 허가를 얻어 재단법인의 정관에서 정한 기본재산에 편입되어 정관 기재사항의 일부가 된 경우라고 하더라도, 그 부동산을 기본재산에서 제외하는 정관변경에 관하여 주무관청의 허가를 받으면 명의신탁자는 그 부동산을 반환받을 수 있으므로, 명의신탁자가 명의신탁을 해지한 경우에 명의수탁자인 재단법인으로서는 명의신탁 부동산의 반환에 관하여 주무관청의 허가를 신청할 의무를 부담하고, 명의수탁자가 이러한 의무를 이행하지 않는 경우에는 명의신탁자로서는 명의수탁자를 상대로 민법 제389조 제2항에 의하여 허가신청의 의사표시에 갈음하는 재판을 청구하고, 이와 병합하여 주무관청의 처분허가를 조건으로 하는 소유권이전등기절차 이행청구소송을 제기할 수 있다. 그리고, 허가신청의 의사표시에 갈음하는 재판에 관한 확정판결을 받아 판결정본이나 등본을 주무관청에 제출한 경우에는 민사집행법 제263조에 따라 그 재단법인이 직접 처분허가신청을 한 것으로 의제되므로, 주무관청으로서는 재단법인 내부의 적법한 의사형성 여부를 심사하기 위한 자료인 이사회회의록 사본 등이 제출되지 아니하더라도 그 허가를 거부할 수 없다. 따라서 원고로부터 명의신탁을 받아 피고의 기본재산으로 되어 있는 이 사건 부동산에 관한 명의신탁이 해지됨에 따라, 피고는 원고에게 이 사건 관할 행정청에 대하여 기본재산 처분에 따른 재단법인 정관변경허가 신청절차를 이행하고, 이 사건 관할 행정청의 정관변경허가를 조건으로 이 사건 부동산에 관하여 2008.9.22 명의신탁해지를 원인으로 한 소유권이전등기절차를 이행할 의무가 있다고 판단한 원심 판단에는 위법이 없다."

하나, 그 성질에 있어 법률행위의 효력을 보충해 주는 것이지 일반적 금지를 해제하는 것이 아니므로, 그 법적 성격은 인가라고 보아야 한다. 인가는 기본행위인 재단법인의 정관변경에 대한 법률상의 효력을 완성시키는 보충행위로서, 그 기본이 되는 정관변경 결의에 하자가 있을 때에는 그에 대한 인가가 있었다 하여도 기본행위인 정관변경 결의가 유효한 것으로 될 수 없으므로 기본행위인 정관변경 결의가 적법 유효하고 보충행위인 인가처분 자체에만 하자가 있다면 그 인가처분의 무효나 취소를 주장할 수 있지만, 인가처분에 하자가 없다면 기본행위에 하자가 있다 하더라도 따로 그 기본행위의 하자를 다투는 것은 별론으로 하고 기본행위의 무효를 내세워 바로 그에 대한 행정청의 인가처분의 취소 또는 무효확인을 소구할 법률상의 이익이 없다."

대법원 1982.9.28 선고 82다카499 판결: "재단법인의 기본재산에 관한 사항은 정관의 기재사항으로서 기본재산의 변경은 정관의 변경을 초래하기 때문에 주무부장관의 허가를 받아야 하고 따라서 기존의 기본재산을 처분하는 행위는 물론 새로이 기본재산으로 편입하는 행위도 주무부장관의 허가가 있어야만 유효하다 할 것이므로 재단법인 명의로 소유권이전등기가 경료된 부동산이 재단법인의 기본재산에 편입되었다고 인정하기 위해서는 그 편입에 관한 주무부장관의 허가가 있었음이 먼저 입증되어야 한다."

Ⅱ. 비영리사단법인의 설립

민법은 비영리사단법인에 대하여 규정하고 있다. 비영리사단법인을 설립하려면 네 가지 요건을 갖추어야 한다. 첫째, 학술, 종교, 자선, 기예 기타 영리 아닌 사업을 목적으로 해야 한다(제32조 전단). 둘째, 2인 이상의 설립자가 법인의 내부조직에 관한 정관을 정하여 서면에 기재하고 기명날인하여야 한다(제40조). 셋째, 주무관청의 허가[13]가 있어야 한다(제32조). 넷째, 주된 사무소의 소재지에서 설립등기[14]를 해야 한다(제33조). 민법은 비영리법인의 설립에 대하여 허가주

---

13) 주무관청이란 당해 법인이 목적으로 하는 사업을 관리하고 감독하는 행정관청이다. 교육부·보건복지부의 장관, 국회 사무총장 등이다. 법인이 목적으로 하는 2개 이상의 사업이 각각 관할행정관청을 달리하는 경우 주사업이 분명한 경우 주사업을 관할하는 관청의 허가만 받으면 되나, 주사업이 불분명한 경우 관할관청 모두의 허가를 받아야 한다(강태성, 전게서, 254-255면).
14) 법인은 그 주된 사무소의 소재지를 관할하는 등기소에서 설립등기를 함으로써 성립한다(제

의를 채택하고 있다.[15]

    2인 이상의 설립자가 정관을 적성하여 서면에 기재하고 기명날인하는 것을 사단법인설립행위라 한다. 사단법인설립행위는 정관작성자들끼리 서로를 구속하는 권리·의무를 발생시키는 것이 주된 목적이 아니라 별개의 법인격을 만드는 행위가 주된 목적이다. 정관의 법적 성질은 법이 아니고 단체자치에 기한 규율에 불과하다.[16] 사단법인설립행위의 본질을 조합계약과 동질인 것의 특수한 계약으로 보자는 계약설[17]과 상호간에 의무를 부담하는 계약과 달리 의무를 부담하는 것이 아닌 새로운 권리주체를 만드는 특수한 성질의 행위로 보자는 합동행위설[18]의 대립이 있다. 상호합동하여 법인설립이라는 공동의 목적에 협력하는 행위까지 계약이란 개념으로 포섭하는 것이 의미를 가지는 것인지 의문이다.

33조; 비송사건절차법 제63조). 영리법인인 회사도 같다(상법 제180조). 설립등기는 법인설립의 허가가 있는 날부터 3주 내에 하여야 한다(제49조 제1항). 설립허가가 있는 때란 법인설립 허가서가 도달한 때를 말한다.

15) 대법원 1996.9.10 선고 95누18437 판결: "민법은 제31조에서 "법인은 법률의 규정에 의함이 아니면 성립하지 못한다"고 규정하여 법인의 자유설립을 부정하고 있고, 제32조에서 "학술, 종교, 자선, 기예, 사교 기타 영리 아닌 사업을 목적으로 하는 사단 또는 재단은 주무관청의 허가를 얻어 이를 법인으로 할 수 있다"고 규정하여 비영리법인의 설립에 관하여 허가주의를 채용하고 있으며, 현행 법령상 비영리법인의 설립허가에 관한 구체적인 기준이 정하여져 있지 아니하므로, 비영리법인의 설립허가를 할 것인지의 여부는 주무관청의 정책적 판단에 따른 재량에 맡겨져 있다. 따라서 주무관청의 법인설립 불허가처분에 사실의 기초를 결여하였다든지 또는 사회관념상 현저하게 타당성을 잃었다는 등의 사유가 있지 아니하고, 주무관청이 그와 같은 결론에 이르게 된 판단과정에 일응의 합리성이 있음을 부정할 수 없는 경우에는, 다른 특별한 사정이 없는 한 그 불허가처분에 재량권을 일탈·남용한 위법이 있다고 할 수 없다."

16) 이영준, 「민법총칙」 박영사(2007), 857면: "사원은 사단에 가입·탈퇴할 수 있는 자유를 가지고 있으므로 정관이 사원을 구속하는 것은 사원의 자기결정에서 연유하는 것이다. 일반약관이 법이 아니듯이 정관도 법이 아니다."
김증한·김학동, 「민법총칙 9판」, 박영사(1995), 12면: "사적 단체가 제정한 정관이나 규약이 법원이 되는가? …법과 유사한 면을 가지고 있다. 그러나 이에 위반하더라도 단체로부터 제재를 받을 뿐이고 법적 제재를 받는 것은 아니다. 따라서 이는 법이 아니다."

17) 이영준, 전게서, 165면: "무릇 계약은 사적 자치의 원칙을 가장 합리적으로 실현할 수 있는 제도이므로 이로부터 이탈하여 궤를 달리하는 합동행위의 개념을 증설하는 것은 법률행위에 단체관계의 면을 부당하게 끌어들이는 결과가 될 뿐 아무런 실익이 없는 일이다."
김증한·김학동, 전게서, 박영사(1995), 175면: "수인의 설립자가 공동으로 단체(사단)를 창설하고 표의자는 스스로 단체의 구성원으로 되는 단체적 효과의 발생을 내용으로 하는 점에서 통상적인 계약과 구분되는 특수계약에 불과하다."

18) 고상룡, 전게서, 186면; 곽윤직, 전게서, 345-346면; 김상용, 「민법총칙」, 법문사(2003), 225면.

사단법인설립행위는 법률행위 개념으로는 설명할 수 없고, 법인격 부여는 법률의 규정에 의한 것일 뿐이라는 견해도 주장되는데, 이 견해는 사단법인설립행위는 설립행위의 초기 단계부터 설립자들과 독립한 제3의 권리주체의 창설이라는 최종적 효과에 이르는 모든 과정을 포함하며, 법적 성질을 논함에 있어서도 모든 과정에서 타당하여야 하는데, 계약설과 합동행위설은 법률행위적 측면만 강조함으로써 설립행위의 본질이 왜곡되고 있다고 비판한다. 이 견해는 사단법인에 법인격이 주어지는 것은 설립자들의 의사표시의 결과가 아니라 법률의 규정에 의한 것이라고 주장한다.[19] 생각건대 합동행위설이 타당하다. 설립행위는 계약상 의무부담이 아니라 별개의 법인격을 취득하고자 하는 데 주된 목적이 있다. 단체적 구속을 가지면서도 계약상 의무부담을 중요시하려면 민법상 전형계약인 조합계약을 체결하는 것으로 족하다. 민법은 조합계약과 조합의 소유방식인 합유가 별도로 규정하고 있다. 계약이라는 제도가 담을 수 있는 단체형태의 최대한은 조합이지 사단법인이 아니다. 사단법인 설립행위마저 계약이라고 한다면, 조합과 사단의 구별은 포기해야 한다. 법인격을 형성하는 행위를 계약으로 해석하는 것은 별개의 목적을 가진 행위들의 각각의 본질을 밝히는 것을 포기하고 계약 개념을 무한히 확장하는 것에 불과하다. 사단법인 설립행위는 단순한 개인의 사익의 교환과정이 아니라 공익의 원칙에 따르면서 사익이 결합되는 과정을 뜻하는 것으로 파악되어야 한다. 사인 각자의 이익추구행위가 모여 가면서 일정 측면에서 공익을 추구하는 측면을 더해 가는 과정이 합동행위로 파악되어야 한다. 합동행위는 사익의 공익화 과정을 담는 개념으로 이해되어야 한다. 공익은 특정의 단체나 집단의 이익이면서 사회의 모든 구성원들이 필요로 하는 이익도 포함하여야 한다.[20] 이러한 공익적 측면이 없다면, 사단의 대외적 책임이

---

19) 명순구, 「민법총칙」, 법문사(2005), 176-177면: "법률행위가 외부로 표현된 정관은 단순한 법률행위의 결과물로 볼 수 없다. 법률은 사단에 대하여 법인격을 인정하고 그 법인격의 우산 밑에서 법률행위를 형성하도록 했고, 최소한도 그 한도에는 법률행위적 특성이 존재하지 않는다. 사단법인의 정관은 이를 작성한 사원뿐만 아니라 그 후에 가입한 사원이나 사단법인 등에 대해서도 구속력을 가지는 상황을 법률행위론 측면에서는 설명하는 것이 불가능한 것이다."

20) Virginia Held, *The Public Interest and Individual Interest*, New York & London: Basic Books Inc. Publishers, 1970, p.4.

구성원 개인에게는 미치지 않는다는 사단의 특질을 이해시킬 수 없다. 판례는 "사단법인의 정관은 이를 작성한 사원뿐만 아니라 그 후에 가입한 사원이나 사단법인의 기관 등도 구속하는 점에 비추어 보면 그 법적 성질이 계약이 아니라 자치법규로 보는 것이 타당"하다고 하였다.[21] 정관이 작성된 후 가입한 사원까지 구속하는 것은 정관이 단순한 개인의 사익추구 목적만이 아닌 공익을 추구하는 단체구성원의 합동행위의 결과이기 때문이다.

정관에는 반드시 목적, 명칭, 사무소의 주소지, 자산에 관한 규정, 이사의 임면에 관한 규정, 사원자격의 득실에 관한 규정, 존립사유나 해산사유를 정한 때에는 그 시기 또는 사유[22]를 기재해야 한다(제40조). 하나라도 빠지면 그 정관은 무효이다. 이러한 사항을 필요적 기재사항이라 한다.

> <u>대법원 2008.9.25 선고 2006다37021 판결</u>: "사단법인은 일정한 목적을 위해 결합한 사람의 단체에 법인격이 인정된 것을 말하고, 사단법인에 있어 사원 자격의 득실변경에 관한 사항은 정관의 기재사항이므로(민법 제40조 제6호), 어느 사단법인과 다른 사단법인이 동일한 것인지의 여부는 그 구성원인 사원이 동일한지의 여부에 따라 결정됨이 원칙이다. 다만, 사원 자격의 득실변경에 관한 정관의 기재사항이 적법한 절차를 거쳐서 변경된 경우에는 구성원이 다르더라도 그 변경 전후의 사단법인은 동일성을 유지하면서 존속하는 것이고, 이러한 법리는 법인 아닌 사단에 있어서도 마찬가지이다."

---

21) 대법원 2000.11.24 선고 99다12437 판결: "사단법인의 정관은 이를 작성한 사원뿐만 아니라 그 후에 가입한 사원이나 사단법인의 기관 등도 구속하는 점에 비추어 보면 그 법적 성질은 계약이 아니라 자치법규로 보는 것이 타당하므로, 이는 어디까지나 객관적인 기준에 따라 그 규범적인 의미 내용을 확정하는 법규해석의 방법으로 해석되어야 하는 것이지, 작성자의 주관이나 해석 당시의 사원의 다수결에 의한 방법으로 자의적으로 해석될 수는 없다 할 것이어서, 어느 시점의 사단법인의 사원들이 정관의 규범적인 의미 내용과 다른 해석을 사원총회의 결의라는 방법으로 표명하였다 하더라도 그 결의에 의한 해석은 그 사단법인의 구성원인 사원들이나 법원을 구속하는 효력이 없다."
22) 존립시기나 해산사유를 정하지 않은 경우에는 정관에 기재하지 않아도 되기 때문에 이를 준필요적 기재사항이라고 하는 견해로 김용한, 「민법총칙 전정판」, 박영사(1986), 159면.

Ⅲ. 비영리재단법인의 설립

재단법인을 설립하려면 일정한 재산을 출연하고, 정관을 작성하여 기명날인해야 한다. 민법은 재단법인의 설립행위를 생전행위는 물론 유언으로도 할 수 있도록 하고 있다(제47조). 민법은 생전처분으로 하는 재산출연의 경우 증여에 관한 규정을 준용하고 있다(제47조 제1항). 유언으로 재단법인을 설립하는 경우(제47조 제2항)에는 유언의 방식(제1065조 이하)도 구비하여야 한다.

생전처분으로 재단법인을 설립하는 때에는 출연재산은 법인이 성립된 때부터 법인의 재산이 된다(제48조 제1항). 통설[23]은 민법 제48조는 등기를 요하지 않는 부동산물권변동에 관한 민법 제187조의 기타 법률의 규정에 해당되기 때문에 출연재산이 부동산인 경우 등기없이도 법인의 설립등기시 또는 설립자의 사망시에 법인에 귀속한다고 본다. 그러나 김증한 교수는[24] 민법 제48조의 규정은 물권변동에 관하여 의사주의를 취했던 구민법 제42조를 부주의하게 답습한 것으로 부동산물권과 같이 그 이전에 등기를 요하는 것은 법인의 성립 또는 설립자의 사망시에 민법 제48조에 기한 법인의 출연재산이전청구권이 생길 뿐이고, 출연부동산이 현실로 이전하는 것은 등기를 한 때라고 주장한다. 생각건대, 민법 제187조의 '기타 법률의 규정'에 민법 제48조가 해당되지 않는 한 부동산소유권이전에는 등기가 필요한 것인데, 재단법인에 대한 출연행위는 출연자의 일방적 의사표시에 불과한 것으로 사망이라는 확고한 사실이나 국가기관의 판단에 기초한 민법 제187조의 상속, 공용징수, 판결, 경매와 성질이 다르다고 보아야 하기 때문에 제48조를 제187조의 기타 법률의 규정에 해당된다고는 볼 수 없다. 재단법인의 설립이 허가된 경우 설립자는 출연재산 이전의무를 자신의 생전처분에 의한 출연의사에 의하여 지는 것에 불과한 것이고, 부동산 소유권은 등기가 법인 명의로 이루어져야 이전되는 것이다. 유언의 경우에는 상속과 동일시할 수 있으므로 통설과 같이 이해할 수 있다. 유언으로 재단법인을 설립하는 경

---

23) 곽윤직, 「민법총칙 제7판」, 박영사(2002), 136면.
24) 김증한, 「민법총칙」, 박영사(1983), 133면.

우 출연재산은 유언의 효력이 발생한 때부터 법인에 귀속한 것으로 본다(제48조 제2항). 유언의 효력발생시기는 유언자가 사망한 때이고(제1073조 제1항), 법인이 성립하는 시기는 설립등기를 한 때이므로(제33조), 유언자가 사망한 후 법인이 성립할 때까지 출연재산은 일단 상속재산으로서 상속인에게 귀속하게 되는데(제997조), 이로 인하여 발생하는 출연재산 손실 위험을 방지하기 위하여 민법은 유언자가 사망한 때에 소급하여 재단법인에게 출연재산의 소유권이 귀속하는 것으로 하고 있다.

대법원 1993.9.14 선고 93다8054 판결: "민법 제48조는 재단법인 성립에 있어서 재산출연자와 법인과의 관계에 있어서의 출연재산의 귀속에 관한 규정이고, 이 규정은 그 기능에 있어서 출연재산의 귀속에 관하여 출연자와 법인과의 관계를 상대적으로 결정함에 있어서의 기준이 되는 것에 불과하여, 출연재산은 출연자와 법인과의 관계에 있어서 그 출연행위에 터잡아 법인이 성립되면 그로써 출연재산은 민법의 위 조항에 의하여 법인성립시에 법인에게 귀속되어 법인의 재산이 되는 것이고, 출연재산이 부동산인 경우에 있어서도 위 양당사자간의 관계에 있어서는 위 요건(법인의 성립) 외에 등기를 필요로 하는 것이 아니나, 제3자에 대한 관계에 있어서는 출연행위가 법률행위이므로 출연재산의 법인에의 귀속에는 부동산의 권리에 관해서는 법인성립 외에 등기를 필요로 한다. 유언으로 재단법인을 설립하는 경우에도 제3자에 대한 관계에서는 출연재산이 부동산인 경우는 그 법인에의 귀속에는 법인의 설립 외에 등기를 필요로 하는 것이므로, 재단법인이 그와 같은 등기를 마치지 아니하였다면 유언자의 상속인의 한 사람으로부터 부동산의 지분을 취득하여 이전등기를 마친 선의의 제3자에 대하여 대항할 수 없다."

대법원 2011.2.10 선고 2006다65774 판결: "재단법인의 기본재산은 재단법인의 실체를 이루는 것이므로, 재단법인 설립을 위한 기본재산의 출연행위에 관하여 그 재산출연자가 소유명의만을 재단법인에 귀속시키고 실질적 소유권은 출연자에게 유보하는 등의 부관을 붙여서 출연하는 것은 재단법인 설립의 취지에 어긋나는 것이어서 관할 관청은 이러한 부관이 붙은 출연재산을 기본재산으로 하는 재단법인의 설립을 허가할 수 없고, 또한 재단법인 설립과정에서 그 출연자들이 장래 설립될 재단법인의 기본재산으로 귀속될 부동산에 관하여 소유명의만을 신탁하는 약정을 하였다고 하더라도, 관할 관청의 설립허가 및 법인설립등기를 통하여 새로이 설립된 재단법인에 아무 조건 없이 기본재산 증여를 원인으로 한 소유권이전등기를 마친 이후에까지 이러한 명의신탁계약이 설립된 재단법인에 효력이 미친다고 보면 재단법인의 기본재산이 상실되어 재단법인의 존립 자체에 영향을 줄 것이므로, 위와 같은 명의신탁계약은 새로 설립된 재단법인에 대해서는 효력을 미칠 수 없다."

재산출연과 정관작성이라는 재단법인 설립행위의 법적 성질을 단독행위로 보는 데 학설은 일치한다. 수인의 설립자가 재단법인 설립행위를 하는 경우에는 단독행위의 경합이라고 보는 견해가 통설이다. 그러나 이 경우에는 단독행위가 아니라 합동행위로 보아야 한다.[25] 재단법인과 사단법인의 구별이 본질적일 수 없다. 수인이 정관작성을 하여야 한다면 재산의 출연 못지않게 정관작성 자체가 중요한 문제가 된다. 따라서 수인에 의한 재단법인 설립행위는 2인 이상의 설립자에 의한 정관작성이 핵심이 되기 때문에 합동행위라 할 것이다. 재단법인 역시 인적 조직에 의하여 운영되고, 재단법인의 많은 문제점이 불투명한 인적 조직과 그 인적 조직의 운영방식에서 발생하기 때문에 사단법인의 설립행위와 달리 볼 이유가 없다.

제3절 법인의 능력, 사단법인의 기관, 재단법인의 변경등기와 기관

Ⅰ. 법인의 능력

민법 제34조는 법인의 권리능력에 관하여 "법인은 법률의 규정에 좇아 정관으로 정한 목적의 범위 내에서 권리와 의무의 주체가 된다"고 규정하고 있다. 법인은 법률에 의하여 권리능력을 제한받을 수 있다. 법률에 의하여 청산법인의 권리능력은 청산의 목적범위 내에 한정되고(제81조), 회사는 다른 회사의 무한책임사원이 되지 못한다(상법 제173조).

---

25) 김기선, 「한국민법총칙」, 법문사(1965), 145면; 방순원, 「신민법총칙」, 한일문화사(1959), 101면.

생명권·상속권·친권·정조권 등은 자연인만 가지는 것이므로 법인은 가질 수 없다. 그러나 법인은 자연인과 마찬가지로 재산권은 물론 명예권을 가지며, 유증도 받을 수 있다. 민법개정으로 법인은 후견인이 될 수도 있다(제930조 제3항).

민법 제34조는 정관상 목적에 의해서도 법인의 권리능력이 제한된다고 하고 있다. 정관은 자치 법규이지 법률이 아니다. 이미 인격을 부여받은 법인은 자연인과 마찬가지로 법률에 의하여만 권리능력이 제한될 수 있으므로 정관으로 정한 목적에 의하여 행위능력이 제한될 수는 있으나 권리능력 자체가 정관에 의하여 제한될 수는 없다.[26] 법개정을 통해 명확히 할 필요가 있다. 판례는 제34조의 '목적의 범위 내'에 대하여 "정관에 명시된 목적 자체에 국한되는 것은 아니고 그 목적을 수행하는 데 있어 직접 또는 간접으로 필요한 행위는 모두 포함되며 목적수행에 필요한지의 여부도 행위의 객관적 성질에 따라 추상적으로 판단할 것이지 행위자의 주관적, 구체적 의사에 따라 판단할 것은 아니다"[27]라고 판시하고 있다.

Ⅱ. 사단법인의 기관

법인은 자연인이 아니기 때문에 실제 행위는 자연인인 대표기관(이사·특별대리인·청산인·직무대행자)을 통해서 행위를 한다(제59조). 민법 제58조 제1항은 "이사는 법인의 사무를 집행한다"고 규정한다. 법인은 이사가 대표기관이다. 민법은 법인과 이사의 관계를 대표관계라 하고, 이사의 법인 직무수행을 대표행위라 표현한다. 법인이 해산하는 경우 대표기관은 청산인이 된다(제82조). 주식회사는 대표이사가 대표기관이 된다(상법 제389조).[28]

---

26) 고상룡, 「민법총칙 제3판」, 법문사(2003), 200면. "제34조의 목적의 범위를 권리능력의 범위라고 풀이한다면 법인의 불법행위책임에 관한 제35조 제1항을 설명하기 어렵다. 왜냐하면 타인에게 손해를 가하는 불법행위가 법인의 목적의 범위내의 행위라고 풀이할 수 없기 때문이다."

27) 대법원 1991.11.12 선고 91다8821 판결.

28) 대표이사는 포괄적인 대표권을 갖고 있다(상법 제389조 제3항, 제209조 제1항). 대표이사가 단독으로 의사결정권을 갖고 있는 사항에 대하여는 대표이사가 단독으로 의사결정권을 행

민법 제59조 제2항은 "법인의 대표에 관하여는 대리에 관한 규정을 준용한다"고 규정하고 있다. 대표행위는 대리행위에 관한 규정이 적용되므로 현명주의에 따라 "사단법인 A 이사 甲"과 같이 행위시에 법인을 위한 것임을 표시하여야한다.

법인의 대표기관이 직무에 관하여 타인에게 손해를 가한 경우 법인의 불법행위가 성립한다(제35조 제1항).[29] 피해자의 보호를 위하여 민법은 법인의 불법행위가 성립하지 않는 경우에는 결의에 찬성하거나 그 의결을 집행 사원, 이사 기타 대표기관이 연대하여 손해배상책임을 지도록 규정하고 있다(제35조 제2항).

판례는 대표행위가 대표자 개인의 사리를 도모하기 위한 것이었거나 혹은 법령의 규정에 위배된 것이었다 하더라도 외관상, 객관적으로 직무에 관한 행위라고 인정할 수 있다면 민법 제35조 제1항의 직무에 관한 행위에 해당한다고 보고 있으며, 대표자의 행위가 직무에 관한 행위에 해당하지 아니함을 피해자 자신이 알았거나 또는 중대한 과실로 인하여 알지 못한 경우에는 법인에 손해배상책임을 물을 수 없다고 한다. 이때 중대한 과실은 거래의 상대방이 조금만 주의를 기울였더라면 대표자의 행위가 그 직무권한 내에서 적법하게 행하여진 것이 아니라는 사정을 알 수 있었음에도 이를 직무권한 내의 행위라고 믿음으로써 일

사하여 대표행위를 할 수 있지만, 대표이사가 단독으로 의사결정권을 갖고 있지 않는 경우에는 주주총회 또는 이사회의 결의가 있어야 하거나(상법 제374조 제1항, 제393조 제1항) 다른 공동대표이사와 공동으로 대표권을 행사하여야(상법 제389조 제2항) 한다. 이 경우 대표이사는 단독으로 유효한 대표행위를 할 수 없다.

29) 대법원 2015.1.15 선고 2013다50435 판결: "불법행위로 인한 손해배상청구권의 단기소멸시효의 기산점은 '손해 및 가해자를 안 날'부터 진행되며, 법인의 경우에 손해 및 가해자를 안 날은 통상 대표자가 이를 안 날을 뜻한다. 그렇지만 법인의 대표자가 법인에 대하여 불법행위를 한 경우에는, 법인과 대표자의 이익은 상반되므로 법인의 대표자가 그로 인한 손해배상청구권을 행사하리라고 기대하기 어려울 뿐만 아니라 일반적으로 대표권도 부인된다고 할 것이어서 법인의 대표자가 손해 및 가해자를 아는 것만으로는 부족하다. 따라서 이러한 경우에는 적어도 법인의 이익을 정당하게 보전할 권한을 가진 다른 대표자, 임원 또는 사원이나 직원 등이 손해배상청구권을 행사할 수 있을 정도로 이를 안 때에 비로소 단기소멸시효가 진행하고, 만약 다른 대표자나 임원 등이 법인의 대표자와 공동불법행위를 한 경우에는 그 다른 대표자나 임원 등을 배제하고 단기소멸시효 기산점을 판단하여야 한다. 그리고 이는 법인의 대표자의 불법행위로 인한 법인의 대표자에 대한 손해배상청구권을 피보전권리로 하여 법인이 채권자취소권을 행사하는 경우의 제척기간의 기산점인 '취소원인을 안 날'을 판단할 때에도 마찬가지이다."

반인에게 요구되는 주의의무에 현저히 위반하는 것으로 거의 고의에 가까운 정도의 주의를 결여하고, 공평의 관점에서 상대방을 구태여 보호할 필요가 없다고 봄이 상당하다고 인정되는 상태를 말한다고 한다.[30]

대표기관이 법인의 행위능력을 넘는 행위를 한 경우 그가 그 행위를 대표의 방식을 행한 이상 그 행위는 자신의 행위로 되지 않고, 일종의 무권대리행위가 되며, 대표기관의 대표권이 없는 대표행위에는 무권대리나 표견대리 규정이 적용된다는 견해가 있다.[31] 대표기관의 강행법규 위반 행위에 대하여 판례는 表見代理 규정이 적용되지 않는다고 한다.[32] 대표행위가 대리행위와 구조가 같다고 하여 법인의 대표기관이 법인의 대리인과 같은 것은 아니다. 따라서 대표기관의 직무집행권한의 유월에 대하여 민법 제35조만 적용된다고 보아야 하고, 민법의 무권대리나 표견대리에 관한 규정은 적용되지 않는다 할 것이다. 무권대리나 표견대리 규정으로 해결할 것이면 제35조를 둘 필요가 없다고 보아야 한다. 그러나 거래상의 행위는 가능한 대로 거래법의 범위 내에서 해결하는 것이 바람직하기 때문에 제126조를 먼저 적용하고, 제126조에 의한 법인의 의무이행이 강행법규에 위반되어 이행할 수 없는 경우에 제35조를 적용하는 것이 타당하다고

---

30) 대법원 2008.1.18 선고 2005다34711 판결.

31) 김증한·김학동, 「민법총칙 제9판」, 박영사(1995), 191면.

32) 대법원 1983.12.27 선고 83다548 판결: "사립학교법 제16조에서 학교법인의 재산의 처분에 관한 사항 등을 이사회에서 심의. 결정한다고 한 것은 사립학교의 설치 경영을 목적으로 설립된 학교법인의 특수성을 고려하여 그 재정과 사무기능의 적정을 기함으로써 사립학교의 건전한 발달을 도모하고자 하는 데 목적이 있다 할 것이고, 따라서 학교법인을 대표하는 이사장이라 하더라도 이사회의 심의·결정을 거쳐야 하는 이와 같은 재산의 처분 등에 관하여는 법률상 그 권한이 제한되어 이사회의 심의·결정 없이는 이를 대리하여 결정할 권한이 없는 것이라 할 것이므로 이사장이 한 학교법인의 기본재산처분행위에 관하여는 민법 제126조의 표현대리에 관한 규정이 준용되지 아니한다고 할 것이다."
대법원 1996.8.23 선고 94다38199 판결: "증권거래법 제52조 제1호는 공정한 증권거래질서의 확보를 위하여 제정된 강행법규로서 이에 위배되는 주식거래에 관한 원심 인정과 같은 투자수익보장약정은 무효라고 할 것이므로, 이와 같은 취지의 원심의 판단은 정당하고, 거기에 위 조항 해석에 관한 법리 오해의 위법이 있다고 할 수 없으며, 위에서 본 1988.6.18자 투자수익보장약정이 강행법규인 위 조항에 위배되어 무효인 이상 피고 회사의 대리인인 위 ○○○에게 위 약정을 체결할 권한이 수여되었는지의 여부에 불구하고 위 약정은 역시 무효라고 할 것이므로 피고 회사가 표견대리 법리에 따라 위 약정에 기한 책임을 져야 한다는 원고의 주장은 더 나아가 살펴볼 필요도 없다 할 것이다."

하는 견해도 있다.[33] 거래상 행위라 하여 거래법의 범위 내에서 해결하는 것이 타당하다는 설명은 주식회사와 같은 상법상 회사에는 전적으로 타당할 것이나, 민법상 비영리법인에는 설득력이 없다고 생각된다.

이사의 대표권에 대한 제한은 등기하지 않으면 제3자에게 대항할 수 없다 (제60조). 이 경우 제3자가 악의라 하더라도 대항할 수 없다.[34] 주식회사의 대표자 권한 제한은 선의의 제3자에게 대항하지 못한다(상법 제389조 제3항).

> 대법원 2008.5.15 선고 2007다23807 판결: "대표이사의 대표권한 범위를 벗어난 행위라 하더라도 그것이 회사의 권리능력의 범위 내에 속한 행위이기만 하면 대표권의 제한을 알지 못하는 제3자가 그 행위를 회사의 대표행위라고 믿은 신뢰는 보호되어야 하고, 대표이사가 대표권의 범위 내에서 한 행위는 설사 대표이사가 회사의 영리목적과 관계없이 자기 또는 제3자의 이익을 도모할 목적으로 그 권한을 남용한 것이라 할지라도 일단 회사의 행위로서 유효하고, 다만 그 행위의 상대방이 대표이사의 진의를 알았거나 알 수 있었을 때에는 회사에 대하여 무효가 되는 것이다. 주식회사의 대표이사가 이사회의 결의를 거쳐야 할 대외적 거래행위에 관하여 이를 거치지 아니한 경우라도, 이와 같은 이사회 결의사항은 회사의 내부적 의사결정에 불과하다 할 것이므로, 그 거래 상대방이 그와 같은 이사회 결의가 없었음을 알았거나 알 수 있었을 경우가 아니라면 그 거래행위는 유효하다 할 것이고, 이 경우 거래의 상대방이 이사회의 결의가 없었음을 알았거나 알 수 있었음은 이를 주장하는 회사측이 주장·입증하여야 한다."

> 대법원 2004.3.26 선고 2003다34045 판결: "법인의 대표자의 행위가 직무에 관한 행위에 해당하지 아니함을 피해자 자신이 알았거나 또는 중대한 과실로 인하여 알지 못한 경우에는 법인에게 손해배상책임을 물을 수 없다고 할 것이고, 여기서 중대한 과실이라 함은 거래의 상대방이 조금만 주의를 기울였더라면 대표자의 행위가 그 직무권한 내에서 적법하게 행하여진 것이 아니라는 사정을 알 수 있었음에도 만연히 이를 직무권한 내의 행위라고 믿음으로써 일반인에게 요구되는 주의의무에 현저히 위반하는 것으로 거의 고의에 가까운 정도의 주의를 결여하고, 공평의 관점에서 상대방을 구태여 보호할 필요가 없다고

---

33) 고상룡, 전게서, 215면.
34) 대법원 1992.2.14 선고 91다24564 판결. 등기의 강제적 의미와 법인에 관한 다른 등기와의 균형상 악의 제3자도 포함된다는 것이 통설이나 악의자는 보호할 필요가 없으므로 제60조의 제3자는 선의의 제3자에 한한다는 견해도 주장된다.

봄이 상당하다고 인정되는 상태를 말한다."

민법상 법인의 경우 이사가 없거나 결원이 있는 경우 이로 인한 손해가 생길 염려가 있는 때에는 법원은 이해관계인이나 검사의 청구에 의하여 임시이사를 선임하여야 한다(민법 제63조). 민법 제63조에 의하여 법원이 선임한 임시이사는 정식이사와 동일한 권한을 가진다.

법인과 이사의 관계는 위임자와 수임자의 법률관계와 같은 것으로서 이사의 임기가 만료하면 일단 그 위임관계는 종료되는 것이 원칙이나, 그 후임 이사 선임시까지 이사가 존재하지 않는다면 기관에 의하여 행위를 할 수밖에 없는, 법인으로서는 당장 정상적인 활동을 중단하지 않을 수 없는 상태에 처하게 되고, 이는 민법 제691조에 규정된 급박한 사정이 있는 때와 같이 볼 수 있으므로 임기만료되거나 사임한 이사라고 할지라도 그 임무를 수행함이 부적당하다고 인정할 만한 특별한 사정이 없는 한 그 급박한 사정을 해소하기 위하여 필요한 범위 내에서 신임 이사가 선임될 때까지 이사의 직무를 계속 수행할 수 있고, 이러한 법리는 법인 아닌 사단에서도 마찬가지이다.[35]

이사는 정관 또는 총회의 결의로 금지하지 아니한 사항에 한하여 타인으로 하여금 특정한 행위를 대리하게 할 수 있다(제62조). 이러한 특정행위에 관하여 이사가 선임한 대리인은 법인의 기관은 아니므로 그 대리인이 행한 불법행위가 법인의 불법행위가 되는 경우는 없다. 다만 대리인의 불법행위에 대한 법인의 사용자책임(제756)은 성립할 수 있다. 피용자의 불법행위가 사용자의 사무집행행위에 해당되지 않음을 피해자 자신이 알았거나 또는 중대한 과실로 알지 못한 경우에는 피해자는 사용자에 대하여 사용자 책임을 물을 수 없다.[36]

---

35) 대법원 2007.6.15 선고 2007다6307 판결.
36) 대법원 1983.6.28 선고 83다카217 판결: "농지개량조합의 조합장이 동 조합 지출역과 공모하여 개인적 목적으로 신용금고로부터 금원을 차용하고 아무런 내부적 절차나 도지사의 승인을 거침이 없이 동 지출역 명의로 된 당좌수표 1매를 발행하게 하여 위 차용금에 대한 담보로 신용금고에 교부한 경우에 신용대출등을 사업목적으로 하는 신용금고로서는 위와 같은 농지개량조합의 채무담보에 관한 법률상 제한을 능히 알 수 있다고 보여지고, 개인이 신용금고로부터 차용하는 금원에 대하여 농지개량조합이 그 지출담보로 수표를 발행한다는 것은 극히 이례에 속하는 일이므로 특단의 사정이 없는 한 신용금고는 위 수표발행이 적법하게 된 것이 아님을 알았거나 또는 알지 못하였다고 하여도 중대한 과실이 있는 것이다."

이사가 수인인 경우 정관에 다른 규정이 없으면 법인의 직무집행은 이사의 과반수로써 결정한다(제58조 제2항). 일반적으로 수인의 이사가 존재하는 경우 그 이사 전원으로 이사회를 구성하게 된다. 민법상 법인에서는 이사회가 법인의 기관이 아니지만, 상법상 주식회사에서는 이사회는 상설의 필요기관이다. 이사회의 소집, 결의, 의사록 작성 등에 관하여는 정관에 규정을 둔 바가 없으면 사원총회에 관한 제71조 내지 제76조를 준용할 것이다.

<u>대법원 2009.11.26 선고 2009다57033 판결</u>: "민법 제35조 제1항은 "법인은 이사 기타 대표자가 그 직무에 관하여 개인에게 가한 손해를 배상할 책임이 있다"고 규정하고 있고, 민법 제756조 제1항은 "타인을 사용하여 어느 사무에 종사하게 한 자는 피용자가 그 사무집행에 관하여 제3자에게 가한 손해를 배상할 책임이 있다"고 규정하고 있다. 따라서 법인에 있어서 그 대표자가 직무에 관하여 불법행위를 한 경우에는 민법 제35조 제1항에 의하여, 법인의 피용자가 사무집행에 관하여 불법행위를 한 경우에는 민법 제756조 제1항에 의하여 각기 손해배상책임을 부담한다."

<u>대법원 2000.2.11 선고 99두2949 판결</u>: "재단법인 이사회가 법령 또는 정관이 정하는 바에 따른 정당한 소집권자 아닌 자에 의하여 소집되고 그 이사 가운데 일부만이 참석하여 결의를 하였다면, 그 이사회의 결의는 부적법한 결의로서 효력이 없다 할 것이다."

<u>대법원 1968.12.9자 68마1083 결정</u>: "재단법인의 임시이사회를 개최함에 있어서 신청인에 대한 적법한 소집절차를 밟지 아니하였다면 그 결과가 설사 만장일치로 된 결의로서 신청인이 소집을 통지받고 출석하여 반대의 표결을 하였던들 이사회결의의 성립에 영향이 없었다 하더라도 비영리법인의 이사회결의는 당연히 무효라고 해석함이 타당하다."

<u>대법원 2008.9.25 선고 2007다17109 판결</u>: "법인과 이사의 법률관계는 신뢰를 기초로 한 위임 유사의 관계이므로, 이사는 민법 제689조 제1항이 규정한 바에 따라 언제든지 사임할 수 있고, 법인의 이사를 사임하는 행위는 상대방 있는 단독행위이므로 그 의사표시가 상대방에게 도달함과 동시에 그 효력을 발생하고, 그 의사표시가 효력을 발생한 후에는 마음대로 이를 철회할 수 없음이 원칙이다. 그러나 법인이 정관에서 이사의 사임절차나 사임의 의사표시의 효력발생시기 등에 관하여 특별한 규정을 둔 경우에는 그에 따라야 하는바, 위와 같은 경우에는 이사의 사임의 의사표시가 법인의 대표자에게 도달하였다고 하더라

도 그와 같은 사정만으로 곧바로 사임의 효력이 발생하는 것은 아니고 정관에서 정한 바에 따라 사임의 효력이 발생하는 것이므로, 이사가 사임의 의사표시를 하였더라도 정관에 따라 사임의 효력이 발생하기 전에는 그 사임의사를 자유롭게 철회할 수 있다.”

대법원 2014.1.17자 2013마1801 결정: “임기만료된 이사의 업무수행권은 이사에 결원이 있음으로써 법인이 정상적인 활동을 할 수 없는 사태를 방지하자는 데 취지가 있으므로, 이사 중 일부의 임기가 만료되었더라도 아직 임기가 만료되지 아니한 다른 이사들로 정상적인 활동을 할 수 있는 경우에는 임기만료된 이사로 하여금 이사로서 직무를 행사하게 할 필요가 없고, 이러한 경우에는 임기만료로서 당연히 퇴임하며, 법인의 정상적인 활동이 가능한지는 이사의 임기만료시를 기준으로 판단하여야 하지 그 이후의 사정까지 고려할 수는 없다. 법인과 이사의 법률관계는 신뢰를 기초로 한 위임 유사의 관계이고, 위임계약은 원래 해지의 자유가 인정되어 쌍방 누구나 정당한 이유 없이도 언제든지 해지할 수 있으며, 다만 불리한 시기에 부득이한 사유 없이 해지한 경우에 한하여 상대방에게 그로 인한 손해배상책임을 질 뿐이다.”

대법원 2013.11.28 선고 2010다91831 판결: “법인의 대표자가 한 매매계약이 법인에 대한 배임행위에 해당하고 그 매매계약 상대방이 배임행위를 유인·교사하거나 배임행위의 전 과정에 관여하는 등 배임행위에 적극 가담한 경우에는 그 매매계약이 반사회적 법률행위에 해당하여 무효로 될 수 있지만, 이때 매매계약을 무효로 한 이유는 본인인 법인의 이익을 보호하기 위한 데에 있는 것이어서, 무효의 원인이 소멸된 후 본인인 법인의 진정한 의사로 무효임을 알고 추인한 때에는 새로운 법률행위로 그 효력이 생길 수 있다. 그리고 추인은 묵시적인 방법으로도 할 수 있으므로, 본인이 그 행위로 처하게 된 법적 지위를 충분히 이해하고 그럼에도 진의에 기하여 그 행위의 결과가 자기에게 귀속된다는 것을 승인한 것으로 볼 만한 사정이 있는 경우에는 묵시적으로 추인한 것으로 볼 수 있다. 민법 제64조에서 말하는 법인과 이사의 이익이 상반하는 사항은 법인과 이사가 직접 거래의 상대방이 되는 경우뿐 아니라, 이사의 개인적 이익과 법인의 이익이 충돌하고 이사에게 선량한 관리자로서의 의무 이행을 기대할 수 없는 사항은 모두 포함한다고 할 것이고, 이 사건과 같이 형식상 전혀 별개의 법인 대표를 겸하고 있는 자가 양쪽 법인을 대표하여 계약을 체결하는 경우는 쌍방대리로서 특별한 사정이 없는 이상 이사의 개인적 이익과 법인의 이익이 충돌할 염려가 있는 경우에 해당한다고 볼 것이다.”

대법원 2014.3.27 선고 2013다39551 판결: “주식회사 이사의 직무집행을 정지하고 직무대행자를 선임하는 가처분은 성질상 당사자 사이뿐만 아니라 제3자에 대한 관계에서도 효력이 미치므로 가처분에 반하여 이루어진 행위는 제3자에 대한 관계에서도 무효이므로 가처분에 의하여 선임된 이사직무대행자의 권한은 법원의 취소결정이 있기까지 유효하게 존속한다. 또한 등기할 사항인 직무집행정지 및 직무대행자선임 가처분은 상법 제37조 제1항에 의하여 이를 등기하지 아니하면 위 가처분으로 선의의 제3자에게 대항하지 못하지만 악의의 제3자에게는 대항할 수 있고, 주식회사의 대표이사 및 이사에 대한 직무집행을 정지하고 직무대행자를 선임하는 법원의 가처분결정은 그 결정 이전에 직무집행이 정지된 주식회사 대표이사의 퇴임등기와 직무집행이 정지된 이사가 대표이사로 취임하는 등기가 경료되었다고 할지라도 직무집행이 정지된 이사에 대하여는 여전히 효력이 있으므로 가처분결정에 의하여 선임된 대표이사 및 이사 직무대행자의 권한은 유효하게 존속하고, 반면에 가처분결정 이전에 직무집행이 정지된 이사가 대표이사로 선임되었다고 할지라도 그 선임결의의 적법 여부에 관계없이 대표이사로서의 권한을 가지지 못한다."

사단법인의 최고 의사결정기관은 사원총회이다. 총회는 일정한 절차를 의한 소집을 거쳐 성립하며, 이사는 적어도 매년 1회 통상총회를 소집할 의무가 있다(제69조). 총회는 정관에 다른 규정이 없는 한 미리 통지한 사항에 관해서만 결의할 수 있다(제72조). 각 사원의 결의권은 평등을 원칙으로 하며, 서면 또는 대리인에 의한 결의권 행사도 상관없는 것이 원칙이다(제73조). 결의의 성립에 필요한 원칙적 정수는 사원 과반수의 출석과 출석사원의 결의권의 과반수이다(제75조). 사단법인 정관 변경은 총회의 전권사항이다. 정관 변경은 총사원의 3분의 2 이상의 동의가 있어야 한다(제42조 제1항). 정관의 변경은 주무관청의 허가를 얻지 못하면 무효이다(제42조 제2항).

대법원 1987.5.12 선고 86다카2705 판결: "사단법인의 신임회장을 조속히 선임하여 실추된 명예를 회복하고 업무의 공백을 메워야 할 형편에 있어 정관소정의 기한 내에 전화로 안건을 명시하여 총회소집통보를 하였으며 또한 총회구성원들 모두가 총회결의등에 관하여 아무런 이의를 제기하지 아니하였다면 총회 소집통지를 서면에 의하지 아니하고 전화로 하였다는 경미한 하자만으로는 총회의 결의를 무효라고 할 수 없다."

대법원 1994.1.11 선고 92다40402 판결: "소집권한 없는 자에 의한 총회소집이라고 하더라도 소집권자가 소집에 동의하여 그로 하여금 소집하게 한 것이라면 그와 같은 총회소집을 권한 없는 자의 소집이라고 볼 수 없으나 단지 소집권한 없는 자에 의한 총회에 소집권자가 참석하여 총회소집이나 대표자선임에 관하여 이의를 하지 아니하였다고 하여 이것만 가지고 총회가 소집권자의 동의에 의하여 소집된 것이라거나 그 총회의 소집절차상의 하자가 치유되어 적법하게 된다고는 할 수 없다."

대법원 1996.6.14 선고 96다2729 판결: "종중의 대표 자격이 있는 연고항존자가 직접 종회를 소집하지 아니하였더라도 그가 다른 종중원의 종회 소집에 동의하여 그 종중원으로 하여금 소집케 하였다면 그와 같은 종회 소집을 전혀 권한 없는 자의 소집이라고 볼 수 없다. 소집절차에 하자가 있어 그 효력을 인정할 수 없는 종중총회의 결의라도 후에 적법하게 소집된 종중총회에서 이를 추인하면 처음부터 유효로 된다."

대법원 1997.9.26 선고 95다6205 판결: "사단법인의 사원의 지위는 양도 또는 상속할 수 없다고 규정한 민법 제56조의 규정은 강행규정이라고 할 수 없으므로, 비법인사단에서도 사원의 지위는 규약이나 관행에 의하여 양도 또는 상속될 수 있다."

대법원 2001.7.27 선고 2000다56037 판결: "종중과 같은 비법인 사단의 대표자인 회장의 임기가 만료되었음에도 불구하고 후임자의 선임이 없거나 또는 그 선임이 있었다고 하더라도 그 선임결의가 무효인 경우, 전임회장으로 하여금 업무를 수행케 함이 부적당하다고 인정할 만한 특별한 사정이 없는 한 전임회장은 후임자가 선임될 때까지 종전의 직무를 수행할 수 있다 할 것이고, 이러한 경우에는 전임회장은 그 임기만료 이후로도 직무수행의 일환으로서 별도의 회장을 선임한 총회 결의의 하자를 주장하여 그 무효확인을 구할 법률상의 이익이 있다. 직선제에 의한 종중의 회장 선출시 의결정족수를 정하는 기준이 되는 출석종원이라 함은 당초 총회에 참석한 모든 종원을 의미하는 것이 아니라 문제가 된 결의 당시 회의장에 남아 있던 종원만을 의미한다고 할 것이므로 회의 도중 스스로 회의장에서 퇴장한 종원들은 이에 포함되지 않는다."

대법원 2007.4.12 선고 2006다77593 판결: "법인이나 법인 아닌 사단의 총회에 있어서, 소집된 총회가 개최되기 전에 당초 그 총회의 소집이 필요하거나 가능하였던 기초 사정에 변경이 생겼을 경우에는, 특별한 사정이 없는 한 그 소집권자는 소집된 총회의 개최를 연기하거나 소집을 철회·취소할 수 있다. 법인이나 법인 아닌 사단의 총회에 있어서 총회의 소집권자가 총회의 소집을 철회·취소하는 경우에는 반드시 총회의 소집과 동일한 방식으로 그 철회·취소를 총회 구성원들에게 통지하여야 할 필요는 없고, 총회 구성원들에게 소집의 철회·취소결정이 있었음이 알려질 수 있는 적절한 조치가 취하여지는 것으로써 충분히 그 소집 철회·취소의 효력이 발생한다."

대법원 2010.4.29 선고 2008두5568 판결: "법인의 총회 또는 이사회 등의 의사에는 의사록을 작성하여야 하고 의사록에는 의사의 경과, 요령 및 결과 등을 기재하고 이와 같은 의사의 경과요령 및 결과 등은 의사록을 작성하지 못하였다든가 또는 이를 분실하였다는 등의 특단의 사정이 없는 한 이 의사록에 의하여서만 증명된다."

대법원 2011.10.27 선고 2010다88682 판결: "민법상 사단법인 총회 등의 결의와 관련하여 당사자 사이에 의사정족수나 의결정족수 충족 여부가 다투어져 결의의 성립 여부나 절차상 흠의 유무가 문제되는 경우로서 사단법인측에서 의사의 경과, 요령 및 결과 등을 기재한 의사록을 제출하거나 이러한 의사의 경과 등을 담은 녹음·녹화자료 또는 녹취서 등을 제출한 때에는, 그러한 의사록 등이 사실과 다른 내용으로 작성되었다거나 부당하게 편집, 왜곡되어 증명력을 인정할 수 없다고 볼 만한 특별한 사정이 없는 한 의사정족수 등 절차적 요건의 충족 여부는 의사록 등의 기재에 의하여 판단하여야 한다. 그리고 위와 같은 의사록 등의 증명력을 부인할 만한 특별한 사정에 관하여는 결의의 효력을 다투는 측에서 구체적으로 주장·증명하여야 한다. 민법상 사단법인 총회의 표결 및 집계방법에 관하여는 법령에 특별한 규정이 없으므로, 정관에 다른 정함이 없으면 개별 의안마다 표결에 참석한 사원의 성명을 특정할 필요는 없고, 표결에 참석한 사원의 수를 확인한 다음 찬성·반대·기권의 의사표시를 거수, 기립, 투표 기타 적절한 방법으로 하여 집계하면 된다." [사단법인인 대한의사협회의 대의원총회에서 회장 선출방식을 직접 선출방식에서 간접 선출방식으로 변경하는 내용의 정관 개정 안건을 가결하였는데, 그 결의가 협회 정관에 따른 의사정족수를 충족하였는지 문제된 사안에서, 총회 속기록에는 총회 당시 위 안건에 대한 제안, 토론 및 표결이 이루어진 과정과 위 안건에 대한 표결 당시 의사정족수 충족 여부를 확인하는 과정 등이 매우 구체적으로 상세하게 기록되어 있는 반면, 증명력을 부정할 만한 특별한 사정에 관하여 결의의 효력을 다투는 측이 별다른 주장·증명을 하지 못하고 있는데도, 정당한 이유 없이 속기록의 기재 등만으로는 의사정족수 충족 사실을 인정하기 부족하다고 하여 위 결의를 무효라고 본 원심판결에는 결의의 무효사유가 되는 절차상 흠의 존부에 관한 채증법칙을 위반한 잘못이 있다고 한 사례]

대법원 2012.4.13 선고 2011다70169 판결: "적법한 대표자 자격이 없는 비법인 사단의 대표자가 한 소송행위는 후에 대표자 자격을 적법하게 취득한 대표자가 그 소송행위를 추인하면 행위시에 소급하여 효력을 갖게 되고, 이러한 추인은 상고심에서도 할 수 있다. 한편 종중의 대표 자격이 있는 연고항존자가 직접 종중총회를 소집하지 아니하였다 하더라도 그가 다른 종중원의 종중총회 소집에 동의하여 그 종중원으로 하여금 소집하게 하였다면 그와 같은 종중총회 소집을 권한 없는 자의 소집이라고 할 수 없다. 나아가 종중총회는 종원에 관한 세보의 기재가 잘못 되었다는 등의 특별한 사정이 없는 한 그 세보에 의하여 소집통지 대상이 되는 종중원의 범위를 확정한 후, 가능한 노력을 다하여 종중원들의 소재를 파악하여 국내에 거주하고 소재가 분명하여 통지가 가능한 종중원에게 개별적으로 소집통지를 하되, 그 소집통지의 방법은 반드시 서면으로 하여야만 하는 것은 아니고 구두 또는 전화로 하거나 다른 종중원이나 세대주를 통하여 하여도 무방하며, 소집통지를 받지 아니한 종중원이 다른 방법에 의하여 이를 알게 된 경우에는 그 종중원이 종중총회에 참석하지 않았다고 하더라도 그 종중총회의 결의를 무효라고 할 수 없다."

Ⅲ. 재단법인의 변경등기와 기관

재단법인의 기본재산 변경은 정관의 기재사항 변경에 해당하므로 주무관청의 허가를 받아야 한다(제46조). 기본재산의 처분과 기본재산으로의 편입 모두 기본재산의 변경에 포함된다. 재단법인의 명의로 소유권이전등기가 경료된 부동산이 재단법인의 기본재산에 편입되었다고 인정하기 위해서는 그 편입에 관한 주무관청의 허가가 있었음이 먼저 증명되어야 한다.[37]

재단법인은 사단법인과 달리 사원총회가 없고, 대표기관인 이사가 유일한 필수기관이다. 재단법인의 모든 의사결정과 법률행위는 이사가 하고, 대내적 업무집행권과 대외적 대표권을 모두 이사가 가진다. 재단설립자는 재단의 법인격 취득과 함께 출연재산에 대한 소유권을 상실하고, 그 재산은 재단의 소유로 되지만, 재단 그 자체는 어느 누구의 소유도 아니기 때문에[38] 재단의 통제는 어려

---

37) 대법원 1982.9.28 선고 82다카499 판결
38) 김진우, "재단법인의 조직", 경희법학 제48권 제1호(2013.3), 경희대학교 법학연구소, 54-55면.

운 문제이다. 재단 역시 사단과 마찬가지로 인적 조직에 의하여 운영되므로, 재단목적의 실현은 그 인적 조직에 달려 있다고 볼 수 있다. 민법은 재단의 필요기관으로 업무집행과 대표를 위한 기관으로서의 이사만 요구한다(제57조).[39] 감사는 임의기관일 뿐이다.

제4절 법인의 소멸

자연인은 사망으로 권리능력을 잃는다. 법인에 사망이란 것이 있을 수 없다, 법인은 해산을 먼저 하고 재산관계를 정리하는 청산의 단계에 들어가 청산을 종결하여 청산종결등기를 하였을 때(제94조) 완전히 소멸한다. 해산사유는 정관에 정한 해산사유의 발생·법인의 목적의 달성 또는 달성불능·파산·설립허가의 취소이다. 사단법인의 경우 총회의 결의와 사원이 없게 된 경우도 해산한다. 재단법인은 사원총회가 존재하지 않기 때문에 사원이 없게 되는 때나 사원총회의 결의에 의한 해산이 있을 수 없다. 이사가 원칙적으로 청산인이 되고, 청산인은 해산등기를 하고 주무관청에 이를 신고한다. 청산업무의 주된 것은 채무변제이다. 민법상의 청산절차에 관한 규정은 모두 제3자의 이해관계에 중대한 영향을 미치기 때문에 강행규정이며, 따라서 이에 반하는 잔여재산의 처분행위는 특

---

39) 대법원 2007.5.17 선고 2006다19054 전원합의체판결: "학교법인은 민법상 재단법인의 일종으로서 재단법인법의 영역에서 사적 자치의 자유를 누리고, 또한 국가에 대한 관계에서 기본권을 주장할 수 있는 *私法人*으로서의 성격을 갖고 있[다]. 학교법인은 사립학교를 설치·경영하기 위한 목적으로 설립된 재단법인의 일종으로서 그 운영시 설립 당시의 설립자의 의사, 즉 설립목적을 존중함이 마땅하고, 이러한 학교법인의 설립목적은 그 의사결정기관 및 의사집행기관을 구성하는 자연인인 이사들에 의하여 실현되는 것이므로, 설립자가 최초의 이사들을, 그 다음에는 그 이사들이 후임이사들을, 또 그 다음에는 그 후임이사들이 자신의 후임이사들을 선임하는 방식으로 순차적으로 이사를 선임함으로써 학교법인의 설립목적이 영속성 있게 실현되도록 하는 것이 학교법인의 이사제도의 본질이라 할 수 있다. 이러한 이해를 바탕으로 생각해 보면, 학교법인에게 인정되는 헌법상의 사학의 자유는 순차로 선임되는 관계에 있다는 점에서 연결선상에 있다고 볼 수 있는 이사들에 의하여 실질적으로 구현되는 것이고, 그 중 종전 이사는 보통 학교법인의 자주성과 정체성을 확보하는 임무와 가장 근접한 위치에 있는 자라 할 수 있[다]."

단의 사정이 없는 한 무효다.[40]

법인은 해산 후 청산이 종결될 때까지 제한된 범위 내에서 권리능력을 가진다. 이러한 법인을 청산법인이라 한다. 청산법인이나 그 청산인이 청산법인의 목적범위 외의 행위를 한 때는 무효이다.[41] 청산중에 법인의 재산이 그 채무를 완제하기에 부족한 것이 분명하게 된 때에는 청산인은 지체없이 파산선고를 신청하고 이를 공고하여야 한다(제93조 제1항). 청산이나 파산신청을 해태하거나 공고의 해태 또는 부정한 공고를 하면 과태료의 처분을 받는다(제99조 제6호·제7호). 법인이 파산으로 파산관재인이 정해지면 청산인은 파산관재인에게 사무를 인계하여야 하며, 인계함으로써 청산인의 임무는 종료된다(제93조 제2항). 청산인의 임무가 종료하는 것은 어디까지나 파산재단에 관한 사무에 한정되며, 그 밖의 사무에 관한 청산인의 임무는 계속된다. 청산이 종결된 때에는 청산인은 3주일 내에 이를 등기하고 주무관청에 신고하여야 한다(제94조). 청산종결등기가 경료된 경우에도 청산사무가 종료되었다 할 수 없는 경우에는 청산법인으로 존속한다.[42]

---

40) 대법원 1995.2.10 선고 94다13473 판결.
41) 대법원 1980.4.8 선고 79다2036 판결.
42) 대법원 1980.4.8 선고 79다2036 판결.

제9장

주소제도

제1절 의 의

주소란 사람이 생활의 근거로 삼는 장소이다. 자연인은 성명과 주소에 의하여 특정된다. 특히 민사소송에서 중요한 것이 당사자 특정과 관할이다. 동일한 성과 이름을 가진 사람이 유독 많은 우리나라에서 주소는 당사자 특정과 관할결정에서 중요한 역할을 한다. 또한 법인의 명칭과 주소 역시 법인의 정관과 설립등기에 의하여 핵심사항으로 다루어진다.

많은 법률은 주소를 법률관계의 기준으로 삼는다. 예컨대, 주소는 부재자 및 실종의 표준(제22조, 제27조), 법인사무소의 소재지(제36조), 채무의 이행지(제467조), 상속의 개시지(제998조), 어음행위의 장소(어음법 제2조 제3항), 재판관할결정의 표준(민사소송법 제2조; 가사소송법 제13조, 제22조, 제26조, 제30조; 비송사건처차법 제33조, 제72조; 채무자회생파산법 제3조), 민사소송법에 있어서의 부가기간을 정하는 표준(민사소송법 제172조 제2항), 국제사법상의 준거법결정표준(국제사법 제3조 제2항), 주민등록대상자의 요건(주민등록법 제6조 제1항), 징세의 기준(국세기본법 제8조; 국세징수법 제12조; 소득세법 제9조), 선거권의 기준(공직선거및선거부정방지법 제15조, 제16조), 귀화허가의 요건(국적법 제5조 내지 제7조)이다.

위와 같이 각 법률들이 주소에 관하여 독자적 입장에서 문제를 해결하고 있는 이상 민법이 총칙편에 주소에 관한 단일의 개념을 둘 필요가 있는지 의문을 제기하는 입장이 있다.[1] 그러나 사법과 공법 모두에 일반법 역할을 하는 민법이 주소의 일반적 개념을 명문규정으로 설정하는 것은 타당하다고 본다.

제2절 주소를 결정하는 기준

주소를 결정하는 기준에 관하여 객관적 요소만 있으면 족하다는 객관주의와 定住의사도 있어야 한다는 의사주의가 대립한다.

의사주의가 로마법 이래 법의 전통이다.[2] 스위스민법은 주소의 성립에 의사주의를 명문으로 규정하고 있고(제23조 제1항), 프랑스민법은 주소의 변경에 관하여 의사주의를 명문화하고 있다(제130조, 105조).[3] 독일은 학설이 주소의 설정에 정주의사가 필요하다고 본다.[4] 의사주의를 채용하는 프랑스민법, 독일민법, 스위스민법에서는 의사무능력자를 위하여 법정주소를 정하고 있다.[5]

민법은 '생활의 근거되는 곳을 주소로 한다'(제18조 제1항)고 규정한다. 또한 민법은 '주소는 동시에 두 곳 이상 있을 수 있다'(제18조 제2항)고 규정한다. 민법이 객관주의와 의사주의 중 무엇을 택하고 있는지 이 규정들만으로는 알 수 없다.

통설은 "定住意思는 외부에서 인식할 수 없는 경우가 많고, 정주의사가 반드시 존재하지도 않는다. 그러므로 주관주의에 의하면 주소를 정하기 어렵다. 또한 주소와 거소는 장소적 밀접도의 차이에 지나지 않지만, 합리적으로 판단하면 구별 못할 바도 아니다. 그리고 민법은 국내에 주소가 없는 자에 대하여는 국내에 있는 거소를 주소로 본다고 규정하므로(제20조), 이러한 자에 대하여는 주소와

---

1) 장경학, 「민법총칙 개정판」, 법문사(1989), 234면: "[민법의] 추상적 주소개념에다가 그 기능을 발휘시키기 위해서는 주소에 결부된 법률효과의 성격과 당사자의 생활목적의 분화에 대응하여 각 경우마다 그 내용을 구체화할 필요가 있다."
2) 장경학, 전게서, 235면; 이태재, 「민법총칙」, 법문사(1978), 98면 각주 31은 "로마법은 의사주의를 취하며 일정한 경우에 학생의 수학지, 군인의 근무지, 처와 과부의 처 또는 망부의 주소지를 법정주소로 하였고, 원로원의원은 로마시를 주소지로 인정하였다"고 한다.
3) 이태재, 「민법총칙」, 법문사(1978), 97면.
4) 장경학, 전게서, 235면.
5) 장경학, 전게서, 236면.

거소를 엄격하게 구별할 실익이 없다. 그러므로 우리 민법은 객관주의를 취한다고 해석된다"고 한다.[6]

그러나 민법은 주소와 거소를 구별하고 있다. 정주의 의사가 있으면 주소이고, 정주의 의사가 없으면 거소라고 하면 그 구별이 간명하다. 주소가 없는 경우 거소를 주소에 대용하고, 거소도 없으면 현재지를 거소에 포함시키거나 대용하는 것으로 해석하는 것이야말로 올바른 주소 제도의 이해라 할 것이다. 이러한 접근이 민법의 모법인 로마법, 프랑스민법, 독일민법, 스위스민법의 전통에 따르는 것으로 타당하다.[7]

대법원판례는 "민법 제18조 제1항은 생활의 근거되는 곳을 주소로 한다고 규정하였는데, 생활의 근거되는 곳이란 생활관계의 중심적 장소를 말하고, 이는 국내에서 생계를 같이하는 가족 및 국내에 소재하는 자산의 유무 등 생활관계의 객관적 사실에 따라 판정하여야 한다"고 판시한 바 있다.[8] 판례가 객관주의에 따른 것이라고 보는 것이 통설이나, 판례가 제시하는 생계를 같이하는 가족 및 자산 유무 등은 정주의사를 판단하는 자료이기도 하다.

제3절 주소의 민법상 기능

1. 부재 및 실종의 표준(제22조, 제27조)

부재자의 여부는 주소를 기준으로 판단한다. 부재자의 생사불명이 일정기

---

6) 강태성, 「민법총칙 제6판」, 대명출판사(2016), 191면.
7) 同旨 이태재, 전게서, 98-99면.
8) 대법원 1990.8.14 선고 89누8064 판결: "상속세법시행령 제1조 제1항은 상속개시지를 관할하는 세무서를 상속세의 소관세무서로 하고, 민법 제998조, 제981조는 재산상속이 피상속인의 주소지에서 개시된다고 규정하였으며, 상속세법은 피상속인이 사망 당시 국내에 주소를 둔 경우와 그렇지 않은 경우로 구분하여 상속세 과세물건의 범위, 상속재산가액에서 공제할 금액의 범위, 각종 공제의 여부 등을 달리하고 있는바, 민법 제18조 제1항은 생활의 근거되는 곳을 주소로 한다고 규정하였는데, 생활의 근거되는 곳이란 생활관계의 중심적 장소를 말하고, 이는 국내에서 생계를 같이하는 가족 및 국내에 소재하는. 자산의 유무 등 생활관계의 객관적 사실에 따라 판정하여야 한다."

간 계속 되면 실종선고가 행해진다. 부재자가 재산관리인을 정하지 않은 경우 법원이 재산관리에 필요한 처분을 하는 제도가 부재자재산관리제도이다.

2. 법인의 주소(제36조)

법인의 주소는 그 주된 사무소의 소재지에 있는 것으로 한다. 회사의 주소는 본점소재지에 있는 것으로 한다(상법 제171조). 법인은 주소지에서 설립등기를 함으로써 성립한다. 즉 주소는 법인의 성립요소이다(제33조). 법인의 정관에는 반드시 명칭과 사무소 소재지를 명기해야 한다(제40조, 제49조).

3. 의사표시의 수령장소

상대방 있는 의사표시는 그 통지가 상대방에게 도달한 때부터 효력이 생긴다(제111조 제1항). 우편으로 격지자에게 의사표시를 전달하고자 하는 경우 의사표시 수령자의 주소지로 우편을 보낸다.

4. 변제의 장소(제467조)

변제의 장소는 채무자의 변제제공 여부(제390조) 및 채권자가 수령할 준비가 되어 있는지의 여부(제400조)를 결정하는 기준이다. 특정물인도채무의 경우 채권성립 당시에 그 물건이 있었던 장소가 변제의 장소이다. 특정물인도 이외의 채무의 변제는 채권자의 현주소에서 하여야 한다(제467조 본문). 영업에 관한 채무의 경우 채권자의 영업장소가 변제의 장소이다.

5. 상속의 개시장소(제998조)

상속은 피상속인의 주소지에서 개시된다. 상속의 개시장소는 가정법원의 관할 또는 과세의 장소적 기점이다.

제4절 민법상 주소·거소·현재지·가주소

민법은 생활의 근거되는 곳을 주소로 한다(제18조 제1항). 주소는 동시에 두

곳 이상 있을 수 있다(제18조 제2항).

주소를 알 수 없으면 거소를 주소로 본다(제19조). 거소는 계속적으로 거주는 하고 있지만 定住 내지 定着하려는 의사가 없는 장소를 말한다. 객관주의에 따르면 거소와 주소의 구분이 애매하다. 주소를 알 수 없다 함은 '주소는 객관적으로 존재하지만, 確知할 수 없는 경우'와 '무주소' 두 가지 경우를 뜻한다.[9]

국내에 주소가 없는 자에 대하여는 국내에 있는 거소를 주소로 본다(제20조). 그러나 섭외적 법률관계에 관해서는 국제사법 기타 준거법을 정하는 법률이 외국의 주소지법을 적용한다고 규정하는 경우에는 국내의 거소를 주소로 보지 않고 어디까지나 외국에 둔 주소가 그 기준이 된다.[10]

거소보다 더 장소적 관계가 희박한 곳을 현재지라 한다.[11] 민법상 거소 개념에 현재지가 포함된다는 견해가 통설이다.[12] 그러나 민사소송법 제2조의 거소는 현재지를 포함하지 않는다.

어느 행위에 있어서 가주소를 정한 때에는 그 행위에 관하여는 이를 주소로 본다(제21조). 가주소는 생활의 실질도 없고, 정주의사와 무관하게 정해지는 것이므로 주소가 아니다. 당사자가 주소에 갈음하기로 편의상 정한 장소이다. 국세기본법 제8조 제1항은 세법이 규정하는 서류는 그 명의인의 주소·거소·영업소 또는 사무소에 송달하도록 규정하고 있는데, 여기의 주소에는 민법 제21조 소정의 가주소 또는 그 명의인의 의사에 따라 전입신고된 주민등록지도 포함된다.[13]

---

9) 장경학, 전게서, 239면.
10) 장경학, 전게서, 239-240면.
11) 장경학, 전게서, 240면. 그러나 곽윤직, 「민법총칙 신정판」, 박영사(1989), 187-188면은 장소가 아니라 "토지"와의 관계가 거소보다도 더 엷은 곳을 현재지라고 하였다.
12) 我妻榮, 「新訂 民法総則(民法講義1)」, 岩波書店(1965), 98頁; 곽윤직, 전게서, 188면.
13) 대법원 1997.9.12 선고 97누3934: "국세기본법 제8조 제1항에 의하면 세법이 규정하는 서류는 그 명의인의 주소·거소·영업소 또는 사무소에 송달하도록 규정되어 있는바, 여기서 주소라 함은 원칙적으로 생활의 근거가 되는 곳을 가리키지만 민법 제21조 소정의 가주소 또는 그 명의인의 의사에 따라 전입신고된 주민등록지도 특별한 사정이 없는 한 이에 포함되며, 그 명의인이 다른 사람에게 우편물 기타 서류의 수령권한을 명시적 또는 묵시적으로 위임한 경우에는 그 수임자가 해당 서류를 수령함으로써 본인에게 그 서류가 적법하게 송달된 것으로 보아야 할 것이다."

제5절 주민등록법상 주민등록지, 가족관계등록법상 가족관계등록기준지

Ⅰ. 주민등록법상 주민등록지

주민등록은 주민등록법에 의하여 주민의 거주관계를 공증하는 것이다. 주소와 직접 관계는 없다. 그러나 민법의 주소를 판단하는 데 가장 중요한 근거가 된다. 반증이 없는 이상 주민등록지가 주소로 추정된다. 주택임차권의 대항요건은 민법상 주소가 아니라 주민등록법상 주소가 기준이다(주택임대차보호법 제3조 제1항).[14]

주민등록법은 주민을 등록하게 함으로써 주민의 거주관계 등 인구의 동태를 항상 명확하게 파악하여 주민생활의 편익을 증진시키고 행정사무를 적정하게 처리하도록 하는 것을 목적으로 한다(주민등록법 제1조). 시장·군수 또는 구청장은 30일 이상 거주할 목적으로 그 관할 구역에 주소나 거소를 가진 주민을 주민등록법에 따라 등록하여야 한다(동법 제6조 제1항). 시장·군수 또는 구청장은 주민등록사항을 기록하기 위하여 전산정보처리조직으로 개인별 및 세대별 주민등록표와 세대별 주민등록표 색인부를 작성하고 기록·관리·보존하여야 한다(동법 제7조 제1항). 시장·군수 또는 구청장은 주민에게 개인별로 고유한 등록번호(주민등록번호)를 부여하여야 한다(동법 제7조의2 제1항).

공법관계에서는 주민등록법에 따른 주민등록을 원칙적인 주소로 한다(주민

---

14) 주택임대차보호법 제3조(대항력 등) ① 임대차는 그 등기(登記)가 없는 경우에도 임차인(賃借人)이 주택의 인도(引渡)와 주민등록을 마친 때에는 그 다음 날부터 제3자에 대하여 효력이 생긴다. 이 경우 전입신고를 한 때에 주민등록이 된 것으로 본다. ② 주택도시기금을 재원으로 하여 저소득층 무주택자에게 주거생활 안정을 목적으로 전세임대주택을 지원하는 법인이 주택을 임차한 후 지방자치단체의 장 또는 그 법인이 선정한 입주자가 그 주택을 인도받고 주민등록을 마쳤을 때에는 제1항을 준용한다. 이 경우 대항력이 인정되는 법인은 대통령령으로 정한다. ③ 「중소기업기본법」 제2조에 따른 중소기업에 해당하는 법인이 소속 직원의 주거용으로 주택을 임차한 후 그 법인이 선정한 직원이 해당 주택을 인도받고 주민등록을 마쳤을 때에는 제1항을 준용한다. 임대차가 끝나기 전에 그 직원이 변경된 경우에는 그 법인이 선정한 새로운 직원이 주택을 인도받고 주민등록을 마친 다음 날부터 제3자에 대하여 효력이 생긴다.

등록법 제23조 제1항). 주민등록지를 공법 관계에서의 주소로 하는 경우에 신고의무자가 신거주지에 전입신고를 하면 신거주지에서의 주민등록이 전입신고일에 된 것으로 본다(주민등록법 제23조 제2항).

Ⅱ. 가족관계등록법상 등록기준지

가족관계의 등록 등에 관한 법률(가족관계등록법)은 국민의 출생·혼인·사망 등 가족관계의 발생 및 변동사항에 관한 등록과 그 증명에 관한 사항을 규정함을 목적으로 한다(가족관계등록법 제1조). 가족관계의 발생 및 변동사항에 관한 등록과 그 증명에 관한 사무는 대법원이 관장한다(동법 제2조).

가족관계등록부는 전산정보처리조직에 의하여 입력·처리된 가족관계 등록사항에 관한 전산정보자료를 등록기준지에 따라 개인별로 구분하여 작성한다(동법 제9조 제1항). 출생 또는 그 밖의 사유로 처음으로 등록을 하는 경우에는 등록기준지를 정하여 신고하여야 한다(동법 제10조 제1항). 등록기준지는 당사자가 자유롭게 정한다.[15] 따라서 등록기준지는 민법상 주소와 아무런 관련이 없다. 등록기준지는 재산관계 및 친족관계에 아무런 영향을 미칠 수 없다.

---

15) 가족관계등록규칙 제4조(등록기준지의 결정) ① 법 시행과 동시에 최초로 등록부를 작성하는 경우, 종전 호적이 존재하는 사람은 종전 호적의 본적을 등록기준지로 한다. ② 제1항에 해당되지 않는 사람에 대해서 법 제10조제1항에 따라 처음 정하는 등록기준지는 다음 각 호에 따른다. 1. 당사자가 자유롭게 정하는 등록기준지, 2. 출생의 경우에 부 또는 모의 특별한 의사표시가 없는 때에는, 자녀가 따르는 성과 본을 가진부 또는 모의 등록기준지, 3. 외국인이 국적취득 또는 귀화한 경우에 그 사람이 정한 등록기준지, 4. 국적을 회복한 경우에 국적회복자가 정한 등록기준지, 5. 가족관계등록창설의 경우에 제1호의 의사표시가 없는 때에는 가족관계등록창설하고자 하는 사람이 신고한 주민등록지, 6. 부 또는 모가 외국인인 경우에 제1호의 의사표시가 없는 때에는 대한민국 국민인 부 또는 모의 등록기준지. ③ 당사자는 등록기준지를 자유롭게 변경할 수 있다. 이 경우, 새롭게 변경하고자 하는 등록기준지 시·읍·면의 장에게 변경신고를 하여야 한다.

제10장
물건과 소유권 제도

제1절 서 설

민법총칙은 권리의 주체에 대해서 자연인과 법인이라는 일반적 규정을 마련하고 있지만, 권리의 객체에 대하여는 일반적 규정을 두지 않고 물건에 대하여만 간단하게 규정하고 있다. 권리마다 객체가 달라 민법총칙에 통칙적 규정을 두는 것은 불가능하다. 채권은 채무자의 급부를 객체로 하고, 상속권은 상속재산을 객체로 한다.[1] 행위채권(예컨대 공연채권)의 경우에는 채권의 내용은 논할 수 있겠지만 채권의 객체는 논할 필요도 없고 실익도 없다.[2] 물건은 물권의 객체이다. 스위스민법과 독일민법 제1초안은 물권편에 물건에 관한 규정을 두고 있다. 물권은 물건만 객체로 하는 것이 아니다. 채권을 객체로 하는 질권, 지상권·저당권을 객체로 하는 저당권도 있다. 따라서 물건은 소유권의 객체로서 가장 중요하다고 할 것이고, 물건과 소유권 제도는 함께 이해하는 것이 바람직하다.

---

1) 형성권의 객체는 법률관계라고 하나, 형성권 개념은 민법의 해석에서 필요가 없으므로 객체를 논할 필요도 없다. 법률관계를 직접 대상으로 하는 권리는 존재하지 않는다고 보아야 한다. 해제, 취소, 최고 등은 계약에서 오고가는 의사표시이지, 그로 인한 법률관계가 곧장 확정적으로 변동되는 것이 아니다.
2) 서광민·박주영, 「민법총칙」, 신론사(2014), 293면.

제2절 민법상 물건

민법상 물건(物件)은 유체물(有體物) 및 전기(電氣) 기타 관리할 수 있는 자연력(自然力)을 말한다(제98조). 민법상 물건이 되기 위해서는 신체 또는 신체의 일부가 아닌 외계(外界)의 일부이어야 하며, 한 물건의 구성부분이 아닌 독립성을 가져야 한다. 의치나 의족의 경우 인체에 부착된 것은 물건이 아니다. 하지만 모발이나 혈액이 인체와 분리되면 물건이다. 민법은 자연력에 관하여만 관리할 수 있는 것이어야 한다고 규정하고 있지만, 유체물의 경우도 관리할 수 있는 것만 물건이라 할 것이다. 동물의 경우도 물건이다. 동물보호법, 실험동물에 관한 법률, 야생동식물보호법에 의한 특별한 취급을 받을 뿐이다.[3] 독일민법 제90조a는 동물은 물건이 아니라고는 하지만 물건에 대한 규정들을 동물에 준용하고 있다. 바다는 행정처분에 의하여 그 일부를 구획하여 어업권의 객체가 되는 것이 가능하다(수산업법 제15조 이하). 사람의 유체·유골도 물건이다.[4] 정보나 지식의 경우도 물건의 개념에 포함시켜야 한다는 입법론이 제기되고 있다.

소유자를 달리하는 수개의 물건이 결합하여 하나의 합성물이 되는 경우에는 첨부의 법리에 따라 소유권의 변동이 일어난다. 집합물의 경우 공장 및 광업재단저당법에 의하여 하나의 물건으로 인정되는 경우가 있다. 대법원판례는 특정성이 있는 집합물을 하나의 물건으로 취급하여 그에 대한 양도담보가 가능하다는 입장이다. 즉 점포 내 상품이나 원자재, 양어장의 물고기 등을 특정하여 양도담보의 목적으로 할 수 있다.[5]

---

3) 강태성, 「민법총칙 제6판」, 대명출판사(2016), 400면.
4) 대법원 2008.11.20 선고 2007다27670 판결: "사람의 유체·유골은 매장·관리·제사·공양의 대상이 될 수 있는 유체물로서, 분묘에 안치되어 있는 선조의 유체·유골은 민법 제1008조의3 소정의 제사용 재산인 분묘와 함께 그 제사주재자에게 승계되고, 피상속인 자신의 유체·유골 역시 위 제사용 재산에 준하여 그 제사주재자에게 승계된다."
5) 대법원 1990.12.26 선고 88다카20224 판결.
　대법원 2004.11.12 선고 2004다22858 판결: "돈사에서 대량으로 사육되는 돼지를 집합물에 대한 양도담보의 목적물로 삼은 경우, 그 돼지는 번식, 사망, 판매, 구입 등의 요인에 의하여 증감 변동하기 마련이므로 양도담보권자가 그 때마다 별도의 양도담보권설정계약을 맺거나 점유개정의 표시를 하지 않더라도 하나의 집합물로서 동일성을 잃지 아니한 채 양도담보권의 효력은 항상 현재의 집합물 위에 미치게 되고, 양도담보설정자로부터 위 목적물을 양

제3절 동산과 부동산

　　민법은 토지 및 그 정착물은 부동산으로 파악하며, 부동산 이외의 물건은 동산으로 본다(제99조). 토지의 소유권은 정당한 이익 있는 범위 내에서 토지의 상하에 미친다(제201조).[6]

　　토지의 정착물 중 건물은 독립된 물건(부동산)이다. 건물 외 기타의 정착물은 토지의 구성부분으로 취급된다.

　　토지는 인위적으로 구획된 일정범위의 지면에 사회관념상 정당한 이익이 있는 범위 내에서의 상하를 포함하는 것으로서, 토지의 개수는 지적법에 의한 지적공부상의 필수, 분계선에 의하여 결정되는 것이고, 어떤 토지가 지적공부상 1필의 토지로 등록되면 그 지적공부상의 경계가 현실의 경계와 다르다 하더라도 다른 특별한 사정이 없는 한 그 경계는 지적공부상의 등록, 즉 지적도상의 경계에 의하여 특정되는 것이므로 이러한 의미에서 토지의 경계는 공적으로 설정 인증된 것이고, 단순히 사적관계에 있어서의 소유권의 한계선과는 그 본질을 달리하는 것으로서, 경계확정소송의 대상이 되는 '경계'란 공적으로 설정 인증된 지번과 지번과의 경계선을 가리키는 것이고, 사적인 소유권의 경계선을 가리키는 것은 아니다.[7]

수한 자가 이를 선의취득하지 못하였다면 위 양도담보권의 부담을 그대로 인수하게 된다. 돈사에서 대량으로 사육되는 돼지를 집합물에 대한 양도담보의 목적물로 삼은 경우, 위 양도담보권의 효력은 양도담보설정자로부터 이를 양수한 양수인이 당초 양수한 돈사 내에 있던 돼지들 및 통상적인 양돈방식에 따라 그 돼지들을 사육·관리하면서 돼지를 출하하여 얻은 수익으로 새로 구입하거나 그 돼지와 교환한 돼지 또는 그 돼지로부터 출산시켜 얻은 새끼돼지에 한하여 미치는 것이지 양수인이 별도의 자금을 투입하여 반입한 돼지에까지는 미치지 않는다. 유동집합물에 대한 양도담보계약의 목적물을 선의취득하지 못한 양수인이 그 양도담보의 효력이 미치는 목적물에다 자기 소유인 동종의 물건을 섞어 관리함으로써 당초의 양도담보의 효력이 미치는 목적물의 범위를 불명확하게 한 경우에는 양수인으로 하여금 그 양도담보의 효력이 미치지 아니하는 물건의 존재와 범위를 입증하도록 하는 것이 공평의 원칙에 부합한다."

6)　흙, 모래, 암석, 지하수 등은 토지소유권 범위에 포함된다. 그러나 채굴되지 아니한 법정광물은 광업권의 설정 없이는 채굴할 수 없다(광업법 제4조). 법정광물은 국가의 소유라고 보는 견해와 토지소유권의 범위에 포함되고, 국가는 탐사채굴을 허가하는 권리를 가질 뿐이라는 견해가 대립한다.

7)　대법원 1997.7.8 선고 96다36517 판결.

　　건물은 토지로부터 완전히 독립된 별개의 부동산이다. 건물은 최소한의 기둥과 지붕 그리고 주벽이 있어야 한다.[8]

　　건물은 일정한 면적, 공간의 이용을 위하여 지상, 지하에 건설된 구조물을 말하는 것으로서, 건물의 개수는 토지와 달리 공부상의 등록에 의하여 결정되는 것이 아니라 사회통념 또는 거래관념에 따라 물리적 구조, 거래 또는 이용의 목적물로서 관찰한 건물의 상태 등 객관적 사정과 건축한 자 또는 소유자의 의사 등 주관적 사정을 참작하여 결정되는 것이고, 그 경계 또한 사회통념상 독립한 건물로 인정되는 건물 사이의 현실의 경계에 의하여 특정되는 것이므로, 이러한 의미에서 건물의 경계는 공적으로 설정 인증된 것이 아니고 단순히 사적관계에 있어서의 소유권의 한계선에 불과함을 알 수 있고, 따라서 사적자치의 영역에 속하는 건물 소유권의 범위를 확정하기 위하여는 소유권확인소송에 의하여야 할 것이고, 공법상 경계를 확정하는 경계확정소송에 의할 수는 없다.[9]

　　입목에 관한 법률에 의해 입목등기부에 소유권보존등기를 한 것을 입목이라 한다(입목에 관한 법률 제2조). 등기된 입목은 입목에 관한 법률에 의하여 토지로부터 완전히 독립된 별개의 부동산으로 다루어진다. 등기되어 있지 않은 수목의 집단, 개개의 수목, 미분리과실, 농작물도 명인방법(새끼를 치거나 수피를 깎은 후 제3자가 소유자를 알아볼 수 있도록 표시하는 것)에 의하여 토지와 독립하여 물건으로 거래의 대상이 될 수 있다.

　　토지와 건물은 부동산등기라는 공시제도를 가지고 있다. 항공기, 선박, 자동차 등은 등기나 등록으로 권리관계를 공시한다는 점에서 오늘날 부동산과 질적 차이가 없다. 강제집행에서도 부동산과 차이가 없다. 등기·등록이 된 선박이나 자동차에 대한 선의취득은 불가능하다.

　　부동산임차권의 경우 임차인의 등기청구권 등이 인정되지만, 동산임차권에는 그러한 규정이 없다. 지상권·지역권·전세권·저당권은 부동산에만 성립하는 권리들이다. 질권은 동산에만 성립하는 권리이다. 유치권은 부동산과 동산 모두에 성립하는 권리다. 선의취득은 동산에만 가능하다. 무주의 동산은 소유의 의

---

8)　대법원 1986.11.11 선고 86누173 판결.
9)　대법원 1997.7.8 선고 96다36517 판결.

사로 점유한 자가 그 소유권을 취득하지만, 무주의 부동산은 국유로 한다(제252조). 다만 學術·技藝 또는 考古의 중요한 재료가 되는 물건에 대하여는 국유로 한다(제255조). 동산간의 부합에서는 그 합성물의 소유권이 주된 동산의 소유자에게 귀속되고 주종을 구별할 수 없을 때에는 부합시의 가액의 비율로 공유한다. 부동산에의 부합에서는 타인의 권원에 의하여 부속된 경우를 제외하고 부동산의 소유자가 부합한 물건의 소유권 취득한다(제256조, 제257조).

> 대법원 1967.7.11 선고 67다893 판결: "타인의 농지를 가사 권원없이 경작을 하였다 하여도 그 경작으로 인한 입도는 그 경작자의 소유에 귀속되고 피차 자기에게 경작권이 있다 하여 동일한 농지를 서로 경작함으로써 결국 동일한 농지를 공동경작을 한 경우에는 그 입도에 대한 소유권은 위의 공동경작자의 공유에 속한다고 할 것이다."

> 대법원 1972.9.26. 선고 71다2488 판결: "바다에 인접한 토지가 유실되어 최고만조 때에 바닷물에 잠겨버리게 되었다 하더라도 제방건조 등의 방법에 의하여 과다한 비용을 요하지 아니하고 원상복구가 가능하여 원상복구할 경제적 가치가 있는 경우라면 아직 해면을 조성하여 종전 소유권이 소멸하였다고는 보기 어렵다."

> 대법원 1979.8.28. 선고 79다784 판결: "적법한 경작권 없이 타인의 토지를 경작하였더라도 그 경작한 입도가 성숙하여 독립한 물건으로서의 존재를 갖추었으면 입도의 소유권은 경작자에게 귀속한다."

> 대법원 1990.7.27 선고 90다카6160 판결: "공장건물과 인접하여 설치된 저유조가 그 설치된 장소에서 손쉽게 이동시킬 수 있는 구조물이 아니고 그 토지에 견고하게 부착시켜 그 상태로 계속 사용할 목적으로 축조된 것이며 거기에 저장하려고 하는 원유, 혼합유 등을 풍우 등 자연력으로부터 보호하기 위하여 둥그런 철근콘크리트 및 철판 벽면과 삿갓모양의 지붕을 갖추고 있는 경우, 그 저유조는 유류창고로서의 기능을 가진 독립된 건물로 보아야 한다."

> 대법원 2005.3.24 선고 2004다71522,71539 판결: "지적법에 의하여 어떤 토지가 지적공부에 1필지의 토지로 등록되면 그 토지의 소재, 지번, 지목, 지적 및 경계는 다른 특별한 사정이 없는 한 이 등록으로서 특정되고 그 소유권의 범위는 현실의 경계와 관계없이 공부상의 경계에 의하여 확정되는 것이어서, 토지에 대한 매매는 매매당사자가 지적공부에 의하여 소유권의 범위가 확정된 토지

를 매매할 의사가 아니고 사실상의 경계대로의 토지를 매매할 의사를 가지고 매매한 사실이 인정되는 등 특별한 사정이 없으면, 현실의 경계와 관계없이 지적공부상의 경계와 지적에 의하여 확정된 토지를 매매의 대상으로 하는 것으로 보아야 할 것이고, 또한 매매당사자가 그 토지의 실제의 경계가 지적공부상의 경계와 상이한 것을 모르는 상태에서 당시 실제의 경계를 대지의 경계로 알고 매매하였다고 해서 매매당사자들이 지적공부상의 경계를 떠나 현실의 경계에 따라 매매목적물을 특정하여 매매한 것이라고 볼 수는 없다."

대법원 2006.9.22 선고 2006다24971 판결: "지적법에 의하여 어떤 토지가 지적공부에 1필지의 토지로 등록되면 그 토지의 경계는 다른 특별한 사정이 없는 한 이 등록으로써 특정되고, 다만 지적공부를 작성함에 있어 기점을 잘못 선택하는 등의 기술적인 착오로 말미암아 지적공부상의 경계가 진실한 경계선과 다르게 잘못 작성되었다는 등의 특별한 사정이 있는 경우에는 그 토지의 경계는 지적공부에 의하지 않고 실제의 경계에 의하여 확정하여야 하지만, 그 후 그 토지에 인접한 토지의 소유자 등 이해관계인들이 그 토지의 실제의 경계선을 지적공부상의 경계선에 일치시키기로 합의하였다면 적어도 그 때부터는 지적공부상의 경계에 의하여 그 토지의 공간적 범위가 특정된다."

대법원 2006.9.8 선고 2006다13889 판결: "조선총독부가 1920년경 발행한 '조선의 토지제도 및 지세제도 조사보고서'에 의하면, 사정(査定)의 대상이 되는 경계(토지조사에 있어서 '강계'와 동일하다)는 타인의 소유지와의 관계를 결정하는 선으로서 지주가 다른 토지와 토지 사이의 경계선을 지칭하고, 동일 지주의 소유에 속하는 1필지와 1필지의 한계 및 조사 시행지와 조사 미시행지 사이의 한계를 표시하는 지역선은 사정의 대상이 아니라고 하고 있으므로, 임야도상에 1필지의 경계로 표시되어 있다 하더라도 사정 당시 인접한 토지의 소유자가 모두 동일하다면 그 경계는 사정에 의하여 확정된 것이라고 볼 수 없다."

대법원 2007.1.11 선고 2004다23523 판결: "토지의 사정 당시 소유자를 달리하던 토지들이 분필 또는 합필되지 않은 채 사정 당시 등록된 그대로인 경우, 사정이 당연 무효라는 등 특별한 사정이 없는 이상 각 토지의 경계는 사정 당시 등록된 지적공부인 지적도상의 경계에 따라야 한다."

대법원 2009.8.20 선고 2007다64303 판결: "토지소유권의 상실 원인이 되는 포락이라 함은 토지가 바닷물에 개먹어 무너져 바다에 떨어져 그 원상복구가 불가능한 경우를 말하고 이 경우 만조수위선을 기준으로 토지와 바다를 구분하여야 하는데, 공유수면관리법 제2조 제4호의 간석지는 만조수위선 이하를 말하는 것이므로 바다에 속하고 따라서 토지가 간석지로 된 경우에도 위 포락의 법리가 그대로 적용된다. 또한, 바다와 같은 자연공물의 경우에는 자연적 상태에 의한 물건의 성상 그 자체로 당연히 공공의 사용에 제공되는 것이므로 불융통물로서 사법상 거래의 대상이 되지 아니한다. 한편, 공유수면관리법 제5조 제1항 제4호는 대통령령으로 정하는 포락지 외에 '개인의 소유권이 인정되는 간석지'를 토지로 조성하는 행위에 대하여 점용 또는 사용 허가를 받도록 규정하고 있다. 그러나 위 조항은 기본적으로 공유수면의 점용 또는 사용의 허가에 관한 사항을 정한 규정으로서 '개인의 소유권이 인정되는 간석지'도 그 문언 그대로 간석지 중에서 개인의 소유권이 인정될 수 있는 경우를 의미한다고 해석될 뿐, 그 규정만을 가지고 간석지가 항상 개인의 소유권이 성립될 수 있는 민법상의 토지에 해당한다고 해석할 수는 없다."

대법원 2012.1.12 선고 2011다72066 판결: "지적법에 의하여 어떤 토지가 지적공부에 1필지의 토지로 등록되면 그 토지는 특별한 사정이 없는 한 등록으로써 특정되므로, 지적도를 작성함에 있어서 기술적 착오로 말미암아 지적도상의 경계선이 진실한 경계선과 다르게 작성되었다는 등의 특별한 사정이 없는 한 토지 소유권의 범위는 현실의 경계에 관계없이 지적공부상의 경계에 의하여 확정되어야 한다. 그리고 경계침범 여부가 문제로 되어 지적도상의 경계를 실지에 복원하기 위하여 행하는 경계복원측량은 등록할 당시의 측량 방법과 동일한 방법으로 하여야 하므로, 첫째 등록 당시의 측량 방법에 따르고, 둘째 측량 당시의 지적측량기준점을 기준으로 하여야 하며, 비록 등록 당시의 측량 방법이나 기술이 발전하지 못하여 정확성이 없다 하더라도 경계복원측량을 함에 있어서는 등록 당시의 측량 방법에 의하여야 하는 것이지 보다 정밀한 측량 방법이 있다 하여 곧바로 그 방법에 의하여 측량할 수는 없다."

대법원 2012.5.24 선고 2012다105 판결: "집합건물의 소유 및 관리에 관한 법률 제1조의2는 1동의 상가건물이 일정한 요건을 갖추어 이용상 구분된 구분점포를 소유권의 목적으로 할 수 있도록 하고 있는데, 구분점포의 번호, 종류, 구조, 위치, 면적은 특별한 사정이 없는 한 건축물대장의 등록 및 그에 근거한 등기에 의해 특정된다. 따라서 구분점포의 매매당사자가 집합건축물대장 등에 의하여 구조, 위치, 면적이 특정된 구분점포를 매매할 의사가 아니라고 인정되는 등 특별한 사정이 없다면, 점포로서 실제 이용현황과 관계없이 집합건축물대장 등 공부에 의해 구조, 위치, 면적에 의하여 확정된 구분점포를 매매의 대상으로 하는 것으로 보아야 하고, 매매당사자가 매매계약 당시 구분점포의 실제 이용현황이 집합건축물대장 등 공부와 상이한 것을 모르는 상태에서 점포로서 이용현황대로 위치 및 면적을 매매목적물의 그것으로 알고 매매하였다고 해서 매매 당사자들이 건축물대장 등 공부상 위치와 면적을 떠나 이용현황대로 매매목적 물을 특정하여 매매한 것이라고 볼 수 없고, 이러한 법리는 교환계약의 목적물 특정에 있어서도 마찬가지로 적용된다." [甲과 乙이 甲의 남편이 보유한 아파트 와 乙의 남편이 丙한테서 매수한 상가 구분점포를 교환하는 계약을 체결함에 따라, 甲이 丙에게서 직접 매수하는 형식의 매매계약서를 작성하여 구분점포를 인도받아 사용하던 중 상가 관리소장으로부터 공용부분을 침범한 구분점포 시 설물의 철거요구를 받자 乙을 상대로 타인 권리의 교환으로 인한 손해배상을 구한 사안에서, 교환계약에 관한 처분문서인 매매계약서에 매매목적물로 집합 건축물대장 및 등기부등본과 일치하는 내용의 구분점포가 명확히 기재되어 있 으므로, 甲과 乙이 교환계약의 목적물을 공용부분이 포함된 실제 이용현황대로 의 점포 부분으로 할 의사를 가졌다고 볼 만한 특별한 사정이 인정되지 않는 한 그 목적물은 매매계약서 및 공부인 집합건축물대장, 등기부등본에 의하여 구조, 위치, 면적이 특정된 구분점포의 전유부분이라고 보아야 하는데도, 甲과 乙이 구분점포 시설물이 공용부분을 침범하여 설치되어 있다는 사실을 몰랐다 는 등 사정만으로 교환계약의 목적물을 공용부분이 포함된 이용현황대로의 점 포 부분이라 인정하여 甲의 손해배상청구를 인정한 원심판결에 교환계약 목적 물의 특정에 관한 법리오해 등 위법이 있다고 한 사례]

대법원 2014.5.16 선고 2011다52291 판결: "토지의 지적도상 경계선에 따른 면적과 토지대장에 표시된 면적이 불일치할 경우, 지적도상 경계선에 따른 면 적을 기준으로 토지대장의 면적 표시를 정정하더라도 해당 토지의 지적도상 경 계선이 변경되지 않으므로 위와 같은 정정은 측량·수로조사 및 지적에 관한 법 률 제84조 제3항의 '인접 토지의 경계가 변경되는 경우'에 해당하지 않는다. 이 런 경우 해당 토지소유자는 위와 같은 정정을 위하여 인접 토지소유자의 승낙 서 등을 제출할 필요가 없으므로 인접 토지소유자에게 위와 같은 정정에 대한 승낙의 의사표시를 소구할 법률상의 이익이 없다. 설령 인접 토지소유자가 토 지대장의 면적 표시에 잘못이 없고 오히려 지적도상 경계선이 잘못된 것이라고 주장하고 있어 지적소관청이 위와 같은 정정을 거부하고 있다고 하더라도 해당 토지소유자로서는 토지대장의 면적 표시가 잘못되었음을 밝히기 위한 사실상 의 필요에서 인접 토지소유자를 상대로 경계확정의 소, 토지소유권확인의 소 등을 제기할 수는 있겠지만, 위와 같이 주장 자체로 인접 토지소유자의 승낙서 등 이 필요 없는 정정에 대하여 승낙의 의사표시를 구하는 소를 제기할 수는 없다."

제4절 主物과 從物

물건의 소유자가 그 물건의 상용에 공하기 위하여 자기소유인 다른 물건을 이에 부속하게 한 때에는 그 부속물은 종물이다(제100조 제1항). 종물은 주물의 처분에 따른다(제100조 제2항). 부속된 두 물건을 일체화 하는 것이 그 이용가치를 그대로 유지하게 하여 결국 경제적 효용을 높여주기 때문이다. 종물은 주물의 처분에 따른다는 민법 규정은 임의규정이다. 특약으로 주물이나 종물만 처분할 수 있다.[10]

종물만 대상으로 하는 강제집행은 불가능하다는 것이 통설이다. 공장 및 광업재단저당법 제8조 제2항은 종물만 대상으로 하는 강제집행을 부정한다. 그러나 종물만을 대상으로 하는 강제집행을 인정하지 않으면 주물도 강제집행하여야 하는데 이것은 주물의 소유자에게 불리하다는 것을 이유로 종물만을 대상으로 하는 강제집행도 허용해야 한다는 견해가 있다.[11] 이 견해가 타당하다.

종물이 되려면 먼저, 주물과 종물 모두 법률상 독립된 물건이어야 한다. 주물의 일부나 구성부분은 종물이 될 수 없다. 주물과 종물 모두 동일한 소유자에게 속하여야 한다. 그러나 독일민법과 스위스민법은 동일소유자임을 요구하지 않는다. 종물은 독립한 물건이면 되고 반드시 동산일 필요는 없다.

종물이 주물의 상용에 공하는 것이어야 한다. 일시적으로 주물의 경제적 효용을 다하게 하는 작용만 할 경우 종물이 아니다.[12] 종물에는 주물에 부속시킨

---

10) 대법원 2012.1.26 선고 2009다76546 판결: "甲이 토지소유자 乙에게서 토지를 임차한 후 주유소 영업을 위하여 지하에 유류저장조를 설치한 사안에서, 유류저장조의 매설 위치와 물리적 구조, 용도 등을 감안할 때 이를 토지로부터 분리하는 데에 과다한 비용을 요하거나 분리하게 되면 경제적 가치가 현저히 감소되므로 토지에 부합된 것으로 볼 수 있으나, 사실상 분리복구가 불가능하여 거래상 독립한 권리의 객체성을 상실하고 토지와 일체를 이루는 구성 부분이 되었다고는 보기 어렵고, 또한 甲이 임차권에 기초하여 유류저장조를 매설한 것이므로, 위 유류저장조는 민법 제256조 단서에 의하여 설치자인 甲의 소유에 속한다. 종물은 주물의 처분에 수반된다는 민법 제100조 제2항은 임의규정이므로, 당사자는 주물을 처분할 때에 특약으로 종물을 제외할 수 있고 종물만을 별도로 처분할 수도 있다."

11) 강태성, 전게서, 435면.

12) 대법원 1985.3.26 선고 84다카269 판결: "호텔의 각 방실에 시설된 텔레비젼·전화기, 호텔세탁실에 시설된 세탁기·탈수기·드라이크리닝기, 호텔주방에 시설된 냉장고 제빙기, 호텔

것으로 인정할 만한 장소적 관계가 있어야 한다. 배와 노, 주택과 별채는 주물과 종물의 관계에 있다. 주물의 효용에 관계가 없는 주택과 텔레비전은 주물과 종물이 아니다. 주택의 창문은 구성부분이지 종물이 아니다. 당사자는 반대의 특약을 할 수 있다. 이러한 원리는 주된 권리와 종된 권리(원금채권과 이자채권, 구분건물과 대지사용권)에도 적용된다.

저당권의 효력은 저당부동산에 부합된 물건과 종물에 미친다. 그러나 법률에 특별한 규정 또는 설정행위에 다른 약정이 있으면 그러하지 아니하다(제358조).[13] 저당권설정 당시의 종물뿐만 아니라 설정 후에 새로 생긴 종물에도 저당권의 효력이 미친다(통설).

방송실에 시설된 비디오·앰프 등 물건들은 호텔의 경영자나 이용자의 상용에 공여됨은 별론으로 하고 주물인 부동산 자체의 경제적 효용에 직접 이바지하지 아니함은 경험칙상 명백하므로 위 부동산에 대한 종물이라고는 할 수 없다."
대법원 1991.5.14 선고 91다2779 판결: "원심은 원고들이 피고들 중 일부에 대하여 별지도면표시 ⓐ, (갸), (냐)부분의 명도를 청구하고 있음에 대하여, 위 ⓐ, (갸), (냐) 부분은 물리적 구조나 용도 및 거래관(냐)상 주된 건물인 본채와는 독립된 건물이라면서 이를 배척하고 있는바, 기록에 편철된 갑 제5호증의 3(검증조서)의 기재 등 원심이 채용하였거나 이유 중에 배척하지 아니한 증거들을 종합하여 보면 위 부분들은 본채에서 떨어져 축조되어 있기는 하나 위 ⓐ부분은 넓이가 3.1평방미터에 불과하고, 구조는 방으로 되어 있으나 사람이 거주하지는 않으며 그 안에는 낡은 물건들이 보관되어 있어 사실상 낡은 가재도구 등의 보관장소로 사용되고 있는 것으로 보이고 (갸)부분은 연탄창고이며 (냐)부분은 점유자들의 공동변소로 사용되고 있음을 인정할 수 있는바 위 인정사실에 의하면 위 부분들이 본채와 독립하여 독립된 효용을 가진 건물이라고 보기보다는 본채를 점유하고 있는 자들의 필요에 따라 주된 건물의 경제적 효용을 보조하기 위하여 계속적으로 이바지하는 종물이라고 함이 합리적이라 할 것이다."
13) 대법원 1993.8.13 선고 92다43142 판결: "백화점 건물의 지하 2층 기계실에 설치되어 있는 전화교환설비가 건물의 원소유자가 설치한 부속시설이며, 위 건물은 당초부터 그러한 시설을 수용하는 구조로 건축되었고, 위 시설들은 볼트와 전선 등으로 위 건물에 고정되어 각 층, 각 방실까지 이어지는 전선 등에 연결되어 있을 뿐이어서 과다한 비용을 들이지 않고도 분리할 수 있고, 분리하더라도 독립한 동산으로서 가치를 지니며, 그 자리에 다른 것으로 대체할 수 있는 것이라면, 위 전화교환설비는 독립한 물건이기는 하나, 그 용도, 설치된 위치와 그 위치에 해당하는 건물의 용도, 건물의 형태, 목적, 용도에 대한 관계를 종합하여 볼 때, 위 건물에 연결되거나 부착하는 방법으로 설치되어 위 건물인 10층 백화점의 효용과 기능을 다하기에 필요불가결한 시설들로서, 위 건물의 상용에 제공된 종물이라 할 것이다. 부동산의 종물은 주물의 처분에 따르고, 저당권은 그 목적 부동산의 종물에 대하여도 그 효력이 미치기 때문에, 저당권의 실행으로 개시된 경매절차에서 부동산을 경락받은 자와 그 승계인은 종물의 소유권을 취득하고, 그 저당권이 설정된 이후에 종물에 대하여 강제집행을 한 자는 위와 같은 경락인과 그 승계인에게 강제집행의 효력을 주장할 수 없다."

통설과 판례[14]는 물건과 권리, 권리와 권리에도 주종관계에 있는 경우 민

---

14) 대법원 1985.4.9 선고 84다카1131,1132 판결: "이 사건 대지와 건물은 위 근저당권설정 당시는 동일인인 소외 김순자의 소유에 속하였다가 그 후 대지의 경매로 인하여 대지와 건물이 다른 소유자에게 속하게 된 것이니 위 건물의 소유자인 소외 김순자는 민법 제366조에 의하여 이 사건 대지에 대하여 건물의 소유를 목적으로 하는 법정지상권을 취득하였다 할 것이고, 법정지상권자는 물권으로서의 효력에 의하여 이를 취득할 당시의 대지소유자나 이로부터 소유권을 전득한 제3자에 대하여도 등기없이 위 지상권을 주장할 수 있는 것이므로 소외 김순자는 위 대지의 전득자인 원고에 대하여 지상권설정등기청구권이 있다 할 것이며, 위 법정지상권을 양도받기로 한 피고 김말출은 채권자대위의 법리에 의하여 원고 및 소외 김순자에 대하여 차례로 지상권설정등기 및 이전등기절차의 이행을 구할 수 있다 할 것이다. 그리고 이와 같이 이 사건 대지에 대한 법정지상권을 취득할 지위에 있는 위 피고에 대하여 원고가 대지소유권에 기하여 건물철거를 구함은 지상권의 부담을 용인하고 또한 그 설정등기절차를 이행할 의무있는 자가 그 권리자를 상대로 한 청구라 할 것이어서 신의성실의 원칙상 허용될 수 없다 할 것이다." [지상권이 딸린 건물을 매도할 경우 제110조 제2항의 유추적용에 의해 건물 이외에 지상권도 포함되지만, 매수인이 지상권을 취득하기 위해서는 건물에 대한 소유권이전등기 외에 지상권에 대해서도 이전등기를 요구하여야 한다.]

대법원 1993.2.12 선고 92도3234 판결: "횟집으로 사용할 점포 건물에 거의 붙여서 횟감용 생선을 보관하기 위하여 즉 위 점포 건물의 상용에 공하기 위하여 신축한 수족관 건물은 위 점포 건물의 종물이라고 해석할 것이다. 수족관 건물의 소유를 위하여 그 부지 일부에 관하여 관습상 법정지상권을 취득하였다면 그 후 대부기간이 만료된 뒤에도 계속하여 위 부지를 사용한 데에는 정당한 사유가 있다고 볼 수 있다."

대법원 1993.4.13 선고 92다24950 판결: "건물의 소유를 목적으로 하여 토지를 임차한 사람이 그 토지 위에 소유하는 건물에 저당권을 설정한 때에는 민법 제358조 본문에 따라서 저당권의 효력이 건물뿐만 아니라 건물의 소유를 목적으로 한 토지의 임차권에도 미친다고 보아야 할 것이므로, 건물에 대한 저당권이 실행되어 경락인이 건물의 소유권을 취득한 때에는 특별한 다른 사정이 없는 한 건물의 소유를 목적으로 한 토지의 임차권도 건물의 소유권과 함께 경락인에게 이전된다."

대법원 1993.12.10 선고 93다42399 판결: "정화조는 건축법시행령 제47조 , 오수, 분뇨 및 축산폐수의 처리에 관한 법률 제2조 제5호에 따라 수세식 화장실에서 배출하는 오수의 정화처리를 위하여 필수적으로 설치되어야 하고, 이 사건 정화조가 위 3층건물의 대지가 아닌 인접한 다른 필지의 지하에 설치되어 있기는 하지만 위 3층건물 화장실의 오수처리를 위하여 위 건물 옆 지하에 바로 부속하여 설치되어 있음을 알 수 있어 독립된 물건으로서 종물이라기보다는 위 3층 건물의 구성부분으로 보아야 할 것이다. 甲이 乙로부터 건물을 매수하면서 인접한 乙 소유 대지 지하에 매설된 위 건물의 일부인 정화조를 철거하기로 한 특약이 없었다면 그 대지에 위 건물의 소유를 위한 관습상의 법정지상권을 취득하였다 할 것이고, 그 후 丙이 위 건물을 경락취득함으로써 특별한 사정이 없는 한 민법 제100조 제2항의 유추적용에 의하여 건물과 함께 종된 권리인 법정지상권도 양도되었다고 봄이 상당하므로, 甲을 대위하여 乙에게 지상권설정등기를 청구할 수 있는 丙에게 위 정화조의 철거를 구함은 신의칙상 허용될 수 없다."

대법원 2014.6.12 선고 2012다92159,92166 판결: "민법 제100조 제2항은 종물은 주물의 처분에 따른다고 규정하고 있는바, 위 종물과 주물의 관계에 관한 법리는 물건 상호간의 관

법 제100조 제2항을 유추적용할 수 있다는 입장이다. 예컨대, 건물과 그 대지이용권(임차권 또는 약정지상권), 원본채권과 이자채권의 경우가 그렇다.

대법원 1967.3.7 선고 66누176 판결: "농지에 부속한 양수장 시설이 귀속재산처리법에 의하여 처분된 경우에는 그 처분은 당연무효이고 그 시설은 주물인 몽리농지의 수분배자의 소유가 된다."

대법원 1975.4.8 선고 74다1743 판결: "부합물에 관한 소유권귀속의 예외를 규정한 민법 제256조 단서의 규정은 타인이 그 권원에 의하여 부속시킨 물건이라 할지라도 그 부속된 물건이 분리하여 경제적가치가 있는 경우에 한하여 부속시킨 타인의 권리에 영향이 없다는 취지이지 분리하여도 경제적 가치가 없는 경우에는 원래의 부동산소유자의 소유에 귀속한다고 해석할 것이며 이 경제적 가치의 판단은 부속시킨 물건에 대한 일반 사회통념상의 경제적 효용의 독립성 유무를 그 기준으로 하여야 할 것인바, 이 사건에 있어서 제1심 및 원심의 각 현장검증결과에 변론의 전취지를 종합하여 보면, 이 사건 증설부분은 실질에 있어 기설 제지공장인 철근콘크리트 스라브즙 및 철근콘크리트 스래트즙 2층 연건평 1,396평 건물의 확장으로서 기설공장의 일부로 이용하기 위하여 증설된 것에 지나지 않고 위 이외에 사무실, 수위실, 보이라실, 배전실, 창고등 부속건물들과 일체가 되어 일단의 제지공장을 이루고 있음을 알 수 있어 이 증설부분을 기존건물들과 분리하여서는 경제상 독립물로서의 효용을 갖지 못한다고 볼 수밖에 없다. 그렇다면 이 사건에서 원고가 그 권원에 의하여 위 증설부분을 부속시킨 것이라고 본다 하더라도 그 증설과 동시에 기설공장 건물에 부합되어 그 소유자의 소유에 귀속한다고 할 것이다."

대법원 1995.6.29 선고 94다6345 판결: "주유소의 지하에 매설된 유류저장탱크를 토지로부터 분리하는 데 과다한 비용이 들고 이를 분리하여 발굴할 경우 그 경제적 가치가 현저히 감소할 것이 분명하므로, 그 유류저장탱크는 토지에

계뿐 아니라, 권리 상호간에도 적용되는 것이지만, 어떤 권리를 다른 권리에 대하여 종된 권리라고 할 수 있으려면 종물과 마찬가지로 다른 권리의 경제적 효용에 이바지하는 관계에 있어야 한다. 이 사건 지원금은 재건축사업을 둘러싼 이 사건 아파트 소유자들이 이 사건 상가 소유자들의 이해관계를 조정하기 위한 것으로, 특히 이 사건 상가를 재건축에서 제외하고 주거중심용지를 주택용지로 변경하는 것 등에 대하여 이 사건 상가 소유자 등이 동의하는 대가로 이들에게 상가의 리모델링 공사에 필요한 비용을 지급하는 것이므로, 삼호에게 귀속되는 지원금채권이 이 사건 삼호 지분의 경제적 효용에 이바지하는 권리로서 이 사건 삼호 지분의 종된 권리에 해당한다고 볼 수 없고, 이 사건 삼호 지분에 관한 양도합의에 삼호의 지원금채권에 관한 묵시적 양도합의가 포함되어 있다고 보기도 어렵다."

부합되었다고 볼 것이다. 주유소의 주유기가 비록 독립된 물건이기는 하나 유류저장탱크에 연결되어 유류를 수요자에게 공급하는 기구로서 주유소 영업을 위한 건물이 있는 토지의 지상에 설치되었고 그 주유기가 설치된 건물은 당초부터 주유소 영업을 위한 건물로 건축되었다는 점 등을 종합하여 볼 때, 그 주유기는 계속해서 주유소 건물 자체의 경제적 효용을 다하게 하는 작용을 하고 있으므로 주유소건물의 상용에 공하기 위하여 부속시킨 종물이라 할 것이다. 공장저당법에 의한 공장저당을 설정함에 있어서는 공장의 토지, 건물에 설치된 기계, 기구 등은 같은 법 제7조 소정의 기계, 기구 목록에 기재하여야만 공장저당의 효력이 생기나, 이와는 달리 공장건물이나 토지에 대하여 민법상의 일반 저당권이 설정된 경우에는 공장저당법과는 상관이 없으므로 같은 법 제7조에 의한 목록의 작성이 없더라도 그 저당권의 효력은 민법 제358조에 의하여 당연히 그 공장건물이나 토지의 종물 또는 부합물에까지 미친다."

대법원 1996.4.26 선고 95다52864 판결: "저당권의 효력이 저당부동산에 부합된 물건과 종물에 미친다는 민법 제358조 본문을 유추하여 보면 건물에 대한 저당권의 효력은 그 건물에 종된 권리인 건물의 소유를 목적으로 하는 지상권에도 미치게 되므로, 건물에 대한 저당권이 실행되어 경락인이 그 건물의 소유권을 취득하였다면 경락 후 건물을 철거한다는 등의 매각조건에서 경매되었다는 등 특별한 사정이 없는 한, 경락인은 건물 소유를 위한 지상권도 민법 제187조의 규정에 따라 등기 없이 당연히 취득하게 되고, 한편 이 경우에 경락인이 건물을 제3자에게 양도한 때에는, 특별한 사정이 없는 한 민법 제100조 제2항의 유추적용에 의하여 건물과 함께 종된 권리인 지상권도 양도하기로 한 것으로 봄이 상당하다."

대법원 1997.9.26 선고 97다10314 판결: "저당권은 법률에 특별한 규정이 있거나 설정행위에 다른 약정이 있는 경우를 제외하고 그 저당 부동산에 부합된 물건과 종물 이외에까지 그 효력이 미치는 것이 아니므로, 토지에 대한 경매절차에서 그 지상 건물을 토지의 부합물 내지 종물로 보아 경매법원에서 저당 토지와 함께 경매를 진행하고 경락허가를 하였다고 하여 그 건물의 소유권에 변동이 초래될 수 없다. 경락에 의하여 건물의 소유자와 그 토지의 소유자가 달라지게 되어 경매 당시의 건물의 소유자가 그 건물의 이용을 위한 법정지상권을 취득한 경우, 토지 소유자는 건물을 점유하는 자에 대하여 그 건물로부터의 퇴거를 구할 수 없다."

대법원 1997.10.10 선고 97다3750 판결: "종물은 주물의 상용에 이바지하는 관계에 있어야 하고, 주물의 상용에 이바지한다 함은 주물 그 자체의 경제적 효용을 다하게 하는 것을 말하는 것으로서 주물의 소유자나 이용자의 상용에 공여되고 있더라도 주물 그 자체의 효용과 직접 관계가 없는 물건은 종물이 아니다[신·구폐수처리시설이 그 기능면에서는 전체적으로 결합하여 유기적으로 작용함으로써 하나의 폐수처리장을 형성하고 있지만, 신폐수처리시설이 구폐수처리시설 그 자체의 경제적 효용을 다하게 하는 시설이라고 할 수 없으므로 종물이 아니라고 한 사례]."

대법원 2000.10.28자 2000마5527 결정: "유류저장탱크와 주유기 7대는 이 사건 경매의 목적물인 토지에 부합되었다고 보아야 할 것이거나 건물의 상용에 공하기 위하여 부속시킨 종물로서 모두 이 사건 경매의 목적물이 되어야 할 것이므로, 재항고인이 경매절차 진행중에 소유자로부터 별도로 위 물건들을 매수하였다고 하더라도 여전히 이 사건 토지 및 건물과 함께 매각되어야 할 것이어서 경매의 목적물에서 제외되는 것이 아니고, 또 민사집행법이 최저경매가격을 규정하고 최저경매가격 결정의 중대한 하자를 직권에 의한 낙찰불허가사유로 규정하고 있는 것은 부동산의 공정타당한 가격을 유지하고, 부동산이 부당하게 염가로 매각됨으로써 소유자뿐만 아니라 근저당권자나 채권자 등 이해관계인의 이익이 침해되는 것을 방지하려는 데 그 목적이 있다고 할 것인데, 재항고인이 경매절차와는 별도로 소유자로부터 위 물건들을 매수하였다고 하여 이 사건 경매목적물에 대한 최저입찰가격 결정의 하자에도 불구하고 근저당권자 등 이해관계인들에게 아무런 손해가 발생하지 않게 된다고 할 수 없으므로, 재항고인 주장과 같은 사정만으로 위 낙찰불허가사유가 소멸된다고 할 수도 없다."

대법원 2002.10.25 선고 2000다63110 판결: "건물이 증축된 경우에 증축 부분이 기존건물에 부합된 것으로 볼 것인가 아닌가 하는 점은 증축 부분이 기존건물에 부착된 물리적 구조뿐만 아니라, 그 용도와 기능의 면에서 기존건물과 독립한 경제적 효용을 가지고 거래상 별개의 소유권 객체가 될 수 있는지의 여부 및 증축하여 이를 소유하는 자의 의사 등을 종합하여 판단하여야 한다. 건물의 증축 부분이 기존건물에 부합하여 기존건물과 분리하여서는 별개의 독립물로서의 효용을 갖지 못하는 이상 기존건물에 대한 근저당권은 민법 제358조에 의하여 부합된 증축 부분에도 효력이 미치는 것이므로 기존건물에 대한 경매절차에서 경매목적물로 평가되지 아니하였다고 할지라도 경락인은 부합된 증축 부분의 소유권을 취득한다." [지하 1층, 지상 7층의 주상복합건물을 신축하면서 불법으로 위 건물 중 주택 부분인 7층의 복층으로 같은 면적의 상층을 건축하였고, 그 상층은 독립된 외부 통로가 없이 하층 내부에 설치된 계단을 통해서만 출입이 가능하고, 별도의 주방시설도 없이 방과 거실로만 이루어져 있으며, 위와 같은 사정으로 상·하층 전체가 단일한 목적물로 임대되어 사용된 경우, 그 상층 부분은 하층에 부합되었다고 본 사례]

대법원 2006.10.26 선고 2006다29020 판결: "민법 제100조 제2항의 종물과 주물의 관계에 관한 법리는 물건 상호간의 관계뿐 아니라 권리 상호간에도 적용되고, 위 규정에서의 처분은 처분행위에 의한 권리변동뿐 아니라 주물의 권리관계가 압류와 같은 공법상의 처분 등에 의하여 생긴 경우에도 적용되어야 하는 점, 저당권의 효력이 종물에 대하여도 미친다는 민법 제358조 본문 규정은 같은 법 제100조 제2항과 이론적 기초를 같이하는 점, 집합건물의 소유 및 관리에 관한 법률 제20조 제1항, 제2항에 의하면 구분건물의 대지사용권은 전유부분과 종속적 일체불가분성이 인정되는 점 등에 비추어 볼 때, 구분건물의 전유부분에 대한 소유권보존등기만 경료되고 대지지분에 대한 등기가 경료되기 전에 전유부분만에 대해 내려진 가압류결정의 효력은, 대지사용권의 분리처분이 가능하도록 규약으로 정하였다는 등의 특별한 사정이 없는 한, 종물 내지 종된 권리인 그 대지권에까지 미친다."

대법원 2007.12.13 선고 2007도7247 판결: "저당권의 효력이 미치는 저당부동산의 종물은 민법 제100조가 규정하는 종물과 같은 의미인바, 어느 건물이 주된 건물의 종물이기 위하여는 주물의 상용에 이바지하는 관계에 있어야 하고 이는 주물 자체의 경제적 효용을 다하게 하는 것을 말하는 것이므로, 주물의 소유자나 이용자의 사용에 공여되고 있더라도 주물 자체의 효용과 관계없는 물건은 종물이 아니다. 민법 제358조, 공장저당법 제4조 및 제5조의 각 규정에 의하면, 공장저당권의 효력은 그 설정행위에 다른 약정이 있는 등의 특별한 사정이 없는 한 공장저당 목적물에 부합된 물건과 종물에 당연히 미친다." [피해자 소유의 축사 건물 및 그 부지를 임의경매절차에서 매수한 사람이 위 부지 밖에 설치된 피해자 소유 소독시설을 통로로 삼아 위 축사건물에 출입한 사안에서, 위 소독시설은 축사출입차량의 소독을 위하여 설치한 것이기는 하나 별개의 토지 위에 존재하는 독립한 건조물로서 축사 자체의 효용에 제공된 종물이 아니므로, 위 출입행위는 건조물침입죄를 구성한다고 한 사례]

대법원 2008.5.8 선고 2007다36933,36940 판결: "부동산에 부합된 물건이 사실상 분리복구가 불가능하여 거래상 독립한 권리의 객체성을 상실하고 그 부동산과 일체를 이루는 부동산의 구성부분이 된 경우에는 타인이 권원에 의하여 이를 부합시켰더라도 그 물건의 소유권은 부동산의 소유자에게 귀속된다. 종물은 물건의 소유자가 그 물건의 상용에 공하기 위하여 자기 소유인 다른 물건을 이에 부속하게 한 것을 말하므로(제100조 제1항) 주물과 다른 사람의 소유에 속하는 물건은 종물이 될 수 없다. 저당권의 실행으로 부동산이 경매된 경우에 그 부동산에 부합된 물건은 그것이 부합될 당시에 누구의 소유이었는지를 가릴 것 없이 그 부동산을 낙찰받은 사람이 소유권을 취득하지만, 그 부동산의 상용에 공하여진 물건일지라도 그 물건이 부동산의 소유자가 아닌 다른 사람의 소유인 때에는 이를 종물이라고 할 수 없으므로 부동산에 대한 저당권의 효력이 미칠 수 없어 부동산의 낙찰자가 당연히 그 소유권을 취득하는 것은 아니며, 나아가 부동산의 낙찰자가 그 물건을 선의취득하였다고 할 수 있으려면 그 물건이 경매의 목적물로 되었고 낙찰자가 선의이며 과실 없이 그 물건을 점유하는 등으로 선의취득의 요건을 구비하여야 한다.”

제5절 원물과 과실

물건의 용법에 의하여 수취하는 산출물을 천연과실이라 한다(제101조 제1항). 물건의 용법에 의하여라 함은 원물의 경제적 용도에 따른다는 의미이다. 산출물은 자연적으로 생산되는 것(과수의 열매, 우유, 달걀, 가축의 새끼)과 인공적으로 수취되는 것(광물, 석재, 토사)을 모두 의미한다.

천연과실은 그 원물로부터 분리하는 때에 이를 수취할 권리자에게 속한다(제102조 제1항). 원물의 소유자, 원물의 선의점유자(제201조), 지상권자(제279조), 전세권자(제303조), 목적물인도 전의 매도인(제587조), 사용차주(제609조), 임차인(제618조), 친권자(제923조), 유증의 수증자(제1079조)는 천연과실의 수취권자이다. 사용만을 목적으로 하는 경우의 사용차주와 임차인은 수취권자가 아니다.[15] 유치권자(제323조)와 질권자(제343조)에 대하여도 수취권을 인정하는 것이 통설이다. 그러나 이태재 교수는 유치권자와 질권자는 과실의 소유권이 아니라 유치권과 질권을 취득하여 그에 기하여 우선변제받는 것이라 한다.[16] 과실을 취득하는 결과에 차이가 없으나 그 의미를 정확히 하는 것이 옳다. 과실수취권자가 경합되

---

15) 강태성, 전게서, 439면.
16) 이태재, 「민법총칙」, 법문사(1978), 202면; 양창수, “민법 제102조에 의한 천연과실의 귀속”, 저스티스 제83호, 한국법학원(2005), 83면.

는 경우에 그 순위를 어떻게 하느냐에 관하여 민법에 규정이 없으나 그 성질상 먼저 선의점유자를 최우선순위로 하고, 제한물권자, 친권자, 수증자, 매도인의 순위로 하며 소유자는 최후순위자로 보아야 할 것이다.[17]

물건의 사용대가로 받는 금전 기타의 물건은 법정과실이라 한다(제101조 제2항). 금전차용에 따른 이자, 토지사용에 따른 지료, 건물사용에 따른 차임 등이 법정과실이다. 권리의 사용대가로 받는 것은 법정과실에 포함되지 않는다. 원물이든 과실이든 전부 물건이어야 한다. 따라서 노동의 대가나 주식배당금은 민법상의 과실이 아니다.

법정과실은 수취할 권리의 존속기간일수의 비율로 취득한다(제102조 제2항). 상가의 소유주가 바뀌었을 때는 임차인으로부터 받을 차임은 그 권리의 존속기간에 따라 日數計算으로 분배한다.

제102조는 임의규정으로 이와 다른 내용의 약정은 얼마든지 가능하다.

사용이익이란 물건을 현실적으로 사용하여 얻은 이익이다. 이것은 당사자사이에 사용대가를 지급하여야 할 법률관계가 존재하지 않는 경우에 특히 그 의미를 가진다. 예컨대, 타인의 토지를 무단으로 점유하여 사용하는 경우, 임차기간이 만료한 후에도 계속 사용하는 경우 등이 그에 해당한다. 사용이익은 과실과 그 실질이 같기 때문에 과실에 준해 취급한다.

대법원 1974.11.12 선고 74다1150 판결: "무릇 토지소유권은 그 토지에 대한 지상권설정이 있어도 이로 인하여 그 권리의 전부 또는 일부가 소멸하는 것도 아니고 단지 지상권의 범위에서 그 권리행사가 제한되는 것에 불과하며, 일단 지상권이 소멸되면 토지소유권은 다시 자동적으로 완전한 제한없는 권리로 회복되는 법리라 할 것이므로 소유자가 그 소유토지에 대하여 지상권을 설정하여도 그 소유자는 그 토지를 불법으로 점유하는 자에게 대하여 방해배제를 구할 수 있는 물권적청구권이 있다고 해석함이 상당하여 그 방해배제를 인용한 원판결부분은 정당하고 이 점에 관한 논지는 이유없다. 원판결은 그 이유설명에서 본건 대지에 관하여는 소외 주식회사 제주은행 명의로 건물의 소유를 목적으로 하는 지상권설정등기가 되어 있고 피고는 불법하게 본건 대지 위에 건물을 건축하여 동 대지를 점유하고 있으므로 피고는 동 건물을 철거하고 그 부지를 인

---

17) 이태재, 전게서, 202면.

159

도함과 동시에 건물철거 및 부지인도완료시까지 임료상당의 손해금을 지급할 의무가 있다는 취의의 판단을 하였다. 그러나 본건 대지에 대하여는 건물소유를 목적으로 지상권이 설정되어 그것이 존속하는 한 원고는 그 대지소유자라 하여도 그 소유권행사에 제한을 받아 그 대지를 사용 수익할 수 없는 법리라 할 것이어서 특별한 사정이 없는 한 원고는 임료 상당의 손해금을 청구할 수 없을 것임에도 불구하고 피고의 불법점거로 인하여 사용 수익하지 못한 임료상당의 손해금을 원고는 청구할 수 있다고 판단한 원판결 판단에는 지상권에 관한 법리를 오해한 위법이 있다 할 것으로서 이 점에 관한 상고 논지는 이유 있다."

대법원 1996.1.26 선고 95다44290 판결: "민법 제201조 제1항에 의하면 선의의 점유자는 점유물의 과실을 취득한다고 규정하고 있는바, 건물을 사용함으로써 얻는 이득은 그 건물의 과실에 준하는 것이므로, 선의의 점유자는 비록 법률상 원인 없이 타인의 건물을 점유·사용하고 이로 말미암아 그에게 손해를 입혔다고 하더라도 그 점유·사용으로 인한 이득을 반환할 의무는 없다."

대법원 2001.12.28 선고 2000다27749 판결: "자연공원법 제26조 및 제33조의 규정내용과 입법목적을 종합하여 보면, 국립공원의 입장료는 토지의 사용대가라는 민법상 과실이 아니라 수익자 부담의 원칙에 따라 국립공원의 유지·관리 비용의 일부를 국립공원 입장객에게 부담시키고자 하는 것이어서 토지의 소유권이나 그에 기한 과실수취권과는 아무런 관련이 없고, 국립공원의 유지·관리비는 원칙적으로 국가가 부담하여야 할 것이지만 형평에 따른 수익자부담의 원칙을 적용하여 국립공원 이용자에게 입장료를 징수하여 국립공원의 유지·관리비의 일부에 충당하는 것도 가능하다고 할 것이며, 징수된 공원입장료 전부가 자연공원법 제33조 제2항에 의하여 국립공원의 관리와 국립공원 안에 있는 문화재의 관리·보수를 위한 비용에만 사용되고 있는 점 등에 비추어 국립공원 내 토지소유자에게 입장료 수입을 분배하지 않고 공원관리청에 전부 귀속되도록 규정한 자연공원법 제33조 제1항이 헌법상의 평등권이나 재산권 보장을 침해하는 규정이라고 볼 수 없다."

제6절 소유권제도

중국, 북한 등을 제외한 현대문명국가들은 사유재산제도, 시장경제제도, 선거제도에 기반한 자유민주주의제도를 채택하고 있다. 국가에 의한 개인의 사적 소유에 대한 절대적 보장은 시장경제와 선거제도에 기한 한 자유민주주의의 절대적 전제조건이다. 개인의 생산수단과 개인이 개인의 생산수단으로부터 생산한 물건을 그 개인의 절대적 자기 소유로 인정하지 않으면, 생산수단과 생산물의 교환을 본질로 하는 시장경제제도가 성립할 수 없고, 사적 소유가 없는 개인들이 자신의 정치적 의사를 자유롭게 표출하고자 할 욕망을 가질 이유가 없기 때문에 선거제도에 기반한 자유민주주의제도도 성립할 수 없다. 국가에 의한 생산수단의 독점, 생산수단에 의한 생산량의 국가에 의한 통제와 그 배분 권한의 국가 독점, 국가의 의사를 독점적으로 결정하는 특정 계급 등을 특징으로 하는 국가는 현대문명국가가 아니다. 소유권제도는 현대문명국가 존재의 전제조건이며, 존재이유이다.

민법의 근간은 사적 소유의 보호이다. 사적 소유를 외부로부터 보호하지 않는 민법은 민법이 아니다. 민법은 소유권 제도를 명문으로 규정하여 사적 소유를 보호한다. 소유권은 소유하는 물건을 사용·수익·처분할 수 있는 권리이다(제211조). 소유권의 객체는 물건에 한한다. 채권에 관한 소유권은 성립하지 않는다.

소유권은 매매계약, 교환계약, 증여계약 등 법률행위에 의하여 취득하는 것이 일반적이다. 그러나 상속·공용징수·판결·경매 등 법률의 규정에 의하여 취득하는 경우도 있다. 부동산의 경우 매매계약 등 법률행위와 함께 소유권이전등기를 하여야 소유권이전의 효력이 발생한다(제186조). 동산의 경우 인도가 있어야 소유권이전의 효력이 발생한다(제188조 제1항). 동산의 인도 방법에는 현실의 인도 외에 간이인도, 점유개정, 목적물반환청구권의 양도에 의한 방법이 있다. 동산을 점유하고 있는 자를 권리자로 믿고 평온·공연·선의·무과실로 거래한 자는 비록 양도인이 정당한 권리자가 아니더라도 그 동산에 관한 소유권을 취득한다(선의취득, 제249조). 법률행위에 의하지 않는 부동산 소유권의 취득에는 등기가 필요하지 않지만, 등기를 하지 아니하면 처분할 수 없다(제187조). 그러나 점유취득시효완성을 원인으로 하는 소유권취득의 경우 이전등기를 하여야 소유권을 취득한다(제245조 제1항).

인접한 부동산의 소유자가 서로 각자의 소유권을 주장하고 이를 행사하는 경우 충돌이 쉽게 발생한다. 민법 제216조 내지 제244조는 인접하는 부동산소유자 상호간 이용을 조절하는 상린관계에 관하여 규정하고 있다. 그 내용은 인지사용청구권, 생활방해의 금지, 수도 등의 시설권, 주위토지통행권, 자연적 배수, 인공적 배수, 여수급여청구권, 유수의 이용권, 경계포·담의 설치권, 나뭇가지·나부뿌리 제거권, 토지의 깊이 파기 금지, 건물축조시 경계선으로부터 0.5미터 거리두기, 앞가림 시설 의무, 지하시설 설치시 거리두기 등이다.

민법 제215조는 여러 사람이 1동의 건물을 구분하여 소유할 수 있음을 전제로 건물과 그 부속물 중 공용하는 부분은 구분소유자의 공유로 추정하고, 공용부분의 보존에 관한 비용 기타 부담을 각자의 소유권의 가액에 비례하여 분담하도록 규정하고 있다.

민법은 소유권자에 대하여 물권적 청구권을 규정하고 있다(제213조, 제214조). 그러나 민법의 물권적 청구권 규정이 없더라도 소유권이 가지는 당연한 효력으로 소유물반환, 소유물방해제거, 소유물방해예방을 구할 수 있다.

민법은 공동소유의 유형으로 공유, 합유, 총유를 규정하고 있다. 소유는 단독소유가 원칙이다. 그러나 여러 명이서 공동으로 물건을 취득할 수 있음은 당연하다. 공동소유의 경우 원칙적으로 지분별로 소유하는 것이 원칙이다. 공유지분이라 한다. 공유지분의 비율은 당사자의 약정으로 정해진다. 당사자의 약정이 불분명한 경우 균등한 것으로 추정한다(제262조 제2항). 공유자의 지분은 각자가 알아서 처분하고 사용·수익할 수 있다(제263조). 즉 공유는 지분에 의한 단독소유이다. 민법은 합유와 총유도 규정하고 있다. 합유는 조합체로 물건을 소유하는 방식이다. 총유는 비법인사단의 사원이 집합체로 소유하는 방식이다. 합유는 동업계약에 의하여 조합체가 성립하고, 그 조합체가 물건을 취득한 경우 성립한다. 합유물을 처분 또는 변경하려면 전원의 동의가 있어야 한다(제272조). 합유물의 분할은 조합체의 해산으로 합유관계가 종료되어야 가능하다. 조합체의 해산사유는 목적사업의 달성, 존속기간의 만료 등 조합계약에서 정한 사유의 발생, 구성원 전원의 합의 기타 부득이한 사유에 의한 구성원의 해산청구 등이다. 총유물은 비법인사단의 정관에 정한 바에 따라 사용·수익·처분한다. 그 정함이 없는 때에는 사원총회의 결의에 의한다(제276조 제1항).

≪부동산등기제도≫

부동산등기법은 부동산등기에 관한 사항을 규정함을 목적으로 한다(부동산등기법 제1조). 등기부란 전산정보처리조직에 의하여 입력·처리된 등기정보자료를 대법원규칙으로 정하는 바에 따라 편성한 것을 말하고, 등기필정보란 등기부에 새로운 권리자가 기록되는 경우에 그 권리자를 확인하기 위하여 등기관이 작성한 정보를 말한다(제2조). 등기는 부동산의 표시와 소유권, 지상권, 지역권, 전세권, 저당권, 권리질권, 채권담보권, 임차권 중 하나에 해당하는 권리의 보존, 이전, 설정, 변경, 처분의 제한 또는 소멸에 대하여 한다(제3조). 같은 부동산에 관하여 등기한 권리의 순위는 법률에 다른 규정이 없으면 등기한 순서에 따른다(제4조 제1항). 등기의 순서는 등기기록 중 같은 구(區)에서 한 등기 상호간에는 순위번호에 따르고, 다른 구에서 한 등기 상호간에는 접수번호에 따른다(제4조 제2항). 부기등기(附記登記)의 순위는 주등기(主登記)의 순위에 따른다. 다만, 같은 주등기에 관한 부기등기 상호간의 순위는 그 등기 순서에 따른다(제5조). 등기신청은 등기신청정보가 전산정보처리조직에 저장된 때 접수된 것으로 본다(제6조 제1항). 등기관이 등기를 마친 경우 그 등기는 접수한 때부터 효력을 발생한다(제6조 제2항).

등기부는 토지등기부와 건물등기부로 구분한다(제14조 제1항). 등기부는 영구히 보존하여야 한다(제14조 제2항). 등기부를 편성할 때에는 1필의 토지 또는 1개의 건물에 대하여 1개의 등기기록을 둔다. 다만, 1동의 건물을 구분한 건물에 있어서는 1동의 건물에 속하는 전부에 대하여 1개의 등기기록을 사용한다(제15조 제1항). 등기기록에는 부동산의 표시에 관한 사항을 기록하는 표제부와 소유권에 관한 사항을 기록하는 갑구 및 소유권 외의 권리에 관한 사항을 기록하는 을구를 둔다(제15조 제2항).

등기는 당사자의 신청 또는 관공서의 촉탁에 따라 한다. 다만, 법률에 다른 규정이 있는 경우에는 그러하지 아니하다(제22조 제1항). 등기는 법률에 다른 규정이 없는 경우에는 등기권리자(登記權利者)와 등기의무자(登記義務者)가 공동으로 신청한다(제23조 제1항). 소유권보존등기 또는 소유권보존등기의 말소등기는 등기명의인으로 될 자 또는 등기명의인이 단독으로 신청한다(제23조 제2항). 상속, 법인의 합병, 포괄승계에 따른 등기는 등기권리자가 단독으로 신청한다(제23조 제3항). 판결에 의한 등기는 승소한 등기권리자 또는 등기의무자가 단독으로 신청한다(제23조 제4항). 등기신청은 신청인 또는 그 대리인이 등기소에 출석하여 신청정보 및 첨부정보를 적은 서면을 제출하는 방법에 의한다. 대리인이 변호사나 법무사인 경우에는 사무원을 등기소에 출석하게 하여 그 서면을 제출할 수 있다(제24조 제1항 1호).

종중, 문중, 그 밖에 대표자나 관리인이 있는 법인 아닌 사단이나 재단에 속하는 부동산의 등기에 관하여는 그 사단이나 재단을 등기권리자 또는 등기의 무자로 한다(제26조 제1항).

채권자는 채무자를 대위하여 등기를 신청할 수 있다(제28조 제1항). 등기 관이 대위신청에 의하여 등기를 할 때에는 대위자의 성명 또는 명칭, 주소 또는 사무소 소재지 및 대위원인을 기록하여야 한다(제28조 제2항).

말소된 등기의 회복을 신청하는 경우에 등기상 이해관계 있는 제3자가 있을 때에는 그 제3자의 승낙이 있어야 한다(제59조).

미등기의 토지 또는 건물에 관한 소유권보존등기는 토지대장, 임야대장 또는 건축물대장에 최초의 소유자로 등록되어 있는 자 또는 그 상속인, 그 밖의 포괄승계인, 확정판결에 의하여 자기의 소유권을 증명하는 자, 수용으로 인하여 소유권을 취득하였음을 증명하는 자, 특별자치도지사, 시장, 군수 또는 구청장(자치구의 구청장을 말한다)의 확인에 의하여 자기의 소유권을 증명하는 자(건물의 경우로 한정한다)가 신청할 수 있다(제65조). 등기관이 미등기부동산에 대하여 법원의 촉탁에 따라 소유권의 처분제한의 등기를 할 때에는 직권으로 소유권보존등기를 하고, 처분제한의 등기를 명하는 법원의 재판에 따라 소유권의 등기를 한다는 뜻을 기록하여야 한다(제66조).

제11장

법률행위·의사표시와 계약제도

제1절 법률행위

I. 개 념

법률행위란 의사표시를 필수적 요소로 하는 법률요건이다. 법률이 유효하게 성립한 법률행위 속 의사표시의 내용에 따라 권리 또는 의무라는 *法的 效果*를 부여하기 때문에 법률행위라고 표현하는 것이다.[1] 의사표시는 '법률효과의 발생으로 향해진 사적인 의사표명'을 의미한다.[2]

법률요건이란 그 요건에 해당하는 사실이 있으면 법률이 정한 효과를 발생시키는 것으로, 법률관계 변동의 원인이 되는 것이다. 법률관계란 사람의 생활관계 가운데에서 법률의 규율을 받는 관계를 말한다. 권리변동이란 권리의 발생·변경·소멸을 가리킨다.

법률은 법률관계를 규정함에 있어서, 언제나 '~사실이 있으면, ~한 효과가 생긴다'는 가언적 판단 형식을 취한다. '~사실이 있으면'이란 조건명제에서 요구되어 있는 요건의 총체가 법률요건이며, '~한 효과가 생긴다'란 귀결명제에서 주어지는 효력이 법률효과이다. 법률요건과 법률효과의 사이에는 원인과 결과의

---

1) 같은 취지로 김용한, 「민법총칙론」, 박영사(1986), 239면.
2) 송덕수, 「민법입문」, 박영사(2012), 42면.

관계에 있다.

법률행위가 법률이 정한 요건에 해당하는 것이 법률행위의 성립이다. 법률행위에 따른 법률효과를 주장하려면 그 주장하는 자가 법률행위가 법률이 정한 성립요건을 충족하고 있음을 증명하여야 한다. 법률행위가 법률이 정한 성립요건을 충족하면 곧 법률이 정한 법적 효력 즉 권리 의무가 발생한다. 일반적으로 법률행위가 성립하려면 법률행위의 당사자가 권리능력·의사능력·행위능력을 갖추고, 법률행위의 내용이 확정이 되어 있거나 장래 확정될 수 있어야 하고, 실현가능하여야 하며, 적법성과 사회적 타당성을 갖추어야 한다. 또한 의사표시를 하는 자의 의사와 표시가 당연히 일치하여야 하고, 의사표시자의 의사 형성과정에 하자가 없어야 한다. 법정대리인의 동의가 필요한 경우 법정대리인의 동의가 있어야 하고, 조건부·기한부 법률행위의 경우 조건의 성취 또는 기한의 도래가 있어야 한다. 유언에서는 유언자의 사망이 성립요건이다.

법률행위의 내용(목적)은 확정되어 있거나 장래 일정한 기준에 의해 확정이 가능한 것이어야 한다. 이에 대한 민법 규정은 없다.[3] 막연하게 사겠다는 의사와 팔겠다는 의사만 표현된 계약은 확정이 전혀 되어 있지 않은 것으로 무효이다. 계약 일방당사자가 임의로 계약상 의무를 이행하지 않을 경우 강제이행을 구할 수밖에 없다. 계약상 권리나 법률의 규정에 의한 권리나 결국 임의이행이 되지 않을시 강제이행을 청구하여야 한다. 청구취지가 특정이 되어 있지 않은 소는 판결을 받아도 강제집행을 할 수 없어 각하처분을 받게 된다. 따라서 계약상 의무는 그 이행기까지 확정될 수 있는 것이어야 한다. 법률행위 내용의 확정은 법률행위의 해석 문제이고, 따라서 당사자의 표시된 의사만으로는 확정이 어려운 경우 당사자의 의도, 거래관행(사실인 관습), 임의법규, 신의칙, 조리에 의하여 확정하여야 한다.

대법원 1997.1.24 선고 96다26176 판결: "매매계약에 있어서 그 목적물과 대금은 반드시 계약체결 당시에 구체적으로 특정될 필요는 없고 이를 사후에라도

---

3) 곽윤직, 「채권총론 신정판」, 박영사(1994), 42면에 의하면 독일 민법 제315조 내지 제319조는 계약상 급부 확정을 당사자 또는 제3자에게 맡기는 경우 공평한 판단에 의하여야 하고, 그 확정이 불공평하면 그 계약은 구속력을 잃는 것으로 규정하고 있다고 한다.

구체적으로 특정할 수 있는 방법과 기준이 정해져 있으면 족하다. 매매계약의 목적물을 '진해시 경화동 747의 77, 754의 6, 781의 15 등 3필지 및 그 외에 같은 동 소재 소외 망 장순남 소유 부동산 전부'라고 표시하여 매매계약의 목적물 중 특정된 3필지를 제외한 나머지 부동산이 토지인지 건물인지, 토지라면 그 필지, 지번, 지목, 면적, 건물이라면 그 소재지, 구조, 면적 등 어떠한 부동산인지를 알 수 있는 표시가 전혀 되어 있지 않고 계약 당시 당사자들도 어떠한 부동산이 몇 개나 존재하고 있는지조차 알지 못한 상태에서 이루어져서 계약일로부터 17년 남짓 지난 후에야 그 소재가 파악될 정도인 경우, 그 목적물 중 특정된 3필지를 제외한 나머지 부동산에 대한 매매는 그 목적물의 표시가 너무 추상적이어서 매매계약 이후에 이를 구체적으로 특정할 수 있는 방법과 기준이 정해져 있다고 볼 수 없어 매매계약이 성립되었다고 볼 수 없다."

법률행위의 내용은 실현가능해야 한다. 민법 제535조 제1항은 "목적이 불능한 계약을 체결할 때에 그 불능을 알았거나 알 수 있었을 자는 상대방이 그 계약의 유효를 믿었음으로 인하여 받은 손해를 배상하여야 한다"고 규정하고 있다. 이는 원시적 실현 불가능한 급부를 내용으로 하는 법률행위는 무효라는 법리를 당연한 것으로 전제하고 있는 것이다. 즉 법률행위 내용이 원시적으로 실현 불가능한 경우 그 법률행위는 무효이다.[4] 법률행위의 일부만 불능인 경우에는 민법 제137조에 의하여 원칙적으로 전부 무효이나 그 불능부분이 없더라도 법률행위를 하였을 것이라고 인정될 때에는 나머지 부분은 그대로 유효하다고 볼 것이다.

대법원 1994.10.25 선고 94다18232 판결: "의약품제조 및 도매업, 의약품 원료 조분판매, 의약품 수입판매 등을 목적으로 하는 주식회사는 농지매매계약을 체결하였다고 하더라도 농지개혁법 또는 농지임대차관리법상 농지매매증명을 발급받을 수가 없어 결과적으로 농지의 소유권을 취득할 수 없으므로, 농지의 매도인이 매매계약에 따라 그 매수인에 대하여 부담하는 소유권이전등기의무는

---

4) 이영준, 「민법총칙 전정판」, 박영사(1997), 173-1374면은 원시적 불능인 법률행위를 반드시 무효로 볼 이유가 없고, 원시적 불능과 후발적 불능을 구별하는 것도 쉽지 않다는 점을 근거로 원시적 불능인 법률행위를 무효로 하는 민법의 태도에 비판적이다. 실제 독일민법 제311조의a에 의하면 원시적 급부를 목적으로 하는 계약도 유효한 것으로 하고 있고, 그 불능을 알았거나 알지 못한 데 대하여 책임 있는 채무자에 대하여 채권자는 급부에 갈음한 손해배상을 청구하거나 지출한 비용에 대한 배상 청구를 선택할 수 있도록 하고 있다.

원시적으로 이행불능이라고 하여야 할 것이고, 따라서 원시적 불능인 급부를 목적으로 하는 농지의 매매계약은 채권계약으로서도 무효라고 아니할 수 없다."

법률행위는 국가의 법질서가 인정하는 한도 내에서 성립하고 그에 따르는 법적 효력을 가진다. 사적 자치는 민법의 지도원리가 아니라 계약의 성립에서 주로 문제가 되는 계약 구속력의 근거이다. 계약 구속력은 모든 계약에 대하여 발생하는 것이 아니라, 계약의 내용이 법질서에 부합하는 것에 한하여 발생하는 것이다. 이는 법률행위의 내용이 적법해야만 법률행위가 성립한다는 것을 의미한다. 민법 제105조는 "법률행위의 당사자가 법령 중의 선량한 풍속 기타 사회질서에 관계없는 규정과 다른 의사를 표시한 때에는 그 의사에 의한다"고 규정함으로써, 법률행위가 임의규정에 반할 수 있다는 것을 규정하고, 동시에 선량한 풍속 기타 사회질서와 관계가 없는 임의규정이 아니라 선량한 풍속 기타 사회질서와 관계가 있는 강행법규에는 반할 수 없다는 것을 규정한 것이다. 강행규정은 사적자치의 한계인 셈이다. 민법 가운데 권리능력, 실종선고, 행위능력, 법인제도 등 민법총칙 규정, 소유권, 점유제도, 상린관계, 지상권 등 물권법 규정, 소비대차 내지 임대차에 있어서 차주나 임차인 보호 규정 등 채권법 규정, 친족법 규정, 상속법 규정은 강행규정이다. 집합건물법, 주택임대차보호법, 가등기담보법 등의 많은 민사특별법이 강행규정으로 이루어져 있다. 이러한 私法상 강행규정에 위반한 법률행위는 무효이다. 私法상 효력이 부인되는 강행규정과 달리 행정상 목적을 위하여 일정한 행위를 금지 또는 제한하는 공법규정을 단속규정이라 한다. 이러한 공법상 단속규정에는 사법상 효력까지 무효로 하는 규정과 사법상 효력은 그대로 유효로 하고 형사처벌이나 과태료 등 행정제재만 부과하는 것으로 끝나는 규정 두 가지 형태가 있다. 판례는 公法상 강행규정을 민법의 임의법규에 대응하는 의미의 私法상 강행규정과 따로 구별하지 않고 사용한다. 판례는 私法상 효력을 부정하는 효력규정이라는 의미로 강행규정이라는 용어를 사용한다.

대법원 1997.6.27 선고 97다9529 판결: "구 국유재산법 제7조는 같은 법 제1조의 입법 취지에 따라 국유재산 처분 사무의 공정성을 도모하기 위하여 관련

사무에 종사하는 직원에 대하여 부정한 행위로 의심받을 수 있는 가장 현저한 행위를 적시하여 이를 엄격히 금지하는 한편, 그 금지에 위반한 행위의 사법상 효력에 관하여 이를 무효로 한다고 명문으로 규정하고 있으므로, 국유재산에 관한 사무에 종사하는 직원이 타인의 명의로 국유재산을 취득하는 행위는 강행 법규인 같은 법 규정들의 적용을 잠탈하기 위한 탈법행위로서 무효이고, 나아 가 같은 법이 거래안전의 보호 등을 위하여 그 무효로 주장할 수 있는 상대방 을 제한하는 규정을 따로 두고 있지 아니한 이상, 그 무효는 원칙적으로 누구에 대하여서나 주장할 수 있으므로, 그 규정들에 위반하여 취득한 국유재산을 제3 자가 전득하는 행위 또한 당연무효이다.”

대법원 2007.12.20 선고 2005다32159 전원합의체판결: “구 부동산중개업법 은 부동산중개업을 건전하게 지도·육성하고 부동산중개 업무를 적절히 규율함 으로써 부동산중개업자의 공신력을 높이고 공정한 부동산거래질서를 확립하여 국민의 재산권 보호에 기여함을 입법목적으로 하고 있으므로(제1조), 중개수수 료의 한도를 정하는 한편 이를 초과하는 수수료를 받지 못하도록 한 같은 법 및 같은 법 시행규칙 등 관련 법령 또는 그 한도를 초과하여 받기로 한 중개수 수료 약정의 효력은 이와 같은 입법목적에 맞추어 해석되어야 한다. 그뿐 아니 라, 중개업자가 구 부동산중개업법 등 관련 법령에 정한 한도를 초과하여 수수 료를 받는 행위는 물론 위와 같은 금지규정 위반 행위에 의하여 얻은 중개수수 료 상당의 이득을 그대로 보유하게 하는 것은 투기적·탈법적 거래를 조장하여 부동산거래질서의 공정성을 해할 우려가 있고, 또한 구 부동산중개업법 등 관 련 법령의 주된 규율대상인 부동산의 거래가격이 높고 부동산중개업소의 활용 도 또한 높은 실정에 비추어 부동산 중개수수료는 국민 개개인의 재산적 이해 관계 및 국민생활의 편의에 미치는 영향이 매우 커 이에 대한 규제가 강하게 요청된다. 그렇다면, 앞서 본 입법목적을 달성하기 위해서는 고액의 수수료를 수령한 부동산 중개업자에게 행정적 제재나 형사적 처벌을 가하는 것만으로는 부족하고 구 부동산중개업법 등 관련 법령에 정한 한도를 초과한 중개수수료 약정에 의한 경제적 이익이 귀속되는 것을 방지하여야 할 필요가 있으므로, 부 동산 중개수수료에 관한 위와 같은 규정들은 중개수수료 약정 중 소정의 한도 를 초과하는 부분에 대한 사법상의 효력을 제한하는 이른바 강행법규에 해당하 고, 따라서 구 부동산중개업법 등 관련 법령에서 정한 한도를 초과하는 부동산 중개수수료 약정은 그 한도를 초과하는 범위 내에서 무효이다.”

대법원 2003.4.22 선고 2003다2390,2406 판결: “의료법은 제30조 제2항에서 의료인이나 의료법인 등 비영리법인이 아닌 자의 의료기관 개설을 원천적으로 금지하고, 제66조 제3호에서 이를 위반하는 경우 5년 이하의 징역 또는 2천만원 이하의 벌금에 처하도록 규정하고 있는바, 의료법이 의료의 적정을 기하여 국민의 건강을 보호 증진함을 목적으로 하고 있으므로 위 금지규정의 입법 취지는 의료기관 개설자격을 의료전문성을 가진 의료인이나 공적인 성격을 가진 자로 엄격히 제한함으로써 건전한 의료질서를 확립하고, 영리 목적으로 의료기관을 개설하는 경우에 발생할지도 모르는 국민 건강상의 위험을 미리 방지하고자 하는 데에 있다고 보이는 점, 의료인이나 의료법인 등이 아닌 자가 의료기관을 개설하여 운영하는 행위는 형사처벌의 대상이 되는 범죄행위에 해당할 뿐 아니라, 거기에 따를 수 있는 국민보건상의 위험성에 비추어 사회통념상으로 도저히 용인될 수 없을 정도로 반사회성을 띠고 있다는 점, 위와 같은 위반행위에 대하여 단순히 형사 처벌하는 것만으로는 의료법의 실효를 거둘 수 없다고 보이는 점 등을 종합하여 보면, 위 규정은 의료인이나 의료법인 등이 아닌 자가 의료기관을 개설하여 운영하는 경우에 초래될 국민 보건위생상의 중대한 위험을 방지하기 위하여 제정된 이른바 강행법규에 속하는 것으로서 이에 위반하여 이루어진 약정은 무효라고 할 것이다."

대법원 1996.8.23 선고 94다38199 판결: "증권회사 또는 그 임·직원의 부당권유행위를 금지하는 증권거래법 제52조 제1호는 공정한 증권거래질서의 확보를 위하여 제정된 강행법규로서 이에 위배되는 주식거래에 관한 투자수익보장 약정은 무효이고, 투자수익보장이 강행법규에 위반되어 무효인 이상 증권회사의 지점장에게 그와 같은 약정을 체결할 권한이 수여되었는지의 여부에 불구하고 그 약정은 여전히 무효이므로 표현대리의 법리가 준용될 여지가 없다. 일임매매의 제한에 관한 증권거래법 제107조는 고객을 보호하기 위한 규정으로서 증권거래에 관한 절차를 규정하여 거래질서를 확립하려는 데 그 목적이 있는 것이므로, 고객에 의하여 매매를 위임하는 의사표시가 된 것임이 분명한 이상 그 사법상 효력을 부인할 이유가 없고, 그 효력을 부인할 경우 거래 상대방과의 사이에서 법적 안정성을 심히 해하게 되는 부당한 결과가 초래되므로, 일임매매에 관한 증권거래법 제107조 위반의 약정도 사법상으로는 유효하다."

대법원 2014.7.24 선고 2013다28728 판결: "변호사법 제109조 제1호는 강행법규로서 같은 법조에서 규정하고 있는 이익취득을 목적으로 하는 법률행위는 그 자체가 반사회적 성질을 띠게 되어 사법적 효력도 부정된다. 그리고 변호사법 제109조 제1호를 위반하여 소송 사건을 대리하는 자가 소송비용을 대납한 행위는 성격상 대리를 통한 이익취득 행위에 불가결하게 수반되는 부수적 행위에 불과하므로, 위와 같이 대납하는 소송비용을 소송 종료 후에 반환받기로 하는 약정은 특별한 사정이 없는 한, 이익취득 약정과 일체로서 반사회질서의 법률행위에 해당하여 무효라고 보아야 하고 이 부분만을 따로 떼어 효력을 달리한다고 볼 것은 아니다."

대법원 1987.2.10 선고 86다카1288 판결: "외국환관리법은 외국환과 그 거래 기타 대외거래를 관리하여 국제수지의 균형, 통화가치의 안정과 외화자금의 효율적인 운용을 기하는 그 특유의 목적을 달성하기 위하여 그에 역행하는 몇가지 행위를 제한하거나 금지하고 그 제한과 금지를 확실히 하기 위하여 위반행위에 대한 벌칙규정을 두고 있는바, 위 제한규정에 위반한 행위는 외국환관리법의 목적에 합치되지 않는 행위일 뿐 그것이 바로 민법상의 불법행위나 무효행위가 되는 것은 아니다."

대법원 1992.2.25 선고 91다44544 판결: "주택건설촉진법 제38조의3 제1항에 의하면 국민주택에 관하여는 최초로 공급한 날로부터 일정기간 동안 전매행위가 금지되어 있고 이에 위반하여 그 전매행위를 한 매도인을 처벌하는 규정은 있어도 위 규정에 위반한 전매의 효력에 관하여는 아무런 정함이 없고, 같은 조 제3항에서는 위 규정에 위반한 전매가 있는 경우 그 매수인에게 국민주택사업주체가 일정한 금액을 지급한 때에는 그 지급한 날에 국민주택사업주체가 당해 국민주택을 취득한 것으로 본다고 규정하고 있는 점 등에 비추어 볼 때 위 전매금지규정은 단속규정에 불과하고 효력규정은 아니라고 할 것이므로, 위 전매금지규정을 위반한 매매계약이 무효라고 할 수 없고, 또한 국민주택사업주체에 대하여 전매가 금지되는 시기까지 국민주택을 전매하지 않기로 약정하고 그 약정이 등기까지 되었는데 그 전매금지약정을 위반하여 매매계약을 체결하였다고 하더라도, 국민주택사업주체에 대하여 채무불이행의 책임을 지는 것은 별론으로 하고, 그 매매계약이 무효가 된다고도 할 수 없다."

대법원 2001.12.28 선고 2001다17565 판결: "구 금융실명거래및비밀보장에관한긴급재정경제명령이 시행된 후에는 금융기관에 예금을 하고자 하는 자는 원칙적으로 직접 주민등록증과 인감을 지참하고 금융기관에 나가 자기 이름으로 예금을 하여야 하는 것이므로, 예금명의자를 예금주로 보아야 할 것이나, 특별한 사정으로 출연자와 금융기관 사이에 예금명의인이 아닌 출연자에게 예금반환채권을 귀속시키기로 하는 명시적 또는 묵시적 약정이 있는 경우에는 출연자를 예금주로 하는 금융거래계약이 성립하는 것이고, 위 긴급재정경제명령이나 금융실명거래및비밀보장에관한법률에서 비실명거래행위를 금지하고, 비실명거래자에게 실명전환의무를 부과하며, 이를 위반하는 경우 금융기관의 임원 또는 직원에 대하여 과태료 부과처분을 하고, 실명전환의무위반자에게 과징금 부과처분을 하도록 규정하고 있더라도 비실명금융거래계약의 사법상 효력에는 영향이 없다."

대법원 2015.4.9 선고 2013다35788 판결: "세무사법 제12조의3, 제6조 제1항, 제20조 제1항 본문, 제22조 제1항 제1호, 제22조의2 제1호의 입법 취지는 세무대리를 할 수 있는 사람을 세무사 자격을 가진 사람으로 엄격히 제한함으로써 건전한 세무질서를 확립하고 납세자의 정당한 권익을 보호하며 세무대리행위의 적정성과 공정성을 확보하고자 하는 데 있다. 이러한 입법 취지에 더하여, 세무사 자격이 없으면서 세무대리를 하는 행위 및 세무사가 다른 사람에게 명의를 대여하는 등의 행위는 형사처벌의 대상이 되는 범죄행위에 해당할 뿐 아니라 거기에 따를 수 있는 국민의 재산권과 정부의 재정수입에 대한 악영향에 비추어 사회통념상 쉽게 용인되기 어렵고, 위와 같은 위반행위에 대하여 단순히 형사처벌하는 것만으로는 세무사제도를 확립하여 세무행정의 원활과 납세의무의 적정한 이행을 도모할 목적으로 제정된 세무사법이 실효를 거둘 수 없어 그 위반행위로 인한 경제적 이익이 귀속되는 것을 근본적으로 방지하여야 할 필요가 있는 점 등을 종합적으로 고려하면, 위 각 규정은 세무사 자격이 없는 사람이 세무대리를 하는 경우에 초래될 세무행정의 원활과 납세의무의 적정한 이행상의 중대한 위험을 방지하기 위한 강행법규에 해당한다. 따라서 이를 위반하여 세무사와 세무사 자격이 없는 사람 사이에 이루어진 세무대리의 동업 및 이익분배 약정은 무효이고, 나아가 그와 같이 무효인 약정을 종료시키면서 기왕의 출자금의 단순한 반환을 넘어 동업으로 인한 경제적 이익을 상호 분배하는 내용의 정산약정을 하였다면 이 또한 강행법규인 위 각 규정의 입법 취지를 몰각시키는 것으로서 무효이다."

대법원 2010.12.9 선고 2010다57626,57633 판결: "법률상 원인 없이 타인의 재산 또는 노무로 인하여 이익을 얻고 이로 인하여 타인에게 손해를 가한 자는 그 이익을 반환하여야 하고(제741조), 다만 불법의 원인으로 인하여 재산을 급여하거나 노무를 제공한 때에는 그 이익의 반환을 청구하지 못하는 것인바(제746조 본문), 여기서 불법의 원인이라 함은 그 원인되는 행위가 선량한 풍속 기타 사회질서에 위반하는 경우를 말하는 것으로서 법률의 금지에 위반하는 경우라 할지라도 그것이 선량한 풍속 기타 사회질서에 위반하지 않는 경우에는 이에 해당하지 않는다. 수산업법 제33조가 어업권의 임대차를 금지하고 있는 취지 등에 비추어 보면, 위 규정에 위반하는 행위가 무효라고 하더라도 그것이 선량한 풍속 기타 사회질서에 반하는 행위라고 볼 수는 없다. 따라서 어업권의 임대차를 내용으로 하는 임대차계약이 수산업법 제33조에 위반되어 무효라고 하더라도 그것이 부당이득의 반환이 배제되는 '불법의 원인'에 해당하는 것으로 볼 수는 없으므로, 어업권을 임대한 어업권자로서는 그 임대차계약에 기해 임차인에게 한 급부로 인하여 임차인이 얻은 이익, 즉 임차인이 양식어장(어업권)을 점유·사용함으로써 얻은 이익을 부당이득으로 반환을 구할 수 있다."

의사표시는 법률효과를 원하는 의사와 이 의사를 외부에 표시하는 표시로 구성된다. 법률요건을 구성하는 개개의 사실을 법률사실이라 한다. 법률효과를 발생케 하는 원인으로서 필요하고도 충분한 사실의 총체가 법률요건이며, 그것은 단일한 사실로 성립될 수도 있고, 다수의 사실의 복합으로 되어 있는 경우도 있다. 유언·동의·추인 등은 하나의 의사표시라는 단독의 법률사실이 법률요건으로 되어 있는 것이고, 계약은 청약이라는 의사표시와 승낙이라는 의사표시의 두 개의 법률사실이 합쳐져서 법률요건을 이룬다.5)

법률요건에는 법률행위만 있는 것이 아니다. 불법행위, 부당이득, 사무관리 등 사건이나 사실행위가 주요요소가 되는 법률요건도 있다. 그런데 법률행위에 의해 발생하는 권리와 의무보다 불법행위 등 사실행위에 의해 발생하는 권리와 의무가 압도적으로 민사실무에서 큰 비중을 차지하고 있다6)는 점을 명심하여야 한다.

법률행위에는 계약, 단독행위, 합동행위가 있다. 통설에 의한 계약, 단독행위, 합동행위 개념은 다음과 같다. 계약은 2인 이상의 당사자가 청약과 승낙이라는 각자의 의사를 표시하고, 그 내용이 합치하여 성립하는 법률행위이다. 단독행위는 행위자의 의사만으로 성립하는 법률행위이다. 단독행위에는 채무면제, 상계, 취소,7) 해제, 동의, 재단법인설립행위, 유언이 있다. 합동행위는 사단법인 설립을 위한 정관작성행위와 같이 동일한 목적을 향해 같은 방향의 의사가 합치하여 법률효과를 발생시키는 법률행위를 말한다. 법인 가입·탈퇴의 자유가 있는 한 정관작성행위도 결국 계약으로 보겠다는 입장에 선다면 합동행위도 계약으

---

5) 곽윤직, 「민법총칙 신정판」, 박영사(1989), 322-323면.
6) 박경신, 「아듀, 물권행위」, 고려대학교출판부(2006), 57면.
7) 이은영, 「민법총칙」, 박영사(2000), 692-693면: "취소의 의사표시를 요소로 하는 법률요건은 취소할 수 있는 법률행위에 부종하는 행위로서, 취소의 의사표시를 요소로 하지만 법률행위가 아니다. 즉, 취소할 수 있는 법률행위에서 독립한 것도 아니고, 법률행위도 아니다."

로 포섭될 수 있다.

　사견으로는 법률행위라는 개념은 지나치게 추상적이므로 폐기하는 것이 좋다. 법률행위라는 용어는 '民事行爲'라는 용어로 바꾸어야 한다. 商法은 商行爲라는 용어를 사용하고 있다. 민법 제1조가 민사라는 용어를 이미 사용하고 있으므로, 민법 제1조의 '民事'라는 단어에 '行爲'라는 단어를 붙여 민사행위라 하면 충분하다. 계약, 정관작성행위, 유언 등의 민법상 여러 행위를 포괄하는 개념은 民事行爲라는 용어가 바람직하다. 민법 제1조는 '민사에 관하여'란 표현을 사용하고 있다. 여기서 민사는 상사관계를 포함한 私法관계를 뜻한다. 따라서 상사를 포함한 사법관계에서 법적 의미를 가지는 행위라는 뜻으로 "民事行爲"라는 용어가 적절하다. 민사행위는 법률행위라는 개념보다 훨씬 구체적이고 이해하기 쉽다. 민법개정을 통해 법률행위라는 표현을 민사행위로 바꾸어야 한다.

Ⅱ. 물권행위·채권행위 개념의 필요성

　독일의 경우 물권적 합의와 등기가 있어야 소유권이 이전된다는 성립요건주의를 채택하고 있다. 독일민법(BGB)은 부동산 물권변동의 성립요건으로서 물권적 합의와 부동산등기부에의 등기를 요구하고 있다(BGB 제873조 제1항). BGB 제873조 2항은 "전항의 물권적 의사표시가 공정증서화되었을 경우, 혹은 등기관의 면전에서 주고받아져 등기관에 대해서 제출되었을 경우, 혹은 권리자가 상대방에게 부동산등기법의 규정에 근거하는 등기허락서를 교부했을 경우에게만, 등기 전이어도 당사자는 물권적 합의에 구속된다"고 규정해, 방식을 구비하지 않은 물권적 합의에는 법적 구속력을 인정하지 않는다. 물권적 합의에 선행하는 채권계약 중 부동산소유권의 이전의무 부여하는 계약에 관해서는, 공정증서화가 성립요건으로 되어 있다(BGB 제313조 1문). 부동산매매계약은 채권계약과 동시에 물권계약이 공정증서형식으로 체결된다. 공증인의 공증은 실제 권리관계에 대한 전면적 심사를 의미한다. 거래진실성담보를 공증변호사의 공증이 담당하고 있다. 등기는 순수한 사실 확인 절차에 불과하다. 토지소유권의 양도(Auflassung)

와 우리나라의 건물등기에 해당하는 지상권의 설정·양도 등기는 당사자 쌍방이 공증인 앞에 출석해 하여야 하고, 공증인은 소유권 이전의 물권적 합의를 하였음을 증명하는 공정증서를 작성한 후 등기관이 공증 여부를 확인 후 등기를 한다. 독일민법에서 채권행위와 물권행위는 구별된다는 것은 공증이 개입되어 채권행위의 하자가 물권행위로 연결되는 것을 막는다는 것을 의미한다. 채권행위와 물권행위라고 표현하면 뭐가 있어 보이지만, 공증을 통해 사기행위를 막는다는 것을 의미하는 것뿐이다. 독일의 경우 형식적 절차에 불과한 등기에 공신력을 인정하는데, 이는 사실상 공증에 대한 신뢰를 뜻하는 것이다. 이것을 등기의 공신력으로 과대 포장하는 경우가 있는데, 그럴 이유가 전혀 없다. 공증이 없는데도 등기의 공신력을 인정할 경우 그러한 과대포장이 의미를 가진다.

　　프랑스도 같은 방식을 취하고 있다. 즉 등기원인증서인 매매계약에 공증을 하여 거래진실성을 담보한다. 공증 전 계약을 가계약이라고 통상 부른다. 공증이 없는 부동산매매계약을 계약으로 취급하지 않는 것이다.[8] 독일과 마찬가지로, 공증한 매매계약서로 등기신청이 이루어진다. 독일과 프랑스의 차이점은 물권행위라는 용어 사용에 있을 뿐이다. 독일은 토지매매계약의 공증을 물권행위라고 한다. 그러나 로마법에 충실한 프랑스의 경우 물권행위라는 개념을 사용하지 않는다. 그 대신 공증하기 전 계약을 가계약이라고 취급하며, 그 상태에서는 상대방의 계약상 의무를 민사소송으로 강제할 수 없다고 본다. 공증하지 않은 매매계약에서는 소권이 발생하지 않도록 하는 것이다. 독일과 프랑스는 부동산매매계약에 공증을 통하여 엄격하게 거래진실성을 확인하고 있다는 점에서 차이가 없다. 프랑스의 등기시스템은 일반적인 행정절차의 하나이며, 당사자가 제출한 계약서가 권리관계를 확인하는 요체이다.

　　미국은 주로 날인증서(deed)를 등록하는 레코딩 시스템(Recording system)을 이용한다. 매매계약 자체가 우리나라처럼 개인들끼리 만나 이루어지는 것이

---

8) 법원행정처, 「부동산등기실무[Ⅰ]」, 대법원법원행정처(2015), 13면에 의하면 "거래당사자가 가계약을 체결한 이후 공증인이 약 3개월 동안 당사자의 인적 동일성, 행위능력, 재산처분권한, 공법상 또는 사법상 제한, 계약내용의 적법성 및 유효성 등 실체적 권리관계까지 조사하여 이상이 없는 경우에 비로소 매매계약이 체결된다"고 한다.

아니고, 반드시 날인증서의 작성명의인이 실제 매도인이 틀림없다는 사실을 공
증받아야 한다. 통상 Escrow agent나 변호사가 공증받은 날인증서와 매매대금
을 동시이행한다. 양수인이 날인증서를 등록소에 가지고 가면 등록소의 직원은
색인부에 등록사항을 기입한 다음 연대순으로 날인증서를 편철하여 보관한다.[9]
날인증서가 공증인의 면전에서 작성되어야 한다는 점에서는 독일의 Auflassung
과 차이가 없다.[10]

    우리나라는 일본과 마찬가지로 매매계약과 소유권이전등기 과정 어디에도
공증을 통한 진실성 담보장치가 없다. 부동산매매계약은 단순히 매도자와 매수
인의 의사합치만 있으면 성립하고, 그러한 의사합치에 소유권이전을 민사소송으
로 구할 수 있는 이전등기청구권을 부여한다. 매도인이 소유권이전등기에 협력
하지 않으면 매도의사에 갈음하는 법원의 판결을 얻어 매수인이 단독으로 소유
권이전등기를 할 수 있다. 독일, 프랑스, 미국과 달리 우리나라와 일본은 공증
없는 매매계약에서 소유권이전을 구하는 민사소송을 제기할 권리가 발생하는
것을 인정하고 있다. 부동산등기법 제22조 제1항, 제23조 제1항은 "등기는 법률
에 다른 규정이 없는 한 당사자의 신청 또는 관공서의 촉탁에 따라 하고, 등기권
리자와 등기의무자가 공동으로 신청한다"고 규정하여 공동신청주의를 채택하고
있다. 우리나라와 일본은 등기의 공동신청을 통하여 거래진실성을 담보하고자
한다. 그런데 우리나라와 일본 모두 등기관의 심사에 대하여 형식적 심사주의를
택하고 있어,[11] 공동신청주의가 거래진실성을 담보하는 역할을 제대로 수행하
기 어렵다. 등기관은 등기절차상의 적법성 여부만 심사할 뿐이다. 결국 우리나
라나 일본의 부동산 매수인은 매도인이 진정한 권리자인지를 자신의 책임하에

---

9) 법원행정처, 전게서, 14면.
10) 박수곤, "물권행위 개념에 대한 소고: 프랑스법적 시각에서의 검토", 민사법학 제43권 제2호 (2008), 184면.
11) 대법원 2005.2.25 선고 2003다13048 판결: "등기관은 등기신청에 대하여 부동산등기법상 그 등기신청에 필요한 서면이 제출되었는지의 여부 및 제출된 서면이 형식적으로 진정한 것인지의 여부를 심사할 권한을 갖고 있으나 그 등기신청이 실체법상의 권리관계와 일치하는지의 여부를 심사할 실질적인 심사권한은 없으므로, 등기관으로서는 오직 제출된 서면 자체를 검토하거나 이를 등기부와 대조하는 등의 방법으로 등기신청의 적법 여부를 심사하여야 한다."

철저하게 확인하여야 한다.

민법 186조는 "부동산에 관한 법률행위로 인한 물권의 득실변경은 등기하여야 그 효력이 생긴다"고 규정하고 있다. 이 규정을 두고 소유권이전에는 물권변동을 목적으로 한 의사표시인 물권행위와 부동산이전등기라는 두 요건이 필요하다고 해석을 하는 견해들이 많다. 하지만, 거래현실에서는 매매계약 하나만 체결되고, 따로 물권행위라고 부를 만한 것이 없다. 프랑스와 달리 독일은 계약서 공증을 물권행위라고 따로 부른다. 우리나라는 계약서 공증이 없으므로 물권행위가 없다. 등기청구권이 물권적 합의에서 발생한다는 견해[12]는 전제가 잘못된 것이다. 우리나라 부동산거래실무에서는 물권적 합의라는 것이 존재하지 않는다. 등기청구권에는 동시이행항변권이 반드시 부착되는데 이는 등기청구권이 매매계약의 한 내용에 불과하다는 것을 보여준다.[13] 물권행위의 무인성이 대법원판례에서 일관하여 인정되지 않는 것은 매매계약과 등기신청 두 가지만 현실에 존재하기 때문이다. 부동산 소유권 이전의 합의에 어떠한 절차나 형식도 요구하지 않는 나라는 우리나라와 일본뿐이다. 계약서 공증도 없고, 등기관의 실질적 심사도 없기 때문에 부동산등기에 공신력을 부여하는 것은 본질적으로 불가능하다.[14]

부동산매매계약을 낙성주의로 운영하여 발생하는 거래 진실성 문제가 공동신청주의로 잘 해결되지 못하므로 등기관련 사고는 늘 발생한다. 공동신청주의를 소송으로 강제하기 위하여 민법, 민사집행법, 부동산등기법의 관련 규정은 소유권자의 매도의사를 판결로 갈음하게 한 후, 확정된 판결문을 가지고 단독으로 소유권이전등기 신청을 하는 것을 인정하고 있다.[15] 등기사고는 판결에 의한 단독등기를 통해 자주 발생한다. 사기적 방법으로 판결을 획득하여 등기를 하는

---

12) 김기선, 「한국물권법」(법문사, 1985), 102면.
13) 이은영, 「물권법」(박영사, 1998), 205면.
14) 대법원 1980.3.11 선고 80다49 판결: "담보의 목적으로 부동산을 제공함에 있어 채권자 앞으로 가등기와 근저당권설정등기를 하기로 약정하였는데, 채권자 아닌 제3자 앞으로 소유권이전등기를 하였다면, 특별한 사정이 없는 한 그 등기는 무효이다."
15) 민법 제389조 제2항은 채무가 법률행위를 목적으로 한 때에는 채무자의 의사표시에 갈음할 재판을 청구할 수 있다고 규정하고 있고, 민사집행법 제263조 제1항은 채무자가 권리관계의 성립을 인낙한 때에는 그 조서로, 의사의 진술을 명한 판결이 확정된 때에는 그 판결로 권리관계의 성립을 인낙하거나 의사를 진술한 것으로 본다고 규정한다. 부동산등기법 제23조 제4항은 판결에 의한 등기는 승소한 등기권리자 또는 등기의무자가 단독으로 신청한다고 규정한다

경우가 대부분이다. 소유권이전등기소송은 매도인에게 등기소로 나오라는 것을 청구취지로 하지 않고, 매도인의 매도의사 자체를 청구취지로 한다. 법원도 국가기관이다. 개인의 의사를 국가기관의 문서로 대체하는 것은 매우 예외적 현상이어야 한다. 그런데 우리나라와 일본은 등기소송 덕분에 이것이 상시적이다. 소유권이전을 매도인이 거부할 경우 일단 금전배상으로 해결하는 것이 문명국가가 취할 바이다. 국가가 나서서 개인의 의사를 문서로 대신해 버리는 것은 국가권력의 횡포일 수 있다. 소유권을 이전하라는 판결이 확정되면 그 판결이 심지어 무변론에 의한 것일지라도 집행문부여를 거칠 것조차 없이 단독등기가 가능하다. 단독으로 등기를 할 수 있으므로 판결이 확정되면 집행이 종료된 것으로 본다. 이렇게 하는 나라는 우리나라와 일본밖에 없다. 선진국은 예외 없이 부동산매매계약 성립단계에 법률가가 개입하여 거래의 진실성을 확보하고, 등기는 그것을 확인하는 것에 그치도록 한다. 공증 없는 당사자끼리의 계약은 소유권이전계약으로 취급하지 않는다. 등기청구권이라는 개념 자체가 독일, 프랑스, 미국에서는 존재할 수가 없다. 그러나 독일에서도 등기청구권은 존재할 것이라고 믿는 견해가 있다. 이 견해는 "[독일에도] 등기권리자에게는 그러한 공정증서의 작성을 위한 협력이나 등기허락서의 교부라는 협력을 등기의무자에게 요구할 수 있는 청구권이 있다고 하여야 한다. 그 내용은 달라도, 우리의 등기청구권에 상당하는 것이 [독일에도] 인정되는 것이다. 요컨대, 등기신청에 관하여 공동신청주의·단독신청주의의 어느 쪽을 취하고 있느냐보다는, 바꾸어 말해서 어느 주의를 채용하든, 등기신청에 상대방의 어떤 협력이 필요하냐 아니냐에 따라서, 등기청구권을 인정할 것인지의 여부가 좌우되는 것"이라고 주장한다.[16] 프랑스의 경우 매매계약서 공정증서 작성시가 대금결제시이며, 그 전까지의 합의 또는 약

---

16) 곽윤직, 「물권법 신정판」, 박영사(1995), 190면. 이러한 시각은 계약의 성립과 계약의 구속력을 구별하지 못한데서 출발하는 것이 아닐까. 계약 구속력을 단순히 의사와 신뢰 사이의 문제로 볼 경우 계약 구속력은 착오의 문제에 불과한 것이 되고, 모든 합의에서 소권이 발생한다고 볼 수 있게 된다. 계약상 의무는 그것이 무엇이든 간에 민사소송을 통해 강제할 수 있다는 생각은 상상에 불과하다. 단순한 합의에서는 소권이 발생하지 않는다는 로마법 전통 이래로 소를 제기할 수 없는 채권은 늘 발생하는 것이고, 이에 대하여 프랑스민법은 자연채무를 규정하고 있다. 일본 구민법 제294조 제2항 역시 자연채무에 대하여는 소권이 발생되지 아니한다고 규정하였다.

정은 매매계약으로 보지 않기 때문에[17] 상대방의 의무이행을 민사소송을 통해 강제할 방법이 없다. 프랑스와 독일은 공증한 부동산매매계약만 계약으로 취급하고, 우리나라와 일본은 당사자끼리 작성한 부동산매매계약을 계약이라고 한다. 독일·프랑스에서는 등기청구권 개념 자체가 성립할 수 없으며, 법률가의 공증이 등기의 공신력을 선취하고 있으므로 등기부기입에의 신청은 단독신청주의일 수밖에 없고, 등기는 순전한 공시절차에 불과하다. 우리나라와 독일의 성립요건주의는 완전히 다른 의미이다. 일본의 학설 중에는 프랑스와 독일의 공증주의에 주목하여 "현행 일본법의 해석을 위해서는 현재의 독일법이 우리 부동산등기법이 계수한 BGB 원시 규정의 입장을 버리고 프랑스법과 유사한 공증주의에 경사하고 있는 점에 유의해야 한다. 우리도 예전에 등기법과 동시에 공증인제도 도입이 기도되었다. 그러나 부동산매매계약에 관한 공정증서 거래는 결국 정착하지 않았다. 그렇지만, 당사자 보호를 위해서는 부동산 이전절차의 과정의 어딘가에는 권리관계의 심사·확정기관이 존재해야만 한다"는 주장이 있다.[18]

우리나라 부동산소유권이전에서는 부동산매매계약과 소유권이전등기만 존재한다. 하지만 "우리 법은 부동산양도와 같이 법률행위에 의하여 어떠한 특정의 권리에 관하여 일정한 변동이 일어나는 경우에, 그 권리변동을 일으킬 의무의 부담을 내용으로 하는 것과 권리변동 자체를 내용으로 하는 것을 각각 별개의 법률행위로 한다는 태도에서 출발하고 있다. 그 때 앞의 법률행위는 채권행위라고 하고, 뒤의 법률행위를 물권행위라고 한다"[19]는 설명이 일반적으로 통용되고 있다. 매매계약과 부동산 등기 외에 부동산의 이전 자체에 대한 별도의 합의는 따로 존재하지 않는다. 물건의 인도를 의사로 파악하여 물권행위라는 개념으로 따로 인정할 이유가 없다. 계약제도와 부동산등기제도로 설명할 수 있는데, 채권행위와 물권행위라는 개념을 설정할 이유가 없다. 따라서 법률행위를 채권행위와 물권행위로 분류하여 이해할 필요가 없다. 물권행위·채권행위 개념

---

17) 鎌田薰, 김상수 역, "물권변동과 그 법구조", 「현대민법학과 실무」, 법우사(2010), 189면.
18) 七戸克彦, "ドイツ民法における不動産譲渡契約の要食性", 法学研究 第62巻 第12号(1989.12), 慶應義塾大学 法学研究會, 302頁.
19) 양창수, 「민법입문 제4판」, 박영사(2007), 87면.

은 민법에 규정된 것이 아니고, 분쟁 해결에 도움을 주는 것도 아니다.

독일민법은 부동산매매계약에 공증을 법적으로 강제하고, 공증하지 않는 부동산매매계약에 법적 구속력을 인정하지 않는다. 그러나 우리나라 민법은 청약과 승낙만 있으면 부동산매매계약이 성립하도록 하고 있고 공증을 요구하지 않는다. 공증인 앞에 가서 소유권이전의 의사를 확인받는 절차가 없으며, 매매계약 외에 소유권 이전 자체에 대한 별도의 합의라는 것이 존재하지 않는다. 매매계약과 별도로 존재하는 소유권이전에 관한 합의라는 것은 현실에서 존재하지 않기 때문에, 존재하지 않는 것을 존재한다고 주장하는 것은 의미가 전혀 없다.[20]

물권행위라는 개념이 필요 없기 때문에 채권행위라는 개념도 필요 없다. 채권행위라고 표현하고자 하는 구체적 법률행위를 그대로 서술하면 된다. 구체적 법개념을 두고, 채권행위라는 법적 근거도 없는 표현을 사용하는 것은 부적절하다. 법률에 없는 개념을 사용하려면 먼저 왜 필요한 것인지 밝혀야 한다. 물권행위라는 개념을 만들기 위해 만든 개념이 채권행위이다. 우리나라에는 물권행위가 없으므로 채권행위라는 개념도 필요하지 않다. 물권행위와 채권행위는 민법의 해석에 필요가 없는 개념이다.

Ⅲ. 법률행위의 해석

법률행위의 해석은 법률행위의 내용을 확정하는 작업이다. 법률행위는 의사표시를 본질적 요소로 하고 있으므로 법률행위의 해석은 의사표시의 해석이다. 의사표시의 해석은 당사자가 그 표시행위에 부여한 객관적 의미를 명백하게 확정하는 것이다. 표시되지 않은 당사자의 내심의 의사는 해석의 대상으로 삼을 수는 없다. 법률행위의 해석의 주체는 민사재판을 담당하는 법관이다.

법률행위(의사표시) 해석에는 자연적 해석, 규범적 해석, 보충적 해석이 있

---

20) 양창수, "계약의 구속력의 근거 단상—의사와 신뢰 사이", 민사법학 제77호(2016), 5면: "문방구에 가서 필기구를 사고 돈을 치르고 나오면 그 사이에—놀랍게도— 3개의 계약이 체결되었다고 합니다. 즉 필기구의 매매계약과 매매목적물의 소유권의 양도에 관한 물권계약과 금전소유권의 양도에 관한 물권계약이 그것입니다."

다. 당사자가 일치하여 어떤 표시행위를 같은 뜻으로 이해하고 있으면 그 의미 그대로 효력을 인정하는 해석을 자연적 해석이라 한다. 그 일치 여부가 불확실한 경우 표시행위의 객관적·규범적 의미를 밝히는 작업을 규범적 해석이라 한다. 법률행위에 흠결이 발견되는 경우 그 흠결을 보충하는 방법으로 해석하는 것을 보충적 해석이라 한다. 보충적 해석은 당사자의 가정적 의사가 무엇인지 알기 어려울 경우에도 행하여져야 하기 때문에 의사의 해석이 아니라 객관적 법의 해석에 해당한다.

대법원 1993.10.26 선고 93다2629,2636(병합) 판결은 "부동산의 매매계약에 있어 쌍방당사자가 모두 특정의 甲 토지를 계약의 목적물로 삼았으나 그 목적물의 지번 등에 관하여 착오를 일으켜 계약을 체결함에 있어서는 계약서상 그 목적물을 甲 토지와는 별개인 乙 토지로 표시하였다 하여도 甲 토지에 관하여 이를 매매의 목적물로 한다는 쌍방당사자의 의사합치가 있는 이상 위 매매계약은 甲 토지에 관하여 성립한 것으로 보아야 할 것이고 乙 토지에 관하여 매매계약이 체결된 것으로 보아서는 안 될 것이며, 만일 乙 토지에 관하여 위 매매계약을 원인으로 하여 매수인 명의로 소유권이전등기가 경료되었다면 이는 원인이 없이 경료된 것으로서 무효"라고 판시하였는바 이는 자연적 해석의 한 예라 할 수 있다.

대법원 1999.11.26 선고 99다43486 판결은 "법률행위의 해석은 당사자가 그 표시행위에 부여한 객관적인 의미를 명백하게 확정하는 것으로서 문언에 구애받는 것은 아니지만 어디까지나 당사자의 내심적 의사의 여하에 관계없이 그 문언의 내용에 의하여 당사자가 그 표시행위에 부여한 객관적 의미를 합리적으로 해석하여야 하는 것이고, 당사자가 표시한 문언에 의하여 그 객관적인 의미가 명확하게 드러나지 않는 경우에는 그 문언의 내용과 그 법률행위가 이루어진 동기 및 경위, 당사자가 그 법률행위에 의하여 달성하려는 목적과 진정한 의사, 거래의 관행 등을 종합적으로 고려하여 사회정의와 형평의 이념에 맞도록 논리와 경험의 법칙, 그리고 사회일반의 상식과 거래의 통념에 따라 합리적으로 해석하여야 한다"[21]고 판시하였는바, 이는 규범적 해석을 말한 것이라 볼 수 있다.

---

21) 낙찰대금에서 배당을 받지 못한 세입자가 임대인의 아들을 찾아가 임대차보증금을 어떻게 할 것인지 따지자 자신이 책임지고 해결하겠으니 걱정하지 말고 기다리라고 한 경우, 그 말

대법원 1969.7.8 선고 69다563 판결은 "총완결이라는 문언이 기재된 乙 제1호증 영수증의 성질이 처분문서이던 보고문서이든 간에 다시 말하면 총완결이라는 의사표시가 乙 제1호증 작성에 의하여 된 것이든 그렇지 아니하든 간에 그러한 의사표시 있었음이 乙 제1호증의 기재에 의하여 인정되고 그것이 원고 의사표시로서의 효력이 인정된다면 그 의사표시는 원판결 판단과 같은 멕기불량품을 대조 확인하였다거나 그 값을 공제하고 나머지가 계산상 36만원임을 상호 확인한 사실이 없다 하여도 돈 36만원을 영수하고 그것으로 모두 결재가 끝났다는 것을 표시한 원고의 의사표시라고 해석되며 그 의사표시의 상대방인 피고가 그 당시 그러한 의사표시가 진의 아닌 것으로 알지 아니하였다면 그것이 원판결 판단과 같이 돈받기 위하여 피고의 요구에 따라 거짓 기재한 것이라 하여도 그 사실 자체만으로는 위 총완결이라는 원고의 의사표시가 당연무효라 할 수 없을 것임에도 불구하고 피고가 그렇게 쓰지 아니하면 돈을 주지 않겠다고 하기에 당시 궁박한 공장사정에 비추어 우선 돈받기 위하여 거짓 기재한 것이라는 이유만으로 그 자체 아무런 독자적 효과가 없는 것이라 하여 아직 채무가 남아있는 것으로 판단한 원판결에는 의사표시 내지 법률행위의 효력에 관한 법리를 오해한 위법이 있다 할 것으로서 상고논지는 이유있고 원판결은 파기를 면치 못할 것"이라고 판시한 것 역시 규범적 해석 결과라 할 수 있다.

보충적 해석에 대하여 대법원 2006.11.23 선고 2005다13288 판결은 "계약당사자 쌍방이 계약의 전제나 기초가 되는 사항에 관하여 같은 내용으로 착오가 있고 이로 인하여 그에 관한 구체적 약정을 하지 아니하였다면, 당사자가 그러한 착오가 없을 때에 약정하였을 것으로 보이는 내용으로 당사자의 의사를 보충하여 계약을 해석할 수 있는바, 여기서 보충되는 당사자의 의사는 당사자의 실제 의사 또는 주관적 의사가 아니라 계약의 목적, 거래관행, 적용법규, 신의칙 등에 비추어 객관적으로 추인되는 정당한 이익조정 의사를 말한다"고 판시하였다.[22]

의 객관적 의미는 임대차보증금반환의무를 법적으로 부담할 수는 없지만 사정이 허락하는 한 그 이행을 사실상 하겠다는 취지라고 해석한 사례이다.

22) 국가와 기부채납자가 국유지인 대지 위에 건물을 신축하여 기부채납하고 위 대지 및 건물에 대한 사용수익권을 받기로 약정하면서 그 기부채납이 부가가치세 부과대상인 것을 모른 채 계약을 체결한 사안에서, 두 계약당사자의 진의가 국가가 부가가치세를 부담하는 것이었다고 추정

대법원 2014.4.24 선고 2013다218620 판결은 "원심은 제1심판결을 인용하여, 그 판시 사실에 의하면 이 사건 협의취득계약 당시 원고들과 피고 모두 감정평가기관들이 구 토지보상평가지침(2003.2.14자로 개정된 것) 제46조의2 제1항에 따라 이 사건 각 토지가 철탑 및 고압송전선에 의한 사용제한을 받는 상태로 평가한 감정금액이 정당한 것이라고 믿고서 그 감정금액으로 위 협의취득계약을 각 체결하였고, 위 협의취득계약의 체결은 원고들과 피고 쌍방의 동기의 착오에 해당하는 목적물의 가격에 관한 착오에 기한 것인데, 그 판시 제반 사정에 비추어 보면 이 사건 협의취득계약 당시 원고들과 피고는 위 감정금액이 과소하게 평가된 것이라는 사실을 알았더라면, 공익사업을 위한 토지 등의 취득 및 보상에 관한 법률(이하 '공익사업법'이라고 한다)과 그 시행규칙에 따라 정당하게 평가된 감정금액을 기준으로 매매대금을 정하였을 것으로 보는 것이 당사자의 진정한 의사에 부합한다고 할 것이므로 피고는 원고들에게 이 사건 협의취득계약의 수정해석에 따라 위 법률과 시행규칙에 따라 정당하게 평가한 감정금액에서 위 협의취득계약 당시의 감정금액을 뺀 금액 상당의 해당 매매대금을 추가로 지급할 의무가 있다고 판단하였다. 그러나 원심판결의 이유와 기록에 의하여 알 수 있는 다음과 같은 사정, 즉 원고들과 피고가 이 사건 협의취득계약을 체결하면서 매매대금이 착오평가 등으로 과다 또는 과소하게 책정되어 지급되었을 때에는 과부족금액을 추가로 청구하거나 반환하여야 한다는 취지의 약정을 하지 않은 점, 공익사업법에 따른 손실보상의 협의는 공공기관이 사경제주체로서 행하는 사법상 계약의 실질을 가지는 것으로서, 당사자간의 합의로 공익사업법 소정의 손실보상의 요건을 완화하는 약정을 하거나 공익사업법 소정의 손실보상의 기준에 구애받지 아니하고 매매대금을 정할 수 있는 점, 수용절차에 의한 취득과 달리 협의취득의 경우에는 감정평가의 적법 여부는 그다지 중요하지 않고, 토지소유자들도 피고가 제시하는 매매가격을 보고 매매계약체결 여부를 결정하는 점 등을 고려할 때, 피고가 이 사건 각 토지에 관하여 협의매수를 추진하면서 원고들에게 한국감정평가업협회의 내부기준인 구 토지보상평가지침(2003.2.14자로 개정된

하여 그러한 내용으로 계약을 수정 해석하여야 한다고 본 원심판결을 파기한 사례이다.

짓) 제46조의2 제1항에 따라 이 사건 각 토지가 철탑 및 고압송전선으로 그 사용에 제한을 받고 있는 상태대로 평가된 감정평가금액을 협의매수금액으로 제시하였고, 원고들이 이를 받아들여 협의취득계약을 체결한 것을 가리켜 원고들과 피고 쌍방이 위 감정평가가 적법하다는 착오에 빠져 위 감정평가금액을 협의매매대금으로 정하였다거나, 만약 원고들과 피고 쌍방이 위 감정평가가 위법하다는 사실을 알았다면 감액되지 않은 금액을 협의매매대금으로 정하였을 것임이 명백하다고 단정할 수 없다. 그럼에도 불구하고 원심은 다른 특별한 사정없이 그 설시의 사정만으로, 착오가 없었더라면 피고가 감액되지 않은 금액을 협의매매대금으로 지급하였을 것으로 보는 것이 당사자의 진정한 의사에 부합한다고 단정하였으니, 원심판결에는 법률행위의 해석, 동기의 착오에 따른 법률행위의 보충적 해석에 관한 법리를 오해하여 판결에 영향을 미친 위법이 있고, 이 점을 지적하는 상고이유는 이유가 있다"고 판시하였다.

의사표시 해석의 기준에 대하여 민법은 별도의 규정을 두고 있지 않다. 민법 제106조(사실인 관습)는 "법령중의 선량한 풍속 기타 사회질서에 관계없는 규정과 다른 관습이 있는 경우에 당사자의 의사가 명확하지 아니한 때에는 그 관습에 의한다"고 규정하고 있다. 이에 의하면 의사표시가 불완전하고 명료하지 않는 경우에는 당사자의 목적, 사실인 관습, 임의규정(법령중의 선량한 풍속 기타 사회질서에 관계없는 규정) 순서에 따라 의사표시를 해석해야 하는 것이다. 여기서 사실인 관습은 거래관행을 의미하며, 그것은 법률행위 해석의 기준이다.[23] 판례는 사실인 관습은 경험칙이고, 그 판단은 당사자의 주장이나 증명에 구애됨이 없이 법관이 직권으로 판단할 수 있다는 입장이다.[24] 다만 사실인 관습의 존재는 당

---

23) 이호정, '임의규정, 관습법과 사실인 관습', 서울대학교 법학 통권101호(1996), 28면: "독일 민법 제157조는 '계약은 거래관행을 고려하여 신의성실이 요구하는 바에 따라 해석되어야 한다'고 규정하여 거래관행을 계약해석의 기준으로 명시하고 있는데, 이 거래관행이라고 하는 것은 우리 민법에 있어서는 제106조의 사실인 관습에 해당한다. 우리 민법의 해석으로서도 사실인 관습은 법률행위의 해석단계에서 임의규정에 우선하여 법률행위해석의 기준으로 된다고 해석하여야 할 것이다."
독일판례는 거래관행은 당사자가 그 존재를 알지 못하였고 알 수 없었던 경우에도 법률행위 해석의 기준으로 된다고 한다(RGZ114, 12., 박영식, 「민법주해(Ⅱ)」, 박영사(1992), 275면).
24) 대법원 1976.7.13 선고 76다983 판결.

사자가 주장·증명할 수밖에 없다고 한다.[25] 당사자가 사실인 관습의 존재를 알고 있을 필요는 없다(통설).

판례법이 확립한 의사표시 해석의 한 방법으로 예문해석이란 것이 있다. 대법원은 "처분문서의 기재 내용이 부동문자로 인쇄되어 있다면 인쇄된 예문에 지나지 아니하여 그 기재를 합의의 내용이라고 볼 수 없는 경우도 있으므로 처분문서라 하여 곧바로 당사자의 합의의 내용이라고 단정할 수는 없고 구체적 사안에 따라 당사자의 의사를 고려하여 그 계약 내용의 의미를 파악하고 그것이 예문에 불과한 것인지의 여부를 판단하여야 할 것"이라고 한다.[26]

약관의 해석과 관련하여 법원은 수정해석을 하고 있다.[27] 수정해석이란 어느 약관이 신의칙 또는 약관규제법에 반하여 무효로 되는 경우 그 효력을 유지하는 범위 내로 축소해석하는 것을 말한다(효력유지적 축소).[28]

의사표시의 해석은 법률문제이다. 이를 사실문제라고 하는 견해[29]도 있지만, 법관이 소송에서 소송당사자의 불명확한 의사표시를 해석하는 것은 가장 전형적인 법률문제라 할 것이다. 따라서 법관의 잘못된 의사표시 해석은 상고이유가 된다.[30]

---

25) 대법원 1983.6.14 선고 80다3231 판결. 사실인 관습의 존부 및 내용은 증인의 증언에 의해 인정될 수 있다는 판례로 대법원 1964.9.22 선고 64다515 판결.

26) 대법원 1992.2.11 선고 91다21954 판결.

27) 대법원 1991.12.24 선고 90다카23899 전원합의체 판결: "약관의규제에관한법률 제6조 제1항, 제2항, 제7조 제2, 3호가 규정하는 바와 같은 약관의 내용통제원리로 작용하는 신의성실의 원칙은 보험약관이 보험사업자에 의하여 일방적으로 작성되고 보험계약자로서는 그 구체적 조항내용을 검토하거나 확인할 충분한 기회가 없이 보험계약을 체결하게 되는 계약 성립의 과정에 비추어, 약관 작성자는 계약 상대방의 정당한 이익과 합리적인 기대 즉 보험의 손해전보에 대한 합리적인 신뢰에 반하지 않고 형평에 맞게끔 약관조항을 작성하여야 한다는 행위원칙을 가리키는 것이며, 보통거래약관의 작성이 아무리 사적자치의 영역에 속하는 것이라고 하여도 위와 같은 행위원칙에 반하는 약관조항은 사적자치의 한계를 벗어나는 것으로서 법원에 의한 내용통제 즉 수정해석의 대상이 되는 것은 당연하며, 이러한 수정해석은 조항 전체가 무효사유에 해당하는 경우뿐만 아니라 조항 일부가 무효사유에 해당하고 그 무효부분을 추출배제하여 잔존부분만으로 유효하게 존속시킬 수 있는 경우에도 가능하다."

28) 이은영, 「약관규제법」, 박영사(1994), 369면.

29) 이영준, 「민법총칙 개정증보판」, 박영사(2007), 357면.

30) 대법원 2001.3.15 선고 99다48948 전원합의체 판결: "채수헌 등이 차용금증서를 근저당권자로 될 피고에게 작성·교부하는 방법으로 피고에게 매매잔대금 채권을 이전시킨 것은 피고 명의의 제1순위 근저당권을 설정하고자 함이 그 동기 내지 계기가 된 것은 사실이지만,

대법원 2014.11.27 선고 2014다32007 판결: "의사표시와 관련하여, 당사자에 의하여 무엇이 표시되었는가 하는 점과 그것으로써 의도하는 목적을 확정하는 것은 사실인정의 문제이고, 인정된 사실을 토대로 그것이 가지는 법률적 의미를 탐구 확정하는 것은 이른바 의사표시의 해석으로서, 이는 사실인정과는 구별되는 법률적 판단의 영역에 속한다. 그리고 어떤 목적을 위하여 한 당사자의 일련의 행위가 법률적으로 다듬어지지 아니한 탓으로 그것이 가지는 법률적 의미가 명확하지 아니한 경우에는 그것을 법률적인 관점에서 음미, 평가하여 그 법률적 의미가 무엇인가를 밝히는 것 역시 의사표시의 해석에 속한다. 근저당권자와 근저당권 설정자의 행위가 가지는 법률적 의미가 분명하지 않은 경우 그 법률관계의 실체를 밝히는 것은 단순한 사실인정의 문제가 아니라 의사표시 해석의 영역에 속하는 것일 수밖에 없고, 따라서 그 행위가 가지는 법률적 의미는 근저당권자와 근저당권 설정자의 관계, 근저당권설정의 동기 및 경위, 당사자들의 진정한 의사와 목적 등을 종합적으로 고찰하여 논리와 경험칙에 따라 합리적으로 해석하여야 한다."

법률행위(의사표시) 해석과 관련하여 문제되는 것으로 처분문서의 해석과 타인 명의로 계약을 체결한 경우의 계약당사자 확정이 있다.

처분문서란 매매계약서와 같이 증명하고자 하는 처분행위가 문서에 의해 행해진 경우 그 문서를 말한다. 처분문서의 진정성립이 인정되면 법원은 그 기재 내용을 부인할 만한 분명하고도 수긍할 수 있는 반증이 없는 한 원칙적으로

그렇다고 하여 그 차용금증서에 부합하는 금전대차관계가 없다는 점에 주목하여 제1순위 근저당권이 제3자인 피고에게 매매잔대금 채권의 이전 없이 단순히 명의만을 신탁한 것으로 볼 것은 아니고, 채무자의 승낙 아래 매매잔대금 채권이 피고에게 이전되었다고 보는 것이 일련의 과정에 나타난 당사자들의 진정한 의사에 부합하는 해석일 것이다. 의사표시와 관련하여, 당사자에 의하여 무엇이 표시되었는가 하는 점과 그것으로써 의도하려는 목적을 확정하는 것은 사실인정의 문제이고, 인정된 사실을 토대로 그것이 가지는 법률적 의미를 탐구 확정하는 것은 이른바 의사표시의 해석으로서, 이는 사실인정과는 구별되는 법률적 판단의 영역에 속하는 것이다. 그리고 어떤 목적을 위하여 한 당사자의 일련의 행위가 법률적으로 다듬어지지 아니한 탓으로 그것이 가지는 법률적 의미가 명확하지 아니한 경우에는 그것을 법률적인 관점에서 음미, 평가하여 그 법률적 의미가 무엇인가를 밝히는 것 역시 의사표시의 해석에 속한다. 원심의 판단처럼, 제1순위 근저당권이 단순히 채권자인 채수헌 등을 채무자로 하고 채무자인 적성연와와 사이에 채권·채무관계가 없는 피고를 채권자로 하여 마쳐진 것이라고 보아 담보물권의 부수성에 반하는 무효의 근저당권이라고 단정하는 것은, 제1순위 근저당권의 설정 경위에 관하여 원심도 인정하고 있는 당사자들의 일련의 행위를 평가·해석 하면서 이를 종합적으로 파악하지 아니하고 원심의 인정 사실에 나타나거나 기록상 알 수 있는 당사자의 진정한 의사를 외면한 결과라고 할 수밖에 없다."

그 처분문서에 기재되어 있는 문언대로의 의사표시의 존재와 내용을 인정하여야 하고, 당사자 사이에 계약의 해석을 둘러싸고 이견이 있어 처분문서에 나타난 당사자의 의사해석이 문제되는 경우에는 그 문언의 내용, 그러한 약정이 이루어진 동기와 경위, 그 약정에 의하여 달성하려는 목적, 당사자의 진정한 의사 등을 종합적으로 고찰하여 논리와 경험칙에 따라 합리적으로 해석하여야 한다.[31] 이것이 처분문서에 나타난 당사자 의사의 해석방법이다. 판례는 특히 당사자 일방이 주장하는 계약의 내용이 상대방에게 중대한 책임을 부과하거나 그가 보유하는 소유권 등 권리의 중요한 부분을 침해 내지 제한하게 되는 경우에는 문언의 내용을 더욱 엄격하게 해석하여야 한다는 입장이다.[32]

> 대법원 2011.1.27 선고 2010다81957 판결: "처분문서라 할지라도 그 기재 내용과 다른 명시적, 묵시적 약정이 있는 사실이 인정될 경우에는 그 기재 내용과 다른 사실을 인정할 수는 있으나, 그와 같은 경우에도 주채무에 관한 계약과 연대보증계약은 별개의 법률행위이므로 처분문서의 기재 내용과 다른 명시적, 묵시적 약정이 있는지의 여부는 주채무자와 연대보증인에 대하여 개별적으로 판단하여야 한다."[33]

---

[31] 대법원 2005.5.27 선고 2004다60065 판결.

[32] 대법원 2014.6.26 선고 2014다14115 판결: "민법 제211조는 '소유자는 법률의 범위 내에서 그 소유물을 사용, 수익, 처분할 권리가 있다'고 규정하고 있다. 소유자의 위와 같은 소유권 행사에는 다양한 공법상 또는 사법상 제한이 따를 수 있고, 소유자 스스로의 의사에 기한 임차권 등 용익권의 설정에 의하여 소유권 행사가 제한될 수도 있다. 그러나 임대차기간 등 용익권 설정계약의 기간이 경과한 후에는 소유자가 용익권 설정으로 인한 제한으로부터 벗어나 자유롭게 소유권을 행사할 수 있는 권리가 보장되어야 하므로, 임대차기간중의 해제·해지 의사표시에 어떠한 절차가 요구되거나 제한이 따른다고 하여 임대차기간 만료에 의한 임대차계약의 종료시에도 당연히 그와 같은 제한이 적용된다고 확대해석하여서는 안 되고, 기간만료로 인한 임대차계약의 종료에 어떠한 제한이 따른다고 하기 위해서는 그러한 내용의 법률 규정이나 당사자 사이의 별도의 명시적 또는 묵시적 약정이 있어야 한다."

[33] 처분문서인 차용금증서에 채권자가 '甲'으로, 채무자가 '乙'로, 연대 보증인이 '丙'으로 기재되어 있는 사안에서, 丁이 戊에게 금원을 대여하는 내용의 소비대차약정이 체결되었다고 볼 수 있을지라도, 주채무에 대한 계약과 연대보증계약은 엄연히 별개의 법률행위이므로 위와 같은 내용의 소비대차약정에 대하여 병이 연대보증을 한 것이라고 볼 수 있으려면 丙이 위 차용금증서의 실제 채무자는 乙이 아니라 戊라는 사실과 그 실제 채권자는 甲이 아니라 丁이라는 사실을 알고 있었다는 점이 전제되어야 하는데, 丙이 그와 같은 사실을 알고 있었다고 단정하기 어려운데도 丙이 戊의 丁에 대한 채무를 연대 보증하였다고 판단한 원심판결에는 처분문서의 증명력과 계약당사자 확정에 관한 법리를 오해한 위법이 있다고 한 사례.

타인의 이름을 임의로 사용하여 계약을 체결한 경우에는 누가 그 계약의 당사자인가를 먼저 확정하여야 한다. 행위자 또는 명의인 가운데 누구를 당사자로 할 것인지에 관하여 행위자와 상대방의 의사가 일치한 경우에는 그 일치하는 의사대로 행위자의 행위 또는 명의자의 행위로서 확정하여야 한다. 그러나 일치하는 의사를 확정할 수 없을 경우에는 계약의 성질, 내용, 체결 경위 및 계약체결을 전후한 구체적인 제반 사정을 토대로 상대방이 합리적인 인간이라면 행위자와 명의자 중 누구를 계약 당사자로 이해할 것인가에 의하여 당사자를 결정하고, 이에 터잡아 계약의 성립 여부와 효력을 판단함이 상당하다.[34] 상대방과의 사이에 계약 체결의 행위를 하는 사람이 다른 사람 행세를 하여 그 타인의 이름을 사용하여 계약서 기타 계약에 관련된 서면 등이 작성되었다고 하더라도, 행위자와 상대방이 모두 행위자 자신이 계약의 당사자라고 이해한 경우, 또는 그렇지 아니하다고 하더라도 상대방의 입장에서 합리적으로 평가할 때 행위자 자신이 계약의 당사자가 된다고 보는 경우에는, 행위자가 계약의 당사자가 되고 그 계약의 효과는 행위자에게 귀속된다.[35]

> 대법원 2008.3.13 선고 2007다76603 판결: "실제 매매계약을 체결한 행위자가 자신의 이름은 특정하여 기재하되 불특정인을 추가하는 방식으로 매매계약서상의 매수인을 표시한 경우(즉, 실제 계약체결자의 이름에 '외 ○인'을 부가하는 형태)에 있어서는, 비록 실제 계약을 체결한 행위자가 당시 계약금 마련 과정에서 일부 자금을 출연한 사람이나 장래 중도금 및 잔금의 지급과정에서 예상되는 제3자의 투자자 등을 '외 ○인'에 해당하는 공동매수인으로 추가시키려는 내심의 의사를 가지고 있었다고 하더라도, 계약체결시나 그 이후 합의해제 시점까지 매도인에게 '외 ○인'에 해당하는 매수인 명의를 특정하여 고지한 바가 없고 매도인의 입장에서 이를 특정 내지 확정할 수 있는 다른 객관적 사정도 존재하지 않는다면, 그러한 계약의 매수인 지위는 매도인과 명확하게 의사합치가 이루어진 부분으로서 실제 계약을 체결한 행위자에게만 인정된다고 보아야 할 것이다."

---

34) 대법원 1995.9.29 선고 94다4912 판결. 甲이 계속적 거래로 인한 丙에 대한 채무를 담보하기 위하여 乙의 명의를 도용하여 보험계약을 체결한 후 그 거래대금을 체불함으로써 보험자가 丙에게 보험금을 지급한 경우, 그 보험계약을 무효로 보아 보험자의 부당이득 반환청구를 인용한 사례이다.

35) 대법원 2013.10.11 선고 2013다52622 판결.

대법원 2009.12.10 선고 2009다27513 판결: "일방 당사자가 대리인을 통하여 계약을 체결하는 경우에 있어서 계약의 상대방이 대리인을 통하여 본인과의 사이에 계약을 체결하려는 데 의사가 일치하였다면 대리인의 대리권 존부 문제와는 무관하게 상대방과 본인이 그 계약의 당사자라고 할 것이다."

대법원 2007.11.29 선고 2007다53013 판결: "동일인에 대한 대출액 한도를 제한한 법령이나 금융기관 내부규정의 적용을 회피하기 위하여 실질적인 주채무자가 실제 대출받고자 하는 채무액에 대하여 제3자를 형식상의 주채무자로 내세우고, 금융기관도 이를 양해하여 제3자에 대하여는 채무자로서의 책임을 지우지 않을 의도 하에 제3자 명의로 대출관계 서류를 작성받은 경우, 제3자는 형식상의 명의만을 빌려준 자에 불과하고 그 대출계약의 실질적인 당사자는 금융기관과 실질적 주채무자이므로, 제3자 명의로 되어 있는 대출약정은 그 금융기관의 양해하에 그에 따른 채무부담의 의사 없이 형식적으로 이루어진 것에 불과하여 통정허위표시에 해당하는 무효의 법률행위라고 할 것이다."

대법원 2008.6.12 선고 2008다7772,7789 판결: "제3자가 금전소비대차약정서 등 대출관련서류에 주채무자 또는 연대보증인으로서 직접 서명·날인하였다면 제3자는 자신이 그 소비대차계약의 채무자임을 금융기관에 대하여 표시한 셈이고, 제3자가 금융기관이 정한 여신제한 등의 규정을 회피하여 타인으로 하여금 제3자 명의로 대출을 받아 이를 사용하도록 할 의사가 있었다거나 그 원리금을 타인의 부담으로 상환하기로 하였더라도, 특별한 사정이 없는 한 이는 소비대차계약에 따른 경제적 효과를 타인에게 귀속시키려는 의사에 불과할 뿐, 그 법률상의 효과까지도 타인에게 귀속시키려는 의사로 볼 수는 없으므로 이 경우에는 금융기관과 제3자 사이에 대출계약이 유효하게 성립한다."

Ⅳ. 반사회질서 법률행위

민법 제103조는 "선량한 풍속 기타 사회질서에 위반한 사항을 내용으로 하는 법률행위는 무효로 한다"고 규정한다. 이는 강행법규가 존재하지 않아 형식적으로 위법하지 않더라도 그 법률행위가 선량한 풍속 기타 사회질서에 위반하면 그 법률행위는 무효로 된다는 것이다.[36] 선량한 풍속은 사회의 일반적인 도

---

36) 대법원 2015.7.23 선고 2015다200111 전원합의체 판결: "형사사건에 관하여 체결된 성공보

덕관념을, 사회질서는 국가와 사회의 공공질서를 말한다. 사적 자치도 결국 국가의 법질서의 테두리 안에서의 자유이다. 따라서 이러한 사회질서의 관념은 불법행위의 위법성을 결정하는 기준이 됨과 동시에 법률행위의 효력을 제한하는 표준이다.

민법 제103조에 의하여 무효로 되는 반사회질서행위는 법률행위의 목적인 권리의무의 내용이 선량한 풍속 기타 사회질서에 위반되는 경우뿐 아니라 그 내용 자체는 반사회질서적인 것이 아니라고 하여도 법률적으로 이를 강제하거나 법률행위에 반사회질서적인 조건 또는 금전적 대가가 결부됨으로써 반사회질서적 성질을 띠게 되는 경우 및 표시되거나 상대방에게 알려진 법률행위의 동기가 반사회질서적인 경우를 포함한다.[37]

부동산의 이중매매가 그 매수인이 매도인의 배임행위에 적극 가담함으로써 이루어진 때는 반사회적 법률행위로서 무효다.[38] 매도인은 제2매매계약의 무효를 주장하며 제2매수인에 대하여 부당이득반환청구에 의한 소유권이전등기의 말소 또는 소유권이전등기절차의 이행을 구할 수 없다. 부동산의 이중매매가 반사회적 법률행위로서 무효라고 하더라도 등기하지 않은 제1매수인은 아직 소유권자는 아니다. 판례는 제1매수인이 직접 제2매수인에 대하여 그 명의의 소유권이전등기의 말소를 청구할 수는 없지만 매도인을 대위하여 소유권이전등기의 말소를 구할 수 있다고 한다.[39] 판례는 제1매수인은 제2매수인을 상대로 매도인과 제2매수인 사이의 매매계약의 취소를 구하는 채권자취소권을 행사할 수 없다고 한다.[40] 제2매수인으로부터 제3자에게 소유권이 이전된 경우 전득자는 무권리자로부터 소유권을 취득한 것이 되고, 전득자명의의 등기는 전득자가 선

수약정이 가져오는 여러가지 사회적 폐단과 부작용 등을 고려하면, 구속영장청구 기각, 보석 석방, 집행유예나 무죄 판결 등과 같이 의뢰인에게 유리한 결과를 얻어내기 위한 변호사의 변론 활동이나 직무수행 그 자체는 정당하다 하더라도, 형사사건에서의 성공보수약정은 수사·재판의 결과를 금전적인 대가와 결부시킴으로써, 기본적 인권의 옹호와 사회정의의 실현을 사명으로 하는 변호사 직무의 공공성을 저해하고, 의뢰인과 일반 국민의 사법제도에 대한 신뢰를 현저히 떨어뜨릴 위험이 있으므로, 선량한 풍속 기타 사회질서에 위배되는 것으로 평가할 수 있다."

37) 대법원 1992.11.27 선고 92다7719 판결.
38) 대법원 1970.10.23 선고 70다2038 판결.
39) 대법원 1980.5.27 선고 80다565 판결.
40) 대법원 1999.4.27 선고 98다56690 판결.

의이든 악의이든 원인무효로서 말소되어야 한다.[41]

> 대법원 1991.5.28 선고 90다19770 판결: "주택개량사업구역 내의 주택에 거주하는 세입자가 주택개량재개발조합으로부터 장차 신축될 아파트의 방 1간을 분양받을 수 있는 피분양권(이른바 세입자입주권)을 15매나 매수하였고 또 그것이 투기의 목적으로 행하여진 것이라 하여 그것만으로 그 피분양권매매계약이 사회질서에 반하는 법률행위로서 무효로 된다고 할 수 없다."

> 대법원 1995.7.14 선고 94다40147 판결: "도박채무의 변제를 위하여 채무자로부터 부동산의 처분을 위임받은 채권자가 그 부동산을 제3자에게 매도한 경우, 도박채무 부담행위 및 그 변제약정이 민법 제103조의 선량한 풍속 기타 사회질서에 위반되어 무효라 하더라도, 그 무효는 변제약정의 이행행위에 해당하는 위 부동산을 제3자에게 처분한 대금으로 도박채무의 변제에 충당한 부분에 한정되고, 위 변제약정의 이행행위에 직접 해당하지 아니하는 부동산 처분에 관한 대리권을 도박 채권자에게 수여한 행위 부분까지 무효라고 볼 수는 없으므로, 위와 같은 사정을 알지 못하는 거래 상대방인 제3자가 도박 채무자부터 그 대리인인 도박 채권자를 통하여 위 부동산을 매수한 행위까지 무효가 된다고 할 수는 없다."

> 대법원 1995.8.11 선고 94다54108 판결: "도박자금으로 금원을 대여함으로 인하여 발생한 채권을 담보하기 위한 근저당권설정등기가 경료되었을 뿐인 경우와 같이 수령자가 그 이익을 향수하려면 경매신청을 하는 등 별도의 조치를 취하여야 하는 경우에는, 그 불법원인급여로 인한 이익이 종국적인 것이 아니므로 등기설정자는 무효인 근저당권설정등기의 말소를 구할 수 있다."

> 대법원 1996.4.26 선고 94다34432 판결: "법률행위의 성립 과정에서 불법적 방법이 사용된 데 불과한 때에는, 그 불법이 의사표시의 형성에 영향을 미친 경우에는 의사표시의 하자를 이유로 그 효력을 논의할 수는 있을지언정 반사회질서의 법률행위로서 무효라고 할 수는 없다."

> 대법원 2000.2.11 선고 99다49064 판결: "생명보험계약은 사람의 생명에 관한 우연한 사고에 대하여 금전을 지급하기로 약정하는 것이어서 금전을 취득할 목적으로 고의로 피보험자를 살해하는 등의 도덕적 위험의 우려가 있으므로, 그 계약 체결에 관하여 신의성실의 원칙에 기한 선의(이른바 선의계약성)가 강하게 요청되는바, 당초부터 오로지 보험사고를 가장하여 보험금을 취득할 목적

---

41) 대법원 1979.7.24 선고 79다942 판결.

으로 생명보험계약을 체결한 경우에는 사람의 생명을 수단으로 이득을 취하고자 하는 불법적인 행위를 유발할 위험성이 크고, 이러한 목적으로 체결된 생명보험계약에 의하여 보험금을 지급하게 하는 것은 보험계약을 악용하여 부정한 이득을 얻고자 하는 사행심을 조장함으로써 사회적 상당성을 일탈하게 되므로, 이와 같은 생명보험계약은 사회질서에 위배되는 법률행위로서 무효이다. 피보험자를 살해하여 보험금을 편취할 목적으로 체결한 생명보험계약은 사회질서에 위배되는 행위로서 무효이고, 따라서 피보험자를 살해하여 보험금을 편취할 목적으로 피보험자의 공동상속인 중 1인이 상속인을 보험수익자로 하여 생명보험계약을 체결한 후 피보험자를 살해한 경우, 다른 공동상속인은 자신이 고의로 보험사고를 일으키지 않았다고 하더라도 보험자에 대하여 보험금을 청구할 수 없다."

대법원 2001.2.9 선고 99다38613 판결: "전통사찰의 주지직을 거액의 금품을 대가로 양도·양수하기로 하는 약정이 있음을 알고도 이를 묵인 혹은 방조한 상태에서 한 종교법인의 주지임명행위가 민법 제103조 소정의 반사회질서의 법률행위에 해당하지 않는다."

대법원 2001.4.24 선고 99다30718 판결: "증권거래법 제52조 제3호는 증권회사 또는 그 임직원으로 하여금 제52조 제1호 및 제2호의 행위 이외에 유가증권의 발행 또는 매매 기타 거래와 관련하여 투자자의 보호 또는 거래의 공정을 저해하거나 증권업의 신용을 추락시키는 것으로서 재정경제부령이 정하는 행위를 금지하고 있고, 재정경제부령 제13조의3 제2호는 정당한 사유 없이 당해 거래에서 발생한 손실의 전부 또는 일부를 보전하여 주는 행위를 금지행위의 하나로 규정하고 있는바, 증권회사 등이 고객에 대하여 증권거래와 관련하여 발생한 손실을 보전하여 주기로 하는 약속이나 그 손실보전행위는 위험관리에 의하여 경제활동을 촉진하는 증권시장의 본질을 훼손하고 안이한 투자판단을 초래하여 가격형성의 공정을 왜곡하는 행위로서, 증권투자에 있어서의 자기책임원칙에 반하는 것이라고 할 것이므로, 정당한 사유 없는 손실보전의 약속 또는 그 실행행위는 사회질서에 위반되어 무효라고 할 것이다."

대법원 2005.7.28 선고 2005다23858 판결: "보험계약자가 다수의 보험계약을 통하여 보험금을 부정취득할 목적으로 보험계약을 체결한 경우, 이러한 목적으로 체결된 보험계약에 의하여 보험금을 지급하게 하는 것은 보험계약을 악용하여 부정한 이득을 얻고자 하는 사행심을 조장함으로써 사회적 상당성을 일탈하게 될 뿐만 아니라, 또한 합리적인 위험의 분산이라는 보험제도의 목적을 해치고 위험발생의 우발성을 파괴하며 다수의 선량한 보험가입자들의 희생을 초래하여 보험제도의 근간을 해치게 되므로, 이와 같은 보험계약은 민법 제103조소정의 선량한 풍속 기타 사회질서에 반하여 무효이다."

대법원 2007.2.15. 선고 2004다50426 전원합의체 판결: "금전 소비대차계약과 함께 이자의 약정을 하는 경우, 양쪽 당사자 사이의 경제력의 차이로 인하여그 이율이 당시의 경제적·사회적 여건에 비추어 사회통념상 허용되는 한도를초과하여 현저하게 고율로 정하여졌다면, 그와 같이 허용할 수 있는 한도를 초과하는 부분의 이자 약정은 대주가 그의 우월한 지위를 이용하여 부당한 이득을 얻고 차주에게는 과도한 반대급부 또는 기타의 부당한 부담을 지우는 것이므로 선량한 풍속 기타 사회질서에 위반한 사항을 내용으로 하는 법률행위로서무효이다."

대법원 2007.6.14 선고 2007다3285 판결: "소득세법령의 규정에 의하여 당해자산의 양도 당시의 기준시가가 아닌 양도자와 양수자간에 실제로 거래한 가액을 양도가액으로 하는 경우, 양도소득세의 일부를 회피할 목적으로 매매계약서에 실제로 거래한 가액을 매매대금으로 기재하지 아니하고 그보다 낮은 금액을매매대금으로 기재하였다 하여, 그것만으로 그 매매계약이 사회질서에 반하는법률행위로서 무효로 된다고 할 수는 없다."

대법원 2013.10.11 선고 2013다52622 판결: "어떠한 부동산에 관하여 소유자가 양도의 원인이 되는 매매 기타의 계약을 하여 일단 소유권 양도의 의무를짐에도 다시 제3자에게 매도하는 등으로 같은 부동산에 관하여 소유권 양도의의무를 이중으로 부담하고 나아가 그 의무의 이행으로, 그러나 제1의 양도채권자에 대한 양도의무에 반하여, 소유권의 이전에 관한 등기를 그 제3자 앞으로경료함으로써 이를 처분한 경우에, 소유자의 그러한 제2의 소유권양도의무를발생시키는 원인이 되는 매매 등의 계약이 소유자의 위와 같은 의무위반행위를유발시키는 계기가 된다는 것만을 이유로 이를 공서양속에 반하여 무효라고 할것이 아님은 물론이다. 그것이 공서양속에 반한다고 하려면, 다른 특별한 사정이 없는 한 상대방에게도 그러한 무효의 제재, 보다 실질적으로 말하면 나아가그가 의도한 권리취득 자체의 좌절을 정당화할 만한 책임귀속사유가 있어야 한다. 제2의 양도채권자에게 그와 같은 사유가 있는지를 판단함에 있어서는, 그가당해 계약의 성립과 내용에 어떠한 방식으로 관여하였는지(당원의 많은 재판례가 이 문제와 관련하여 제시한 '소유자의 배임행위에 적극 가담하였는지'의 여부라는 기준은 대체로 이를 의미한다)를 일차적으로 고려할 것이고, 나아가 계약에 이른 경위, 약정된 대가 등 계약내용의 상당성 또는 특수성, 그와 소유자의 인적 관계 또는 종전의 거래상태, 부동산의 종류 및 용도, 제1양도채권자의 점유 여부 및 그 기간의 장단과 같은 이용현황, 관련 법규정의 취지·내용 등과 같이 법률행위가 공서양속에 반하는지의 여부 판단에서 일반적으로 참작되는 제반 사정을 여기서도 종합적으로 살펴보아야 할 것이다."

법률행위가 사회질서 위반으로 무효가 되는 경우 원칙적으로 그 법률행위로 권리를 취득한 자는 그 이행을 소구할 수 없고, 이를 이행한 자는 불법원인급여에 해당하여 반환을 구할 수 없다.[42]

판례법은 민법 제746조의 불법은 선량한 풍속 기타 사회질서에 위반하는 것을 말하며, 단순히 강행법규에 위반하는 것은 제746조의 불법에 포함되지 않는다는 입장이다.[43] 강행법규에 위반되는 급부의 반환청구를 금지하면 법률이 강행법규에 의해 금지하려는 결과가 사실상 행해지도록 방치하는 것이 되어 강행법규의 취지를 몰각되기 때문이다. 따라서 단순한 강행법규위반에 해당하는 강제집행을 면하기 위한 타인명의로의 소유권이전등기[44]나 명의신탁[45]의 경우 불법원인급여가 아니므로 부당이득반환청구가 가능하다.

---

42) 대법원 1979.11.13 선고 79다483 전원합의체판결: "민법 제746조는 단지 부당이득제도만을 제한하는 것이 아니라 동법 제103조와 함께 사법의 기본이념으로서, 결국 사회적 타당성이 없는 행위를 한 사람은 스스로 불법한 행위를 주장하여 복구를 그 형식 여하에 불구하고 소구할 수 없다는 이상을 표현한 것이므로, 급여를 한 사람은 그 원인행위가 법률상 무효라 하여 상대방에게 부당이득반환청구를 할 수 없음은 물론 급여한 물건의 소유권은 여전히 자기에게 있다고 하여 소유권에 기한 반환청구도 할 수 없고 따라서 급여한 물건의 소유권은 급여를 받은 상대방에게 귀속된다."

43) 대법원 2010.12.9 선고 2010다57626,57633 판결: "법률상 원인 없이 타인의 재산 또는 노무로 인하여 이익을 얻고 이로 인하여 타인에게 손해를 가한 자는 그 이익을 반환하여야 하고(제741조), 다만 불법의 원인으로 인하여 재산을 급여하거나 노무를 제공한 때에는 그 이익의 반환을 청구하지 못하는 것인바(제746조 본문), 여기서 불법의 원인이라 함은 그 원인되는 행위가 선량한 풍속 기타 사회질서에 위반하는 경우를 말하는 것으로서 법률의 금지에 위반하는 경우라 할지라도 그것이 선량한 풍속 기타 사회질서에 위반하지 않는 경우에는 이에 해당하지 않는다. 수산업법 제33조가 어업권의 임대차를 금지하고 있는 취지 등에 비추어 보면, 위 규정에 위반하는 행위가 무효라고 하더라도 그것이 선량한 풍속 기타 사회질서에 반하는 행위라고 볼 수는 없다. 따라서 어업권의 임대차를 내용으로 하는 임대차계약이 수산업법 제33조에 위반되어 무효라고 하더라도 그것이 부당이득의 반환이 배제되는 '불법의 원인'에 해당하는 것으로 볼 수는 없으므로, 어업권을 임대한 어업권자로서는 그 임대차계약에 기해 임차인에게 한 급부로 인하여 임차인이 얻은 이익, 즉 임차인이 양식어장(어업권)을 점유·사용함으로써 얻은 이익을 부당이득으로 반환을 구할 수 있다.

44) 대법원 1994.4.15 선고 93다61307 판결.

45) 대법원 2003.11.27 선고 2003다41722 판결.

대법원 2013.6.14 선고 2011다65174 판결: "성매매알선 등 행위의 처벌에 관한 법률 제10조는 성매매알선 등 행위를 한 사람 또는 성을 파는 행위를 할 사람을 고용한 사람이 그 행위와 관련하여 성을 파는 행위를 하였거나 할 사람에게 가지는 채권은 그 계약의 형식이나 명목에 관계없이 무효로 한다고 규정하고 있고, 부당이득의 반환청구가 금지되는 사유로 민법 제746조가 규정하는 불법원인급여는 그 원인이 되는 행위가 선량한 풍속 기타 사회질서에 반하는 경우를 말하는바, 윤락행위 및 그것을 유인·강요하는 행위는 선량한 풍속 기타 사회질서에 반하므로, 윤락행위를 할 사람을 고용하면서 성매매의 유인·권유·강요의 수단으로 이용되는 선불금 등 명목으로 제공한 금품이나 그 밖의 재산상 이익 등은 불법원인급여에 해당하여 그 반환을 청구할 수 없고, 나아가 성매매의 직접적 대가로서 제공한 경제적 이익뿐만 아니라 성매매를 전제하고 지급하였거나 성매매와 관련성이 있는 경제적 이익이면 모두 불법원인급여에 해당하여 반환을 청구할 수 없다고 보아야 한다."[46]

V. 불공정한 법률행위

민법 제104는 "당사자의 궁박, 경솔 또는 무경험으로 인하여 현저하게 공정을 잃은 법률행위는 무효로 한다"고 규정한다. 불공정 법률행위란 상대방의 궁박·경솔·무경험 즉 비정상적인 상태에 편승하여 자기의 급부에 비하여 현저하게 균형을 잃은 반대급부를 하게 하여 부당한 재산적 이익을 얻는 행위 또는 경제적 대가성이 성립요건으로 되어 있는 유상계약에 있어서 그 대가성을 현저하게 잃은 행위로서의 폭리행위를 뜻한다. 민법 제104조에 규정된 불공정한 법률행위는 객관적으로 급부와 반대급부 사이에 현저히 불균형이 존재하고 주관적

---

46) 이른바 '티켓다방'을 운영하는 甲이 乙 등을 종업원으로 고용하면서 대여한 선불금이 불법원인급여에 해당하는지가 문제된 사안에서, 제반 사정에 비추어 乙 등으로서는 선불금반환채무와 여러 명목의 경제적 부담이 더해지는 불리한 고용조건 탓에 윤락행위를 선택하지 않을 수 없었고, 甲은 이를 알았을 뿐 아니라 유인, 조장하는 위치에 있었다고 보이므로, 위 선불금은 乙 등의 윤락행위를 전제로 한 것이거나 그와 관련성이 있는 경제적 이익으로서 그 대여행위는 민법 제103조에서 정하는 반사회질서의 법률행위에 해당함에도, 이와 달리 본 원심판결에 법리오해의 위법이 있다고 한 사례이다.

으로 위와 같은 균형을 잃은 거래가 피해 당사자의 궁박, 경솔 또는 무경험을 이용하여 이루어진 경우에 한하여 성립하는 것으로서, 약자적 지위에 있는 자의 궁박, 경솔 또는 무경험을 이용한 폭리행위를 규제하려는 데에 그 목적이 있으므로, 피해 당사자가 궁박, 경솔 또는 무경험의 상태에 있었다고 하더라도 그 상대방 당사자에게 위와 같은 피해 당사자측의 사정을 알면서 이를 이용하려는 의사 즉 폭리행위의 악의가 없었다면 불공정한 법률행위는 성립되지 않는다.[47]

　　민법 제104조는 대가관계가 없는 증여계약에는 적용되지 않는다 할 것이다. 경매의 경우에도 마찬가지로 적용되지 않는다. 급부와 반대급부 사이에 현저한 불균형의 존재 여부의 판단 시기는 법률행위 당시이다.[48] 대리인에 의한 법률행위에 있어 경솔·무경험은 대리인을 기준으로 판단하고, 궁박은 본인을 기준으로 판단한다. 불공정한 법률행위로서 무효라는 주장의 증명책임은 이를 주장하는 피해자에게 있다. 불공정한 법률행위로서 무효인 경우에는 추인에 의해서도 유효로 되지 않는다.[49] 불공정한 법률행위로서 무효라는 주장 속에 민법 제103조 반사회적 법률행위로서 무효라는 주장이 포함되어 있는지의 여부를 석명하지 않은 것이 석명의무 위반은 아니다.[50] 불공정한 법률행위로서 무효라는 주장에는 착오에 기한 의사표시로서 취소를 구한다는 취지가 포함되어 있다고 볼 수 없다.[51]

　　통설은 민법 제104조를 제103조 사회질서 위반의 하나의 예시로 본다. 그러나 민법 제104조가 규정상 제103조와 분리되어 있고, 그 표제가 폭리행위가 아니라 불공정한 법률행위인 이상 계약의 불균형성을 시정하는 규정으로 해석

---

47) 대법원 1991.7.9 선고 91다5907 판결.
48) 대법원 2013.9.26 선고 2010다42075 판결.
　　대법원 2013.9.26 선고 2011다53683,53690 전원합의체판결: "어떠한 법률행위가 불공정한 법률행위에 해당하는지는 법률행위 시를 기준으로 판단하여야 한다. 따라서 계약 체결 당시를 기준으로 전체적인 계약 내용에 따른 권리의무관계를 종합적으로 고려한 결과 불공정한 것이 아니라면, 사후에 외부적 환경의 급격한 변화에 따라 계약당사자 일방에게 큰 손실이 발생하고 상대방에게는 그에 상응하는 큰 이익이 발생할 수 있는 구조라고 하여 그 계약이 당연히 불공정한 계약에 해당한다고 말할 수 없다."
49) 대법원 1994.6.24 선고 94다10900 판결.
50) 대법원 1997.3.25 선고 96다47951 판결.
51) 대법원 1993.7.13 선고 93다19962 판결.

될 수 있을 것이다. 영국의 부당위압(undue influence)은 당사자간의 지식, 경험 등에 관한 불평등 또는 신뢰의 악용은 물론 교섭력의 불균형까지 포괄적으로 포섭하며, 미국의 비양심성(unconscionability)은 교섭능력의 부족, 불공정의 권유, 난해한 문언의 사용, 계약내용 검토시간의 부족 등 당사자간의 거래사실 등에 계약내용의 이해와 자유로운 의사가 흠결된 경우, 과도한 가격, 부당한 하자, 담보책임의 배제, 불법적으로 확장된 배상청구권의 범위 등과 같이 체결된 계약내용으로 인하여 당사자 일방이 당하게 된 손해나 불공정한 부담을 초래하는 경우를 포섭하여 당사자는 계약 자체 또는 당해 조항의 무효를 청구할 수 있다고 한다.[52]

매매계약과 같은 쌍무계약이 급부와 반대급부와의 불균형으로 말미암아 민법 제104조에서 정하는 '불공정한 법률행위'에 해당하여 무효라고 한다면, 그 계약으로 인하여 불이익을 입는 당사자로 하여금 위와 같은 불공정성을 소송 등 사법적 구제수단을 통하여 주장하지 못하도록 하는 부제소합의 역시 다른 특별한 사정이 없는 한 무효라고 할 것이다.[53]

전속적인 관할 합의가 현저하게 불합리하고 불공정한 경우에는 그 관할 합의는 공서양속에 반하는 법률행위에 해당하여 무효이다.[54]

> 대법원 2015.1.15 선고 2014다216072 판결: "어떠한 법률행위가 불공정한 법률행위에 해당하는지는 법률행위 당시를 기준으로 판단하여야 하므로, 계약 체결 당시를 기준으로 계약 내용에 따른 권리의무관계를 종합적으로 고려한 결과 불공정한 것이 아니라면, 사후에 외부적 환경의 급격한 변화에 따라 계약당사자 일방에게 큰 손실이 발생하고 상대방에게는 그에 상응하는 큰 이익이 발생할 수 있는 구조라고 하여 그 계약이 당연히 불공정한 계약에 해당한다고 말할 수 없다."

---

52) 장재현, "불공정 법률행위에 대한 재고", 경북대학교 법학논고 제12집(1996), 71면.
53) 대법원 2011.4.28 선고 2010다106702 판결
54) 대법원 2004.3.25 선고 2001다53349 판결.

제2절 意思表示

I. 개 념

의사표시는 '법률효과의 발생을 향하여진 사적인 의사표명'이다.[55] 의사표시라는 일정한 법률효과의 발생을 의욕하는 의사와 그 의사를 외부에 표시하는 행위로 구성된다. 의사표시가 행해지는 심리적 경과를 보면, 먼저 일정한 법률효과를 의욕하는 의사(효과의사)를 결정하고, 이 효과의사를 외부에 발표하고자 하는 의사(표시의사)를 가지고, 효과의사를 외부에 발표하는 행위(표시행위)를 한다는 세 단계로 나눌 수 있다. 이 중 가장 핵심을 이루는 것은 표시행위이며, 사회생활에서 개인의 교섭은 모두 외형적인 행위를 통하여 이루어지므로, 의사표시는 표시행위를 객관적으로 관찰하여 파악된다.

민법 제105조는 "법률행위의 당사자가 법령중의 선량한 풍속 기타 사회질서에 관계없는 규정(임의규정)과 다른 의사를 표시한 때에는 그 의사에 의한다"고 규정하고 있다. 민법 제105조는 임의법규에 반하는 의사표시도 유효하다는 원칙을 직접적으로 규정하면서 동시에 강행법규(선량한 풍속 기타 사회질서에 관한 규정)에 반하는 의사표시는 무효라는 원칙을 간접적으로 표현하고 있다. 임의규정은 당사자의 의사에 의하여 적용을 배제할 수 있는 것이고, 강행규정은 당사자의 의사와 관계없이 언제나 적용이 강제되는 것이다.

의사표시는 언어나 문자로 표현되는 것이 분명하나, 때에 따라서 주변사정에 비추어 의사표시가 있었다는 것을 인정하는 경우도 있다. 이를 묵시적 의사표시라 한다. 청약에 대한 승낙의 뜻으로 거동하는 경우, 상대방의 최고에 대한 침묵이 추인의 거절이 되는 경우(제131조), 소비대차 기간이 만료하였음에도 차주가 차용금을 변제하지 않고 이자만 지급하였는데 대주가 이를 수령하면 소비대차기간의 연장으로 인정되는 경우 등이 명시적 의사표시가 없는 경우에도 의사표시가 있었다고 보는 경우이다.

---

55) 송덕수, 「민법입문」, 박영사(2012), 42면.

Ⅱ. 의사표시의 효력발생시기

상대방이 있는 의사표시는 상대방에게 도달한 때에 그 효력이 생긴다(제111조 제1항). 이를 도달주의 원칙이라 한다. 여기서 도달이라 함은 사회통념상 상대방이 통지의 내용을 알 수 있는 객관적 상태에 놓여 있는 경우를 가리키는 것으로서, 상대방이 통지를 현실적으로 수령하거나 통지의 내용을 알 것까지는 필요로 하지 않는다. 채무자의 인식여부와 상관없이 편지가 우편수신함에 투입되거나 동거의 가족 또는 피용자에게 교부된 때에는 그 편지는 도달된 것이다. 상대방이 정당한 사유 없이 통지의 수령을 거절한 경우에는 상대방이 그 통지의 내용을 알 수 있는 객관적 상태에 놓여 있는 때에 의사표시의 효력이 생기는 것으로 보아야 한다.

의사표시는 도달하여야 효력이 발생하므로 발신 후 도달 전에는 발신자는 임의로 의사표시를 철회할 수 있다. 의사표시자가 그 통지를 발송한 후 사망하거나 제한능력자가 되어도 의사표시의 효력에 영향을 미치지 아니한다(제111조 제2항).

계약의 청약·승낙·해제·해지·동의·추인·취소 등 상대방에 대한 의사표시는 그것이 상대방에 도달한 때부터 효력이 생긴다. 다만 격지자간의 계약에서 청약에 대한 승낙의 의사표시는 의사표시를 발송한 때 그 효력을 발생하며, 그때 계약이 성립한다(제531조-예외적 발신주의).

의사표시의 불착·연착은 모두 의사표시자의 불이익이므로 도달에 증명책임은 의사표시자에게 있다. 우편물이 등기취급의 방법으로 발송된 경우 반송되는 등의 특별한 사정이 없는 한 그 무렵 수취인에게 배당되었다고 보아야 한다.[56] 내용증명우편이나 등기우편과는 달리, 보통우편의 방법으로 발송되었다는 사실만으로는 그 우편물이 상당기간 내에 도달하였다고 추정할 수 없고 송달의 효력을 주장하는 측에서 증거에 의하여 도달사실을 증명하여야 한다.[57]

의사표시는 원칙적으로 상대방의 주소에 배달되거나, 동거하는 가족 또는

---

56) 대법원 1992.3.27 선고 91누3819 판결.
57) 대법원 2002.7.26 선고 2000다25002.

피용자에게 전달되어 상대방이 의사표시의 도달을 알 수 있게 된 때에 효력이 생긴다. 그러나 우편물이 수취인 가구의 우편함에 투입되었다고 하더라도 분실 등을 이유로 그 우편물이 수취인의 수중에 들어가지 않을 가능성이 적지 않게 존재하는 현실에 비추어, 우편함의 구조를 비롯하여 수취인이 우편물을 수취하였음을 추인할 만한 특별한 사정에 대하여 심리를 다하지 아니한 채 아파트 경비원이 집배원으로부터 우편물을 수령한 후 이를 우편함에 넣어 둔 사실만으로 수취인이 그 우편물을 실제로 수취하였다고 추단할 수는 없다.[58]

상대방 없는 의사표시에 관한 민법상 규정은 없지만 상대방이 없는 이상 의사표시자의 표시행위가 성립한 때 그 효력이 발생한다고 본다. 다만 재단법인의 설립과 관련하여 그 출연재산의 귀속에 있어서는 법인의 성립시와 유언의 효력발생시에 각각 그 효력이 발생하고(제48조), 상속포기에 있어서는 상속이 개시된 때에 그 효력이 발생하고(제1042조), 유언에 있어서는 유언자가 사망한 때에 효력이 발생한다(제1073조).

의사표시의 상대방이 의사표시를 받은 때에 제한능력자인 경우에는 의사표시자는 그 의사표시로써 대항할 수 없다. 다만, 그 상대방의 법정대리인이 의사표시가 도달한 사실을 안 후에는 그러하지 아니하다(제112조).

표의자가 과실없이 상대방을 알지 못하거나 상대방의 소재를 알지 못하는 경우에는 의사표시는 민사소송법 공시송달의 규정[59]에 의하여 송달할 수 있다(제113조).

---

58) 대법원 2006.3.24 선고 2005다66411 판결.
59) 민사소송법 제194조(공시송달의 요건) ① 당사자의 주소등 또는 근무장소를 알 수 없는 경우 또는 외국에서 하여야 할 송달에 관하여 제191조의 규정에 따를 수 없거나 이에 따라도 효력이 없을 것으로 인정되는 경우에는 법원사무관 등은 직권으로 또는 당사자의 신청에 따라 공시송달을 할 수 있다. ② 제1항의 신청에는 그 사유를 소명하여야 한다. ③ 재판장은 제1항의 경우에 소송의 지연을 피하기 위하여 필요하다고 인정하는 때에는 공시송달을 명할 수 있다. ④ 재판장은 직권으로 또는 신청에 따라 법원사무관등의 공시송달처분을 취소할 수 있다.
제195조(공시송달의 방법) 공시송달은 법원사무관등이 송달할 서류를 보관하고 그 사유를 법원게시판에 게시하거나, 그 밖에 대법원규칙이 정하는 방법에 따라서 하여야 한다.
제196조(공시송달의 효력발생) ① 첫 공시송달은 제195조의 규정에 따라 실시한 날부터 2주가 지나야 효력이 생긴다. 다만, 같은 당사자에게 하는 그 뒤의 공시송달은 실시한 다음 날부터 효력이 생긴다. ② 외국에서 할 송달에 대한 공시송달의 경우에는 제1항 본문의 기간은 2월로 한다. ③ 제1항 및 제2항의 기간은 줄일 수 없다.

대법원 1992.7.24 선고 92다749 판결: "재단법인의 이사는 법인에 대한 일방적인 사임의 의사표시에 의하여 법률관계를 종료시킬 수 있고, 그 의사표시가 수령권한 있는 기관에 도달됨으로써 효력을 발생하는 것이며, 법인의 승낙이 있어야만 효력이 있는 것은 아니다."

대법원 2002.7.26 선고 2000다25002 판결: "내용증명우편이나 등기우편과는 달리, 보통우편의 방법으로 발송되었다는 사실만으로는 그 우편물이 상당기간 내에 도달하였다고 추정할 수 없고 송달의 효력을 주장하는 측에서 증거에 의하여 도달사실을 입증하여야 한다."

대법원 2008.6.12 선고 2008다19973 판결: "계약의 해제와 같은 상대방 있는 의사표시는 그 통지가 상대방에게 도달한 때 효력이 생기는 것이고(민법 제111조 제1항), 여기서 도달이라 함은 사회통념상 상대방이 통지의 내용을 알 수 있는 객관적 상태에 놓여 있는 경우를 가리키는 것으로서, 상대방이 통지를 현실적으로 수령하거나 통지의 내용을 알 것까지는 필요로 하지 않는 것이므로, 상대방이 정당한 사유 없이 통지의 수령을 거절한 경우에는 상대방이 그 통지의 내용을 알 수 있는 객관적 상태에 놓여 있는 때에 의사표시의 효력이 생기는 것으로 보아야 한다. 원심판결 이유에 의하면, 원심은 피고가 원고에게 그 판시와 같이 이 사건 매매계약을 이행할 것과 이행하지 아니할 경우에는 이 사건 매매계약을 해제하겠다는 내용이 담긴 내용증명우편을 보내어 원고에게 도착하였으나 원고가 그 우편물의 수취를 거절하고 매매계약을 이행하지 아니한 사실을 인정한 다음, 그 판시와 같은 사정에 비추어 보면 이 사건 매매계약은 원고의 잔금지급 거절을 원인으로 한 피고의 계약해제 의사표시에 의하여 적법하게 해제되었다고 판단하였다. 앞서 본 법리 및 기록에 비추어 살펴보면, 원심의 사실인정 및 판단은 정당하고, 거기에 채증법칙과 관련하여 법령을 위반하는 등의 위법이 없다."

Ⅲ. 진의 아닌 의사표시

진의 아닌 의사표시란 본래 의도와 다르게 하는 의사표시를 말한다. 임대인이 임차인과의 건물임대차관계를 종료할 생각이 전혀 없음에도 임대료를 올릴 생각으로 가게에서 나가라고 말하거나 피용자가 회사를 그만둘 생각이 전혀 없음에도 대체인력이 없고 회사의 사정이 급박함을 이용하여 자신의 급여를 올릴 의도로 회사를 그만두겠다고 사용자에게 말하는 것을 진의 아닌 의사표시라 한다. 의사표시는 표의자가 진의 아님을 알고 한 것이라도 그 효력이 있다(유효, 제107조 제1항 본문). 그러나 상대방이 표의자의 진의 아님을 알았거나 알 수 있었을 경우에는 무효로 한다(제107조 제1항 단서). 진의 아닌 의사표시의 무효는 선의의 제3자에게 대항할 수 없다(제107조 제2항). 행위자의 의사가 어떻든 간에 법질서는 일단 표시된 대로 효력을 인정할 수밖에 없다. 개인의 일방적 의사에 따라 외부로 표시된 행위의 효력이 달라진다는 결론을 법질서는 받아들일 수 없다. 민법 제107조는 당연한 이치를 규정한 것이다.

> 대법원 2001.1.19 선고 2000다51919,51926 판결: "진의 아닌 의사표시에 있어서의 진의란 특정한 내용의 의사표시를 하고자 하는 표의자의 생각을 말하는 것이지 표의자가 진정으로 마음 속에서 바라는 사항을 뜻하는 것은 아니므로 표의자가 의사표시의 내용을 진정으로 마음 속에서 바라지는 아니하였다고 하더라도 당시의 상황에서는 그것이 최선이라고 판단하여 그 의사표시를 하였을 경우에는 이를 내심의 효과의사가 결여된 진의 아닌 의사표시라고 할 수 없다."

> 대법원 2002.12.27 선고 2000다47361 판결: "비진의의사표시에 있어서의 진의란 특정한 내용의 의사표시를 하고자 하는 표의자의 생각을 말하는 것이지 표의자가 진정으로 마음 속에서 바라는 사항을 뜻하는 것은 아니라고 할 것이므로, 비록 재산을 강제로 뺏긴다는 것이 표의자의 본심으로 잠재되어 있었다 하여도 표의자가 강박에 의하여서나마 증여를 하기로 하고 그에 따른 증여의 의사표시를 한 이상 증여의 내심의 효과의사가 결여된 것이라고 할 수는 없다."

> 대법원 1988.5.10 선고 87다카2578 판결: "근로자가 회사의 경영방침에 따라 사직원을 제출하고 회사가 이를 받아들여 퇴직처리를 하였다가 즉시 재입사하는 형식을 취함으로써 근로자가 그 퇴직전후에 걸쳐 실질적인 근로관계의 단절이 없이 계속 근무하였다면 그 사직원제출은 근로자가 퇴직을 할 의사없이 퇴직의사를 표시한 것으로서 비진의의사표시에 해당하고 재입사를 전제로 사직원을 제출케 한 회사 또한 그와 같은 진의 아님을 알고 있었다고 봄이 상당하다 할 것이므로 위 사직원제출과 퇴직처리에 따른 퇴직의 효과는 생기지 아니한다."

> 대법원 1991.7.12 선고 90다11554 판결: "진의 아닌 의사표시인지의 여부는 효과의사에 대응하는 내심의 의사가 있는지의 여부에 따라 결정되는 것인바,

근로자가 사용자의 지시에 좇아 일괄하여 사직서를 작성 제출할 당시 그 사직서에 기하여 의원면직처리될지 모른다는 점을 인식하였다고 하더라도 이것만으로 그의 내심에 사직의 의사가 있는 것이라고 할 수 없다. 사용자가 근로자로부터 사직서를 제출받고 이를 수리하는 의원면직의 형식을 취하여 근로계약관계를 종료시킨다고 할지라도, 사직의 의사없는 근로자로 하여금 어쩔 수 없이 사직서를 작성 제출하게 한 경우에는 실질적으로는 사용자의 일방적 의사에 의하여 근로계약관계를 종료시키는 것이어서 해고에 해당하고, 정당한 이유 없는 해고조치는 부당해고에 다름없는 것이다."

대법원 2004.6.25 선고 2002다68058 판결: "회사가 어려운 경제상황과 경영상태를 극복하기 위하여 조직축소와 구조조정의 일환으로 희망퇴직을 권유하는 과정에서, 재택근무제도를 신설하고 재택근무 인사발령이 나면 불이익이 클 것이라는 암시를 주며 실제로 무보직발령 및 역발령을 낸 사실이 있다고 하더라도, 근로자의 판단하에 희망퇴직원이 제출되고 회사가 이를 수락함으로써 퇴직처분이 이루어졌다면, 이는 회사의 일방적인 의사에 의한 해고에 해당한다고 볼 수 없다."

대법원 2010.3.25 선고 2009다95974 판결: "甲 은행이 직원들에 대하여 특별퇴직을 권고하여 그 신청을 받고 이를 수리하는 형식으로 근로계약관계를 종료시킨 사안에서, 甲 은행의 경영상태 및 장래의 전망, 구조조정에 관한 경영진의 확고한 의지, 甲 은행이 제시한 특별퇴직의 조건, 각 개인들의 개별적 사정과 장래의 불확실성, 특별퇴직을 할 경우와 하지 않을 경우의 이해관계 등 제반 사정을 종합적으로 고려하여 직원들 스스로의 판단에 따라 그와 같은 퇴직의사를 결정하였거나, 마음 속으로는 甲 은행의 특별퇴직 권고를 선뜻 받아들일 수는 없었다 할지라도 당시의 상황으로서는 그것이 최선이라고 판단하여 특별퇴직을 신청한 것으로 봄이 상당하므로, 甲 은행의 직원들에 대한 퇴직처분이 실질적으로는 해고에 해당하지 않는다."

대법원 1997.12.12 선고 97누13962 판결: "공무원이 사직의 의사표시를 하여 의원면직처분을 하는 경우 그 사직의 의사표시는 그 법률관계의 특수성에 비추어 외부적·객관적으로 표시된 바를 존중하여야 할 것이므로, 비록 사직원제출자의 내심의 의사가 사직할 뜻이 아니었다고 하더라도 진의 아닌 의사표시에 관한 민법 제107조는 그 성질상 사직의 의사표시와 같은 사인의 공법행위에는 준용되지 아니하므로 그 의사가 외부에 표시된 이상 그 의사는 표시된 대로 효력을 발한다."

대법원 2011.12.22 선고 2011다64669 판결: "진의 아닌 의사표시가 대리인에 의하여 이루어지고 대리인의 진의가 본인의 이익이나 의사에 반하여 자기 또는 제3자의 이익을 위한 배임적인 것임을 상대방이 알았거나 알 수 있었을 경우에는 민법 제107조 제1항 단서의 유추해석상 대리인의 행위에 대하여 본인은 아무런 책임을 지지 않는다고 보아야 하고, 상대방이 대리인의 표시의사가 진의 아님을 알았거나 알 수 있었는지는 표의자인 대리인과 상대방 사이에 있었던 의사표시 형성 과정과 내용 및 그로 인하여 나타나는 효과 등을 객관적인 사정에 따라 합리적으로 판단하여야 한다. 그리고 미성년자의 법정대리인인 친권자의 법률행위에서도 마찬가지라 할 것이므로, 법정대리인인 친권자의 대리행위가 객관적으로 볼 때 미성년자 본인에게는 경제적인 손실만을 초래하는 반면, 친권자나 제3자에게는 경제적인 이익을 가져오는 행위이고 그 행위의 상대방이 이러한 사실을 알았거나 알 수 있었을 때에는 민법 제107조 제1항 단서의 규정을 유추 적용하여 행위의 효과가 子에게는 미치지 않는다고 해석함이 타당하다."60)

Ⅳ. 통정한 허위의 의사표시

상대방과 통정한 허의의 의사표시는 무효로 한다(제108조 제1항). 통정허위표시의 무효는 선의의 제3자에게 대항하지 못한다(제108조 제2항). 통정허위표시란 상대방과 짜고 하는 진의아닌 의사표시를 말한다. 통정허위표시는 실재와 다른 허위의 외관을 만드는 행위다. 채무자가 채권자의 강제집행을 면탈하기 위하여 허위로 매매계약을 체결하고 소유권을 이전하거나 가짜 채무를 근거로 근저당권을 설정하는 경우가 대표적이다.

당사자가 합의하에 가짜 의사표시를 한 것이므로 그 당사자간에는 통정허위표시는 언제나 무효이다. 그러나 그 사정을 알 수 없는 선의의 제3자에게 그

---

60) 법정대리인 甲이 미성년자 乙, 丙을 대리하여 乙, 丙 소유의 토지를 丁에게 매각한 사안에서, 이는 본인인 乙, 丙의 이익을 무시하고 오로지 법정대리인 甲과 제3자의 이익을 위하여서만 행하여진 대리권 남용 행위로서 계약상대방 丁으로서는 매매계약 당시 甲이 임의로 乙, 丙의 이익이나 의사에 반하여 토지를 매각하려 한다는 배임적인 사정을 알고 있었거나 알 수 있었다고 보아 본인인 乙, 丙에게 매매계약의 효력이 미치지 않는다고 본 원심판단을 수긍한 사례이다.

무효로 대항할 수 없음은 당연하다. 여기서 선의의 제3자는 통정허위표시를 기초로 하여 새로운 이해관계를 맺은 자를 뜻한다. 가장매매의 매수인으로부터 물건을 매수한 자, 가장매매의 매수인으로부터 저당권을 설정받은 자, 가장저당권설정행위에 기한 저당권 실행으로 부동산을 경락받은 자가 선의의 제3자이다. 통정허위표시에 의하여 매수인으로부터 부동산의 권리를 취득한 제3자는 선의로 추정되므로 제3자가 악의라는 사실의 주장증명책임은 그 무효를 주장하는 자에게 있다.[61] 통정허위표시의 상대방이 다수인 경우 상대방 모두와 통정하여야 하며, 그렇지 않은 경우 유효하다.[62] 선의의 제3자에 해당하기 위해서 무과실이어야 하는 것은 아니다.[63] 본인의 진의를 절대적으로 앞세우는 가족법상 행위에서는 허위표시가 언제나 무효이다. 선의의 제3자 보호에 관한 제108조 제2항은 가족관계에는 적용되지 않는다.

> 대법원 1978.4.25 선고 78다226 판결: "특별한 사정없이 없이 동거하는 부부 간에 있어 남편이 처에게 토지를 매도하고 그 소유권이전등기까지 경료한다 함은 이례에 속하는 일로서 가장매매라고 추정하는 것이 경험칙에 비추어 타당하다."

> 대법원 1998.2.27 선고 97다50985 판결: "채무자의 법률행위가 통정허위표시인 경우에도 채권자취소권의 대상이 되고, 한편 채권자취소권의 대상으로 된 채무자의 법률행위라도 통정허위표시의 요건을 갖춘 경우에는 무효라고 할 것이다."

> 대법원 2000.7.6 선고 99다51258 판결: "상대방과 통정한 허위의 의사표시는 무효이고 누구든지 그 무효를 주장할 수 있는 것이 원칙이나, 허위표시의 당사자와 포괄승계인 이외의 자로서 허위표시에 의하여 외형상 형성된 법률관계를 토대로 실질적으로 새로운 법률상 이해관계를 맺은 선의의 제3자에 대하여는 허위표시의 당사자뿐만 아니라 그 누구도 허위표시의 무효를 대항하지 못하는 것인바, 허위표시를 선의의 제3자에게 대항하지 못하게 한 취지는 이를 기초로 하여 별개의 법률원인에 의하여 고유한 법률상의 이익을 갖는 법률관계에 들어간 자를 보호하기 위한 것이므로, 제3자의 범위는 권리관계에 기초하여 형식적으로만 파악할 것이 아니라 허위표시행위를 기초로 하여 새로운 법률상 이해관

---

61) 대법원 1978.12.26 선고 77다907 판결.
62) 송덕수, 「민법주해(Ⅱ)」, 박영사(1992), 350면.
63) 대법원 2007.11.29 선고 2002다1321 판결.

계를 맺었는지의 여부에 따라 실질적으로 파악하여야 한다. 보증인이 주채무자의 기망행위에 의하여 주채무가 있는 것으로 믿고 주채무자와 보증계약을 체결한 다음 그에 따라 보증채무자로서 그 채무까지 이행한 경우, 그 보증인은 주채무자에 대한 구상권 취득에 관하여 법률상의 이해관계를 가지게 되었고 그 구상권 취득에는 보증의 부종성으로 인하여 주채무가 유효하게 존재할 것을 필요로 한다는 이유로 결국 그 보증인은 주채무자의 채권자에 대한 채무 부담행위라는 허위표시에 기초하여 구상권 취득에 관한 법률상 이해관계를 가지게 되었다고 보아 민법 제108조 제2항 소정의 '제3자'에 해당한다."

대법원 2002.3.12 선고 2000다24184,24191 판결: "임대차는 임차인으로 하여금 목적물을 사용·수익하게 하는 것이 계약의 기본 내용이므로, 채권자가 주택임대차보호법상의 대항력을 취득하는 방법으로 기존 채권을 우선변제받을 목적으로 주택임대차계약의 형식을 빌려 기존 채권을 임대차보증금으로 하기로 하고 주택의 인도와 주민등록을 마침으로써 주택임대차로서의 대항력을 취득한 것처럼 외관을 만들었을 뿐 실제 주택을 주거용으로 사용·수익할 목적을 갖지 아니 한 계약은 주택임대차계약으로서는 통정허위표시에 해당되어 무효라고 할 것이므로 이에 주택임대차보호법이 정하고 있는 대항력을 부여할 수는 없다."

대법원 2008.6.12 선고 2008다7772,7789 판결: "통정허위표시가 성립하기 위해서는 의사표시의 진의와 표시가 일치하지 아니하고 그 불일치에 관하여 상대방과의 사이에 합의가 있어야 하는데, 제3자가 금전소비대차약정서 등 대출관련서류에 주채무자 또는 연대보증인으로서 직접 서명·날인하였다면 제3자는 자신이 그 소비대차계약의 채무자임을 금융기관에 대하여 표시한 셈이고, 제3자가 금융기관이 정한 여신제한 등의 규정을 회피하여 타인으로 하여금 제3자 명의로 대출을 받아 이를 사용하도록 할 의사가 있었다거나 그 원리금을 타인의 부담으로 상환하기로 하였더라도, 특별한 사정이 없는 한 이는 소비대차계약에 따른 경제적 효과를 타인에게 귀속시키려는 의사에 불과할 뿐, 그 법률상의 효과까지도 타인에게 귀속시키려는 의사로 볼 수는 없으므로 제3자의 진의와 표시에 불일치가 있다고 보기는 어렵다 할 것인바, 구체적 사안에 있어서 위와 같은 특별한 사정의 존재를 인정하기 위해서는, 실제 차주와 명의대여자의 이해관계의 일치 여부, 대출금의 실제 지급 여부 및 직접 수령자, 대출서류 작성과정에 있어서 명의대여자의 관여 정도, 대출의 실행이 명의대여자의 신용에 근거하여 이루어진 것인지 혹은 실제 차주의 담보제공이 있었는지리 여부, 명의대여자에 대한 신용조사의 실시 여부 및 조사의 정도, 대출원리금의 연체에 따라 명의대여자에게 채무이행의 독촉이 있었는지의 여부 및 그 독촉 시점 기타 명의대여의 경위와 명의대여자의 직업, 신분 등의 모든 사정을 종합하여, 금융기관이 명의대여자와 사이에 당해 대출에 따르는 법률상의 효과까지 실제 차주에게 귀속시키고 명의대여자에게는 그 채무부담을 지우지 않기로 약정 내지 양해하였음이 적극적으로 입증되어야 할 것이다."[64]

대법원 2010.4.29 선고 2009다96083 판결: "파산자가 상대방과 통정한 허위의 의사표시를 통하여 가장채권을 보유하고 있다가 파산이 선고된 경우 그 가장채권도 일단 파산재단에 속하게 되고, 파산선고에 따라 파산자와는 독립한 지위에서 파산채권자 전체의 공동의 이익을 위하여 직무를 행하게 된 파산관재인은 그 허위표시에 따라 외형상 형성된 법률관계를 토대로 실질적으로 새로운 법률상 이해관계를 가지게 된 민법 제108조 제2항의 제3자에 해당하고, 그 선의·악의도 파산관재인 개인의 선의·악의를 기준으로 할 수는 없고, 총파산채권자를 기준으로 하여 파산채권자 모두가 악의로 되지 않는 한 파산관재인은 선의의 제3자라고 할 수밖에 없다. 그리고 이와 같이 파산관재인이 제3자로서의 지위도 가지는 점 등에 비추어, 특별한 사정이 없는 한 파산관재인은 사기에 의한 의사표시에 따라 외형상 형성된 법률관계를 토대로 실질적으로 새로운 법률상 이해관계를 가지게 된 민법 제110조 제3항의 제3자에 해당하고, 파산채권자 모두가 악의로 되지 않는 한 파산관재인은 선의의 제3자라고 할 수밖에 없다."

V. 착오로 인한 의사표시

착오란 표의자가 자신의 내심의 의사와 표시의 내용이 일치하지 않음을 모르는 경우를 말한다.[65] 민법 제109조 제1항은 "의사표시는 법률행위의 내용의 중요부분에 착오가 있는 때에는 취소할 수 있다. 그러나 그 착오가 표의자의 중대한 과실로 인한 때에는 취소하지 못한다"고 규정하고, 제2항은 "전항의 의사표시의 취소는 선의의 제3자에게 대항하지 못한다"고 규정하고 있다.

착오의 유형에는 오기와 같이 표시행위를 자체를 잘못하여 의사와 표시가

---

64) 차명대출에 대하여 통정허위표시를 인정한 판례와 그렇지 않은 판례 사이의 문제점에 대하여 윤진수, "차명 대출을 둘러싼 법률문제". 「민법논고 II」, 박영사(2007), 21면.
65) 대법원 1967.6.27 선고 67다793 판결.

불일치하는 표시상의 착오, 표의자가 자기가 표시하려는 바를 표시하였지만, 그 표시의 의미를 오해한 내용(의미)의 착오, 동기의 착오가 있다. 민법은 법률행위 내용의 중요부분에 관한 착오만 착오로 다루고 있다. 동기의 착오를 민법의 착오로 취급하려면 그 동기가 표시되고 중요부분에 대한 착오여야 한다.[66]

판례는[67] "동기의 착오가 법률행위의 내용의 중요 부분의 착오에 해당함을 이유로 표의자가 법률행위를 취소하려면 그 동기를 당해 의사표시의 내용으로 삼을 것을 상대방에게 표시하고 의사표시의 해석상 법률행위의 내용으로 되어 있다고 인정되면 충분하고 당사자들 사이에 별도로 그 동기를 의사표시의 내용으로 삼기로 하는 합의까지 이루어질 필요는 없지만, 그 법률행위의 내용의 착오는 보통 일반인이 표의자의 입장에 섰더라면 그와 같은 의사표시를 하지 아니하였으리라고 여겨질 정도로 그 착오가 중요한 부분에 관한 것이어야 할 것이다. 다만 그 착오가 표의자의 중대한 과실로 인한 때에는 취소하지 못한다고 할 것인데, 여기서 중대한 과실이라 함은 표의자의 직업, 행위의 종류, 목적 등에 비추어 보통 요구되는 주의를 현저히 결여하는 것을 의미한다고 할 것이다. 하나의 법률행위의 일부분에만 취소사유가 있다고 하더라도 그 법률행위가 가분적이거나 그 목적물의 일부가 특정될 수 있다면, 그 나머지 부분이라도 이를 유지하려는 당사자의 가정적 의사가 인정되는 경우 그 일부만의 취소도 가능하다 할 것이고, 그 일부의 취소는 법률행위의 일부에 관하여 효력이 생긴다"고 판시하고 있다.

그러나 판례는 동기의 착오를 상대방이 부정한 방법으로 유발한 경우[68]나 동기가 상대방측으로부터 제공된 경우[69]에는 중요부분의 착오라는 입장에 있다.

민법 제109조에서 규정한 바와 같이 의사표시에 착오가 있다고 하려면 법률행위를 할 당시에 실제로 없는 사실을 있는 사실로 잘못 깨닫거나 아니면 실제

---

66) 대법원 1992.10.23 선고 92다29337 판결: "부동산매매에 있어서 시가에 관한 착오는 그 부동산을 매매하려는 의사를 결정함에 있어 그 동기의 착오에 불과할 뿐 법률행위의 중요부분에 관한 착오라고 할 수 없는 것이다."
67) 대법원 1998.2.10 선고 97다44737 판결.
68) 대법원 1989.1.17 선고 87다카1271 판결.
69) 대법원 1981.11.10 선고 80다2475 판결 등.

로 있는 사실을 없는 것으로 잘못 생각하듯이 표의자의 인식과 그 대조사실이 어긋나는 경우라야 하므로, 표의자가 행위를 할 당시 장래에 있을 어떤 사항의 발생이 미필적임을 알아 그 발생을 예기한 데 지나지 않는 경우는 표의자의 심리상태에 인식과 대조의 불일치가 있다고 할 수 없어 이를 착오로 다룰 수는 없다.[70]

법률행위 내용의 중요 부분에 착오가 있다고 하기 위하여는 표의자에 의하여 추구된 목적을 고려하여 합리적으로 판단하여 볼 때 표시와 의사의 불일치가 객관적으로 현저하여야 한다. 법률행위 내용의 중요 부분에 착오가 있는 때에는 그 의사표시를 취소할 수 있으나 그 착오가 표의자의 중대한 과실로 인한 때에는 취소하지 못하는 것인바, 여기서 중대한 과실이라 함은 표의자의 직업, 행위의 종류, 목적 등에 비추어 보통 요구되는 주의를 현저히 결여한 것을 의미한다. 착오로 인하여 표의자가 경제적인 불이익을 입은 바가 없는 경우에는 법률행위 내용의 중요 부분의 착오가 아니라는 것이 판례의 입장이다.[71]

착오로 의사표시의 취소가 행해지면 법률행위는 처음부터 무효인 것으로 간주된다. 기망행위를 이유로 계약을 해제하였다가 후에 매매계약을 무효라고 주장하는 경우에 착오를 이유로 취소하였다는 취지로 볼 수 있고, 이 점은 법원이 석명하여야 한다.[72] 취소 전 법률행위는 당연히 유효하다. 취소 전까지 법률관계가 불안정할 수밖에 없으므로 민법 제146조는 취소권을 추인할 수 있는 날부터 3년 내에, 법률행위를 한 날로부터 10년 내에 행사하여야 한다고 규정하고 있다. 추인은 취소권을 포기한다는 의사표시다. 스위스채무법이나 독일의 통설대로 상대방이 표시된 것 대신에 표의자가 의욕한 대로 효력 있게 할 용의가 있음을 표시한 때에는 취소권은 인정되지 않아야 한다는 주장이 있다.[73]

민법 제535조는 원시적 불능인 계약에만 계약체결상의 과실책임을 이유로 신뢰이익배상을 인정하고 있지만, 그 취지가 계약체결행위가 있어 그를 신뢰한 상대방이 뜻밖의 계약좌절로 말미암아 손해를 입는 경우 그를 전보시켜 주는 데

---

70) 대법원 2012.12.13 선고 2012다65317 판결.
71) 대법원 1999.2.23 선고 98다47924 판결.
72) 대법원 1966.9.20 선고 66다1289 판결.
73) 이영준, 「민법총칙 전정판」, 박영사(1997), 389-390면.

있는 한,[74] 통설은 그 적용범위를 확대하여 경과실 있는 표의자에게 착오 취소의 주장을 허용하고 그 대신에 계약체결상의 과실에 의하여 상대방에 대한 신뢰이익의 배상을 인정할 것을 주장한다.[75]

　이탈리아 민법은 착오가 본질적이고, 상대방이 인식가능한 경우 취소의 소를 제기할 수 있다고 규정하고 있다(제1428조). 이 때 취소의 소권은 착오가 종료한 때로부터 5년 안에 행사되어야 하나, 취소의 소권이 시효로 소멸된 때에도 계약의 이행을 구하는 소송에서 피고인 당사자가 항변권으로 취소를 주장할 수 있다(제1442조). 착오에 빠진 당사자는 그 착오로 인하여 손해가 발생하기 전에 상대방이 착오자가 체결하고자 한 계약의 내용 및 조건과 일치하는 방법으로 계약을 이행하겠다고 제의한 때에는 계약의 취소를 청구하지 못한다(제1430조).[76] 이러한 입법은 전적으로 타당하고 조속히 우리나라 민법에 수용되어야 할 것이다. 취소의 소로 접근하는 것이 타당하다.

　　대법원 1975.1.28 선고 74다2069 판결: "타인소유의 부동산을 임대한 것이 임대차계약을 해지할 사유는 될 수 없고 목적물이 반드시 임대인의 소유일 것을 특히 계약의 내용으로 삼은 경우라야 착오를 이유로 임차인이 임대차계약을 취소할 수 있다."

　　대법원 1978.7.11 선고 78다719 판결: "귀속해제된 토지인데도 귀속재산인 줄로 잘못 알고 국가에 증여를 한 경우 이러한 착오는 일종의 동기의 착오라 할 것이나 그 동기를 제공한 것이 관계 공무원이었고 그러한 동기의 제공이 없었더라면 위 토지를 선뜻 국가에게 증여하지는 않았을 것이라면 그 동기는 증여행위의 중요부분을 이룬다고 할 것이므로 뒤늦게 그 착오를 알아차리고 증여계약을 취소했다면 그 취소는 적법하다."

　　대법원 1985.4.9 선고 85도167 판결: "토지의 매매계약서에 매수인의 매수목적 즉 건물건축의 목적으로 매수한다는 내용이 표시되지 않았다고 하여도 매도

---

74) 이은영, 「채권각론」, 박영사(1989), 112면.
75) 이러한 통설에 반대하는 견해로 양창수, "계약체결상의 과실", 고시계 347호(1986), 56면: "우리 민법 제535조에서 특히 원시적 불능급부를 목적으로 하는 계약의 경우에 대해서만 체약상의 과실책임을 인정하고 있는 것은 오히려 기타의 경우에는 인정하지 않는 취지라고 봄이 타당하지 않을까 생각한다."
76) 송덕수, 「민법주해(II)」, 박영사(1992), 412면.

인이 그러한 매수인의 매수목적을 알면서 건축이 가능한 것처럼 가장하여 이를 오신한 매수인과의 사이에 매매계약이 성립된 것이라면 위와 같은 매도인의 행위는 사기죄의 구성요건인 기망행위에 해당한다. 기망행위로 인하여 법률행위의 중요부분에 관하여 착오를 일으킨 경우뿐만 아니라 법률행위의 내용으로 표시되지 아니한 의사결정의 동기에 관하여 착오를 일으킨 경우에도 표의자는 그 법률행위를 사기에 의한 의사표시로서 취소할 수 있다.”

대법원 1991.3.27 선고 90다카27440 판결: “시가 산업기지개발사업을 실시하기 위해 토지를 취득함에 있어 일부가 그 사업대상토지에 편입된 토지는 무조건 잔여지를 포함한 전체 토지를 협의매수하기로 하여 지주들에게는 잔여지가 발생한 사실 등을 알리지 아니한 채 전체 토지에 대한 손실보상협의요청서를 발송하고 매수협의를 진행함에 따라 지주들이 그 소유 토지 전부가 사업대상에 편입된 것 등으로 잘못 판단하고 시의 협의매수에 응한 경우 그 의사표시의 동기에 착오가 있었음을 이유로 취소할 수 있다.”

대법원 1991.8.27 선고 91다11308 판결: “매도인이 매수인의 중도금 지급채무불이행을 이유로 매매계약을 적법하게 해제한 후라도 매수인으로서는 상대방이 한 계약해제의 효과로서 발생하는 손해배상책임을 지거나 매매계약에 따른 계약금의 반환을 받을 수 없는 불이익을 면하기 위하여 착오를 이유로 한 취소권을 행사하여 위 매매계약 전체를 무효로 돌리게 할 수 있다.”

대법원 1992.2.25 선고 91다38419 판결: “신용보증기금법 제1조, 제6조, 제27조, 제28조, 제31조의2의 각 규정 취지에 비추어 볼 때 신용보증기금은 일반 금융기관과는 달리 신용보증 대상기업의 신용상태가 그 신용보증을 함에 있어 중요한 요인이 된다고 할 수 있는 것으로서 같은 법 제24조에 따라 위 기금이 작성하여 재무부장관의 승인을 얻어 시행하는 위 기금의 업무방법서 제10조 제1항 제2호 및 그 위임에 따라 제정 시행된 연체의 범위에 대한 규정(신용보증심사운용요령 제17조 제1항)에 정한 신용보증 제한 대상인 연체가 발생한 기업에 대하여 금융기관이 위 기금에게 보증 대상기업의 거래관계를 확인하는 거래상황확인서를 발급함에 있어서 아무런 연체가 없는 것처럼 기재하여 위 기금이 그 거래상황확인서를 믿고 신용보증을 하게 되었다면 신용보증에 있어 보증 대상기업의 신용 유무는 위 기금의 보증에 관한 의사표시의 중요한 결정 동기를 이루는 것인만큼 위 기금이 보증 제한기업에 해당되는 기업을 금융기관의 잘못된 통보 내용에 따라 보증 제한기업이 아닌 것으로 오신하고 신용보증을 한 것이고 위 기금의 그와 같은 동기에 관한 착오는 위 신용보증행위의 중요부분에 관한 것이라고 봄이 타당하다.”

대법원 1993.6.29 선고 92다38881 판결: "민법 제109조 제1항 단서에서 규정하고 있는 "중대한 과실"이라 함은 표의자의 직업, 행위의 종류, 목적 등에 비추어 보통 요구되는 주의를 현저하게 결여한 것을 말한다. 공장을 경영하는 자가 공장이 협소하여 새로운 공장을 설립할 목적으로 토지를 매수함에 있어 토지상에 공장을 건축할 수 있는지의 여부를 관할관청에 알아보지 아니한 과실은 중대한 과실에 해당한다."

대법원 1994.6.10 선고 93다24810 판결: "매도인의 대리인이, 매도인이 납부하여야 할 양도소득세 등의 세액이 매수인이 부담하기로 한 금액뿐이므로 매도인의 부담은 없을 것이라는 착오를 일으키지 않았더라면 매수인과 매매계약을 체결하지 않았거나 아니면 적어도 동일한 내용으로 계약을 체결하지는 않았을 것임이 명백하고, 나아가 매도인이 그와 같이 착오를 일으키게 된 계기를 제공한 원인이 매수인측에 있을 뿐만 아니라 매수인도 매도인이 납부하여야 할 세액에 관하여 매도인과 동일한 착오에 빠져 있었다면, 매도인의 위와 같은 착오는 매매계약의 내용의 중요부분에 관한 것에 해당한다. 부동산의 양도가 있은 경우에 그에 대하여 부과될 양도소득세 등의 세액에 관한 착오가 미필적인 장래의 불확실한 사실에 관한 것이라도 민법 제109조 소정의 착오에서 제외되는 것은 아니다. 매도인이 부담하여야 할 세금의 액수가 예상액을 초과한다는 사실을 알았더라면 매수인이 초과세액까지도 부담하기로 약정하였으리라는 특별한 사정이 인정될 수 있을 때에는 매도인으로서는 매수인에게 초과세액 상당의 청구를 할 수 있다고 해석함이 당사자의 진정한 의사에 합치할 것이므로 매도인에게 위와 같은 세액에 관한 착오가 있었다는 이유만으로 매매계약을 취소하는 것은 허용되지 않는다."

대법원 1995.12.22 선고 95다37087 판결: "甲이 채무자란이 백지로 된 근저당권설정계약서를 제시받고 그 채무자가 乙인 것으로 알고 근저당권설정자로 서명날인을 하였는데 그 후 채무자가 丙으로 되어 근저당권설정등기가 경료된 경우, 甲은 그 소유의 부동산에 관하여 근저당권설정계약상의 채무자를 丙이 아닌 乙로 오인한 나머지 근저당설정의 의사표시를 한 것이고, 이와 같은 채무자의 동일성에 관한 착오는 법률행위 내용의 중요부분에 관한 착오에 해당한다."

대법원 1996.2.13 선고 95다41406 판결: "매수인이 대리인을 통하여 분양택지 매수지분의 매매계약을 체결한 경우, 대리행위의 하자의 유무는 대리인을 표준으로 판단하여야 하므로, 대리인이 매도인과 분양자와의 매매계약에 있어서 매수인의 1인으로서 그 계약 내용, 잔금의 지급 기일, 그 지급 여부 및 연체지연손해금 액수에 관하여 잘 알고 있었다고 인정되는 때에는, 설사 매수인이 연체 지연손해금 여부 및 그 액수에 관하여 모른 채로 대리인에게 대리권을 수여하여 매도인과의 사이에 그 매매계약을 체결하였다고 하더라도, 매수인으로서는 그 자신의 착오를 이유로 매도인과의 매매계약을 취소할 수는 없다."

대법원 1996.3.26 선고 93다55487 판결: "매수인이 부동산을 매수하면서 잔금지급 전에 그 부동산을 은행 등에 담보로 넣어 대출을 받아 잔금을 마련하기로 계획을 세우고 매도인들에게 그와 같은 자금마련 계획을 알려 잔금지급 전에 매수인이 대출을 받을 수 있도록 협조하여 주기로 약속하였다는 사실만으로, 바로 매수인이 계획하였던 대출이 제대로 이루어질 수 없는 경우에는 그 부동산을 매수하지 아니하였을 것이라는 사정을 매도인들에게 표시하였다거나 매수인들이 이러한 사정을 알고 있었다고 단정할 수는 없다 할 것이어서, 매수인이 대출을 받아 잔금을 지급하려 하였던 잔금지급 방법이나 계획이 매매계약의 내용의 중요한 부분으로 되었다고 할 수는 없다. 따라서 그것을 이유로 매매계약의 취소는 인정될 수 없다."

대법원 1997.8.22 선고 97다13023 판결: "전문건설공제조합이 도급금액이 허위로 기재된 계약보증신청서를 믿고서 조합원이 수급할 공사의 도급금액이 조합원의 도급한도액 내인 것으로 잘못 알고 계약보증서를 발급한 것이 법률행위의 중요 부분의 착오에 해당한다. 전문건설공제조합이 계약보증서를 발급함에 앞서 조합원으로부터 입찰결과통보서 등을 제출받거나 도급인에게 도급금액 등을 조회하여 도급금액이 조합원의 도급한도액 범위 내인지의 여부를 확인하는 것을 게을리하여 조합원이 제출한 계약보증신청서만 믿고서 계약보증서를 발급한 것이 중대한 과실에 해당한다고는 할 수 없다. 불법행위로 인한 손해배상책임이 성립하기 위하여는 가해자의 고의 또는 과실 이외에 행위의 위법성이 요구되므로, 전문건설공제조합이 계약보증서를 발급하면서 조합원이 수급할 공사의 실제 도급금액을 확인하지 아니한 과실이 있다고 하더라도 민법 제109조에서 중과실이 없는 착오자의 착오를 이유로 한 의사표시의 취소를 허용하고 있는 이상, 전문건설공제조합이 과실로 인하여 착오에 빠져 계약보증서를 발급한 것이나 그 착오를 이유로 보증계약을 취소한 것이 위법하다고 할 수는 없다."

대법원 1997.10.10 선고 96다35484 판결: "민법상의 법률행위에 관한 규정은 민사소송법상의 소송행위에는 특별한 규정 기타 특별한 사정이 없는 한 적용이 없는 것이므로 소송행위가 강박에 의하여 이루어진 것임을 이유로 취소할 수는 없다."

대법원 1997.11.28 선고 97다32772,32789 판결: "부동산중개업자에게 중개를 의뢰하여 매매 등의 계약을 체결하는 일반인으로서는 부동산중개업자가 전문적인 지식과 경험을 가진 것으로 신뢰하고 그의 개입에 의한 거래 조건의 지시, 설명에 과오가 없을 것이라고 믿고 거래하는 것이라는 점, 매수인이 중개업자의 말을 믿어 착오에 빠지게 되었지만 중개업자가 착오에 빠지게 된 과정에 명확하게 당해 점포를 지적하지 아니하였던 매도인의 잘못도 개입되어 있는 점, 중개인을 통하여 하는 부동산 매매 거래에 있어 언제나 매수인 측에서 매매 목적물을 현장에서 확인하여야 할 의무까지 있다고 할 수 없을 뿐만 아니라 매매 당사자에게 중개업자가 매매 목적물을 혼동한 상태에 있는지의 여부까지 미리 확인하거나 주의를 촉구할 의무까지는 없다고 할 것인 점 등 매매 중개와 계약 체결의 경위 및 부동산 매매 중개업의 제반 성질에 비추어 볼 때, 매수인이 다른 점포를 매매계약의 목적물이라고 오인한 과실이 중대한 과실이라고 단정하기는 어렵고, 매수인과 매도인 쌍방을 위하여 중개행위를 한 중개업자 스스로 매매계약의 목적물을 다른 점포로 오인한 채 매수인에게 알려 준 과실을 바로 매수인 자신의 중대한 과실이라고 평가할 수도 없다.”

대법원 2000.5.12 선고 2000다12259 판결: “동기의 착오가 법률행위의 내용의 중요부분의 착오에 해당함을 이유로 표의자가 법률행위를 취소하려면 그 동기를 당해 의사표시의 내용으로 삼을 것을 상대방에게 표시하고 의사표시의 해석상 법률행위의 내용으로 되어 있다고 인정되면 충분하고 당사자들 사이에 별도로 그 동기를 의사표시의 내용으로 삼기로 하는 합의까지 이루어질 필요는 없지만, 그 법률행위의 내용의 착오는 보통 일반인이 표의자의 입장에 섰더라면 그와 같은 의사표시를 하지 아니하였으리라고 여겨질 정도로 그 착오가 중요한 부분에 관한 것이어야 한다. 매매대상 토지 중 20~30평 가량만 도로에 편입될 것이라는 중개인의 말을 믿고 주택 신축을 위하여 토지를 매수하였고 그와 같은 사정이 계약 체결 과정에서 현출되어 매도인도 이를 알고 있었는데 실제로는 전체 면적의 약 30%에 해당하는 197평이 도로에 편입된 경우, 동기의 착오를 이유로 매매계약을 취소할 수 있다.”

대법원 2003.4.11 선고 2002다70884 판결: “재건축아파트 설계용역에서 건축사 자격이 가지는 중요성에 비추어 볼 때, 재건축조합이 건축사 자격이 없이 건축연구소를 개설한 건축학 교수에게 건축사 자격이 없다는 것을 알았더라면 재건축조합만이 아니라 객관적으로 볼 때 일반인으로서도 이와 같은 설계용역계약을 체결하지 않았을 것으로 보이므로, 재건축조합측의 착오는 중요 부분의 착오에 해당한다. 설계용역계약 체결을 전후하여 건축사 자격이 없다는 것을 묵비한 채 자신이 미국에서 공부한 건축학교수이고 ‘(명칭 생략)건축연구소’라는 상호로 사업자등록까지 마치고 건축설계업을 하며 상당한 실적까지 올린 사람이라고 소개한 경우, 일반인의 입장에서는 그에게 당연히 건축사 자격이 있는 것으로 믿을 수밖에 없었을 것이므로, 재건축조합 측이 그를 무자격자로 의심하여 건축사자격증의 제시를 요구한다거나 건축사단체에 자격 유무를 조회하여 이를 확인하여야 할 주의의무가 있다고 볼 수는 없다고 보아 재건축조합의 착오가 중대한 과실로 인한 것이 아니라 할 것이다."

대법원 2005.5.12 선고 2005다6228 판결: "신용보증기금의 신용보증에 있어서 기업의 신용 유무는 그 절대적인 전제사유로서 신용보증의사표시의 중요 부분을 구성한다. 기업의 실질적 경영주가 '금융기관의 신용정보교환 및 관리규약'에 따라 금융부실거래자로 규제되어 있어서 자기의 이름으로는 금융기관의 대출이나 신용보증기금의 신용보증을 받을 수 없음을 알고 타인의 명의로 사업자등록을 한 후 그의 명의로 신용보증을 신청하고, 신용보증기금은 신청명의인을 보증대상기업의 경영주로 오인하고 그에 대한 신용조사를 하여 그에게 신용불량사유가 없음을 확인한 다음 신용보증을 한 경우, 신용보증기금이 보증대상기업의 실제 경영주가 신청명의인이 아니고 금융부실거래자로 규제되고 있는 자라는 사실을 알았더라면 위 신용보증을 체결하지 아니하였을 것이 분명하고, 신용보증기금은 위 기업의 경영주가 금융기관대출에 있어서 신용 있는 자임을 착각하고 위 신용보증을 하게 된 것으로서 이는 법률행위의 중요 부분에 착오가 있는 경우에 해당한다."

대법원 2005.5.27 선고 2004다43824 판결: "사기에 의한 의사표시란 타인의 기망행위로 말미암아 착오에 빠지게 된 결과 어떠한 의사표시를 하게 되는 경우이므로 거기에는 의사와 표시의 불일치가 있을 수 없고, 단지 의사의 형성과정 즉 의사표시의 동기에 착오가 있는 것에 불과하며, 이 점에서 고유한 의미의 착오에 의한 의사표시와 구분되는데, 신원보증서류에 서명날인한다는 착각에 빠진 상태로 연대보증의 서면에 서명날인한 경우, 결국 위와 같은 행위는 강학상 기명날인의 착오(또는 서명의 착오), 즉 어떤 사람이 자신의 의사와 다른 법률효과를 발생시키는 내용의 서면에, 그것을 읽지 않거나 올바르게 이해하지 못한 채 기명날인을 하는 이른바 표시상의 착오에 해당하므로, 비록 위와 같은 착오가 제3자의 기망행위에 의하여 일어난 것이라 하더라도 그에 관하여는 사기에 의한 의사표시에 관한 법리, 특히 상대방이 그러한 제3자의 기망행위 사실을 알았거나 알 수 있었을 경우가 아닌 한 의사표시자가 취소권을 행사할 수 없다는 민법 제110조 제2항의 규정을 적용할 것이 아니라, 착오에 의한 의사표시에 관한 법리만을 적용하여 취소권 행사의 가부를 가려야 한다. 취소의 의사표시란 반드시 명시적이어야 하는 것은 아니고, 취소자가 그 착오를 이유로 자신의 법률행위의 효력을 처음부터 배제하려고 한다는 의사가 드러나면 족한 것이며, 취소원인의 진술 없이도 취소의 의사표시는 유효한 것이므로, 신원보증서류에 서명날인하는 것으로 잘못 알고 이행보증보험약정서를 읽어보지 않은 채 서명날인한 것일 뿐 연대보증약정을 한 사실이 없다는 주장은 위 연대보증약정을 착오를 이유로 취소한다는 취지로 볼 수 있다."

대법원 2005.8.19 선고 2004다53173 판결: "민법상의 화해계약을 체결한 경우 당사자는 착오를 이유로 이를 취소하지 못하고, 다만 화해 당사자의 자격 또는 화해의 목적인 분쟁 이외의 사항에 착오가 있는 때에 한하여 이를 취소할 수 있으며, 여기서 '화해의 목적인 분쟁 이외의 사항'이라 함은 분쟁의 대상이 아니라 분쟁의 전제 또는 기초가 된 사항으로서 쌍방 당사자가 예정한 것이어서 상호 양보의 내용으로 되지 않고 다툼이 없는 사실로 양해된 사항을 말한다."

대법원 2006.12.7 선고 2006다41457 판결: "착오가 법률행위 내용의 중요 부분에 있다고 하기 위하여는 표의자에 의하여 추구된 목적을 고려하여 합리적으로 판단하여 볼 때 표시와 의사의 불일치가 객관적으로 현저하여야 하고, 만일 그 착오로 인하여 표의자가 무슨 경제적인 불이익을 입은 것이 아니라면 이를 법률행위 내용의 중요 부분의 착오라고 할 수 없다. 주채무자의 차용금반환채무를 보증할 의사로 공정증서에 연대보증인으로 서명·날인하였으나 그 공정증서가 주채무자의 기존의 구상금채무 등에 관한 준소비대차계약의 공정증서이었던 경우, 소비대차계약과 준소비대차계약의 법률효과는 동일하므로 공정증서가 연대보증인의 의사와 다른 법률효과를 발생시키는 내용의 서면이라고 할 수 없어 표시와 의사의 불일치가 객관적으로 현저한 경우에 해당하지 않을 뿐만 아니라, 연대보증인은 주채무자가 채권자에게 부담하는 차용금반환채무를 연대보증할 의사가 있었던 이상 착오로 인하여 경제적인 불이익을 입었거나 장차 불이익을 당할 염려도 없으므로 위와 같은 착오는 연대보증계약의 중요 부분의 착오가 아니다."

대법원 2009.3.16 선고 2008다1842 판결: "의사표시는 법률행위의 내용의 중요 부분에 착오가 있는 때에는 취소할 수 있고, 의사표시의 동기에 착오가 있는 경우에는 당사자 사이에 그 동기를 의사표시의 내용으로 삼았을 때에 한하여 의사표시의 내용의 착오가 되어 취소할 수 있는 것이며, 법률행위의 중요 부분의 착오라 함은 표의자가 그러한 착오가 없었더라면 그 의사표시를 하지 않으리라고 생각될 정도로 중요한 것이어야 하고 보통 일반인도 표의자의 처지에 섰더라면 그러한 의사표시를 하지 않았으리라고 생각될 정도로 중요한 것이어야 한다. 원심은, 이 사건 각 수분양 점포의 전용면적, 위치, 이 사건 상가에 영화아카데미학원이 입점하는지의 여부, 이 사건 상가의 통로의 폭, 이 사건 상가 2층에 고객휴식공간을 설치하는지의 여부 등에 관하여, 사회적으로 용인될 수 있는 상술의 정도를 넘는 피고들의 기망행위가 있었다거나, 원고들의 착오가 있었다고 보기 어렵고, 또한 원고들의 착오가 있었다고 하더라도 그러한 착오는 이 사건 각 분양계약의 내용의 중요한 부분에 관한 착오에 해당한다고 볼 수 없거나, 이 사건 각 분양계약의 내용으로 편입되지 아니한 동기의 착오에 불과하다고 판단하였다. 위와 같은 원심의 사실인정과 판단은 정당하여 수긍할 수 있고, 거기에 상고이유에서 주장하는 바와 같은 분양계약에 있어서 기망행위 또는 착오에 관한 법리오해 등의 위법이 있다고 할 수 없다. 또한, 원고들이 주장, 제출한 자료들을 모두 종합하여 보더라도 원고들의 위와 같은 사항들에 대한 동기의 착오가 피고들이 부정한 방법으로 유발한 것이라고 보기 어려우므로, 이를 전제로 하는 이 부분 상고이유의 주장도 받아들일 수 없다.”

대법원 2009.9.24 선고 2009다40356,40363 판결: “민법 제109조 제1항 단서에서 규정하고 있는 ‘중대한 과실’이라 함은 표의자의 직업, 행위의 종류, 목적 등에 비추어 보통 요구되는 주의를 현저히 결여한 것을 말하고, 공인된 중개사나 신뢰성 있는 중개기관을 통하지 않고 개인적으로 토지 거래를 하는 경우, 매매계약 목적물의 특정에 대하여는 스스로의 책임으로 토지대장, 임야도 등의 공적인 자료 기타 공신력 있는 객관적인 자료에 의하여 그 토지가 과연 그가 매수하기 원하는 토지인지를 확인하여야 할 최소한의 주의의무가 있다.”

대법원 2012.12.13 선고 2012다65317 판결: “甲 주식회사가 퇴직근로자 乙에게 체불임금의 50% 정도를 포기하면 회사 정상화 이후 재고용이 이루어지도록 노력하겠다고 하였고, 乙은 재고용이 될 것으로 생각하여 체불임금 일부를 포기하는 내용의 합의를 한 경우, 乙이 甲 회사의 정상화 이후에도 재고용되지 않았더라도, 이는 乙의 미필적 인식에 기초한 재고용의 기대가 이루어지지 아니한 것에 불과한 것이므로 법률행위의 중요부분에 착오가 있는 것으로 볼 수 없다.”

대법원 2013.11.28 선고 2013다202922 판결: “甲 주식회사가 택지개발사업 시행자인 한국토지주택공사와 분양계약을 체결한 후 택지개발예정지구의 대상 면적을 축소하는 택지개발예정지구 지정변경이 고시된 경우, 甲 회사가 개발사업이 당초 계획대로 진행될 것으로 예상하였더라도 이는 장래에 대한 단순한 기대이므로 그 기대가 이루어지지 않았다고 하여 법률행위 내용의 중요 부분에 착오가 있는 것으로 볼 수 없다.”

대법원 2014.11.27 선고 2013다49794 판결: "민법 제109조는 의사표시에 착오가 있는 경우 이를 취소할 수 있도록 하여 표의자를 보호하면서도, 착오가 법률행위 내용의 중요 부분에 관한 것이 아니거나 표의자의 중대한 과실로 인한 경우에는 취소권 행사를 제한하는 한편, 표의자가 의사표시를 취소하는 경우에도 취소로 선의의 제3자에게 대항하지 못하도록 하여 거래의 안전과 상대방의 신뢰를 아울러 보호하고 있다. 이러한 민법 제109조의 법리는 적용을 배제하는 취지의 별도 규정이 있거나 당사자의 합의로 적용을 배제하는 등의 특별한 사정이 없는 한 원칙적으로 모든 *私法上* 의사표시에 적용된다. 따라서 '자본시장과 금융투자업에 관한 법률'에 따라 거래소가 개설한 금융투자상품시장에서 이루어지는 증권이나 파생상품 거래의 경우 거래의 안전과 상대방의 신뢰를 보호할 필요성이 크다고 하더라도 거래소의 업무규정에서 민법 제109조의 적용을 배제하거나 제한하고 있는 등의 특별한 사정이 없는 한 거래에 대하여 민법 제109조가 적용되고, 거래의 안전과 상대방의 신뢰에 대한 보호도 민법 제109조의 적용을 통해 도모되어야 한다. 민법 제109조 제1항 단서는 의사표시의 착오가 표의자의 중대한 과실로 인한 때에는 그 의사표시를 취소하지 못한다고 규정하고 있는데, 위 단서 규정은 표의자의 상대방의 이익을 보호하기 위한 것이므로, 상대방이 표의자의 착오를 알고 이를 이용한 경우에는 착오가 표의자의 중대한 과실로 인한 것이라고 하더라도 표의자는 의사표시를 취소할 수 있다."

Ⅵ. 사기·강박에 의한 의사표시

사기나 강박에 의한 의사표시는 취소할 수 있다(제110조 제1항). 그러나 상대방 있는 의사표시에 관하여 제3자가 사기나 강박을 행한 경우에는 상대방이 그 사실을 알았거나 알 수 있었을 경우에 한하여 그 의사표시를 취소할 수 있다(제110조 제2항). 사기, 강박에 의한 의사표시의 취소는 선의의 제3자에게 대항하지 못한다(제110조 제3항).

표의자가 타인의 기망행위로 말미암아 착오에 빠진 상태에서 한 의사표시를 하거나 타인의 강박행위에 의하여 공포심을 가지게 되고, 그 해악을 피하기 위하여 의사표시를 하는 경우 표의자는 그 의사표시를 취소할 수 있다. 사기 또는 강박에 의한 의사표시는 표의자의 의지에 의한 의사표시가 아닌데, 그로 인하여 경제적 불이익이 발생한 경우 이를 보호하기 위하여 그 의사표시를 취소할 수 있도록 하는 것은 당연하다. 형법의 사기죄, 공갈죄와 그 목적이 같다. 착오로 인하여 표의자가 경제적인 불이익을 입은 바가 없는 경우에는 법률행위 내용의 중요 부분의 착오가 아니다.[77] 詐欺者에게 被欺罔者에 대하여 손해를 가하려는 의사나 스스로 이익을 얻으려는 의사 또는 제3자에게 이익을 제공하려는 의사까지 요구되는 것은 아니다.

사기에 의한 의사표시가 성립하려면, 기망행위자에게 고의가 있어야 한다. 표의자를 기망하여 착오에 빠지게 하려는 고의와 다시 그 착오에 기하여 표의자로 하여금 의사표시를 하게 하려는 고의가 필요하다. 법률행위 내용의 중요부분에 착오가 없더라도 기망을 당한 표의자는 보호된다.

단순한 침묵은 원칙적으로는 기망행위가 아니나 침묵된 사정에 관하여 행위자에게 설명의무가 있는 경우에는 기망행위가 된다. 설명의무는 위임계약과 같은 계약관계로부터 발생할 수 있다. 그 밖에 신의성실의 원칙 및 거래관념에 의하여 통지가 필요하고 따라서 구체적인 경우의 사정에 비추어 상대방이 통지를 기대할 수 있는 때에만 설명의무가 존재한다고 할 것이다. 설명의무의 존재 유무는 계약의 유형과 개별 사정에 따라 달라진다.

민법 제110조는 취소권의 발생근거로 사기 외에 강박을 들고 있다. 강박에 의한 의사표시라고 하려면 상대방이 불법으로 어떤 해악을 고지함으로 말미암아 공포를 느끼고 의사표시를 한 것이어야 하는바, 여기서 어떤 해악을 고지하는 강박행위가 위법하다고 하기 위하여는 강박행위 당시의 거래관념과 제반 사정에 비추어 해악의 고지로써 추구하는 이익이 정당하지 아니하거나 강박의 수단으로 상대방에게 고지하는 해악의 내용이 법질서에 위배된 경우 또는 어떤 해악의 고지가 거래관념상 그 해악의 고지로써 추구하는 이익의 달성을 위한 수단으로 부적당한 경우 등에 해당하여야 한다.[78] 공포심이 강박행위에 의하여 새로 발생한 경우뿐만 아니라, 이미 발생하여 있는 공포심을 유지·강화시키는 경우도 강박에 의한 의사표시에 해당한다. 표의자가 공포심을 일으킨 데 대하여 과실이

---

77) 대법원 1999.2.23 선고 98다47924 판결; 대법원 2006.12.7 선고 2006다41457 판결.
78) 대법원 2010.2.11 선고 2009다72643 판결.

있어도 상관없으며, 보통사람이라면 공포심을 일으키지 않을 강박행위라 할지라도, 표의자가 공포심을 일으켰으면 인과관계가 인정된다. 강박을 이유로 한 의사표시의 취소에는 제110조의 취소권 외에 제103조 반사회질서 법률행위 해당성도 함께 문제된다. 판례는 "강박에 의한 법률행위가 하자 있는 의사표시로서 취소되는 것에 그치지 않고 나아가 무효로 되기 위하여는, 강박의 정도가 단순한 불법적 해악의 고지로 상대방으로 하여금 공포를 느끼도록 하는 정도가 아니고, 의사표시자로 하여금 의사결정을 스스로 할 수 있는 여지를 완전히 박탈한 상태에서 의사표시가 이루어져 단지 법률행위의 외형만이 만들어진 것에 불과한 정도이어야 한다"는 기준을 제시하고 있다.[79]

사기·강박으로 인한 의사표시의 취소요건은 이를 이유로 취소를 구하는 자가 증명하여야 한다. 사기·강박과 의사표시 사이의 인과관계와 기망행위·강박행위의 위법성도 증명하여야 한다. 기망행위와 의사표시 사이의 인관관계의 증명은 취소자가 그의 의사결정에 중요한 것일 수 있는 사정을 증명하고, 또 기망행위가 당해 법률행위의 종류에 있어서 생활경험상 흔히 의사결정에 영향을 미치는 것을 증명하는 것으로서 충분할 수 있다.[80] 공포심과 의사표시 사이의 인과관계는 공포심이 없었으면 표의자가 의사표시를 하지 않았거나 다른 내용이나 형식으로 하였거나 또는 다른 시기에 하였으리라고 인정될 경우에 존재한다고 볼 수 있다.[81]

매도인의 기망행위를 이유로 매매계약을 취소한 경우 부당득반환의무가 발생한다. 그 반환범위는 민법 제748조에 따른다.

민법 제110조 제3항의 "선의의 제3자"에서 선의는 의사표시가 사기 또는 강박에 의한 것임으로 모르는 것을 뜻하고, 제3자는 사기·강박에 의한 의사표시의 당사자와 그 포괄승계인 이외의 자 가운데서 그 의사표시를 기초로 하여 새로운 이해관계를 맺은 자를 가리킨다. 사기에 의한 의사표시를 취소한 이후에 비로소 새로운 이해관계를 가지게 된 제3자도 민법 제110조 제3항 소정의 제3

---

79) 대법원 2002.12.10 선고 2002다56031 판결.
80) 송덕수, 「민법주해(Ⅱ)」, 박영사(1992), 564면.
81) 송덕수, 「민법주해(Ⅱ)」, 박영사(1992), 581면.

자에 해당한다.[82] 제3자라는 주장과 증명은 취소의 효과를 부인하는 제3자가
하여야 한다.

대법원 1970.11.24 선고 70다2155 판결: "사기의 의사표시로 인한 매수인으
로부터 부동산의 권리를 취득한 제3자는 특별한 사정이 없는 한 선의로 추정할
것이므로 사기로 인하여 의사표시를 한 부동산의 양도인이 제3자에 대하여 사
기에 의한 의사표시의 취소를 주장하려면 제3자의 악의를 입증할 필요가 있다"

대법원 1973.10.23 선고 73다268 판결: "민법 569조가 타인의 권리의 매매를
유효로 규정한 것은 선의의 매수인의 신뢰 이익을 보호하기 위한 것이므로, 매
수인이 매도인의 기망에 의하여 타인의 물건을 매도인의 것으로 알고 매수한다
는 의사표시를 한 것은 만일 타인의 물건인 줄 알았더라면 매수하지 아니하였
을 사정이 있는 경우에는 매수인은 민법 110조에 의하여 매수의 의사표시를 취
소할 수 있다고 해석해야 할 것이다."

대법원 1975.12.23 선고 75다533 판결: "사기에 의한 법률행위의 의사표시를
취소하면 취소의 소급효로 인하여 그 행위의 시초부터 무효인 것으로 되는 것
이요 취소한 때에 비로소 무효로 되는 것이 아니므로 취소를 주장하는 자와 양
립되지 아니하는 법률관계를 가졌던 것이 취소 이전에 있었던가 이후에 있었던
가는 가릴 필요 없이 사기에 의한 의사표시 및 그 취소사실을 몰랐던 모든 제3
자에 대하여는 그 의사표시의 취소를 대항하지 못한다고 보아야 할 것이고 이
는 거래안전의 보호를 목적으로 하는 민법 110조 제3항의 취지에도 합당한 해
석이 된다."

대법원 1993.2.26 선고 92다48635 판결: "원심판결의 판시이유에 의하면, 원심
은 원고가 피고로부터 이 사건 양식장 시설 및 잉어 10톤을 매수하여 이를 인
도받은 후 판시와 같은 피고의 기망행위를 이유로 피고에 대하여 위 매매계약
을 취소하였으나, 그 후 원고가 위 잉어를 그대로 계속 양식관리하는 도중에 자
신의 과실로 인하여 이를 전부 폐사시키기에 이른 사실을 인정하고, 이에 터잡
아 피고가 원고에게 위 계약취소에 따른 부당이득반환으로서 이미 수령한 매매
대금을 반환할 책임을 지는 것과 함께, 원고도 역시 위 매매계약이 취소된 시점
이후부터 그 받은 이익에 해당되는 위 잉어 등에 대한 악의의 수익자로서 그
시가에 상당하는 가액을 피고에게 반환할 책임이 있다고 판단하고 있는바, 기
록에 의하여 살펴보면 원심의 위와 같은 사실인정과 판단은 모두 정당한 것으

---

82) 대법원 1975.12.23 선고 75다533 판결.

로 수긍이 되고, 거기에 소론과 같은 채증법칙위배로 인한 사실오인이나 계약취소의 효과에 관한 법리오해 등의 위법이 있다 할 수 없다. 부당이득의 수익자가 선의이냐 악의이냐 하는 문제는 오로지 법률상 원인 없는 이득임을 알았는지의 여부에 따라 결정되는 것이므로, 이 사건 매매계약이 매도인인 피고의 기망행위를 이유로 하여 취소된 것이라고 하더라도 그 사유를 들어 원고의 수익자로서의 악의성을 부정할 수는 없는 노릇이고, 또 원고의 위 잉어 등의 가액반환의무가 그와 대가관계에 있는 피고의 매매대금반환채무와 서로 동시이행관계에 있다고 하여 이를 달리 볼 것도 아니다."

대법원 1993.8.13 선고 92다52665 판결: "이미 시중에 출하된 상품의 경우에는 종전판매가격을 실제보다 높게 표시하여 할인판매를 가장한 정상판매를 기도하거나 할인율을 기망하고, 새로이 출하하는 신상품의 경우에도 당초 제품을 출하할 때부터 제조업체에서 실제로 판매를 희망하는 가격을 일단 할인판매가격으로 표시하고 여기에 제조업체가 임의로 책정한 할인율을 감안하여 역산, 도출된 가격을 위 할인판매가격과 나란히 표시함으로써 마치 위와 같이 역산, 도출된 가격이 종전판매가격 내지 정상판매가격인 것 같이 꾸며 백화점의 각 매장에 진열하고 매장의 광고대에 위 두 가격을 비교한 할인판매율을 표시함으로써, 당해 상품들이 종전에는 높은 가격으로 판매되던 것인데 할인특매기간에 한하여 특별히 대폭 할인된 가격으로 판매되는 것처럼 광고를 하고, 할인판매기간이 끝난 후에도 판매가격을 환원하지 아니하고 할인특매기간 중의 가격으로 판매를 계속하는 이른바 '변칙세일' 방법을 일종의 판매기법으로 써 왔다. 변칙세일은 물품구매동기에 있어서 중요한 요소인 가격조건에 관하여 기망이 이루어진 것으로서 그 사술의 정도가 사회적으로 용인될 수 있는 상술의 정도를 넘은 것이어서 위법성이 있다."

대법원 1996.6.14 선고 94다41003 판결: "임차권의 양도에 있어서 그 임차권의 존속기간, 임대기간 종료 후의 재계약 여부, 임대인의 동의 여부는 그 계약의 중요한 요소를 이루는 것이므로 양도인으로서는 이에 관계되는 모든 사정을 양수인에게 알려 주어야 할 신의칙상의 의무가 있는데, 임차권양도계약이 체결될 당시에 임차건물에 대한 임대차기간의 연장이나 임차권 양도에 대한 임대인의 동의 여부가 확실하지 않은 상태에서 몇 차례에 걸쳐 명도요구를 받고 있었던 임차권 양도인이 그 여부를 확인하여 양수인에게 설명하지 아니한 채 임차권을 양도한 행위는 기망행위에 해당한다."

대법원 1997.9.26 선고 96다54997 판결: "매매계약이 무효인 때의 매도인의 매매대금반환의무는 성질상 부당이득반환의무로서 그 반환범위에 관하여는 민법

제748조가 적용된다 할 것이고, 명문의 규정이 없는 이상 그에 관한 특칙인 민법 제548조 제2항이 담연히 유추적용 또는 준용된다고 할 수 없다."

<u>대법원 1999.2.23 선고 98다60828,60835 판결</u>: "상대방 있는 의사표시에 관하여 제3자가 사기나 강박을 한 경우에는 상대방이 그 사실을 알았거나 알 수 있었을 경우에 한하여 그 의사표시를 취소할 수 있으나, 상대방의 대리인 등 상대방과 동일시할 수 있는 자의 사기나 강박은 제3자의 사기·강박에 해당하지 아니한다. 은행의 출장소장이 어음할인을 부탁받자 그 어음이 부도날 경우를 대비하여 담보조로 받아두는 것이라고 속이고 금전소비대차 및 연대보증 약정을 체결한 후 그 대출금을 자신이 인출하여 사용한 사안에서, 위 출장소장의 행위는 은행 또는 은행과 동일시할 수 있는 자의 사기일 뿐 제3자의 사기로 볼 수 없으므로, 은행이 그 사기사실을 알았거나 알 수 있었을 경우에 한하여 위 약정을 취소할 수 있는 것은 아니다."

<u>대법원 1998.1.23 선고 96다41496 판결</u>: "의사표시의 상대방이 아닌 자로서 기망행위를 하였으나 민법 제110조 제2항에서 정한 제3자에 해당되지 아니한다고 볼 수 있는 자란 그 의사표시에 관한 상대방의 대리인 등 상대방과 동일시할 수 있는 자만을 의미하고, 단순히 상대방의 피용자이거나 상대방이 사용자책임을 져야 할 관계에 있는 피용자에 지나지 않는 자는 상대방과 동일시할 수는 없어 이 규정에서 말하는 제3자에 해당한다."

<u>대법원 1997.12.26 선고 96다44860 판결</u>: "사기를 이유로 한 법률행위의 취소로써 대항할 수 없는 민법 제110조 제3항 소정의 제3자라 함은 사기에 의한 의사표시의 당사자 및 포괄승계인 이외의 자로서 사기에 의한 의사표시를 기초로 하여 새로운 법률원인으로써 이해관계를 맺은 자를 의미한다. 부동산의 양도계약이 사기에 의한 의사표시에 해당하는 경우에 있어서는 공시 방법인 소유권이전등기를 마친 기망행위자와의 사이에 새로운 법률원인을 맺어 이해관계를 갖게 된 자만이 민법 제110조 제3항 소정의 제3자에 해당한다고 할 수 없다. 甲이 乙과의 교환계약에 의하여 취득한 토지를 丙이 甲으로부터 전득하고 자신의 앞으로 바로 소유권이전등기를 마쳤다면, 丙은 乙이 해제되었다고 주장하는 위 '교환계약으로부터 생긴 법률적 효과를 기초로 하여 새로운 이해관계를 가졌을 뿐 아니라 등기를 마침으로써 완전한 권리를 취득한 자'이므로 민법 제548조 제1항 단서 소정의 제3자에 해당한다."

<u>대법원 1997.11.14 선고 97다36118 판결</u>: "토지의 공유자로서 그 토지를 현지에서 관리하기로 한 부동산 소개업자인 甲이 그 토지를 평당 금 1,000,000원

에 매도하는 내용의 매매계약을 제3자와 체결하고서도 다른 공유자인 乙의 소유 지분을 저렴한 가격에 취득하여 제3자에게 이전함으로써 그 전매차익을 취하려는 의도하에 乙에게 위 계약 사실을 숨기고 오히려 그 시가가 평당 금 700,000원 정도에 불과하다고 사실과 다른 말을 하여 자신이 매도한 가격보다 현저히 저렴한 가격에 이를 매수한 경우, 甲의 위와 같은 행위는 적극적으로 乙을 기망한 것으로서 위법성이 있다고 보아야 하고, 한편 위 가격의 차이가 평당 금 280,000원으로 매도단가에 비하여 적지 않은 금액이며 乙의 소유 지분의 가격차액 총액이 금 279,720,000여 원에 이르는 사정에 비추어 보면 만약 그와 같은 사정을 乙이 알았더라면 위 매매계약을 체결하지 않았을 것이라고 짐작되므로, 甲의 사기를 이유로 乙이 甲과 乙 사이의 위 매매계약을 취소할 수 있다."

대법원 1998.3.10 선고 97다55829 판결: "제3자의 사기행위로 인하여 피해자가 주택건설사와의 사이에 주택에 관한 분양계약을 체결하였다고 하더라도 제3자의 사기행위 자체가 불법행위를 구성하는 이상, 제3자로서는 그 불법행위로 인하여 피해자가 입은 손해를 배상할 책임을 부담하는 것이므로, 피해자가 제3자를 상대로 손해배상청구를 하기 위하여 반드시 그 분양계약을 취소할 필요는 없다."

대법원 2006.11 2. 선고 2004다62955 판결: "증권회사의 창구를 통하지 않고 매매당사자 사이에 직접 거래가 이루어지는 장외시장에서 증권의 매도인은 증권회사 임직원의 고객 보호의무와 유사한 매수인 보호의무를 부담하지 아니하므로, 장외시장에서 증권을 거래하면서 증권투자 경험이 있는 매도인이 그러한 경험이 없는 매수인에게 투자 손실의 위험성이 높은 증권의 매수를 적극적으로 권유하였고 그 결과 매수인이 손실을 보았더라도, 매수 여부나 매수 가격을 결정하는 데 기초가 되는 거래의 중요한 사항에 관하여 구체적 사실을 신의성실의 원칙에 비추어 비난받을 정도의 방법으로 허위로 고지하여 기망하는 등의 위법행위가 없다면 매도인의 불법행위가 성립하지 않는다."

대법원 2007.6.1 선고 2005다5812,5829,5836 판결: "우리 사회의 통념상으로는 공동묘지가 주거환경과 친한 시설이 아니어서 분양계약의 체결 여부 및 가격에 상당한 영향을 미치는 요인일 뿐만 아니라 대규모 공동묘지를 가까이에서 조망할 수 있는 곳에 아파트단지가 들어선다는 것은 통상 예상하기 어렵다는 점 등을 감안할 때 아파트 분양자는 아파트단지 인근에 공동묘지가 조성되어 있는 사실을 수분양자에게 고지할 신의칙상의 의무를 부담한다. 이러한 사실을 분양자가 고지하지 않은 것은 부작위에 의한 기망행위에 해당하므로, 사기를 이유로 분양계약을 취소하고, 분양대금의 반환을 청구할 수 있고, 또한 사기에 의한 불법행위를 이유로 손해배상을 청구할 수도 있다."[83]

대법원 2008.9.11 선고 2008다15278 판결: "민법 제733조의 규정에 의하면, 화해계약은 화해당사자의 자격 또는 화해의 목적인 분쟁 이외의 사항에 착오가 있는 경우를 제외하고는 착오를 이유로 취소하지 못하지만, 화해계약이 사기로 인하여 이루어진 경우에는 화해의 목적인 분쟁에 관한 사항에 착오가 있는 때에도 민법 제110조에 따라 이를 취소할 수 있다고 할 것이다. 원심은 제1심판결을 인용하여 피고의 보상담당직원 소외 1은 소외 2에게 소외 3의 형제자매들은 공무원연금법상 유족연금 등을 수령할 자격이 없고, 따라서 피고도 소외 3의 일실퇴직금 상당의 금원을 지급할 의무가 없다고 말하였고, 소외 2는 그의 말을 믿어 부제소특약을 포함한 이 사건 합의를 하게 되었으므로, 결국 이 사건 합의는 소외 1의 기망에 의해 체결된 것으로서, 이를 이유로 한 원고들의 취소의 의사표시에 의하여 취소되었다고 판단하였다. 그런데 이 부분 상고이유의 주장은 이 사건 합의의 원인이 된 소외 2의 착오는 화해의 목적인 분쟁에 관한 사항에 관한 것이므로 이 사건 합의는 착오를 이유로 취소될 수 없다는 취지인바, 이는 앞서 본 법리와 다른 전제에 선 것이므로 받아들일 수 없다."

대법원 2009.4.23 선고 2009다1313 판결: "상품의 선전·광고에 있어 다소의 과장이나 허위가 수반되는 것은 그것이 일반 상거래의 관행과 신의칙에 비추어 시인될 수 있는 한 기망성이 결여된다고 하겠으나, 거래에 있어서 중요한 사항에 관하여 구체적 사실을 신의성실의 의무에 비추어 비난받을 정도의 방법으로 허위로 고지한 경우에는 기망행위에 해당한다. 아파트 최상층 분양에 있어 중요한 사항인 다락의 형상에 관하여 신의성실의 의무에 비추어 비난받을 정도로 허위·과장한 내용의 분양광고를 한 사안에서, 분양자(시행사)뿐만 아니라 시공사도 공동불법행위로 인한 손해배상책임을 부담한다."

대법원 2010.2.25 선고 2009다86000 판결: "양자가 수분양자가 전매이익을 노리고 분양을 받으려는 것을 알면서 수분양자로 하여금 전매이익의 발생 여부나 그 액에 관하여 거래관념상 용납될 수 없는 방법으로 잘못 판단하게 함으로써 분양계약에 이르게 하였다는 등의 특별한 사정이 없는 한, 분양자에게 그 대립당사자로서 스스로 이익을 추구하여 행위하는 수분양자에 대하여 최초분양인

---

83) 대법원 1993.4.27 선고 92다56087 판결: "법률행위가 사기에 의한 것으로서 취소되는 경우에 그 법률행위가 동시에 불법행위를 구성하는 때에는 취소의 효과로 생기는 부당이득반환청구권과 불법행위로 인한 손해배상청구권은 경합하여 병존하는 것이므로, 채권자는 어느 것이라도 선택하여 행사할 수 있지만 중첩적으로 행사할 수는 없다."

지, 전매분양인지를 포함하여 수분양자의 전매이익에 영향을 미칠 가능성이 있는 사항들에 관하여 분양자가 가지는 정보를 밝혀야 할 신의칙상의 의무가 있다거나, 나아가 그러한 정보를 밝혀 고지하지 아니하면 그것이 부작위에 의한 기망에 해당하여 민법 제110조 제1항에서 정하는 사기가 된다고 쉽사리 말할 수 없다."

제3절 계약제도

계약이 무엇인지 민법은 규정하지 않는다. 계약의 개념은 학설에 맡겨져 있다. 통설은 "의사표시의 합치 그 자체가 계약이다"[84]라고 설명한다. 통설에 따르면, 넓은 의미의 계약은 2인 이상의 당사자가 청약과 승낙이라는 서로 대립하는 의사표시를 하고, 그 합치로 성립하는 법률행위이고, 좁은 의미의 계약은 채권관계의 발생을 목적으로 하는 것, 즉 채권계약을 의미한다.[85] 통설에 따르면 좁은 의미의 계약인 채권계약에 관한 것이 민법전의 채권편 속 계약 관련 규정들이며, 이 규정들은 그 성질이 허용하는 한 채권계약이 아닌 다른 계약에도 유추적용된다.[86]

그러나 계약의 성립에 청약과 승낙이라는 두 요소가 필요하다는 것과 당사자 간 의사합치가 곧 계약이라는 개념정의는 연결되지 않는다. 의사합치만 있으면 구속력이 발생한다는 생각은 상상에 불과하다. 의사합치 그 자체는 계약이 아니다. 의사합치만 이루어진 계약에 공증이 더해지거나, 계약에서 정한 급부의 일부 이행이 있거나 이행과 관련한 지출 등이 상대방의 동의하에 발생한 경우에만 법적 구속력이 주어져야 할 것이다.

우리나라와 일본이 따르고 있는 독일민법의 태도는 의사의 합치에만 치중하여 계약을 파악함으로써 채권채무를 발생시키지 않는 합의(물권적합의, 혼인합의)

---

84) 김형배, 「채권각론(계약법)」, 박영사(1998), 90면.
85) 곽윤직·김재형, 「민법총칙 제9판」, 박영사(2015), 262면.
86) 곽윤직, 「채권각론 신정판」, 박영사(1995), 11-13면.

도 계약으로 파악하고 이를 완전한 추상개념인 총칙편의 법률행위 개념 아래에 둔다.[87]

그런데 독일도 부동산매매계약은 반드시 공증을 해야 법적 구속력이 발생하는 것으로 한다. 증여계약의 경우도 공증을 강제하고 있다. 소권이 발생하는 계약에는 약인을 요구하는 영미법에서는 여러 형태의 계약을 통일적으로 규율하는 일반적 체계가 없고, 개별 계약마다의 관련 소송 내에서 타당한 해결책을 찾아낼 뿐이다. 영미계약법은 계약법에 있어서 통일적인 체계가 없다. 따라서 계약법이란 커먼로에서 전개된 판례이론 및 입법에 따른 소재를 정리하여 설명하는 것에 불과하다.[88] 프랑스 민법은 제1101조에서 "계약이란 1인 또는 수인이 다른 1인 또는 수인에 대하여 어떤 것을 이전하거나, 행하거나 행하지 아니할 의무를 부담하게 되는 합의"라고 개념정의를 한다. 하지만 유효한 계약에 대하여 제1108조는 "계약이 유효하기 위해서는 네 가지 조건이 본질적으로 요구된다. 즉 채무를 부담하는 당사자의 합의, 협약을 체결하는 그의 능력, 채무의 내용을 이루는 확정의 객체, 그리고 채무관계에 있어서의 적법한 원인"이라고 정하고 있다. 합의만 있어서 안 되는 것이고 소권을 부여할 만한 원인이 존재하여야 법적 의무(obligation)를 발생시키는 계약이 되는 것이다. 프랑스에서는 공증인에 의한 공정증서로 작성되지 않으면 절대 무효인 계약이 있다. 증여계약, 채무자에 의한 약정대위, 부부재산계약, 저당권설정계약, 주거용 건물에 대한 부동산매매계약, 등기소에서 공시되어야 하는 모든 서류가 그것이다.[89] 또한 1,500 유로 이상 금원에 대한 계약은 반드시 공증하여야 하고, 그렇지 않으면 人證이 허용되지 않아 상대방의 의무불이행시 소송으로 그 이행을 구할 수 없다.[90] 공증하지 않은 계약에는 소권을 부여하지 않고 있다. 프랑스에서 계약은 채권의 발생원인이 아니라 채무발생원인이다.[91] 로마법 이래 단순한 합의에는 소권을

---

87) 김기창, 「제4판 주석민법 채권각칙(1)」, 한국사법행정학회(2016), 35면.

88) 송오식, 「계약법 이론·판례」, 전남대학교 출판부(2011), 19면.

89) 송재일, "프랑스민법상 채무의 증거", 민사법학 제67호, 한국민사법학회(2014), 300-301면.

90) 송재일, 전게논문, 312-313면.

91) 김미경, "프랑스 민법상 채무(obligation)의 개념에 대한 연구". 민사법학 제72호, 한국민사법학회(2015), 260면.

부여하지 않는다(nuda pactio obligationem non parit).

프랑스는 원고가 소를 제기할 수 있는 채무를 발생시키는 것만을 계약으로 본다. 그러나 독일은 "계약 개념을 의사이론에 맞게 재규정하여 계약은 복수의 당사자가 그들의 법률관계를 규율하는 내용의 의사표시에 대하여 한마음을 이루는 것"으로 본다.[92] 이 계약 개념은 우리나라에서 예외 없이 받아들여지고 있다. 판례도 일관하여 취하는 개념이기도 한다.

모든 합의는 다 계약이기 때문에 대법원 2003.1.24 선고 2000다5336 판결(임대차계약의 합의해제), 대법원 2004.6.11 선고 2004다11506 판결(고용계약의 합의해제) 등은 기존의 계약관계를 소멸시킬 뿐이고 새로운 채권채무를 발생시키지 않는 계약의 합의해제도 하나의 새로운 계약으로 본다.[93]

대법원 2008.3.13 선고 2007다73611 판결은 "당사자가 계약금의 일부만을 먼저 지급하고 잔액은 나중에 지급하기로 약정하거나 계약금 전부를 나중에 지급하기로 약정한 경우, 교부자가 계약금의 잔금이나 전부를 약정대로 지급하지 않으면 상대방은 계약금 지급의무의 이행을 청구하거나 채무불이행을 이유로 계약금약정을 해제할 수 있다"고 판시하였다.

계약금계약이 요물계약이면 계약금을 지급하겠다는 약정만 하거나 일부만 지급한 경우 계약금계약은 성립하지 않은 것이고, 그 구속력도 발생하지 않아야 한다. 계약금계약은 불성립이므로 계약금의 전부 또는 일부의 이행을 구하는 소를 제기할 수 없다고 보아야 한다. 하지만, 판례는 계약금계약 자체는 요물계약이기는 하지만, 계약금을 일부 또는 전부를 나중에 지급하기로 하는 계약도 합의인 이상, 그 합의는 새로운 별도의 계약이 되고, 그 계약에서도 별개의 구속력이 발생하여, 약정한 계약금의 전부 또는 잔금의 이행을 구하는 소를 제기할 수 있는 소권을 발생시킨다고 한다.

모든 합의가 다 계약이라고 해서 모든 합의에서 소송을 제기할 수 있는 소권을 발생시키는 것이 정당화되는 것일까. 사견으로는 판례가 소권을 발생시키는 계약과 소권을 발생시키지 않는 계약을 구분하여 유형화하는 것이 좋다고 본

---

92) 김기창, 「제4판 주석민법 채권각칙(1)」, 한국사법행정학회(2016), 51면.
93) 김기창, 전게서, 41면.

다.[94] 로마법에서는 소권을 수반하지 않는 채권이 자주 발생하였고, 이러한 소권을 수반하지 않는 채무를 자연채무라 불렀다고 한다.[95] 프랑스 법계의 민법은 자연채무를 명문으로 규정하고 있고,[96] 영미법계는 약인 없는 계약에는 소권을 인정하지 않는 방식을 취하고 있다. 독일도 부동산매매계약에서 만큼은 공증을 강제하여 그렇지 않는 계약에는 소권을 부여하지 않고 있다.

계약 구속력은 이행청구권의 발생을 의미한다. 이행청구권은 계약 체결 후 상대방에게 계약의 이행을 구하는 권리로 소 제기 전에 행사하는 권리도 당연히 의미하는 것이겠지만,[97] 그것은 최종적으로 의무를 불이행하는 상대방을 상대로 한 소의 제기 즉 소권을 의미하는 것이다. 로마법과 영미법의 소권체계는 계약과 계약책임을 별개의 것으로 이해한다. 본래의 급부를 구할 수 있는 권리로서의 이행청구권은 채무불이행의 원칙적 구제수단이 아니라 예외적 구제수단에 해당한다.[98] 영미법계는 금전채무는 물론 비금전채무도 금전배상이 원칙이다. 대륙법계는 비금전채무의 경우 합의와 동시에 발생하는 이행청구권의 행사가 당연하고 그것은 금전배상이 아니라 본래의 이행을 원칙으로 한다. 단순한 합의 자체가 계약이고, 계약책임은 곧 본래의 의무에 대한 이행청구권이라는 입장이 민법의 입장이다. 그러나 영미법계의 계약파기의 자유, 즉 원래 급부의 강제이행을 원칙적으로 부정하고 금전배상을 원칙으로 하는 효율적 계약 위반의 자유

---

94) 김성수, "프랑스민법상의 자연채무", 민사법학 제67호, 한국민사법학회(2014), 229면: "강제가 없으면 채무는 완전하지 아니하고 이것이 있는 채무가 통상의 법적채무(obligation civile)이고, 이것이 없는 채무가 자연채무이다."

95) 운철홍, "자연채무", 월간고시 제21권 제3호(242호), 법지사(1994), 31면: "형식을 갖추지 못한 그 밖의 계약은 시민법의 보호를 받지 못하였다. 따라서 이 경우 채권의 실현은 상대방의 자발적인 이행, 즉 상대방의 성의(bona fides)에 의존할 수밖에 없었다."

96) 김성수 교수의 전게논문에 의하면 프랑스법계 국가인 벨기에, 룩셈부르크와 현행 미국 루이지애나 민법전(1984년), 캐나다 퀘벡주 민법전, 레바논 채무계약법, 세네갈 민상사채무법전, 필리핀민법전, 일본구민법이 자연채무를 자세하게 규정하고 있다고 한다.

97) 박영복·이희호, "이행청구권", 외법논집 제21집, 한국외국어대학교 법학연구소(2006), 2-4면에 의하면 독일의 Windscdeid가 창안한 청구권(Anspruch)은 소권을 실체법으로 대체한 것으로 소권은 실체법적 이행청구권의 실현을 돕는 부차적인 수단으로 이해되고, 청구권은 합의와 동시에 발생하는 것으로 계약 개념의 중심이 된다고 한다.

98) 김영희, "영미법상 계약책임과 계약소송에 관한 사적 고찰", 법조 제64권 제11호, 법조협회(2015), 387면.

를 우리도 인정해야 한다. 계약에서 중요한 것은 약속 준수가 아니다. 효율성이 우선시되어야 한다. 계약법의 목적은 약속준수라는 정의실현에 있는 것이 아니고, 효율적인 계약제도의 운용에 있어야 한다. 계약법은 도덕률이 아니다. 계약 구속이란 개념은 그 자체가 채무자의 본래의 이행에 대한 강제를 의미하는 것으로 이해하는 것이 일반인에게도 자연스럽다는 주장도 있다.[99] 그러나 자연스러운 것은 단지 "약속은 지켜져야 한다"는 표현 그 자체뿐이다.

우리나라와 일본이 취하고 있는 모든 계약에서의 낙성주의는 의심할 여지 없는 계약법의 발전인가. "원래 계약은 요물계약 또는 방식계약으로부터 낙성계약으로 발달해 왔다"[100]는 설명은 누구로부터 검증받은 견해인가. 모든 형태의 합의가 계약이고, 약속은 지켜져야 한다는 것이 계약법의 본질이라면 계약법은 도덕률과 차이가 없다. 그러나 로마법은 단순한 합의에서 소권은 발생하지 않는다는 원칙을 따랐을 뿐이다. 교회는 모든 약속은 지켜야 한다는 전제에서 약속을 지키지 않으면 거짓말을 한 것이며, 거짓말은 곧 죄악을 저지르는 일이라고 했다. 이러한 교회의 주장은 법규범의 윤리화를 의미하며, 약속위반에 대한 윤리적 비난을 법적 비난으로 강화함으로써 도의상의 합의와 법률상의 합의를 동일시하였다. 교회법은 이러한 기본관점에서 Pacta sunt servanda(모든 합의는 준수되어야 한다)라는 법리를 확립하였다.[101] 그러나 "계약은 지켜져야 한다"는 법원리는 존재하지 않는다. 칼 슈미트는 계약 개념의 발전에 대한 연구는 존재한 적이 없다고 하면서,[102] 계약은 지켜져야 한다는 말 그 자체에는 법적 규범으로서 가져야 할 내용을 아무 것도 가지고 있지 않다고 하였다.[103]

대법원 2001.3.23 선고 2000다51650 판결: "계약이 성립하기 위하여는 당사자 사이에 의사의 합치가 있을 것이 요구되고 이러한 의사의 합치는 당해 계약의 내용을 이루는 모든 사항에 관하여 있어야 하는 것은 아니나 그 본질적 사

---

99) 박희호, "공통참조기준(DCFR)에서의 이행청구권에 관한 연구", 외법논집 제41권 제1호, 한국외국어대학교 법학연구소(2017), 277면.
100) 곽윤직, 「채권각론 신정판」, 박영사(1995), 211면.
101) 조규창, 「독일법사(上)」, 고려대학교출판부(2010), 547면.
102) 칼 슈미트, 김효전 역, "헌법의 개념", 동아법학 제49호, 동아대학교 법학연구소(2010), 448면.
103) 칼 슈미트, 김효전 역, 전게논문, 449면.

항이나 중요 사항에 관하여는 구체적으로 의사의 합치가 있거나 적어도 장래 구체적으로 특정할 수 있는 기준과 방법 등에 관한 합의는 있어야 한다. 당사자가 의사의 합치가 이루어져야 한다고 표시한 사항에 대하여 합의가 이루어지지 아니한 경우에는 특별한 사정이 없는 한 계약은 성립하지 아니한 것으로 보는 것이 상당하다."

대법원 2003.4.11 선고 2001다53059 판결: "계약이 성립하기 위하여는 당사자의 서로 대립하는 수개의 의사표시의 객관적 합치가 필요하고 객관적 합치가 있다고 하기 위하여는 당사자의 의사표시에 나타나 있는 사항에 관하여는 모두 일치하고 있어야 하는 한편, 계약 내용의 '중요한 점' 및 계약의 객관적 요소는 아니더라도 특히 당사자가 그것에 중대한 의의를 두고 계약성립의 요건으로 할 의사를 표시한 때에는 이에 관하여 합치가 있어야 계약이 적법·유효하게 성립한다. 계약이 성립하기 위한 법률요건인 청약은 그에 응하는 승낙만 있으면 곧 계약이 성립하는 구체적, 확정적 의사표시여야 하므로, 청약은 계약의 내용을 결정할 수 있을 정도의 사항을 포함시키는 것이 필요하다."

민법 제3편 채권 제2장 계약 제2절 이하에는 증여, 매매, 소비대차, 임대차, 고용, 위임, 임치, 조합 등의 전형계약이 설정되어 있다. 상법에도 위탁매매계약, 운송계약, 보험계약 등이 전형되어 있다. 사람 사는 것은 복잡한 것도 물론 있지만 대부분은 단순하게 반복되는 것이 압도적으로 많다. 계약을 함에 있어서 일정한 유형을 나누어 법률적 구속을 미리 정해 놓으면 모든 계약을 하나하나 따질 필요가 없게 되어 분쟁해결에 편리를 도모하게 된다. 전형계약은 인류의 지혜가 집약된 보고이다. 계약과 관련한 분쟁이 발생하여 소송절차에 돌입할 경우 해당 계약의 성질을 전형계약 규정을 통해 파악하여 해결기준을 빠르게 도출할 수 있다. 당사자가 자유롭게 체결한 계약에는 다양한 내용이 들어 있기 마련인데, 계약의 주요 사항이 전형계약의 무엇에 해당하는지를 파악하여 해당 전형계약의 규정을 전적으로 적용 또는 유추적용하거나, 계약에 포함된 사항들이 각기 개별적으로 존재하는 경우 각각의 구성분자를 여러 전형계약 규정들에 하나씩 맞추어 본 후 이를 결합하거나 유추하여 해결기준을 도출할 수가 있다. 당사자가 자유롭게 체결한 계약의 개별 내용이 임대차인지 사용대차인지, 매매인지 도급인지, 소비임치인지 소비대차인지를 하나씩 분석하여 전체적으로 무엇이 주가 되는 것인지 결론 내려야 한다.

증여는 당사자의 일방이 자기의 재산을 무상으로 상대방에게 授與한다는 의사를 표시하고, 상대방이 이를 수락함으로써 성립하는 계약이다. 증여자는 매도인과 달라서 증여의 객체인 물건이나 권리에 대한 책임을 지지 않는다. 증여의 의사가 서면으로 표시되지 아니한 경우에는 각 당사자는 이를 해제할 수 있다(제555조).

매매는 당사자 일방이 재산권의 이전을 상대방에게 약정하고, 상대방이 그 대금을 지급할 것으로 약정함으로써 성립되는 계약이다. 매도인은 매수인이 취득하는 물건 또는 권리에 불완전한 점이 있으면 이에 대한 담보책임을 진다. 매도인의 담보책임이 인정되면 대금감액청구권, 해제권, 손해배상청구권 등이 매수인에게 주어진다.

임대차는 당사자 일방이 상대방에 대하여 어떤 물건의 사용, 수익하게 할 것을 약정하고, 상대방이 이에 대하여 借賃을 지급할 것으로 약정함으로써 성립하는 계약이다. 그 목적물이 주택이나 상가인 경우 주택임대차보호법과 상가임대차보호법이 적용된다.

도급은 당사자 일방이 어떤 일을 완성할 것을 약정하고, 상대방이 그 일의 결과에 대하여 보수를 지급할 것을 약정함으로써 성립하는 계약이다. 도급은 이룩하는 것이고, 매매는 주는 것이다. 수급인은 일을 완성한 후가 아니면 도급인에게 보수를 청구할 수 없다. 보수는 완성된 목적물의 인도와 동시에 지급하여야 한다(제665조 제1항). 수급인 스스로 일을 완성할 의무는 없기 때문에 하도급이 가능하다. 도급인이 재료의 전부 도는 주요부분을 공급한 경우 완성된 목적물이 동산인지 부동산인지를 묻지 않고 그에 대한 소유권은 원시적으로 도급인에게 귀속한다. 부동산공사의 수급인은 보수에 관한 채권을 담보하기 위하여 그 부동산을 목적으로 한 저당권의 설정을 청구할 수 있다(제666조). 수급인은 계약내용에 합치되는 결과를 하자 없이 완성할 의무가 있다. 도급인의 하자보수청구권 및 계약해제권은 수급인의 귀책사유를 필요로 하지 않는다. 즉 수급인의 하자담보책임은 무과실책임이다.

위임계약은 당사자 일방이 상대방에 대하여 사무처리를 위탁하고, 상대방이 이를 승낙함으로써 성립하는 계약이다. A가 변호사 B에게 자신의 형사사건 변호업무를 맡기는 경우가 이에 해당한다. 위임계약은 당사자의 신뢰관계를 기초로 하므로 원칙적으로 수임인 스스로 일을 처리해야 한다. 위임계약은 각 당사자가 언제든지 해지할 수 있다(제689조 제1항).

조합은 2인 이상이 상호 출자하여 공동사업을 경영할 것을 약정함으로써 성립되는 계약이다. 조합은 각 조합원이 업무집행에 참여할 권리를 갖는다. 조합의 업무집행은 조합원의 과반수로써 결정한다(제706조 제2항). 조합계약으로 업무집행자를 정하지 않은 경우 조합원의 3분의 2 이상의 찬성으로 이를 선임할 수 있다(제706조 제1항). 조합원의 출자 기타 조합재산은 조합원의 합유로 한다(제704조). 당사자가 손익분배의 비율을 정하지 아니한 때에는 각 조합원의 출자가액에 비례하여 이를 정한다(제711조 제1항).

제12장

대리제도

제1절 의 의

代理라 함은 代理人이 本人에 갈음하여 의사표시를 하거나 상대방의 의사표시를 수령함으로써, 本人이 직접 그 의사표시의 法律效果를 취득하는 제도이다(제114조). 대리제도는 법인제도와 마찬가지로 자연인의 편리를 위해 고안된 법기술이다. 대리제도가 대리권이라고 표현은 되지만, 권리(소권의 실체법적 표현)가 아니고 단순한 제도임을 잊어서는 안 된다.

A는 C로부터 주택을 매수하면서 B를 대리인으로 하여 C와 매매계약을 체결할 수 있다. 이때 매수인의 권리와 의무는 대리인인 B가 아니라 A에게 귀속한다. 이를 대리제도라 한다.

대리제도를 통하여 개인의 활동 범위는 무한히 확장될 수 있다. 대리는 적법한 민사행위를 위한 제도이므로 불법행위에 대리제도가 이용될 수는 없다. 또한 혼인이나 이혼과 같이 본인의 의사가 절대적으로 확인되어야 하는 경우에도 대리제도가 이용될 수 없다.

대리의 본질에 대하여 여러 견해가 주장되었다. 법률행위의 효과의사를 본인의 의사표시인 수권행위에 귀속시키는 견해가 본인행위설이다. 본인행위설은 대리인의 행위를 본인의 행위로 의제한다. 이와 달리 본인에게 법률효과를 귀속시키려는 대리인의 대리의사(대리적 효과의사)에서 법률행위의 효과의사를 구하는 견해가 대리인행위설이다. 대리인행위설은 대리인을 행위당사자로 보고, 그 행위의 효과는 법률의 규정에 의하여 본인에게 귀속하는 것이라고 설명한다. 통설은 대리인행위설이 대리행위의 하자를 대리인을 표준으로 결정한다고 규정한 민법 제116조 제1항에 부합하는 견해라고 주장한다.[1] 통합요건설은 대리권수여에 의한 본인의 관여와 대리인의 행위가 통합되어 대리에 의한 법률행위의 요건을 이룬다고 설명한다. 통합요건설은 대리행위는 대리인의 자기결정이 아니므로 그 자체만으로는 법률행위가 아닌 것이고, 본인의 수권행위가 있어야 법률효과가 발생한다고 주장하면서, 대리인행위설에 대하여 대리에 의한 법률행위의 요건이 대리인에 의해서만 충족되고 본인은 효과의 귀속자에 불과하다고 보는 것은 타인의 의사결정에 의한 규율이 되어 사적자치의 원칙에 반한다고 비판한다.[2] 이영준 변호사는 행위·규율 분리설을 주장한다. 이 견해는 법률행위를 행위로서의 법률행위와 그의 효과인 규율로서의 법률행위를 구별할 수 있다는 전제하에 행위로서의 법률행위를 하는 자는 대리인이고 규율로서의 법률행위의 주체는 본인이라고 한다.[3]

생각건대, 대리제도는 민법이 규정하고 있는 여러 제도 중 하나이고, 그 제도의 내용은 법률에 의해 정해지는 것일 뿐 따로 본질론을 논할 이유가 없다. 대리인이 본인을 대신해 민사행위를 하고, 그 효과는 본인에 귀속하는 것이 대리제도이고, 이러한 내용 자체가 제도의 본질이다. 대리행위의 하자를 대리인을 표준으로 결정한다고 규정한 민법 제116조 제1항은 대리제도가 원래 그렇게 설계된 것이기 때문이라고 보면 된다.

행위로서 법률행위를 하는 자는 대리인이고, 규율로서 법률행위의 주체는 본인이라는 견해는 모든 민사행위는 규율의 대상이고, 규율과 행위는 분리될 수 없다는 점에서 받아들이기 어렵다. 법률행위를 행위로서의 법률행위와 그의 효과인 규율로서의 법률행위를 구별할 수 있다는 생각에 따르면 모든 법률행위는 규율의 측면과 이 규율에 도달하기 위한 과정으로서의 행위의 측면을 갖게 된

---

1) 곽윤직, 「민법총칙 신정판」, 박영사(1995), 442면.
2) 이은영, 「민법총칙 제5판」, 박영사(2009), 576면.
3) 이영준, 「민법총칙 전정판」, 박영사(1997), 448-450면.

다. 법률이 입법행위에 의하여 성립하면 개개의 조문이 규율로서 존재하는 것과 동일하게 법률행위도 성립에 관한 '행위'와 그 행위에 의하여 발생하는 권리·의무에 관한 '규율'로 존재한다고 본다. 당사자를 구속한다는 점에서 규범과 유사한 법률행위는 곧 입법행위라 볼 수 있으며, 법률행위의 효과는 규율, 법이라고 한다.[4] 그러나 계약이라고 하는 하나의 법률행위가 계약성립에서는 행위로 작용하다가, 계약의 효력인 매도인과 매수인의 권리·의무 발생 단계에서는 법으로 작용한다는 것은 논리적이지 않다. 행위는 행위이고 법은 법이다. 행위가 동시에 법으로 작용할 수 없다. 개인이 계약을 하면 그 계약을 전형계약 등의 법률규정이 포섭하여 법률에서 정한 효과가 법률에 의하여 발생하는 것뿐이다. 규율로서의 법률행위라는 개념은 존재할 수 없는 개념이다. 법률행위는 법질서의 매개없이 어떠한 효과도 가질 수 없기 때문에 하나의 법률행위가 행위로서의 법률행위로 존재하면서 동시에 규율로서의 법률행위로도 존재하는 것은 불가능하다.

적법한 대리가 성립하기 위해서는 본인의 수권행위와 대리인의 대리행위라는 별개의 법률행위가 각각 그 요건을 갖추어야 한다는 견해[5]가 있다. 그러나 대리제도는 제도이고, 본인은 그 제도를 이용하는 것에 불과하다. 대리제도의 이용은 권리를 대리인에게 부여하는 것이 아니다. 따라서 수권행위가 법률행위로서 요건을 갖출 필요는 없다.

본인의 법률관계에 직접적인 영향을 미칠 가능성이라는 측면에서 대리권을 권리로 다루어도 큰 문제는 없을 것이라는 견해[6]도 있다. 그러나 대리권은 권리가 아니다. 대리권은 대리제도의 내용, 하나의 요소에 불과하다. 민법상 권리는 민사소송제도를 이용할 수 있는 권리, 즉 소를 제기할 수 있는 소권을 실체법적으로

---

4) 이영준, 전게서, 448면. 그러나 이병준, 「계약성립론」, 세창출판사(2008), 29면은 "Flume는 법률행위적 행위는 법률행위적 규율을 만들어내고 이를 통하여 법률효과가 발생한다는 것이다. 이로써 사적 자치에 의한 규율영역과 법률규정에 의한 규율영역의 관계가 잘 드러난다. 그러나 Flume가 이 3단계를 형성함으로써 각 단계별로 엄격히 구분하고 독립된 법률효과를 귀속시키려고 한 것은 아니다. 계약의 규율프로그램을 확인하는 첫 번째 단계는 법률행위가 존재하느냐 하는 두 번째 단계의 기초를 형성하는 작업에 불과하다. 그러므로 행위로서의 법률행위와 규율로서의 법률행위를 성립요건과 효력발생요건과 일치시키는 견해는 Flume의 견해를 제대로 이해하고 있지 않다고 생각된다"고 하면서, 李英俊이 잘못된 이론의 이해를 바탕으로 논리를 전개하고 있다고 지적한다.
5) 손지열, 「민법주해Ⅲ 총칙(3)」, 박영사(1992), 8면; 이은영, 전게서, 578면.
6) 양창수·김재형, 「민법Ⅰ: 계약법」, 박영사(2010), 172면.

표현한 것이다. 대리권은 소권과 전혀 무관한 것이므로 권리로 다루면 안 된다.

대리 제도는 의사표시, 법률행위, 최고, 채권양도의 통지, 물건의 인도, 간이인도, 점유개정, 목적물반환청구권의 양도 등 민사행위 전반에 이용될 수 있다. 의사의 통지나 관념의 통지에는 대리제도가 이용될 수 있지만 사실행위에는 대리제도가 이용될 수 없다는 견해가 있다. 그러나 불법행위를 제외한 사실행위에도 필요하다면 대리제도는 당연히 이용될 수 있다. 불법행위의 경우 민법 제756조가 적용될 것이므로 대리제도가 언급될 필요가 없다. 의사통지와 관념통지는 모두 의사표시이므로 대리제도가 이용된다. 의사통지와 관념통지를 준법률행위라 하고 의사표시가 아니라고 하는 견해가 통설이나 이들은 의사표시이다.

위탁매매(상법 제101조)와 같이 타인의 계산으로 그러나 자기 이름으로 법률행위를 하고 그 효과도 행위자 자신에게 생기되 나중에 그가 취득한 권리를 내부적으로 타인에게 이전하는 제도가 간접대리제도이다. 간접대리는 간접대리인이 자기 이름으로 법률행위를 하고 그 효과도 간접대리인에게 발생한다는 점에서 민법상 대리제도와 다르다.

통설은 사자와 대리를 구별하는 입장에서 본인에 의하여 완성된 의사표시를 단순히 전달하거나 본인이 결정한 효과의사를 상대방에게 그대로 표시하는 경우를 使者라고 한다. 그러나 사자와 대리는 구별할 수 없고, 구별할 필요도 없다. 그렇게 때문에 민법에 使者와 관련한 규정을 따로 두고 있지 않는 것이다. 사자에 있어 의사표시의 하자 유무를 본인을 표준으로 결정하는 것은 본인이 의사표시를 전적으로 결정하고 사자는 그것을 전달한 것뿐이라는 점을 본인이 상대방에서 명백하게 전달하였고, 상대방도 그를 통해 그 사실을 인식하였기 때문이다. 권한 없는 사자는 무권대리 규정이 적용되고, 사자가 자기 의사를 표시한 경우에는 표견대리 규정이 적용된다. 사자에 무권대리와 표견대리 규정을 적용할 것이므로, 대리와 따로 구별할 이유가 어디에도 없다. 상대방은 사자인지 대리인지 알 수 없다. 사자와 대리인의 구별은 사자와 상대방의 관계에서 결정되는 것으로 사자가 상대방에게 대리인으로 행위하면 대리로 취급될 뿐이다.[7]

---

7) 그러나 이은영, 전게서, 570면은 어떤 사람이 본인과의 내부관계에서 사자권을 갖는가 대리권을 갖는가에 따라 구별을 해야 하기 때문에 사자와 대리인의 구별은 본인과 사자 사이의

대법원 1962.2.8 선고 4294民上192 판결 역시 "대리인이 아니고 사실행위를 위한 사자라 하더라도 외견상 그에게 어떠한 권한이 있는 것의 표시 내지 행동이 있어 상대방이 그를 믿었고 또 그를 믿음에 있어 정당한 사유가 있다면 表見代理의 법리에 의하여 본인에게 책임이 있다"고 판시하였다.

제2절 법정대리인

법률의 규정에 의하여 대리권한이 발생하는 경우(미성년자의 친권자)와 법원의 선임에 의하여 대리권한이 발생하는 경우(부재자재산관리인)를 법정대리인이라고 한다. 통설은 임의대리의 기능은 사적 자치의 확장이고, 법정대리의 기능은 사적 자치의 보충이라 한다. 민법이 법정대리인을 두어 행위능력에 제한이 있는 개인의 능력을 보충한다는 것이다. 법정대리인은 해당 법률 규정에 의한 별개의 제도로 파악되어야 한다. 임의대리인과 별개의 제도로 파악되어야 한다. 법정대리인인 친권자, 후견인, 유언집행자, 부재자 재산관리인, 상속재산관리인 등은 각각의 법률상 독립된 제도의 한 내용으로 파악되어야 할 것이다.

법정대리인의 대리권은 법률에 근거하고, 그 범위도 법률이 정하고 있다. 따라서 민법상 대리제도와 구별되는 친권제도, 후견인제도, 유언제도, 부재자재산관리제도, 상속재산관리제도로 우선 파악되어야 한다.

친권자와 후견인은 민법 제920조, 제948조, 제949조에 의하여 제한능력자를 대신하여 재산상 법률행위를 할 권한을 가진다. 유언집행자는 민법 제1101조에 의하여 유증 목적 재산 관리 및 기타 유언 집행에 필요한 행위를 할 권한을 가진다. 부재자 재산관리인과 상속재산관리인은 민법 제25조, 제1023조 제2항, 제1044조 제2항, 제1047조 제2항, 제1053조 제2항에 따라 보존·이용·개량행위를 할 권한을 가진다.

내부관계에서 결정되어야 한다고 주장한다. 그러면서도 거래안전을 위해 대리규정을 사자에 유추적용해야 한다고 한다. 사자와 대리를 구별하고 유추적용할 것이 아니라 사자와 대리를 구별하지 않고, 대리규정으로 유사한 사안들을 해결하는 방향으로 가야 한다.

　　법정대리인은 민법이 독자적 목적을 가지고 만든 제도의 한 내용이므로 그 범위를 개인들끼리 합의하여 필요에 따라 확장하거나 제한하는 것은 생각할 수 없다.

제3절 授權行爲

　　본인이 대리인에게 대리권한을 授與하면 대리인은 본인을 대리하여 상대방과 법률행위를 할 수 있다. 대리권한의 수여에 의하여 대리인이 된 자를 대리인이라 한다. 대리권한의 수여를 민법은 수권행위라 한다(제128조). 대리권은 권리가 아니고, 대리제도의 한 내용으로 파악되어야 한다. 즉 민법 제128조의 '수권행위'라는 표현이 권리를 부여하는 행위를 뜻하는 것은 아니라 할 것이다.

　　수권행위는 대리제도의 한 내용이므로 그것은 대리제도를 이용하는 계약과 독립된 법률행위가 아니다. 수권행위를 독립된 계약이나 단독행위로 파악할 이유가 없다. 수권행위를 외부적 수권과 내부적 수권으로 구분하는 견해가 있다.[8] 이 견해는 독일민법 제167조 제1항은 수권행위의 상대방으로 대리인이 될 자 또는 대리행위의 상대방이 될 자로 규정하고 있다는 점에 근거한 견해다. 그러나 민법 제125조가 '제3자에 대하여 타인에게 대리권을 수여함을 표시'하는 경우에 표견대리가 성립한다고 규정하고 있는바, 이는 우리 민법의 대리제도는 본인이 대리인에게 수권행위를 하는 경우를 기본내용으로 하고 있다는 것을 보여주는 것이라 할 것이므로 굳이 외부적 수권과 내부적 수권으로 구분할 필요는 없다.

　　수권행위는 대리제도를 이용하는 계약의 한 내용을 구성하는 것으로 대리제도를 이용하는 계약과 분리할 수 없다. 따라서 대리제도를 이용하는 위임계약이 무효 또는 취소·해제되면 그 계약의 한 내용인 수권행위도 당연히 효력이 잃게 된다. 수권행위와 대리제도를 이용하는 계약으로부터 법적 영향을 받지 않는

---

8) 이영준, 전게서, 446면.

별개의 독립된 행위라는 견해들도 있으나 별개로 파악할 이유가 없으므로 이러한 논의 자체가 불필요하다. 대리제도를 이용하기로 하는 내용이 계약에 포함될 경우, 대리행위는 언제나 그 계약에 기초한 행위이지 별개로 행해지는 행위가 될 수 없다. 대리제도를 이용하는 계약이 채무불이행으로 해제되거나 취소되어 소급무효가 된 경우에는 그 계약에 민법상 선의의 제3자를 보호하는 규정들(제107조 제2항, 제108조 제2항, 제109조 제2항, 제110조 제3항, 제548조 제1항 단서)이 적용되거나, 민법상 무권대리나 표견대리 규정이 적용될 것이다. 따라서 수권행위의 유인·무인의 문제를 따로 논할 필요가 없다.

제4절 代理權限

대리권한의 수여는 본인과 대리인 사이의 위임·고용 계약과 같은 계약에 기초하여 발생하는데, 그러한 계약이 무효이거나 취소·해제로 효력을 잃은 경우에는 대리권한도 함께 효력을 잃게 된다.

대리의 범위가 명확하지 않을 때에는 대리인은 재산의 처분행위는 하지 못하며, 재산의 현상을 유지하는 보존행위와 대리의 목적인 물건이나 권리의 성질을 변하게 하지 않는 범위에서 수익을 올리는 이용행위 또는 사용가치나 교환가치를 증가시키는 개량행위만 할 수 있다(제118조).

대리인이 한편으로는 본인을 대리하고, 다른 한편으로는 자기 자신의 자격으로, 자기 혼자서 본인·대리인 사이의 계약을 체결하는 자기계약은 금지된다. 또한 대리인이 한편으로는 본인을 대리하고, 한편으로는 상대방을 대리하여 자기만으로써 쌍방의 계약을 맺는 쌍방대리도 원칙적으로 금지된다. 그러나 이는 본인의 이익을 보호하기 위한 것이므로 본인이 미리 허락을 한 때에는 자기계약이나 쌍방대리 모두 가능하다(제124조). 자기계약이나 쌍방대리는 단순한 결제에 불과한 채무의 이행인 경우에 허용된다. 그러나 새로운 이해관계를 생기게 하는 대물변제나 경개 또는 기한이 도래하지 않은 채무의 이행에는 자기계약이나 쌍방대리가 허용되지 않는다. 허용되지 않는 자기계약 또는 쌍방대리는 무권대리가 된다. 그러나 본인의 추인이 있으면 유효로 된다.

복수의 대리인이 공동으로만 대리할 수 있게 하는 경우를 공동대리라 한다. 복수의 대리인이 있는 경우에 그것이 공동으로만 대리할 수 있는 공동대리인지 아니면 각자가 자유롭게 본인을 대리하는 각자 단독대리인 것인지가 대리권한의 수여행위에서 정해진 바 없다면 대리인들은 각자 단독으로 본인을 대리하는 것이 원칙이다(제119조).

본인 또는 대리인이 사망하거나, 대리인에게 성년후견이 개시되거나 대리인이 파산한 경우 권한이 소멸한다(제127조). 대리인의 대리권한은 그 원인된 법률관계의 종료에 의하여 소멸한다(제128조 전단). 하지만 본인이 원인된 법률관계가 종료된 이후에도 대리권한을 그대로 존속시키고자 한다면 그것은 가능하다. 원인된 법률관계의 존속 중에도 언제든지 본인은 대리권한의 수여(수권행위)를 철회할 수 있다(제128조 후단).

수여된 대리권한의 범위에 맞추어 본인을 위한 것임을 표시한 대리행위의 효과는 직접 본인에게 생긴다(제114조). 그러나 대리인의 불법행위의 효과는 본인에게 귀속되는 것은 아니다. 대리인의 불법행위로 인한 손해배상책임은 대리인에 관하여만 발생한다. 다만 본인이 대리인과 사용자·피용자 관계에 있는 경우에는 사용자로서 불법행위책임을 지는 경우가 발생할 수는 있다(제756조).

대리인이 외형적으로는 대리권한의 범위 내에서 대리행위를 하였지만 그 행위가 오로지 자기나 제3자의 이익을 꾀할 목적으로 행해진 경우에도 본인이 그러한 대리행위에 대하여 책임을 져야 하는지 문제된다. 이를 대리권의 남용 문제라 한다.

이에 관해 판례법은 "대리인의 진의가 본인의 이익이나 의사에 반하여 자기 또는 제3자의 이익을 위한 배임적인 것임을 그 상대방이 알거나 알 수 있었을 경우에는 민법 제107조 제1항 단서의 유추해석상 그 대리인의 행위는 본인의 대리행위로 성립할 수 없다 하겠으므로 본인은 대리인의 행위에 대하여 아무런 책임이 없다 할 것이며 이때 그 상대방이 대리인의 표시의사가 진의아님을 알거나 알 수 있었는가의 여부는 표의자인 대리인과 상대방 사이에 있었던 의사표시의 형성과정과 그 내용 및 그로 인하여 나타나는 효과 등을 객관적인 사정에 따라 합리적으로 판단하여야 할 것"이라는 입장이다.

학설은 판례입장을 그대로 좇아 대리인이 자기의 이익을 도모할 목적으로 권한을 남용한 경우에도 대리의사는 존재하므로 대리행위로서 유효하게 성립하지만 제107조 제1항 단서를 유추적용하여 대리인의 배임적 의도를 상대방이 알았거나 알 수 있었다면 대리행위의 효력을 부정할 것이라는 견해,[9] 신의칙에 따라 상대방의 악의나 중과실이 있는 경우에는 신의칙에 근거하여 대리행위의 효력을 부정할 것이라는 견해,[10] 대리권의 독립성은 내재적 한계가 있는데, 그 한계를 넘으면 대리권은 남용된 것이므로 부정되어야 하고, 따라서 무권대리가 된다는 견해[11]가 주장된다.

생각건대, 대리행위는 독립적으로 평가할 것이 아니라 대리제도를 이용하는 계약 속에서 평가되어야 하므로 대리권의 독립성과 존재의의를 강조하는 것은 의미가 없다. 존재하였던 대리권이 남용되는 순간 사라진다고 의제하는 것은 부자연스럽고 말이 되지 않는다. 계약이 그대로 존재하는 이상 그 속에 사용된 대리권은 그대로 남아 있는 것이다. 계약에 신의칙이나 권리남용 같은 일반조항을 적용하는 것보다는 개별 민법조항을 유추적용하는 것이 법리를 구체적으로 드러나게 하므로 더 좋은 접근방식이라 할 것이다. 대리권 남용, 소멸시효 남용

---

9) 곽윤직, 전게서, 465면; 김용한, 「민법총칙 전정판」, 박영사(1986), 330면; 장경학, 「민법총칙 제2판」, 법문사(1989), 556면.

10) 고상룡, 「민법총칙 제3판」, 법문사(2003), 501면.

11) 이영준, 전게서, 503-505면: "배임적 대리를 무제한하게 허용하여 본인이 그 위험을 두려워하여 대리제도를 기피한다면 대리제도는 오히려 제대로 기능하지 못할 것이다. 이러한 점들에서 대리권의 독립성의 내재적 한계를 찾아야 한다. 즉 대리권이 본인에 대한 배임행위를 실현하는 데 악용되어 거래의 안전과 사적 자치의 용이한 실현이라고 하는 대리권의 독립성과 존재의의에 반하게 되는 경우에는 대리권은 그 남용으로 인하여 부정되고 대리인의 대리행위는 무권대리로 된다···. 민법 제126조는··· 본인의 수권행위가 없었던 대리행위부분을 유권대리와 동일하게 취급하는 것이므로 상대방의 과실 유무를 기준으로 하지 아니하고 정당한 이유를 기준으로 하는 것이다. 정당한 이유는 表見代理에 규정되어 있으나 代理法 전반에 적용되는 우리 代理法의 근본정신이다. 즉 정당한 이유가 있는 때에는 무권대리가 表見代理를 매개로 하여 유권대리가 되고, 정당한 이유가 없는 때에는 대리권의 남용이론을 매개로 하여 무권대리가 되는 것이다."
이은영, 전게서, 621-622면도 같은 견해를 취하고 있다.

등처럼 신의칙이나 권리남용을 통해 판례법리를 형성하면 판례법이 구체적으로 일반인들에게 다가갈 수가 없게 되고 종국에는 민사재판을 원님재판으로 보이게 한다. 따라서 민법 제107조 제1항 단서의 유추적용으로 해결하는 것이 좋다고 생각한다. 제107조 제2항을 대리권남용 문제에 이용한다고 하여 그것이 대리권남용을 비진의표시로 취급하는 것은 아니다. 대리권의 내재적 한계라는 것은 외부에서 전혀 알 수 없는 것이다. 내재적 한계 같은 개념 설정은 헌법의 기본권이론에서나 사용되는 것이지 현실과 완전히 밀착된 민법을 다루는 민법학에서 사용할 개념이 아니다.

제5절 代理行爲

대리행위라고 하는 것은 대리인과 상대방과의 관계에서 대리인이 대리인으로서 하는 법률행위를 뜻한다. 보통의 거래에서는 거래로 발생하는 효과는 행위자에게 귀속한다. 그런데 대리의 경우 법률행위의 효과가 행위를 한 대리인이 아니라 본인에게 귀속한다. 상대방은 이를 알 수 없다. 따라서 대리인이 대리행위를 할 때에는 반드시 '본인을 위한 것임'을 표시하여야 한다(제114조). 또한 대리인으로서 의사표시를 수령하는 경우에는 그 표의자 쪽에서 '본인을 위한 것임'을 표시하여야 한다. 이를 현명주의라 한다. '나는 본인인 A의 대리인입니다'라고 말하거나 계약서 등 서명에 표시하여야 한다. 그렇다고 반드시 본인의 이름을 명시하라는 것은 아니고 대리행위가 행해진 당시의 모든 사정을 감안할 때 거래행위의 효과가 대리인이 아닌 본인에게라는 것을 알 수 있기만 하면 족하다. 대리인이 현명주의의 원칙을 취하지 않고 대리행위를 한 경우, 대리인이 자신을 위하여 그 의사표시를 한 것으로 본다(제115조). 이 경우 대리인 자신이 책임을 져야 한다. 따라서 대리인은 착오를 주장할 수 없다. 하지만 상대방이 대리인으로서 한 것임을 알았거나 알 수 있었을 때에는 대리행위의 효력이 그대로 발생한다(제115조 단서).

영미법의 Agency는 대표와 구별되지 않으며, 현명대리는 물론 비현명대리도 본인에게 효과가 귀속된다.[12]

상행위에는 현명주의의 원칙이 적용되지 않는다.[13] 상법 제48조는 "상행위의 대리인이 본인을 위한 것임을 표시하지 아니하여도 그 행위는 본인에 대하여 효력이 있다. 그러나 상대방이 본인을 위한 것임을 알지 못한 때에는 대리인에 대하여도 이행의 청구를 할 수 있다"고 규정하고 있다. 민법상의 법률행위 중에서도 상대방이 누구인지를 중요하게 여기지 않는 거래에서는 현명주의의 예외를 인정하여야 한다는 견해가 있다.[14] 스위스채무법 제32조 제3항은 이러한 규정을 두고 있다. 거래시마다 현명을 요구하는 것은 피곤하기만 하지 얻을 것이 없으므로 전적으로 타당한 견해이다. 그러나 이은영 교수는 현명하지 않은 본인에게 법률행위의 효과를 귀속시키는 것은 법률행위의 법리에 맞지 않는 점, 상대방이 현명하지 않은 본인을 추적하여 이행청구 하기보다는 행위자에게 이행청구를 하는 게 편한 점, 묵시적 현명에 의하여 거래관행상 본인의 행위라고 인

---

12) 이은영, 전게서, 573면.
13) 상법상 회사의 경우 상행위를 하지 않아도 상인으로 의제된다(상법 제5조 제2항). 상인이 영업을 위하여 하는 행위는 보조적 상행위(상법 제47조 제1항)로 상행위이고, 상인의 행위는 영업을 위한 것으로 추정하므로(상법 제47조 제2항) 상인이면 그 행위는 상행위로 본다. 회사가 아닌 경우에는 상법 제46조에서 정하는 22개 형태에 해당하는 바를 영업으로 하는 것인지를 따져 결정할 것이다.
   대법원 2012.7.26 선고 2011다43594 판결: "개인이 회사 설립을 위하여 부동산을 매도한 행위는 장래 성립될 회사가 상인이라는 이유만으로 당연히 그 개인의 상행위가 되는 것은 아니다."
   대법원 2012.4.13 선고 2011다104246 판결: "영업의사를 상대방이 객관적으로 인식할 수 있으면 당해 준비행위는 보조적 상행위로서 여기에 상행위에 관한 상법의 규정이 적용된다. 영업자금 차입 행위는 행위 자체의 성질로 보아서는 영업의 목적인 상행위를 준비하는 행위라고 할 수 없지만, 행위자의 주관적 의사가 영업을 위한 준비행위이었고 상대방도 행위자의 설명 등에 의하여 그 행위가 영업을 위한 준비행위라는 점을 인식하였던 경우에는 상행위에 관한 상법의 규정이 적용된다고 봄이 타당하다."
   대법원 2012. 11.1 5 선고 2012다47388 판결: "준비행위가 보조적 상행위로서 상법의 적용을 받기 위해서는 그 행위를 하는 자가 장차 상인자격을 취득하는 것을 당연한 전제로 하므로, 그 행위자의 어떤 행위가 상인자격을 취득할 주관적 의사 아래 영업을 위한 준비행위로서 이루어진 것이라는 점에 대한 입증이 없다면 이는 그 행위자의 보조적 상행위라고 볼 수 없다."
14) 장경학, 「민법총칙 제3판」, 법문사(1998), 560면; 김상용, 「민법총칙 전정판」, 화산미디어(2009), 590면; 이영준, 전게서, 531면; 김증한·김학동, 「민법총칙 9판」, 박영사(1995), 416면.

정되는 경우에는 대리가 인정되므로 이와 별도로 현명주의의 예외를 인정할 필요가 적다는 점, 본인이 직접 계약상의 권리를 취득하지 않더라도 대리인에 대한 위임사무로 인한 취득물의 인도청구권 및 채권자대위권에 의해 목적을 달성할 수 있으므로 현명원칙의 예외를 인정할 필요성이 적은 점을 근거로 이에 반대한다.[15)]

민법상 조합의 경우 법인격이 없어 조합 자체가 본인이 될 수 없으므로, 이른바 조합대리에 있어서는 본인에 해당하는 모든 조합원을 위한 것임을 표시하여야 하나, 반드시 조합원 전원의 성명을 제시할 필요는 없고, 상대방이 알 수 있을 정도로 조합을 표시하는 것으로 충분하다. 그리고 상법 제48조는 "상행위의 대리인이 본인을 위한 것임을 표시하지 아니하여도 그 행위는 본인에 대하여 효력이 있다. 그러나 상대방이 본인을 위한 것임을 알지 못한 때에는 대리인에 대하여도 이행의 청구를 할 수 있다"고 규정하고 있으므로, 조합대리에 있어서도 그 법률행위가 조합에 상행위가 되는 경우에는 조합을 위한 것임을 표시하지 않았다고 하더라도 그 법률행위의 효력은 본인인 조합원 전원에게 미친다.[16)]

계약이 적법한 대리인에 의하여 체결된 경우에 대리인은 다른 특별한 사정이 없는 한 본인을 위하여 계약상 급부를 변제로서 수령할 권한도 가진다. 그리고 대리인이 그 권한에 기하여 계약상 급부를 수령한 경우에, 그 법률효과는 계약 자체에서와 마찬가지로 직접 본인에게 귀속되고 대리인에게 돌아가지 아니한다. 따라서 계약상 채무의 불이행을 이유로 계약이 상대방 당사자에 의하여 유효하게 해제되었다면, 해제로 인한 원상회복의무는 대리인이 아니라 계약의

---

15) 이은영, 전게서, 587면.

16) 대법원 2009.1.30 선고 2008다79340 판결 [甲이 금전을 출자하면 乙이 골재 현장에서 골재를 생산하여 그 이익금을 50:50으로 나누어 분배하기로 하는 내용의 동업계약에서, 乙은 민법상 조합의 업무집행조합원에 해당한다고 볼 수 있고, 乙이 위 골재 현장의 터파기 및 부지 평탄작업에 투입될 중장비 등에 사용할 목적으로 유류를 공급받는 행위는 골재생산업을 영위하는 상인인 甲과 乙을 조합원으로 한 조합이 그 영업을 위하여 하는 행위로서 상법 제47조 제1항에 정한 보조적 상행위에 해당한다고 볼 여지가 충분하므로, 乙이 위 골재현장에 필요한 유류를 공급받으면서 그 상대방에게 조합을 위한 것임을 표시하지 아니하였다 하더라도 상법 제48조에 따라 그 유류공급계약의 효력은 본인인 조합원 전원에게 미친다고 한 사례]. 조합채무가 조합원 전원을 위하여 상행위가 되는 경우 조합원들의 연대책임이 인정된다(대법원 1998.3.13 선고 97다6919 판결).

당사자인 본인이 부담한다. 이는 본인이 대리인으로부터 그 수령한 급부를 현실적으로 인도받지 못하였다거나 해제의 원인이 된 계약상 채무의 불이행에 관하여 대리인에게 책임 있는 사유가 있다고 하여도 다른 특별한 사정이 없는 한 마찬가지라고 할 것이다.[17]

A가 대리인 C를 통하여 B로부터 토지를 매입한 사안에서 B가 기망행위를 하였음이 원인이 되어 A가 계약을 취소하고자 하는 경우에 계약의 취소권은 A에게 귀속하지만, 기망행위에 의한 계약체결인지 아닌지의 여부는 대리인인 C를 기준으로 판단하여야 한다.[18] 그러나 특정한 법률행위를 위임한 경우에 대리인이 본인의 지시를 좇아 그 행위를 한 때에는 본인은 자기가 안 사정 또는 과실로 인하여 알지 못한 사정에 관하여 대리인의 不知를 주장하지 못한다(제116조). 예컨대, 본인이 지시한 물건을 매수하는 때에, 본인이 그 물건에 흠이 있음을 알고 있었으면, 비록 대리인이 그 사실을 알지 못하더라도, 본인은 매도인에 대하여 하자담보책임(제580조)을 물을 수 없다.[19]

대리인은 행위능력자임을 요하지 않는다(제117조). 따라서 행위능력자가 아닌 사람을 대리인으로 이용한 본인은 대리인이 제한능력자라는 이유로 대리행위를 취소할 수 없다. 그러나 제117조가 본인과 상대방간의 관계를 규율한 것뿐이므로, 본인과 대리인 사이의 위임·고용계약은 행위능력이 없음을 이유로 취소하는 것은 상관없다. 그러나 이미 행해진 대리행위의 효력은 그대로 유지된다고 볼 것이다. 이 경우도 제117조가 적용되기 때문이다.[20] 민법은 제한능력자가 법

---

17) 대법원 2011.8.18 선고 2011다30871 판결 [甲이 乙 주택조합을 대리한 丙과 조합가입계약을 체결하고, 丙에게 조합원분담금 일부를 송금한 사안에서, 丙이 乙을 대리하여 조합가입계약을 적법하게 체결하였고 나아가 丙이 계약상 급부를 乙을 위하여 수령할 권한이 없다고 할 특별한 사정이 없음에도, 甲이 계약상 채무의 이행불능을 이유로 조합가입계약을 유효하게 해제하였다고 인정하면서도 丙이 해제로 인한 원상회복의무를 부담한다고 본 원심판결을 파기한 사례].

18) 대법원 1998. 2. 27 선고 97다45532 판결: "대리인이 본인을 대리하여 매매계약을 체결함에 있어서 매매대상 토지에 관한 저간의 사정을 잘 알고 그 배임행위에 가담하였다면, 대리행위의 하자 유무는 대리인을 표준으로 판단하여야 하므로, 설사 본인이 미리 그러한 사정을 몰랐거나 반사회성을 야기한 것이 아니라고 할지라도 그로 인하여 매매계약이 가지는 사회질서에 반한다는 장애사유가 부정되는 것은 아니다."

19) 곽윤직·김재형, 「민법총칙 제8판」, 박영사(2012), 347면.

20) 김기선, 「한국민법총칙 제3개정증보판」, 법문사(1985), 289면; 이영섭, 「신민법총칙강의」,

정대리인이 되는 것을 금지하는 규정을 두고 있다(제937조, 제964조). 이러한 제한 규정이 없는 경우라도 법정대리인의 경우에는 임의대리인과 달리 본인의 수권행위가 아니라 법률에 의해 대리인이 되는 것이고, 본인의 이익을 보호하기 위하여 행위능력이 요구된다고 볼 것이다.[21]

제6절 複代理

임의대리인 또는 법정대리인이 그의 이름으로 선임하고 그의 권한 내의 행위를 하게 하는 것이 복대리인이다. 따라서 복대리인은 항상 임의대리인이다. 복대리인을 선임할 수 있는 권한을 복임권(復任權)이라고 한다.

복대리인은 그 권한 내에서 본인을 대리한다(제123조 제1항). 복대리인은 본인이나 제3자에 대하여 대리인과 동일한 권리의무가 있다(제123조 제2항).

복대리인을 선임한 후에도 대리인은 여전히 대리권을 가진다. 대리인의 복대리인 선임권한은 대리권한에 원래부터 포함되어 있다고 볼 것이다. 대리제도 자체가 본인의 권리행사를 확장하기 위한 제도이기 때문이다. 대리제도를 이용하는 본인의 의사는 용이하게 권리행사를 최대한 확장하려고 하는 것이다. 따라서 대리제도의 취지상 복대리인의 복임권은 당연히 인정되어야 할 것이다.[22] 대리권은 권리가 아니라 대리제도라는 제도 안에 존재하는 제도의 필수적 내용이고 권한에 불과하다. 따라서 대리권이라는 권리를 복대리인에게 양도하거나 또는 설정적 양도[23]를 하거나 하는 식으로 설명할 필요는 없다고 생각한다.

박영사(1959), 356면.

21) 고상룡, 「민법총칙 제3판」, 법문사(2003), 520면; 김상용, 「민법총칙 전정판」, 화산미디어 (2009), 565면; 백태승, 「민법총칙 제5판」, 집현재(2011), 475면. 그러나 곽윤직·김재형, 전게서, 348면과 이영준, 전게서, 590면은 법정대리인의 자격을 제한하는 규정이 없는 경우에는 제한능력자를 법정대리인에서 배제할 필요는 없을 것이라고 한다.

22) 복대리인의 복임권에 대하여 이론적으로 찬동하기 어렵다는 견해로 곽윤직·김재형, 전게서, 353면.

23) 복임행위를 대리권의 설정적 양도로 해석하는 견해로 곽윤직·김재형, 전게서, 351면.

대리권이 법률행위에 의하여 부여된 경우에는 대리인은 본인의 승낙이 있거나 부득이한 사유가 있는 때가 아니면 복대리인을 선임하지 못한다(제120조). 대리인이 복대리인을 선임한 때에는 본인에게 대하여 그 선임감독에 관한 책임이 있다. 대리인이 본인의 지명에 의하여 복대리인을 선임한 경우에는 그 부적임 또는 불성실함을 알고 본인에게 대한 통지나 그 해임을 태만한 때가 아니면 책임이 없다(제121조). 법정대리인은 그 책임으로 복대리인을 선임할 수 있다. 그러나 법정대리인이 부득이한 사유로 복대리인을 선임한 때에는 본인에게만 그 선임감독에 관한 책임이 있다(제122조).

제7절 無權代理

대리권한이 없이 대리행위를 하는 것을 무권대리라 한다. 원칙적으로 무권대리는 본인이 사후에 이를 대리행위로 인정해 주지 않는 한 본인에 대해 효력이 없다. 그러나 실생활에서 위임장 대신 도장이나 인감증명서를 맡겨 대리권을 수여하는 경우가 많기 때문에 민법에서는 본인이 대리권을 주지 않았다 하더라도 마치 대리권이 있는 것과 같은 외관이 존재하고, 본인이 그러한 외관의 형성에 관여하였다든지 그 밖에 본인이 책임져야 할 사정이 있는 경우에, 대리행위로서의 효력을 인정하여 본인에게 그 책임을 지운다. 이를 表見代理(표견대리 또는 표현대리라고 읽는다)라 한다. 표견대리로 볼 사정이 없는 경우의 무권대리를 협의의 무권대리라 한다. 민법은 협의의 무권대리의 법률효과를 계약과 단독행위로 나누어 규정한다.

협의의 무권대리는 무권대리인과 본인과의 사이에 특별한 관계가 없다. 따라서 거래의 안전을 위하여 본인을 희생시키는 것은 부당하다. 무권대리인 계약은 원칙적으로 무효이나 만일 본인이 추인하면 본인에 대하여 효력이 생긴다(제130조). 무권대리라 하여 반드시 본인에게 불리한 것은 아니기 때문이다. 이 경우 본인의 추인은 취소할 수 있는 법률행위의 추인과는 달리 무효도 유효도 아닌 무권대리행위의 효력을 본인 자신에게 직접 발생시키는 것을 목적으로 하는 의사표시이며, 상대방 또는 무권대리인의 동의를 필요로 하지 않는 본인의 단독행위이다.[24) 재판 외에서 할 수도 있고 재판상으로 할 수도 있다.[25) 추인의 방식에 관하여는 아무런 제한도 없지만 명시 또는 묵시의 의사표시가 있어야 하며 다만 본인이 무권대리행위의 사실을 알고 이의를 하지 않는 것만으로는 추인이라고 볼 수 없다.[26) 무권대리 행위의 묵시적 추인은 무권대리 행위가 있은 후 본인의 행위에 대한 법률행위의 해석 문제라 할 것이다.[27)

추인 여부는 본인의 자유다. 본인은 추인 거절권이 있다. 본인이 추인을 거절하면 본인에게 효과가 발생하지 않는다는 사실이 확정된다. 추인의 의사표시는 무권대리인의 상대방 또는 무권대리인의 어느 편에 대하여 하더라도 무방하

---

24) 대법원 2002.10.11 선고 2001다59217 판결: "무권대리 행위는 그 효력이 불확정 상태에 있다가 본인의 추인 유무에 따라 본인에 대한 효력 발생 여부가 결정되는 것으로서, 추인은 무권대리 행위가 있음을 알고 그 행위의 효과를 자기에게 귀속시키도록 하는 단독행위인바, 증권회사의 고객이 그 직원의 임의매매를 묵시적으로 추인하였다고 하기 위하여는 자신이 처한 법적 지위를 충분히 이해하고 진의에 기하여 당해 매매의 손실이 자기에게 귀속된다는 것을 승인하는 것으로 볼 만한 사정이 있어야 할 것이고, 나아가 임의매매를 사후에 추인한 것으로 보게 되면 그 법률효과는 모두 고객에게 귀속되고 그 임의매매 행위가 불법행위를 구성하지 않게 되어 임의매매로 인한 손해배상청구도 할 수 없게 되므로, 임의매매의 추인, 특히 묵시적 추인을 인정하려면, 고객이 임의매매 사실을 알고도 이의를 제기하지 않고 방치하였는지의 여부, 임의매수에 대해 항의 하면서 곧바로 매도를 요구하였는지 아니면 직원의 설득을 받아들이는 등으로 주가가 상승하기를 기다렸는지, 임의매도로 계좌에 입금된 그 증권의 매도대금(예탁금)을 인출하였는지 또는 신용으로 임의매수한 경우 그에 따른 그 미수금을 이의 없이 변제하거나, 미수금 변제독촉에 이의를 제기하지 않았는지의 여부 등의 여러 사정을 종합적으로 검토하여 신중하게 판단하여야 할 것이다."
25) 대법원 1974.2.26 선고 73다934 판결.
26) 대법원 1965.1.19 선고 64다100 판결.
27) 대법원 1991.5.21 선고 90다2190 판결: "권한 없이 종중의 부동산을 타인에게 매각처분한 사실을 알고도 종중측에서 10년이 넘도록 형사고소나 소유권회복을 위한 민사소송을 제기하지 않았고 문장을 비롯한 여러 종중원들이 이 처분행위가 생활이 곤란해서 한 것으로 이해한다는 말을 수차 하였더라도 이러한 사유만으로는 종중이 그 부동산처분행위를 묵시적으로 추인했다고 하기는 어렵다."
대법원 1995.12.22 선고 94다45098 판결: "처가 타인으로부터 금원을 차용하면서 승낙없이 남편 소유 부동산에 근저당권을 설정한 것을 알게 된 남편이, 처의 채무 변제에 갈음하여 아파트와 토지를 처가 금전을 차용한 자에게 이전하고 그 토지의 시가에 따라 사후에 정산하기로 합의한 후 그 합의가 결렬되어 이행되지 않았다고 하더라도, 일단 처가 차용한 사채를 책임지기로 한 이상 남편은 처의 근저당권 설정 및 금원 차용의 무권대리 행위를 추인한 것이다."

지만, 무권대리인에게 대하여 하는 추인은 상대방이 추인의 사실을 알기까지는 이에 대하여 그 추인의 효과를 주장할 수 없다(제132조).

본인이 추인을 하면 다른 의사표시가 없는 한, 무권대리행위는 계약시에 소급하여 그 효력이 생긴다(제133조 본문). 여기서 "다른 의사표시"는 본인과 상대방 사이의 계약이어야 한다고 해석된다. 그러나 추인의 소급효에 의하여 제3자의 권리를 해하지 못한다(제133조 단서). 무권대리행위가 행하여진 후에, 그 무권대리행위가 추인될 때까지 사이에 취득한 제3자의 권리를 추인의 소급효에 의하여 상실시키는 것은 부당하기 때문이다. 여기서 제3자이 권리는 무권대리행위시부터 추인까지의 사이에 제3자가 취득한 권리 기타 법적 지위로서 계약상대방의 법적 지위와 양립할 수 없는 것을 말하는데, 제3자의 권리가 배타적 효력을 가지는 것이라면 당연히 추인의 소급효로부터 보호되는 것이나 배타적 효력을 가지는 것이 아니라면 상대방의 권리와 제3자의 권리 사이의 우열은 소유권이전의 경우 부동산등기나 동산인도, 채권양도의 경우 통지나 승낙을 누가 먼저 갖추었는지의 여부로 결정될 것이다.

무권대리인 A가 본인 B를 상속한 경우, 즉 무권대리인 A는 상속개시 후 본인의 지위도 겸하게 되는데, 상속개시와 동시에 무권대리행위는 존재하지 않게 되어 이미 무권대리인이 아니게 된 A는 본인의 지위에서 추인의 대상이 없어진 관계로 추인거절을 할 수 없다고 볼 것이다.[28] 무권대리인 A가 사망하여 본인 B가 A의 채권채무를 상속한 경우에는 A는 당연히 추인을 거절할 수 있다 할 것이다. 다만 무권대리인 A가 제135조에 따른 책임을 지게 된 경우에는 B는 그 책임도 함께 상속할 것이다.

대리권없는 자가 타인의 대리인으로 한 계약은 본인이 이를 추인하지 아니하면 본인에 대하여 효력이 없다(제130조). 따라서 무권대리행위의 상대방은 본인의 추인 또는 추인의 거절이 있을 때까지는 불확정한 상태에 놓이게 된다. 민법은 이러한 불안정한 상태에 놓이게 된 상대방을 보호하기 위하여 상대방에게 최고권과 철회권을 인정하고 있다. 제한능력자 상대방을 보호하기 위하여 그 상

---

28) 이를 선행행위에 반하는 행태로서 신의칙상 허용되지 않는다고 설명하는 견해로 양창수·김재형, 「계약법」, 박영사(2011), 244면.

대방에게 최고권과 철회권·거절권을 인정하는 것과 마찬가지라 할 것이다.

상대방은 본인에 대하여 상당한 기간을 정하여 그 기간내에 무권대리행위를 추인하겠느냐의 여부의 확답을 최고할 수 있다(제131조). 이 최고권의 성질은 무능력자의 상대방이 가지는 최고권과 동일하다. 만일 본인이 그 기간 내에 확답을 '발하지 아니한 때'에는 추인을 거절한 것으로 보게 되며 무권대리행위는 무효로 확정된다. 민법은 이 경우 상대방 보호를 위해 도달주의가 아니라 발신주의를 채택하고 있다.

계약당시에 무권대리인에게 대리권이 없는 것을 알지 못하였던 상대방은 본인의 추인이 있을 때까지 본인이나 무권대리인에게 대하여 무권대리행위의 의사표시는 철회할 수 있다(제134조). 이 철회에 의하여 본인은 무권대리행위를 추인할 수 없게 되며 무효로 확정된다. 그러나 계약 당시에 상대방이 대리권이 없는 것을 알았을 때에는 철회권이 없다. 즉 이 철회권은 선의의 상대방에게만 인정되는 것이다. 대리권이 없다는 것을 이미 알고 있는 악의의 상대방은 본인의 추인이 없는 한 불확정상태에 놓이게 된다는 사실을 이미 알고 있었으므로 보호할 필요가 없다.

협의의 무권대리의 경우 상대방은 본인에게 자신의 손해를 물을 수 없으므로 대리인에게 그 책임을 묻는 수밖에 없다. 민법 제135조는 다른 자의 대리인으로서 계약을 맺은 자가 그 대리권을 증명하지 못하고 또 본인의 추인을 받지 못한 경우에는 그는 상대방의 선택에 따라 계약을 이행할 책임 또는 손해를 배상할 책임이 있도록 규정하고 있다. 다만 대리인으로서 계약을 맺은 자에게 대리권이 없다는 사실을 상대방이 알았거나 알 수 있었을 때 또는 대리인으로서 계약을 맺은 사람이 제한능력자일 때에는 그렇지 않다.

대리인이라고 말하는 자에게 대리권한이 없다는 것을 상대방이 증명할 필요는 없다. 무권대리인이 대리권한이 있다는 것을 증명해야 한다. 상대방이 무권대리인에게 대리권 없음을 알지 못하고, 또한 알지 못하는 데 과실이 없어야 한다는 것은 상대방이 선의·무과실이어야 한다는 것을 뜻한다. 상대방이 대리권 없음을 알았거나 알지 못한 데 과실이 있었다는 것에 대한 증명책임, 즉 상대방의 악의에 대한 증명책임은 무권대리인에게 있다.[29] 무권대리인의 과실의 유무

---

29) 대법원 1962.1.11 선고 4290민상202 판결.

는 문제되지 않는다는 것이 통설이다. 즉 통설은 무권대리인의 책임을 무과실책임이라 한다.**30)** 그러나 "민법 제135조는 무권대리인의 책임이 무과실책임이라고는 명정하지 않는다. 따라서 무권대리인의 책임은 무과실책임이 아니라 과실책임이라고 해석하는 것이 옳다. 무권대리인이 선의·무과실인 경우(즉, 무권대리인이 자신에게 대리권이 있다고 오신하고 또 그 오신에 과실이 없는 경우)에는 민법 제135조의 책임을 부담하지 않는다"고 주장하는 견해도 있다.**31)** 제한능력자라고 하더라도 법정대리인 등의 동의를 얻어서 무권대리행위를 할 때에는 책임이 있다고 할 것이다.

무권대리인의 손해배상책임의 범위에 관하여는 통설은 이행에 갈음하는 손해의 배상, 즉 이행이익의 배상이라고 보고 있다.**32)**

---

30) 김증한·김학동, 「민법총칙 제9판」, 박영사(1995), 462면: "무권대리인에게 무거운 책임을 지움으로써, 대리인이라 칭하는 자와 거래하는 상대방을 두텁게 보호하여 안심하고 그와 거래하도록 하고 그리하여 대리제도의 신용을 유지하기 위한 것이다. 우리의 학설은 이러한 무과실책임에 대하여 긍정적으로 받아들이는 것 같다. 그러나 무권대리행위로 되는 경우 중에는 대리인이 그 행위에 관하여 본인으로부터 대리권을 수여받았다고 믿을 만한 사정이 있고 대리인이 본인의 이익을 위하여 최선의 노력을 한 경우도 있을 수 있다. 이런 경우에조차 무권대리인이 무거운 책임을 지는 것은 타당치 않다. 이런 점을 고려할 때 과연 무과실책임을 지우는 것이 타당한지 의문스럽다. 독일민법은 과실이 있어야 책임을 인정하며 더욱이 손해배상의 범위도 무권대리인이 선의인 경우에는 단지 신뢰이익에 한정된다."
곽윤직·김재형, 전게서, 369면은 "무권대리인의 과실은 필요 없으며, 무과실책임"(대법원 1962.4.12 4294민상1021 판결)이라고 하고 있는데, 이 판례는 "민법 제135조 제2항의 상대방이 대리권 없음을 알았거나 알 수 있었을 것이라는 사실에 대한 입증책임은 무권대리인 자신에게 있다"고 하고 있을 뿐이므로, 무과실책임 여부를 정면으로 다룬 대법원판례는 아직 나온 것이 없다.
31) 강태성, "민법상의 무권대리에 있어서의 여러 문제점", 경북대학교 법학논고 제16집(2006), 66면.
32) 통설과 다른 해석으로 이영준, '무권대리인의 상대방에 대한 책임', 사법논집 제17집(1986), 30-36면: "통설이 여기의 손해배상이 이행이익을 내용으로 한다고 하는 논거는 '민법 제135조 제1항이 이행과 손해배상을 나란히 내걸고 있는 것으로 보아 이행에 갈음하는 손해의 배상 즉 이행이익의 배상을 인정하는 것으로 해석된다'는 것이다. 이것은 피상적이라는 인상을 주는 '언어적 연결에 의한 해석방법'으로서 설득력이 적다. 뿐만 아니라 통설이 전술한 바와 같이 본조의 책임의 본질을 거래상대방의 보호 즉 상대방의 대리권존재에 대한 '신뢰'라고 하면서도 그 내용을 이처럼 '이행'이익으로 보는 것은 자가당착이라 아니할 수 없다. 이행이익설을 취하려면 보다 더 많은 논증이 필요하다…. 우리 민법은 무권대리인이 대리권결여를 안 경우와 그렇지 않은 경우를 묻지 않고 모두 이행이익을 전보하도록 무권대리인의 무과실책임을 부과하고 있으므로 전술한 다른 나라의 입법례에 비추어 무권대리인에게 너무 가혹하다. 특히 법정대리의 경우에는 그러하다…. 대리권의 수여가 의사하자를 이유로 하여 취소

상대방이 없는 단독행위는 절대적 무효이다. 본인이 추인하더라도 효과가 생기지 않는다. 예컨대 상속의 승인 또는 포기(제1019조) 등의 무권대리는 무효이다. 본인의 추인권을 인정한다면 본인의 자의에 따라 무권대리행위의 효과가 일방적으로 좌우되기 때문이다.

상대방이 있는 단독행위도 원칙적으로 무효이지만, 예외적으로 상대방이 대리인이라 칭하는 자의 대리권 없는 행위에 동의하거나 또는 그 대리권을 다투지 아니한 때에는 계약의 경우와 동일한 효과가 생긴다(제136조 전단). 다투지 아니한 이유는 묻지 않는다. 예컨대 무권대리인이 본인을 위하여 계약을 해제한 경우에, 상대방이 대리권이 없다고 다투지 아니한 때에는 계약의 무권대리의 경우와 마찬가지로 취급하여 본인이 추인하면 본인에 대하여 그 효력이 생긴다. 수동대리의 경우 무권대리인의 동의를 얻어 행위를 한 때에만 계약에 있어서와 동일한 효과가 생긴다(제 136조 후단). 상대방의 단독행위에 대하여 동의도 하지 않은 무권대리인에게 무거운 책임을 지우는 것은 부당하기 때문이다.

제8절 表見代理

제3자에 대하여 타인에게 대리권을 수여함을 표시한 자는 그 대리권의 범위 내에서 행한 그 타인과 그 제3자간의 법률행위에 대하여 책임이 있다. 그러나 제3자가 대리권 없음을 알았거나 알 수 있었을 때에는 그러하지 아니하다(제125조). 민법 제125조에서 '타인에게 대리권을 수여함을 표시'한 경우로는, 타인에게 실제로는 대리권을 수여하지 않았지만 위임장이나 기타의 방법으로 마치 대리권을 준 것처럼 표시하였거나, 제3자가 보기에는 대리권이 있는 것처럼 본인의 인장을 대외적으로 사용하게 하거나, 대리권한이 있는 것처럼 자칭하고 다니는 것을 본인이 묵인하는 경우 또는 타인으로 하여금 자신의 명의를 사용할 수 있도록 허락하거나 묵인한 경우를 들 수 있다. 상대방이 제3자가 대리권 없

되는 경우에는 대리인은 책임을 지지 않는다고 해석하여야 할 것이다."

음을 알았거나 알 수 있었을 것이라는 주장·증명책임[33]은 본인에게 있다. 제125조는 본인의 대리권 수여 표시를 전제로 한 것인 이상, 법정대리의 경우에는 적용이 없다는 것이 통설이나, 상대방 보호의 필요성을 법정대리와 임의대리가 본질적으로 차이가 있을 수 없으므로 일률적으로 법정대리에의 적용을 부인하는 것이 타당하다고 보는 것은 어려울 것이다. 공법상 행위와 소송행위[34]에는 표견대리 규정이 적용될 수 없다.

대리인이 그 권한 외의 법률행위를 한 경우에 제3자가 그 권한이 있다고 믿을 만한 정당한 사유가 있는 때에는 본인은 그 행위에 대하여 책임이 있다 (제126조). 권한을 넘은 표견대리는 일정한 범위 내의 대리권만을 수여받은 대리인이 그 대리권한의 범위를 넘은 법률행위[35]를 했을 때 성립한다. 예컨대

---

33) 증명책임이란 재판의 최종단계에서 증명부재의 위험을 뜻한다. 즉 당사자의 증거제출책임, 증명부재의 불이익을 피하기 위한 당사자의 행위책임을 가리킨다. 증명책임은 법규부적용의 부담이기 때문에 법률효과의 발생과 관련되는 주요사실(요건사실)만을 대상으로 한다.

34) 대법원 1983.2.8 81다카621 판결: "이행지체가 있으면 즉시 강제집행을 하여도 이의가 없다는 강제집행 수락의사표시는 소송행위라 할 것이고, 이러한 소송행위에는 민법상의 표견대리규정이 적용 또는 유추적용 될 수는 없다." 이 판례에 대한 비판으로 강현중, "소송행위와 표견대리", 고시계 제397호(1990), 136면, 143-144면: "소송행위는 소송절차를 구성하면서 다른 소송행위와 아울러 선행행위 또는 후행행위와 상호의존관계에 있다. 따라서 어느 소송행위가 그 외관이 진실과 일치되지 않는다고 하여 무효로 한다면 그 외관을 믿고 진행된 후행행위도 모두 무효가 되어 소송경제에 반할 뿐 아니라 절차의 확실성에 대한 신뢰도 상실되는 것이다. 뿐만 아니라 사법행위와 엄격히 구별되는 것은 주로 소송절차 내의 소송행위이고 소송전·소송외의 소송행위는 일반거래행위와 어울려 이루어지는 경우가 많기 때문에 사법행위와 유사한 점이 많다. 그러므로 표견대리가 사법행위라고 하여 소송행위에 대한 적용을 무조건 금할 수 없다 할 것인데 어느 정도까지 그 적용을 인정하느냐가 문제되는 것이다. 판례이론에 의한다면 소송법적으로는 표견대리가 부정됨으로써 그에 관한 집행증서는 무효가 되어 강제집행을 할 수 없다는 것인데, 그러나 실체법적으로는 표견대리가 적용되어 유효가 되므로 채권자는 소송을 제기하여 승소판결을 받아서 강제집행을 할 수 있게 되어 결국 판례이론은 채권자의 권리실현절차만 번잡하게 한다는 비난을 면하기 어렵다. 실체법적으로 표견대리가 성립되지 않는다면 소송법적으로 표견대리의 성립은 아예 처음부터 문제되지 않는다. 만약 판례이론에 따라 표견대리인에 의한 집행증서를 일률적으로 무효로 한다면 채무자측의 표견대리의 경우에는 자기의 유책행위의 결과를 채권자에게 불리하게 작용시킴으로써 당사자간의 공평을 해치고, 채권자측의 경우에도 당사자에게 무용한 부담 즉, 추완증서의 작성 등을 부과시키게 된다."

35) 대법원 1992.5.26 선고 91다32190 판결: "민법 제126조의 표견대리가 성립하기 위하여는 무권대리인에게 법률행위에 관한 기본대리권이 있어야 하는바, 증권회사로부터 위임받은 고객의 유치, 투자상담 및 권유, 위탁매매약정실적의 제고 등의 업무는 사실행위에 불과하므로

인감증명서를 발급받아오라고 다른 사람에게 인감도장을 맡긴 경우 그에게
인감증명을 발급받을 대리권을 수여한 것으로 볼 수 있다. 그가 이를 가지고
다른 거래행위를 했다면 표견대리가 성립할 수 있다. 제126조의 '정당한 사유'
란 대리행위의 상대방이 대리행위 당시 대리인에게 대리권이 있었다고 믿었
고, 그렇게 믿은 데 관하여 과실이 없는 것을 말한다(선의·무과실).[36] 정당한
사유에 대한 증명책임은 제126조 표견대리의 효력을 주장하는 상대방에게 있
다. 제126조 표견대리의 효력은 임의대리인은 물론 법정대리인에게도 적용된
다. 판례는 친족회의 동의를 필요로 하는 경우[37]와 부부 사이의 가사대리
권[38]에 관하여 제126조 표견대리를 인정하고 있다. 민법 제126조에서 말하는
권한을 넘은 표견대리는 현재에 대리권을 가진 자가, 그 권한을 넘은 경우에 성
립하는 것이다. 현재에 아무런 대리권도 가지지 아니한 자가, 본인을 위하여 한
어떤 대리행위가 과거에 이미 가졌던 대리권을 넘은 경우에까지 성립하는 것은
아니다.

　　대리권의 소멸은 선의의 제3자에게 대항하지 못한다. 그러나 제3자가 과실
로 인하여 그 사실을 알지 못한 때에는 그러하지 아니하다(제129조). 상대방인 제
3자는 대리권이 존속하는 것으로 믿고, 또 그렇게 믿는 데 과실이 없어야 한다
(선의·무과실). 본인에게 제3자의 악의 또는 과실이 있음에 대한 증명책임이 있

이를 기본대리권으로 하여서는 권한초과의 표견대리가 성립할 수 없다."
36) 고상룡, 전게서, 557면; 김증한·김학동, 전게서, 445면.
37) 대법원 1997.6.27 선고 97다3828 판결 "민법 제126조 소정의 권한을 넘는 표견대리 규정
은 거래의 안전을 도모하여 거래상대방의 이익을 보호하려는 데에 그 취지가 있으므로 법정
대리라고 하여 임의대리와는 달리 그 적용이 없다고 할 수 없고, 따라서 한정치산자의 후견
인이 친족회의 동의를 얻지 않고 피후견인의 부동산을 처분하는 행위를 한 경우에도 상대방
이 친족회의 동의가 있다고 믿은 데에 정당한 사유가 있는 때에는 본인인 한정치산자에게 그
효력이 미친다."
38) 대법원 1970.3.10 69다2218 판결: "일반사회통념상 남편이 아내에게 자기소유의 부동산을
타인에게 근저당권의 설정 또는 소유권 이전등기에 관한 등기절차를 이행케 하거나 그 각 등
기의 원인되는 법률행위를 함에 필요한 대리권을 수여하는 것은 이례에 속하는 것이므로 아
내가 특별한 수권없이 남편 소유 부동산에 관하여 위와 같은 행위를 하였을 경우에 그것이
민법 제126조 소정의 표견대리가 되려면 그 아내에게 가사대리권이 있었다는 것뿐 아니라
상대방이 남편이 그 아내에게 그 행위에 관한 대리의 권한을 주었다고 믿었음을 정당화할 만
한 객관적인 사정이 있어야 한다."

다. 제129조는 임의대리인의 대리권 소멸뿐만 아니라 법정대리인의 대리권 소멸의 경우에도 적용된다.[39] 과거에 가졌던 대리권이 소멸되어 민법 제129조에 의하여 표견대리로 인정되는 경우에, 그 표견대리의 권한을 넘는 대리행위가 있을 때에는 민법 제126조에 의한 표견대리가 성립할 수 있다.[40]

표견대리가 성립하면, 표견대리행위의 법률효과가 본인에게 귀속된다. 이때 본인은 계약이행책임을 지는 것이므로 과실상계의 법리를 유추적용하여 책임을 경감할 수 없다.[41] 표견대리가 성립한다 하더라도 유권대리가 되는 것은 아니다. 따라서 무권대리의 추인과 상대방의 최고권·철회권 규정은 그대로 적용된다. 표견대리를 주장하여 계약의 이행을 선택할 것인지, 철회권을 주장하여 계약을 유지하지 않을 것인지는 상대방의 선택의 문제이다. 표견대리의 상대방이 제135조에 의한 무권대리인의 책임을 물을 수 있는지에 관하여 통설은 표견대리에 제135조까지 적용하면 유권대리도 본인에게만 책임을 물을 수 있는데 반해 무권대리인 표견대리의 상대방에게는 선택권까지 주는 불균형이 생긴다는 이유로 이를 부정한다.

대법원 1998.5.29 선고 97다55317 판결: "표견대리의 법리는 거래의 안전을 위하여 어떠한 외관적 사실을 야기한 데 원인을 준 자는 그 외관적 사실을 믿음에 정당한 사유가 있다고 인정되는 자에 대하여는 책임이 있다는 일반적인 권리외관 이론에 그 기초를 두고 있는 것인 점에 비추어 볼 때, 대리인이 대리권 소멸 후 직접 상대방과의 사이에 대리행위를 하는 경우는 물론 대리인이 대리권 소멸 후 복대리인을 선임하여 복대리인으로 하여금 상대방과의 사이에 대리행위를 하도록 한 경우에도, 상대방이 대리권 소멸 사실을 알지 못하여 복대리인에게 적법한 대리권이 있는 것으로 믿었고 그와 같이 믿은 데 과실이 없다면 민법 제129조에 의한 표견대리가 성립할 수 있다."

대법원 2002.3.15 선고 2000다52141 판결: "신탁관계의 법리와 기록에 비추어 보면, 이 사건 아파트는 원고와 안산주택의 신탁계약으로 인하여 원고에게 대내외적으로 완전히 소유권이 이전되어 그 분양권 역시 원고에게 귀속되고, 안산주택이 이 사건 아파트의 분양업무를 관장하게 된 것은 결국 원고의 소유

---

39) 대법원 1975.1.28 선고 74다1199 판결.
40) 대법원 1979.3.27 선고 79다234 판결.
41) 대법원 1994.12.2 선고 94다24985 판결.

인 이 사건 아파트에 관한 분양업무를 원고가 안산주택에 위임하였기 때문인 것이지, 안산주택 자신이 이 사건 아파트를 분양하거나 처분할 권한을 가지고 있기 때문이 아니라고 보아야 할 것이므로, 원고가 안산주택에 그 자신의 채무의 대물변제조로 이 사건 아파트를 분양하여 줄 권한까지 부여한다는 것은 극히 이례적이고, 또 이 사건 아파트들은 신탁재산으로서 신탁자나 수탁자의 다른 재산과 명백하게 구별되어야 하므로, 신탁자인 안산주택의 재산과는 전혀 별개로 유지 관리되어야 하며, 신탁재산의 독립성이라는 면에서 신탁재산과 관련 없는 신탁자 자신의 채무 변제에 갈음하여 이 사건 아파트를 제공한다는 것은 허용될 수 없음에 비추어 보아도, 특별한 사정이 없는 한 원고가 안산주택에 부여한 대리권의 범위에 이 사건 분양계약과 같이 안산주택이 자신의 채무 변제에 갈음하여 이 사건 아파트를 분양하여 줄 권한까지 포함된 것으로 볼 수는 없다. 따라서 원고가 안산주택에 그 자신의 채무 변제를 위하여 이 사건 아파트를 대물변제할 수 있는 대리권을 수여한 것으로 보아야 한다는 원심의 판단은 잘못이라고 하지 않을 수 없다. 그러나 ① 원고 대표이사의 직인이 날인된 아파트공급계약서 160매를 교부받아 이를 이용하여 분양계약을 체결하였고, ② 사실상 안산주택이 분양계약을 독자적으로 체결하고 그 분양대금을 직접 받아왔으며, ③ 원고는 안산주택이 이 사건 아파트의 분양계약을 체결할 때 전혀 관여하지 아니한 점에 비추어 보면, 피고로서는 원고 대표이사의 직인이 날인된 아파트공급계약서에 의하여 분양계약을 체결하면서 공동매도인이자 원고의 대리인으로서의 지위에 있는 안산주택에 이 사건 아파트 8세대의 분양에 관한 일체의 권한이 있다고 믿을 수밖에 없었을 것이고, 비록 아파트공급계약서 자체에 이 사건 아파트의 건설사업이 안산주택과 원고 사이의 부동산신탁계약에 따른 것이고, 분양대금의 수령권이 원고에게 있다는 점이 명시되어 있다 해도, 그와 같은 사유만으로 안산주택에 대물변제를 목적으로 분양계약을 체결할 권한이 없었다는 점을 피고가 알고 있었다고 인정하기에 부족하므로, 권한을 넘은 표현대리의 법리에 의하여 피고는 분양계약의 유효를 주장할 수 있다. 피고로서는 안산주택이 원고를 대리하여 이 사건과 같은 형태의 분양계약을 체결할 대리권도 있다고 믿을 만한 정당한 사유가 있다."

대법원 2008.1.31 선고 2007다74713 판결: "어떠한 계약의 체결에 관한 대리권을 수여받은 대리인이 수권된 법률행위를 하게 되면 그것으로 대리권의 원인된 법률관계는 원칙적으로 목적을 달성하여 종료되는 것이고, 법률행위에 의하여 수여된 대리권은 그 원인된 법률관계의 종료에 의하여 소멸하는 것이므로, 그 계약을 대리하여 체결하였다 하여 곧바로 그 사람이 체결된 계약의 해제 등 일체의 처분권과 상대방의 의사를 수령할 권한까지 가지고 있다고 볼 수는 없다. 민법 제126조에서 말하는 권한을 넘은 표현대리는 현재에 대리권을 가진 자가 그 권한을 넘은 경우에 성립하는 것이지, 현재에 아무런 대리권도 가지지 아니한 자가 본인을 위하여 한 어떤 대리행위가 과거에 이미 가졌던 대리권을 넘은 경우에까지 성립하는 것은 아니라고 할 것이고, 한편 과거에 가졌던 대리권이 소멸되어 민법 제129조에 의하여 표현대리로 인정되는 경우에 그 표현대리의 권한을 넘는 대리행위가 있을 때에는 민법 제126조에 의한 표현대리가 성립할 수 있다. 또한, 표현대리의 효과를 주장하려면 상대방이 자칭 대리인에게 대리권이 있다고 믿고 그와 같이 믿는 데 정당한 이유가 있을 것을 요건으로 하는 것인바, 여기의 정당한 이유의 존부는 자칭 대리인의 대리행위가 행하여질 때에 존재하는 제반 사정을 객관적으로 관찰하여 판단하여야 한다.

대법원 2009.11.12 선고 2009다46828 판결: "채용 증거들을 종합하면 원고가 2005.12경 부동산중개업자인 소외인에게 원고 소유의 이 사건 각 부동산의 매도를 위임한 사실, 소외인은 피고 1에 대하여 부담하고 있던 별건 부동산 매매대금채무 중 일부의 지급을 담보하기 위하여 이 사건 제1부동산을 양도담보로 제공하기로 마음먹고, 2005.12 중순경 원고로부터 이 사건 제1부동산의 소유권이전등기에 필요한 서류 및 인감도장을 교부받아, 2006.1.11 원고를 대리하여 피고 1과 매매계약 형식으로 이 사건 제1부동산에 관한 양도담보계약을 체결한 다음, 2006.1.2 이 사건 제1부동산에 관하여 피고 1 명의의 2006.1.11 매매를 원인으로 한 소유권이전등기를 마친 사실, 또한 소외인은 2005.12.24경 피고 2와 이 사건 제2부동산을 소외인이 피고 2에 대하여 부담하고 있던 별건 부동산 매매대금채무 중 일부의 지급에 갈음하여 양도하기로 하는 내용의 대물변제계약을 매매계약 형식으로 원고를 대리하여 체결하고, 2006.1 초순경 원고로부터 이 사건 제2부동산의 소유권이전등기에 필요한 서류와 인감도장을 교부받은 다음, 2006.1.16 이 사건 제2부동산에 관하여 피고 2 명의의 2005.12.24 매매를 원인으로 한 소유권이전등기를 마친 사실이 인정된다. 소외인이 이 사건 각 부동산을 위와 같이 양도담보 또는 대물변제로 제공한 행위는 무권대리행위로서 무효이다.

그러나 소외인이 원고로부터 이 사건 제1부동산의 매도를 위임받고 그 소유권이전등기에 필요한 서류와 인감도장을 모두 교부받아 소지한 채 이를 위 피고에게 제시하며 위 부동산을 처분할 대리권이 있음을 표명하고 나섰다면 일응위 피고로서는 소외인에게 원고를 대리하여 이 사건 제1부동산을 대물변제나양도담보로 제공할 권한이 있다고 믿을 만한 정당한 이유가 있었다 할 것이고,

소외인이 위 피고에 대하여 별건 부동산 매매대금채무를 부담하고 있었다 하여 더 나아가 원고에 대해 직접 대리권 수여 유무를 확인해보아야만 정당한 이유가 있다고 볼 것은 아니라 할 것이다.

무권대리행위는 그 효력이 불확정 상태에 있다가 본인의 추인 유무에 따라 본인에 대한 효력발생 여부가 결정되는 것인바, 그 추인은 무권대리행위가 있음을 알고 그 행위의 효과를 자기에게 귀속시키도록 하는 단독행위로서, 그 의사표시에 특별한 방식이 요구되는 것은 아니므로 명시적인 방법만이 아니라 묵시적인 방법으로도 할 수 있고, 무권대리인이나 무권대리행위의 상대방에 대하여도 할 수 있다. 위 법리에 비추어 볼 때, 만일 원고가 이 사건 제2부동산이 대물변제로 제공되었음을 알고서 원심 판시와 같이 소외인으로부터 위 순천시 대안리 소재 부동산에 관하여 채권최고액 3억 원의 근저당권설정등기를 경료받고, 그와 별도로 수천만 원의 금원을 지급받기로 하였다면, 특별한 사정이 없는 한 원고의 의사는 소외인의 이 사건 대물변제행위를 묵시적으로 추인하는 취지라고 볼 여지가 있다.

대법원 2009.2.12 선고 2006다23312 판결: "기독교 단체인 교회에 있어서 교인들의 연보, 헌금 기타 교회의 수입으로 이루어진 재산은 특별한 사정이 없는 한 그 교회 소속 교인들의 총유에 속한다. 따라서 그 재산의 처분은 그 교회의 정관 기타 규약에 의하거나 그것이 없는 경우에는 그 교회 소속 교인들로 구성된 총회의 결의에 따라야 한다. 비법인사단인 교회의 대표자는 총유물인 교회 재산의 처분에 관하여 교인총회의 결의를 거치지 아니하고는 이를 대표하여 행할 권한이 없다. 그리고 교회의 대표자가 권한 없이 행한 교회 재산의 처분행위에 대하여는 민법 제126조의 표현대리에 관한 규정이 준용되지 아니한다."

대법원 2012.12.13 선고 2011다69770 판결: "부분적 포괄대리권을 가진 상업사용인이 특정된 영업이나 특정된 사항에 속하지 아니하는 행위를 한 경우, 영업주가 책임을 지기 위하여는 민법상의 표견대리의 법리에 의하여 그 상업사용인과 거래한 상대방이 그 상업사용인에게 그 권한이 있다고 믿을 만한 정당한 이유가 있어야 한다. 소외인은 피고의 피씨방용 컴퓨터 등 제품의 판매 등을 비롯한 관련 업무에 관하여 부분적 포괄대리권을 가진 상업사용인이지만 수익률 보장 또는 재매입 보장 약정이 포함된 이 사건 거래약정을 체결하는 행위는 소외인이 위임받은 업무권한 범위 내에 속하지 아니하고, 소외인이 부분적 포괄대리권을 가진 피고의 상업사용인으로 '유통사업부 정보기기영업팀 바이어/주임'이라는 명칭을 사용하였다는 사정만으로는 상법 제14조에서 정한 표현지배인이라고 할 수 없다. 대기업의 계열사로 컴퓨터 등의 대형유통업체인 피고가 중소업체인 원고 현대멀티넷에 컴퓨터 등을 판매하는 거래 과정에서 높은 수익률과 지체상금 및 재매입의 보장을 약속하거나, 협력업체인 주식회사 에버컴퓨터의 거래약정상 채무를 보증하는 것은 매우 이례적이어서, 소외인이 정당한 권한에 기하여 이 사건 거래약정을 체결한 것인지의 여부에 대하여 의심의 여지가 충분함에도 원고 현대멀티넷은 이 사건 거래약정의 체결이 소외인의 권한 범위 내에 속하는지의 여부를 제대로 확인하지 아니한 점 등을 이유로 원고 현대멀티넷이 소외인에게 이 사건 거래약정을 체결할 권한이 있다고 믿은 데 정당한 이유가 있다고 할 수 없다."

제13장

무효·취소 제도

제1절 의   의

민법상 무효라 함은 성립된 법률행위가 효력을 갖지 못하는 것을 말한다. 따라서 무효인 법률행위는 누구의 주장을 기다리지 않고도, 또 누구에 대하여도 처음부터 효력이 없는 것이다. 민법상 법률행위가 무효로 되는 경우로는, ① 상대방이 표의자의 진의 아님을 알았거나 알 수 있었을 비진의의사표시(제107조), ② 허위표시(제108조), ③ 반사회질서의 법률행위(제103조), ④ 반사회질서의 조건이 있는 법률행위, 이미 성취된 해제조건이 있는 법률행위, 원시적 불능의 정지조건이 있는 법률행위(제151조), ⑤ 불공정한 법률행위(제104조), ⑥ 무권대리행위(제130조)가 있다.[1]

취소라고 함은 흠이 있어도 법률행위가 일단 유효하게 성립하고 다만 후에 특정인(취소권자)이 그 흠을 주장하여 취소한 경우에만 소급하여 무효가 되는 것을 말한다. 법률행위는 취소하기까지는 유효이다. 민법 제140조 이하 규정하는 취소는 법률행위가 취소될 수 있는 경우로는 ① 제한능력자의 행위(제5조, 제

---

1) 학설상으로 의사무능력자의 법률행위, 표의자가 자유를 완전히 잃을 정도로 공포의 정도가 강한 강박에 기한 행위, 법률행위의 목적에 관한 유효요건을 결한 법률행위로서 원시적 불능의 법률행위, 강행규정에 반하는 법률행위, 경제적 약자를 보호하기 위한 규정에 위반한 행위, 물권법이 규정하지 않은 종류나 내용의 물권을 창설하는 행위, 신의칙·권리남용금지의 원칙에 반하는 권리의 행사로서의 법률행위 등도 무효인 법률행위로 언급되고 있다.

10조, 제12조), ② 착오에 의한 의사표시(제109조), ③ 사기·강박에 의한 의사표시(제110조)에 적용된다. 거래를 전제로 하는 당사자의 제한능력 또는 의사표시의 결함을 이유로 하는 경우가 아닌 실종선고의 취소(제29조), 법인설립허가의 취소(제38조), 가족법상 취소, 사해행위취소(제406조)에는 적용되지 않는다.

제2절 無　效

무효는 원칙적으로 누구에 의하여서나 누구에 대해서도 언제나 주장할 수 있는 절대적 무효이다(의사무능력자의 행위·반사회적 법률행위). 상대적 무효란 선의의 제3자에게 주장할 수 없는 허위표시의 무효와 같이 무효를 주장할 수 있는 상대방이 제한되어 있는 경우이다.[2]

회사설립의 무효(상법 제184조)와 회사합병의 무효(상법 제236조)는 재판에 의하여 무효의 선고가 있어야 무효로 인정된다. 이와 달리 소에 의한 절차를 필요로 하지 않고 당연히 인정되는 무효를 당연무효라고 한다. 재판상 무효의 경우 원고적격과 제소기간이 제한되어 있으므로 취소와 실질이 같다(통설).

법률행위가 무효이면 당사자가 무효행위를 통하여 발생시키고자 의욕한 법률효과는 발생하지 않는다. 따라서 계약의 경우 그 계약에 기한 채권·채무가 발생하지 않는다. 처분행위의 경우에 그 처분의 효과가 발생하지 않고, 취소권·해제권의 경우에는 그 행사의 효과가 발생하지 않는다.[3] 무효인 법률행위에 기하여 아직 이행이 행하여지지 아니한 경우에는 그 이행청구권이 발생하지 않는다. 이미 이행이 행하여진 경우에는 그것이 원물로 남아 있으면 소유권에 기한 반환청구를 하고(이 경우 201조 내지 203조가 적용), 원물이 없거나 반환불능인 경우에는

---

2) 통설과 달리 김상용, 「민법총칙」, 법문사(1993), 743면은 "상대적 무효란 특정한 사람에게만 효력이 부인되고, 그 특정인 이외의 모든 사람에 대하여는 유효한 경우를 말한다"고 주장한다. 이 견해에 다르면, 가등기된 부동산의 처분행위, 압류된 물건의 처분행위, 처분금지가처분이 집행된 목적물의 처분행위 등이 상대적 무효다.

3) 이은영, 「민법총칙」, 박영사(1996), 679면.

그 가액의 부당이득반환청구를 하게 된다. 그러나 불법원인급여의 경우에는 반환청구가 인정되지 않는다(제746조).

제3절 일부무효

법률행위는 일부에만 무효의 원인이 있어도 전부가 무효인 것이 원칙이다. 다만 일부에만 무효의 원인이 있는데, 당사자가 무효부분이 없더라도 법률행위를 하였으리라고 인정될 경우에는 나머지 부분을 유효로 한다(민법 제137조).

민법 제137조를 개정하여 일부 무효를 원칙으로 하고 예외적으로 전부 무효로 하여야 할 것이라는 견해도 주장된다.[4] 그러나 계약은 모든 면에서 합의가 되었기 때문에 구속력이 발생하는 것으로 일부라도 무효 사유가 있다면 계약 전부를 일단 무효로 하는 것이 옳다할 것이므로 이러한 입법론은 약관에 적용할 경우에만 전면적으로 타당한 것이고, 계약 일반에 대하여 부당하다 할 것이므로 민법의 태도가 옳다.

민법 제137조 단서에서 말하는 "그 무효부분이 없더라도 법률행위를 하였을 것이라고 인정될 때"를 판단하는 기준은 당사자의 실재하는 의사가 아니라 법률행위의 일부분이 무효임을 법률행위 당시에 알았다면 당사자 쌍방이 이에 대비하여 의욕하였을 가정적 의사이다.[5]

약관규제법 제16조는 약관조항이 동법에 의하여 무효가 되더라도 원칙적으로 나머지 부분으로 유효하게 존속한다고 규정하고 있다.

민법 제137조는 임의규정으로서 의사자치의 원칙이 지배하는 영역에서 적용된다고 할 것이므로, 법률행위의 일부가 강행법규인 효력규정에 위반되어 무효가 되는 경우 그 부분의 무효가 나머지 부분의 유효·무효에 영향을 미치는가의 여부를 판단함에 있어서는 개별 법령이 일부무효의 효력에 관한 규정을 두고

---

4) 곽윤직·김재형, 「민법총칙 제8판」, 박영사(2012), 377면.
5) 대법원 1996.2.27 선고 95다38875 판결.

있는 경우에는 그에 따라야 하고, 그러한 규정이 없다면 원칙적으로 민법 제137조가 적용될 것이나 당해 효력규정 및 그 효력규정을 둔 법의 입법 취지를 고려하여 볼 때 나머지 부분을 무효로 한다면 당해 효력규정 및 그 법의 취지에 명백히 반하는 결과가 초래되는 경우에는 나머지 부분까지 무효가 된다고 할 수는 없다.[6]

제4절 무효행위의 전환

법률행위가 당사자가 원래 의욕한 법률효과를 발생시키는 요건은 미비하지만 다른 법률효과를 발생시키는 요건을 구비하고, 당사자도 원래 의욕한 법률효과가 발생될 수 없음을 알았다면 그 다른 법률효과를 의욕하였을 것이라는 점이 인정되는 경우에는, 그 다른 법률효과가 발생한다(제138조).[7] 이를 무효행위의 전환이라 한다.[8]

---

6) 대법원 2004.6.11 선고 2003다1601 판결: "구 상호신용금고법 제18조의2 제4호는 효력규정으로서 거래 당사자의 일방인 상호신용금고를 보호하기 위하여 둔 규정으로서, 이 사건 담보제공약정이 위 규정에 저촉되어 무효라고 하더라도, 이 사건 담보제공약정과 함께 원고들과 피고 금고들 사이에 체결된 이 사건 대출약정까지 무효가 된다고 본다면, 이는 서민과 소규모 기업의 금융편의를 도모하고 거래자를 보호하며 신용질서를 유지함으로써 국민경제의 발전에 이바지함을 목적으로 하는 구 상호신용금고법의 입법 취지 및 경영자의 무분별하고 방만한 채무부담행위로 인한 자본구조의 악화로 부실화됨으로써 그 업무수행에 차질을 초래하고 신용질서를 어지럽게 하여 서민과 소규모 기업 거래자의 이익을 침해하는 사태가 발생함을 미리 방지하려는 동법 제18조의2 제4호의 취지에 명백히 반하는 결과가 초래되므로 이 사건 담보제공약정이 구 상호신용금고법 제18조의2 제4호의 규정에 위반되어 무효라고 하더라도 나머지 부분인 이 사건 대출약정까지 무효가 된다고 할 수는 없다고 할 것이다."
7) 무효행위의 전환은 '질적인 일부무효'에 관한 것이고, 제137조의 일부무효는 '양적인 일부무효'에 관한 것이라는 설명하는 견해(고상룡, 이영준)와 무효행위가 다른 법률행위로 살아나는 것은 은닉된 당사자의 예비적 의사에 기한 것이라고 설명하는 견해(이은영)가 있다.
8) 판례는 혼인 외의 출생자를 혼인중의 출생자로 출생신고를 한 경우에는 그 신고를 친생자출생신고로서는 무효지만 인지신고로서는 효력을 인정하고(71다1983), 타인의 子를 자기의 子로서 출생신고한 경우 입양의 효력을 인정한다(88누9305). 판례는 또한 구수증서에 의한 유언이 무효라고 하더라도 사인증여의 실질적 요건을 모두 갖추었다면 사인증여로서의 효력을 갖는다고 본다(2004두930).
대법원 1989.9.12 선고 88누9305 판결: "상속재산 전부를 상속인 중 1인(乙)에게 상속시킬 무효행위 전환의 효과는 다른 법률행위의 성립이며 이는 이미 무효행위 시점에 성립된 것으로 의제되는 것이다.[9] 민법 제138조는 당사자의 약정으로 적용을 배제할 수 있는 임의규정이다. 민법은 방식 결여로 비밀증서에 의한 유언이 자필증서 방식을 갖춘 경우 그에 의한 유언의 효력을 인정하거나(제1071조), 연착 승낙 또는 변경을 가한 승낙을 새로운 청약으로 보는(제530조 및 제534조) 경우 단독행위의 전환을 인정하고 있다. 무효행위의 전환이 인정되려면, 법률행위가 성립하고 그 법률행위가 확정적으로 무효여야 한다. 미확정무효의 법률행위는 본인 또는 권리자의 추인이 우선 추구되어야 하며 이러한 추인이 거부되어 무효로 확정된 경우에 비로소 무효행위의 전환이 검토될 수 있다.[10] 또한 무효행위의 전환이 인정되려면, 무효인 법률행위의 요소가 다른 법률행위의 요건을 구비하고 있어야 한다. 다른 법률행위의 유효요건이 무효행위 시점에 이미 구비하고 있어야 하는가 아니면 전환시점에 그 요건의 구비가 가능하면 되는가의 문제가 있다. 전환 당시 허가·등기의 요건이 구비되지 않았더라도 당사자가 이를 갖출 의사가 있다면 장래 새로운 법률행위가 유효하게 성립할 가능성을 갖는다는 견해가 있다.[11] 당사자가 허가·등기의 요건을 갖추는 순간부터 새로운 법률행위가 한 것이라고 보는 것이 자연스럽다. 따라서 무효행위 사후에 변경 내지 보충 없이 다른 법률행위의 요건을 구비하고 있어야 한다고 볼 것이다.[12]

매매계약이 약정된 매매대금의 과다로 말미암아 민법 제104조에서 정하는 '불공정한 법률행위'에 해당하여 무효인 경우에도 무효행위의 전환에 관한 민법

방편으로 그 나머지 상속인들이 상속포기신고를 하였으나 그 상속포기가 민법 제1019조 제1항 소정의 기간을 초과한 후에 신고된 것이어서 상속포기로서의 효력이 없더라도 乙과 나머지 상속인들 사이에는 乙이 고유의 상속분을 초과하여 상속재산 전부를 취득하고 나머지 상속인들은 그 상속재산을 전혀 취득하지 않기로 하는 의사의 합치가 있었다고 할 것이므로 그들 사이에 위와 같은 내용의 상속재산의 협의분할이 이루어진 것이라고 보아야 하고 공동상속인 상호간에 상속재산에 관하여 협의분할이 이루어짐으로써 공동상속인 중 1인이 고유의 상속분을 초과하여 상속재산을 취득하는 것은 상속개시 당시에 피상속인으로부터 상속에 의하여 직접 취득한 것으로 보아야 한다."

9) 김천수, "법률행위의 무효", 「한국민법이론의 발전; 총칙·물권편」, 박영사(1999년), 177면.
10) 이영준, 「민법총칙」, 박영사(1995), 669면.
11) 이은영, 「민법총칙」, 박영사(1996), 687면.
12) 김형선, 「주석민법총칙(하)」, 한국사법행정학회(1986), 488면.

제138조가 적용될 수 있다. 따라서 당사자 쌍방이 위와 같은 무효를 알았더라면 대금을 다른 액으로 정하여 매매계약에 합의하였을 것이라고 예외적으로 인정되는 경우에는, 그 대금액을 내용으로 하는 매매계약이 유효하게 성립한다. 이때 당사자의 의사는 매매계약이 무효임을 계약 당시에 알았다면 의욕하였을 가정적 효과의사로서, 당사자 본인이 계약 체결시와 같은 구체적 사정 아래 있다고 상정하는 경우에 거래관행을 고려하여 신의성실의 원칙에 비추어 결단하였을 바를 의미한다.[13)]

임금은 법령 또는 단체협약에 특별한 규정이 있는 경우를 제외하고는 통화로 직접 근로자에게 전액을 지급하여야 한다(근로기준법 제43조 제1항). 따라서 사용자가 근로자의 임금 지급에 갈음하여 사용자가 제3자에 대하여 가지는 채권을 근로자에게 양도하기로 하는 약정은 전부 무효임이 원칙이다. 다만 당사자 쌍방이 위와 같은 무효를 알았더라면 임금의 지급에 갈음하는 것이 아니라 지급을 위하여 채권을 양도하는 것을 의욕하였으리라고 인정될 때에는 무효행위 전환의 법리(민법 제138조)에 따라 그 채권양도 약정은 '임금의 지급을 위하여 한 것'으로서 효력을 가질 수 있다.[14)]

제5절 무효행위의 추인

무효인 법률행위를 유효화하려는 의사표시를 내용으로 하는 법률행위를 무효행위의 추인이라 한다.[15)] 민법 제139조는 "무효인 법률행위는 추인하여도 그 효력이 생기지 아니한다. 그러나 당사자가 그 무효임을 알고 추인한 때에는 새로운 법률행위로 본다"고 규정한다.[16)] 예컨대 통정허위표시는 확정적으로 무효

---

13) 대법원 2010.7.15 선고 2009다50308 판결.
14) 대법원 2012.3.29 선고 2011다101308 판결.
15) 고상룡, 「민법총칙」, 법문사(1990), 654면.
16) 민법은 무효행위의 추인과 관련하여 무권대리행위(제130조), 무효행위(제139조)를 규정하고 있다. 민법 제130조는 미확정무효행위에 대한 것이고, 민법 제139조는 확정무효행위에 대한 것이다.

인 것이나, 당사자가 추인을 하면 그때부터 새로운 매매계약이 되는 것이다. 그러나 반사회질서의 법률행위나 불공정한 법률행위[17]처럼 계속 무효로 남아야 하는 경우 무효행위의 추인은 불가능하다. 무효행위의 추인은 새로운 법률행위를 한 것으로 간주되므로 소급효가 없다.[18] 무효행위의 추인에는 그 추인자가 무효 사실을 알고 있음이 전제로 되어 있다. 무효임을 모르는 당사자의 행위나 용태에서는 묵시적 추인이 인정되지 않는다.[19]

> 대법원 1992.5.12 선고 91다26546 판결: "무효인 법률행위는 당사자가 무효임을 알고 추인할 경우 새로운 법률행위를 한 것으로 간주할 뿐이고 소급효가 없는 것이므로 무효인 가등기를 유효한 등기로 전용키로 한 약정은 그때부터 유효하고 이로써 위 가등기가 소급하여 유효한 등기로 전환될 수 없다."

> 대법원 1995.4.11 선고 94다53419 판결: "무효행위를 추인한 때에는 달리 소급효를 인정하는 법률규정이 없는 한 새로운 법률행위를 한 것으로 보아야 할 것이고, 이는 무효인 결의를 사후에 적법하게 추인하는 경우에도 마찬가지라 할 것이다. 어촌계가 적법한 절차에 따라 소집·의결한 임시총회에서 손실보상금의 분배기준을 정한 종전의 결의를 그대로 추인하였다면, 이는 종전의 결의와 같은 내용의 새로운 결의를 한 것으로 볼 것인바, 종전의 결의가 무효라고 하더라도 특별한 사정이 없는 한 이에 대한 확인을 구하는 것은 과거의 법률관계 내지 권리관계의 확인을 구하는 것이 되어 확인의 소로서의 권리보호요건을 결여하였다고 할 것이고, 따라서 종전의 결의의 무효확인을 구할 특별한 사정이 엿보이지 않는 한 결의무효확인의 소는 부적법하여 각하되어야 할 것이다."

> 대법원 2004.11.11 선고 2004므1484 판결: "당사자가 양친자관계를 창설할

---

17) 대법원 1994.6.24 선고 94다10900 판결.

18) 대법원 1992.5.12 91다26546 판결: "무효인 법률행위는 당사자가 무효임을 알고 추인할 경우 새로운 법률행위를 한 것으로 간주할 뿐이고 소급효가 없는 것이므로 무효인 가등기를 유효한 등기로 전용키로 한 약정은 그 때부터 유효하고 이로써 위 가등기가 소급하여 유효한 등기로 전환될 수 없다."

19) 대법원 1992.9.14 선고 91다46922 판결: "노동조합이나 근로자들이 단체협약 체결 당시 그 때 시행중이던 보수규정이 유효하다고 여기고 있었던 사실만으로 무효인 종전의 보수규정의 개정을 추인하였다고 볼 수는 없다."
대법원 1992.11.10 선고 92다21425 판결: "공동상속인 중 1인이 권한 없이 다른 상속인들의 상속지분을 처분하여 제3자 명의로 소유권이전등기가 되었는데도 정당한 상속지분권자인 상속인이 제3자를 상대로 말소등기청구소송을 제기하지 않았다거나 소제기 후 취하하였다 하여 권한없이 한 처분행위를 묵시적 또는 명시적으로 추인하였다고 볼 수 없다."

의사로 친생자 출생신고를 하고 거기에 입양의 실질적 요건이 모두 구비되어 있다면 그 형식에 다소 잘못이 있더라도 입양의 효력이 발생하고, 양친자관계는 파양에 의하여 해소될 수 있는 점을 제외하고는 법률적으로 친생자관계와 똑같은 내용을 갖게 되므로 이 경우의 허위의 친생자 출생신고는 법률상의 친자관계인 양친자관계를 공시하는 입양신고의 기능을 발휘하게 되는 것이지만, 여기서 입양의 실질적 요건이 구비되어 있다고 하기 위하여는 입양의 합의가 있을 것, 15세 미만자는 법정대리인의 대낙이 있을 것, 양자는 양부모의 존속 또는 연장자가 아닐 것 등 민법 제883조 각 호 소정의 입양의 무효사유가 없어야 함은 물론 감호·양육 등 양친자로서의 신분적 생활사실이 반드시 수반되어야 하는 것으로서, 입양의 의사로 친생자 출생신고를 하였다 하더라도 위와 같은 요건을 갖추지 못한 경우에는 입양신고로서의 효력이 생기지 아니한다. 친생자 출생신고 당시 입양의 실질적 요건을 갖추지 못하여 입양신고로서의 효력이 생기지 아니하였더라도 그 후에 입양의 실질적 요건을 갖추게 된 경우에는 무효인 친생자 출생신고는 소급적으로 입양신고로서의 효력을 갖게 된다고 할 것이나, 민법 제139조 본문이 무효인 법률행위는 추인하여도 그 효력이 생기지 않는다고 규정하고 있음에도 불구하고, 입양 등의 신분행위에 관하여 이 규정을 적용하지 아니하고 추인에 의하여 소급적 효력을 인정하는 것은 무효인 신분행위 후 그 내용에 맞는 신분관계가 실질적으로 형성되어 쌍방 당사자가 이의 없이 그 신분관계를 계속하여 왔다면, 그 신고가 부적법하다는 이유로 이미 형성되어 있는 신분관계의 효력을 부인하는 것은 당사자의 의사에 반하고 그 이익을 해칠 뿐만 아니라, 그 실질적 신분관계의 외형과 호적의 기재를 믿은 제3자의 이익도 침해할 우려가 있기 때문에 추인에 의하여 소급적으로 신분행위의 효력을 인정함으로써 신분관계의 형성이라는 신분관계의 본질적 요소를 보호하는 것이 타당하다는 데에 그 근거가 있다고 할 것이므로, 당사자 간에 무효인 신고행위에 상응하는 신분관계가 실질적으로 형성되어 있지 아니한 경우에는 무효인 신분행위에 대한 추인의 의사표시만으로 그 무효행위의 효력을 인정할 수 없는 것이다."

대법원 2006.9.22 선고 2004다56677 판결: "상법 제731조 제1항에 의하면 타인의 생명보험에서 피보험자가 서면으로 동의의 의사표시를 하여야 하는 시점은 '보험계약 체결시까지'이고, 이는 강행규정으로서 이에 위반한 보험계약은 무효이므로, 타인의 생명보험계약 성립 당시 피보험자의 서면동의가 없다면 그 보험계약은 확정적으로 무효가 되고, 피보험자가 이미 무효가 된 보험계약을 추인하였다고 하더라도 그 보험계약이 유효로 될 수는 없다."

대법원 2009.10.29 선고 2009다47685 판결: "당사자의 양도금지의 의사표시로써 채권은 양도성을 상실하며 양도금지의 특약에 위반해서 채권을 제3자에게 양도한 경우에 악의 또는 중과실의 채권양수인에 대하여는 채권 이전의 효과가 생기지 아니하나, 악의 또는 중과실로 채권양수를 받은 후 채무자가 그 양도에 대하여 승낙을 한 때에는 채무자의 사후승낙에 의하여 무효인 채권양도행위가 추인되어 유효하게 되며 이 경우 다른 약정이 없는 한 소급효가 인정되지 않고 양도의 효과는 승낙시부터 발생한다. 이른바 집합채권의 양도가 양도금지 특약을 위반하여 무효인 경우 채무자는 일부 개별 채권을 특정하여 추인하는 것이 가능하다."

대법원 2014.3.27 선고 2012다106607 판결: "무효인 법률행위를 추인에 의하여 새로운 법률행위로 보기 위하여서는 당사자가 이전의 법률행위가 무효임을 알고 그 행위에 대하여 추인하여야 한다. 한편 추인은 묵시적으로도 가능하나, 묵시적 추인을 인정하기 위해서는 본인이 그 행위로 처하게 된 법적 지위를 충분히 이해하고 그럼에도 진의에 기하여 그 행위의 결과가 자기에게 귀속된다는 것을 승인한 것으로 볼만한 사정이 있어야 할 것이므로 이를 판단함에 있어서는 관계되는 여러 사정을 종합적으로 검토하여 신중하게 하여야 한다. 위와 같은 법리를 고려하면, 당사자가 이전의 법률행위가 존재함을 알고 그 유효함을 전제로 하여 이에 터잡은 후속행위를 하였다고 해서 그것만으로 이전의 법률행위를 묵시적으로 추인하였다고 단정할 수는 없고, 묵시적 추인을 인정하기 위해서는 이전의 법률행위가 무효임을 알거나 적어도 무효임을 의심하면서도 그 행위의 효과를 자기에게 귀속시키도록 하는 의사로 후속행위를 하였음이 인정되어야 할 것이다."

제6절 무권리자에 의한 처분행위에 대한 권리자의 소급적 추인

우리 민법에 명문 규정은 없지만, 통설과 판례[20]는 제3자의 권리를 해하지 않는 한도에서 권리자의 추인으로 인하여 권한 없는 자의 처분행위도 소급하여 유효하게 된다는 점을 인정하고 있다.[21] 권리자가 권리를 잃은 것은 자신의 추

---

20) 대법원 1992.9.8 선고 92다15550 판결.
21) 독일 민법 제185조 제2항은 이를 명문으로 규정하고 있다.

인에서 비롯한 것이므로 권리자는 무권리자에 대하여 권리의 상실에 대한 손해배상청구를 할 수 없다. 추인을 하지 않은 경우 진정한 권리자는 자신의 소유권에 기하여 무권리자로부터 소유권이전등기를 경료한 제3자를 상대로 소유권이전등기 말소를 구하거나 목적물을 인도받은 제3자를 상대로 자신에게 목적물을 인도할 것을 청구할 수 있다.

> 대법원 2001.11.9 선고 2001다44291 판결: "무권리자가 타인의 권리를 자기의 이름으로 또는 자기의 권리로 처분한 경우에, 권리자는 후일 이를 추인함으로써 그 처분행위를 인정할 수 있고, 특별한 사정이 없는 한 이로써 권리자 본인에게 위 처분행위의 효력이 발생함은 사적 자치의 원칙에 비추어 당연하고, 이 경우 추인은 명시적으로뿐만 아니라 묵시적인 방법으로도 가능하며 그 의사표시는 무권대리인이나 그 상대방 어느 쪽에 하여도 무방하다. 무권리자에 의한 처분행위를 권리자가 추인한 경우에 권리자는 무권리자에 대하여 무권리자가 그 처분행위로 인하여 얻은 이득의 반환을 구할 수 있다"

제7절 유동적 무효

토지거래허가와 관련하여 판례법이 확립한 유동적 무효라는 개념이 있다. 대법원 1991.12.24 90다12243 전원합의체판결은 "국토이용관리법상의 규제구역 내의 '토지 등의 거래계약' 허가에 관한 관계규정의 내용과 그 입법취지에 비추어 볼 때 토지의 소유권 등 권리를 이전 또는 설정하는 내용의 거래계약은 관할관청의 허가를 받아야만 그 효력이 발생하고 허가를 받기 전에는 물권적 효력도 발생하지 아니하여 무효라고 보아야 할 것인바, 다만 허가를 받기 전의 거래계약이 처음부터 허가를 배제하거나 잠탈하는 내용의 계약일 경우에는 확정적으로 무효로서 유효화될 여지가 없으나 이와 달리 허가받을 것을 전제로 한 거래계약(허가를 배제하거나 잠탈하는 내용의 계약이 아닌 계약은 여기에 해당하는 것으로 본다)일 경우에는 허가를 받을 때까지는 법률상 미완성의 법률행위로서 소유권 등 권리의 이전 또는 설정에 관한 거래의 효력이 전혀 발생하지 않음은 위의 확정적 효력의 경우와 다를 바 없지만, 일단 허가를 받으면 그 계약은 소급하여 유효한 계약이 되고 이와 달리 불허가가 된 때에는 무효로 확정되므로 허가를 받기까지는 유동적 무효의 상태에 있다고 보는 것이 타당하므로 허가받을 것을 전제로 한 거래계약은 허가받기 전의 상태에서는 거래계약의 채권적 효력도 전혀 발생하지 않으므로 권리의 이전 또는 설정에 관한 어떠한 내용의 이행청구도 할 수 없으나 일단 허가를 받으면 그 계약은 소급해서 유효화되므로 허가 후에 새로이 거래계약을 체결할 필요는 없다. 규제지역 내의 토지에 대하여 거래계약이 체결된 경우에 계약을 체결한 당사자 사이에 있어서는 그 계약이 효력 있는 것으로 완성될 수 있도록 서로 협력할 의무가 있음이 당연하므로, 계약의 쌍방 당사자는 공동으로 관할관청의 허가를 신청할 의무가 있고, 이러한 의무에 위배하여 허가신청절차에 협력하지 않는 당사자에 대하여 상대방은 협력의무의 이행을 소송으로써 구할 이익이 있다"고 판시하였다.

이에 따르면 유동적 무효란 행정관청의 허가가 있기 전 토지매매계약의 효력은 무효이나 토지거래허가가 있으면 토지매매계약이 소급적으로 유효로 되는 경우를 말한다. 그러나 행정관청의 허가로 인한 소급적 유효를 유동적 무효라는 개념을 사용하여 설명하는 것은 옳지 않다.[22] 유동적 무효에 관한 일련의 판례들은 토지거래허가라는 강학상 인가처분에 관한 것들이다. 법률행위의 효력을 전적으로 행정처분에 의존하게 하는 이론이 유동적 무효이론이다. 판례의 유동적 무효 이론을 그대로 수용할 생각이라면 인가행위에 대한 행정법 이론에서 유동적 무효와 관련한 판례들을 다루는 것이 더 나을 것이다. 유동적 무효이론은

---

22) 소재선, "토지거래허가제에 관한 유동적 무효의 법리", Jurist 제409호(2006), 청림인터렉티브, 476-477면: "부동상태란 원래 행위무능력자제도에서 법정대리인이 무능력자의 행위를 추인할 것인가 취소할 것인가를 결정하기 전의 상태를 말하는 것으로 무효행위의 전환이나 추인처럼 사법상의 개념이며 공공질서 위반이나 원시적 불능에 적용되는 확정적 무효와는 다른 성격을 갖는다. 관청의 허가를 그 요건으로 하는 토지거래허가제에 유동적 무효이론을 적용함은 적합지 않다고 본다(Huebner, 1978). 즉 토지거래허가구역 내에서의 토지거래계약은 허가를 받기 전에는 그 계약은 확정적 무효이므로, 토지거래계약과 함께 매수인이 매도인에게 계약금을 미리 지급한 경우 허가를 받을 때까지는 매수인은 언제든지 매도인에게 부당이득을 이유로 계약금의 반환을 청구할 수 있게 된다. 그러나 판례는 그 계약금이 확정적으로 무효가 되기까지는 이미 지급한 계약금도 부당이득을 이유로 반환청구 할 수 없다고 한다(대법원 1993.9.14. 92다41316)."

민법이론에 속하는 것이 아니라 기본행위와 보충행위의 관계에 대한 행정법상 인가이론에 속한다.

유동적 무효 상태에 있는, 토지거래허가구역 내 토지에 관한 매매계약에서 계약의 쌍방 당사자는 공동허가신청절차에 협력할 의무가 있고, 이러한 의무에 위배하여 허가신청절차에 협력하지 않는 당사자에 대하여 상대방은 협력의무의 이행을 소구할 수도 있다. 그러므로 매매계약 체결 당시 일정한 기간 안에 토지거래허가를 받기로 약정하였다고 하더라도, 그 약정된 기간 내에 토지거래허가를 받지 못할 경우 계약해제 등의 절차 없이 곧바로 매매계약을 무효로 하기로 약정한 취지라는 등의 특별한 사정이 없는 한, 이를 쌍무계약에서 이행기를 정한 것과 달리 볼 것이 아니므로 위 약정기간이 경과하였다는 사정만으로 곧바로 매매계약이 확정적으로 무효가 된다고 할 수 없다.[23]

매수인의 귀책사유 등으로 그 이용 목적을 계약 내용과 달리 기재한 허가신청서가 제출되는 바람에 관할 관청으로부터 불허가처분을 받았다면, 비록 외관상으로는 당해 거래계약이 불허가된 것처럼 보일지라도 그 불허가처분은 당초 허가 대상이 되어야 할 거래계약의 진정한 내용에 대한 것이 아니므로 특단의 사정이 없는 한 그로 인하여 당해 거래계약이 확정적으로 무효가 되는 것이 아니라 허가를 받기 이전의 단계와 마찬가지로 여전히 유동적 무효의 상태로 남아 있다.[24]

원고가 망인으로부터 토지거래규제지역 내에 있는 토지로서 등기부 등 관계공부가 멸실되어 토지대장상 소유자미복구로 되어 있는 망인 소유의 토지를 매수하였다면, 원고는 망인의 상속인들에 대한 토지거래허가신청절차의 협력의무의 이행청구권을 보전하기 위하여 상속인들을 대위하여 토지가 그들 소유임의 확인을 구할 수 있다 할 것이고, 또 국토이용관리법상의 신고구역에 관한 규정은 단속법규로서 신고의무에 위반한 거래계약의 사법상 효력까지 부인되는 것은 아니므로 원고가 토지거래신고구역 내에 있는 토지를 망인으로부터 매수하였다면, 거래계약에 대하여 관할군수에게 신고하였는지에 관계없이 원고는 망인의 상속인들에 대하여 위 토지에 관한 소유권이전등기청구권이 있는 것이고,

---

23) 대법원 2009.4.23 선고 2008다50615 판결.
24) 대법원 1997.12.26 선고 97다41318,41325 판결.

원고는 이의 보전을 위하여 위 상속인들을 대위하여 위 토지가 그들 소유임의 확인을 구할 수 있다.[25]

매매대금 지급채무의 불이행을 이유로 협력의무이행을 거절할 수 없고, 토지거래허가에 대한 협력을 구하기 위해서 그 전제로서 계약내용에 따른 잔대금 지급의무를 이행하여야 하는 것도 아니다.[26] 토지거래허가의 협력의무를 소구당한 당사자는 계쟁토지에 대하여 결국 관할 관청으로부터 거래허가를 받을 수 없을 것이라는 사유를 들어 그 협력의무 자체를 거절할 수는 없다.[27]

유동적 무효에 관한 판례법에 의하면, 토지거래허가를 받지 않아 유동적 무효상태에 있는 거래계약에 관하여 사기 또는 강박에 의한 계약의 취소는 가능하지만,[28] 채무불이행을 이유로 한 손해배상청구, 약정된 위약금 지급청구[29], 계약금 등의 부당이득반환청구[30] 모두 허용되지 않는다.

유동적 무효 상태에서는 그 계약 내용에 따라 이행할 의무가 없으므로 본래의 이행기가 경과하더라도 계약을 해제할 수 없다.[31] 그러나 유동적 무효 상태에서도 민법 제565조 제1항에 따라 매도인이 계약금 배액을 상환함으로써 적법하게 계약을 해제할 수 있고,[32] 당사자 사이에 별개의 약정으로 매매대금이 그 지급기일에 지급되지 아니하는 경우 자동적으로 해제하기로 하는 약정을 한 경우 그 약정에 의한 계약해제가 가능하다.[33] 계약금만 주고받은 상태에서 토지거래허가를 받은 경우 토지거래허가 신청행위와 협력행위는 계약의 이행 착수로 볼 수 없으므로 매도인은 계약금배액을 상환하고 계약을 해제를 할 수 있다.[34]

유동적 무효 상태에서는 대금지급의무를 소유권이전등기의무에 선이행하

25) 대법원 1993.3.9 선고 92다56575 판결.
26) 대법원 1992.9.8 선고 92다19989 판결.
27) 대법원 1992.10.27 선고 92다34414 판결.
28) 대법원 1997.11.14 선고 97다36118 판결.
29) 대법원 2001.1.28 선고 99다40524 판결.
30) 대법원 1993.6.22 선고 91다21435 판결.
31) 대법원 1992.7.28 선고 91다33612 판결 토지거래허가를 받은 다음에는 상대방을 이행지체에 빠뜨려 계약을 해제할 수 있다.
32) 대법원 1997.6.27 선고 97다9369 판결.
33) 대법원 2010.7.22 선고 2010다1456 판결.
34) 대법원 2009.4.23 선고 2008다62427 판결.

기로 하는 약정이 있는 경우에도 소유권이전등기청구나 토지인도청구를 할 수 없다.[35] 토지거래계약에 관한 허가를 받을 것을 조건으로 한 소유권이전등기청구권을 피보전권리로 한 부동산처분금지가처분신청은 허용되지 않는다.[36] 토지거래계약에 관한 허가를 받을 것을 조건으로 한 소유권이전등기청구권을 보전하기 위한 가등기 청구나 이 가등기청구권을 피보전권리로 한 처분금지가처분신청도 허용되지 않는다.[37] 그러나 토지거래허가신청절차청구권을 피보전권리로 하여 매매목적물의 처분을 금하는 가처분신청은 가능하다.[38]

토지거래허가를 받지 아니하여 유동적 무효 상태에 있는 계약이라고 하더라도 일단 거래허가신청을 하여 불허되었다면 특별한 사정이 없는 한 불허가된 때로부터 그 거래계약은 확정적으로 무효로 되었다고 할 것이지만, 그 불허가의 취지가 미비된 요건의 보정을 명하는 데에 있고 그러한 흠결된 요건을 보정하는 것이 객관적으로 불가능하지도 아니한 경우라면 그 불허가로 인하여 거래계약이 확정적으로 무효가 되는 것은 아니다.[39]

매수인과 매도인 사이의 토지거래규제구역 내에 있는 토지에 대한 매매계약이 관할관청의 허가 없이 체결된 것이라고 하더라도, 매수인은 매도인에 대한 토지거래허가신청절차의 협력의무의 이행청구권을 보전하기 위하여 매도인을 대위하여 제3자 명의의 소유권이전등기의 말소등기절차이행을 구할 수 있다.[40]

제3자가 토지거래허가를 받기 전의 토지 매매계약상 매수인 지위를 인수하는 경우와 달리 매도인 지위를 인수하는 경우에는 최초매도인과 매수인 사이의 매매계약에 대하여 관할 관청의 허가가 있어야만 매도인 지위의 인수에 관한 합의의 효력이 발생한다고 볼 것은 아니다.[41]

---

35) 대법원 2001.1.28 선고 99다40524 판결.
36) 대법원 2010.8.26 선고 2010마818 판결.
37) 대법원 2001.1.28 선고 99다40524 판결.
38) 대법원 1998.12.22 선고 98다44376 판결: "이러한 가처분이 집행된 후에 진행된 강제경매절차에서 당해 토지를 낙찰받은 제3자는 특별한 사정이 없는 한 이로써 가처분채권자인 매수인의 권리보전에 대항할 수 없다."
39) 대법원 1998.12.22 선고 98다44376 판결.
40) 대법원 1994.12.27 선고 94다4806 판결.
41) 대법원 2013.12.26 선고 2012다1863 판결.

국토이용관리법상 토지의 거래계약허가구역으로 지정된 구역 안의 토지에 관하여 관할 행정청의 허가를 받지 아니하고 체결한 토지거래계약은 처음부터 그 허가를 배제하거나 잠탈하는 내용의 계약일 경우에는 확정적 무효로서 유효화될 여지가 없으나, 이와 달리 허가받을 것을 전제로 한 거래계약일 경우에는 일단 허가를 받을 때까지는 법률상 미완성의 법률행위로서 거래계약의 채권적 효력도 전혀 발생하지 아니하지만, 일단 허가를 받으면 그 거래계약은 소급해서 유효로 되고 이와 달리 불허가가 된 때에는 무효로 확정되는 이른바 유동적 무효의 상태에 있다고 보아야 한다. 토지거래허가구역으로 지정된 토지에 관하여 건설교통부장관이 허가구역 지정을 해제하거나, 또는 허가구역 지정기간이 만료되었음에도 허가구역 재지정을 하지 아니한 취지는 당해 구역 안에서의 개별적인 토지거래에 관하여 더 이상 허가를 받지 않도록 하더라도 투기적 토지거래의 성행과 이로 인한 지가의 급격한 상승의 방지라는 토지거래허가제도가 달성하려고 하는 공공의 이익에 아무런 지장이 없게 되었고 허가의 필요성도 소멸되었으므로, 허가구역 안의 토지에 대한 거래계약에 대하여 허가를 받은 것과 마찬가지로 취급함으로써 사적자치에 대한 공법적인 규제를 해제하여 거래 당사자들이 당해 토지거래계약으로 달성하고자 한 사적자치를 실현할 수 있도록 함에 있다고 할 것이므로, 허가구역 지정기간중에 허가구역 안의 토지에 대하여 토지거래허가를 받지 아니하고 토지거래계약을 체결한 후 허가구역 지정해제 등이 된 때에는 그 토지거래계약이 허가구역 지정이 해제되기 전에 확정적으로 무효로 된 경우를 제외하고는, 더 이상 관할 행정청으로부터 토지거래허가를 받을 필요가 없이 확정적으로 유효로 되어 거래 당사자는 그 계약에 기하여 바로 토지의 소유권 등 권리의 이전 또는 설정에 관한 이행청구를 할 수 있고, 상대방도 반대급부의 청구를 할 수 있다고 보아야 할 것이지, 여전히 그 계약이 유동적 무효상태에 있다고 볼 것은 아니다.[42]

토지거래 허가구역 지정기간중에 허가구역 안의 토지에 관하여 토지거래허가를 받지 아니하고 토지거래계약을 체결한 후 허가구역의 지정이 해제된 때에

---

42) 대법원 1999.6.17 선고 98다40459 전원합의체판결.

는, 그 계약은 허가를 배제하거나 잠탈하는 내용의 계약이어서 처음부터 확정적으로 무효인 경우 또는 토지거래 허가신청에 대하여 불허가처분이 있거나 당사자 쌍방이 허가신청 협력의무의 이행거절 의사를 명백히 표시하는 등의 사유로 무효로 확정된 경우가 아닌 한, 관할 행정청으로부터 토지거래허가를 받을 필요가 없이 확정적으로 유효로 된다. 따라서 거래 당사자는 그 계약에 기하여 바로 토지의 소유권 등 권리의 이전 또는 설정에 관한 이행청구를 할 수 있으므로, 더 이상 상대방에 대하여 소송으로써 토지거래 허가신청 절차의 이행을 구할 이익이 없다.[43]

국토이용관리법상 토지거래허가를 받지 않아 거래계약이 유동적 무효의 상태에 있는 경우, 유동적 무효 상태의 계약은 관할 관청의 불허가처분이 있을 때뿐만 아니라 당사자 쌍방이 허가신청협력의무의 이행거절 의사를 명백히 표시한 경우에는 허가 전 거래계약관계, 즉 계약의 유동적 무효 상태가 더 이상 지속된다고 볼 수 없으므로, 계약관계는 확정적으로 무효가 된다고 할 것이고, 그와 같은 법리는 거래계약상 일방의 채무가 이행불능임이 명백하고 나아가 상대방이 거래계약의 존속을 더 이상 바라지 않고 있는 경우에도 마찬가지라고 보아야 하며, 거래계약이 확정적으로 무효가 된 경우에는 거래계약이 확정적으로 무효로 됨에 있어서 귀책사유가 있는 자라고 하더라도 그 계약의 무효를 주장할 수 있다.[44]

제8절 取 消

법률행위의 취소는 취소권자가 상대방에 대하여 취소의 의사표시를 하면 이미 발생하고 있는 법률행위의 효력이 처음부터 무효였던 것으로 간주되는 것을 말한다. 이러한 법률행위를 취소할 수 있는 지위를 취소권이라 한다. 민법상

---

43) 대법원 2014.7.10 선고 2013다74769 판결.
44) 대법원 1997.7.25 선고 97다4357,4364 판결.

취소권은 그 자체로 법률행위를 취소한다라는 판결을 구할 수 없다. 이 점에서 채권자취소권이나 채무자회생법상 부인권과 다르다. 민법상 취소권은 취소의 소를 제기할 수 있는 권리가 아니므로 완전한 의미의 권리가 아니다. 취소권은 법률행위의 취소를 위한 소송 외 또는 소송에서의 의사표시일 뿐이다. 소송으로 구할 수 있는 것은 취소권행사로 인하여 생긴 부당이득반환청구나 손해배상청구이다. 해제권·해지권도 같다. 형성권이라는 개념도 동원될 필요가 없음은 앞에서 설명했다.

민법 제140조는 취소권자로 제한능력자, 착오로 인하거나 사기·강박에 의하여 의사표시를 한 자, 그의 대리인 또는 승계인을 규정한다. 승계인 중 포괄승계인이 아닌 특정승계인의 경우는 취소권만의 승계는 인정할 수 없으므로, 취소할 수 있는 행위에 의해 취득한 권리를 승계하여야 한다.

제한능력자는 법정대리인의 동의가 없더라도 단독으로 법률행위를 취소할 수 있다. 법정대리인은 민법상 대리제도로 볼 필요가 없다. 법정대리인은 법정대리인을 규정하고 있는 개별제도의 한 내용이다. 따라서 법정대리인은 제한능력자의 취소권을 대리 행사라는 것이 아니라 자신의 고유한 취소권을 행사하는 것이다. 민법상 대리제도를 이용하는 경우 즉 임의대리인은 취소권에 관한 본인의 수권행위가 필요하다. 취소할 수 법률행위를 한 자의 채권자도 그 취소권을 채권자대위권에 기하여 대위행사할 수 있다.

취소할 수 있는 법률행위의 상대방이 확정한 경우에는 그 취소는 그 상대방에 대한 의사표시로 하여야 한다(민법 제142조). 법률행위의 취소는 상대방에 대한 의사표시로 한다. 미성년자가 매도한 부동산을 제3자가 다시 매수한 경우 미성년자는 취소권 행사를 자기로부터 매수한 자를 상대로 하여야 하고, 제3자를 상대로 하여서는 안 된다. 취소의 의사표시는 특별히 재판상 행하여짐이 요구되는 경우 외에는 특정한 방식이 요구되는 것이 아니다. 취소의 의사가 상대방에 의하여 인식될 수 있다면 어떠한 방법에 의하더라도 무방하다. 법률행위의 취소를 당연한 전제로 한 소송상의 이행청구나 이를 전제로 한 이행거절 가운데는 취소의 의사표시가 포함되어 있다고 볼 수 있다. 취소 의사표시는 반드시 상대방에게 직접 하여야 하는 것은 아니다. 즉 소유권이전등기의 말소를 구하는 소장의 송달이나 계약이 취소를 전제로 하는 소송상의 이행청구 내지 이행거절 등을 통해서 취소권 행사가 가능하다.[45]

> 대법원 2005.5.27 선고 2004다43824 판결: "취소의 의사표시란 반드시 명시적이어야 하는 것은 아니고, 취소자가 그 착오를 이유로 자신의 법률행위의 효력을 처음부터 배제하려고 한다는 의사가 드러나면 족한 것이며, 취소원인의 진술 없이도 취소의 의사표시는 유효한 것이므로, 신원보증서류에 서명날인하는 것으로 잘못 알고 이행보증보험약정서를 읽어보지 않은 채 서명날인한 것일 뿐 연대보증약정을 한 사실이 없다는 주장은 위 연대보증약정을 착오를 이유로 취소한다는 취지로 볼 수 있다."

취소된 법률행위는 처음부터 무효인 것으로 본다(제141조). 당사자의 제한능력을 이유로 하는 취소는 모든 제3자에게 그 무효를 주장할 수 있다(절대적 무효). 그러나 착오·사기·강박에 의한 취소는 선의의 제3자에게 대항할 수 없다(상대적 무효).[46]

법률행위가 취소되면 그 법률행위는 소급하여 무효가 된다. 따라서 취소된 법률행위를 원인으로 하는 채무가 이행되지 않은 경우에는 이행할 필요가 없고, 이미 이행된 채무는 법률상 원인 없이 급부된 것으로 되어 부당이득으로 반환되어야 한다(제741조). 이 경우 선의의 수익자는 그 받은 이익이 현존하는 한도 내에서 반환의무를 부담한다. 악의의 수익자는 받은 이익에 이자를 붙여 반환하여야 하고, 손해가 있으면 이를 배상하여야 한다(제748조). 제한능력자는 그 행위로 인하여 받은 이익이 현존하는 한도에서 상환(償還)할 책임이 있다(제141조 단서). 따라서 제한능력자는 악의의 경우에도 현존이익만 반환하면 된다. 여기서 받은 이익이 현존하는 한도라 함은 취소되는 행위에 의해 사실상 얻은 이익이 그대로 있거나 또는 그것이 변형되어 잔존하고 있는 것을 말한다. 따라서 소비한 경우

---

45) 대법원 1993.9.14 선고 93다13162 판결.

46) 대법원 1975.12.23 선고 75다533 판결: "사기에 의한 법률행위의 의사표시를 취소하면 취소의 소급효로 인하여 그 행위의 시초부터 무효인 것으로 되는 것이요 취소한 때에 비로소 무효로 되는 것이 아니므로 취소를 주장하는 자와 양립되지 아니하는 법률관계를 가졌던 것이 취소 이전에 있었던가 이후에 있었던가는 가릴 필요없이 사기에 의한 의사표시 및 그 취소사실을 몰랐던 모든 제3자에 대하여는 그 의사표시의 취소를 대항하지 못한다고 보아야 할 것이고 이는 거래안전의 보호를 목적으로 하는 민법 110조 3항의 취지에도 합당한 해석이 된다."

이익은 현존하지 않지만, 생활비에 충당하는 등 필요한 비용에 사용한 경우 다른 재산의 소비를 면하게 된 것이므로 그 한도에서 현존하는 이익으로 본다. 제141조 단서는 의사무능력을 이유로 법률행위가 무효로 되는 경우에도 유추적용된다.[47] 금전 또는 금전과 유사한 대체물인 경우 이익의 현존은 추정된다.[48] 금전 외의 경우에는 반환청구권자가 이익이 현존함을 증명하여야 한다.

> 대법원 1993.4.27 선고 92다56087 판결: "법률행위가 사기에 의한 것으로서 취소되는 경우에 그 법률행위가 동시에 불법행위를 구성하는 때에는 취소의 효과로 생기는 부당이득반환청구권과 불법행위로 인한 손해배상청구권은 경합하여 병존하는 것이므로, 채권자는 어느 것이라도 선택하여 행사할 수 있지만 중첩적으로 행사할 수는 없다."

> 대법원 1994.7.29 선고 93다58431 판결: "甲·乙 사이에 결손금배상채무의 액수를 확정하는 합의가 있은 후 甲은 합의가 강박에 의하여 이루어졌다는 이유를 들어, 乙은 착오에 의하여 합의를 하였다는 이유를 들어 각기 위 합의를 취소하는 의사표시를 하였으나, 위 합의에 각각 주장하는 바와 같은 취소사유가

---

47) 대법원 2009.1.15 선고 2008다58367 판결.
48) 대법원 1996.12.10 선고 96다32881 판결: "법률상 원인 없이 타인의 재산 또는 노무로 인하여 이익을 얻고 그로 인하여 타인에게 손해를 가한 경우, 그 취득한 것이 금전상의 이득인 때에는 그 금전은 이를 취득한 자가 소비하였는가의 여부를 불문하고 현존하는 것으로 추정된다."
대법원 2009.5.28 선고 2007다20440,20457 판결: "법률상 원인 없이 타인의 재산 또는 노무로 이익을 얻고 그로 인하여 타인에게 손해를 가한 경우, 그 취득한 것이 금전상의 이득인 때에는 그 금전은 이를 취득한 자가 소비하였는가의 여부를 불문하고 현존하는 것으로 추정되고, 그 취득한 것이 성질상 계속적으로 반복하여 거래되는 물품으로서 곧바로 판매되어 환가될 수 있는 금전과 유사한 대체물인 경우에도 마찬가지다."
대법원 2005.4.15 선고 2003다60297,60303,60310,60327 판결: "미성년자가 신용카드발행인과의 사이에 신용카드 이용계약을 체결하여 신용카드거래를 하다가 신용카드 이용계약을 취소하는 경우 미성년자는 그 행위로 인하여 받은 이익이 현존하는 한도에서 상환할 책임이 있는바, 신용카드 이용계약이 취소됨에도 불구하고 신용카드회원과 해당 가맹점 사이에 체결된 개별적인 매매계약은 특별한 사정이 없는 한 신용카드 이용계약취소와 무관하게 유효하게 존속한다 할 것이고, 신용카드발행인이 가맹점들에 대하여 그 신용카드사용대금을 지급한 것은 신용카드 이용계약과는 별개로 신용카드발행인과 가맹점 사이에 체결된 가맹점계약에 따른 것으로서 유효하므로, 신용카드발행인의 가맹점에 대한 신용카드이용대금의 지급으로써 신용카드회원은 자신의 가맹점에 대한 매매대금 지급채무를 법률상 원인 없이 면제받는 이익을 얻었으며, 이러한 이익은 금전상의 이득으로서 특별한 사정이 없는 한 현존하는 것으로 추정된다."

있다고 인정되지 아니하는 이상, 甲·乙 쌍방이 모두 위 합의를 취소하는 의사표시를 하였다는 사정만으로는, 위 합의가 취소되어 그 효력이 상실되는 것은 아니다."

대법원 1997.12.12 선고 95다38240 판결: "취소한 법률행위는 처음부터 무효인 것으로 간주되므로 취소할 수 있는 법률행위가 일단 취소된 이상 그 후에는 취소할 수 있는 법률행위의 추인에 의하여 이미 취소되어 무효인 것으로 간주된 당초의 의사표시를 다시 확정적으로 유효하게 할 수는 없고, 다만 무효인 법률행위의 추인의 요건과 효력으로서 추인할 수는 있으나, 무효행위의 추인은 그 무효 원인이 소멸한 후에 하여야 그 효력이 있고, 따라서 강박에 의한 의사표시임을 이유로 일단 유효하게 취소되어 당초의 의사표시가 무효로 된 후에 추인한 경우 그 추인이 효력을 가지기 위하여는 그 무효 원인이 소멸한 후일 것을 요한다고 할 것인데, 그 무효 원인이란 바로 위 의사표시의 취소사유라 할 것이므로 결국 무효 원인이 소멸한 후란 것은 당초의 의사표시의 성립 과정에 존재하였던 취소의 원인이 종료된 후, 즉 강박 상태에서 벗어난 후라고 보아야 한다."

제9절 취소할 수 있는 법률행위의 추인

제한능력자, 착오로 인하거나 사기·강박에 의하여 의사표시를 한 자, 그의 대리인 또는 승계인은 취소할 수 있는 법률행위는 추인할 수 있고 추인 후에는 취소하지 못한다(제143조). 추인은 취소의 원인이 소멸된 후에 하여야만 효력이 있다(제144조 제1항). 그러나 법정대리인 또는 후견인이 추인하는 경우에는 그렇지 않다(제144조 제2항).

추인은 취소할 수 있는 행위를 취소하지 않을 것으로 하는 취소권의 포기이다. 취소권자는 문제의 법률행위가 취소할 수 있다는 것을 알고 있어야 한다. 따라서 추인을 할 것인가, 취소를 할 것인가를 판단할 수 있는 상태가 요구된다. 즉 제한능력자가 능력자가 된 후에 착오·사기·강박에 의한 의사표시는 그 상태를 벗어난 후가 아니면 추인할 수 없는 것이다. 그러나 법정대리인이 추인하는 경우에는 이러한 제한이 없다. 추인은 추인권자가 취소할 수 있는 법률행위의 상대방에 대한 의사표시로 한다(제143조 제2항).

추인은 취소권을 가지는 자가 취소원인이 종료한 후에 취소할 수 있는 행위임을 알고서 추인의 의사표시를 하거나 법정추인사유에 해당하는 행위를 행할 때에만 법률행위의 효력을 유효로 확정시키는 효력이 발생한다.[49]

제10절 법정추인

취소할 수 있는 법률행위에 관하여 추인할 수 있는 후에 ① 전부나 일부의 이행, ② 이행의 청구, ③ 경개, ④ 담보의 제공, ⑤ 취소할 수 있는 행위로 취득한 권리의 전부나 일부의 양도, ⑥ 강제집행의 사유가 있으면 추인한 것으로 본다(법정추인). 그러나 이의를 보류한 때에는 그러하지 아니하다(제145조).

법정추인은 취소권자의 추인의사를 묻지 않고, 법률의 규정에 의하여 취소권을 배제하는 것이다. 기능면에서 법정추인은 민법이 말하는 추인(제143조, 제144조)보다는 취소권의 행사기간을 제한하는 제도(제146조)의 일종이다.[50] 학설은 상대방으로부터 취소할 수 있는 법률행위로부터 생긴 채권의 이행을 수령한 경우, 채무자로서 집행을 받는 경우도 법정추인 사유에 포함된다고 해석한다.

대법원 1996.2.23. 선고 94다58438 판결: "취소권자가 상대방에게 취소할 수 있는 법률행위로부터 생긴 채무의 전부 또는 일부를 이행한 것은 민법 제145조 제1호 소정의 법정추인 사유에 해당하여 추인의 효력이 발생하고 그 이후에는 취소할 수 없게 되는 것이나 여기서 말하는 취소할 수 있는 법률행위로부터 생긴 채무란 취소권자가 취소권을 행사한 채무 그 자체를 말하는 것이라고 보아야 할 것이고, 또한 일시에 여러 장의 당좌수표를 발행하는 경우 매수표의 발행

---

49) 대법원 1997.5.30 선고 97다2986 판결.
50) 이영준, 「민법총칙」, 박영사(1995), 688면: "법정추인제도는 거래의 안전을 위하여 민법이 프랑스민법적 요소를 계수한 것이다. 독일민법에 있어서는 법정추인의 제도가 별도로 존재하지 아니하고 이 문제는 포함적 의사표시에 의한 추인에 의하여 잘 규율되고 있다. 우리 민법하에서도 법정추인제도는 실무상 크게 활용되고 있지 아니하다. 판례도 묵시적 추인에 관한 것이 많고 법정추인에 관한 것은 적다."

행위는 각각 독립된 별개의 법률행위이고 그 수표금 채무도 수표마다 별개의 채무가 되는 것이라 할 것이므로 피고가 위 당좌수표 3매와 함께 원고에게 발행, 교부한 액면 금 20,000,000원의 당좌수표가 거래은행에서 지급되게 하였다고 하여 위 나머지 당좌수표 3매의 수표금 채무의 일부를 이행한 것이라고 할 수 없다는 이유로 피고가 위 당좌수표 3매의 발행행위를 추인하였다거나 법정추인 사유에 해당한다는 원고의 재항변을 배척한 원심의 조치는 정당한 것으로 수긍이 가고, 거기에 소론과 같은 추인이나 법정추인에 관한 법리를 오해한 위법이 없다. 논지는 이유 없다."

제11절 취소권의 소멸

취소권은 추인할 수 있는 날로부터 3년내에 법률행위를 한 날로부터 10년 내에 행사하여야 한다(제146조). 취소할 수 있는 법률행위의 상대방을 불안정한 상태에서 벗어나게 하여 법률관계를 안정시키기 위한 것이다.

통설·판례는 취소권은 형성권이기 때문에 불행사의 사실상태나 중단이 있을 수 없다는 이유로 이 기간을 단기소멸시효제도가 아닌 제척기간으로 본다. 판례는 제146조에 규정된 취소권의 존속기간은 제척기간이라고 보아야 할 것이지만, 제척기간 내에 소를 제기하는 방법으로 권리를 재판상 행사하여야만 되는 것은 아니고, 재판 외에서 의사표시를 하는 방법으로도 권리를 행사할 수 있다고 한다. 민법 제146조 취소권은 형성권이라는 개념으로 정의할 이유가 없다. 따라서 소를 제기하는 방법으로만 행사할 수 있는 것이 아니다. 통설은 제척기간을 재판 외의 권리행사는 포함하지 않는 출소기간으로 본다. 그러나 제척기간 내에 소를 제기하여야 한다고 한다면, 민법 제142조가 취소권을 상대방에 대한 의사표시로 행사한다고 하는 것과 배치된다. 따라서 법률이 특히 재판상의 권리행사를 요구(제406조, 제847조 제1항)하지 않는 한, 원칙적으로 재판 외의 행사만으로 족하다.[51]

---

51) 김증한·김학동. 「민법총칙 제9판」, 박영사(1996), 515면.

제한능력자나 사기 또는 강박에 의한 의사표시를 한 자가 추인하는 경우에 그 추인할 수 있는 날이란 제144조의 취소 원인 종료일이다. 즉 그 제한능력이나 기망 내지 외포 상황으로부터 벗어난 날이다.[52]

의사의 하자나 흠결과 무관한 추인권자의 추인의 경우에는 추인을 객관적으로 실제로 할 수 있는 날이다. '추인할 수 있는 날로부터 3년'과 '법률행위를 한 날로부터 10년' 중 먼저 만료하는 것이 있으면 취소권은 소멸한다.

법정대리인의 취소권은 법정대리인이 제한능력자의 법률행위를 안 때로부터 계산하여야 할 것이다. 위 기간 내에 취소권을 행사하면, 그 효과로서 원상회복청구권이나 부당이득반환청구권이 생기게 된다. 이러한 청구권은 언제까지 존속하느냐가 문제된다. 법률관계를 빨리 확정시키려고 하는 취지에 비추어 볼 때 제146조에 규정된 기간은 이러한 청구권의 존속기간도 함께 규정한 것이라고 보아야 한다는 견해도 있을 수 있지만, 취소권을 행사한 때로부터 취소권행사의 효과로서 발생한 원상회복청구권이나 부당이득반환청구권은 일반채권과 같이 민법 제162조 소정의 10년의 소멸시효 기간이 진행된다고 볼 것이다.[53]

> 대법원 1996.9.20 선고 96다25371 판결: "민법 제146조는 취소권은 추인할 수 있는 날로부터 3년 내에 행사하여야 한다고 규정하고 있는바, 이때의 3년이라는 기간은 일반 소멸시효기간이 아니라 제척기간으로서 제척기간이 도과하였는지의 여부는 당사자의 주장에 관계없이 법원이 당연히 조사하여 고려하여야 할 사항이다."

---

52) 대법원 1997.6.27 선고 97다3828 판결: "한정치산자의 후견인이 친족회의 동의 없이 피후견인인 한정치산자의 부동산을 처분한 경우에 발생하는 취소권은 민법 제146조에 의하여 추인할 수 있는 날로부터 3년 내에, 법률행위를 한 날로부터 10년 내에 행사하여야 하지만, 여기에서 '추인할 수 있는 날'이라 함은 취소의 원인이 종료한 후를 의미하므로, 피후견인이 스스로 법률행위를 취소함에 있어서는 한정치산선고가 취소되어 피후견인이 능력자로 복귀한 날로부터 3년 내에 그 취소권을 행사하여야 한다.

53) 대법원 1991.2.22 선고 90다13420 판결: "징발재산정리에관한특별조치법 제20조 소정의 환매권은 일종의 형성권으로서 그 존속기간은 제척기간으로 보아야 할 것이며, 위 환매권은 재판상이든 재판외이든 위 기간 내에 이를 행사하면 이로써 매매의 효력이 생기는 것이고 반드시 위 기간 내에 재판상 행사하여야 하는 것은 아니다. 환매권의 행사로 발생한 소유권이전등기청구권은 위 기간 제한과는 별도로 환매권을 행사한 때로부터 일반채권과 같이 민법 제162조 소정의 10년의 소멸시효 기간이 진행되는 것이지, 위 제척기간 내에 이를 행사하여야 하는 것은 아니다."

대법원 2008.9.11 선고 2008다27301,27318 판결: "민법 제146조 전단은 취소권은 추인할 수 있는 날로부터 3년 내에 행사하여야 한다고 규정하는 한편, 민법 제144조 제1항에서는 추인은 취소의 원인이 종료한 후에 하지 아니하면 효력이 없다고 규정하고 있는바, 민법 제146조 전단에서 취소권의 제척기간의 기산점으로 삼고 있는 '추인할 수 있는 날'이란 취소의 원인이 종료되어 취소권행사에 관한 장애가 없어져서 취소권자가 취소의 대상인 법률행위를 추인할 수도 있고 취소할 수도 있는 상태가 된 때를 가리킨다고 보아야 한다. 한편, 강박에 의한 의사표시에 대한 취소권은 형성권의 일종으로서 그 행사기간을 제척기간으로 보아야 하고, 위 취소권은 재판상이든 재판외이든 그 기간 내에 행사하면 되는 것으로서, 취소권자가 취소의 의사표시를 담은 반소장 부본을 원고에게 송달함으로써 취소권을 재판상 행사하는 경우에는 반소장 부본이 원고에게 도달한 때에 비로소 취소권 행사의 효력이 발생하여 취소권자와 원고 사이에 취소의 효력이 생기므로, 취소의 의사표시가 담긴 반소장 부본이 제척기간 내에 송달되어야만 취소권자가 제척기간 내에 적법하게 취소권을 행사였다고 할 것이다."

제12절 일부취소

불가분의 법률행위를 일부 취소하더라도 취소의 효력은 생기지 않는다. 그러나 법률행위의 일부와 잔여부분이 가분인 경우에 일부분에만 취수사유가 있는 경우 그 일부만 취소하고, 잔여부분의 유효를 인정하는 것은 가능하다(일부취소).[54] 가분적 법률행위의 일부가 취소된 경우, 그 부분은 소급하여 무효가 되므로, 일부무효와 같은 문제로 다루면 족하다.

대법원 2002.9.10 선고 2002다21509 판결: "채권자와 연대보증인 사이의 연대보증계약이 주채무자의 기망에 의하여 체결되어 적법하게 취소되었으나, 그 보증책임이 금전채무로서 채무의 성격상 가분적이고 연대보증인에게 보증한도

---

54) 대법원 1990.7.10 선고 90다카7460 판결: "하나의 계약이라 할지라도 가분성을 가지거나 그 목적물의 일부가 특정될 수 있다면 그 일부만의 취소도 가능하고 그 일부의 취소는 계약의 일부에 관하여 효력이 생긴다."

를 일정 금액으로 하는 보증의사가 있었으므로, 연대보증인의 연대보증계약의 취소는 그 일정 금액을 초과하는 범위 내에서만 효력이 생긴다."

대법원 1999.3.26 선고 98다56607 판결: "매매계약 체결시 토지의 일정 부분을 매매 대상에서 제외시키는 특약을 한 경우, 이는 매매계약의 대상 토지를 특정하여 그 일정 부분에 대하여는 매매계약이 체결되지 않았음을 분명히 한 것으로서 그 부분에 대한 어떠한 법률행위가 이루어진 것으로는 볼 수 없으므로, 그 특약만을 기망에 의한 법률행위로서 취소할 수는 없다."

대법원 2013.5.9 선고 2012다115120 판결: "여러 개의 계약이 체결된 경우에 그 계약 전부가 하나의 계약인 것과 같은 불가분의 관계에 있는 것인지는 계약 체결의 경위와 목적 및 당사자의 의사 등을 종합적으로 고려하여 판단하여야 하고, 각 계약이 전체적으로 경제적, 사실적으로 일체로서 행하여진 것으로 그 하나가 다른 하나의 조건이 되어 어느 하나의 존재 없이는 당사자가 다른 하나를 의욕하지 않았을 것으로 보이는 경우 등에는, 하나의 계약에 대한 기망 취소의 의사표시는 법률행위의 일부무효이론과 궤를 같이하는 법률행위 일부취소의 법리에 따라 전체 계약에 대한 취소의 효력이 있다."[55]

---

55) 임차권의 양수인 甲이 양도인 乙의 기망행위를 이유로 을과 체결한 임차권양도계약 및 권리금계약을 각 취소 또는 해제한다고 주장한 사안에서, 임차권양도계약과 권리금계약의 체결 경위와 계약 내용 등에 비추어 볼 때, 위 권리금계약은 임차권양도계약과 결합하여 전체가 경제적·사실적으로 일체로 행하여진 것으로서, 어느 하나의 존재 없이는 당사자가 다른 하나를 의욕하지 않았을 것으로 보이므로 권리금계약 부분만을 따로 떼어 취소할 수 없는데도, 임차권양도계약과 분리하여 권리금계약만이 취소되었다고 본 원심판결에 임차권양도계약에 관한 판단누락 또는 계약의 취소 범위에 관한 법리오해 등 위법이 있다고 한 사례이다.

제14장

조건·기한 제도

제1절 의 의

법률행위를 할 때, 자유롭게 그 효력의 발생과 소멸을 장래의 일정한 사실에 의존하게 할 수 있다. 그 장래의 일정한 사실에는 발생하는 것이 불확실한 경우인 '조건'과 확실한 경우인 '기한'이 있다. 조건부 법률행위도 법률행위인 이상 무효인 부관을 붙인다면 전체 법률행위도 무효이다.

부관이 붙은 법률행위에 있어서 부관에 표시된 사실이 발생하지 아니하면 채무를 이행하지 아니하여도 된다고 보는 것이 상당한 경우에는 조건으로 보아야 하고, 표시된 사실이 발생한 때에는 물론이고 반대로 발생하지 아니하는 것이 확정된 때에도 그 채무를 이행하여야 한다고 보는 것이 상당한 경우에는 표시된 사실의 발생 여부가 확정되는 것을 불확정기한으로 정한 것으로 보아야 한다.

이미 부담하고 있는 채무의 변제에 관하여 일정한 사실이 부관으로 붙여진 경우에는 특별한 사정이 없는 한 그것은 변제기를 유예한 것으로서 그 사실이 발생한 때 또는 발생하지 아니하는 것으로 확정된 때에 기한이 도래한다.[1]

어떠한 법률행위에 불확정기한이 부관으로 붙여진 경우에는 특별한 사정이

---

1) 대법원 2009.11.12 선고 2009다42635 판결.

없는 한 그 법률행위에 따른 채무는 이미 발생하여 있고 불확정기한은 그 변제 기나 이행기를 유예한 것에 불과하다.[2]

제2절 條 件

Ⅰ. 정지조건과 해제조건

법률행위의 효력의 발생에 관한 조건을 정지조건(停止條件), 효력의 소멸에 관한 조건을 해제조건(解除條件)이라 한다. 지상건물을 철거를 조건으로 하는 대지매매계약은 정지조건이다. 금연을 조건으로 하는 증여는 해제조건이다.

조건은 법률행위의 효력의 발생 또는 소멸을 장래의 불확실한 사실의 성부에 의존케 하는 법률행위의 부관으로서 당해 법률행위를 구성하는 의사표시의 일체적인 내용을 이루는 것이므로, 의사표시의 일반원칙에 따라 조건을 붙이고자 하는 의사 즉 조건의사와 그 표시가 필요하며, 조건의사가 있더라도 그것이 외부에 표시되지 않으면 법률행위의 동기에 불과할 뿐이고 그것만으로는 법률행위의 부관으로서의 조건이 되는 것은 아니다.[3]

대법원 1983.8.23 선고 83다카552 판결: "주택건설을 위한 원·피고간의 토지 매매계약에 앞서 양자간의 협의에 의하여 건축허가를 필할 때 매매계약이 성립하고 건축허가 신청이 불허되었을 때에는 이를 무효로 한다는 약정 아래 이루어진 본건 계약은 해제조건부계약이다."

대법원 1986.9.9 선고 84다카2310 판결: "어음법상 보증의 경우에는 발행 및 배서의 경우와 같이 단순성을 요구하는 명문의 규정이 없을 뿐만 아니라, 부수적 채무부담행위인 점에서 보증과 유사한 환어음 인수에 불단순인수를 인정하고 있음에 비추어 어음보증에 대하여 환어음 인수의 경우 보다 더 엄격하게 단순성을 요구함은 균형을 잃은 해석이고 또 조건부 보증을 유효로 본다고 하여

---

2) 대법원 2014.10.15 선고 2012두22706 판결.
3) 대법원 2003.5.13 선고 2003다10797 판결.

어음거래의 안전성이 저해되는 것도 아니므로 조건을 붙인 불단순 보증은 그 조건부 보증문언대로 보증인의 책임이 발생한다고 보는 것이 마땅하다."

대법원 1996.5.14 선고 96다5506 판결: "약혼예물의 수수는 약혼의 성립을 증명하고 혼인이 성립한 경우 당사자 내지 양가의 정리를 두텁게 할 목적으로 수수되는 것으로 혼인의 불성립을 해제조건으로 하는 증여와 유사한 성질을 가지므로, 예물의 수령자측이 혼인 당초부터 성실히 혼인을 계속할 의사가 없고 그로 인하여 혼인의 파국을 초래하였다고 인정되는 등 특별한 사정이 있는 경우에는 신의칙 내지 형평의 원칙에 비추어 혼인 불성립의 경우에 준하여 예물 반환의무를 인정함이 상당하나, 그러한 특별한 사정이 없는 한 일단 부부관계가 성립하고 그 혼인이 상당 기간 지속된 이상 후일 혼인이 해소되어도 그 반환을 구할 수는 없으므로, 비록 혼인 파탄의 원인이 며느리에게 있더라도 혼인이 상당 기간 계속된 이상 약혼예물의 소유권은 며느리에게 있다."

대법원 1996.6.28 선고 96다14807 판결: "동산의 매매계약을 체결하면서, 매도인이 대금을 모두 지급받기 전에 목적물을 매수인에게 인도하지만 대금이 모두 지급될 때까지는 목적물의 소유권은 매도인에게 유보되며 대금이 모두 지급된 때에 그 소유권이 매수인에게 이전된다는 내용의 소위 소유권유보의 특약을 한 경우, 목적물의 소유권을 이전한다는 당사자 사이의 물권적 합의는 매매계약을 체결하고 목적물을 인도한 때 이미 성립하지만 대금이 모두 지급되는 것을 정지조건으로 하므로, 목적물이 매수인에게 인도되었다고 하더라도 특별한 사정이 없는 한 매도인은 대금이 모두 지급될 때까지 매수인뿐만 아니라 제3자에 대하여도 유보된 목적물의 소유권을 주장할 수 있고, 다만 대금이 모두 지급되었을 때에는 그 정지조건이 완성되어 별도의 의사표시 없이 목적물의 소유권이 매수인에게 이전된다."

대법원 2000.8.22 선고 2000다3675 판결: "경찰이 탈옥수 신창원을 수배하면서 '제보로 검거되었을 때에 신고인 또는 제보자에게 현상금을 지급한다'는 내용의 현상광고를 한 경우, 현상광고의 지정행위는 신창원의 거처 또는 소재를 경찰에 신고 내지 제보하는 것이고 신창원이 '검거되었을 때'는 지정행위의 완료에 조건을 붙인 것인데, 제보자가 신창원의 소재를 발견하고 경찰에 이를 신고함으로써 현상광고의 지정행위는 완료되었고, 그에 따라 경찰관 등이 출동하여 신창원이 있던 호프집 안에서 그를 검문하고 나아가 차량에 태워 파출소에까지 데려간 이상 그에 대한 검거는 이루어진 것이므로, 현상광고상의 지정행위 완료에 붙인 조건도 성취되었다."

대법원 2000.10.27 선고 2000다30349 판결: "토지 매도인이 토지대금의 지급을 담보하기 위하여 토지 매수인이 그 토지상에 신축한 연립주택에 관하여 소유권보존등기를 마친 후 그 일부 세대에 대하여 토지 매수인 명의로 소유권이전등기를 마쳐주면 이를 담보로 대출을 받아 토지대금을 지급하겠다는 토지 매수인의 제의에 따라 소유권이전등기를 마쳐준 경우, 그 소유권 이전의 합의는 토지 매수인이 그 일부 세대를 담보로 대출을 받아 토지대금을 지급하는 것을 정지조건으로 한 법률행위가 아니라 토지 매도인이 소유권이전등기를 마쳐주는 선이행 채무를 부담하고 이에 대하여 토지 매수인이 토지대금을 지급하는 반대채무를 부담하는 것을 내용으로 하는 무조건의 쌍무계약이 체결된 것으로 보아야 한다."

대법원 2006.10.13 선고 2004다21862 판결: "제작물공급계약의 당사자들이 보수의 지급시기에 관하여 '수급인이 공급한 목적물을 도급인이 검사하여 합격하면, 도급인은 수급인에게 그 보수를 지급한다'는 내용으로 한 약정은 도급인의 수급인에 대한 보수지급의무와 동시이행관계에 있는 수급인의 목적물 인도의무를 확인한 것에 불과하므로, 법률행위의 효력 발생을 장래의 불확실한 사실의 성부에 의존하게 하는 법률행위의 부관인 조건에 해당하지 아니할 뿐만 아니라, 조건에 해당한다 하더라도 검사에의 합격 여부는 도급인의 일방적인 의사에만 의존하지 않고 그 목적물이 계약내용대로 제작된 것인지의 여부에 따라 객관적으로 결정되므로 순수수의조건에 해당하지 않는다."

대법원 2007.11.15 선고 2005다31316 판결: "경개계약은 구채무를 소멸시키고 신채무를 성립시키는 처분행위로서 구채무의 소멸은 신채무의 성립에 의존하므로, 경개로 인한 신채무가 원인의 불법 또는 당사자가 알지 못한 사유로 인하여 성립하지 아니하거나 취소된 때에는 구채무는 소멸하지 않는 것이며 (민법 제504조), 특히 경개계약에 조건이 붙어 있는 이른바 조건부 경개의 경우에는 구채무의 소멸과 신채무의 성립 자체가 그 조건의 성취 여부에 걸려 있게 된다."[4]

---

4) 이미 확정적으로 취득한 폐기물 소각처리시설 관련 권리를 포기하는 대신 상대방이 수주할 수 있는지의 여부가 분명하지 않은 매립장 복원공사를 장차 그 상대방으로부터 하도급받기로 하는 내용의 약정을 체결한 사안에서, 위 약정은 상대방이 위 복원공사를 수주하지 못할 것을 해제조건으로 한 경개계약이라고 해석함이 상당하므로, 상대방이 위 복원공사를 수주하지 못하는 것으로 확정되면 위 약정은 효력을 잃게 되어 신채무인 위 복원공사의 하도급 채무는 성립하지 아니하고 구채무인 소각처리시설 관련 채무도 소멸하지 아니한다고 한 사례이다.

대법원 2009.12.24 선고 2007다64556 판결: "소멸시효는 권리를 행사할 수 있는 때로부터 진행하고, 여기서 권리를 행사할 수 있는 때라 함은 권리행사에 법률상의 장애가 없는 때를 말하므로, 정지조건부 권리에 있어서 조건 미성취의 동안은 권리를 행사할 수 없어 소멸시효가 진행되지 아니한다."

대법원 2011.6.30 선고 2011다8614 판결: "지명채권 양도의 채무자에 대한 대항요건은 채무자에 대한 채권양도의 통지 또는 채무자의 승낙인데, 채권양도 통지가 채무자에 대하여 이루어져야 하는 것과는 달리 채무자의 승낙은 양도인 또는 양수인 모두가 상대방이 될 수 있다. 한편 지명채권 양도의 대항요건인 채무자의 승낙은 채권양도 사실을 채무자가 승인하는 의사를 표명하는 채무자의 행위라고 할 수 있는데, 채무자는 채권양도를 승낙하면서 조건을 붙여서 할 수 있다."

Ⅱ. 가장조건

1. 법정조건

법인설립행위에 있어서의 주무관청의 허가(제32조), 유언의 효력발생에 있어서 유언자의 사망(제1073조) 등은 법률이 직접 그 효력발생을 위한 조건 또는 사실을 규정하는 것으로 본래의 조건이라 할 수 없다.

2. 불법조건

선량한 풍속 기타 사회질서에 위반한 조건은 불법조건으로 불법조건이 붙어 있는 법률행위는 무효로 한다(제151조 제1항). 여컨대, 부부관계를 종료를 해제조건으로 하는 증여계약은 그 조건만 무효인 것이 아니라 증여계약 자체가 무효이다.[5]

대법원 2005.11.8자 2005마541 결정: "조건부 법률행위에 있어 조건의 내용 자체가 불법적인 것이어서 무효일 경우 또는 조건을 붙이는 것이 허용되지 아니하는 법률행위에 조건을 붙인 경우 그 조건만을 분리하여 무효로 할 수는 없고 그 법률행위 전부가 무효로 된다."[6]

---

5) 대법원 1966.6.21 선고 66다530 판결.
6) 주주총회에서 감사로 선임된 자에게 회사의 대표이사가 감사임용계약의 청약을 하면서 부

3. 기성조건

법률행위 당시에 이미 성립하고 있는 조건을 기성(旣成)조건이라고 한다. 기성조건이 정지조건이면 조건 없는 법률행위가 되고, 해제조건이면 그 법률행위는 무효이다(제151조 제2항).

4. 불능조건

법률행위의 당시에 이미 성취할 수 없는 조건을 불능조건이라고 한다. 불능조건이 해제조건이면 조건없는 법률행위로 하고 정지조건이면 그 법률행위는 무효로 한다(151조 3항).

Ⅲ. 조건을 붙일 수 없는 법률행위

1. 조건에 친하지 않는 법률행위

법률행위에 조건을 붙이면 그 효력의 발생이나 존속이 불확실하게 된다. 따라서 혼인, 이혼 입양, 인지, 상속의 포기 등과 같이 그 효력이 확정적으로 발생하여야만 하는 신분상 행위에는 조건을 붙일 수 없다.

조건이 붙음으로써 상대방의 지위가 현저하게 불리하게 되는 경우, 예컨대, 상계의 의사표시에는 조건이나 기한을 붙이지 못한다(제493조 제1항).

2. 예　외

유언은 유언자의 사후의 재산처리를 목적으로 하는 것이므로 조건을 붙이는 것이 가능하다. 유언에 정지조건이 있는 경우에 그 조건의 유언자의 사망 후에 성취한 때에는 그 조건성취한 때부터 유언의 효력이 생긴다(제1073조).

대법원 1981.4.14 선고 80다2381 판결: "소정의 기일 내에 이행을 하지 아니

가한 조건의 내용 자체가 무효이거나 조건을 부가하여 위 청약의 의사표시를 하는 것이 무효인 경우, 그 조건뿐만 아니라 청약의 의사표시 전체가 무효로 되는 것이므로 이에 대하여 피선임자가 승낙의 의사표시를 하였다 하더라도 감사임용계약이 성립된 것으로 볼 수 없다고 한 원심의 판단을 수긍한 사례이다.

하면 계약은 당연히 해제된 것으로 한다는 이행청구는 그 이행청구와 동시에 기간 또는 기일 내에 이행이 없는 것을 정지조건으로 하여 미리 해제의 의사표시를 한 것으로 볼 것이다."

Ⅳ. 조건부 법률행위의 효력

1. 조건의 성취 전의 효력

조건부 법률행위가 성립한 경우에 당사자는 장래 조건의 성취로 일정한 이익을 얻게 될 기대를 가지게 되는데, 이러한 기대를 조건부 권리라 한다. 민법은 조건부권리에 관해 그 규정(제148, 제149조)을 두고, 이를 기한부 권리에 준용한다. 조건 있는 법률행위의 당사자는 조건의 성부가 미정한 동안에 조건의 성취로 인하여 생길 상대방의 이익을 해하지 못한다(제148조). 조건의 성취가 미정한 권리의무는 일반규정에 의하여 처분·상속·보존 또는 담보로 할 수 있다(제149조).

조건부법률행위에 있어서는 그 효력이 조건의 성취 또는 불성취에 달려있다. 따라서 조건의 성취로 인하여 불이익을 받을 당사자가 신의성실에 반하여 조건의 성취를 방해한 때에는, 상대방은 그 조건이 성취한 것으로 주장할 수 있다(제150조 제1항). 조건의 성취로 인하여 이익을 받을 당사자가 신의성실에 반하여 조건을 성취시킨 때에는, 상대방은 그 조건이 성취하지 아니한 것으로 주장할 수 있다(제150조 제2항). 의제되는 시점은 이러한 신의성실에 반하는 행위가 없었더라면 조건이 성취되었으리라고 추산되는 시점이다.[7]

대법원 1983.4.12 선고 81다카692 판결: "정지조건부 법률행위에 있어서 조건이 성취되었다는 사실은 이에 의하여 권리를 취득하고자 하는 측에서 그 입증책임이 있다 할 것이므로, 정지조건부 채권양도에 있어서 정지조건이 성취되었다는 사실은 채권양도의 효력을 주장하는 자에게 그 입증책임이 있다."

대법원 2002.1.25 선고 99다53902 판결: "채권자가 집행력 있는 채무명의에 터잡아 강제집행을 개시한 것을 알면서 채무자가 그 강제집행의 목적물을 손

---

7) 대법원 1998.12.22 선고 98다42356 판결.

괴·은닉하는 등의 방법으로 그 강제집행의 실행을 방해하였다면 그 행위는 그 집행채권자에 대하여 불법행위를 구성하게 되는 것이며 그 이치는 강제집행의 목적물이 금전채권인 경우에도 마찬가지로 적용될 터인바, 금전채권에 대한 집행의 한 방법인 압류·전부명령은 실질적으로 채권자평등주의 원칙의 예외를 이루는 집행방법으로서, 조건부채권이나 기한부채권 등 장래의 채권에 대한 전부명령의 경우 전부명령이 채무자와 제3채무자에게 송달되어 확정되면 전부의 효력이 생기고 조건의 성취나 기한의 도래에 따라 그 채권이 구체화되는 데에 따라 그의 효력 범위가 특정되는 것이기에, 채무초과 상태에 빠진 채무자가 그 전부명령에 의한 강제집행개시 사실을 알고서 그 조건성취나 기한의 도래를 방해하는 행위를 하였다면 그 행위는 전부명령에 의한 채권에 대한 강제집행을 방해한 것이 된다."

대법원 2011.8.25 선고 2008다47367 판결: "조건은 법률행위의 당사자가 그 의사표시에 의하여 그 법률행위와 동시에 그 법률행위의 내용으로서 부가시켜 그 법률행위의 효력을 제한하는 법률행위의 부관이므로, 구체적인 사실관계가 어느 법률행위에 붙은 조건의 성취에 해당하는지의 여부는 의사표시의 해석에 속하는 경우도 있다고 할 수 있지만, 어느 법률행위에 어떤 조건이 붙어 있었는지 아닌지는 사실인정의 문제로서 그 조건의 존재를 주장하는 자가 이를 증명하여야 한다."

2. 조건의 성취 후의 효력

정지조건부 법률행위에 있어서 조건이 성취되면 당연히 확정적으로 효력이 발생하고(제147조 제1항), 해제조건부법률행위에 있어서 조건이 성취되면 당연히 확정적으로 효력이 소멸한다(제147조 제2항). 이러한 모든 법률효과는 소급효를 갖지 않는다. 그러나 당사자가 소급의 의사표시를 한 때에는 제3자의 권리를 해하지 않는 한도 내에서 소급효를 갖는다(제147조 제3항).

대법원 1992.5.22 선고 92다5584 판결: "해제조건부증여로 인한 부동산소유권이전등기를 마쳤다 하더라도 그 해제조건이 성취되면 그 소유권은 증여자에게 복귀한다고 할 것이고, 이 경우 당사자간에 별단의 의사표시가 없는 한 그 조건성취의 효과는 소급하지 아니하나, 조건성취 전에 수증자가 한 처분행위는 조건성취의 효과를 제한하는 한도 내에서는 무효라고 할 것이고, 다만 그 조건이 등기되어 있지 않는 한 그 처분행위로 인하여 권리를 취득한 제3자에게 위무효를 대항할 수 없다."

제3절 期 限

Ⅰ. 의 의

기한은 장래의 확실한 사실을 내용으로 한다는 점에서 조건과 다르다. 기한은 시기(始期)와 종기(終期)로 나누어진다. '오는 1월 1일부터'와 같이 기한의 도래로 법률행위의 효력이 발생하는 기한이 시기이다. '오는 6월 말일까지'와 같이 기한의 도래로 법률행위의 효력이 소멸하는 기한이 종기이다.

Ⅱ. 기한을 붙일 수 없는 법률행위

효과가 즉시 생겨야 하는 혼인·이혼·입양·파양 등의 신분행위에는 시기를 붙일 수 없다. 소급효가 있는 취소나 상계에는 시기를 붙이지 못한다. 다만 조건과 달리 어음행위에 시기를 붙이는 것은 허용되며, 단독행위라고 할지라도 상대편을 해할 염려가 없는 경우에는 기한을 붙일 수 있다고 본다.

Ⅲ. 불확정기한

도래시기를 확정하지 않고, 첫 눈이 내릴 때부터와 같이 도래시기가 확정되지 않은 기한을 불확정기한이라 한다. 기한의 효력에는 성질상 소급효가 있을 수 없다.

> <u>대법원 2011.4.28 선고 2010다89036 판결</u>: "법률행위에 부관이 붙은 경우, 부관에 표시된 사실이 발생하지 아니하면 채무를 이행하지 아니하여도 된다고 보아야 하는 때에는 정지조건으로 정한 것으로 보아야 하고, 표시된 사실이 발생한 때는 물론이고 반대로 발생하지 아니하는 것이 확정된 때에도 그 채무를 이행하여야 한다고 보는 것이 타당한 경우에는 표시된 사실의 발생 여부가 확정되는 것을 불확정기한으로 정한 것으로 보아야 한다."

대법원 2014.10.15 선고 2012두22706 판결: "부관이 붙은 법률행위에 있어서 부관에 표시된 사실이 발생하지 아니하면 채무를 이행하지 아니하여도 된다고 보는 것이 상당한 경우에는 조건으로 보아야 하고, 표시된 사실이 발생한 때에는 물론이고 반대로 발생하지 아니하는 것이 확정된 때에도 그 채무를 이행하여야 한다고 보는 것이 상당한 경우에는 표시된 사실의 발생 여부가 확정되는 것을 불확정기한으로 정한 것으로 보아야 한다. 따라서 어떠한 법률행위에 불확정기한이 부관으로 붙여진 경우에는 특별한 사정이 없는 한 그 법률행위에 따른 채무는 이미 발생하여 있고 불확정기한은 그 변제기나 이행기를 유예한 것에 불과하다."

Ⅳ. 기한의 도래

대법원 2002.3.29 선고 2001다41766 판결: "당사자가 불확정한 사실이 발생한 때를 이행기한으로 정한 경우에는 그 사실이 발생한 때는 물론 그 사실의 발생이 불가능하게 된 때에도 이행기한은 도래한 것으로 보아야 한다."

대법원 2003.8.19 선고 2003다24215 판결: "이미 부담하고 있는 채무의 변제에 관하여 일정한 사실이 부관으로 붙여진 경우에는 특별한 사정이 없는 한 그 것은 변제기를 유예한 것으로서 그 사실이 발생한 때 또는 발생하지 아니하는 것으로 확정된 때에 기한이 도래한다."

Ⅴ. 기한부 법률행위의 효력

시기 있는 법률행위는 기한이 도래한 때부터 그 효력이 생긴다(제152조 제1항). 종기 있는 법률행위는 기한이 도래한 때부터 그 효력을 잃는다(제152조 제2항). 기한의 내용이 되는 사실이 실현되는 것을 기한의 도래라 한다. 기한의 본질상 시기든 종기든 소급효가 없다.

기한의 이익이라 함은 기한이 존재함으로써 받는 이익, 즉 시기 또는 종기가 도래하지 아니함으로써 당사자가 받는 이익을 말한다. 이러한 기한의 이익은 무상임치처럼 채권자만 기한의 이익을 갖는 경우, 무이자 소비대차처럼 채무자만 기한의 이익을 갖는 경우, 이자부 소비대차처럼 채권자와 채무자가 모두 기한의 이익을 갖는 경우가 있다. 이자부 소비대차처럼 채권자와 채무자 모두 기한의 이익이 있는 경우 채무자는 변제기까지의 이자를 지급하고 변제기 전에 변제할 수 있다. 민법은 특약이 없으면 기한은 채무자의 이익을 위하여 존재하는 것으로 추정한다.

기한이 있는 법률행위의 당사자는 상대편의 기한의 이익을 해하지 못한다 (민법 제148조, 제154조). 기한이 도래하지 않은 권리·의무는 일반규정에 의해 처분, 상속, 보존 또는 담보로 할 수 있다(제149조, 제154조).

기한은 채무자의 이익을 위한 것으로 추정한다(제153조 제1항). 기한의 이익을 갖는 자는 그 이익을 포기할 수 있다. 그러나 상대방의 이익을 해하지 못한다 (제153조 제2항).

Ⅵ. 기한 이익의 상실

기한의 이익은 채무자에 의한 담보의 감소·손상·멸실, 채무자의 담보제공 의무의 불이행(제388조), 채무자의 파산선고(채무자 회생 및 파산에 관한 법률 제425조)에 의해 박탈된다. 이를 법정 기한의 이익 상실이라 한다.

대법원 1999.7.9 선고 99다15184 판결: "채권자의 별도의 의사표시가 없더라도 바로 이행기가 도래한 것과 같은 효과를 발생케 하는 이른바 정지조건부 기한이익 상실의 특약을 하였을 경우에는 그 특약에 정한 기한의 이익 상실사유가 발생함과 동시에 기한의 이익을 상실케 하는 채권자의 의사표시가 없더라도 이행기 도래의 효과가 발생하고, 채무자는 특별한 사정이 없는 한 그 때부터 이행지체의 상태에 놓이게 된다."

대법원 2002.9.4 선고 2002다28340 판결: "기한이익 상실의 특약은 그 내용에 의하여 일정한 사유가 발생하면 채권자의 청구 등을 요함이 없이 당연히 기한의 이익이 상실되어 이행기가 도래하는 것으로 하는 정지조건부 기한이익 상실의 특약과 일정한 사유가 발생한 후 채권자의 통지나 청구 등 채권자의 의사행위를 기다려 비로소 이행기가 도래하는 것으로 하는 형성권적 기한이익 상실의 특약의 두 가지로 대별할 수 있고, 기한이익 상실의 특약이 위의 양자 중 어느 것에 해당하느냐는 당사자의 의사해석의 문제이지만 일반적으로 기한이익 상실의 특약이 채권자를 위하여 둔 것인 점에 비추어 명백히 정지조건부 기한 이익 상실의 특약이라고 볼 만한 특별한 사정이 없는 이상 형성권적 기한이익 상실의 특약으로 추정하는 것이 타당하다. 형성권적 기한이익 상실의 특약이 있는 경우에는 그 특약은 채권자의 이익을 위한 것으로서 기한이익의 상실 사유가 발생하였다고 하더라도 채권자가 나머지 전액을 일시에 청구할 것인가 또는 종래대로 할부변제를 청구할 것인가를 자유로이 선택할 수 있다. 이와 같은 기한이익 상실의 특약이 있는 할부채무에 있어서는 1회의 불이행이 있더라도 각 할부금에 대해 그 각 변제기의 도래시마다 그 때부터 순차로 소멸시효가 진행하고 채권자가 특히 잔존 채무 전액의 변제를 구하는 취지의 의사를 표시한 경우에 한하여 전액에 대하여 그 때부터 소멸시효가 진행한다."

대법원 2004.9.3 선고 2002다37405 판결: "장래이행을 청구하는 소는 미리 청구할 필요가 있는 경우에 한하여 제기할 수 있는바, 여기서 미리 청구할 필요가 있는 경우라 함은 이행기가 도래하지 않았거나 조건 미성취의 청구권에 있어서는 채무자가 미리부터 채무의 존재를 다투기 때문에 이행기가 도래되거나 조건이 성취되었을 때에 임의의 이행을 기대할 수 없는 경우를 말한다."

제15장

기간제도

제1절 개 념

　기간은 어느 시점에서 어느 시점까지 사이의 시기를 말한다. 이와 달리 기일은 특정 날짜를 말한다. 기간은 다른 법률사실과 결합하여 법률요건으로 되는 수가 많다(예컨대, 성년·실종기간·기한·시효). 민법은 기간의 계산방법에 관한 규정을 두고 있다. 그러나 법령, 재판상 처분, 당사자 간 특약이 달리 정한 바가 있으면 그에 따른다(제155조).[1] 민법이 정하고 있는 기간 제도는 私法關係와 公法關係 모두에 적용된다.[2]

---

1) 대법원 2007.8.23 선고 2006다62942 판결: "민법 제157조는 '기간을 일, 주, 월 또는 년으로 정한 때에는 기간의 초일은 산입하지 아니한다'고 규정하여 초일 불산입을 원칙으로 정하고 있으나, 민법 제155조에 의하면 법령이나 법률행위 등에 의하여 위 원칙과 달리 정하는 것도 가능하다."

2) 대법원 2009.11.26 선고 2009두12907 판결: "민법 제155조는 기간의 계산은 법령, 재판상의 처분 또는 법률행위에 다른 정한 바가 없으면 본장의 규정에 의한다고 규정하고 있으므로, 기간의 계산에 있어서는 당해 법령 등에 특별한 정함이 없는 한 민법의 규정에 따라야 하고, 한편 광업법 제16조는 제12조에 따른 광업권의 존속기간이 끝나서 광업권이 소멸하였거나 제35조에 따라 광업권이 취소된 구역의 경우 그 광업권이 소멸한 후 6개월 이내에는 소멸한 광구의 등록광물과 같은 광상에 묻혀 있는 다른 광물을 목적으로 하는 광업권설정의 출원을 할 수 없다고 규정하고 있으나, 광업법에는 기간의 계산에 관하여 특별한 규정을 두고 있지 아니하므로, 광업법 제16조에 정한 출원제한기간을 계산할 때에도 기간계산에 관한 민법의 규정은 그대로 적용된다." [광업권설정 출원제한기간의 기산일인 2007.7.28로부터 6개월의 기간이 경과하는 마지막 날인 2008.1.27이 일요일인 경우, 그 출원제한기간은 민법 제161

제2절 기간의 계산방법

기간을 시, 분, 초로 정한 때에는 즉시로부터 기산한다(제156조). 오전 10시 30분부터 10시간이라고 한다면 오후 8시 30분이 만료점이다.

기간을 日, 週, 月, 年으로 정한 때에는 기간의 초일은 산입하지 않는다. 그러나 기간이 오전 0시로부터 시작되는 경우와 연령계산의 경우에는 초일을 산입한다(157조, 158조).

기간을 日, 週, 月, 年으로 정한 때에는 기간말일의 종료로 기간이 만료한다(제159조). 즉 기간말일 오후 12시가 만료점이다.

日을 단위로 하는 경우에는 기산일로부터 일수를 센다. 月·年을 단위로 하는 경우에는 日로 환산하지 않고 역(曆)에 따라 계산한다. 즉 年의 平潤, 月의 大小를 따르지 않고 한결같이 1개년 또는 1개월 단위로 균등히 계산한다(제160조 제1항). 기간의 초일이 공휴일이라 하더라도 기간은 초일부터 기산한다.[3] 공휴일에는 국경일 및 일요일뿐만 아니라 임시공휴일도 포함한다.[4]

週, 月 또는 年의 처음으로부터 기간을 기산하지 아니하는 때에는 최후의 週, 月 또는 年에서 그 기산일에 해당한 날의 전일로 기간이 만료한다(제160조 제2항). 月 또는 年으로 정한 경우에 최종의 月에 해당일이 없는 때에는 그 월의 말일로 기간이 만료한다(제160조 제3항). 기간의 말일이 토요일 또는 공휴일에 해당한 때에는 기간은 그 익일로 만료한다(제161조). 그러나 기간의 초일이 공휴일인 것은 영향을 미치지 않는다.[5]

민법상 기간의 계산방법은 일정한 기산일부터 소급하여 과거에 역산되는 기간에도 준용된다.[6] 사단법인 사원총회일이 3월 15일이라고 한다면, 14일이

조의 규정에 따라 그 다음날인 2008.1.28 만료된다고 본 사례이다.]

3) 대법원 1982.2.23 선고 81누204 판결.
4) 대법원 1964.5.26 선고 63다958 판결.
5) 대법원 1982.2.23 선고 81누204 판결.
6) 대법원 1979.3.27 선고 79슈1 판결: "통일주체국민회의 대의원 피선거권이 없는 자로서 동 대의원선거법 제11조 제7호에 규정된 선거일 전 3년간에 정당의 당원이었던 자에서 말하는 선거일 전 3년간이라 함은 선거일 전날 24:00을 기산점으로 하고 소급적으로 계산한 3년 사이를 의미한다."

기산점이 되어 그날로부터 역으로 7일간이 되는 3월 8일이 말일이 되고, 그날의 오전 0시에 기간이 만료한다. 따라서 늦어도 3월 7일 오후 12 이전에 총회 소집 통지서가 발송되어야 한다.

대법원 1973.6.12 선고 71다2669 판결: "원심은 피고 공사의 정년이 53세라 함은 만 53세가 만료되는 날을 의미한다고 볼 것이라 하여 이것을 전제로 하여 수익불능으로 인한 손해 퇴직금, 상여금 등을 계산하고 있다. 그러나 피고 공사에 피용된 채탄부의 정년이 53세라 함은 만 53세에 도달하는 날을 말하는 것이라고 보는 것이 상당하므로 이와 반대의 입장에서 풀이하고 있는 원심은 잘못되었다 할 것이다."

대법원 1993.11.23 선고 93도662 판결: "입법관행 및 자구해석상 '이전'이라 함은 기산점이 되는 일시를 포함하는 표현이고, 또, 민법 제159조는 기간을 '일'로 정한 때에는 기간말일의 종료로 기간이 만료한다고 규정하여 기간의 말일에 관하여 초일의 경우와 마찬가지로 연장적 계산법을 채택하고 있으므로 어떤 행위를 하여야 하는 종기 또는 유효기간이 만료되는 시점을 '시행일' 또는 '공고일'이라고 하여 '일'로 정하였다면 그 기간의 만료점은 그날 오후 12시가 된다 할 것이다."

제16장

소멸시효제도

제1절 서 설

Ⅰ. 의 의

소멸시효제도는 권리를 행사할 수 있는 자가 자신의 권리를 행사할 수 있는 데도 불구하고 권리를 행사하지 않은 상태에서 일정기간이 지난 후에서야 비로소 권리를 행사할 경우 상대방이 진실한 상태가 무엇인지를 따지지 않고 그 권리의 소멸을 소송에서나 소송 외에서 주장할 수 있는 제도를 말한다. 소멸시효제도에 의하여 권리가 소멸하려면 권리가 소멸시효의 목적이 될 수 있는 것이어야 하고, 권리자가 그 권리를 행사할 수 있음에도 불구하고 행사하지 않아야 하며, 그 권리불행사 상태가 일정 기간 계속되어야 한다. 소멸시효는 상대방의 이행청구권 행사가 있으면 그 이행청구권이 시효로 소멸하였으므로 자신은 이행할 의무가 없다는 항변권의 행사로 나타난다. 따라서 소멸시효제도는 소멸시효에 기한 항변권이라 할 수 있다. 시효제도에는 소멸시효와 시효의 완성을 이유로 소유권의 취득을 주장할 수 있는 취득시효 두 가지가 있는데, 민법은 총칙편에는 소멸시효를 물권편에는 취득시효를 두고 있다. 이와 달리 프랑스민법은 취득시효제도와 소멸시효제도를 시효제도로 묶어 통일적으로 규정하고 있다.

Ⅱ. 취득시효제도

취득시효제도가 적용되는 주된 권리는 소유권이다. 민법 제294조는 계속되고 표현된 지역권에 한하여 부동산취득시효 규정을 준용하고 있다. 지상권은 판례가 인정하고 있다.[1] 점유권, 유치권은 점유라는 사실 자체를 전제로 성립하는 것이므로 취득시효와 무관하다. 저당권은 저당권설정계약이 있어야 성립하고 점유가 필요 없는 권리이므로 취득시효와 무관하다. 전세권·질권도 취득시효 대상이라는 견해[2]도 있다. 행정목적을 위하여 공용되는 행정재산은 공용폐지가 되지 않는 한 취득시효의 대상이 아니다. 일반재산은 취득시효의 대상이나 취득시효 완성 후 행정재산으로 된 경우에는 시효완성을 이유로 소유권이전등기를 청구할 수 없다.[3]

민법은 부동산소유권의 시효취득(제245조), 동산소유권의 시효취득(제246조), 소유권 이외의 재산권의 시효취득(제248조)를 규정하고 있다. 등기제도가 완비되는 날에는 점유취득시효제도는 버려야 된다는 주장이 있다.[4] 이해할 수 없는 주장이다. 낙성계약원칙에 의한 부동산매매계약과 부동산등기공동신청주의를 기반으로 설계된 우리나라 등기제도는 더 이상 완비될 수 없다. 지금 시스템하에서 점유취득시효제도와 등기제도는 무관하다.

취득시효에 의한 소유권취득의 효력은 점유를 개시한 때에 소급한다(제257조 제1항). 소멸시효 중단에 관한 규정은 취득시효에 준용된다(제257조 제2항).

부동산의 경우 20년간 소유의 의사로 평온, 공연하게 부동산을 점유하는 자는 등기함으로써 그 소유권을 취득한다(제245조 제1항). 소유의 의사는 점유 개시

---

1) 대법원 1989.3.28 선고 87다카2587 판결: "재산상속인은 상속 개시된 때부터 피상속인의 재산에 관한 포괄적 권리의무를 승계하는 것이므로 부동산의 지상권자로 등기된 자가 그 부동산을 지상권자로서 평온공연하게 선의이며 과실없이 점유하다가 지상권취득시효 완성 전에 사망하여 그 지상권설정등기와 점유권이 재산상속인에게 이전된 경우에는 피상속인과 상속인의 등기 및 점유기간을 합산하여 10년이 넘을 때 지상권의 등기부취득시효기간이 완성된다."
2) 곽윤직, 「물권법 신정판」, 박영사(1995), 329면.
3) 대법원 1997.11.14 선고 96다10782 판결.
4) 곽윤직, 전게서, 331면.

당시 존재하면 족하다. 악의의 무단점유자는 취득시효에 의한 소유권취득이 불가능하다.[5] 부동산의 소유자로 등기한 자가 10년간 소유의 의사로 평온, 공연하게 선의이며 과실없이 그 부동산을 점유한 때에는 소유권을 취득한다(제245조 제2항). 적법·유효한 등기일 필요는 없고 무효인 등기를 마친 자도 등기부취득시효에 의하여 소유권을 취득할 수 있다.[6]

점유취득시효가 완성되면 시효취득자는 취득시효완성을 원인으로 한 소유권이전등기청구권을 시효완성 당시의 소유자를 상대로 등기청구권을 가진다. 시효취득자가 등기청구권을 행사하여 자기명의로 소유권이전등기를 경료하기 전 제3자가 원소유자에 대하여 저당권등기를 경료한 경우 시효취득자는 제3자에 대항할 수 없다.[7] 취득시효로 인한 소유권 취득을 판례와 통설은 원시취득이라 한다. 그러나 판례의 결론은 승계취득이다. 토지의 경우 원시취득은 일본 식민지 시절에 행하여진 査正뿐이며, 사정 이후에는 승계취득만 가능하다. 그렇기 때문에 소유권보전등기가 아니라 현 소유자를 상대로 하는 소유권이전등기청구권만 발생하는 것이다. 등기부를 통해 연결된 소유권의 사슬이 원시취득이라면 끊어져야 한다. 그러나 그런 일은 일어날 수 없다.

동산의 경우 10년간 소유의 의사로 평온, 공연하게 동산을 점유한 자는 그

---

5) 대법원 1997.8.21 선고 95다28625 판결. 처분권한 없는 자로부터 그 사실을 알면서 부동산을 취득하거나 어떠한 법률행위가 무효임을 알면서 그 법률행위에 의하여 부동산을 취득하여 점유를 시작한 경우도 마찬가지로 취득시효에 의한 소유권 취득이 인정되지 않는다(대법원 2000.9.29 선고 99다50705 판결).

6) 대법원 1994.2.8 선고 93다23367 판결.

7) 대법원 2006.5.12 선고 2005다75910 판결: "원소유자가 취득시효의 완성 이후 그 등기가 있기 전에 그 토지를 제3자에게 처분하거나 제한물권의 설정, 토지의 현상 변경 등 소유자로서의 권리를 행사하였다 하여 시효취득자에 대한 관계에서 불법행위가 성립하는 것이 아님은 물론 위 처분행위를 통하여 그 토지의 소유권이나 제한물권 등을 취득한 제3자에 대하여 취득시효의 완성 및 그 권리취득의 소급효를 들어 대항할 수도 없다 할 것이니, 이 경우 시효취득자로서는 원소유자의 적법한 권리행사로 인한 현상의 변경이나 제한물권의 설정 등이 이루어진 그 토지의 사실상 혹은 법률상 현상 그대로의 상태에서 등기에 의하여 그 소유권을 취득하게 된다. 따라서 시효취득자가 원소유자에 의하여 그 토지에 설정된 근저당권의 피담보채무를 변제하는 것은 시효취득자가 용인하여야 할 그 토지상의 부담을 제거하여 완전한 소유권을 확보하기 위한 것으로서 그 자신의 이익을 위한 행위라 할 것이니, 위 변제액 상당에 대하여 원소유자에게 대위변제를 이유로 구상권을 행사하거나 부당이득을 이유로 그 반환청구권을 행사할 수는 없다."

소유권을 취득한다(제246조 제1항). 전항의 점유가 선의이며 과실없이 개시된 경우에는 5년을 경과함으로써 그 소유권을 취득한다(제246조 제2항). 동산에 관하여는 선의취득(제249조)이 적용되기 때문에, 취득시효에 의한 소유권취득은 선의취득이 적용되지 않는 경우에 의미를 가진다.

Ⅲ. 소멸시효의 존재이유

판례는 시효제도의 존재이유가 ① 영속된 사실 상태를 존중하고 ② 권리 위에 잠자는 자를 보호하지 않는다는 데에 있다고 한다.[8] 통설은 여기에 ③ 증거보전의 곤란으로부터 구제를 그 존재이유로 둔다.[9] 일부 학설은 취득시효와 소멸시효 공통의 존재이유는 증명곤란의 구제이고, 소멸시효는 그 외에 의무자의 신뢰가 존재이유이고, 취득시효에는 재화효용의 극대화와 선의·무과실의 점유자의 신뢰보호가 존재이유라 한다.[10]

우리나라 채권의 소멸시효 기간은 불과 10년밖에 되지 않는다. 이런 짧은 기간을 두고 영속한 사실을 존중하는 것이라 말할 수 없다. 10년은 권리 위에 잠자는 시간이라고 보기에는 너무나 짧다. 오늘날 스마트폰으로 간단히 사진이나 영상을 찍을 수 있고 그 보관도 간단하다. 대화의 녹음과 보관도 오늘날 너무나 용이하다. 증거보전의 곤란은 이유가 되지 않는다. 세계최빈국 수준에서 선진국으로 올라선 지난 압축 성장 시대에는 10년은 긴 시간이었다. 1997년 IMF

---

8) 대법원 2011.7.14 선고 2011다19737 판결: "시효제도의 존재이유는 영속된 사실 상태를 존중하고 권리 위에 잠자는 자를 보호하지 않는다는 데에 있고 특히 소멸시효에서는 후자의 의미가 강하므로, 권리자가 재판상 그 권리를 주장하여 권리 위에 잠자는 것이 아님을 표명한 때에는 시효중단 사유가 되는데, 이러한 시효중단 사유로서 재판상 청구에는 소멸시효 대상인 권리 자체의 이행청구나 확인청구를 하는 경우만이 아니라, 권리가 발생한 기본적 법률관계를 기초로 하여 소의 형식으로 주장하는 경우에도 권리 위에 잠자는 것이 아님을 표명한 것으로 볼 수 있을 때에는 이에 포함된다고 보아야 하고, 시효중단 사유인 재판상 청구를 기판력이 미치는 범위와 일치하여 고찰할 필요는 없다."
9) 곽윤직, 「민법총칙 신정판」, 박영사(1995), 317면; 김상용, 「민법총칙 전정판」, 화산미디어(2009), 684면; 백태승, 「민법총칙 제7판」, 집현사(2016), 575면; 이영준, 「민법총칙 전정판」, 박영사(1997), 782면.
10) 윤진수, 「민법주해 총칙(Ⅲ)」, 박영사(1992), 391면.

구제금융 시기 이후로는 과거의 가파른 성장은 없으며, 경기순환에 의한 변동만 존재한다. 따라서 10년은 긴 시간이 아니라 짧은 시간이 되었다. 시효제도에 대한 가장 정확한 견해는 시효는 원칙적으로 권리자·변제자를 보호하는 것이므로 시효를 가능한 한 제한하는 해석을 하여야 한다는 주장이다.[11] 우리나라 소멸시효 제도는 채무자의 일방적 이익만을 옹호하고 채권자의 희생만을 강요하는 제도로 위헌적 요소가 지나치게 많다. 현재 우리나라 실무상 소멸시효제도의 운용은 채권자를 근거 없이 희생시켜 채무자의 이익을 도모하는 제도로 볼 수밖에 없다. 그런데 장기간 변제의 기회를 주었음에도 변제를 하지 않는 채무자의 보호와 채무자의 신선한 출발은 채무자회생파산법이 도모할 바이지 외부 침입자를 상대로 진정한 권리자의 권리를 법률로 철저하게 보호하는 것을 사명으로 하는 민법이 도모할 바가 아니다. 민법은 예외적인 상황을 특별하게 규율하는 특별법이 아니다. 채권자는 시효완성을 막기 위하여 당장은 집행도 되지 않을 것이 뻔한 판결문을 얻기 위해 소를 제기하여야만 한다. 진정한 권리자를 보호하는 것이 민법의 사명이고 지도원리이다. 민법이 정하고 있는 단기소멸시효와 채권 소멸시효는 너무나 짧다. 따라서 소멸시효에 기한 항변권 행사는 가급적 철저하게 제한하는 방향으로 해석되어야 한다.

프랑스의 경우 소유권을 제외한 모든 재산권이 소멸시효에 걸리며, 소멸시효기간은 원칙적으로 30년이다. 독일의 경우 소멸시효의 대상이 되는 것은 청구권(Anspruch)뿐이고, 소멸시효기간은 원칙적으로 30년이다. 소멸시효가 완성하면 의무자는 의무이행을 거절할 수 있는 항변권을 취득할 뿐이다. 영미법은 민사소송의 제소기간을 제한하는 형식을 취하며, 제소기간이 완료하더라도 채무자가 이를 원용하지 않으면 법원이 직권으로 고려하지 않는다.[12]

---

11) 고상룡, 「민법총칙 제3판」, 법문사(2003), 660면; 김영희, 「형성권 연구」, 경인문화사(2007), 226면은 소멸시효 제도가 일정한 기간 권리행사를 하지 않은 것에 초점을 맞추어, 그 경우 채무자가 변제하였을 개연성이 높다고 보아, 권리자의 근거 없는 청구로부터 변제를 한 채무자를 보호하기 위해 그 권리가 소멸하는 것으로 한 것이라고 한다.
12) 이상 소멸시효제도에 관한 입법례에 대하여는 윤진수, 「민법주해 총칙(III)」, 박영사(1992), 397-398면.

Ⅳ. 소멸시효에 기한 항변권 행사와 신의칙

소멸시효에 기한 항변권 행사를 폭넓게 인정하면 정당한 권리자의 희생은 불가피하다. 따라서 채무자의 소멸시효에 기한 항변권 행사에 신의성실 원칙과 권리남용금지 원칙을 적극적으로 적용시켜야 한다. 민법은 국가, 지방자치단체, 사회단체 등 온갖 종류의 외부침해자들로부터 진정한 권리자의 권리를 법률로 보호하는 것을 가장 중요한 임무로 한다.

채무자가 시효완성 전에 채권자의 권리행사나 시효중단을 불가능 또는 현저히 곤란하게 하였거나, 그러한 조치가 불필요하다고 믿게 하는 행동을 하였거나, 객관적으로 채권자가 권리를 행사할 수 없는 장애사유가 있었거나, 또는 일단 시효완성 후에 채무자가 시효를 원용하지 아니할 것 같은 태도를 보여 권리자로 하여금 그와 같이 신뢰하게 하였거나, 채권자 보호의 필요성이 크고, 같은 조건의 다른 채권자가 채무의 변제를 수령하는 등의 사정이 있어 채무이행의 거절을 인정함이 현저히 부당하거나 불공평하게 되는 등의 특별한 사정이 있는 경우에는 채무자가 소멸시효 완성을 주장하는 것이 신의성실 원칙에 반하여 권리남용으로서 허용될 수 없다.[13]

독일민법은 "매수인의 책임추궁에 대해 소송에 의하지 않고 분쟁을 해결하는 듯한 태도를 보여 제소기간을 경과하게 한 경우"에는 소의 제기 등 시효중단을 위한 조치가 불가능하지 않았다 하더라도 소멸시효의 남용에 해당하여 소멸시효가 완성되지 않는다는 판례의 법리를 받아들여 "불법행위로 인한 손해배상에 관하여 권리자와 의무자 사이에 교섭이 진행되면 일방당사자가 그 교섭을 거부할 때까지 소멸시효의 진행이 정지된다"는 규정을 두고 있다.[14]

---

13) 대법원 2011.10.13 선고 2011다36091 판결.
14) 이은영, 「민법총칙 5판」, 박영사(2009), 752-753면.

제2절 제척기간

I. 소멸시효와 제척기간

민법 제162는 "채권은 10년간 행사하지 아니하면 소멸시효가 완성한다"고 규정한다. 그런데 민법 제146조는 "취소권은 추인할 수 있는 날로부터 3년 내에, 법률행위를 한 날로부터 10년 내에 행사하여야 한다"고 규정한다. 이와 같이 소멸시효제도는 "시효로 인하여" 또는 "소멸시효가 완성한다"고 하여 시효 또는 소멸시효라는 용어가 법조문에 등장한다. 그러나 민법은 제척기간이라는 용어를 사용하지 않는다. 민법상 권리행사기간은 '…년 내에 권리를 행사하여야 한다'는 식으로만 표현될 뿐이다.

제척기간이란 단어는 판례와 학설만 사용하고 있다. 권리의 행사기한을 정하고 있는 민법 개별 규정들이 각각 규정하고 있는 권리는 개별적으로 다른 성질을 가지고 있다. 판례도 제척기간이라는 용어를 권리의 행사기간에 두루 사용하지만, 그 기간이 출소기간인지, 재판외 권리행사도 가능한 것인지에 대하여는 개별적으로 정하고 있다.

통설은 법률에 '시효로 인하여'라는 문구가 있으면 소멸시효라 보고, 그렇지 않으면 제척기간으로 본다. 통설에 따르면서도 "시효로 인하여"라는 문구가 있는 재산상속의 승인·포기의 취소기간 및 유증의 승인·포기의 취소기간(제1024조 제2항, 1075조 제2항)만은 취소기간의 제척기간을 규정한 민법 제146조의 특별규정이므로 소멸시효가 아니라 제척기간이라고 하는 견해,[15] 청구권에 관한 기간은 원칙적으로 소멸시효기간이며, 다만 특히 일정한 기간이 지나면 청구권 자체가 소멸한다는 취지에 기한 규정에 한해서(민법 제204조 제3항, 제205조 제2항·제3항;

---

15) 고상룡, 전게서, 664면; 이영준, 전게서, 787면; 곽윤직·김재형, 「민법총칙 제9판」, 박영사(2013), 422면; 백태승, 전게서, 538면; 김증한·김학동, 「민법총칙 9판」, 박영사(1995), 514면 각주 8; 송덕수, 「민법총칙 제3판」, 박영사(2015), 495면; 이은영, 「민법총칙 제5판」, 박영사(2009), 787면; 윤진수, 전게서, 401면; 특히 김준호, "제척기간과 소멸시효의 경합", 저스티스 통권 제141호, 한국법학원.

상법 제45조, 제870조), 이에 관한 기간은 제척기간이라 하여야 한다는 견해[16] 등도 주장된다. 법조문의 문구는 일응의 표준이고, 그것과 함께 권리의 성질, 규정의 취지 등을 고려하여 실질적으로 판단하여야 한다는 견해가 있지만,[17] 법조문에 시효로 인하여로 규정되어 있는 경우에는 예외 없이 소멸시효기간으로 보아야 권리자의 보호가 강화될 것이다.

권리에 관한 기간에 추가하여 민법 제170조 제2항 "6월 내", 제173조의 "1월 내", 제174조의 "6월 내", 제253조의 "6개월 내", 제254조의 "1년 내"도 제척기간이라는 견해도 있다.[18]

Ⅱ. 제척기간에 대한 판례 법리

판례에 의하면 제척기간은 권리자로 하여금 당해 권리를 신속하게 행사하도록 함으로써 법률관계를 조속히 확정시키려는 데 그 제도의 취지가 있다. 형성권은 물론 청구권의 경우도 그 행사기간이 제척기간인 경우가 있다. 법률이 따로 기간에 대하여 정한 바가 없는 경우 제척기간은 10년이다. 제척기간을 경과하면 권리가 소멸한다. 기산점은 권리가 발생한 때이다. 다른 약정을 한 경우에도 제척기간은 당초 권리의 발생일로부터 10년간의 기간이 경과되면 만료된다.[19] 제척기간에는 기간의 중단이 없다.[20] 불변기간이 아니어서 그 기간을 지난 후에는 당사자가 책임질 수 없는 사유로 그 기간을 준수하지 못하였더라도 추후에 보완될 수 없다.[21] 제척기간에 대하여는 당사자의 주장이 필요없고, 법

---

16) 김증한·김학동, 「민법총칙 9판」, 박영사(1995), 514면.
17) 고상룡, 전게서, 664면; 송덕수, 전게서, 497면.
18) 김준호, "제척기간과 소멸시효의 경합", 저스티스 통권 제141호(2014.4), 한국법학원, 269면 각주 7. 위 논문 283면은 청구권에 제척기간을 둔 것으로는, ① 점유보호청구권(제204조 제3항, 제205조 제2항), ② 경계선부근 건축에 대한 변경·철거청구권(제242조 제2항), ③ 도품·유실물의 반환청구권(제250조 본문), ④ 담보책임에 기한 매수인 또는 도급인의 손해배상청구권(제573조, 제575조, 제582조/제670조, 제671조), ⑤ 사용대차나 임대차에서 손해배상청구권과 비용상환청구권(제617조, 제654조), ⑥ 재산분할청구권(제839조의2, 제843조)의 여섯 가지가 있다고 한다.
19) 대법원 1995.11.10 선고 94다22682,22699(반소) 판결.
20) 대법원 2003.1.10 선고 2000다26425 판결.
21) 대법원 2003.8.11자 2003스32 결정.

원이 직권으로 고려하여야 한다.[22]

Ⅲ. 제척기간을 적용한 판례

대법원 1990.3.9 선고 88다카31866 판결: "민법 제670조의 수급인 하자담보 책임에 관한 제척기간은 재판상 또는 재판외의 권리행사기간이며 재판상 청구를 위한 출소기간이 아니다."

대법원 1991.10.22 선고 90다20503 판결: "징발재산의 환매권자는 위 특별조치법 제20조 제1항에 의하여 환매권이 발생한 때에는 국방부장관의 환매통지나 환매공고가 없더라도 환매권을 행사할 수 있는 것이고, 이는 존속기간이 정하여져 있지 아니한 형성권이므로 군사상 필요가 없게 된 때 즉 환매권을 행사할 수 있는 때로부터 10년의 기간 내에 행사하지 아니하면 제척기간의 경과로 소멸한다."

대법원 1992.7.28 선고 91다44766,44773(반소) 판결: "민법 제564조가 정하고 있는 매매의 일방예약에서 예약자의 상대방이 매매완결의 의사를 표시하여 매매의 효력을 생기게 하는 권리(이른바 예약완결권)는 일종의 형성권으로서 당사자 사이에 그 행사기간을 약정한 때에는 그 기간 내에, 그러한 약정이 없는 때에는 예약이 성립한 때부터 10년 내에 이를 행사하여야 하고 위 기간을 도과한 때에는 상대방이 예약목적물인 부동산을 인도받은 경우라도 예약완결권은 제척기간의 경과로 인하여 소멸된다."

대법원 1993.7.27 선고 92다52795 판결: "미성년자 또는 친족회가 민법 제950조 제2항에 따라 제1항의 규정에 위반한 법률행위를 취소할 수 있는 권리는 형성권으로서 민법 제146조에 규정된 취소권의 존속기간은 제척기간이라고 보아야 할 것이지만, 그 제척기간 내에 소를 제기하는 방법으로 권리를 재판상 행사하여야만 되는 것은 아니고, 재판 외에서 의사표시를 하는 방법으로도 권리를 행사할 수 있다고 보아야 한다."

대법원 1997.6.27 선고 97다12488 판결: "대물변제예약 완결권은 일종의 형성권으로서 당사자 사이에 그 행사기간을 약정한 때에는 그 기간 내에, 그러한 약정이 없는 때에는 그 권리가 발생한 때로부터 10년 내에 이를 행사하여야 하

---

22) 대법원 1996.9 20 선고 9625371판결.

고, 이 기간을 도과한 때에는 예약완결권은 제척기간의 경과로 인하여 소멸하는 것이다. 그러나 대물변제예약 완결의 의사표시는 특별한 방식을 요하는 것이 아니고 단순히 예약 의무자에 대한 의사표시로써 할 수 있는 것이다.”

대법원 2001.2.23 선고 2000므1561 판결: “민법 제840조 제6호 소정의 ‘기타 혼인을 계속하기 어려운 중대한 사유’가 이혼청구 당시까지도 계속 존재하는 것으로 보아야 할 경우에는 이혼청구권의 제척기간에 관한 민법 제842조가 적용되지 아니한다.”

대법원 2002.4.26 선고 2001다8097,8103 판결: “민법 제204조 제3항과 제205조 제2항에 의하면 점유를 침탈당하거나 방해를 받은 자의 침탈자 또는 방해자에 대한 청구권은 그 점유를 침탈당한 날 또는 점유의 방해행위가 종료된 날로부터 1년 내에 행사하여야 하는 것으로 규정되어 있는데, 여기에서 제척기간의 대상이 되는 권리는 형성권이 아니라 통상의 청구권인 점과 점유의 침탈 또는 방해의 상태가 일정한 기간을 지나게 되면 그대로 사회의 평온한 상태가 되고 이를 복구하는 것이 오히려 평화질서의 교란으로 볼 수 있게 되므로 일정한 기간을 지난 후에는 원상회복을 허용하지 않는 것이 점유제도의 이상에 맞고 여기에 점유의 회수 또는 방해제거 등 청구권에 단기의 제척기간을 두는 이유가 있는 점 등에 비추어 볼 때, 위의 제척기간은 재판외에서 권리행사하는 것으로 족한 기간이 아니라 반드시 그 기간 내에 소를 제기하여야 하는 이른바 출소기간으로 해석함이 상당하다.”

대법원 2003.1.10 선고 2000다26425 판결: “매매의 일방예약에서 예약자의 상대방이 매매예약 완결의 의사표시를 하여 매매의 효력을 생기게 하는 권리, 즉 매매예약의 완결권은 일종의 형성권으로서 당사자 사이에 그 행사기간을 약정한 때에는 그 기간 내에, 그러한 약정이 없는 때에는 그 예약이 성립한 때로부터 10년 내에 이를 행사하여야 하고, 그 기간을 지난 때에는 예약 완결권은 제척기간의 경과로 인하여 소멸하고, 제척기간에 있어서는 소멸시효와 같이 기간의 중단이 있을 수 없다고 할 것이다.”

대법원 2003.8.11자 2003스32 결정: “민법 제1019조 제3항의 기간은 한정승인신고의 가능성을 언제까지나 남겨둠으로써 당사자 사이에 일어나는 법적 불안상태를 막기 위하여 마련한 제척기간이고, 경과규정인 개정 민법(2002.1.14 법률 제6591호) 부칙 제3항 소정의 기간도 제척기간이라 할 것이며, 한편 제척기간은 불변기간이 아니어서 그 기간을 지난 후에는 당사자가 책임질 수 없는 사유로 그 기간을 준수하지 못하였더라도 추후에 보완될 수 없다.”

대법원 2012.3.22 선고 2010다28840 전원합의체판결: "채권양도의 통지는 양
도인이 채권이 양도되었다는 사실을 채무자에게 알리는 것에 그치는 행위이므
로, 그것만으로 제척기간 준수에 필요한 권리의 재판외 행사에 해당한다고 할
수 없다. 따라서 집합건물인 아파트의 입주자대표회의가 스스로 하자담보추급
에 의한 손해배상청구권을 가짐을 전제로 하여 직접 아파트의 분양자를 상대로
손해배상청구소송을 제기하였다가, 소송 계속중에 정당한 권리자인 구분소유자
들에게서 손해배상채권을 양도받고 분양자에게 통지가 마쳐진 후 그에 따라 소
를 변경한 경우에는, 채권양도통지에 채권양도의 사실을 알리는 것 외에 이행
을 청구하는 뜻이 별도로 덧붙여지거나 그 밖에 구분소유자들이 재판외에서 권
리를 행사하였다는 등 특별한 사정이 없는 한, 위 손해배상청구권은 입주자대
표회의가 위와 같이 소를 변경한 시점에 비로소 행사된 것으로 보아야 한다."

Ⅳ. 제척기간이 정해진 권리의 행사방법

제척기간이 법률로 정하여져 있는 경우가 있다. 여기에는 기간 내에 재판상
행사하여야 한다고 규정하고 있는 경우와 그렇지 않은 경우가 있다. 채권자취소
권에 관한 민법 제406조 제2항, 친생부인의 소에 관한 민법 제847조, 상속회복
청구권에 관한 민법 제999조 등은 법률로 소를 제기할 수 있다고 규정하고 있
다. 따라서 법률에 따라 소를 제기하여야 한다. 소를 제기하여야 한다는 표현이
없이 제척기간만 규정하는 권리도 반드시 소의 제기라는 재판상 권리행사만 가
능한 것으로 볼 것인지 문제된다.

이에 대하여 제척기간은 출소기간을 의미하므로 반드시 그 기간 내에 소를
제기하여야 한다는 견해가 있다.[23] 재판외 권리행사로도 충분하다고 볼 경우 권
리자가 권리를 행사는 결과 발생할 권리는 일반의 소멸시효에 걸리게 되어 권리
관계를 속히 확정하려는 취지를 살리지 못하게 된다는 것을 근거로 한다.[24] 이

---

23) 김상용, 「민법총칙 전정판」, 화산미디어(2009), 689면; 곽윤직, 전게서, 549면; 곽윤직, 「채권
각론 제6판」, 박영사(2003), 143면(매도인의 담보책임에 기한 권리의 행사기간은 제척기간
이므로 기간 내에 재판상 행사가 있어야 한다); 백태승, 전게서, 543면; 이영준, 「민법총칙 개
정증보판」, 박영사(2007), 786면; 장경학, 전게서, 701면; 고상룡, 전게서, 717면.
24) 이영준, 전게서, 786면.

와 달리 소의 제기를 요구하는 표현이 법조문에 없는 한 원칙적으로 재판 외 권리 행사로 충분하다는 견해가 있다.[25] 이 견해는 제척기간을 출소기간으로 보는 그러한 제한은 법률의 근거없는 제한으로, 제척기간 내에 소를 제기하여야 한다고 한다면, 예컨대 제142조가 취소권은 상대방에 대한 의사표시로 하여야 한다고 한 것과 배치된다고 한다.[26] 생각건대, 소의 제기를 요구하는 표현이 법조문에 없는 한 재판 외 권리 행사로 충분하다고 할 것이다. 민법은 권리자의 일방적 희생을 통한 거래질서 유지를 목표로 하여서는 안 된다. 거래질서는 상법이 우선하여 추구하는 가치이고, 채무자의 채무 탈출과 새로운 출발은 채무자회생파산법이 추구하는 가치이다. 민법은 이미 채권의 소멸시효를 10년으로 극단적으로 짧게 설정해 놓았다. 민법의 역할에 대한 진지한 고민을 전제로 한다면 법해석으로 권리행사기간을 줄이는 어떠한 시도도 옳지 않다는 것을 알 수 있다. 소멸시효나 제척기간을 통한 거래질서 유지 및 채무자의 이익 도모는 가급적 최소화하여야 한다. 민법은 소유자, 정당한 대가를 지불한 계약자와 같은 진정한 권리자의 보호를 위해 존재하는 법이라는 사실을 한시도 잊어서는 안 된다.

---

25) 김증한·김학동, 「민법총칙 9판」, 박영사(1995), 515면; 곽윤직·김재형, 「민법총칙 제9판」, 박영사(2013), 420면; 송덕수, 전게서, 495면; 이은영, 전게서, 787면; 윤진수, 전게서, 401면. 특히 김준호, "제척기간과 소멸시효의 경합", 저스티스 통권 제141호(2014.4), 한국법학원, 278면은 "민법 제582조에서 물건의 하자담보책임에 기한 손해배상청구권을 매수인이 그 하자를 안 날로부터 6개월 내에 행사하도록 제한한 것은, 오랜 기간이 지나면 그 하자가 어디에서 생긴 것인지 판정하기가 쉽지 않다는 점을 고려하여 위 기간 내에 행사하도록 제한한 것이지, 그 기간 내에 손해배상까지 받을 것을 요구하는 것은 아니다. 그 기간 내에 권리를 행사하여 그것이 물건의 하자로 판명되면 매수인이 손해배상을 받을 권리는 마땅히 보장되어야 하고, 이것이 이유 없이 제한받을 이유가 없다. 다시 말해 제척기간을 둔 취지는 권리의 '행사(기간)'에 관해 제한을 둔 것이지 그 기간 내에 권리자가'만족을 받을 것'까지 제한을 둔 것으로 보아서는 안 된다. 이러한 내용은 수급인의 담보책임의 존속기간을 정한 민법 제670조 및 제671조에 관해서도 다를 것이 없다"고 주장한다.

26) 김증한·김학동, 「민법총칙 9판」, 박영사(1995), 515면. 이 견해는 "다만 청구권에 관한 권리 행사기간이 제척기간으로 해석되는 경우에는 법률의 취지를 고려하여 재판상의 권리행사로 하여야 한다고 할 것"이라는 주장을 더 하고 있다.

V. 소멸시효의 정지규정의 유추적용 여부

제척기간에 소멸시효의 정지규정(제179조 내지 제182조)이 유추적용 되는 것인지 견해가 대립한다. 독일민법 제124조 제2항과 같은 준용규정이 없으므로 유추적용할 수 없다는 견해가 있다.[27] 제척기간의 중단을 인정하지 않는 판례도 같은 입장이라 볼 것이다.

이에 대해 제182조[천재 기타 사변과 시효정지]만 유추적용하자는 견해도 주장된다.[28] 현재 다수설이다.

생각건대 민법은 진정한 권리자를 보호하는 법이므로 정당한 권리의 행사가 최대한 가능하도록 해석하여야 한다. 따라서 모든 소멸시효의 정지 규정을 제척기간에 유추적용하여야 한다.[29]

제3절 소멸시효에 걸리는 권리

독일민법은 청구권(물권적 청구권 포함)을 소멸시효의 대상으로 하고(제194조), 프랑스민법은 인적 소권·동산에 관한 소권·소유권을 제외한 물권에 관한 소권에 대하여 소멸시효를 규정하고 있으며(제2224조, 제2227조), 스위스채무법은 채권에 대하여 소멸시효를 규정한다(제127조).[30]

민법이 소멸시효에 걸리는 권리로 규정하는 것은 채권과 소유권 이외의 재산권이다. 민법은 소멸시효가 걸리는 것은 재산권에 한정하고 있다. 따라서 재

---

27) 곽윤직, 전게서, 550면; 김용한, 전게서, 497면; 이영준, 전게서,747-748면.

28) 곽윤직·김재형, 전게서, 421면; 고상룡, 전게서, 662-663면; 김증한·김학동, 「민법총칙 9판」, 박영사(1995), 513-514면; 장경학, 전게서, 702면.

29) 강태성, 「민법총칙 제6판」, 대명출판사(2016), 1009-1010면. 김상용, 전게서, 725면에 의하면 독일민법은 착오로 인한 취소의 제척기간에 있어서 불가항력에 의한 소멸시효진행의 정지, 행위무능력자를 위한 시효완성의 정지, 재산상속에 관한 시효 완성의 정지 규정을 준용하고 있다. 또한 독일 학설은 해석에 의해서 제척기간에 소멸시효의 정지에 관한 모든 규정을 모두 유추적용하고 있다고 한다.

30) 송덕수, 전게서, 499면.

산권이 아닌 가족법상 권리는 소멸시효의 적용을 받지 않는다. 예컨대, 사실상의 별거가 오래 지속되더라도 혼인관계가 소멸하지 않고, 자녀를 오래 방기하였다 하여 친권이 소멸하지 않는다.[31]

점유권은 점유라는 사실 자체이므로 소멸시효와 무관하다. 유치권(제320조), 상린관계상의 권리(제216조 이하), 공유물분할청구권(제268조)은 점유라는 사실상태 또는 상린토지나 공유토지의 존재라는 법률상태에 기초하여 성립하고 소멸하는 권리이므로 소멸시효와 무관하다. 민법은 공법관계의 기본법이기도 하므로 공법상의 권리는 당연히 소멸시효의 대상이다.[32]

Ⅰ. 채권, 청구권

1. 채 권

채권은 10년간 행사하지 않으면 소멸시효가 완성한다(민법 제162조 제1항). 채권에 부수하는 채권자대위권, 채권자취소권은 채권과 함께 소멸한다. 계속적 계약에 기한 채권은 급부제공이 계속되는 동안 소멸시효가 진행되지 않는다. 채무불이행에 기한 손해배상청구권은 그 기초가 되는 채권에 따라 소멸한다. 민법은 채권 중 단기소멸시효에 걸리는 것들을 따로 규정한다. 노무제공을 목적으로 하는 채권은 많은 경우 3년의 단기소멸시효에 걸리며 그에 대한 보수 및 임금에 관한 채권은 1년의 단기소멸시효에 걸리는 경우가 많다.[33] 그러나 단기소멸시효에 걸리는 채권이라 하더라도 판결 등에 의하여 확정된 채권의 소멸시효는 10년이다.

---

31) 이은영, 전게서, 758면.
32) 대법원 1984.12.26 선고 84누572 전원합의체판결: "조세채권의 소멸시효를 규정하고 있는 국세기본법 제27조 제1항 소정의 국세의 징수를 목적으로 하는 권리라 함은 궁극적으로 국세징수의 실현만족을 얻는 일련의 권리를 말하는 것이므로, 여기에는 추상적으로 성립된 조세채권을 구체적으로 확정하는 국가의 기능인 부과권과 그 이행을 강제적으로 추구하는 권능인 징수권을 모두 포함하고 있다 할 것이므로 다른 특별한 규정이 없는 한 위 양자가 다같이 소멸시효의 대상이 된다."
33) 이은영, 전게서, 754면.

2. 청 구 권

채권과 청구권은 같은 것이므로 청구권의 소멸시효도 10년이다. 제한물권에 기한 물권적 청구권도 청구권인 이상 10년의 소멸시효에 걸린다고 보아야 하나, 제한물권이 채권 및 소유권 이외의 재산권에 해당하여 20년의 소멸시효에 걸리므로 별도로 소멸시효에 걸리지 않고 제한물권의 소멸시효인 20년에 따른다. 그러나 소유권에 기초한 물권적 청구권(제213조 이하)은 소유권의 효력을 주장하는 소유권 행사 자체이므로 소멸시효에 걸리지 않는다고 할 것이다.

Ⅱ. 등기청구권

대법원 1976.11.6 선고 76다148 전원합의체판결은 부동산을 인도받아 사용·수익중인 미등기매수인의 등기청구권은 채권적 청구권이지만 소멸시효에 걸리지 않는다고 판시하였다. 학설은 매도인이 목적물을 인도하여 매수인이 현재 점유하고 있다고 하여도 그것은 어디까지나 매도인이 부담하는 목적부동산인도의무의 이행이 있는 상태일 뿐이라며 소멸시효에 걸려야 한다는 입장과 이 경우 등기청구권의 본질을 채권적 청구권이 아니라 물권적 청구권으로 보아야하기 때문에 소멸시효에 걸리지 않는다는 입장이 대립한다. 이러한 논의는 등기청구권이라는 권리의 근거 법률이 없기 때문에 발생하는 것이라 할 수 있다. 부동산등기법의 공동신청주의는 등기신청의 방법만 규정한 것으로 등기절차법상 등기신청권의 근거일 뿐이다. 실체법상 권리라고 등기청구권을 파악하면서도 그 법적 근거로 부동산등기법상 공동신청주의만을 언급하는 견해들은 매우 문제가 많다. 말소등기청구권은 부동산등기법 제15조가 규정한 1부동산 1등기기록주의[34]가 가장 직접적인 법적 근거이다.

---

34) 법원행정처, 「부동산등기실무 [Ⅰ]」, 대법원 법원행정처(2015), 85면: "등기부를 편성할 때에는 1필의 토지 또는 1개의 건물에 대하여 1개의 등기기록을 둔다(1부동산 1등기기록 원칙). 따라서 (i) 1개의 등기기록에 여러 부동산에 대한 등기를 하는 것 (ii) 1개의 등기기록에 1개의 부동산의 일부 만에 대한 등기를 하는 것 (iii) 1개의 부동산에 대하여 2 이상의 등기기록을 두는 것 등은 허용되지 않는다."

　등기청구권은 민법이나 부동산등기법이 규정하고 있는 권리가 아니다. 민사소송법이나 민사집행법에도 그 근거 규정이 없다. 등기청구권은 법률에는 없는 개념이다. 일반적으로 등기청구권이란 등기를 원하는 일방 당사자가 타방 당사자에게 등기신청을 협력할 것을 요구할 수 있는 권리라고 설명된다. 부동산에 관한 법률행위로 인한 물권의 변동은 등기하여야 그 효력이 생기는데(민법 제186조), 그 등기는 부동산등기법 제23조 제1항에 따라 매도인과 매수인이 공동으로 신청하여야 한다. 부동산등기법 제22조 제1항과 제23조 제1항은 공동신청주의를 채택하고 있다. 공동신청주의는 매매계약의 양당사자가 공동으로 등기신청을 하게 함으로써 등기의 진정성을 확보하고자 하는 제도이다. 매도인이 등기에 협력하지 않는 경우에 매수인은 매도인에 대하여 등기신청에 협력해 줄 것을 요구할 수 있는 권리로서 등기청구권을 인정하는 것이 필요하고, 이 등기청구권을 가지는 자가 곧 실체법상의 등기권리자이고, 등기청구권에 응할 의무를 부담하는 자가 실체법상 등기의무자라는 것이 통설의 설명이다.[35] 등기권리자, 등기의무자라는 개념은 공동신청주의가 적용되는 경우만 필요하고, 단독신청에 의하여 등기하는 경우에는 등기신청권만 문제된다. 등기청구권은 실체법적 권리로서, 국민이 국가기관인 등기관에 대하여 등기해 줄 것을 신청하는 공법상 권리인 등기신청권과 구별되는 것이라고 통설은 설명한다. 등기신청권은 국가기관인 등기소에 대하여 일정한 내용의 등기를 해 줄 것을 요구하는 등기절차법상의 의사표시이다. 등기신청권은 사인이 행하는 일종의 공법상 행위로, 등기사무가 국가가 부동산 물권변동에 관여해서 후견적 임무를 수행하는 비송적 사무에 해당하므로(법원조직법 제2조 제3항), 비송행위에 해당한다.[36]

　통설에 의하면 민사소송에 의하여 상대방의 등기협력의무의 이행을 청구할 수 있으려면 실체법상 그 근거가 되는 권리가 필요하기 때문에 그 권리가 있어야 하고, 그것을 등기청구권이라고 부르고, 그 권리는 민사소송은 권리의 확인에 지나지 않기 때문에 실체법상 권리로 할 수밖에 없다고 한다.[37] 등기협력을

35) 곽윤직, 「물권법 신정판」, 박영사(1995), 189면.
36) 법원행정처, 전게서, 228-229면.
37) 곽윤직, 「물권법 신정판」, 박영사(1995), 189면.

구하는 소제기의 근거가 되는 실체법상 권리가 필요하다는 이유가 등기청구권이 실체법상 권리가 되는 통설의 근거이다. 판례도 매매계약에 기한 소유권이전등기청구권을 실체법상 권리인 채권적 청구권으로 파악한다.[38] 판례는 취득시효 완성으로 인한 소유권이전등기청구권도 원칙적으로 채권적 청구권이라 한다.[39] 판례와 마찬가지로 취득시효 완성으로 인한 소유권이전등기청구권의 법적 성질을 채권적 청구권이라고 이해하는 견해[40]도 있지만, 20년간 점유하게 되면 물권적기대권을 취득하게 되고, 그 물권적기대권의 효력으로써 등기청구권이 발생하므로 그 등기청구권은 물권적 청구권이라는 견해[41]도 있다. 원인 없이 경료된 소유권이전등기의 말소등기를 구하는 경우도 등기부상 권리자를 상대로 하는 등기청구권이 문제된다. 이 경우 말소등기를 구하는 소제기의 근거가 되는 것은 실체법상의 등기청구권이 아니고 소유권에 기한 방해배제청구권이다.[42] 진정명의회복을 원인으로 하는 소유권이전등기청구권도 소유권에 기한 방해배

---

38) 대법원 1993.2.12 선고 92다25151 판결: "전소의 소송물이 채권적 청구권인 소유권이전등기청구권일 때에는 전소의 변론종결 후에 전소의 피고인 채무자로부터 소유권이전등기를 경료받은 자는 전소의 기판력이 미치는 변론종결 후의 제3자에 해당한다고 할 수 없다."
   대법원 2005.3.10 선고 2004다67653,67660 판결: "부동산의 매매로 인한 소유권이전등기청구권은 물권의 이전을 목적으로 하는 매매의 효과로서 매도인이 부담하는 재산권이전의무의 한 내용을 이루는 것이고, 매도인이 물권행위의 성립요건을 갖추도록 의무를 부담하는 경우에 발생하는 채권적 청구권으로 그 이행과정에 신뢰관계가 따르므로, 소유권이전등기청구권을 매수인으로부터 양도받은 양수인은 매도인이 그 양도에 대하여 동의하지 않고 있다면 매도인에 대하여 채권양도를 원인으로 하여 소유권이전등기절차의 이행을 청구할 수 없고, 따라서 매매로 인한 소유권이전등기청구권은 특별한 사정이 없는 이상 그 권리의 성질상 양도가 제한되고 그 양도에 채무자의 승낙이나 동의를 요한다고 할 것이므로 통상의 채권양도와 달리 양도인의 채무자에 대한 통지만으로는 채무자에 대한 대항력이 생기지 않으며 반드시 채무자의 동의나 승낙을 받아야 대항력이 생긴다."
39) 대법원 1981.9.22 선고 80다3121 판결: "제245조 제1항에 20년간 소유의 의사로 평온, 공연하게 부동산을 점유하는 자는 등기함으로써 그 소유권을 취득한다고 규정하고 있으므로 위 소유권취득기간의 완성만으로는 소유권취득의 효력이 바로 생기는 것이 아니라, 다만 이를 원인으로 하여 소유권취득을 위한 등기청구권이 발생한다."
40) 곽윤직, 「물권법 신정판」, 박영사(1995), 197-198면.
41) 김증한, 「물권법강의」, 박영사(1984), 77면.
42) 대법원 1982.7.27 선고 80다2968 판결: "매매계약이 합의해제된 경우에도 매수인에게 이전되었던 소유권은 당연히 매도인에게 복귀하는 것이므로 합의해제에 따른 매도인의 원상회복청구권은 소유권에 기한 물권적 청구권이라고 할 것이고 이는 소멸시효의 대상이 되지 아니한다."

제청구권이 그 본질이다.**43)**

　　대법원 1976.11.6 선고 76다148 전원합의체판결은 부동산을 인도받아 사용·수익중인 미등기매수인의 등기청구권은 채권적 청구권이지만, 소멸시효에는 걸리지 않는다고 판시하였다. 대법원 1999.3.18 선고 98다32175 전원합의체판결 역시 같은 취지다. 대법원 1991.11.26 선고 91다34387 판결은 "부동산의 소유자 명의를 신탁한 자는 특별한 사정이 없는 한 언제든지 명의신탁을 해지하고 소유권에 기하여 신탁해지를 원인으로 한 소유권이전등기절차의 이행을 청구할 수 있는 것으로서, 이와 같은 등기청구권은 소멸시효의 대상이 되지 않는다"고 하여 같은 결론이다. 대법원 2013.12.12 선고 2013다26647 판결은 "부동산의 매수인이 목적물을 인도받아 계속 점유하는 경우에는 매도인에 대한 소유권이전등기청구권은 소멸시효가 진행되지 않고, 이러한 법리는 3자간 등기명의신탁에 의한 등기가 유효기간의 경과로 무효로 된 경우에도 마찬가지로 적용된다. 따라서 그 경우 목적 부동산을 인도받아 점유하고 있는 명의신탁자의 매도인에 대한 소유권이전등기청구권 역시 소멸시효가 진행되지 않는다"고 판시하여 같은 결론을 유지한다. 그러나 등기청구권이 아닌 예약완결권의 경우는 목적물을 인도받은 경우라도 소멸시효가 아닌 제척기간의 도과로 소멸한다는 것이 판례 입장이다.**44)** 이러한 판례들의 입장에 대하여 "인도받아 사용중인 미등기매수인은 자신의 권리를 행사하고 있는 것이고, 매수인이 목적물을 인도받아 사용하고 있는 경우에 단지 등기청구권만이 소멸시효에 걸린다면 매도인은 물건인도 후 소유권이전등기 없이 10년이 지나면 다시 그 물건을 반환받을 수 있게 되어 부

---

43) 대법원 2001.9.20 선고 99다37894 전원합의체판결: "말소등기에 갈음하여 허용되는 진정명의회복을 원인으로 한 소유권이전등기청구권과 무효등기의 말소청구권은 어느 것이나 진정한 소유자의 등기명의를 회복하기 위한 것으로서 실질적으로 그 목적이 동일하고, 두 청구권 모두 소유권에 기한 방해배제청구권으로서 그 법적 근거와 성질이 동일하다."
44) 대법원 1992.7.28 선고 91다44766,44773(반소) 판결: "민법 제564조가 정하고 있는 매매의 일방예약에서 예약자의 상대방이 매매완결의 의사를 표시하여 매매의 효력을 생기게 하는 권리(이른바 예약완결권)는 일종의 형성권으로서 당사자 사이에 그 행사기간을 약정한 때에는 그 기간 내에, 그러한 약정이 없는 때에는 예약이 성립한 때부터 10년 내에 이를 행사하여야 하고 위 기간을 도과한 때에는 상대방이 예약목적물인 부동산을 인도받은 경우라도 예약완결권은 제척기간의 경과로 인하여 소멸된다."

당하다"는 이유로 판례에 찬성하는 견해,[45] "매도인이 목적물을 인도하여 매수인이 현재 점유하고 있다고 하여도 그것은 어디까지나 매도인이 부담하는 목적부동산인도의무의 이행이 있는 상태일 뿐이며, 그것은 동시에 매수인이 등기청구권을 행사하고 있는 것으로는 도저히 인정할 수 없는 것"이라는 이유로 판례에 반대하여 소멸시효에 걸려야 한다는 견해,[46] 소멸시효남용이론을 주장하며 "인도까지 받은 이상 매도인이 등기절차를 이행해 줄 것으로 믿으며 매도인에 대한 이러한 신뢰 때문에 등기청구권의 행사를 게을리한 것이므로, 매도인이 나중에 소멸시효를 주장하는 것은 선행위와 모순되므로 허용해서는 안 된다"고 주장하는 견해,[47] 물권적 기대권에 기하여 등기청구권이 생기고 이는 물권적인 것이라 소멸시효에 걸리지 않는다는 견해,[48] 목적물을 인도받고 있으면 매도인은 매수인에 대한 등기의무의 존재를 승인한 것이므로 소멸시효에 걸리지 않는다는 견해[49] 등이 제시되고 있다.

독일, 프랑스, 미국은 거래단계에서 공증을 통해 소유의 실질과 공적 장부라는 형식을 일치시키고 있다. 따라서 등기의 공동신청주의도 없고, 등기소송도 존재하지 않으며, 등기청구권이라는 실체법상 권리도 없다. 실체법상 등기청구권을 논의하는 나라는 거래단계에서 소유의 실질을 확인하지 않고, 등기신청단계에서 공동신청주의를 채택하고 있는 우리나라와 일본뿐이다.[50] 등기청구권은 민법 등 실체법은 물론 부동산등기법 등 등기절차법에서도 규정하고 있지 않다. 법률상 근거를 찾을 수 없으므로 등기청구권은 실체법상 권리가 아니다. 권리의 본질에 대한 통설적 견해는 권리법력설이다. 이에 의하면 권리란 일정한 이익을 향유할 수 있도록 하기 위하여 법이 부여한 힘이다.[51] 고상룡 교수는 "사권이란

---

45) 이은영, 「민법총칙 제5판」, 박영사(2009), 752-753면.
46) 곽윤직, 「민법총칙 신정판」, 박영사(1995), 554면; 송덕수, 「민법총칙 제3판」, 박영사(2015), 500면.
47) 윤진수, 「민법주해 총칙(Ⅲ)」, 박영사(1992), 416면.
48) 김증한·김학동, 「물권법 제9판」, 박영사(1998), 98면.
49) 고상룡, 「물권법」, 법문사(2002), 130면; 이상태, 「물권법」, 법원사(2011), 118면.
50) 박기주, "등기청구권의 비교법적 의미", 법학논고 제40집(2012.10), 경북대학교 법학연구원 426면.
51) 강태성, 「민법총칙 제6판」, 대명출판사(2016), 51-52면.

일정한 생활상의 이익에 대한 법률상의 힘"이라고 한다.[52] 권리가 법률상의 힘이라고 이해하면 등기청구권은 법률상 권리가 아니므로 권리가 아니게 된다. 등기청구권의 법적 근거를 실정법에서 찾을 수 없다면 판례법에서 찾아야 한다.

등기청구권은 실체법상의 권리가 아니라 판례법이 정립한 소권으로 보아야 한다. 등기청구권은 민법 제389조 제2항, 민사집행법 제263조, 부동산등기법 제22조, 제23조, 제24조 등을 기초로 하여 판례법이 정립한 소권으로 보아야 하며, 그 구체적 성질은 등기청구권이라는 소권 자체에서 결정되는 것이 아니고 등기청구권이 근거하는 개별적·구체적 사실관계에서 도출된다고 볼 것이다. 매매계약 등에 기한 이전등기청구권과 매매대금을 지급하고 목적물을 인도받은 매수인의 등기청구권, 등기말소청구권, 진정명의회복을 위한 등기이전등기청구권은 그 성질이 모두 다르다. 사안마다 다른 성질을 가지는 등기청구권을 하나의 실체법적 권리 개념으로 규정하는 것은 불가능하고, 의미도 없는 작업이다. 그것은 이미 실체법상의 권리가 아닌 것이 된다. 따라서 등기청구권은 등기와 관련하여 의사표시에 갈음하는 판결을 구하는 소권을 의미한다고 보아야 한다. 이행청구권 개념이 소권을 실체법적으로 대체하였기 때문에 소권 개념을 사용하는 것에 대해 반감이 많을 수 있다. 소권을 실체법상 이행청구권을 보조하는 존재로 이해할 경우 등기청구권을 소권으로 이해할 수는 없다. 그러나 여러 형태의 등기청구권을 계약상 의무를 이행하라는 의미의 이행청구권 개념만 가지고 이해할 수도 없다. 소권이 인정되지 못하면 권리 실현은 종국적으로 불가능한 것이 된다. 권리는 판결에 의한 강제집행으로 최종적으로 실현되기 때문이다. 권리가 합의와 동시에 발생한다는 전제하에서만 이행청구권이 실체법적으로 존재할 수 있는데, 모든 합의에서 법률상 강제할 수 있는 권리·의무가 발생한다고 할 수 없고, 합의와 무관하게 등기청구권이 인정되어야 하는 상황이 다수 존재한다는 사실도 부인할 수 없다. 등기는 소유권 질서의 보장을 위해 고안된 공시절차에 불과하며, 민법이 등기를 소유권이전의 한 요소로 삼았다 하여 등기가 소유권을 이루는 본질적 요소가 될 수는 없다. 등기청구권이라는 소권 자체에는

---

52) 고상룡, 「민법총칙 제3판」, 법문사(2003), 40면.

실체법적 내용은 없다고 볼 것이며, 등기청구권은 등기와 관련한 의사의 진술을 청구하는 소제기 권리로만 이해되어야 한다. 사법연수원 민사실무 교재는 단순히 등기청구라고 표현하고 있다.[53]

　　종래 등기청구권의 성질에 대하여 정정적 등기청구와 창설적 등기청구로 나누어 설명하는 견해,[54] 법률행위의 의한 것과 법률의 규정에 의한 것으로 나누어 설명하는 견해,[55] 법률행위에 의한 물권변동의 경우, 실체관계와 등기가 일치하지 않는 경우, 취득시효의 경우, 기타(부동산임대차, 부동산환매)의 경우로 나누어 설명하는 견해[56]가 있어 왔다. 생각건대, 등기청구권이라는 소권은 등기원인을 반드시 표시하여 권리관계를 등기부에 기록되도록 하여야 하는 경우[57]와 등기원인을 표시하지 않는 경우로 구분하여 보는 것이 적절하다. 전자 형태의 소권은 매매, 증여, 시효취득, 명의신탁해지, 가등기, 매매예약완결, 대물반환 등을 원인으로 한 소유권이전등기청구나 지상권·저당권설정등기청구이고, 후자 형태의 소권은 말소등기청구이다. 진정명의회복을 원인으로 하는 소유권이전등기는 등기원인을 단순히 "진정명의회복"이라고만 기재하므로 후자 형태의 소권이다.

　　대법원 1992.3.27 선고 91다40696 판결은 매매를 원인으로 한 소유권이전등기를 청구한 데 대하여 법원이 양도담보약정을 원인으로 한 소유권이전등기를 명한 경우 처분권주의를 위반한 위법이 있다고 보았다. 이는 등기청구권의 구체적 내용이 등기원인에 따라 달라진다는 사실을 보여주는 것이다.

　　매매계약에서 매수인이 매도인에 대하여 가지는 등기청구권은 계약상 지위에서 도출된 것이므로 당연히 채권적 청구권이다.

　　민법 제245조 제1항에 의하면 점유취득시효요건을 갖춘 자에게는 등기청구권이 발생하고 등기청구권의 행사에 의하여 등기함으로써 소유권을 취득한다.

---

53) 사법연수원, 「민사실무Ⅰ」, 사법연수원 출판부(2016), 67면.
54) 김증한, 「물권법강의」, 박영사(1984), 75면.
55) 이영준, 「물권법」, 박영사(1996), 195면.
56) 곽윤직, 「물권법 신정판」, 박영사(1995), 191면.
57) 부동산등기를 신청하는 경우 등기원인과 그 연월일을 신청정보로 등기소에 제공하여야 한다(부동산등기법 제24조 제2항, 부동산등기규칙 제43조 제5호).

이때 등기청구권 역시 채권적 청구권이라 할 것이다. 민법 제245조 제1항은 점유의 계속이라는 사실, 현상 자체를 보호하기 위하여 진정한 권리자를 희생시키는 제도이다. 따라서 점유취득시효의 완성자 지위를 소유권이전에 대한 대가를 지급하고 소유의 실질을 갖춘 실질적 소유권이나 사실상 소유자로 파악할 수 없다. 점유취득시효를 완성한 자의 등기청구권은 정책적으로 주어지는 소권일 뿐이다. 따라서 점유취득시효 완성자는 그 등기를 하여야 소유권자가 된다. 이때 등기청구권은 점유 자체에 대한 정책적 보호를 위해 주어지는 소권이므로 점유를 상실할 경우 당연히 소멸시효에 걸린다.[58] 통설과 판례[59]도 채권적 청구권으로 본다.

점유취득시효완성자 지위는 자신의 이익을 위해 점유해 온 것에 법이 정책적 보호를 준 것에 지나지 않으므로, 사실상 소유자로 볼 수 없고, 따라서 그 취득의 성질은 원시취득이 아니라 승계취득으로 보는 것이 타당하다. 그 형식 역시 이전등기 형식을 취할 수밖에 없다. 원시취득설[60]은 법률의 규정에 의한 취득이라는 데 근거하는데, 그것만으로 합당한 근거제시가 될 수 없다. 승계취득으로 이해할 경우에만 전소유자에게 존재하였던 제한이 존속하는 사태가 이해될 수 있다.[61] 민법 제247조 제1항이 말하는 소급효는 종전 점유사실에 대한 정책적 보호를 의미할 뿐이다. 판례는 원시취득설을 취하는 듯하지만, 승계취득설이 아니면 이해할 수 없는 결론을 취하고 있어 판례의 실제 태도는 승계취득설을 따르고 있다고 볼 것이다.[62] 대법원 2006.5.2 선고 2005다75910 판결은 승

---

58) 대법원 1996.3.8 선고 95다34866,34873 판결.
59) 대법원 1965.11.23 선고 65다2056 판결; 대법원 1972.1.31 선고 71다2416 판결; 대법원 1994.10.28 선고 93다60991 판결.
60) 통설이다. 대표적으로 곽윤직, 「물권법 신정판」, 박영사(1995), 335면.
61) 이영준, 「물권법 전정판」, 박영사(1997), 517면; 이은영, 전게서, 408면; 고상룡, 「물권법」, 법문사(2002), 331면.
62) 대법원 2004.9.24 선고 2004다31463 판결: "부동산점유취득시효는 20년의 시효기간이 완성한 것만으로 점유자가 곧바로 소유권을 취득하는 것은 아니고 민법 제245조에 따라 점유자 명의로 등기를 함으로써 소유권을 취득하게 되며, 이는 원시취득에 해당하므로 특별한 사정이 없는 한 원소유자의 소유권에 가하여진 각종 제한에 의하여 영향을 받지 아니하는 완전한 내용의 소유권을 취득하게 되고, 이와 같은 소유권취득의 반사적 효과로서 그 부동산에 관하여 취득시효의 기간이 진행중에 체결되어 소유권이전등기청구권가등기에 의하여 보전된 매매예약상의 매수인의 지위는 소멸된다고 할 것이지만, 시효기간이 완성되었다고 하더라도 점유자 앞으

계취득설을 명확히 하였다. 이 판결은 "원소유자가 취득시효의 완성 이후 그 등기가 있기 전에 그 토지를 제3자에게 처분하거나 제한물권의 설정, 토지의 현상 변경 등 소유자로서의 권리를 행사하였다 하여 시효취득자에 대한 관계에서 불법행위가 성립하는 것이 아님은 물론 위 처분행위를 통하여 그 토지의 소유권이나 제한물권 등을 취득한 제3자에 대하여 취득시효의 완성 및 그 권리취득의 소급효를 들어 대항할 수도 없다 할 것이니, 이 경우 시효취득자로서는 원소유자의 적법한 권리행사로 인한 현상의 변경이나 제한물권의 설정 등이 이루어진 그 토지의 사실상 혹은 법률상 현상 그대로의 상태에서 등기에 의하여 그 소유권을 취득하게 된다. 따라서 시효취득자가 원소유자에 의하여 그 토지에 설정된 근저당권의 피담보채무를 변제하는 것은 시효취득자가 용인하여야 할 그 토지상의 부담을 제거하여 완전한 소유권을 확보하기 위한 것으로서 그 자신의 이익을 위한 행위라 할 것이니, 위 변제액 상당에 대하여 원소유자에게 대위변제를 이유로 구상권을 행사하거나 부당이득을 이유로 그 반환청구권을 행사할 수는 없다"고 판시하였다.[63] 등기부에 의하여 권리의 사슬로 연결되는 부동산의 경우 그 권리의 취득과 상실에 있어 토지·임야의 사정이나 건물의 신축에 준하는 경우 외에는 모두 승계취득으로 볼 수밖에 없으며, 권리자의 포기만으로 부동산에 관

등기를 마치지 아니한 이상 전 소유권에 붙어 있는 위와 같은 부담은 소멸되지 아니한다."
　　대법원 1999.7.9 선고 97다53632 판결: "취득시효완성 사실을 모르는 원소유자가 그 대지부분에 건물을 신축한 후 취득시효완성을 원인으로 소유권이전등기를 경료한 경우, 원소유자가 건물을 신축함으로써 점유자의 그 대지부분에 대한 점유의 상태가 변경된 뒤에야 점유자가 그 대지부분에 관한 소유권이전등기를 경료하였으므로, 점유자로서는 그 지상에 위 건물이 존재한 상태로 대지의 소유권을 취득하였다고 할 것이어서 원소유자에 대하여 위 건물의 철거를 구할 수 없는 것이다."

63) 이 판결에 대해 "시효취득자가 소유권이전등기 전에 설정된 저당권에 대하여 그 부담을 져야 한다고 하더라도, 이는 물적 부담의 차원에서 그러할 뿐이고, 시효취득자 또는 소유권취득 전의 시효완성점유자가 그 피담보채무를 변제한 것은 어디까지나 타인의 채무를 대위변제한 것이므로 그는 원래의 채무자를 상대로 구상할 수 있다고 함이 타당하다"는 비판이 있다(양창수, "목적 토지상 근저당권의 피담보채무를 변제한 시효취득자의 채무자에 대한 구상권", 법률신문 2006.7.10 자(3473호), 15면). 그러나 점유시효취득를 완성한 자의 지위는 정책적 보호로서 주어지는 것에 불과하므로, 점유시효취득자에게 구상권까지 인정한다는 것은 원권리자의 지나친 희생을 강요하는 것으로 공평의 관점에서 도저히 납득할 수 없는 것이라 할 것이다. 민법은 진정한 권리자를 보호하는 법이므로 해석으로 진정한 권리자의 희생을 통해 시효취득자의 권리를 도모하는 것은 옳지 않다.

한 권리가 소멸될 수도 없다.

대법원 1976.11.6 선고 76다148 전원합의체 판결은 부동산을 인도받아 사용·수익중인 미등기매수인의 등기청구권은 채권적 청구권이지만 소멸시효에 걸리지 않는다고 판시하였는데, 이러한 경우의 등기청구권은 채권적 청구권이 아니다. 매수인이 매매대금을 완납하고 목적물을 인도받은 경우에는 등기를 제외하고는 소유의 실질을 모두 갖추었다 볼 것이다.[64] 이러한 지위에서 나오는 등기청구권은 채권적 청구권이 아니라 실질적 소유권 내지 사실상 소유자의 소유권 행사라 할 것이다.[65] 소유권의 행사가 소멸시효에 걸리지 않는 것은 당연하다. 등기를 갖추고 있지는 않지만, 등기를 제외한 소유의 실질을 모두 가지고 있는 경우를 실질적 소유권 내지 사실상 소유자라 한다. 그가 행사하는 등기청구권은 소유권의 행사로서 물권적 청구권이다. 소유권에 기한 물권적 청구권은 그 자체가 소유권의 효력을 주장하는 소유권의 행사이므로 소유권과 분리할 수 없고, 소멸시효의 대상이 아니다. 판례도 소유권에 기한 물권적 청구권 행사는 소유권의 효력을 주장하는 소유권의 행사 자체에 해당한다는 입장으로 볼 수 있다.

대법원 1979.2.13 선고 78다2412 판결은 "채권담보의 목적으로 이루어지는 부동산 양도담보의 경우에 있어서 피담보채무가 변제된 이후에 양도담보권설정자가 행사하는 등기청구권은 양도담보권설정자의 실질적 소유권에 기한 물권적 청구권이므로 따로 시효소멸 되지 아니한다"고 판시하였다. 대법원1982.7.27 선고 80다2968 판결은 "매매계약이 합의해제된 경우에도 매수인에게 이전되었던 소유권은 당연히 매도인에게 복귀하는 것이므로 합의해제에 따른 매도인의 원상회복청구권은 소유권에 기한 물권적 청구권이라고 할 것이고 이는 소멸시효의 대상이 되지 아니한다"고 하였고, 대법원 1991.11.26 선고 91다34387 판

---

64) 이은영, 「민법총칙 제5판」, 박영사(2009), 754-755면도 매수인이 매매대금을 완납하고 목적물을 인도받은 경우에는 매수인이 사회통념상 소유자로서 권리를 행사하고 있는 것 볼 수 있고, 소유권이전등기를 하지 않고 있는 동안은 외부에 대한 관계에서 소유자로서 인정받지 못할 뿐이고 매도인에 대한 관계에서는 사용·처분의 권한을 양수받은 것이라 한다.

65) 실질적 소유권 내지 사실상 소유자라는 개념이 민법 제185조 물권법정주의에 반한다는 비판이 있을 수 있으나, 민법이 권리능력을 자연인과 법인에게만 인정하나 판례는 비법인사단의 경우 조합과 달리 사실상 사단법인으로 취급하고 있는 것과 같은 선상의 문제라 할 것이다. 등기여부와 무관하게 실질에 맞추어 법적 취급을 할 수밖에 없는 문제이다.

결은 "부동산의 소유자 명의를 신탁한 자는 특별한 사정이 없는 한 언제든지 명의신탁을 해지하고 소유권에 기하여 신탁해지를 원인으로 한 소유권이전등기절차의 이행을 청구할 수 있는 것으로서, 이와 같은 등기청구권은 소멸시효의 대상이 되지 않는다"고 판시하였다. 대법원 1993.8.24 선고 92다43975 판결은 "등기부가 멸실된 경우에는 멸실회복등기를 할 수가 있을 것이나 그 회복등기를 하지 아니하고 그 부동산에 관하여 매도인의 상속인 명의로 이미 소유권보존등기가 되어 있다면 매수인 또는 그 상속인은 위 매도인의 상속인을 상대로 위 등기의 멸실회복에 대신하여 소유권이전등기절차의 이행을 구할 수 있고 이는 진정한 명의의 회복을 구하는 것으로서 시효로 인하여 소멸하는 권리가 아니다"라고 판시하였다. 이 판결 역시 실질적 소유권에 기한 물권적 청구권을 등기청구권의 본질로 파악하고 있다. 소유자의 실질을 갖추고 있는 개인을 국가가 보호하지 않는다는 것은 생각할 수 없다. 소유의 실질을 갖추고 있는 자의 등기청구권은 매매계약에서 매수인이 가지는 등기청구권과 달리 보아야 한다. 대법원판례는 "부동산을 매수한 자가 그 소유권이전등기를 하지 아니한 채 이를 다시 제3자에게 매도한 경우에는 그것을 민법 제569조에서 말하는 타인의 권리 매매라고 할 수 없다"고 하여 실질적 소유권 내지 사실상 소유자의 처분권한을 인정하고 있었다.[66] 대법원판례는 "부동산의 매수인이 아직 소유권이전등기를 받지 아니하였다 하여도 매매계약의 이행으로 받은 매매목적물을 사용 수익할 수 있는 것"이라고 판시하여 왔고,[67] "건물을 전소유자로부터 매수하여 점유하고 있는 등 그 권리의 범위 내에서 그 점유중인 건물에 대하여 법률상 또는 사실상 처분을 할 수 있는 지위에 있는 자에게도 그 철거처분권이 있다"고 하여 건물의 사실상 소유자에게 철거처분권을 인정하고 있다.[68] 또한 "매매계약의 이행으로 매매목적물을 인도받은 매수인은 그 물건을 사용·수익할 수 있는 지위에서 그 물건을 타인에게 적법하게 임대할 수 있으며, 이러한 지위에 있는 매수인으로부터 매매계약이 해제되기 전에 매매목적물인 주택을 임차받아 주택의 인도와

---

66) 대법원 1972.11.28 선고 72다982 판결; 대법원 1996.4.12 선고 95다55245 판결.
67) 대법원 1971.3.31 선고 71다309,310 판결.
68) 대법원 2003.1.24 선고 2002다61521 판결.

주민등록을 마침으로써 주택임대차보호법 제3조 제1항에 의한 대항요건을 갖춘 임차인은 민법 제548조 제1항 단서의 규정에 따라 계약해제로 인하여 권리를 침해받지 않는 제3자에 해당하므로 임대인의 임대권원의 바탕이 되는 계약의 해제에도 불구하고 자신의 임차권을 새로운 소유자에게 대항할 수 있다"[69]고 판시하여 대항력 있는 임차권을 설정할 수 있는 처분권을 실질적 소유권자 내지 사실상 소유자에게 인정하고 있다. 실질적 소유권자 내지 사실상 소유자의 등기청구권행사는 소유권의 행사 자체이다. 따라서 소멸시효에 걸리지 않는다.

Ⅲ. 소유권, 소유권에 기한 물권적 청구권

1. 소유권

소유권은 소멸시효에 걸리지 않는다. 사적 소유는 국가에 의하여 절대적으로 보장되는 것이다. 소유권제도와 계약제도는 민법의 양 축을 이루고 있는데, 계약은 사적 소유를 전제로만 의미를 가진다. 민법은 사적 소유를 법제도로서 완벽하게 보장하기 위해 존재하는 법률이다. 민법에서 정한 소유권의 보장 부분은 국회의 다수결로도 변경할 수 없다. 소유권의 절대적 보장은 민법의 존재이유이다. 따라서 소유권은 당연히 소멸시효에 걸리지 않는다(제162조 제2항). 소유권자가 소유물을 어떤 방식으로 이용하든지 민법은 상관하고 있지 않다. 물론 취득시효의 완성자가 제기하는 소유권이전등기소송에 의하여 소유권을 취득시효완성자에게 뺏길 수는 있다. 그러나 취득시효제도가 소유권자의 소유방식에 대한 제재규정이 될 수는 없다. 민법이 소유권자의 권리행사 방식에 대하여 규정하는 바가 없고, 소멸시효에도 걸리지 않는다고 규정하고 있는 이상 소유권자의 권리행사 방식에는 제한이 없다고 할 것이다. 소유권을 소멸시효 적용에서 제외한 민법 제162조 제2항은 민법이 개인의 소유권을 절대적으로 보장하기 위한 법률임을 직접적으로 보여주는 중요한 실정법적 근거이다. 소유권의 항구성

---

69) 대법원 2008.4.10 선고 2007다38908,38915 판결.

이 소유권이 소멸시효에 걸리지 않는 직접 근거라는 주장이 있는데,[70] 소유권만이 왜 항구성을 가지는지에 대한 구체적 설명이 있다면 그 구체적 설명이 근거가 되는 것이지 항구성이라는 표현 자체가 소유권이 소멸시효에 걸리지 않는 근거가 될 수 없다. 소유권에 항구성을 인정하여야 하는 이유로 소유권이 제한물권의 기반을 이루므로, 소유권의 항구성을 부인하면 소유권자의 생활을 위협하고, 제3자(예컨대, 저당권자 등의 제한물권자)에게 불이익이 발생하는 등의 문제가 생기기 때문이라고 설명하는 견해가 있다.[71]

2. 소유권에 기한 물권적 청구권

소유권에 기한 물권적 청구권이 소멸시효에 걸리는지의 여부에 대하여 "소유권에 기초한 물권적 청구권은 기초되는 소유권과 별개로 20년의 소멸시효에 걸린다"는 주장이 있다. 이렇게 해석하여야 매매를 원인으로 하여 소유권이전등기가 경료 된 후에 매매가 처음부터 무효임이 밝혀진 때에 매수인의 매매대금반환청구권과 매도인의 물권적 청구권이 모두 소멸시효로 소멸하게 되어 당사자 간에 형평을 기할 수 있다고 주장한다. 만약 물권적 청구권이 소멸시효로 소멸하지 않는다면 매수인의 매매대금반환청구권은 채권으로서 소멸시효에 걸려 소멸하므로 당사자 간에 불공평이 발생한다고 한다.[72]

부당한 주장이다. 소유권의 침해가 계속되고 있는 한 그 소유권의 효력으로서의 물권적 청구권은 언제나 발생하는 것이다. 매매계약의 원인무효를 이유로 소유권이전등기가 말소되거나 진정명의회복을 이유로 소유권이전당할 경우에는 매수인은 그로 인하여 발생한 부당이득반환청구권을 행사하거나 취득시효의 완성을 주장할 수 있을 것이다. 이러한 경우를 위한 제도가 부당이득반환제도와 취득시효제도이다. 소유권에 기한 물권적 청구권이 시효로 소멸한다면 소유권이 20년의 소멸시효에 걸리는 결과가 된다. 생각건대, 소유권에 기한 물권적 청구권은 그 자체가 소유권의 효력을 주장하는 소유권의 행사이므로 소유권과 분리할 수 없고, 따라서 소멸시효의 대상이 아니다. 판례도 소유권에 기한 물권적 청

---

70) 곽윤직, 「민법총칙 신정판」, 박영사(1995), 554면; 송덕수, 전게서, 499면.
71) 강태성, 「민법총칙 제6판」, 대명출판사(2016), 1023면.
72) 이영준, 「물권법 전정신판」, 박영사(2009), 53면.

구권 행사는 소유권의 효력을 주장하는 소유권의 행사 자체에 해당한다는 입장으로 볼 수 있다.[73]

Ⅳ. 제한물권, 제한물권에 기한 물권적 청구권

민법 제162조 제2항은 채권 및 소유권 이외의 재산권은 20년간 행사하지 않으면 소멸시효가 완성된다고 규정한다. 따라서 제한물권은 채권 및 소유권 이외의 재산권이므로 20년의 소멸시효에 걸린다. 제한물권에 기한 물권적 청구권은 소유권에 기한 물권적 청구권과 달리 소유권의 행사가 그 본질이 아니다. 소유권에 기한 물권적 청구권과 달리 보아야 한다. 따라서 제한물권에 기한 물권적 청구권은 그 본질이 청구권인 이상 10년의 소멸시효에 걸리는 것이 원칙일 것이다. 그러나 제한물권에 기한 물권적 청구권은 제한물권과 그 운명을 같이한다고 볼 것이다. 제한물권이 소멸하면 제한물권에 기한 물권적 청구권도 함께 소멸한다. 제한물권에 기한 물권적 청구권을 행사하는 것은 그 자체로서 제한물

---

73) 대법원 1979.2.13 선고 78다2412 판결: "채권담보의 목적으로 이루어지는 부동산 양도담보의 경우에 있어서 피담보채무가 변제된 이후에 양도담보권설정자가 행사하는 등기청구권은 양도담보권설정자의 실질적 소유권에 기한 물권적청구권이므로 따로이 시효소멸되지 아니한다."
대법원 1981.3.24 선고 80다1888,1889 판결: "공유물분할청구권은 공유관계에서 수반되는 형성권이므로 공유관계가 존속하는 한 그 분할청구권만이 독립하여 시효소멸될 수 없다."
대법원 1982.7.27 선고 80다2968 판결: "매매계약이 합의해제된 경우에도 매수인에게 이전되었던 소유권은 당연히 매도인에게 복귀하는 것이므로 합의해제에 따른 매도인의 원상회복청구권은 소유권에 기한 물권적 청구권이라고 할 것이고 이는 소멸시효의 대상이 되지 아니한다."
대법원 1991.11.26 선고 91다34387 판결: "부동산의 소유자 명의를 신탁한 자는 특별한 사정이 없는 한 언제든지 명의신탁을 해지하고 소유권에 기하여 신탁해지를 원인으로 한 소유권이전등기절차의 이행을 청구할 수 있는 것으로서, 이와 같은 등기청구권은 소멸시효의 대상이 되지 않는다."
대법원 1993.8.24 선고 92다43975 판결: "등기부가 멸실된 경우에는 멸실회복등기를 할 수가 있을 것이나 그 회복등기를 하지 아니하고 그 부동산에 관하여 매도인의 상속인 명의로 이미 소유권보존등기가 되어 있다면 매수인 또는 그 상속인은 위 매도인의 상속인을 상대로 위 등기의 멸실회복에 대신하여 소유권이전등기절차의 이행을 구할 수 있고 이는 진정한 명의의 회복을 구하는 것으로서 시효로 인하여 소멸하는 권리가 아니다."
이상의 판례들은 모두 소유권에 기한 물권적 청구권이 소유권의 효력을 주장하는 소유권 행사 자체이므로 소멸시효에 걸릴 수 없다고 한다.

권을 행사하는 것이 된다.[74)

전세권의 존속기간은 10년을 넘을 수 없다(제312조 제1항). 존속기간이 10년을 넘지 못하는 전세권은 20년의 소멸시효에 걸리는 일이 없다. 그러나 건물전세권의 경우 묵시적 갱신으로 20년 이상 존속할 수도 있으므로 20년의 소멸시효가 적용된다는 견해가 있다.[75) 전세권이든 지상권이든 일반적으로 존속기간이 소멸시효기간보다 길 때에는 소멸시효의 대상이 된다는 견해도 있다.[76) 지상권의 존속기간을 계약으로 정하지 아니한 때에는 그 기간이 제280조 제1항에 따라 30년, 15년, 5년으로 된다(제281조 제1항). 이에 따라 30년인 지상권은 20년의 소멸시효에 걸릴 수도 있다는 것이다. 법률에 의하여 존속기간이 보장된 권리를 소멸시효의 적용으로 단축하는 것은 법률에 근거가 없는 권리 제한으로 정당한 권리자를 보장하기 위한 법률인 민법의 해석으로 취할 바 못 된다. 따라서 건물전세권이든, 30년의 지상권이든 소멸시효와 무관하다고 볼 것이다.[77) 용익물권 가운데 지역권이 민법 제162조 제2항에 의해 20년의 소멸시효에 걸린다.

담보물권 중 질권과 저당권은 피담보채권이 소멸하면 소멸하고, 피담보채권이 존재하는 한 담보물권만 소멸시효로 소멸할 수 없다. 유치권은 점유가 유지되면 존재하고 점유를 상실하면 소멸하기 때문에 소멸시효와 무관하다. 담보물권은 소멸시효와 무관하다.

제한물권이 가지는 물권적 청구권은 소유권의 물권적 청구권을 준용한 것이다. 이에 소유권과 제한물권을 물권이라는 개념으로 묶고 물권적 청구권도 소유권에 기하든 제한물권에 기하든 같은 것으로 보는 견해가 있다.[78) 이 견해는 민법이 "각종의 물권에 관하여 명문의 규정으로 물권적 청구권을 인정하고 있으므로 현행법하에서는 그 이론적 근거를 논할 가치가 없으며 무의미하다"고 한다. 이 견해는 명문 규정으로 두고 있으므로 물권적 청구권의 이론적 근거를 논하는 것이 무가치·무의미하다고 하면서도 "질권에 관하여서만은 아무런 규정을

---

74) 이은영, 전게서, 756면.
75) 강태성, 전게서, 1024면.
76) 윤진수, 전게서, 421면.
77) 결론에서 같은 입장으로 고상룡, 「민법총칙 제3판」, 법문사(2003), 673면.
78) 곽윤직, 「물권법 신정판」, 박영사(1995), 41면.

두지 않았고, 또한 부동산임차권에 관하여서도 규정한 바 없다. 사견에 의하면, 질권에 관하여 물권적 청구권을 인정하는 데 이론상 어려움은 없다고 생각되며, 등기를 갖춘 부동산임차권은 물권적 방해제거청구권을 인정할 수 있을 것"이라고 한다.[79] 소유권의 본질은 지상권·전세권·지역권이나 저당권·질권·유치권과 완전히 다르다. 제한물권의 보호를 소유권에 기한 물권적 청구권을 준용하여 보호할 수는 있지만, 제한물권에 기한 물권적 청구권이 소유권에 기한 물권적 청구권과 본질적으로 같을 수 없다. "물권은 특정의 물건을 직접 지배해서 이익을 얻는 배타적 권리"[80]라고 설명하지만, 이 설명은 소유권에만 타당하다. 저당권은 목적물을 전혀 직접 지배하지 않는다. 전세권과 지상권도 전세계약과 지상권설정계약이라는 계약에 따라 그 이용범위가 제한되고, 소유권자의 권리를 배타적으로 완전히 배제할 수 없다. 권리질권, 재산권의 준점유(민법 제210조), 지장권·전세권을 담보설정 목적물로 하는 저당권(민법 제371조)은 물건을 대상으로 하지도 않는다. 소유권과 저당권 사이에는 등기로 공시된다는 것 외에는 공통점은 없고, 저당권은 소유권에 전적으로 의존할 뿐이다. 물권은 특정의 물건을 직접 지배해서 이익을 얻는 배타적 권리라는 개념은 제한물권의 법적 본질과 아무런 관계가 없다. 제한물권은 등기로 공시된다는 것을 빼면 소유권을 제외한 민법의 다른 권리와 그리 차이가 없으며, 그 차이는 상대적이고 양적인 것에 불과하다. 제한물권은 물건을 직접 지배하는 물권이 아니라 계약이나 법률의 규정에 의해 성립하는 민법상 다른 권리와 상대적이고 양적으로만 차이가 나는 일반적 권리인 것이다. 소유권에 기한 물권적 청구권을 준용한다고 하여도 소유권에 기한 물권적 청구권과는 다른 것으로 보아야 한다. 소유권에 기한 물권적 청구권은 소유권의 효력을 주장하는 소유권의 행사이지만, 제한물권에 기한 물권적 청구권은 채권적 청구권의 행사라고 보아야 한다. 소유권과 제한물권은 개별적으로 다루어야 하고, 소유권과 제한물권을 물권이라는 개념으로 포괄하는 것도 폐기하여야 한다. 소유권을 제외한 제한물권은 여러 형태로 창설하여도 아무런 문제가 없다. 제한물권은 제한물권을 이용하는 계약의 한 내용에 불과하고, 본질적

---

79) 곽윤직, 「물권법 신정판」, 박영사(1995), 41-42면.
80) 곽윤직, 「물권법 신정판」, 박영사(1994), 13면.

으로 채권의 일종이다. 이 점에서 물권법정주의 규정도 삭제하여야 한다.[81] 소유권에 기한 물권적 청구권에 의한 보호가 필요한 권리가 제한물권이든 채권이든 소유권에 기한 물권적 청구권을 준용하거나 해석으로 유추적용하는 것에 아무런 문제가 없다. 그러나 그 때의 물권적 청구권은 소유권에 기한 물권적 청구권과 본질이 같지는 않다. 청구권과 채권은 동의어이다. 채권이 10년의 소멸시효에 걸리면 청구권도 10년의 소멸시효에 걸린다. 제한물권에 기한 물권적 청구권도 10년의 소멸시효에 걸려야 하는데, 제한물권이 20년의 소멸시효에 걸리므로 독립하여 10년의 소멸시효에 걸리는 것이 아니라 제한물권과 운명을 같이 하여 20년의 소멸시효에 걸린다고 볼 것이다.

Ⅴ. 특허권, 상표권, 디자인권, 광업권, 어업권

이들 권리에 대하여는 근거 법률에서 존속기간을 정하고 있다. 특허법 제88조 20년, 상표법 제42조 10년, 디자인보호법 제81조 20년, 광업법 제12조 제1항 탐사권 7년, 광업법 제12조 제2항 채굴권 20년 미만, 수산업법 제14조 제1항 10년이다. 근거 법률이 권리의 존속기간을 정하고 있기 때문에 민법의 소멸시효 규정이 적용될 이유가 없다.

Ⅵ. 형 성 권

취소권, 해제권, 해지권 등은 일정한 계약상 권리 즉 채권을 전제로 존재하는 것이다. 따라서 그 계약상 권리, 채권이 10년의 시효로 소멸하면 이들 권리도 소멸한다. 예약완결권, 환매권의 경우 채권이므로 10년의 소멸시효에 걸린다. 형성권 개념은 민법해석에 필요 없다. 형성권 개념을 인정하고 있는 통설에 의하면 형성권은 소멸시효의 대상이 아니다. 그 이유는 형성권에 관하여

---

81) 이에 대하여 황태윤, "업종제한 분양계약과 물권법정주의", 법학연구 54집, 전북대학교 법학연구소(2017. 11.) 참고.

는 그 성질상 불행사라는 사실상태가 있을 수 없기 때문이다. 즉 형성권에 있어서는 권리자의 의사표시가 있으면 그것만으로써 목적인 법률효과가 생기는 것이고, 권리가 행사되었으나 목적을 달성하지 못한다는 상태는 논리적으로 생각할 수 없고, 권리불행사의 사실상태에 대한 중단이라는 시효제도에 있어서 가장 특징적인 것의 하나가 형성권에는 적용될 여지가 없기 때문이다. 따라서 이들 견해는 시효로 인하여라고 명언하고 있더라도 형성권에 관한 한 그 존속기간은 언제나 제척기간이라고 해석하는 것이 정당하다고 한다.82) 그러나 학자마다 형성권의 범위를 다르게 정하고 있는데, 이런 단정적 설명은 혼란만 야기한다. 형성권이라 해석되는 경우도 법률로 소멸시효를 정하는 것을 막을 이유가 없다.83)

판례는 매매예약의 완결권은 형성권이므로 그 권리의 행시기간에 관한 약정이 없는 경우에는 예약이 성립한 때부터 10년의 제척기간에 걸린다고 한다.84)

학설 중에는 형성권도 소멸시효에 걸리는 권리라고 하면 제162조 제2항에 의하여 20년의 소멸시효에 걸릴 것이라고 하는 견해가 있다.85) 이 견해들 중에는 제척기간의 취지가 권리관계를 속히 확정하려는 것이기 때문에 법률이 정한 형성권의 행사기간 내에 형성권 행사로 발생한 채권도 행사하여야 한다고 한다는 주장이 있다.86) 그러나 형성권행사의 결과로 발생하는 채권은 그 형성권의 행시기간이 법률로 정해졌다 하더라도 그 기간에 행사될 이유가 없다. 민법은

---

82) 곽윤직, 「민법총칙 신정판」, 박영사(1995), 556-557면.

83) 윤진수, 전게서, 427면.

84) 대법원 2003.1.10.선고 2000다26425 판결. 판례는 매매예약의 완결권의 행사기간을 약정한 경우에도 그 제척기간은 당초 권리의 발생일부터 10년간의 기간이 경과되면 만료된다고 한다(대법원 1995.11.10 선고 94다22682·22699 판결). 그냥 형성권이 아니라 채권이라고 하였으면 소멸시효 10년이었다.

85) 윤진수, 전게서, 428면; 이영준, 전게서, 697면(대신 실효의 요건을 갖추면 실효한다고 주장한다); 곽윤직, 전게서, 557면(형성권의 행사 결과 발생하는 원상회복청구권·부당이득반환청구권은 채권이므로 10년인데, 형성권의 소멸시효가 20년이고 형성권 행사로 발생하는 채권의 소멸시효가 10년이면 균형이 맞지 않는다고 하면서 존속기간이 정하여져 있지 않은 모든 형성권은 그 제척기간이 10년이고, 형성권 행사로 발생하는 권리의 행사도 그 안에 하여야 한다고 주장한다).

86) 곽윤직, 전게서, 558면; 곽윤직·김재형, 「민법총칙 제8판」, 박영사(2012), 427면; 김상용, 전게서, 731면; 김증한·김학동, 「민법총칙 9판」, 박영사(1995), 516면.

진정한 권리자를 보호하는 법률이므로 법적 근거도 없이 권리자의 권리를 부당하게 단축하는 것은 민법의 해석으로 옳지 않다. 판례에 따르면 환매권의 행사로 발생하는 소유권이전등기청구권은 일반채권과 같이 10년의 소멸시효기간이 진행한다.[87] 당연한 해석이다. 형성권 행사 여부의 확정과 그 행사의 효과로서 생기는 채권관계를 혼동할 이유가 없다.[88] 예컨대 취소권의 행사는 제척기간 내에 하게 함으로써 권리관계를 조속히 확정할 수 있고, 그 효과로서 생기는 부당이득반환청구권의 소멸시효는 취소권을 행사한 때부터 진행하는 것이다.[89] 판례도 같은 입장이다.[90]

Ⅶ. 항 변 권

쌍무계약에서 동시이행의 항변권(제536조), 보증채무에서 보증인의 최고·검색의 항변권은 그 근거인 계약상 권리, 즉 채권과 독립하여 존재할 수 없으므로 독자적으로 소멸시효에 걸리지 않는다.

Ⅷ. 기 타

1. 예탁금제 골프회원권에 기한 시설이용권과 예탁금반환청구권

대법원 2015.1.29 선고 2013다100750 판결: "이른바 예탁금제 골프회원권은 회원의 골프장 시설업자에 대한 회원가입계약상의 지위 내지 회원가입계약에

---

87) 대법원 1992.4.24 선고 92다4673 판결.
88) 김증한, 「민법논집」, 진일사(1978), 336-338면(취소권과 해지권은 예외); 윤진수, 전게서, 428면(형성권 행사의 결과 발생하는 권리가 제척기간 결정의 기준이 될 근거가 없음).
89) 이태재, 「민법총칙」, 법문사(1978), 368면.
90) 대법원 1992.10.13 선고 92다4666 판결: "징발재산정리에관한특별조치법 제20조 소정의 환매권은 일종의 형성권으로서 위 환매권은 재판상이든 재판외이든 그 제척기간 내에 이를 일단 행사하면 그 형성적 효력으로 매매의 효력이 생기는 것이고 그 후 다시 환매의 의사표시를 하였다고 하더라도 이미 발생한 환매의 효력에는 어떠한 영향을 미치는 것이 아니고, 또한 위 환매의 행사로 발생한 소유권이전등기청구권은 환매권을 행사한 때로부터 일반채권과 같이 민법 제162조 제1항 소정의 10년의 소멸시효기간이 진행된다."

의한 채권적 법률관계를 총체적으로 가리키는 것이고, 이러한 예탁금제 골프회원권을 가진 자는 회칙이 정하는 바에 따라 골프장 시설을 우선적으로 이용할 수 있는 권리인 시설이용권과 회원자격을 보증하는 소정의 입회금을 예탁한 후 회원을 탈퇴할 때 그 원금을 반환받을 수 있는 권리인 예탁금반환청구권과 같은 개별적인 권리를 가지는데, 그 중 개별적인 권리로서의 시설이용권이나 예탁금반환청구권은 채권으로서 소멸시효의 대상이 된다. 나아가 골프장 시설업자가 회원들이 골프장 시설을 이용할 수 있는 상태로 유지하고 있는 경우에는 골프장 시설업자가 회원에게 시설이용권에 상응하는 시설유지의무를 이행한 것으로 보아야 하므로 골프클럽의 회원이 개인적인 사정으로 골프장 시설을 이용하지 않는 상태가 지속된다는 사정만으로는 골프장 시설이용권의 소멸시효가 진행된다고 볼 수 없지만, 골프장 시설업자가 제명 또는 기존 사업자가 발행한 회원권의 승계거부 등을 이유로 회원의 자격을 부정하고 회원 자격에 기한 골프장 시설이용을 거부하거나 골프장 시설을 폐쇄하여 회원의 골프장 이용이 불가능하게 된 때부터는 골프장 시설업자의 골프장 시설이용의무의 이행상태는 소멸하고 골프클럽 회원의 권리행사가 방해받게 되므로 그 시점부터 회원의 골프장 시설이용권은 소멸시효가 진행하고, 위 시설이용권이 시효로 소멸하면 포괄적인 권리로서의 예탁금제 골프회원권 또한 더 이상 존속할 수 없다. 한편 예탁금반환청구권은 골프장 시설이용권과 발생 또는 행사요건이나 권리 내용이 달라서 원칙적으로는 시설이용권에 대한 소멸시효 진행사유가 예탁금반환청구권의 소멸시효 진행사유가 된다고 볼 수 없다. 예탁금반환청구권은 회칙상 이를 행사할 수 있는 기간이 경과하지 않으면 이를 행사할 수 없고 이를 행사할 것인지의 여부 또한 전적으로 회원 의사에 달린 것이므로, 임의 탈퇴에 필요한 일정한 거치기간이 경과한 후 탈퇴 의사표시를 하면서 예탁금반환청구를 하기 전에는 그 권리가 현실적으로 발생하지 않아 소멸시효도 진행되지 아니한다고 보아야 한다.”

2. 상행위인 근저당권설정약정에 기한 근저당권설정등기청구권

대법원 2004.2.13 선고 2002다7213 판결: “원심판결 이유에 의하면, 원심은 그 채용 증거들을 종합하여 그 판시와 같은 사실들을 인정한 다음, 상인인 피고가 사업자금의 조달을 위하여 차용한 금원을 담보하기 위하여 원고와의 사이에 한 근저당권설정약정은 보조적 상행위에 해당하므로 이 사건 근저당권설정등기청구권은 상법 소정의 5년의 소멸시효기간이 경과하여 소멸하였다고 판단하고, ‘위 근저당권설정약정의 피담보채권인 대여금채권에 관하여 소멸시효가 완성되지 아니한 이상 이 사건 근저당권설정등기청구권도 소멸하지 않는다'는 원고의 주장에 대하여는, 이 사건 등기청구권은 위 대여금채권과는 별개의 청구권으로서 시효기간 또한 독자적으로 진행된다고 할 것이라고 판단하여 원고의 위 주장을 배척하였는바, 원심의 위와 같은 인정 및 판단은 정당하고, 거기에 채증법칙을 위배하여 사실을 오인하거나, 등기청구권의 소멸시효 및 보조적 상 행위에 관한 법리를 오해한 위법이 있다고 볼 수 없다."

3. 학교법인에 의한 교육법에 위반한 당연무효 행위에 대한 취소권

<u>대법원 1989.4.11 선고 87다카131 판결</u>: "학생에 대한 학교의 편입학허가, 대학교졸업인정, 대학원입학, 공학석사학위 수여 등이 그 자격요건을 규정한 교육법 제111조, 제112조, 제115조에 위반되어 무효라면 이와 같은 당연무효의 행위를 학교법인이 취소하는 것은 그 편입학허가 등의 행위가 처음부터 무효이었음을 당사자에게 통지하여 확인시켜주는 것에 지나지 않으므로 여기에 신의칙 내지 신뢰의 원칙을 적용할 수 없고 그러한 뜻의 취소권은 시효로 인하여 소멸하지도 않으며 그와 같은 자격요건에 관한 흠은 학교법인이나 학생 또는 일반인들에 의하여 치유되거나 정당한 것으로 추인될 수 있는 성질의 것도 아니다."

제4절 소멸시효의 기산점

1. 민법 제166조 제1항 "소멸시효는 권리를 행사할 수 있는 때로부터 진행한다"고 규정하고 있고, 제2항은 "부작위를 목적으로 하는 채권의 소멸시효는 위반행위를 한 때로부터 진행한다"고 규정하고 있다. 소멸시효는 객관적으로 권리가 발생하고 그 권리를 행사할 수 있는 때부터 진행한다. 따라서 권리를 행사할 수 없는 동안은 소멸시효는 진행할 수 없다. 통설[91]·판례[92]에 따르면 '권리

---

91) 곽윤직, 전게서, 559면; 김증한, 「민법논집」, 진일사(1978), 339면.

92) 대법원 1992.3.31 선고 91다32053 전원합의체 판결: "소멸시효는 객관적으로 권리가 발생하여 그 권리를 행사할 수 있는 때로부터 진행하고 그 권리를 행사할 수 없는 동안만은 진행하지 않는바, '권리를 행사할 수 없는' 경우라 함은 그 권리행사에 법률상의 장애사유, 예

를 행사할 수 없는 때'라 함은 그 권리행사에 '법률상의 장애사유'[93]가 있는 경우이고, 사실상 장애는 시효진행에 영향이 없다. 기간의 미도래나 조건불성취 등이 법률상의 장애사유이다. 법률상 장애라도 권리자의 의사에 의하여 자신의 채무를 이행함으로써 해결될 수 있는 동시이행의 항변권,[94] 유치권, 보증인의 최고·검색의 항변권의 경우는 법률상의 장애가 아니다. 권리자인 제한능력자가 그의 법정대리인이 존재하지 않아서 권리를 행사하지 못하는 경우는 사실상 장애에 불과하다.[95] 그러나 이는 소멸시효의 정지사유이다(제179조). 그러나 법률이 권리자가 권리의 존재를 안 때부터 소멸시효가 진행한다고 규정하고 있는 경우(제766조)에는 그 규정에 의한다.

　　모든 권리의 행사는 소의 제기로 귀결된다. 따라서 '권리를 행사할 수 있는 때'란 소의 제기가 가능해진 때라고 해석해야 한다. 이에 따르는 판례들은 다음과 같다.

　　대법원 2002.2.8.선고 99다23901 판결: "대상청구권은 특별한 사정이 없는 한 매매 목적물의 수용 또는 국유화로 인하여 매도인의 소유권이전등기의무가 이행불능 되었을 때 매수인이 그 권리를 행사할 수 있다고 보아야 할 것이고 따라서 그 때부터 소멸시효가 진행하는 것이 원칙이라 할 것이나, 국유화가 된 사유의 특수성과 법규의 미비 등으로 그 보상금의 지급을 구할 수 있는 방법이나 절차가 없다가 상당한 기간이 지난 뒤에야 보상금청구의 방법과 절차가 마련된 경우라면, 대상청구권자로서는 그 보상금청구의 방법이 마련되기 전에는 대상청구권을 행사하는 것이 불가능하였던 것이고, 따라서 이러한 경우에는 보상금을 청구할 수 있는 방법이 마련된 시점부터 대상청구권에 대한 소멸시효가 진

컨대 기간의 미도래나 조건불성취 등이 있는 경우를 말하는 것이고, 사실상 권리의 존재나 권리행사가능성을 알지 못하였고 알지 못함에 과실이 없다고 하여도 이러한 사유는 법률상 장애사유에 해당하지 않는다."

93) 대법원 2007.8.23 선고 2007다28024,28031 판결: "건물에 관한 소유권이전등기청구권에 있어서 그 목적물인 건물이 완공되지 아니하여 이를 행사할 수 없었다는 사유는 법률상의 장애사유에 해당한다."

94) 대법원 1991.3.22 선고 90다9797 판결: "부동산에 대한 매매대금 채권이 소유권이전등기 청구권과 동시이행의 관계에 있다고 할지라도 매도인은 매매대금의 지급기일 이후 언제라도 그 대금의 지급을 청구할 수 있는 것이며, 다만 매수인은 매도인으로부터 그 이전등기에 관한 이행의 제공을 받기까지 그 지급을 거절할 수 있는 데 지나지 아니하므로 매매대금 청구권은 그 지급기일 이후 시효의 진행에 걸린다."

95) 대법원 1965.6.22 선고 65다775 판결.

행하는 것으로 봄이 상당할 것이다."

대법원 2003.4.8 선고 2002다64957,64964 판결: "소멸시효의 진행은 당해 청구권이 성립한 때로부터 발생하고 원칙적으로 권리의 존재나 발생을 알지 못하였다고 하더라도 소멸시효의 진행에 장애가 되지 않는다고 할 것이지만, 법인의 이사회결의가 부존재함에 따라 발생하는 제3자의 부당이득반환청구권처럼 법인이나 회사의 내부적인 법률관계가 개입되어 있어 청구권자가 권리의 발생 여부를 객관적으로 알기 어려운 상황에 있고 청구권자가 과실 없이 이를 알지 못한 경우에도 청구권이 성립한 때부터 바로 소멸시효가 진행한다고 보는 것은 정의와 형평에 맞지 않을 뿐만 아니라 소멸시효제도의 존재이유에도 부합한다고 볼 수 없으므로, 이러한 경우에는 이사회결의부존재확인판결의 확정과 같이 객관적으로 청구권의 발생을 알 수 있게 된 때로부터 소멸시효가 진행된다고 보는 것이 타당하다."

대법원 2004.12.10 선고 2003다33769 판결: "발행인에 대한 약속어음상의 청구권의 소멸시효는 만기의 날로부터 진행하는 것이 원칙이나, 그 약속어음이 수취인 겸 소지인의 발행인에 대한 장래 발생할 구상채권을 담보하기 위하여 발행된 것이라면, 소지인은 발행인에 대하여 구상채권이 발생하지 않은 기간 중에는 약속어음상의 청구권을 행사할 수 없고, 구상채권이 현실로 발생한 때에 비로소 이를 행사할 수 있게 되는 것이므로, 그 약속어음의 소지인의 발행인에 대한 약속어음상의 청구권의 소멸시효는 위 구상채권이 현실적으로 발생하여 그 약속어음상의 청구권을 행사하는 것이 법률적으로 가능하게 된 때부터 진행된다."

대법원 2005.12.23 선고 2005다59383,59390 판결: "보험금청구권은 보험사고가 발생하기 전에는 추상적인 권리에 지나지 아니할 뿐 보험사고의 발생으로 인하여 구체적인 권리로 확정되어 그때부터 그 권리를 행사할 수 있게 되는 것이므로, 특별한 다른 사정이 없는 한 원칙적으로 보험금액청구권의 소멸시효는 보험사고가 발생한 때로부터 진행한다고 해석해야 할 것이고, 다만 보험사고가 발생한 것인지의 여부가 객관적으로 분명하지 아니하여 보험금청구권자가 과실 없이 보험사고의 발생을 알 수 없었던 경우에도 보험사고가 발생한 때로부터 보험금청구권의 소멸시효가 진행한다고 해석하는 것은, 보험금청구권자에게 너무 가혹하여 사회정의와 형평의 이념에 반할 뿐만 아니라 소멸시효제도의 존재이유에 부합된다고 볼 수도 없으므로 이와 같이 객관적으로 보아 보험사고가 발생한 사실을 확인할 수 없는 사정이 있는 경우에는 보험금청구권자가 보험사고의 발생을 알았거나 알 수 있었던 때로부터 보험금액청구권의 소멸시효가 진행한다."

이러한 판례들의 입장, 즉 소의 제기가 가능한 시점부터 소멸시효가 진행된다는 이치가 원칙으로 확립되어야 함은 소권이 권리의 본질인 이상 명백하다 할 것이다.

2. 대법원판례의 변경으로 과거에 부인되었던 권리가 새로 인정된 경우에는 대법원판례가 변경된 때부터 소멸시효가 진행한다고 할 것이다. 대법원판례를 판례법으로 보아야 한다는 사견에 따른 것이다. 그러나 대법원판례는 법이 아니고 사실상 구속력만 가지는 것에 불과하다는 통설과 현재 판례의 태도에 의하면 대법원판례 변경은 소멸시효와 무관하다.[96] 독일의 경우 청구권을 부정하는 판례의 존재는 시효정지사유로 해당한다고 해석한다고 한다.[97]

3. 판례는 어떤 권리의 소멸시효기간이 얼마나 되는지에 관한 주장은 법률상의 주장에 불과하므로 변론주의 대상이 아니고 법원이 직권으로 판단할 수 있으나,[98] 소멸시효의 기산일은 채권의 소멸이라고 하는 법률효과 발생의 요건에 해당하는 소멸시효기간 계산의 시발점으로서 시효소멸 항변의 법률요건을 구성하는 구체적인 사실에 해당하므로 이는 변론주의의 적용대상이라고 한다. 따라서 본래의 소멸시효 기산일과 당사자가 주장하는 기산일이 서로 다른 경우에는 변론주의의 원칙상 법원은 당사자가 주장하는 기산일을 기준으로 소멸시효를 계산하여야 한다고 한다.[99] 그러나 변론주의가 적용되는 것은 소멸시효에 기한 항변권의 행사 여부까지이고, 기산일이 언제인지는 법원이 직권으로 정해야 한다. 소멸시효의 기산일이 민법의 규정이 아니라 대법원판례에 의해 대부분 정해지는데, 당사자가 주장하는 기산일이 대법원판례가 정하고 있는 기산일과 다르

---

96) 대법원 2010.9.9 선고 2008다15865 판결: "대법원이 2004.4.22 선고 2000두7735 전원합의체 판결로 임용기간이 만료된 국공립대학 교원에 대한 재임용거부처분에 대하여 이를 다툴 수 없다는 종전의 견해를 변경하였다고 하더라도, 그와 같은 대법원의 종전 견해는 국공립대학 교원에 대한 재임용거부처분이 불법행위임을 원인으로 한 손해배상청구에 대한 법률상 장애사유에 해당하지 아니한다."

97) 윤진수, 전게서, 464면.

98) 대법원 2008.3.27 선고 2006다70929 판결; 대법원 2013.2.15 선고 2012다68217 판결.

99) 대법원 2009.12 24 선고 2009다60244 판결: "이는 당사자가 본래의 기산일보다 뒤의 날짜를 기산일로 하여 주장하는 경우나 앞의 날짜로 기준으로 하는 경우 모두 같다."
대법원 1983.7.12 선고 83다카437 판결은 당사자가 소멸시효 기산일을 착오로 진술한 것으로 볼 여지가 있는 경우에는 법원은 그에 대하여 석명을 해야 한다는 입장이다.

다고 하여 이를 당사자 책임으로 떠넘기는 것은 부당한 처사이다. 구체적 기산일은 변론주의 대상이 아니다. 법원이 직권으로 판단할 법률문제이다.[100] 그러나 판례의 입장에 따라 판단하는 것이 옳다고 하면서, 그 근거로 '법원이 임의의 날짜를 기산일로 삼는다면 상대방이 불측의 이익을 입을 수 있기 때문'이라고 하는 견해가 있다.[101] 그러나 소멸시효의 기한 항변권 행사가 있으면 법원은 소멸시효의 기산일을 언제로 할지 변론준비기일이나 변론기일 과정에서 석명권의 행사를 통해 명백히 하면 되기 때문에 상대방이 불측의 이익을 입을 가능성은 없다.

4. 정지조건부 권리는 조건이 성취한 때부터 소멸시효가 진행된다. 확정기한이 있는 채권은 그 확정기한이 도래한 때가 기산점이다. 기한이 연기되면 연기된 기한이 기산점이 된다. 불확정기한부 채권은 권리자가 기한의 도래를 몰랐고, 또 모른 데 과실이 없었어도 기한이 객관적으로 도래한 때가 기산점이다. 일정한 사유가 발생하면 기한의 상실하고 채권자가 즉시 그 이행을 청구할 수 있다는 내용의 특약을 둔 경우 특약에 따라 일정한 사유가 발생한 때에 소멸시효가 진행된다.

5. 권리계속적 거래관계로 발생한 채권은 특약이 없는 한 개별적 채권이 발생한 때부터 개별적으로 소멸시효가 진행한다. 계속적 물품공급계약에 기하여 발생한 외상대금채권은 특별한 사정이 없는 한 개별 거래로 인한 각 외상대금채권이 발생한 때로부터 개별적으로 소멸시효가 진행하는 것이지 거래종료일부터 외상대금채권 총액에 대하여 한꺼번에 소멸시효가 기산한다고 할 수 없다.[102]

6. 기한의 정함이 없는 채권은 채권성립시부터 소멸시효가 진행한다는 것이 통설이다.[103] 만일 채권자가 이행을 청구하여 채무자가 지체에 빠지는 시점부터 소멸시효가 진행한다고 할 경우 채권자의 이행청구가 없으면 소멸시효는 영원히 진행되지 않는 결과를 피할 수 없기 때문을 그 이유로 한다. 지체책임은

---

100) 윤진수, 전게서, 475면.
101) 백태승, 「민법총칙 제7판」, 집현재(2016). 547면.
102) 대법원 2007.1.25 선고 2006다68940 판결.
103) 곽윤직, 전게서, 561면; 송덕수, 전게서, 507면.

이행청구를 받은 때부터 진다(제387조 제2항).

7. 청구 또는 해지통보를 한 후 일정한 기간이나 상당한 기간이 경과한 후에 비로소 청구할 수 있는 권리(제603조 제2항, 제635조, 제659조, 제660조 등)는 청구자나 해지통고를 할 수 있는 때로부터 그 유예기간이 경관한 때로부터 시효가 진행한다.[104] 독일민법 제199조는 이를 명확히 규정하고 있다.[105]

8. 기간의 약정이 없는 소비임치계약의 경우에는 임치인은 언제든지 목적물의 반환을 청구할 수 있기 때문에(제702조 단서), 임치인의 목적물 반환청구권의 소멸시효는 계약성립시부터 진행한다는 견해가 있다.[106] 기간의 약정이 있는 임치의 경우에도 임치인은 언제든지 계약을 해지할 수 있으므로(제698조), 목적물반환청구권의 소멸시효 기산점은 계약성립시라고 하는 견해도 있다.[107] 그러나 반환시기의 정함이 있든 없든 간에 임치인의 목적물 반환청구권의 소멸시효는 소비임치계약의 종료시부터 진행한다고 할 것이다. 법적 근거 없이 목적물 반환청구권의 행사기간을 소멸시효의 적용으로 단축할 이유가 없다. 계약관계의 종료로 인한 반환청구권은 계약관계의 종료시를 기준으로 10년의 소멸시효에 걸린다고 할 것이다. 소유권에 기한 물권적 청구권을 제외한 모든 청구권은 10년의 소멸시효에 걸린다고 할 것이므로 계약의 종료시를 반환청구권의 소멸시효 기산점으로 삼아도 아무런 문제가 없다.

9. 채무불이행으로 인한 손해배상청구권의 소멸시효는 채무불이행시로부터 진행한다.[108] 일설에 의하면 채무불이행에 의한 손해배상청구권은 본래의 채권

---

104) 고상룡, 전게서, 676면; 이은영, 전게서, 761면.
105) 백태승, 전게서, 547면.
106) 고상룡, 전게서, 676면; 윤진수, 전게서, 467면.
107) 김증한·주재황, 「주석 민법총칙(下)」, 한국사법행정학회(1979), 679면.
108) 대법원 1995.6.30 선고 94다54269 판결.
　　대법원 1990.11.9 선고 90다카22513 판결: "매매로 인한 부동산소유권이전채무가 이행불능됨으로써 매수인이 매도인에 대하여 갖게 되는 손해배상채권은 그 부동산소유권의 이전채무가 이행불능된 때에 발생하는 것이고 그 계약체결일에 생기는 것은 아니므로 위 손해배상채권의 소멸시효는 계약체결일 아닌 소유권이전채무가 이행불능된 때부터 진행한다." 대법원 2005.9.15 선고 2005다29474 판결: "소유권이전등기 말소등기의무의 이행불능으

의 변형물에 지나지 않으므로 본래의 채권을 행사할 수 있을 때부터 소멸시효가 진행된다고 한다.[109] 법적 근거가 없이 손해배상청구권자의 권리를 제한하는 해석이다. 손해배상청구권은 본래 계약상의 채권에 대한 채무불이행이 생긴 경우에 그 중요한 구제수단으로서 기능한다.[110] 채무불이행이라는 요건이 충족되어야 발생하는 손해배상청구권은 본래 채권의 변형물이 아니라 새로 발생한 청구권이다.

　　10. 민법 제766조 제1항은 불법행위로 인한 손해배상청구권은 피해자나 그 법정대리인이 그 손해 및 가해자를 안 날부터 3년간 이를 행사하지 아니하면 시효로 소멸한다고 규정하고 있다. 여기서 '손해 및 가해자를 안 날'이란 피해자나 그 법정대리인이 손해 및 가해자를 현실적이고도 구체적으로 인식한 날을 의미하며, 그 인식은 손해발생의 추정이나 의문만으로는 충분하지 않고, 손해의 발생사실뿐만 아니라 가해행위가 불법행위를 구성한다는 사실, 즉 불법행위의 요건사실에 대한 인식으로서 위법한 가해행위의 존재, 손해의 발생 및 가해행위와 손해 사이의 인과관계 등이 있다는 사실까지 안 날을 뜻한다. 그리고 피해자 등이 언제 불법행위의 요건사실을 현실적이고도 구체적으로 인식한 것으로 볼 것인지는 개별 사건의 여러 객관적 사정을 참작하고 손해배상청구가 사실상 가능하게 된 상황을 고려하여 합리적으로 인정하여야 하고, 손해를 안 시기에 대한 증명책임은 소멸시효 완성으로 인한 이익을 주장하는 자에게 있다. 민법 제766조 제2항에 의하면, 불법행위를 한 날부터 10년을 경과한 때에도 손해배상청구권이 시효로 소멸한다고 규정되어 있는데, 가해행위와 이로 인한 손해의 발생 사이에 시간적 간격이 있는 불법행위에 기한 손해배상청구권의 경우, 위와 같은 장기소멸시효의 기산점이 되는 '불법행위를 한 날'은 객관적·구체적으로 손해가 발생한 때, 즉 손해의 발생이 현실적인 것으로 되었다고 할 수 있을 때를 의미하고,

---

　　　로 인한 전보배상청구권의 소멸시효는 말소등기의무가 이행불능 상태에 돌아간 때로부터
　　　진행된다. 소유권이전등기 말소등기의무가 이행불능이 됨으로 말미암아 그 권리자가 입는
　　　손해액은 원칙적으로 그 이행불능이 될 당시의 목적물의 시가 상당액이다."
109) 곽윤직, 전게서, 561면.
110) 고상룡, 전게서, 667면; 김상용, 전게서, 818면.

그 발생 시기에 대한 증명책임은 소멸시효의 이익을 주장하는 자에게 있다.[111]

11. 과세처분이 부존재하거나 당연무효인 경우에 이 과세처분에 의하여 납세의무자가 납부하거나 징수당한 오납금은 국가가 법률상 원인 없이 취득한 부당이득에 해당하고, 이러한 오납금에 대한 납세의무자의 부당이득반환청구권은 처음부터 법률상 원인이 없이 납부 또는 징수된 것이므로 납부 또는 징수시에 발생하여 확정된다. 과세처분의 하자가 중대하고 명백하여 당연무효에 해당하는 여부를 당사자로서는 현실적으로 판단하기 어렵다거나, 당사자에게 처음부터 과세처분의 취소소송과 부당이득반환청구소송을 동시에 제기할 것을 기대할 수 없다고 하여도 이러한 사유는 법률상 장애사유가 아니라 사실상의 장애사유에 지나지 않는다. 과세처분의 취소를 구하였으나 재판과정에서 그 과세처분이 무효로 밝혀졌다고 하여도 그 과세처분은 처음부터 무효이고 무효선언으로서의 취소판결이 확정됨으로써 비로소 무효로 되는 것은 아니므로 오납시부터 그 반환청구권의 소멸시효가 진행한다.[112]

12. 집합건물의 하자보수에 갈음한 손해배상청구권의 소멸시효기간은 각 하자가 발생한 시점부터 별도로 진행한다.[113]

---

111) 대법원 2013.7.12 선고 2006다17539 판결.
112) 대법원 1992.3.31 선고 91다32053 전원합의체 판결.
　　대법원 2005.1.27 선고 2004다50143 판결: "지방재정법 제87조 제1항에 의한 변상금부과처분이 당연무효인 경우에 이 변상금부과처분에 의하여 납부자가 납부하거나 징수당한 오납금은 지방자치단체가 법률상 원인 없이 취득한 부당이득에 해당하고, 이러한 오납금에 대한 납부자의 부당이득반환청구권은 처음부터 법률상 원인이 없이 납부 또는 징수된 것이므로 납부 또는 징수시에 발생하여 확정되며, 그 때부터 소멸시효가 진행한다."
113) 대법원 2009.2.26 선고 2007다83908 판결.

제5절 소멸시효기간

Ⅰ. 채권 기타 재산권의 소멸시효

채권은 10년간 행사하지 아니하면 소멸시효가 완성한다(제162조 제1항). 채권 및 소유권 이외의 재산권은 20년간 행사하지 아니하면 소멸시효가 완성한다(제162조 제2항). 상행위로 생긴 채권(상사채권)의 소멸시효는 5년이다(상법 제64조).[114]

대법원 1969.1.28 선고 68다305 판결: "주식회사 이사의 임무해태로 인한 회사의 손해배상청구권은 일반 소멸시효기간인 10년이 지나야 소멸시효가 완성한다."

대법원 1977.9.13 선고 77다832 판결: "10년의 소멸시효를 주장하고 있다 하더라도 지방자치단체에 대한 금전의 지급을 목적으로 하는 채권의 소멸시효기간은 5년이므로 이에 따른 소멸시효완성 여부를 심리하여야 한다."

대법원 1994.1.11 선고 93다32958 판결: "공동의 불법행위로 피해자에게 가한 손해를 연대하여 배상할 책임이 있는 공동불법행위자 중의 1인과 체결한 보험계약에 따라 보험자가 피해자에게 그 손해배상금을 보험금액으로 모두 지급함으로써 공동불법행위자들이 공동면책된 경우에, 보험금액을 지급한 보험자는 상법 제682조 소정의 보험자대위에 의하여 그 공동불법행위자가 공동면책됨으로써 다른 공동불법행위자의 부담부분에 대하여 행사할 수 있는 구상권을 취득한다. 위 구상권의 소멸시효의 기산점과 그 기간은 대위에 의하여 이전되는 권리자체를 기준으로 판단하여야 하며 위와 같은 구상권은 그 소멸시효에 관하여 법률에 따로 정한 바가 없으므로 일반원칙으로 돌아가 일반채권과 같이 그 소멸시효는 10년으로 완성된다고 해석함이 상당하고 그 기산점은 구상권이 발생한 시점, 즉 구상권자가 현실로 피해자에게 지급한 때이다."

대법원 2001.4.24 선고 2001다6237 판결: "물상보증은 채무자 아닌 사람이 채무자를 위하여 담보물권을 설정하는 행위이고 채무자를 대신해서 채무를 이

---

114) 대법원 1966.6.28 선고 66다790 판결: "상법 제64조에 의하여, 상행위로 인한 채권의 소멸시효에 관하여 다른 법령에 상사시효보다 단기의 시효규정이 있는 때에는 그 규정에 의하는바, 영화상영계약상의 필름상영료채권이 민법 제164조의 채권에 해당되어 1년의 단기소멸시효에 의하여 소멸되는 것이라면, 상사시효에 관한 규정을 적용할 것이 아니라 1년의 단기시효규정을 적용하여야 한다."

행하는 사무의 처리를 위탁받는 것이 아니므로, 물상보증인이 변제 등에 의하여 채무자를 면책시키는 것은 위임사무의 처리가 아니고 법적 의미에서는 의무 없이 채무자를 위하여 사무를 관리한 것에 유사하다. 따라서 물상보증인의 채무자에 대한 구상권은 그들 사이의 물상보증위탁계약의 법적 성질과 관계없이 민법에 의하여 인정된 별개의 독립한 권리이고, 그 소멸시효에 있어서는 민법상 일반채권에 관한 규정이 적용된다."

대법원 2005.11.10 선고 2004다22742 판결: "상법 제64조의 상사시효제도는 대량, 정형, 신속이라는 상거래 관계 특유의 성질에 기인한 제도임을 고려하면, 상인이 그의 영업을 위하여 근로자와 체결하는 근로계약은 보조적 상행위에 해당한다고 하더라도, 근로자의 근로계약상의 주의의무 위반으로 인한 손해배상청구권은 상거래 관계에 있어서와 같이 정형적으로나 신속하게 해결할 필요가 있다고 볼 것은 아니므로 특별한 사정이 없는 한 5년의 상사 소멸시효기간이 아니라 10년의 민사 소멸시효기간이 적용된다."

대법원 2007.5.31 선고 2007다248 판결: "신용협동조합 이사장의 조합에 대한 임무해태로 인한 손해배상책임은 일반 불법행위책임이 아니라 위임관계로 인한 채무불이행책임이므로 그 소멸시효기간은 일반채무의 경우와 같이 10년이라고 보아야 할 것인바, 위 법리에 비추어 보면, 피고 1의 한림신협에 대한 임무해태로 인한 손해배상책임은 채무불이행책임으로서 그 소멸시효기간은 10년이다."

대법원 2008.3.27 선고 2006다70929,70936 판결: "어떤 권리의 소멸시효기간이 얼마나 되는지에 관한 주장은 단순한 법률상의 주장에 불과하므로 변론주의의 적용대상이 되지 않고 법원이 직권으로 판단할 수 있다 할 것이다."

대법원 2009.7.9 선고 2009다23313 판결: "부동산 실권리자명의 등기에 관한 법률 시행 전에 명의수탁자가 명의신탁 약정에 따라 부동산에 관한 소유명의를 취득한 경우 위 법률의 시행 후 같은 법 제11조의 유예기간이 경과하기 전까지 명의신탁자는 언제라도 명의신탁 약정을 해지하고 당해 부동산에 관한 소유권을 취득할 수 있었던 것으로, 실명화 등의 조치 없이 위 유예기간이 경과함으로써 같은 법 제12조 제1항, 제4조에 의해 명의신탁 약정은 무효로 되는 한편, 명의수탁자가 당해 부동산에 관한 완전한 소유권을 취득하게 된다 할 것인데, 같은 법 제3조 및 제4조가 명의신탁자에게 소유권이 귀속되는 것을 막는 취지의 규정은 아니므로 명의수탁자는 명의신탁자에게 자신이 취득한 당해 부동산을 부당이득으로 반환할 의무가 있다 할 것인바, 이와 같은 경위로 명의신탁자가 당해 부동산의 회복을 위해 명의수탁자에 대해 가지는 소유권이전등기청구권은 그 성질상 법률의 규정에 의한 부당이득반환청구권으로서 민법 제162조 제1항에 따라 10년의 기간이 경과함으로써 시효로 소멸한다."

대법원 2010.9.9 선고 2010다28031 판결: "금전채무에 대한 변제기 이후의 지연손해금은 금전채무의 이행을 지체함으로 인한 손해의 배상으로 지급되는 것이므로, 그 소멸시효기간은 원본채권의 그것과 같다. 상법 제487조 제1항에 '사채의 상환청구권은 10년간 행사하지 아니하면 소멸시효가 완성한다', 같은 조 제3항에 '사채의 이자와 전조 제2항의 청구권은 5년간 행사하지 아니하면 소멸시효가 완성한다'고 규정하고 있고, 이미 발생한 이자에 관하여 채무자가 이행을 지체한 경우에는 그 이자에 대한 지연손해금을 청구할 수 있으므로, 사채의 상환청구권에 대한 지연손해금은 사채의 상환청구권과 마찬가지로 10년간 행사하지 아니하면 소멸시효가 완성하고, 사채의 이자에 대한 지연손해금은 사채의 이자와 마찬가지로 5년간 행사하지 아니하면 소멸시효가 완성한다."

대법원 2012.5.10 선고 2012다4633 판결: "임대인 甲 주식회사와 임차인 乙 주식회사 사이에 체결된 건물임대차계약이 종료되었는데도 乙 회사가 임차건물을 무단으로 점유·사용하자 甲 회사가 乙 회사를 상대로 부당이득반환을 구한 경우, 乙 회사는 甲 회사에 대하여 임차건물의 점유·사용으로 인한 차임 상당의 부당이득금을 반환할 의무가 있는데, 주식회사인 甲 회사, 乙 회사 사이에 체결된 임대차계약은 상행위에 해당하지만 계약기간 만료를 원인으로 한 부당이득반환채권은 법률행위가 아닌 법률규정에 의하여 발생하는 것이고, 발생 경위나 원인 등에 비추어 상거래 관계에서와 같이 정형적으로나 신속하게 해결할 필요성이 있는 것도 아니므로, 특별한 사정이 없는 한 10년의 민사소멸시효가 적용된다고 할 것이다."

대법원 2013.11.28 선고 2012다202383 판결: "건설공사에 관한 도급계약이 상행위에 해당하는 경우 그 도급계약에 기한 수급인의 하자담보책임은 상법 제64조 본문에 의하여 원칙적으로 5년의 소멸시효에 걸리는 것으로 보아야 하고, 이때 신축건물의 하자보수에 갈음한 손해배상청구권의 소멸시효기간은 그 권리를 행사할 수 있는 때라고 볼 수 있는, 그 건물에 하자가 발생한 시점부터 진행한다."

Ⅱ. 3년의 단기소멸시효에 걸리는 채권(제163조)

1. 이자, 부양료, 급료, 사용료 기타 1년 이내의 기간으로 정한 금전 또는 물건 의 지급을 목적으로 한 채권[115]

　민법 제163조 제1호에서 3년의 단기소멸시효에 걸리는 것으로 규정한 '1년 이내의 기간으로 정한 채권'이란 1년 이내의 정기로 지급되는 채권을 말한다. 정수기 대여계약에 기한 월 대여료 채권,[116] 1개월 단위로 지급되는 집합건물의 관리비채권[117]이 여기에 해당한다. 이자채권이라고 하더라도 1년 이내의 정기에 지급하기로 한 것이 아닌 이상 위 규정 소정의 3년의 단기소멸시효에 걸리는 것이 아니다.[118]

　은행이 그 영업행위로서 한 대출금에 대한 변제기 이후의 지연손해금은 민법 제163조 제1호 소정의 단기소멸시효 대상인 이자채권이나, 불법행위로 인한 손해배상 채권에 관한 민법 제766조 제1항 소정의 단기소멸시효의 대상이 아니고, 상

---

115) 대법원 1980.2.12 선고 79다2169 판결: "민법 제163조 1호의 이자, 부양료, 급료, 사용료 기타 1년 이내의 기간으로 정한 금전 도는 물건의 지급을 목적으로 하는 채권이라 함은, 1년 이내의 정기에지급되는 채권을 의미하는 것이고 변제기가 1년 이내의 채권이라는 의미가 아니다. 따라서 변제기가 1년 이내라도 1회의 변제로서 소멸되는 소비대차의 원리금채권은 이에 포함되지 않는다."
　대법원 1991.5.14 선고 91다7156 판결: "변제기 이후에 지급하는 지연이자는 금전채무의 이행을 지체함으로 인한 손해배상금이지 이자가 아니고, 또 민법 제163조 1호 소정의 1년 이내의 기간으로 정한 채권도 아니므로 단기소멸시효의 대상이 되는 것도 아니다."
　대법원 1980.2.12 선고 79다2169 판결: "은행이 그 영업행위로써 한 대출금에 대한 변제기 이후의 지연손해금에는 상행위로 인한 채권에 관하여 적용될 5년간의 소멸시효를 규정한 상법 제64조가 적용된다."
116) 대법원 2013.7.12 선고 2013다20571 판결은 甲 주식회사와 乙이 체결한 정수기 대여계약에 기한 월 대여료 채권의 소멸시효 기간이 문제 된 사안에서, 위 대여계약은 갑 회사가 보유하는 정수기를 그 사용을 원하는 乙 등 불특정 다수를 대상으로 대여하기 위하여 체결한 것으로서 본질이 리스물건의 취득 자금에 대한 금융 편의 제공이 아니라 리스물건의 사용 기회 제공에 있는 점, 위 대여계약에서 월 대여료는 甲 회사가 乙에게 제공하는 취득 자금의 금융 편의에 대한 원금의 분할변제와 이자·비용 등의 변제 성격을 가지는 것이 아니라 정수기의 사용대가인 점 등에 비추어 위 대여계약은 금융리스에 해당한다고 볼 수 없으므로, 위 대여계약에 기한 월 대여료 채권은 민법 제163조 제1호에 정한 '사용료 기타 1년 이내의 기간으로 정한 금전의 지급을 목적으로 한 채권'으로서 소멸시효 기간은 3년이라는 이유로, 이와 달리 소멸시효 기간이 5년이라고 본 원심판결을 파기한 사례이다.
117) 대법원 2007.2.22 선고 2005다65821 판결.
118) 대법원 1996.9.20 선고 96다25302 판결.

행위로 인한 채권에 해당하므로 상법 제64조 5년의 소멸시효가 적용된다.[119]

근로기준법 제49조는 임금채권의 시효기간을 3년으로 정하고 있다.

2. 의사, 조산사, 간호사 및 약사의 치료, 근로 및 조제에 관한 채권

"의사, 조산사, 간호사, 약사"에는 같은 업무를 행하는 법인과 무자격자의 의료비채권도 포함한다. '의사'에 수의사가 포함된다는 견해,[120] '치료', '조제'라고 용어를 확대해석하여 의료행위 전반이라고 해석하는 견해[121]도 있으나 법적 근거 없이 정당한 권리자의 권리행사를 제한하는 것이라 부당하다. 사람을 상대로 치료를 하지 않는 수의사의 채권을 의사의 치료비 채권처럼 단기소멸시효로 제한할 이유가 없다. 직접적인 치료에 관한 채권이 아니라 건강검진 등과 같은 의료 '서비스는 이 규정의 적용을 받지 않는다.

장기간 입원치료를 받는 경우에 관하여 특약이 없는 한 의사와 환자 사이의 치료가 모두 끝난 시점에 소멸시효가 기산된다고 볼 것이다. 입원기간은 치료 과정으로 볼 것이기 때문이다. 그러나 판례는 개개의 진료가 종료될 때마다 각각의 당해 진료에 필요한 비용의 이행기가 도래하여 그에 대한 소멸시효가 진행된다는 입장이다.[122] 판례와 같은 견해도 있다.[123] 치료행위가 종료할 때마다 치료비를 청구하라는 것은 형식논리이다. 판례의 태도는 정당한 권리자의 권리행사를 형식논리로 단축하는 것에 불과하다.

---

119) 대법원 1979.11.13 선고 79다1453 판결.
　　대법원 1998.11.10 선고 98다42141 판결: "금전채무의 이행지체로 인하여 발생하는 지연손해금은 그 성질이 손해배상금이지 이자가 아니며, 민법 제163조 제1호가 규정한 '1년 이내의 기간으로 정한 채권'도 아니므로 3년간의 단기소멸시효의 대상이 되지 아니한다."
120) 고상룡, 전게서, 737면; 곽윤직, 전게서, 564면; 장격학, 전게서, 717면.
121) 백태승, 전게서, 549면.
122) 대법원 2001.11.9 선고 2001다52568 판결: "민법 제163조 제2호 소정의 '의사의 치료에 관한 채권'에 있어서는, 특약이 없는 한 그 개개의 진료가 종료될 때마다 각각의 당해 진료에 필요한 비용의 이행기가 도래하여 그에 대한 소멸시효가 진행된다. 장기간 입원 치료를 받는 경우는 특약이 없는 한 입원 치료 중에 환자에 대하여 치료비를 청구함에 아무런 장애가 없으므로 퇴원시부터 소멸시효가 진행된다고 볼 수 없다. 환자가 수술 후 후유증으로 장기간 입원 치료를 받으면서 병원을 상대로 의료과오를 원인으로 한 손해배상청구 소송을 제기하였다 하더라도, 그러한 사정만으로는 환자를 상대로 치료비를 청구하는 데 법률상으로 아무런 장애가 되지 아니하므로 치료비 채권의 소멸시효가 퇴원시부터 진행한다거나 위 손해배상청구 소송이 종결된 날로부터 진행한다고 볼 수는 없다."
123) 이영준, 전게서, 764면; 윤진수, 전게서, 445면.

3. 도급받은 자,[124] 기사 기타 공사의 설계 또는 감독에 종사하는 자의 공사에 관한 채권

판례는 '공사에 관한 채권'에는 도급받은 공사채권 뿐만 아니라 그 공사에 부수되는 채권도 포함되고, 민법상 전형계약인 도급계약만을 뜻하는 것이 아니고 광범위하게 공사의 완성을 맡은 것으로 볼 수 있는 경우까지 포함된다고 한다. 이에 따라 택지조성공사 이외에 부수적으로 각종의 신청사무가 포함되어 있는 계약에 따른 보수청구가 도급받은 자의 공사에 관한 채권에 해당한다는 입장이다.[125] 그러나 판례처럼 확장 해석할 근거는 없다. 단기소멸시효는 도급계약에 한정하여 적용되어야 할 것이고, 각종 신청업무에 따른 채권은 용역에 대한 별도의 채권으로 보아야 한다. 부수적 채권은 그 채권의 성질에 따라 별도로 소멸시효 기간이 정해질 것이다. 공사에 관한 채권이지 공사와 관련한 일체의 채권이 될 수 없다. 수급인의 채권이어야 하므로 도급인이 수급인에 대해 가지는 공사의 過給金返還請求權은 여기에 포함되지 않는다.[126] 도급을 주는 자와 도급받은 자 사이의 채권만 해당하기 때문에, 도급받은 자에게 공용된 자가 도급받은 자에게 가지는 채권은 여기에 포함되지 않는다.[127] 설계에 종사하는 자의 공사에 관한 채권에 대한 판례로 대법원 2005.1.14 선고 2002다57119 판결이 있다.[128] 시효의 기산점에 관하여 공사의 종료시라는 견해가 있으나 목적물의 인

---

124) 수급인인 건설회사의 도급인에 대한 공사대금채권은 상거래에 관한 것이지만 제163조 제3호의 도급받은 자 등의 공사에 관한 채권에 속하므로, 5년이 아닌 3년의 단기소멸시효에 걸린다.
125) 대법원 1987.6.23 선고 86다카2549 판결.
　　대법원 1980.6.24 선고 80다943 판결: "민법 제163조 각 호에 규정된 채권은 지방재정법 제53조 소정의 5년보다 더 짧은 3년의 단기소멸시효에 걸리는 것이고, 이는 동조 소정의 다른 법률에 특별한 규정이 있는 경우이므로, 지방자치단체와 체결한 공사계약에 기하여 동 지방자치단체에 대해 청구하는 공사금채권이 (구)지방재정법 제53조 소정의 채권이라 할지라도 이에는 민법 제163조의 단기소멸시효에 관한 규정이 적용된다."
126) 대법원 1963.4.18 선고 63다925 판결.
127) 김증한·주재황, 「주석 민법총칙(下)」, 한국사법행정학회(1979), 664면.
128) 대법원 2005.1.14 선고 2002다57119 판결: "우수현상광고의 광고자로서 당선자에게 일정한 계약을 체결할 의무가 있는 자가 그 의무를 위반함으로써 계약의 종국적인 체결에 이르지 않게 되어 상대방이 그러한 계약체결의무의 채무불이행을 원인으로 하는 손해배상을 청구한 경우 그 손해배상청구권은 계약이 체결되었을 경우에 취득하게 될 계약상의 이행청

도를 요할 경우 목적물의 인도 후로 보아야 할 것이다. 동시이행의 항변권과 같이 채무자의 의사에 의하여 제거할 수 있는 사유는 소멸시효의 진행에 장애가 되지 않는 것이라고 주장하나,[129] 동시이행의 항변권은 주로 미이행 쌍무계약 관계에서 문제되는 경우이고, 건물을 완공한 경우의 보수지급청구권 문제는 건물의 사실상 소유자가 누가 될 것이냐의 문제를 결정하는 중대한 성질의 것이므로 이렇게 가볍게 볼 것이 아니다. 동시이행관계로 볼 수 있는 사안이라고 모든 사안의 무게가 동일한 것이 될 수 없다 하겠다.

4. 변호사, 변리사, 공증인, 공인회계사 및 법무사에 대한 직무상 보관한 서류의 반환을 청구하는 채권

의사, 조산사, 간호사 및 약사의 경우와 달리 면허 없이 위의 업무를 수행하는 자들의 동종의 채권은 10년의 소멸시효에 걸린다고 할 것이다.[130]

5. 변호사, 변리사, 공증인, 공인회계사 및 법무사의 직무에 관한 채권

6. 생산자 및 상인이 판매한 생산물 및 상품의 대가

상법 제64조 소정의 5년의 소멸시효가 적용되는 사안이지만, 본호의 시효가 더 단기이므로 상법 제64조 단서에 의하여 본호가 적용된다. 본호가 적용되는 생산자는 영리의 목적으로 계속적·반복적으로 생산하여야 한다. 생산물에 널리 상품적 가치를 가지는 재화도 포함된다는 견해가 있다.[131] 상인은 상법상의 상인을 뜻한다.

구권과 실질적이고 경제적으로 밀접한 관계가 형성되어 있기 때문에, 그 손해배상청구권의 소멸시효기간은 계약이 체결되었을 때 취득하게 될 이행청구권에 적용되는 소멸시효기간에 따른다. 우수현상광고의 당선자가 광고주에 대하여 우수작으로 판정된 계획설계에 기초하여 기본 및 실시설계계약의 체결을 청구할 수 있는 권리를 가지고 있는 경우, 이러한 청구권에 기하여 계약이 체결되었을 경우에 취득하게 될 계약상의 이행청구권은 '설계에 종사하는 자의 공사에 관한 채권으로서 이에 관하여는 민법 제163조 제3호 소정의 3년의 단기소멸시효가 적용되므로, 위의 기본 및 실시설계계약의 체결의무의 불이행으로 인한 손해배상청구권의 소멸시효 역시 3년의 단기소멸시효가 적용된다.″

129) 김증한·주재황, 전계서, 664면; 윤진수, 전계서, 446면.
130) 김증한·주재황, 전계서, 665면.
131) 김증한·주재황, 전계서, 668면.

대법원 2014.10.6 선고 2013다84940 판결: "전기업자가 공급하는 전력의 대가인 전기요금채권은 민법 제163조 제6호의 '생산자 및 상인이 판매한 생산물 및 상품의 대가'에 해당하므로, 3년간 이를 행사하지 아니하면 소멸시효가 완성된다."

7. 수공업자 및 제조자의 업무에 관한 채권

생산자가 아닌 수공업자, 생산자가 아닌 제조자 모두 불가능한 표현이다.

Ⅲ. 1년 단기소멸시효

민법 제164조는 1년의 단기소멸시효에 걸리는 채권을 규정하고 있다.

1. 여관, 음식점, 대석, 오락장의 숙박료, 음식료, 대석료, 입장료, 소비물의 대가 및 체당금의 채권
2. 의복, 침구, 장구 기타 동산의 사용료의 채권
3. 노역인, 연예인의 임금 및 그에 공급한 물건의 대금채권[132]
4. 학생 및 수업자의 교육, 의식 및 유숙에 관한 교주, 숙주, 교사의 채권

대법원 2013.11.14 선고 2013다65178 판결: "일정한 채권의 소멸시효기간에 관하여 이를 특별히 1년의 단기로 정하는 민법 제164조는 그 각 호에서 개별적으로 정하여진 채권의 채권자가 그 채권의 발생원인이 된 계약에 기하여 상대방에 대하여 부담하는 반대채무에 대하여는 적용되지 아니한다. 따라서 그 채권의 상대방이 그 계약에 기하여 가지는 반대채권은 원칙으로 돌아가, 다른 특별한 사정이 없는 한 민법 제162조 제1항에서 정하는 10년의 일반소멸시효기간의 적용을 받는다."

---

132) 대법원 1981.12.22 선고 80다1363 판결: "민법 제164조 제3호 소정의 단기소멸시효의 적용을 받는 노임채권이라도 채권자와 채무자 사이에 이 노임채권에 관하여 준소비대차의 약정이 있었다면, 이 채권은 준소비대차상의 채권으로서 일반시효에 관한 규정의 적용을 받는다. 따라서 준소비대차계약이 상인인 채무자가 영업을 위하여 한 상행위로 인정된다면 이에 의하여 새로 발생한 채권은 상사채권으로서 5년의 상사시효의 적용을 받는다."

Ⅳ. 판결 등에 의하여 확정된 채권의 소멸시효

판결에 의하여 확정된 채권은 단기의 소멸시효에 해당한 것이라도 그 소멸시효는 10년으로 한다(제165조 제1항). 파산절차에 의하여 확정된 채권 및 재판상의 화해, 조정 기타 판결과 동일한 효력이 있는 것에 의하여 확정된 채권도 같다(제165조 제2항). 10년보다 장기의 소멸시효가 판결에 의하여 확정되었다 하여 10년으로 단축되는 것이 아니고, 본래 소멸시효의 대상이 아닌 권리가 확정판결을 받음으로써 10년의 소멸시효에 걸리게 되는 것도 아니다.[133] 확정된 지급명령은 확정판결과 동일한 효력이 인정되기 때문에, 지급명령이 확정된 채권에는 10년의 소멸시효가 적용된다.[134] 민사소송법 제220조 인낙조서도 같다.

판결확정 당시에 변제기가 도래하지 아니한 채권에는 위 규정들이 적용하지 아니한다(제165조 제3항). 제165조 제3항에 의하여 기한부채권에 관하여 기한이 도래하기 전에 확정판결을 받은 경우의 채권에는 10년의 소멸시효 규정이 적용되지 않는다. 상식에 어긋나는 부분이다. 소멸시효 완성을 걱정하여 미리 확정판결을 받은 자를 제165조 제1항, 제2항으로 보호하지 않는 것은 있을 수 없는 일이다. 제165조 제3항은 위헌으로 반드시 삭제하여야 한다. 독일민법 제218조는 변제기가 도래하지 아니한 정기금부채권에 관하여만 기간연장의 효과를 부정하고 있다고 한다.[135]

대법원 1986.11.25 선고 86다카1569 판결: "민법 제165조가 판결에 의하여

---

133) 대법원 1981.3.24 선고 80다1888,1889 판결.

134) 대법원 2009.9.24 선고 2009다39530 판결: "민사소송법 제474조, 민법 제165조 제2항에 의하면, 지급명령에서 확정된 채권은 단기의 소멸시효에 해당하는 것이라도 그 소멸시효기간이 10년으로 연장된다. 유치권이 성립된 부동산의 매수인은 피담보채권의 소멸시효가 완성되면 시효로 인하여 채무가 소멸되는 결과 직접적인 이익을 받는 자에 해당하므로 소멸시효의 완성을 원용할 수 있는 지위에 있다고 할 것이나, 매수인은 유치권자에게 채무자의 채무와는 별개의 독립된 채무를 부담하는 것이 아니라 단지 채무자의 채무를 변제할 책임을 부담하는 점 등에 비추어 보면, 유치권의 피담보채권의 소멸시효기간이 확정판결 등에 의하여 10년으로 연장된 경우 매수인은 그 채권의 소멸시효기간이 연장된 효과를 부정하고 종전의 단기소멸시효기간을 원용할 수는 없다."

135) 윤진수, 전게서, 460면.

확정된 채권, 판결과 동일한 효력이 있는 것에 의하여 확정된 채권은 단기의 소멸시효에 해당한 것이라도 그 소멸시효는 10년으로 한다고 규정하는 것은 당해 판결등의 당사자 사이에 한하여 발생하는 효력에 관한 것이고 채권자와 주채무자 사이의 판결등에 의해 채권이 확정되어 그 소멸시효가 10년으로 되었다 할지라도 위 당사자 이외의 채권자와 연대보증인사이에 있어서는 위 확정판결 등은 그 시효기간에 대하여는 아무런 영향도 없고 채권자의 연대보증인의 연대보증채권의 소멸시효기간은 여전히 종전의 소멸시효기간에 따른다. 보증채무가 주채무에 부종한다 할지라도 보증채무는 주채무와는 별개의 독립된 채무의 성질이 있고 민법 제440조가 주채무자에 대한 시효의 중단은 보증인에 대하여 그 효력이 있다라고 규정하고 있으나 이는 보증채무의 부종성에 기한 것이라기보다는 채권자보호 내지 채권담보의 확보를 위한 특별규정으로서 이 규정은 주채무자에 대한 시효중단의 사유가 발생 하였을 때는 그 보증인에 대한 별도의 중단조치가 이루어지지 아니하여도 동시에 시효중단의 효력이 생기도록 한 것에 불과하고 중단된 이후의 시효기간까지가 당연히 보증인에게도 그 효력을 미치는 것은 아니다."[136]

대법원 2014.6.12 선고 2011다76105 판결: "보증채무는 주채무와는 별개의 독립한 채무이므로 보증채무와 주채무의 소멸시효기간은 채무의 성질에 따라 각각 별개로 정해진다. 그리고 주채무자에 대한 확정판결에 의하여 민법 제163조 각 호의 단기소멸시효에 해당하는 주채무의 소멸시효기간이 10년으로 연장된 상태에서 주채무를 보증한 경우, 특별한 사정이 없는 한 보증채무에 대하여는 민법 제163조 각 호의 단기소멸시효가 적용될 여지가 없고, 성질에 따라 보증인에 대한 채권이 민사채권인 경우에는 10년, 상사채권인 경우에는 5년의 소멸시효기간이 적용된다."[137]

---

136) 참고 판례로 대법원 2002.5.14 선고 2000다62476 판결: "보증채무에 대한 소멸시효가 중단되었다고 하더라도 이로써 주채무에 대한 소멸시효가 중단되는 것은 아니고, 주채무가 소멸시효 완성으로 소멸된 경우에는 보증채무도 그 채무 자체의 시효중단에 불구하고 부종성에 따라 당연히 소멸된다."

137) 건설자재 등 판매업을 하는 甲이 乙 주식회사를 상대로 제기한 물품대금 청구소송에서 甲 승소판결이 확정된 후 丙이 乙 회사의 물품대금채무를 연대보증한 사안에서, 상인인 甲이 상품을 판매한 대금채권에 대하여 丙으로부터 연대보증을 받은 행위는 반증이 없는 한 상행위에 해당하고, 따라서 甲의 丙에 대한 보증채권은 특별한 사정이 없는 한 상사채권으로서 소멸시효기간은 5년이라고 한 사례이다.

제6절 소멸시효의 중단

I. 의 의

권리의 불행사라는 사실상태가 소멸시효의 완성 시점에 다가가는 과정을 소멸시효의 진행이라 한다. 소멸시효의 진행을 방해하는 것에 중단과 정지가 있다. 중단은 소멸시효가 진행하는 도중에 권리자가 청구를 하거나 의무자가 의무를 승인하여 소멸시효의 기초가 유지되지 않는 사정이 발생하여 더 이상 소멸시효를 진행시킬 이유가 없어진 경우를 말한다. 즉 권리의 불행사라는 사실상태에 부딪히는 일정한 사실이 발생하면 소멸시효의 진행은 중단되고, 이미 경과한 시효기간의 효력은 소멸되는 것이다. 소멸시효가 중단되면 그 때부터 소멸시효는 새로이 다시 진행하게 된다(제178조). 중단과 달리 정지란 시효가 완성될 무렵에 권리자가 중단행위를 할 수 없거나 극히 곤란한 사정이 있는 경우 시효의 완성을 일정 기간 유예하는 것을 말한다.

소멸시효중단 사유는 변론주의의 대상이어서 당사자의 주장이 없으면 법원이 직권으로 판단할 수 없다. 시효중단 사유의 주장·증명책임은 시효완성을 다투는 당사자가 진다. 주장책임의 정도는 시효가 중단되었다는 명시적인 주장을 필요로 하는 것은 아니고 중단사유에 속하는 사실(청구, 압류·가압류·가처분, 승인)만 주장하면 주장책임을 다한 것으로 본다.[138]

II. 소멸시효 중단 사유

소멸시효의 중단사유에는 ① 청구, ② 압류 또는 가압류, 가처분, ③ 승인이 세 가지가 있다(제168조).

---

138) 대법원 1997.4.25 선고 96다46484 판결.

1. 청 구

청구라 함은 권리자가 시효로 인하여 이익을 얻을 자에 대하여 자신의 권리를 주장하는 재판상 및 재판외의 행위를 총칭하는 말이다. 민법은 시효중단의 효력을 발생시키는 청구의 유형으로 재판상 청구(제170조), 파산절차참가(제171조), 지급명령(제172조), 화해를 위한 소환과 임의출석(제173조), 최고(제174조) 5가지를 규정하고 있다.

가. 재판상 청구

재판상 청구는 소를 제기하는 것을 말한다. 소장을 법원에 제출할 때 시효중단의 효력이 발생한다(민사소송법 제265조). 이미 사망한 자를 피고로 하여 제기된 소와 같이 소제기에 하자가 중대한 경우 시효중단효력은 생기지 않는다.[139] 그러나 행정소송으로 제기할 것으로 민사소송으로 제기한 경우나 사해행위취소소송을 당사자적격이 없는 채무자만을 상대로 제기한 경우에는 시효중단의 효력이 발생한다고 할 것이다.[140] 행정소송과 민사소송의 구분은 판사나 변호사에게도 매우 어려운 문제이다.[141] 소송형식의 선택의 어려움은 법제정을 담당한 국회와 소송절차운영을 담당하고 있는 법원의 잘못으로 발생한 것이므로 소송제도를 이용하는 시민에게 그 위험을 떠넘기는 것은 있을 수 없다. 사해행위취소소송의 당사자적격은 민법, 민사소송법, 민사집행법에 나와 있지 않다. 실정법만으로는 당사자적격부터 판결주문 및 집행방법까지 채권자취소권의 내용을 아

---

139) 대법원 2014.2.27 선고 2013다94312 판결: "이미 사망한 자를 피고로 하여 제기된 소는 부적법하여 이를 간과한 채 본안 판단에 나아간 판결은 당연무효로서 그 효력이 상속인에게 미치지 않고, 채권자의 이러한 제소는 권리자의 의무자에 대한 권리행사에 해당하지 않으므로, 상속인을 피고로 하는 당사자표시정정이 이루어진 경우와 같은 특별한 사정이 없는 한, 거기에는 애초부터 시효중단 효력이 없어 민법 제170조 제2항이 적용되지 않는다고 봄이 타당하고, 법원이 이를 간과하여 본안에 나아가 판결을 내린 경우에도 마찬가지라고 보아야 한다."

140) 이와 달리 행정소송으로 제소할 것을 민사소송으로 제소한 경우와 당사자적격 없는 채무자만을 상대로 한 제기한 사해행위취소의 소는 시효중단의 효력이 생기지 않아야 한다는 주장으로 양창수, 「민법연구(4)」, 박영사(1997), 90면. 사해행위취소소송에서 민법의 역할은 거의 전무하다. 그것이 전적으로 판례법에 의존한 체계임은 주지의 사실이다.

141) 이와 관련하여 황태윤, "행정사건의 전속관할성에 관한 연구", 홍익법학 17권 4호, 홍익대학교 법학연구소(2016.12) 참고.

무 것도 파악할 수 없다. 소송이 각하되거나 기각 또는 취하된 경우에는 시효중단의 효력이 없다(제170조 제1항). 다만 위와 같은 사유가 발생하여도 다시 6월내에 재판상의 청구, 파산절차참가, 압류·가압류·가처분을 하면 시효는 최초의 재판상 청구로 인하여 중단된 것으로 본다(제170조 제2항). 재판상의 청구로 인하여 중단한 시효는 재판이 확정된 때로부터 새로이 진행한다.

　　재판상 청구가 시효중단의 효력을 발생하려면 그 청구 당시의 채권자 또는 그 채권을 행사할 권능을 가진 자가 이 청구를 하여야 한다.[142] 재판상 청구이면 본소이든 반소이든 이행의 소이든 확인의 소이든 형성의 소이든 상관없다.[143] 구상금청구에 보조참가하는 경도 재판상 청구에 해당한다.[144] 재심대상의 소를 제기한 때가 아니라 재심의 소를 제기한 때부터 시효가 중단된다.

　　원고가 시효완성을 주장하며 제기한 채무부존재확인소송에서 피고가 응소하는 과정에서 자신의 권리를 적극적으로 주장한 경우도 재판상 청구로 본다. 피고가 청구기각판결을 구하는 답변서 또는 준비서면을 제출한 때 또는 변론에서 그러한 주장을 하였을 때 시효중단의 효력이 생긴다. 원고가 소를 제기한 때로 소급하지 않는다.[145] 권리자인 피고가 응소하여 권리를 주장하였으나 그 소

---

142) 대법원 1963.11.28 선고 63다654 판결: "재판상 청구가 시효중단의 효력을 발생하려면 그 청구 당시의 채권자 또는 그 채권을 행사할 권능을 가진 자가 이 청구를 하여야 하는바, 특약에 의하여 양도금지되어 있는 채권을 양도한 사람은 채권자 또는 그 채권행사를 할 권능을 가진 자라 할 수 없으므로 그러한 양수인이 채권자의 대리인으로서가 아니라 채권양수인으로서 재판상 청구를 한 경우에는 시효중단의 효력이 발생치 않는다."
　　대법원 2005.11.10 선고 2005다41818 판결: "대항요건을 갖추지 못하여 채무자에게 대항하지 못한다고 하더라도 채권의 양수인이 채무자를 상대로 재판상의 청구를 하였다면 이는 소멸시효중단사유인 재판상의 청구에 해당한다."

143) 대법원 1979.7.10 선고 79다569 판결: "재판상의 청구라 함은 시효취득의 대상인 목적물의 인도 내지는 소유권존부확인이나 소유권에 관한 등기청구소송은 말할 것도 없고 소유권 침해의 경우에 그 소유권을 기초로 하여 하는 방해배제 및 손해배상 또는 부당이득반환 청구소송도 이에 포함된다고 해석함이 옳다."

144) 대법원 2014.4.24 선고 2012다105314 판결: "원고차량 보험자인 현대해상화재보험 주식회사는 원고에게 보험 약정에 따라 치료비를 지급한 후 피고를 상대로 구상금청구의 소를 제기하였다. 원고는 현대해상 측 보조참가인으로 참가하여 피고 과실의 존부 및 그 범위에 관하여 적극적으로 다툰 경우 재판상 권리를 주장하여 권리 위에 잠자는 것이 아님을 표명한 것으로 보기에 충분하므로 이 사건 소멸시효는 원고의 보조참가로 인해 중단되었다."

145) 대법원 2005.12.23 선고 2005다59383·59390 판결.

가 각하되거나 취하되는 등의 사유로 본안에서 그 권리주장에 관한 판단 없이 소송이 종료된 경우에도 민법 제170조 제2항을 유추적용하여 그때부터 6월 이 내에 재판상의 청구 등 다른 시효중단조치를 취하면 응소시에 소급하여 시효중 단의 효력이 있다. 시효중단의 주장은 반드시 응소시에 할 필요는 없고 소멸시 효기간이 만료된 후라도 사실심 변론종결 전에는 언제든지 할 수 있다.[146] 판례 는 직접 채무자에 대한 응소행위여야 한다는 제한을 두고 있다.[147]

채권자가 동일한 목적을 달성하기 위하여 복수의 채권을 갖고 있는 경우, 채권자로서는 그 선택에 따라 권리를 행사할 수 있되, 그 중 어느 하나의 청구를 한 것만으로는 다른 채권 그 자체를 행사한 것으로 볼 수는 없으므로, 특별한 사정이 없는 한 그 다른 채권에 대한 소멸시효 중단의 효력은 없다. 채무불이행 으로 인한 손해배상청구권에 대한 소멸시효 항변이 불법행위로 인한 손해배상 청구권에 대한 소멸시효 항변을 포함한 것으로 볼 수 없다.[148] 부당이득반환청 구의 소를 제기하였다고 하여 이로써 채무불이행으로 인한 손해배상청구권의 소멸시효가 중단될 수 없다.[149] 채권자가 채무자를 상대로 공동불법행위자에 대한 구상금 청구의 소를 제기하였다고 하여 이로써 채권자의 사무관리로 인한 비용상환청구권의 소멸시효가 중단될 수 없다.[150] 상법 제399조에 기한 손해배 상청구의 소를 제기하였다고 하여 이로써 일반 불법행위로 인한 손해배상청구 권의 소멸시효가 중단될 수는 없다.[151]

원고가 피고를 상대로 채권자가 동일한 목적을 달성하기 위하여 복수의 채

---

146) 대법원 2010.8.26 선고 2008다42416,42423 판결.
147) 대법원 2004.1.16 선고 2003다30890 판결: "타인의 채무를 담보하기 위하여 자기의 물건에 담보권을 설정한 물상보증인은 채권자에 대하여 물적 유한책임을 지고 있어 그 피담보채권의 소멸에 의하여 직접 이익을 받는 관계에 있으므로 소멸시효의 완성을 주장할 수 있는 것이지 만, 채권자에 대하여는 아무런 채무도 부담하고 있지 아니하므로, 물상보증인이 그 피담보채 무의 부존재 또는 소멸을 이유로 제기한 저당권설정등기 말소등기절차이행청구소송에서 채 권자 겸 저당권자가 청구기각의 판결을 구하고 피담보채권의 존재를 주장하였다고 하더라도 이로써 직접 채무자에 대하여 재판상 청구를 한 것으로 볼 수는 없는 것이므로 피담보채권의 소멸시효에 관하여 규정한 민법 제168조 제1호 소정의 '청구'에 해당하지 아니한다."
148) 대법원 1998.5.29 선고 96다51110 판결.
149) 대법원 2011.2.10 선고 2010다81285 판결.
150) 대법원 2001.3.23 선고 2001다6145 판결.
151) 대법원 2002.6.14 선고 2002다11441 판결.

권을 가지고 이를 행사하는 경우 각 채권이 발생시기와 발생원인 등을 달리하는 별개의 채권인 이상 별개의 소송물에 해당하므로, 이에 대하여 채무자가 소멸시효 완성의 항변을 하는 경우에 그 항변에 의하여 어떠한 채권을 다투는 것인지 특정하여야 하고 그와 같이 특정된 항변에는 특별한 사정이 없는 한 청구원인을 달리하는 채권에 대한 소멸시효 완성의 항변까지 포함된 것으로 볼 수는 없다. 그러나 채권자가 동일한 목적을 달성하기 위하여 복수의 채권을 가지고 있더라도 선택에 따라 어느 하나의 채권만을 행사하는 것이 명백한 경우라면 채무자의 소멸시효 완성의 항변은 채권자가 행사하는 당해 채권에 대한 항변으로 봄이 타당하다.[152]

특정이 가능한 일부에 관하여만 청구를 하고 나머지 부분에 관하여는 청구를 하지 않은 경우 나머지 부분에 대한 시효중단의 효력이 발생하지 않는다. 일부만 청구한 경우에도 전체적인 취지로 보아 채권 전부에 관하여 판결을 구하는 것으로 해석되는 경우에는 그 전부에 관하여 시효중단의 효력이 발생한다.[153] 불법행위로 인한 손해배상청구의 경우 적극적 손해·소극적 손해·위자료가 각각 별개의 권리로 보는 판례는 위자료만 청구한 경우 적극적 손해나 소극적 손해에 대한 시효중단의 효력이 없다고 한다.[154]

어음·수표법상 상환청구권에 관하여는 소송고지가 시효중단의 효력이 있음을 명문으로 규정되어 있다(어음법 제80조, 수표법 제64조). 어음을 상실하여 공시최고 신청을 함으로써 제권판결을 얻는 것은 어음채권에 대한 중단사유가 된다.[155] 만기는 기재되어 있으나 지급지, 지급을 받을 자 등과 같은 어음요건이 백지인 약속어음의 소지인이 그 백지 부분을 보충하지 않은 상태에서 어음금을 청구하는 것은 어음상의 청구권에 관하여 잠자는 자가 아님을 객관적으로 표명한 것이고 그 청구로써 어음상의 청구권에 관한 소멸시효는 중단된다. 이 경우 백지에 대한 보충권은 그 행사에 의하여 어음상의 청구권을 완성시키는 것에 불

---

152) 대법원 2013.2.15 선고 2012다68217 판결.
153) 대법원 1992.4.10 선고 91다43695 판결.
154) 대법원 2012.11.15 선고 2010두15469 판결.
155) 대법원 1967.4.25 선고 67다75 판결.

과하여 그 보충권이 어음상의 청구권과 별개로 독립하여 시효에 의하여 소멸한다고 볼 것은 아니므로 어음상의 청구권이 시효중단에 의하여 소멸하지 않고 존속하고 있는 한 이를 행사할 수 있다.[156] 원인채권의 지급을 확보하기 위한 방법으로 어음이 수수된 경우에 원인채권과 어음채권은 별개로서 채권자는 그 선택에 따라 권리를 행사할 수 있고, 원인채권에 기하여 청구를 한 것만으로는 어음채권 그 자체를 행사한 것으로 볼 수 없어 어음채권의 소멸시효를 중단시키지 못한다. 원인채권의 지급을 확보하기 위한 방법으로 어음이 수수된 경우, 이러한 어음은 경제적으로 동일한 급부를 위하여 원인채권의 지급수단으로 수수된 것으로서 그 어음채권의 행사는 원인채권을 실현하기 위한 것일 뿐만 아니라, 원인채권의 소멸시효는 어음금 청구소송에 있어서 채무자의 인적항변 사유에 해당하는 관계로 채권자가 어음채권의 소멸시효를 중단하여 두어도 채무자의 인적항변에 따라 그 권리를 실현할 수 없게 되는 불합리한 결과가 발생하게 되므로, 채권자가 원인채권에 기하여 청구를 한 것이 아니라 어음채권에 기하여 청구를 하는 반대의 경우에는 원인채권의 소멸시효를 중단시키는 효력이 있다고 봄이 상당하고, 이러한 법리는 채권자가 어음채권을 피보전권리로 하여 채무자의 재산을 가압류함으로써 그 권리를 행사한 경우에도 마찬가지로 적용된다.[157]

위법한 행정처분의 취소를 구하는 행정소송이나 형사재판은 私法상의 권리행사로 볼 수 없다하여 시효중단사유가 되지 못한다는 것이 통설 및 판례이다.[158] 그러나 근로자가 민사소송으로 해고의 무효확인 및 임금의 지급을 청구

---

156) 대법원 2010.5.20 선고 2009다48312 전원합의체판결: "지급지 및 지급을 받을 자 부분이 백지로 된 약속어음의 소지인이 그 지급기일로부터 3년이 경과한 후에야 위 백지 부분을 보충하여 발행인에게 지급제시를 하였으나 그 소지인이 위 약속어음의 지급기일로부터 3년의 소멸시효기간이 완성되기 전에 그 어음금을 청구하는 소를 제기한 이상 이로써 위 약속어음상의 청구권에 대한 소멸시효는 중단되었다고 한 사례이다.

157) 대법원 1999.6.11 선고 99다16378 판결.

158) 대법원 1999.3.12 선고 98다18124 판결: "형사고소 및 그에 기한 형사재판의 개시가 있어도 배상명령을 신청한 것이 아닌 한 시효중단사유인 재판상의 청구에 해당되지 않는다."
대법원 1992.3.31 선고 91다32053 전원합의체 판결: "일반적으로 위법한 행정처분의 취소, 변경을 구하는 행정소송은 사권을 행사하는 것으로 볼 수 없으므로 사권에 대한 시효중단사유가 되지 못하는 것이나, 다만 오납한 조세에 대한 부당이득반환청구권을 실현하기 위한 수단이 되는 과세처분의 취소 또는 무효확인을 구하는 소는 행정소송이기는 하지만 조세환급을 구하는 부당이득반환청구권의 소멸시효중단사유인 재판상 청구에 해당한다."

할 수 있으나 부당노동행위에 대한 노동위원회에 구제신청을 한 후 노동위원회의 구제명령 또는 기각결정에 대하여 행정소송에서 다투는 경우는 소멸시효 중단사유인 '재판상 청구'에 해당한다.[159]

> 대법원 2004.2.13 선고 2002다7213 판결: "근저당권설정 약정에 의한 근저당권설정등기청구권이 그 피담보채권이 될 채권과 별개로 소멸시효에 걸린다. 원고의 근저당권설정등기청구권의 행사는 그 피담보채권이 될 금전채권의 실현을 목적으로 하는 것으로서, 근저당권설정등기청구의 소에는 그 피담보채권이 될 채권의 존재에 관한 주장이 당연히 포함되어 있는 것이고, 피고로서도 원고가 원심에 이르러 금전지급을 구하는 청구를 추가하기 전부터 피담보채권이 될 금전채권의 소멸을 항변으로 주장하여 그 채권의 존부에 관한 실질적 심리가 이루어져 그 존부가 확인된 이상, 그 피담보채권이 될 채권으로 주장되고 심리된 채권에 관하여는 근저당권설정등기청구의 소의 제기에 의하여 피담보채권이 될 채권에 관한 권리의 행사가 있은 것으로 볼 수 있으므로, 근저당권설정등기청구의 소의 제기는 그 피담보채권의 재판상의 청구에 준하는 것으로서 피담보채권에 대한 소멸시효 중단의 효력을 생기게 한다고 봄이 상당하다."

> 대법원 2009.2.12 선고 2008다84229 판결: "아파트입주자대표회의가 직접 하자보수에 갈음한 손해배상청구의 소를 제기하였다가 구분소유자들로부터 손해배상채권을 양도받아 양수금청구를 하는 것으로 청구원인을 변경한 사안에서, 소를 제기한 때가 아니라 청구원인을 변경하는 취지의 준비서면을 제출한 때에 소멸시효 중단의 효과가 발생한다."

> 대법원 2009.2.12 선고 2008두20109 판결: "채권양도 후 대항요건이 구비되기 전의 양도인은 채무자에 대한 관계에서는 여전히 채권자의 지위에 있으므로 채무자를 상대로 시효중단의 효력이 있는 재판상의 청구를 할 수 있고, 이 경우 양도인이 제기한 소송중에 채무자가 채권양도의 효력을 인정하는 등의 사정으로 인하여 양도인의 청구가 기각됨으로써 민법 제170조 제1항에 의하여 시효중단의 효과가 소멸된다고 하더라도, 양도인의 청구가 당초부터 무권리자에 의한 청구로 되는 것은 아니므로, 양수인이 그로부터 6월 내에 채무자를 상대로 재판상의 청구 등을 하였다면, 민법 제169조 및 제170조 제2항에 의하여 양도인의 최초의 재판상 청구로 인하여 시효가 중단된다."[160]

---

159) 대법원 2012.2.9 선고 2011다20034 판결.
160) 하천구역으로 편입되어 국유로 된 제외지의 구 소유자가 서울시를 상대로 제기한 손실보상금 청구를 채권양도 후 대항요건이 구비되기 전의 청구로 보아, 그 청구가 기각되어 시효중

대법원 2010.6.24 선고 2010다17284 판결: "원고가 채권자대위권에 기해 청구를 하다가 당해 피대위채권 자체를 양수하여 양수금청구로 소를 변경한 사안에서, 이는 청구원인의 교환적 변경으로서 채권자대위권에 기한 구 청구는 취하된 것으로 보아야 하나, 그 채권자대위소송의 소송물은 채무자의 제3채무자에 대한 계약금반환청구권인데 위 양수금청구는 원고가 위 계약금반환청구권 자체를 양수하였다는 것이어서 양 청구는 동일한 소송물에 관한 권리의무의 특정승계가 있을 뿐 그 소송물은 동일한 점, 시효중단의 효력은 특정승계인에게도 미치는 점, 계속 중인 소송에 소송목적인 권리 또는 의무의 전부나 일부를 승계한 특정승계인이 소송참가하거나 소송인수한 경우에는 소송이 법원에 처음 계속된 때에 소급하여 시효중단의 효력이 생기는 점, 원고는 위 계약금반환채권을 채권자대위권에 기해 행사하다 다시 이를 양수받아 직접 행사한 것이어서 위 계약금반환채권과 관련하여 원고를 '권리 위에 잠자는 자'로 볼 수 없는 점 등에 비추어 볼 때, 당초의 채권자대위소송으로 인한 시효중단의 효력이 소멸하지 않는다."

나. 파산절차참가

파산절차참가라함은 채권자가 파산재단에 그의 채권을 신고하여 배당에 참가하는 것을 말한다. 파산절차참가는 채권자의 적극적 권리행사로 채권자의 채권신고에 의하여 작성된 채권표는 확정판결과 동일한 효력이 있다. 파산절차참가는 채권자가 이를 취소하거나 그 청구가 각하된 때에는 시효중단의 효력이 없다(제171조). 민법 제171조는 파산절차참가는 채권자가 이를 취소하거나 그 청구가 각하된 때에는 시효중단의 효력이 없다고 규정하고 있는바, 채권조사기일에서 파산관재인이 신고채권에 대하여 이의를 제기하거나 채권자가 법정기간 내에 파산채권 확정의 소를 제기하지 아니하여 배당에서 제척되었다고 하더라도 그것이 위 규정에서 말하는 '그 청구가 각하된 때'에 해당한다고 볼 수는 없고, 따라서 파산절차참가로 인한 시효중단의 효력은 파산절차가 종결될 때까지 계속 존속한다.[161] 채권자가 직접 파산신청을 한 경우, 강제집행에서 배당요구를

단의 효력이 소멸하였다고 하더라도 그로부터 6월내에 구 소유자의 승계인인 위 토지에 관한 권리의 매수인이 손실보상금을 청구한 이상, 구 소유자의 소제기로 인하여 시효가 중단되었다고 본 사례.

161) 대법원 2005.10.28 선고 2005다28273 판결.

한 경우,[162] 채무자회생파산법에 의한 회생절차 참가, 개인회생참가도 파산절차 참가에 준하여 시효중단의 효과가 인정된다고 볼 것이다.

다. 지급명령

지급명령은 채권자가 금전 기타 대체물이나 유가증권의 일정한 수량을 지급받을 목적으로 채무자에게 금전 기타 대체물이나 유가증권의 일정한 수량을 지급받을 목적으로 채무자에게 지급명령을 내려 줄 것을 법원에 신청하고, 법원이 이 신청에 의하여 지급을 명하는 명령을 하는 재판을 말한다(민사소송법 제462조 이하). 지급명령신청서를 관할법원에 제출하였을 때 시효가 중단된다. 법원의 지급명령을 송달받은 채무자가 2주일 이내에 이의하면 지급명령은 실효되고, 소송절차로 옮겨가게 되는데, 이 경우에도 지급명령을 신청한 때에 소를 제기한 것으로 보기 때문에 시효중단의 효력에는 변화가 없다. 지급명령의 신청은 그 신청이 취하 또는 각하된 때에는 시효중단의 효력이 없다. 지급명령 사건이 채무자의 이의신청으로 소송으로 이행되는 경우에 지급명령에 의한 시효중단의 효과는 소송으로 이행된 때가 아니라 지급명령을 신청한 때에 발생한다.[163]

라. 화 해

화해(민사소송법 제385조)를 위한 소환은 상대방이 출석하지 아니 하거나 화해가 성립되지 아니한 때에는 1월내에 소를 제기하지 아니하면 시효중단의 효력이 없다. 임의출석의 경우에 화해가 성립되지 아니한 때에도 그러하다(제173조). 민사조정법 제35조 제1항은 민사조정법상 조정신청은 시효중단 효력이 있다고

---

162) 대법원 2002.2.26 선고 2000다25484 판결: "부동산경매절차에서 집행력 있는 채무명의 정본을 가진 채권자가 하는 배당요구는 민법 제168조 제2호의 압류에 준하는 것으로서 배당요구에 관련된 채권에 관하여 소멸시효를 중단하는 효력이 생긴다고 할 것이고, 따라서 원인채권의 지급을 확보하기 위하여 어음이 수수된 당사자 사이에 채권자가 어음채권에 관한 집행력 있는 채무명의 정본에 기하여 한 배당요구는 그 원인채권의 소멸시효를 중단시키는 효력이 있다. 다른 채권자가 신청한 부동산경매절차에서 이미 소멸시효가 완성된 어음채권을 원인으로 하여 집행력 있는 채무명의를 가진 채권자가 배당요구를 신청하고, 그 경매절차에서 부동산의 경락대금이 배당요구채권자에게 배당되어 그 채무의 일부변제에 충당될 때까지 채무자가 아무런 이의를 진술하지 아니하였다면, 경매절차의 진행을 채무자가 알지 못하였다는 등 다른 특별한 사정이 없는 한 채무자는 어음채권에 대한 소멸시효 이익을 포기한 것으로 볼 수 있고, 그 때부터 그 원인채권의 소멸시효기간도 다시 진행한다고 봄이 상당하다."
163) 대법원 2015.2.12 선고 2014다228440 판결.

규정하고 있다.

마. 최 고

최고는 6월내에 재판상의 청구, 파산절차참가, 화해를 위한 소환, 임의출석, 압류 또는 가압류, 가처분을 하지 아니하면 시효중단의 효력이 없다(제174조). 최고를 여러 번 거듭하다가 재판상 청구 등을 한 경우에 있어서의 시효중단의 효력은 재판상 청구 시점을 기준으로 하여 이로부터 소급하여 6월 이내에 한 최고 시에 발생한다.[164] 민법 제170조의 해석상, 재판상의 청구는 그 소송이 취하된 경우에는 그로부터 6월내에 다시 재판상의 청구를 하지 않는 한 시효중단의 효력이 없고 다만 재판외의 최고의 효력만 있다.[165] 채권자가 확정판결에 기한 채권의 실현을 위하여 채무자의 제3채무자에 대한 채권에 관하여 압류 및 추심명령을 받아 그 결정이 제3채무자에게 송달이 되었다면 거기에 소멸시효 중단사유인 최고로서의 효력이 인정된다.[166] 민법 제174조 소정의 시효중단사유로서의 최고에 있어서 채무이행을 최고받은 채무자가 그 이행의무의 존부 등에 대하여 조사를 해 볼 필요가 있다는 이유로 채권자에 대하여 그 이행의 유예를 구한 경우에는 채권자가 그 회답을 받을 때까지는 최고의 효력이 계속된다고 보아야 하고, 따라서 같은 조에 규정된 6월의 기간은 채권자가 채무자로부터 회답을 받은 때로부터 기산된다.[167] 채권자가 연대채무자 1인의 소유 부동산에 대하여 경매신청을 한 경우, 이는 최고로서의 효력을 가지고 있고, 연대채무자에 대한 이

---

164) 대법원 1983.7.12 선고 83다카437 판결.
165) 대법원 1987.12 22 선고 87다카2337 판결.
166) 대법원 2003.5.13 선고 2003다16238 판결: "채권자가 채무자의 제3채무자에 대한 채권을 압류 또는 가압류한 경우에 채무자에 대한 채권자의 채권에 관하여 시효중단의 효력이 생긴다고 할 것이나, 압류 또는 가압류된 채무자의 제3채무자에 대한 채권에 대하여는 민법 제168조 제2호 소정의 소멸시효 중단사유에 준하는 확정적인 시효중단의 효력이 생긴다고 할 수 없다. 소멸시효 중단사유의 하나로서 민법 제174조가 규정하고 있는 최고는 채무자에 대하여 채무이행을 구한다는 채권자의 의사통지(준법률행위)로서, 이에는 특별한 형식이 요구되지 아니할 뿐 아니라 행위 당시 당사자가 시효중단의 효과를 발생시킨다는 점을 알거나 의욕하지 않았다 하더라도 이로써 권리 행사의 주장을 하는 취지임이 명백하다면 최고에 해당하는 것으로 보아야 할 것이므로, 채권자가 확정판결에 기한 채권의 실현을 위하여 채무자의 제3채무자에 대한 채권에 관하여 압류 및 추심명령을 받아 그 결정이 제3채무자에게 송달이 되었다면 거기에 소멸시효 중단사유인 최고로서의 효력을 인정하여야 한다."
167) 대법원 2006.6.16 선고 2005다25632 판결.

행청구는 다른 연대채무자에게도 효력이 있으므로, 채권자가 6월 내에 다른 연대채무자를 상대로 재판상 청구를 하였다면 그 다른 연대채무자에 대한 채권의 소멸시효가 중단되지만, 이로 인하여 중단된 시효는 위 경매절차가 종료된 때가 아니라 재판이 확정된 때로부터 새로 진행된다.[168] 재산관계명시절차는 압류·가압류·가처분과 달리 강제집행의 보조절차에 불과한 것으로서, 최고로서의 효력은 인정할 수 있다.[169] 소송고지서에 고지자가 피고지자에 대하여 채무의 이행을 청구하는 의사가 표명되어 있으면 민법 제174조에 정한 시효중단사유로서의 최고의 효력이 인정되는데, 소송고지에 의한 최고의 경우에는 민사소송법 제265조를 유추 적용하여 당사자가 소송고지서를 법원에 제출한 때에 시효중단의 효력이 발생한다.[170] 소송고지를 통하여 당해 소송의 결과에 따라 피고지자에게 권리를 행사하겠다는 취지의 의사를 표명한 경우에는 당해 소송이 계속중인 동안은 최고에 의하여 권리를 행사하고 있는 상태가 지속되는 것으로 보아 민법 제174조에 규정된 6월의 기간은 당해 소송이 종료된 때로부터 기산된다.[171]

2. 압류 또는 가압류·가처분

가. 의 의

압류·가압류·가처분은 반드시 재판상 청구를 전제로 하지 않고, 확정판결이 있으면 그 때부터 새로운 시효가 진행되기 때문에 민법은 이들을 독립한 시효중단사유로 규정하고 있다. 압류는 확정판결 기타 집행권원에 기인한 강제집행이다. 가장 강력한 권리 실행행위이다. 가압류 및 가처분은 강제집행을 보전

---

168) 대법원 2001.8.21 선고 2001다22840 판결: "채권자의 신청에 의한 경매개시결정에 따라 연대채무자 1인의 소유 부동산이 압류된 경우, 이로써 위 채무자에 대한 채권의 소멸시효는 중단되지만, 압류에 의한 시효중단의 효력은 다른 연대채무자에게 미치지 아니하므로, 경매개시결정에 의한 시효중단의 효력을 다른 연대채무자에 대하여 주장할 수 없다."

169) 대법원 2001.5.29 선고 2000다32161 판결.

170) 대법원 2015.5.14 선고 2014다16494 판결: "시효중단제도는 제도의 취지에 비추어 볼 때 기산점이나 만료점을 원권리자를 위하여 너그럽게 해석하는 것이 바람직하고, 소송고지에 의한 최고는 보통의 최고와는 달리 법원의 행위를 통하여 이루어지는 것이므로 만일 법원이 소송고지서의 송달사무를 우연한 사정으로 지체하는 바람에 소송고지서의 송달 전에 시효가 완성된다면 고지자가 예상치 못한 불이익을 입게 된다는 점 등을 고려한 것이다."

171) 대법원 2009.7.9 선고 2009다14340 판결.

하거나 임시지위를 정하기 위한 것으로 그 자체가 권리의 실행행위이다. 압류 또 가압류·처분의 신청은 적법해야 한다. 당연 무효의 가압류는 소멸시효의 중단사유에 해당하지 않는다.[172] 압류·가압류·가처분에 의한 시효중단시기는 신청시이다. 집행행위가 있으면 신청한 때에 소급하여 발생한다. 소 및 지급명령 모두 송달을 필요로 함에도 불구하고 신청시에 중단효력이 발생하는 이치와 같다. 그러나 집행행위시에 중단 효력이 발생한다고 보는 견해도 있다.[173]

저당권으로서 첫 경매개시결정등기 전에 등기되었고 매각으로 소멸하는 것을 가진 채권자는 담보권을 실행하기 위한 경매신청을 할 수 있을뿐더러 다른 채권자의 신청에 의하여 개시된 경매절차에서 배당요구를 하지 않아도 당연히 배당에 참가할 수 있는데, 이러한 채권자가 채권의 유무, 그 원인 및 액수를 법원에 신고하여 권리를 행사하였다면 그 채권신고는 민법 제168조 제2호의 압류에 준하는 것으로서 신고된 채권에 관하여 소멸시효를 중단하는 효력이 생긴다.[174]

나. 가압류등기와 시효중단효력

가압류로 인한 시효중단의 효력은 가압류절차가 종료될 때까지 계속되며, 가

---

172) 대법원 2006.8.24 선고 2004다26287,26294 판결: "사망한 사람을 피신청인으로 한 가압류신청은 부적법하고 그 신청에 따른 가압류결정이 내려졌다고 하여도 그 결정은 당연 무효로서 그 효력이 상속인에게 미치지 않으며, 이러한 당연 무효의 가압류는 민법 제168조 제2호에 정한 소멸시효의 중단사유에 해당하지 않는다."

173) 김기선, 전게서, 388면; 방순원, 전게서, 334면.

174) 대법원 2010.9.9 선고 2010다28031 판결: "그러나 민법 제175조에 '압류, 가압류 및 가처분은 권리자의 청구에 의하여 또는 법률의 규정에 따르지 아니함으로 인하여 취소된 때에는 시효중단의 효력이 없다'고 규정하고, 민사집행법 제93조 제1항에 '경매신청이 취하되면 압류의 효력은 소멸된다'고 규정하고 있으므로 경매신청이 취하되면 특별한 사정이 없는 한 압류로 인한 소멸시효 중단의 효력이 소멸하는 것과 마찬가지로 위와 같이 첫 경매개시결정등기 전에 등기되었고 매각으로 소멸하는 저당권을 가진 채권자의 채권신고로 인한 소멸시효 중단의 효력도 소멸한다. 저당권으로서 첫 경매개시결정등기 전에 등기되었고 매각으로 소멸하는 것을 가진 채권자가 다른 채권자의 신청에 의하여 개시된 경매절차에서 채권신고를 하였다고 하더라도 그 채권신고에 채무자에 대하여 채무의 이행을 청구하는 의사가 직접적으로 표명되어 있다고 보기 어렵고 채무자에 대한 통지 절차도 구비되어 있지 않으므로 별도로 소멸시효 중단 사유인 최고의 효력은 인정되지 않고, 경매신청이 취하된 후 6월내에 위와 같은 채권신고를 한 채권자가 소제기 등의 재판상의 청구를 하였다고 하더라도 민법 제170조 제2항에 의하여 소멸시효 중단의 효력이 유지된다고 할 수 없다."

압류절차가 끝났을 때부터 시효가 다시 진행한다(통설·판례).[175] 따라서 가압류등기가 존속되는 한 가압류절차는 끝나지 않은 것이고, 시효중단의 효력은 유지된다.

그러나 이에 대하여 반대하는 하급심판결이 있다.[176] 서울지방법원 1994.10.20 선고 93나50801 판결은 "가압류는 그것이 집행됨으로써 그 절차가 종료되는 것이고 보전소송은 본안사건과 절차상으로 별개이므로, 가압류가 집행되어 시효중단의 효력이 발생하더라도 그 이후 즉시 새로이 시효가 진행하며, 본안소송 및 이에 기한 압류, 기타 강제집행절차가 종료할 때까지 시효중단의 효력이 지속된다고 해석할 것은 아니다"고 판시했다. 제주지방법원 1995. 11.15 선고 95카합1159 판결도 "첫째, 권리자의 권리행사로 말미암아 권리불행사의 상태가 중단되는 점에 시효중단제도의 근거가 있다고 볼 때, 가압류 자체는 단순한 권리보전행위에 불과할 뿐만 아니라 원래 등기의 존재만으로는 이를 권리행사로 보지 아니하므로(등기의 존재만으로 권리행사가 있다고 보면 부동산에 대한 점유취득시효와 같은 제도는 설 자리가 없다) 등기부에 가압류등기가 등재되어 있는 사실만으로 시효중단의 법률효과를 인정하는 것은 부당하고, 둘째 권리의 존재의 확정과 채무명의의 획득을 목적으로 하는 재판상의 청구의 경우 재판이 확정된 때부터 다시 소멸시효가 진행하고, 구체적인 권리실현을 목적으로 하는 부동산경매절차에서 압류의 경우 위 절차의 종료, 즉 구체적인 배당절차의 종료시에 소멸시효의 중단사유가 종료된다고 해석하는 것과 대비하여 장래의 집행보전을 목적으로 단순한 소명만으로 인용되는 가압류절차에 있어서 가압류등기가 남아 있는 한 소멸시효가 중단된다고 해석하는 것은 보다 약한 의미의 권리행사의 경우에 채권자를 보다 더 강력하게 보호하는 결과가 되어 부당하고, 셋째 가압류등기가 남아 있는 한 소멸시효가 중단된다고 해석한다면 가압류채권자가 가압류 상태를 그대로 유지한 채 권리행사를 해태함으로써 휴면상태에 빠진 경우 그 채권에 대한 소멸시효의 진행이 영구히 저지되어 소멸시효에 걸리지 않는 청구권을 인정하는 결과가

---

175) 곽윤직, 「민법총칙 신정판」, 박영사(1995), 577면; 고상룡, 「민법총칙 3판」, 법문사(2003), 698면; 김상용, 「민법총칙 전정판」, 화산미디어(2009), 749면.
176) 하급심의 출처는 이균룡, "가압류와 시효중단효력의 계속 여부—2000.4.25 선고 2000다11102 판결", 대법원판례해설 통권 제34호, 법원도서관(2000), 46-47면.

되어 부당하므로, 가압류로 인한 시효중단의 경우에도 일정한 시적 한계가 필요하다 할 것인데, 가압류의 보전처분으로서의 특성 및 민법 제176조에 "압류, 가압류 및 가처분은 시효의 이익을 받은 자에 대하여 하지 아니한 때에는 이를 그에게 통지한 후가 아니면 시효중단의 효력이 없다"고 규정하고 있는 점 등을 고려하면, 가압류의 경우 '중단사유가 종료된 때'란 가압류집행절차의 종료시 즉, 부동산가압류의 경우 가압류명령에 기한 가압류등기가 행하여지고 위 명령이 채무자에게 고지된 때를 가리킨다고 보아야 하고 위 가압류집행절차 종료 후 별도로 고유의 시효중단효력을 가지는 권리행사를 하지 않고 방치하는 가압류채권자는 권리 위에 잠자는 자로서 가압류등기만으로는 시효의 진행을 저지할 수 없다고 봄이 상당하다"고 판시했다.

위 하급심들과 같은 입장에 있는 견해도 있다. 이 견해들에 의하면 가압류의 집행행위가 종료한 때 중단사유가 종료되고 그 때부터 소멸시효가 다시 진행한다. 부동산 가압류의 경우 등기부에 가압류등기가 된 때가 재진행의 시점이된다. 근거로 제시되는 바는 "가압류는 권리의 구체적인 확정절차가 아닐 뿐더러, 채권자의 소명에 의하여 비교적 쉽게 발령되는 잠정적인 재판에 불과하고, 가압류에 의한 소멸시효 중단의 효력을 그 집행보전의 효력이 존속하는 동안 지속된다고 보면, 판결의 확정으로 중단되었던 소멸시효가 다시 진행하는 재판상 청구보다도 훨씬 강력한 중단효력을 인정하는 결과가 되어 균형에 어긋난다"는 점,[177] "가압류가 임시의 보전조치이고, 피보전채권에 기판력이 생기지도 않는 집행준비행위에 지나지 않음에도 불구하고 가압류 등기가 남아있는 한 시효중단의 효력이 지속된다고 하는 것은 재판상 청구에 대하여보다도 강력한 효과를 부여하는 것으로서 균형이 맞지 않는다. 또한 가압류에 의한 시효중단 후에 다른 시효중단조치를 요구하는 것이 채권자에게 가혹하지도 않다"는 점 등이다. 특히 후자의 견해는 "가압류에 의해서는 1회만 시효중단이 일어나고 그 효과가 계속되지는 않는다고 하여야 한다"고 주장한다.[178]

생각건대, 채권의 소멸시효기간을 10년으로 하는 민법의 횡포에 가압류등

---

177) 양창수, "부동산가압류의 시효중단효의 종료시기", 「민법연구(6)」, 박영사(2001), 503면.
178) 송덕수, 전게서, 532면.

기는 매우 실효적인 방어수단으로 보아야 하므로 통설·판례의 태도가 타당하다. 이와 반대되는 입장들은 예외없이 본안판결의 효력을 보전처분이 능가하는 결과를 참을 수 없다고들 하는데, 왜 본안판결에 과하게 집착하는지 알 수 없다. 보전처분은 확정판결의 집행을 보전하기 위한 것만이 아니다. 세계적으로 유례가 없이 복잡하고 돌발적인 우리나라 강제집행실무에서 확정판결의 집행은 그리 용이하지 않다. 소제기를 위해서는 고액의 인지를 부담해야 한다. 많은 시간과 많은 비용을 요구하는 강제집행과 소제기에 비하여 가압류등기는 매우 효과적인 시효중단 조치이다. 보전처분이 예외 없이 본안판결의 강제집행의 범위를 넘을 수 없고 본안소송에서 확정되는 권리의 범위를 절대 넘을 수 없다는 집착은 잘못된 것이다. 소멸시효의 중단에는 권리의 행사로 보이는 것이 존재만 하면 족하다. 가압류등기가 불편한 채무자는 언제라도 제소명령을 신청할 수 있고, 가압류등기 후 집행권원이 있음에도 강제집행에 착수하지 않는 경우에는 사정변경에 의한 보전처분취소를 신청하면 된다. 가압류등기 존재 자체가 현실에서 권리행사로 확고하게 인식되고 있다. 가압류등기를 채무자가 참고 있는데, 법원이 나설 이유는 없다. 민법은 소멸시효의 중단에 권리의 행사만 요구하고 있는데, 가압류가 재판상 청구보다 약한 존재라는 이유로 가압류에 의해서는 1회만 시효중단이 일어나고 그 효과가 계속되지 않는다고 해석하여야 한다는 견해는 법적 근거가 없는 것이다. 시효중단에 필요한 권리의 행사, 시효중단사유는 정당한 권리자의 보호를 위하여 가급적 넓게 해석하여야 할 것이다.

민법이 가압류·가처분을 시효중단사유로 규정하고 있는 것은 가압류·가처분에 의하여 권리자가 권리를 행사하였기 때문이다. 따라서 가압류·가처분에 의한 집행보전 효력이 존속하는 한, 가압류·가처분 채권자에 의한 권리행사가 계속되고 있다고 보아야 할 것이고, 가압류·가처분에 의한 시효중단 효력은 가압류·가처분의 집행보전의 효력이 존속하는 동안 계속된다.[179]

유체동산에 대한 가압류결정을 집행한 경우 가압류에 의한 시효중단 효력은 가압류 집행보전의 효력이 존속하는 동안 계속된다. 그러나 유체동산에 대한

---

179) 대법원 2000.4.25 선고 2000다11102 판결; 대법원 2003.10.23 선고 2003다26082 판결; 대법원 2006.7.27 선고 2006다32781 판결; 대법원 2011.1.13 선고 2010다88019 판결.

가압류 집행절차에 착수하지 않은 경우에는 시효중단 효력이 없고, 집행절차를 개시하였으나 가압류할 동산이 없기 때문에 집행불능이 된 경우에는 집행절차가 종료된 때로부터 시효가 새로이 진행된다.[180]

　　민법 제168조에서 가압류와 재판상의 청구를 별도의 시효중단사유로 규정하고 있는데 비추어 보면, 가압류의 피보전채권에 관하여 본안의 승소판결이 확정되었다고 하더라도 가압류에 의한 시효중단의 효력이 이에 흡수되어 소멸된다고 할 수 없다.[181]

　　가분채권의 일부만을 피보전채권으로 하여 가압류한 경우에 피보전채권의 일부만에 시효중단의 효력이 있고, 가압류에 의한 보전채권에 포함되지 아니한 나머지 채권에 대하여는 시효중단의 효력을 발생할 수 없다.[182]

다. 압류·가압류·가처분이 취소된 때

　　압류, 가압류 및 가처분은 권리자의 청구에 의하여 또는 법률의 규정에 따르지 아니함으로 인하여 취소된 때에는 시효중단의 효력이 없다(제175조). 가압류집행이 취소되었다면, 가압류에 의한 소멸시효중단의 효력은 소급적으로 소멸한다.[183]

　　가압류의 집행 후 채권자의 집행취소 또는 집행해제의 신청은 실질적으로 집행신청의 취하에 해당하고, 이는 가압류 자체의 신청을 취하하는 것과 마찬가지로 그에게 권리행사의 의사가 없음을 객관적으로 표명하는 행위로서 시효중단의 효력이 소멸한다. 압류명령과 추심명령을 동시에 신청한 경우, 추심권의 포기는 압류의 효력에는 영향을 미치지 아니하므로, 추심권의 포기만으로는 압류로 인한 소멸시효 중단의 효력은 상실되지 않는다.[184]

　　경매신청이 취하된 경우에는 압류로 인한 소멸시효 중단의 효력은 물론, 첫 경매개시결정등기 전에 등기되었고 매각으로 소멸하는 저당권을 가진 채권자의 채권신고로 인한 소멸시효 중단의 효력도 소멸한다. 그러나 민사집행법 제102조

---

180) 대법원 2011.5.13 선고 2011다10044 판결.
181) 대법원 2000.4.25 선고 2000다11102 판결.
182) 대법원 1976.2.24 선고 75다1240 판결.
183) 대법원 2010.10.14 선고 2010다53273 판결.
184) 대법원 2014.11.13 선고 2010다63591 판결.

제2항에 따라 경매절차가 취소된 경우에는 압류로 인한 소멸시효 중단의 효력이 소멸하지 않고, 마찬가지로 첫 경매개시결정등기 전에 등기되었고 매각으로 소멸하는 저당권을 가진 채권자의 채권신고로 인한 소멸시효 중단의 효력도 소멸하지 않는다.[185]

제소기간의 도과로 인하여 가압류가 취소된 경우에는 위 민법 제175조가 정한 소멸시효 중단의 효력이 없는 경우에 해당한다고 볼 수 없다.[186]

라. 시효이익을 받을 자 이외의 자에 대하여 한 압류·가압류·가처분

압류, 가압류 및 가처분은 시효의 이익을 받은 자에 대하여 하지 아니한 때에는 이를 그에게 통지한 후가 아니면 시효중단의 효력이 없다(제176조). 민사집행법과 집행실무는 경매개시결정 등을 채무자 등 이해관계인에게 송달하도록 하고 있다. 경매법원은 압류사실을 채무자가 알도록 경매개시결정이나 경매기일통지서를 교부송달한다. 발송송달이나 공시송달에 의한 송달은 통지로 인정되지 않는다.[187] 경매개시결정상의 압류사실에 관한 통지에는 은행여신거래 기본약관에서 정한 도달간주조항이 적용되지 않는다.[188]

채권자가 물상보증인에 대하여 그 피담보채권의 실행으로서 임의경매를 신청하여 경매법원이 경매개시결정을 하고 경매절차의 이해관계인으로서의 채무자에게 그 결정이 송달되거나 또는 경매기일이 통지된 경우에는 시효의 이익을 받는 채무자는 민법 제176조에 의하여 당해 피담보채권의 소멸시효 중단의 효과를 받는다.[189]

채권자가 채무자의 제3채무자에 대한 채권을 압류 또는 가압류한 경우에 채무자에 대한 채권자의 채권에 관하여 시효중단의 효력이 생긴다고 할 것이나, 압류 또는 가압류된 채무자의 제3채무자에 대한 채권에 대하여는 민법 제168조제2호 소정의 소멸시효 중단사유에 준하는 확정적인 시효중단의 효력이 생긴다

---

185) 대법원 2015.2.26 선고 2014다228778 판결.
186) 대법원 2011.1.13 선고 2010다88019 판결.
187) 대법원 1990.1.12 선고 89다카4946 판결.
188) 대법원 2010.2.25 선고 2009다69456 판결.
189) 대법원 1997.8.29 선고 97다12990 판결.

고 할 수 없다.[190]

3. 승 인

채무의 승인은 시효의 이익을 받을 당사자가 그 시효의 완성으로 권리를 잃게 될 자 또는 그 대리인에 대하여 그 권리의 존재를 인정한다고 표시하는 것이다. 채무승인이 있었다는 사실은 이를 주장하는 채권자측에서 증명해야 한다.[191] 승인으로 인한 시효중단의 효력은 그 승인의 통지가 상대방에게 도달하는 때에 발생한다.[192] 시효중단의 효력있는 승인에는 상대방의 권리에 관한 처분의 능력이나 권한 있음을 요하지 아니한다(제177조). 승인은 상대방의 권리 있음을 인정하는 것에 불과한 것이기 때문에 시효이익을 받을 자 또는 그 대리인이면 충분하고 상대방의 권리에 관한 처분능력이나 처분권한까지는 필요 없다.

승인은 시효완성 전에 하는 것이고, 시효완성 후에 하는 승인은 소멸시효이익의 포기이다. 승인은 소멸시효의 진행이 개시된 이후에만 가능하고 그 이전에 승인을 하더라도 시효가 중단되지는 않는다. 현존하지 아니하는 장래의 채권을 미리 승인하는 것은 채무자가 그 권리의 존재를 인식하고서 한 것이라고 볼 수 없어 허용되지 않는다.[193]

승인은 명시적 또는 묵시적으로 할 수 있다.[194] 채무증서의 재작성, 이자지

---

190) 대법원 2003.5.13 선고 2003다16238 판결.
191) 대법원 2005.2.17 선고 2004다59959 판결.
192) 대법원 1995.9.29 선고 95다30178 판결.
193) 대법원 2001.11.9 선고 2001다52568 판결.
194) 대법원 1998.11.13 선고 98다38661 판결: "피고(수급인)가 공사도급계약에 기하여 건물 신축을 위한 지하굴착공사를 시행하다가 인접한 원고 소유의 주택에 복구공사비 상당의 손해를 가한 사안에서, 피고가 원고에게 보낸 통지서의 기재 내용을 피고가 원고에 대한 복구공사비 채무의 존재를 인정함을 전제로 하고 다만 그 지급 방법에 관하여 건축주와 피고 사이의 합의에 따라 원고가 건축주로부터 이를 직접 지급받을 것을 원고에게 요청한 취지라고 해석하여야 하므로 피고는 이에 의하여 원고에 대한 복구공사비 채무를 승인하였다 할 수 있다."
    대법원 1999.3.12 선고 98다18124 판결: "검사 작성의 피의자신문조서는 검사가 피의자를 신문하여 그 진술을 기재한 조서로서 그 작성형식은 원칙적으로 검사의 신문에 대하여 피의자가 응답하는 형태를 취하여 피의자의 진술은 어디까지나 검사를 상대로 이루어지는 것이어서 그 진술기재 가운데 채무의 일부를 승인하는 의사가 표시되어 있다고 하더라도, 그 기재 부분만으로 곧바로 소멸시효 중단사유로서 승인의 의사표시가 있은 것으로는 볼 수 없다."

급, 일부변제,[195] 담보제공, 면책적 채무인수,[196] 기한유예 요청은 묵시적 승인에 해당한다. 승인은 시효의 이익을 받는 이가 상대방의 권리 등의 존재를 인정하는 일방적 행위로서, 그 권리의 원인·내용이나 범위 등에 관한 구체적 사항을 확인하여야 하는 것은 아니고, 그에 있어서 채무자가 권리 등의 법적 성질까지 알고 있거나 권리 등의 발생원인을 특정하여야 할 필요는 없다고 할 것이다. 승인이 있는지의 여부는 문제가 되는 표현행위의 내용·동기 및 경위, 당사자가 그 행위 등에 의하여 달성하려고 하는 목적과 진정한 의도 등을 종합적으로 고찰하여 사회정의와 형평의 이념에 맞도록 논리와 경험의 법칙, 그리고 사회일반의 상식에 따라 객관적이고 합리적으로 이루어져야 한다.[197] 묵시적인 승인의 표시는 채무자가 그 채무의 존재 및 액수에 대하여 인식하고 있음을 전제로 하여 그 표시를 대하는 상대방으로 하여금 채무자가 그 채무를 인식하고 있음을 그 표시를 통해 추단하게 할 수 있는 방법으로 행해지면 족하다.[198]

불법행위에 따른 손해배상청구권의 소멸시효 완성 전에 가해자의 보험자가 피해자의 치료비를 의료기관에 직접 지급한 경우, 특별한 사정이 없는 한 보험자가 피해자에 대한 손해배상책임이 있음을 전제로 그 손해배상채무 전체를 승

---

195) 대법원 1996.1.23 선고 95다39854 판결: "시효완성 전에 채무의 일부를 변제한 경우에는, 그 수액에 관하여 다툼이 없는 한 채무승인으로서의 효력이 있어 시효중단의 효과가 발생한다."

196) 대법원 1999.7.9 선고 99다12376 판결: "면책적 채무인수가 있은 경우, 인수채무의 소멸시효기간은 채무인수와 동시에 이루어진 소멸시효 중단사유, 즉 채무승인에 따라 채무인수일로부터 새로이 진행된다."

197) 대법원 2012.10.25 선고 2012다45566 판결: 甲이 乙과의 명의신탁약정에 기하여 乙의 명의로 부동산을 매수하고 등기명의를 신탁하였으나 부동산 실권리자명의 등기에 관한 법률 제11조에서 정한 유예기간이 경과할 때까지 실명등기를 하지 않았는데, 그로부터 10년이 경과한 후에 위 부동산의 회복을 위하여 乙에 대하여 가지는 부당이득반환청구권을 근거로 위 부동산에 관한 소유권이전등기절차 이행을 구하는 소를 제기한 사안에서, 乙이 위 부동산이 甲과의 관계에서 자신의 소유가 아니라 甲의 소유임을 스스로 인정하는 것을 전제로 하여서만 취하였을 행태로서 관련 세금의 부담과 같은 재산적 지출을 甲에게 적극적으로 요청하는 등 甲의 대내적 소유권을 인정한 데에는 甲에 대하여 소유권등기를 이전·회복하여 줄 의무를 부담함을 알고 있다는 뜻이 묵시적으로 포함되어 표현되었다고 봄이 타당하므로, 그 후 乙이 甲의 반환요구를 거부하기 시작한 때까지는 위 부동산에 관한 소유권이전등기의무를 승인하였다고 할 것이어서 그 무렵까지 甲의 위 부동산에 관한 소유권이전등기청구권의 소멸시효는 중단되었음에도, 이와 달리 본 원심판결에 법리오해의 위법이 있다고 한 사례.

198) 대법원 2010.4.29 선고 2009다99105 판결.

인한 것으로 봄이 상당하고, 치료비와 같은 적극적인 손해에 한정하여 채무를 승인한 것으로 볼 수는 없다.[199]

비법인사단의 대표자가 총유물의 매수인에게 소유권이전등기를 해주기 위하여 매수인과 함께 법무사 사무실을 방문한 행위가 소유권이전등기청구권의 소멸시효 중단의 효력이 있는 승인에 해당한다.[200]

동일 당사자간의 계속적인 금전거래로 인하여 수개의 금전채무가 있는 경우에 채무의 일부 변제는 채무의 일부로서 변제한 이상 그 채무전부에 관하여 시효중단의 효력을 발생하는 것으로 보아야 하고 동일당사자간에 계속적인 거래관계로 인하여 수개의 금전채무가 있는 경우에 채무자가 전채무액을 변제하기에 부족한 금액을 채무의 일부로 변제한 때에는 특별한 사정이 없는 한 기존의 수개의 채무전부에 대하여 승인을 하고 변제한 것으로 보는 것이 상당하다.[201]

계속적 물품공급계약에서 각 개별 거래시마다 서로 기왕의 미변제 외상대금에 대하여 확인하거나 확인된 대금의 일부를 변제하는 등의 행위가 없었다면, 새로이 동종 물품을 주문하고 공급받았다는 사실만으로는 기왕의 미변제 채무를 승인한 것으로 볼 수 없다.[202]

채무자가 채권자에게 부동산에 관한 근저당권을 설정하고 그 부동산을 인도하여 준 다음 피담보채권에 대한 이자 또는 지연손해금의 지급에 갈음하여 채권자로 하여금 그 부동산을 사용수익할 수 있도록 한 경우라면, 채권자가 그 부

---

199) 대법원 2010.4.29 선고 2009다99105 판결.
200) 대법원 2009.11.26 선고 2009다64383 판결: "비법인사단의 사원총회가 그 총유물에 관한 매매계약의 체결을 승인하는 결의를 하였다면, 통상 그러한 결의에는 그 매매계약의 체결에 따라 발생하는 채무의 부담과 이행을 승인하는 결의까지 포함되었다고 봄이 상당하므로, 비법인사단의 대표자가 그 채무에 대하여 소멸시효 중단의 효력이 있는 승인을 하거나 그 채무를 이행할 경우에는 특별한 사정이 없는 한 별도로 그에 대한 사원총회의 결의를 거칠 필요는 없다고 보아야 한다. 비법인사단이 총유물에 관한 매매계약을 체결하는 행위는 총유물 그 자체의 처분이 따르는 채무부담행위로서 총유물의 처분행위에 해당하나, 그 매매계약에 의하여 부담하고 있는 채무의 존재를 인식하고 있다는 뜻을 표시하는 데 불과한 소멸시효 중단사유로서의 승인은 총유물 그 자체의 관리·처분이 따르는 행위가 아니어서 총유물의 관리·처분행위라고 볼 수 없다."
201) 대법원 1980.5.13 선고 78다1790 판결.
202) 대법원 2005.2.17 선고 2004다59959 판결.

동산을 사용수익하는 동안에는 채무자가 계속하여 이자 또는 지연손해금을 채권자에게 변제하고 있는 것으로 볼 수 있으므로, 피담보채권의 소멸시효가 중단된다고 보아야 한다.[203]

진료계약을 체결하면서 "입원료 기타 제요금이 체납될 시는 병원의 법적 조치에 대하여 아무런 이의를 하지 않겠다"고 약정하였다 하더라도, 이로써 그 당시 아직 발생하지도 않은 치료비 채무의 존재를 미리 승인하였다고 볼 수는 없다.[204]

위법한 행정지도로 상대방에게 일정기간 어업권을 행사하지 못하는 손해를 입힌 행정기관이 "어업권 및 시설에 대한 보상 문제는 관련 부서와의 협의 및 상급기관의 질의, 전문기관의 자료에 의하여 처리해야 하므로 처리기간이 지연됨을 양지하여 달라"는 취지의 공문을 보낸 사유만으로 자신의 채무를 승인한 것으로 볼 수 없다.[205]

甲이 대표이사로 있는 乙 회사가 丙에게 공정증서를 작성해 준 행위는 甲이 자신의 공사대금채무에 대한 담보를 제공할 목적으로 乙 회사로 하여금 甲의 공사대금채무를 병존적으로 인수하게 한 것으로 보아야 하므로, 甲이 자신의 공사대금채무의 존재 및 액수에 대하여 인식하고 있음을 묵시적이나마 丙에게 표시한 것으로 볼 수 있고, 丙의 甲에 대한 위 공사대금채권은 채무자인 甲의 위와 같은 乙 회사 명의의 공정증서 작성·교부를 통한 채무승인에 의하여 그 소멸시효가 중단되었다할 것이다.[206]

---

203) 대법원 2014.5.16 선고 2012다20604 판결.
    대법원 2009.11.12 선고 2009다51028 판결: "담보가등기를 경료한 부동산을 인도받아 점유하더라도 담보가등기의 피담보채권의 소멸시효가 중단되는 것은 아니지만, 채무의 일부를 변제하는 경우에는 채무 전부에 관하여 시효중단의 효력이 발생하는 것이므로, 채무자가 채권자에게 담보가등기를 경료하고 부동산을 인도하여 준 다음 피담보채권에 대한 이자 또는 지연손해금의 지급에 갈음하여 채권자로 하여금 부동산을 사용수익할 수 있도록 한 경우라면, 채권자가 부동산을 사용수익하는 동안에는 채무자가 계속하여 이자 또는 지연손해금을 채권자에게 변제하고 있는 것으로 볼 수 있으므로 피담보채권의 소멸시효가 중단된다고 보아야 한다."
204) 대법원 2001.11.9 선고 2001다52568 판결.
205) 대법원 2008.9.25 선고 2006다18228 판결.
206) 대법원 2010.11.11 선고 2010다46657 판결.

Ⅲ. 시효중단의 효과

1. 시효중단 효력의 내용

소멸시효가 중단되면 그 때까지 경과한 시효기간은 그 효력을 잃게 되고, 중단사유가 종료한 때부터 새로이 소멸시효가 진행한다(제178조 제1항). 재판상의 청구로 인하여 중단된 시효는 재판이 확정된 때부터 새로이 시효가 진행한다(제178조 제2항). 압류의 경우에는 그 절차가 종료한 때부터, 승인은 그 통지가 상대방에게 도달한 때부터 시효가 새로 진행한다.

대법원 2009.3.26 선고 2008다89880 판결: "채권자가 배당요구 또는 채권신고 등의 방법으로 권리를 행사하여 강제경매절차에 참가하고, 그 권리행사로 인하여 소멸시효가 중단된 채권에 대하여 일부만 배당하는 것으로 배당표가 작성되고 다시 그 배당액 중 일부에 대하여만 배당이의가 있어 그 이의의 대상이 된 부분을 제외한 나머지 부분, 즉 배당액 중 이의가 없는 부분과 배당받지 못한 부분의 배당표가 확정이 되었다면, 이로써 그와 같이 배당표가 확정된 부분에 관한 권리행사는 종료되고 그 부분에 대하여 중단된 소멸시효는 위 종료 시점부터 다시 진행된다. 그리고 위 채권 중 배당이의의 대상이 된 부분은 그에 관하여 적법하게 배당이의의 소가 제기되고 그 소송이 완결된 후 그 결과에 따라 종전의 배당표가 그대로 확정 또는 경정되거나 새로 작성된 배당표가 확정되면 그 시점에서 권리행사가 종료되고 그때부터 다시 소멸시효가 진행한다."

대법원 2013.11.14 선고 2013다18622,18639 판결: "가압류는 강제집행을 보전하기 위한 것으로서 경매절차에서 부동산이 매각되면 그 부동산에 대한 집행보전의 목적을 다하여 효력을 잃고 말소되며, 가압류채권자에게는 집행법원이 그 지위에 상응하는 배당을 하고 배당액을 공탁함으로써 가압류채권자가 장차 채무자에 대하여 권리행사를 하여 집행권원을 얻었을 때 배당액을 지급받을 수 있도록 하면 족한 것이다. 따라서 이러한 경우 가압류에 의한 시효중단은 경매절차에서 부동산이 매각되어 가압류등기가 말소되기 전에 배당절차가 진행되어 가압류채권자에 대한 배당표가 확정되는 등의 특별한 사정이 없는 한, 채권자가 가압류집행에 의하여 권리행사를 계속하고 있다고 볼 수 있는 가압류등기가 말소된 때 그 중단사유가 종료되어, 그때부터 새로 소멸시효가 진행한다고 봄이 타당하다(매각대금 납부 후의 배당절차에서 가압류채권자의 채권에 대하여 배당이 이루어지고 배당액이 공탁되었다고 하여 가압류채권자가 그 공탁금에 대하여 채권자로서 권리행사를 계속하고 있다고 볼 수는 없으므로 그로 인하여 가압류에 의한 시효중단의 효력이 계속된다고 할 수 없다."

2. 시효 중단 인적 범위

시효중단은 원칙적으로 당사자 및 그 승계인 사이에만 효력이 생긴다(제169조). 여기서 승계인이라 함은 시효중단에 관여한 당사자로부터 중단의 효과를 받는 권리를 그 중단효과 발생 이후에 승계한 자를 의미하는 것으로 포괄승계인은 물론 특정승계인도 포함된다.[207]

물상보증인의 재산에 대해 압류한 경우에 이를 채무자에게 통지하면 채무자에 대해서도 시효가 중단된다(제176조). 어느 연대채무자에 대한 이행청구는 다른 연대채무자에게도 효력이 있다(제416조).

주채무자에 대한 시효 중단은 보증인에게도 미친다(제440조). 주채무자에 대한 시효중단사유가 압류·가압류·가처분이라고 하더라도 이를 보증인에게 통지하여야 비로소 시효중단의 효력이 발생하는 것은 아니다.[208]

채무자에 대한 일반 채권자는 자기의 채권을 보전하기 위하여 필요한 한도 내에서 채무자를 대위하여 소멸시효 주장을 할 수 있을 뿐 채권자의 지위에서 독자적으로 소멸시효의 주장을 할 수 없다.[209] 채권자대위권 행사의 효과는 직접 채무자에게 귀속하기 때문에 채권자가 채무자를 대위하여 채무자의 제3채무자에 대한 채권을 재판상 청구한 경우 그로 인한 대위의 객체인 채권의 시효중단의 효과는 채무자에게 미친다.

---

207) 대법원 1997.4.25 선고 96다46484 판결.
    대법원 1997.2.11 선고 96다1733 판결: "광업법 제34조, 제19조 제6항에 의하면 공동광업권자는 조합계약을 한 것으로 보므로, 공동광업권자는 광업권 및 광업권 침해로 인한 손해배상청구권을 준합유한다. 기존의 공동광업권자가 광업권 침해로 인한 손해배상청구소송을 제기하였다면 준합유재산인 그 손해배상청구권 전부에 대하여 소멸시효가 중단되는 것이고 그 후에 광업권의 지분을 양수한 공동광업권자는 조합원의 지위에서 기존의 공동광업권자와 함께 소멸시효가 중단된 손해배상청구권을 준합유한다고 보아야 하므로, 새로 공동광업권자가 된 자의 지분에 해당하는 부분만 따로 소멸시효가 중단됨이 없이 진행되는 것은 아니다."
208) 대법원 2005.10.27 선고 2005다35554 판결.
209) 대법원 1997.12.26 선고 97다22676 판결.

제7절 소멸시효의 정지

Ⅰ. 의 의

소멸시효기간이 만료하려면 민법이 정하고 있는 정지사유가 없어야 한다. 시효가 만료될 무렵에 이르러 권리자가 시효를 중단시키는 것이 불가능하거나 또는 극히 곤란한 사정(정지사유)이 발생한 경우에는 시효 완성이 유예된다. 그 정지사유가 끝난 뒤에 전체 시효기간이 새로 진행하는 것이 아니라 유예기간이 지난 뒤에 시효는 완성된다는 점에서 소멸시효의 중단과 다르다. 여태까지 진행한 시효기간을 무위로 돌리는 것이 아니라는 점에서 중단과 다르다. 민법의 시효 정지 제도는 시효완성의 정지 내지 유예이지 진정한 의미의 시효 정지제도는 아니다. 소멸시효기간의 진행중 권리행사를 불가능 내지 곤란하게 하는 사정이 있는 경우에 시효기간의 진행을 한 때 정지시키는 본래의 시효 정지제도가 민법에 도입되어야 할 것이다. 민법은 취득시효에 있어서는 소멸시효의 정지제도를 준용하지 않고 배척하고 있다. 진정한 권리자를 최대한 보호해야 하는 민법의 역할을 감안할 때 소멸시효 정지제도를 취득시효에 전적으로 준용하여야 할 것이다.

Ⅱ. 시효정지사유

1. 제한능력자를 위한 시효정지

소멸시효의 기간만료 전 6개월 내에 제한능력자에게 법정대리인이 없는 경우에는 그가 능력자가 되거나 법정대리인이 취임한 때부터 6개월 내에는 시효가 완성되지 아니한다(민법 제179조). 재산을 관리하는 아버지, 어머니 또는 후견인에 대한 제한능력자의 권리는 그가 능력자가 되거나 후임 법정대리인이 취임한 때부터 6개월 내에는 소멸시효가 완성되지 아니한다(제180조 제1항).

2. 부부 사이의 권리와 시효정지

부부 중 한쪽이 다른 쪽에 대하여 가지는 권리는 혼인관계가 종료된 때부터 6개월 내에는 소멸시효가 완성되지 아니한다(제180조 제2항). 혼인관계의 종료에는 배우자 일방의 사망이나 혼인의 취소도 포함된다고 볼 것이다.

3. 상속재산에 관한 권리와 시효정지

민법 상속재산에 속한 권리나 상속재산에 대한 권리는 상속인의 확정, 관리인의 선임 또는 파산선고가 있는 때로부터 6월내에는 소멸시효가 완성하지 아니한다(제181조).

4. 천재 기타 사변과 시효정지

천재 기타 사변으로 인하여 소멸시효를 중단할 수 없을 때에는 그 사유가 종료한 때로부터 1월내에는 시효가 완성하지 아니한다(민법 제182조). 권리자의 여행이나 질병은 주관적 사유에 불과하므로 사변에 포함되지 않는다는 것이 통설이나 집중적 치료가 필요한 重病은 여기에 포함시켜야 할 것이다. 시효정지사유는 최대한 넓게 해석하여 진정한 권리자를 보호해야 할 것이다.

제8절 소멸시효의 효력

Ⅰ. 소멸시효 완성의 효과

1. 학 설

법 제245조와 제24조는 취득시효와 관련하여 '소유권을 취득한다'고 규정하고 있다. 시효완성의 효과가 소유권 취득이라고 규정하고 있다. 민법 제162조, 제164조는 '소멸시효가 완성한다'고만 규정하고 그 효과에 대하여는 언급이 없다. 이에 대해 소멸시효완성으로 권리가 당연히 소멸한다고 주장하는 견해(절대적 소멸설),[210] 시효의 이익을 받을 자에게 권리의 소멸을 주장할 수 있는 형성권이 본질인 권리부인권(원용권)이 생길 뿐 권리가 소멸시효완성으로 당연히 소멸하는 것이 아니라고 주장하는 견해(상대적 소멸설),[211] "시효완성은 하나의 증거방법에 불과하고 따라서 모든 소송법상의 증거와 같이 소송에 있어서 소송당사자가 이것을 제출원용해야만 법원은 이것을 소송에 있어서 증거로 하여 재판할 수 있다"는 견해(법정증거설),[212] 소멸시효의 완성으로 말미암아 청구권소멸의 법정증거가 성립하여 그것을 청구권에 대한 항변권으로서 행사하기 위하여는 원용이 있어야 한다"는 견해(항변권설)[213]이 대립한다.

절대적 소멸설 근거는 민법에 원용이란 문구가 없다는 점,[214] 소멸시효가 완성한다는 문구는 바로 소멸한다는 것과 같은 뜻이라는 점,[215] 부칙 제8조1항이 "본법에 의하여… 소멸한 것으로 본다"고 한 것은, 민법의 '소멸시효가 완성한다'를 결국 '소멸한다'로 다룰 것을 전제로 한 것인 점,[216] 민법 제369조, 민법 제766조 제1항 등도 '시효의 완성으로… 소멸한다'고 규정하고 있는 점[217] 등이다.

상대적 소멸설은 근거는 소멸시효의 만료만으로 당연히 실체권 자체가 소멸한다고 하는 외국의 법제는 없다는 점,[218] 취득시효에 관한 민법의 규정이 시효기간완성과 동시에 권리를 취득하는 것으로 규정하고 있는 것은 소멸시효와 취득시효가 별개의 제도로 분리되었다는 점에서 절대적 소멸설의 근거가 되지

---

210) 이영섭, 「신민법총칙강의」, 박영사(1959), 420면; 방순원, 전게서, 321면; 장경학, 「민법총칙 제2판」, 735면; 김기선, 전게서, 378면; 이근식, 「민법강의(上)」, 법문사(1965), 201면; 곽윤직, 전게서, 580면; 양창수, "소멸시효완성의 효과", 고시계(1994. 9.), 152면; 이영준, 전게서, 768면; 이은영, 전게서, 778면; 송덕수, 전게서, 548면.
211) 김증한·김학동, 전게서, 541-543면; 김용한, 전게서, 480면; 윤진수, 전게서, 483면; 이태재, 388-389면.
212) 정범석, 「신민법총칙」, 교문사(1963), 386면.
213) 최식, 「민법총론」, 박영사(1963), 369면.
214) 이영섭, 전게서, 420면; 김기선, 전게서, 378면.
215) 이영섭, 전게서, 420면; 김기선, 전게서, 378면.
216) 이영섭, 전게서, 420면.
217) 이영섭, 전게서, 420면.
218) 김증한, 소멸시효론, 「민법논집」, 서울대학교 출판부(1978), 273면. 같은 책 283면은 "모든 대륙법국가가 취하는 바를 좇는 것이 마땅하지 어찌하여 전혀 외국에 예가 없는 해석을 하려고 하는 것인가?"라 한다.

못하는 점, 절대적 소멸설에 의하면 시효이익의 포기의 법률적 성질을 설명할 수 없는 점,[219] 채무자가 간계를 써서 신의칙에 반하는 방법으로 채권자의 시효중단을 방해한 경우에도 절대적 소멸설에 의하면 그러한 채무자에게 시효이익을 귀속시킬 수밖에 없는데 이는 사회일반의 정의관념에 반하는 점,[220] 절대적 소멸설의 논리를 관철한다면 소멸시효의 요건사실이 어느쪽 당사자에 의하여든 주장되기만 하면 법원은 소멸시효로 인하여 권리가 소멸하였다는 주장이나 소멸시효의 이익을 받겠다는 당사자의 주장이 없더라도 소멸시효로 인하여 권리가 소멸하였다고 판결하여야 하는데, 이러한 결론은 당사자의 의사에 반하고 시효제도의 존재이유에도 어긋나는 점[221] 등이다.

유일하게 항변권설을 주장하는 최식 교수는 "시효의 원용 즉 청구권소멸의 법정중거의 제출에 의하여 법원은 청구권의 소멸의 재판을 하지 않을 수 없게 되니까 시효의 원용은 청구권에 대한 항변권으로 작용한다. 독일민법도 소멸시효의 완성이 있을 때에는 의무자는 급부를 거절할 수 있다고 하는데 여기서도 청구권은 소멸하는 것이 아니고 다만 청구권에 대하여 멸각적 항변권으로서 대항할 수 있다는데 불과하고 의무자가 이 항변권을 행사하느냐 않느냐는 그의 임의이고 항변권의 제출이 없을 때에는 법원은 이것을 고려할 수가 없다고 해석하고 있다. 따라서 우리 민법에 있어서도 소멸시효의 완성으로 권리소멸의 법정증거가 성립하고 그것이 의무자에게 주어진다 解하는 것이 타당하다"고 주장한다.[222] 최식 교수의 견해를 법정증거설이라고 표현[223]하거나 소송법설이라고 표현[224]한 학자가 있으나 잘못된 이해다. 최식 교수의 견해는 실체법설에 속하는 것으로 원용이 있어야 한다는 점에서만 상대적 소멸설에 가까울 뿐이다.

---

219) 김증한·김학동, 전게서, 541면.

220) 김증한·김학동, 전게서, 541면.

221) 김증한, "소멸시효론", 민법논집, 서울대학교출판부(1978), 289-290면; 윤진수, 전게서, 482면.

222) 최식, 「민법총론」, 박영사(1963), 369면,

223) 윤진수, 전게서, 477면.

224) 이은영, 「민법총칙 제5판」, 박영사(2009), 776면.

2. 입법자의 의도

민법 제정전 조선민사령에 의하여 적용된 일본민법 제145조는 "시효는 당사자가 이를 원용하지 아니하면 재판소는 이에 의하여 재판을 할 수 없다"고 규정하였는데,[225] 민법은 원용 문구를 삭제하였다. 그 삭제 이유는 "원용에 관한 규정을 삭제함으로써 시효에 관하여는 금후 절대적 소멸설이 확정되고 따라서 원용은 하나의 항변권으로 화하게 한 것"[226]이라는 것이다.

3. 대법원판례

대법원 1966.1.31 선고 65다2445 판결은 "乙 제6호증에 의하면 소외 이완희의 본건 채무는 신민법시행후에 소멸시효가 완성한 것임이 명백한바 신민법 아래서는 당사자의 원용이 없어도 시효완성의 사실로서 채무는 당연히 소멸하는 것이며 본건에 있어서는 가압류의 신청 또는 그 결정 및 집행이 있기 전에 이미 소멸시효가 완성되어 있었으므로 피고에게 과실이 없었다고는 할 수 없는 것"이라고 판시하였고, 대법원 1978.10.10 선고 78다910 판결은 "현행 민법 아래에서는 당사자의 원용이 없어도 소멸시효기간이 완성하면 채무는 당연히 소멸된다 하겠으나 변론주의의 원칙상 당사자가 시효이익을 받겠다는 뜻으로 이를 원용하지 않는 이상 그 의사에 반하여 재판할 수 없다 할 것인바, 경매개시결정 후 시효소멸되었음을 원고가 원용 주장하고, 피고가 자백하여 약속어음금 채권은 경매개시결정 전으로 소급하여 소멸되었다고 할 것이니 원인무효인 근저당권설정등기에 기하여 경매개시결정이 되어 경락대금이 완납되었다 하더라도 경락인은 소유권을 취득할 수 없다"고 판시하였다. 이 판례들은 소멸시효기간만료만

---

225) 일본민법 제145조의 원용의 의미에 대하여 ① 시효완성에 의해 권리득실의 효과는 확정적으로 생기고 원용은 소송상 공격방어방법이라는 설(공격방어방법설), ② 시효완성으로 권리득실 효과는 생기지만 그 효과는 불확정적인 것이어서 시효원용을 하면 확정되고, 원용하지 않거나 포기하면 소급하여 효력이 발생하지 않는 것으로 된다는 설(해제조건설), ③ 시효완성만으로는 권리득실이라는 효과가 확정적으로 발생하는 것이 아니고 시효원용을 해야 발생하고, 포기하면 시효 이익이 생기지 않는다는 설(정지조건설), ④ 시효제도는 원래 소송법상 제도이므로 기간경과에 의해 발생한 법정증거를 법원에 제출하는 행위가 원용이라는 설(법정증거제출설) 등이 존재하였다.

226) 민의원법제사법위원회, 민법안심의소위원회의 민법심의록 103면. 장경학, 전게서, 730면에서 재인용.

으로 권리가 당연히 소멸한다는 절대적 소멸설에 전적으로 충실한 판례들이다.

그러나 대법원 1991.3.27 선고 90다17552 판결은 "소멸시효는 이에 의하여 직접 이익을 받는 채무자는 물론이고 그 채무자에 대한 채권자도 자기의 채권을 보전하기 위하여 필요한 경우에는 이를 원용할 수 있으나 채무자에 대하여 무슨 채권이 있는 것도 아닌 자는 소멸시효주장을 대위 원용할 수 없다"고 판시하였고, 대법원 1992.11.10 선고 92다35899 판결은 "채권자대위권에 기한 청구에서 제3채무자는 채무자가 채권자에 대하여 가지는 항변으로 대항할 수 없을 뿐더러 채권의 소멸시효가 완성된 경우 이를 원용할 수 있는 자는 시효이익을 직접 받는 자만이고 제3채무자는 이를 행사할 수 없다"고 판시하였으며, 대법원 2014.5.16 선고 2012다20604 판결은 "소멸시효가 완성된 경우에, 채무자에 대한 일반 채권자는 자기의 채권을 보전하기 위하여 필요한 한도 내에서 채무자를 대위하여 소멸시효 주장을 할 수 있을 뿐, 채권자의 지위에서 독자적으로 소멸시효의 주장을 할 수 없으므로, 채무자가 소멸시효의 이익을 받을 수 있는 권리를 이미 처분하여 대위권행사의 대상이 존재하지 않는 경우에는 채권자는 채권자대위에 의하여 시효이익을 원용할 수 없다"고 판시하였다.

대법원판례는 소멸시효에 기한 항변권을 행사할 수 있는 사람의 범위를 권리의 소멸에 의하여 직접 이익을 받는 사람에 한정하고 있다. 예컨대, 채무자(95다12446), 가등기담보가 설정된 부동산의 제3취득자(95다12446), 매매계약 후 소유권이전등기청구권 보전의 가등기가 경료된 부동산의 제3취득자(90다카27570),[227] 보증인(89다카1114), 물상보증인(2003다30890), 공탁금출급청구권이 시효로 소멸한 경우에 공탁자에게 공탁금회수청구권이 인정되지 않는 때에 있어서 국가(2005다11312), 유치권이 성립된 부동산의 매수인(2009다39530), 사해행위의 수익자(2007다54894) 등은 소멸시효에 기한 항변권을 행사할 수 있다. 그러나 채무자에 대한 일반채권자(97다22676), 채권자대위소송에서의 제3채무자(97다31472)는 소멸시효

---

227) 대법원 1991.3.12 선고 90다카27570 판결: "가등기에 기한 소유권이전등기청구권이 시효의 완성으로 소멸되었다면 그 가등기 이후에 그 부동산을 취득한 제3자는 그 소유권에 기한 방해배제의 청구로서 그 가등기권자에 대하여 본등기청구권의 소멸시효를 주장하여 그 등기의 말소를 구할 수 있다."

에 기한 항변권을 행사할 수 없다. 공동소송에서 일부가 시효이익에 기한 항변권을 포기하더라도 다른 공동소송인은 독자적으로 소멸시효에 기한 항변권을 행사할 수 있다(95다12446). 소멸시효에 기한 항변권 행사자를 철저하게 제한하고 있는 이 판례들은 상대적 소멸설에 전적으로 충실한 판결들이다.

대법원 1962.10.11 선고 62다466 판결은 "시효완성 후 소송에서 시효완성으로 채권이 소멸되었음을 항변으로 주장하지 아니함에도 불구하고 구태여 시효완성의 사실을 직권으로 인정하여 그 이익을 부여하여야 한다는 것으로 해석되지 않는다"고 판시하였고, 대법원 1980.1.29 선고 79다1863 판결은 "소멸시효기간 만료에 인한 권리소멸에 관한 것은 소멸시효의 이익을 받은 자가 소멸시효완성의 항변을 하지 않으면, 그 의사에 반하여 재판할 수 없다"고 하여 소멸시효완성으로 발생하는 것은 항변이라고 판시하였다. 대법원 1982.2.9 선고81다534 판결은 "소멸시효의 완성으로 권리소멸의 효과가 발생하였다고 하여도 피고들이 소송상 권리소멸의 항변을 한 바 없는 이상 법원으로서는 이에 관하여 판단할 수 없다"고 하였다. 이들 판례들은 소멸시효완성의 효과가 항변이라고 하고 있다. 그런데 시효원용권자의 범위를 딱히 제한하고 있지 않고 있어 항변권설에 충실하다.

상대적 소멸설에 따르면서도 "예외적으로 거래의 안전 등을 이유로 법률관계를 단기적으로 처리해야 할 단기소멸시효의 경우에는 그 권리는 절대적으로 소멸된다고 설명해야" 한다는 견해가 있다.[228] 사안마다 다른 접근을 하고 있는 대법원판례는 이러한 시각을 참조할 필요가 있다. 대법원판례가 절대적 소멸설을 취한 것과 상대적 소멸설을 취한 것이 혼합되어 있어서 소멸시효의 원용이 소송행위에 불과한 것인지 아니면 사법행위로서의 성격도 가진 것인지 불명확한 상태로 남게 됨에 따라 앞으로 판례가 없는 영역에서 생긴 문제를 합리적으로 예측가능하게 해결하기 어렵다.[229]

---

228) 고상룡, 전게서, 707면.
229) 장석조, "소멸시효 항변의 소송상 취급", 법조 통권 제508호, 39면.

4. 검토 및 사견(항변권설)

소멸시효의 완성으로 인한 권리소멸을 실체법적으로 개념화할 것인지 말 것인지는 학설상 흥미의 문제이다. 소송과 무관하게 특정 기간의 도과로 권리가 절대적으로 사라진다는 것은 법의 세계에서 존재할 수 없다. 실체법적으로 개념화한다 하여도 소송과 무관할 수 없다. 어떤 국가에도 절대적 소멸설이 존재하지 않는 이유이다. 연혁적으로 시효제도는 소권과 소송절차에 밀접하게 관계를 가지고 발전하여 왔다. 시효제도는 로마법에서 오늘에 이르기까지 actio, Klage, Anspruch 라는 용어의 변천 속에서 고착되었다.[230] 독일에서 행해진 실체법과 절차법의 분리 과정에서 소권의 실효와 실체법상 권리의 실효 분리 문제가 어려운 문제로 남게 되었다. 프랑스민법 제2223조와 스위스채무법 제142조는 로마법에 충실하게 소권이 시효로 소멸하는 것으로 입법이 되었고, 이는 조선민사령에 의해 조선에 적용되었던 일본민법도 마찬가지였다. 민법 제정 전 상황은 로마법에 충실한 소멸시효에 기한 소권의 소멸이었다. 그런데 절차법과 실체법을 구분한 독일민법마저도 소멸시효의 완성으로 항변권이 생긴다고 할 뿐이다. 권리가 소멸시효완성으로 소송과 무관하게 절대적으로 소멸한다는 내용의 학설은 독일에 존재하지 않는다.

대법원판례나 상대적 소멸설은 민법에서 굳이 삭제한 원용권이라는 용어를 계속 사용하는데, 잘못이다. 원용권 개념을 사용할 경우 난점은 그 원용권이 무엇이냐는 질문을 피할 수 없다는 것이다. 원용권은 권리부인권이라고 주장하는 김증한 교수는 그 본질은 형성권이라 한다. 형성권은 형성의 소에서 나왔다. 형성의 소는 법률의 규정이 있을 때만 제기할 수 있다. 형성권은 기존에 존재하는 민법상 권리중 형성의 소와 유사한 결과를 가져오는 권리를 포섭하고자 만든 개념이다. 따라서 개념 설계상 형성권은 민법에 존재하는 권리여야 한다. 소멸시효의 완성자의 권리부인권, 원용권은 법률에 존재하는 것이 아니다. 소멸시효 완성의 효과를 실체법상 표현할 수 있는 최대치는 항변권이다. 소멸시효에 기한 항변권으로 표현하면 족하다. 당사자의 증거수집행위에 의해서가 아니라

---

230) 장경학, 전게서, 734면.

민법의 규정에 의해 성립한 법정증거를 항변권으로 행사하는 것으로 이해하면 충분하다.

절대적 소멸설은 권리가 소멸시효로 실체법적으로 소멸한다는 주장이다. 그런데 그런 식으로 규정된 소멸시효 제도는 어디에도 없다. 독일민법은 소멸시효가 완성하면 채무자는 급부거절권을 취득한다고 규정한다. 프랑스 민법은 당사자가 소멸시효 완성을 주장하지 않으면 법원이 직권으로 고려할 수 없다고 한다. 일본민법은 시효의 원용이 없으면 직권으로 재판할 수 없다고 한다. 실체법과 절차법의 구분을 도입한 외국 중 그 어디에도 소멸시효의 완성의 효과를 완전하게 실체법적으로 구현한 나라가 없다. 권리는 소송을 통해 최종적으로 인정되고, 그 소멸이 확인될 뿐이다. 소송을 배제하고 실체법으로 절대적으로 권리가 소멸할 수 있다는 생각은 허구다. 소송에서 주장할 수 있는 바는 소송 외에서도 주장할 수 있다. 소멸시효가 완성하면 권리가 절대적으로 소멸하는 것이 아니라 소멸시효가 완성함으로써 상대방의 권리가 소멸하였다는 주장을 소송에서나 소송 외에서 할 수 있게 되는 것이다. 소송절차에서 소멸시효가 완성하였다는 항변을 하는 방식으로 소멸시효제도가 작동된다. 권리가 소멸시효완성으로 소송절차와 무관하게 완전히 사라진다는 생각은 절차법과 단절하여 실체법적으로만 소멸시효 완성의 효과를 구성하려는 시도이다. 권리의 소멸을 실체법적으로 구성한다고 하여 얻을 실익은 없다. 절대적 소멸설은 외국에서 찾아볼 수 없는 이론구성이다.[231] 민사소송법상 변론주의는 사실문제에 관한 것이며, 법규의 해석문제는 포함되지 않는다. 절대적 소멸설에 의하면 원고가 이행기가 언제라고 주장하는 순간 피고가 주장하지도 않은 소멸시효의 완성에 대한 선행자백이 된다. 이것은 소송실무에서 생각조차 할 수 없는 바다.[232]

소멸시효의 완성만으로는 권리소멸의 효과가 생기지 않고 소송에서 소멸시효 완성을 주장·증명하여야 판결을 통해 권리소멸의 효과를 얻을 수 있

---

231) 김증한, "소멸시효론", 민법논집, 서울대학교출판부(1978), 273면: "소멸시효의 만료만으로 당연히 실체권 자체가 소멸한다고 하는 법제는 거의 없다." 283면: "모든 대륙법국가가 취하는 바를 좇는 것이 마땅하지 어찌하여 전혀 외국에 예가 없는 해석을 하려고 하는 것인가?"
232) 이태재, 「민법총칙」, 법문사(1978), 389면.

다.[233] 소송 과정에서 그러한 주장·증명을 하지 않은 자는 권리소멸의 효과를 얻을 수 없다. 민법이 원용 규정을 두지 않았다 하더라도 소송과정에서 주장·증명을 하지 않으면 법원은 이를 고려할 수 없다. 민법이 원용규정을 두지 않은 것은 원용규정이 없더라도 소멸시효의 완성을 직권으로 고려할 법관은 절대 없을 것이라는 당연한 생각에 근거하였다고 볼 수 있다.[234] 이러한 시각에서 보자면 절대적 소멸설을 취하면서 입법론으로 상대적 소멸설의 주장대로 원용규정을 두어야 한다는 주장[235]은 학설로서 의미가 없다. 모든 권리는 소송을 통해 최종적으로 확인된다. 정범석 교수는 "시효완성은 하나의 증거방법에 불과하고 따라서 모든 소송법상의 증거와 같이 소송에 있어서 소송당사자가 이것을 제출 원용해야만 법원은 이것을 증거로 하여 재판할 수 있다"고 주장하였다.[236] 소멸시효의 완성을 실체법적 권리 개념으로 구성하고자 한다면 동시이행의 항변권과 마찬가지인 항변권이 될 것이다. 항변권설에 대하여 소멸시효가 담보권에 영향을 미치지 않는 독일민법이 취하는 입장이나 소멸시효가 완성하면 담보권도 소멸하는 우리 민법의 해석으로는 불가능한 입론이라는 주장이 있다.[237] 민법 제369조는 "저당권으로 담보한 채권이 시효의 완성 기타 사유로 인하여 소멸한 때에는 저당권도 소멸한다"고 규정한다. 담보권에 영향을 미치느냐 미치지 않느냐는 입법자의 결단일 뿐이다. 이 규정이 실체법상 항변권으로 구성하는 것에 결정적 장애가 될 이유는 없다. 이러한 비판은 절대적 소멸설의 결론은 받아들이면서 상대적 소멸설을 주장하는 것인데, 양립할 수 없는 주장을 동시에 하는 것에 불과하다. 소멸시효가 완성하면 담보권도 소멸하는 우리 민법의 해석으로 항변권설은 불가능하다는 주장은 원용권이라는 단어 자체가 민법에 없으니까 상대적 소멸설은 실정법에 대한 해석론이 될 수 없다는 비판을 감수하여야 할 것이다. 법정증거설은 민사소송법의 기본원리인 자유심증주의와 조화되지 않는

---

233) 고상룡, 전게서. 765면; 윤진수, 전게서, 476면; 김상용, 전게서, 841면; 김용한, 전게서, 489면; 최종길, "소멸시효완성과 시효의 원용", 법조 17호, 법조협회, 54면.
234) 김증한·김학동, 「민법총칙 9판」, 540면.
235) 송덕수, 전게서, 579면.
236) 정범석, 「신민법총칙」, 교문사(1963), 369면.
237) 윤진수, 전게서, 477면.

다는 주장[238]도 설득력이 없다. 소멸시효에 기한 권리 소멸 항변이 법정에서 제출되고, 증명되었는데, 이를 자유심증주의에 의하여 배척할 방법은 민사소송법에 존재하지 않는다. 소멸시효에 걸리는 권리인지, 그 기산점이 언제인지, 그 기간이 얼마인지에 대한 판단이 자유로울 수 있다는 의미에서 자유심증주의이다. 법정증거설은 자유심증주의와 완전히 부합하는 견해이다. 자유심증주의를 원님재판으로 이해하면서 법정증거설을 자유심증주의와 조화되지 않는다고 주장하는 것은 자유심증주의에 대한 오해이다.

대법원 2007.3.15 선고 2006다12701 판결과 대법원 2011.9.8 선고 2009다66969 판결 등은 "채무자의 소멸시효에 기한 항변권의 행사"라는 표현을 사용하고 있는데, 이는 종래 소송상 항변이라는 표현을 벗어나 점차 실체법적 의미를 포함하는 개념이 되어 가고 있는 것이 아닌가 싶다. 소멸시효에 기한 항변권의 행사는 재판상뿐만 아니라 재판 외에서도 가능하다. 재판상 주장할 수 있는 것은 재판 외에서도 당연히 주장할 수 있다. 재판 외에서 상대방 청구권 주장에 대한 소멸시효에 기한 항변권이 주장되었다는 사실이 소송에서 밝혀지고, 그에 대한 증명이 소송에서 이루어지면 소멸시효 항변권이 재판에서 원용되어 행사되었다고 볼 것이다.[239]

Ⅱ. 소멸시효의 소급효

소멸시효 완성의 효과는 기산일에 소급하여 효력이 생긴다(제167조). 소멸시효의 완성으로 권리가 소멸하는 시기는 시효기간이 만료한 때이지만, 그 효과는 시효기간의 開始時에 소급한다. 소멸시효로 채무를 면하게 되면 기산일 이후 이자는 지급할 필요가 없게 된다.

시효가 완성된 채권이 그 완성 전에 상계할 수 있었던 것이면 그 채권자는 상계로 채권자에게 대항할 수 있다(제495조).

---

238) 윤진수, 전게서, 477면.
239) 이태재, 「민법총칙」, 법문사(1978), 390면.

Ⅲ. 종된 권리에 대한 소멸시효의 효력

주된 권리의 소멸시효는 종(從)된 권리에도 효력이 미친다(제183조). 원본채권이 시효로 소멸하면, 시효가 완성되지 않은 이자채권도 시효로 소멸하게 된다.

> 대법원 2008.3.14 선고 2006다2940 판결: "이자 또는 지연손해금은 주된 채권인 원본의 존재를 전제로 그에 대응하여 일정한 비율로 발생하는 종된 권리인데, 하나의 금전채권의 원금 중 일부가 변제된 후 나머지 원금에 대하여 소멸시효가 완성된 경우, 가분채권인 금전채권의 성질상 변제로 소멸한 원금 부분과 소멸시효 완성으로 소멸한 원금 부분을 구분하는 것이 가능하고, 이 경우 원금에 종속된 권리인 이자 또는 지연손해금 역시 변제로 소멸한 원금 부분에서 발생한 것과 시효완성으로 소멸된 원금 부분에서 발생한 것으로 구분하는 것이 가능하므로, 소멸시효 완성의 효력은 소멸시효가 완성된 원금 부분으로부터 그 완성 전에 발생한 이자 또는 지연손해금에는 미치나, 변제로 소멸한 원금 부분으로부터 그 변제 전에 발생한 이자 또는 지연손해금에는 미치지 않는다."

Ⅳ. 소멸시효의 이익의 포기

1. 소멸시효 완성 전의 포기

소멸시효 완성의 이익은 시효기간이 완성하기 전에 미리 포기하지 못한다(제184조 제1항). 채권자가 채무자를 압박하여 미리 소멸시효의 이익을 포기하지 못하도록 하기 위한 규정이다.

소멸시효는 법률행위에 의하여 이를 배제, 연장, 가중할 수 없으나, 이를 단축 또는 감경할 수 있다(제184조 제2항). 따라서 특정한 채무의 이행을 청구할 수 있는 기간을 제한하고 그 기간을 도과할 경우 채무가 소멸하도록 하는 약정은 민법 또는 상법에 의한 소멸시효기간을 단축하는 약정으로서 특별한 사정이 없는 한 민법 제184조 제2항에 의하여 유효하다.[240]

---

240) 대법원 2006.4.14 선고 2004다70253 판결.
　　대법원 2007.1.12 선고 2006다32170 판결: "지급보증계약상 주채무의 보증기일 경과 후

2. 소멸시효 완성 후의 포기

소멸시효 완성 후에는 소멸시효의 이익을 자유롭게 포기할 수 있다(제184조 제1항 반대해석). 소멸시효 완성 이익의 포기 역시 소급효가 있다. 시효이익을 받을 채무자는 소멸시효가 완성된 후 시효이익을 포기할 수 있고, 이것은 시효의 완성으로 인한 법적인 이익을 받지 않겠다고 하는 의사표시이다. 그리고 그러한 시효이익 포기의 의사표시가 존재하는지의 판단은 표시된 행위 내지 의사표시의 내용과 동기 및 경위, 당사자가 의사표시 등에 의하여 달성하려고 하는 목적과 진정한 의도 등을 종합적으로 고찰하여 사회정의와 형평의 이념에 맞도록 논리와 경험의 법칙, 그리고 사회일반의 상식에 따라 객관적이고 합리적으로 이루어져야 한다.[241]

시효완성 후 소멸시효 중단사유에 해당하는 채무의 승인이 있었다 하더라도 그것만으로는 곧바로 소멸시효 이익의 포기라는 의사표시가 있었다고 단정할 수 없다. 시효이익 포기의 의사표시의 상대방은 진정한 권리자이다. 포기의 효력은 포기한다는 의사표시가 상대방에게 도달할 때 발생한다(94다40734). 포기의 의사표시는 묵시적으로도 가능하다. 채무자가 소멸시효 완성 후 채무를 일부 변제한 때에는 그 액수에 관하여 다툼이 없는 한 그 채무 전체를 묵시적으로 승인한 것으로 보아야 하고, 이 경우 시효완성의 사실을 알고 그 이익을 포기한 것으로 추정된다(2001다3580). 소멸시효 이익의 포기는 가분채무의 일부에 대하여도 가능하다(2011다109500). 포기할 수 있는 자가 여러 사람인 경우 그 중 1인의 포기는 그에게만 효력이 생긴다. 근저당권부 채권의 채무자가 그 채권의 시효완성 후에 채권자에게 승인하여 시효이익을 포기한 경우 그 포기는 저당부동산의 제3취득자에게는 효력이 없다(2009다100098).

시효이익 포기의 의사표시를 할 수 있는 자는 시효완성의 이익을 받을 당사자 또는 대리인에 한정되기 때문에, 제3자가 하는 시효이익 포기의 의사표시

2개월 이내에 보증채무의 이행청구를 하지 않을 경우 보증채무가 소멸하는 것으로 정한 약정한 경우, 이것은 소멸시효기간의 단축 약정에 해당하고, 그 기간이 지나면 보증채무는 소멸시효에 의해 소멸한다."

241) 대법원 2013.2.28 선고 2011다21556 판결.

는 시효완성의 이익을 받을 자에 대한 관계에서 아무 효력이 없다(97다53366).

주채무자가 시효이익을 포기하더라도 보증인이나 물상보증인에게는 포기의 효과가 미치지 않는다(89다카1114). 소멸시효가 완성되어 보증채무가 소멸된 상태에서 보증인이 보증채무를 이행하거나 승인하였다고 하더라도, 주채무자가 아닌 보증인의 행위에 의하여 주채무에 대한 소멸시효 이익의 포기 효과가 발생하지는 않기 때문에 보증인은 여전히 주채무의 시효소멸을 이유로 보증채무의 소멸을 주장할 수 있다(2010다51192).

채무자가 소멸시효 완성 후에 한 소멸시효이익의 포기행위는 채권자취소권의 대상인 사해행위가 될 수 있다(2012마712).

> 대법원 1992.5.22 선고 92다4796 판결: "甲의 乙에 대한 대여금채무가 이미 시효기간이 도과한 상태에 있었으나, 甲은 乙 등 채권자들의 빚 독촉을 피하여 수년간 잠적하여 있다가 甲의 소재를 알아낸 乙이 丙 등을 대동하고 甲을 찾아가 채무변제를 요구하자, 甲은 다른 채권자들이 많이 있기 때문에 乙에 대한 채무만을 변제하기는 곤란하다고 변명하면서 좀더 참아 줄 것을 요청하였고, 이에 乙이 사실은 위 대여금이 丙 등의 돈이라고 둘러대면서 甲에 대한 채권을 丙 등에게 양도하겠다고 하자 甲이 乙의 甲에 대한 채권 금 50,000,000원을 丙에게 양도한다는 내용으로 작성된 채권양도서에 입회인으로 서명날인까지 하였다면 甲은 소멸시효완성 후에 乙에 대한 채무를 승인한 것이고, 시효완성 후 채무를 승인한 때에는 채무자는 시효완성의 사실을 알고 그 이익을 포기한 것이라 추정할 수 있다."

> 대법원 2001.6.12 선고 2001다3580 판결: "소멸시효가 완성된 채무를 피담보채무로 하는 근저당권이 실행되어 채무자 소유의 부동산이 경락되고 그 대금이 배당되어 채무의 일부 변제에 충당될 때까지 채무자가 아무런 이의를 제기하지 아니하였다면, 경매절차의 진행을 채무자가 알지 못하였다는 등 다른 특별한 사정이 없는 한, 채무자는 시효완성의 사실을 알고 그 채무를 묵시적으로 승인하여 시효의 이익을 포기한 것으로 보아야 한다."

> 대법원 2010.5.13 선고 2010다6345 판결: "이미 소멸시효가 완성된 어음채권을 원인으로 하여 집행력 있는 집행권원을 가진 채권자가 채무자의 유체동산에 대한 강제집행을 신청하고, 그 절차에서 채무자의 유체동산 매각대금이 채권자에게 교부되어 그 채무의 일부변제에 충당될 때까지 채무자가 아무런 이의를

진술하지 아니하였다면, 그 강제집행 절차의 진행을 채무자가 알지 못하였다는 등 다른 특별한 사정이 없는 한 채무자는 어음채권에 대한 소멸시효 이익을 포기한 것으로 볼 수 있고, 그 때부터 그 원인채권의 소멸시효 기간도 다시 진행하지만, 이렇게 소멸시효 이익을 포기한 것으로 보기 위해서는 채무자의 유체동산 매각대금이 채권자에게 교부되어 그 채무의 일부변제가 이루어졌음이 증명되어야 한다."

<u>대법원 2012.7.12 선고 2010다51192 판결</u>: "보증채무에 대한 소멸시효가 중단되는 등의 사유로 완성되지 아니하였다고 하더라도 주채무에 대한 소멸시효가 완성된 경우에는 시효완성 사실로써 주채무가 당연히 소멸되므로 보증채무의 부종성에 따라 보증채무 역시 당연히 소멸된다. 그리고 주채무에 대한 소멸시효가 완성되어 보증채무가 소멸된 상태에서 보증인이 보증채무를 이행하거나 승인하였다고 하더라도, 주채무자가 아닌 보증인의 행위에 의하여 주채무에 대한 소멸시효 이익의 포기 효과가 발생된다고 할 수 없으며, 주채무의 시효소멸에도 불구하고 보증채무를 이행하겠다는 의사를 표시한 경우 등과 같이 부종성을 부정하여야 할 다른 특별한 사정이 없는 한 보증인은 여전히 주채무의 시효소멸을 이유로 보증채무의 소멸을 주장할 수 있다고 보아야 한다."[242]

<u>대법원 2013.2.28 선고 2011다21556 판결</u>: "소멸시효 중단사유로서의 채무승인은 시효이익을 받는 당사자인 채무자가 소멸시효의 완성으로 채권을 상실하게 될 자에 대하여 상대방의 권리 또는 자신의 채무가 있음을 알고 있다는 뜻을 표시함으로써 성립하는 이른바 관념의 통지로 여기에 어떠한 효과의사가 필요하지 않다. 이에 반하여 시효완성 후 시효이익의 포기가 인정되려면 시효이익을 받는 채무자가 시효의 완성으로 인한 법적인 이익을 받지 않겠다는 효과의사가 필요하기 때문에 시효완성 후 소멸시효 중단사유에 해당하는 채무의 승인이 있었다 하더라도 그것만으로는 곧바로 소멸시효 이익의 포기라는 의사표

---

242) 甲이 주채무자 乙 주식회사의 채권자 丙 주식회사에 대한 채무를 연대보증하였는데, 乙 회사의 주채무가 소멸시효 완성으로 소멸한 상태에서 丙 회사가 甲의 보증채무에 기초하여 甲 소유 부동산에 관한 강제경매를 신청하여 경매절차에서 배당금을 수령하는 것에 대하여 甲이 아무런 이의를 제기하지 않은 사안에서, 변제 충당 등에 따른 보증채무에 대한 소멸시효 이익의 포기 효과가 발생할 수 있다는 사정만으로는 주채무에 대한 소멸시효 이익의 포기 효과가 발생하였다거나 甲이 주채무의 시효소멸에도 불구하고 보증채무를 이행하겠다는 의사를 표시한 것으로 보기 부족하고 달리 보증채무의 부종성을 부정하여야 할 특별한 사정도 없으므로, 甲이 여전히 보증채무의 부종성에 따라 주채무의 소멸시효 완성을 이유로 보증채무의 소멸을 주장할 수 있는데도, 이와 달리 본 원심판결에 보증채무의 부종성과 보증인의 주채무 시효소멸 원용에 관한 법리오해의 위법이 있다고 한 사례.

시가 있었다고 단정할 수 없다.”

<u>대법원 2013.5.16 선고 2012다202819 전원합의체판결:</u> “채무자가 소멸시효의 이익을 원용하지 않을 것 같은 신뢰를 부여한 경우에도 채권자는 그러한 사정이 있은 때로부터 상당한 기간 내에 권리를 행사하여야만 채무자의 소멸시효의 항변을 저지할 수 있는데, 여기에서 ‘상당한 기간’ 내에 권리행사가 있었는지는 채권자와 채무자 사이의 관계, 신뢰를 부여하게 된 채무자의 행위 등의 내용과 동기 및 경위, 채무자가 그 행위 등에 의하여 달성하려고 한 목적과 진정한 의도, 채권자의 권리행사가 지연될 수밖에 없었던 특별한 사정이 있었는지의 여부 등을 종합적으로 고려하여 판단할 것이다. 다만 신의성실의 원칙을 들어 시효 완성의 효력을 부정하는 것은 법적 안정성의 달성, 입증곤란의 구제, 권리행사의 태만에 대한 제재를 이념으로 삼고 있는 소멸시효 제도에 대한 대단히 예외적인 제한에 그쳐야 할 것이므로, 위 권리행사의 ‘상당한 기간’은 특별한 사정이 없는 한 민법상 시효정지의 경우에 준하여 단기간으로 제한되어야 한다. 그러므로 개별 사건에서 매우 특수한 사정이 있어 그 기간을 연장하여 인정하는 것이 부득이한 경우에도 불법행위로 인한 손해배상청구의 경우 그 기간은 아무리 길어도 민법 제766조 제1항이 규정한 단기소멸시효기간인 3년을 넘을 수는 없다고 보아야 한다.”

<u>대법원 2013.5.23 선고 2013다12464 판결:</u> “원금채무에 관하여는 소멸시효가 완성되지 아니하였으나 이자채무에 관하여는 소멸시효가 완성된 상태에서 채무자가 채무를 일부 변제한 때에는 액수에 관하여 다툼이 없는 한 원금채무에 관하여 묵시적으로 승인하는 한편 이자채무에 관하여 시효완성의 사실을 알고 그 이익을 포기한 것으로 추정되며, 채무자의 변제가 채무 전체를 소멸시키지 못하고 당사자가 변제에 충당할 채무를 지정하지 아니한 때에는 민법 제479조, 제477조에 따른 법정변제충당의 순서에 따라 충당되어야 한다. 채무자가 소멸시효 완성 후에 채권자에 대하여 채무 일부를 변제함으로써 시효의 이익을 포기한 경우에는 그때부터 새로이 소멸시효가 진행한다.”

저자 약력

전북대학교 법학전문대학원 교수
변호사, 사법연수원 32기 수료
법학박사(한국외국어대학교)

민법총칙

초판인쇄 2018. 2. 1
초판발행 2018. 2. 15

저 자 황 태 윤
발행인 황 인 욱
발행처 도서출판 오 래
　　　　서울특별시마포구 토정로 222 406호
　　　　전화: 02-797-8786,8787; 070-4109-9966
　　　　Fax: 02-797-9911
　　　　신고: 제2016-000355호

ISBN 979-11-5829-042-9 93360

 http://www.orebook.com
email orebook@naver.com

정가 25,000원